龙胜年鉴

LONGSHENG NIANJIAN

2018

龙胜各族自治县地方志编纂委员会　编

方志出版社
Publishing House of Local Records

图书在版编目（CIP）数据

龙胜年鉴．2018 / 龙胜各族自治县地方志编纂委员会编．-- 北京 ：方志出版社，2018.12
ISBN 978-7-5144-3523-8

Ⅰ．①龙… Ⅱ．①龙… Ⅲ．①龙胜各族自治县—2018—年鉴 Ⅳ．① Z526.74

中国版本图书馆 CIP 数据核字(2019)第 013496 号

龙胜年鉴（2018）

编　　者：龙胜各族自治县地方志编纂委员会
责任编辑：顾　洁

出 版 人：冀祥德
出 版 者：方志出版社
地址　北京市朝阳区潘家园东里 9 号（国家方志馆 4 层）
邮编　100021
网址　http://www.fzph.org
发　　行：方志出版社发行中心
电话（010）67110500
经　　销：各地新华书店
装帧设计：南宁市佳彩广告设计有限公司
印　　刷：深圳市精一瑞兰印刷有限公司

开　　本：889 ×1194　1/16
印　　张：27.75
字　　数：715 千字
版　　次：2018 年 12 月第 1 版　2018 年 12 月第 1 次印刷
印　　数：001 ～ 600 册

ISBN　978-7-5144-3523-8　定价：200.00 元

编辑说明

一、依法编纂

本年鉴是根据《地方志工作条例》“以县级以上行政区域名称冠名的地方志书、地方综合年鉴，分别由本级人民政府负责地方志工作的机构按照规划组织编纂，其他组织和个人不得编纂”的规定，由中共龙胜县委和县人民政府领导并组织县地方志编纂委员会办公室依法承编的龙胜各族自治县地方综合年鉴。是全面系统地记述龙胜自然、政治、经济、文化、社会等方面基本情况的年度性资料性文献，是集权威性、史料性、实用性为一体的地情百科资料工具书。

二、指导思想

本年鉴以辨证唯物主义和历史唯物主义为编纂原则，以毛泽东思想、邓小平理论、“三个代表”重要思想、科学发展观、习近平新时代中国特色社会主义思想为指导思想。

三、记述范围及时间

本年鉴以2017年12月31日龙胜各族自治县行政区域为界。记述时间起自2017年1月1日，截至12月31日。为了事物的完整性，一些条目记述时间适当上溯或下延。“历史沿革”条目内容记述时间起自事物开端。

四、记述内容

本年鉴以2017年龙胜各族自治县基本情况及大事要闻，重要信息资料和统计数据为记述主要内容，具体分为综合情况、动态信息、附录3部分。其中，综合情况部分设特载、大事记、龙胜概况；动态信息设中共龙胜各族自治县委员会、龙胜各族自治县人民代表大会、龙胜各族自治县人民政府、中国人民政治协商会议龙胜各族自治县委员会、纪律检查与行政监察、人民团体、法治、军事、经济(财政·税务、金融、农业·农业机械化·水利、林业·水产畜牧兽医、工业·旅游、商贸业·服务业、公路管理·交通运输、邮政·信息传输和信息技术服务)、经济管理与监督、城乡建设·市容管理·环境保护、教育·科技、文化·体育、医疗卫生与计划生育、社会生活、乡镇概览、先进表彰、附录、索引。为了保持内容的连贯性和完整性，个别条目记述时间适当上溯或下延，特载记述内容不受年度限制。

五、年鉴的编辑方法

本年鉴采用分类编辑法，设类目、分目、条目三个层次，以条目为信息主体，条目标题用黑体加【 】符号表示，一般设概述或概况条目，后按一事一目或一项一目的原则设计条目。部分类目的分目下面设次分目，次分目在正文中用仿宋黑体；在目录中则在标题前后加“·”符号表示。共设类目20个，分目125个，次分目53个，条目1103个，表格10个，串文图片167帧，辑封图片19帧，彩页图片57帧。

六、文体

本年鉴文体以记述为主，说明为辅，两者结合。其中大事记以编年体为主，少数采用记事本末体。

七、行政区划名称、机构名称使用、民族排序及村的说明

本年鉴中称“自治区”“全区”是指广西壮族自治区；“市”“全市”是指桂林市。龙胜各族自治县简称龙胜或县。中国共产党龙胜各族自治县委员会称谓，首次出现使用全称，之后则简称县委。龙胜各族自治县人民政府简称县政府。相关单位名称在首次出现时用全称，后用简称。

所涉及的民族排序参照《龙胜各族自治县自治条例》中的民族排序。年鉴中的“村”则是指设有村民委员会的社会管理单位，不用行政村或建制村称谓。是自然村的则用括号标注。

八、计量单位及数字表述

本年鉴中使用的面积计量单位用“平方千米”或“公顷”或“平方米”。重量计量单位用“吨”或“千克”或“克”。长度计量单位用“米”或“千米”。数字表述，公历世纪、年、月、日、时及计量单位数字均阿拉伯数字，凡有小数的保留小数点后2位数；历史纪年（含民国纪年）和农历年均用汉字数字表示。

九、统计口径及数据、文稿来源

统计数据以县统计局的统计数据为准，县统计局的统计数据所缺的则用相关单位提供的数据。“特载”和“附录”原文全录，特载中的数据为初步统计数据，不作改动。

本年鉴采取的文稿由相关单位提供，并经单位负责人审核。除“特载”和“附录”外，其他文稿如需修改的，编者则按年鉴编写要求进行局部修改和调整。

本年鉴采取的图片为2017年所摄图片，主要来自县新闻中心及相关单位，部分图片为个人提供，所用图片之作者不一一署名。

龙胜各族自治县地方志编纂委员会

李　强　县交通局局长
石腾龙　县农业局局长
吴连伟　县文新广体局局长
刘曼萍　县卫计局局长
陆安阳　县林业局局长
石怀忠　县民宗局局长
文进鑫　县审计局局长
毛逸人　县旅游局局长
粟建广　县环保局局长
唐旗胜　县安监局局长
杨　光　县食药监局局长
邓劲军　县工商质监局局长
陈海波　县统计局局长
蒙　勇　县工信局局长
黄家余　县粮食局局长
杨文赞　县投资促进局局长
李海明　县科技局局长
李维军　县水产畜牧兽医局局长
刘发军　县市容局局长
唐荣达　县水利局局长
马弘昊　县农机局局长
郑　江　县税务局局长
邹定强　中国人民银行龙胜县支行行长
李庭韩　县档案史志局副局长

《龙胜年鉴(2018)》编辑部

主　　编　杨进朝
副 主 编　粟新民　　粟美玲　　李庭韩
编　　辑　白明宣　　赖若龙　　邹红权　　杨　红　　门宏永　　石君春
临聘编务　梁元宵　　侯定一

《龙胜年鉴（2018）》编写单位及撰稿人员

县城民族风雨桥　　（潘志祥　摄）

中共龙胜各族自治县委员会

县委办公室　张　颜
县委组织部　门宏永
县委纪委、监察局　邓丽萍
县委宣传部　王媛丽
县委统一战线工作部　潘树琴　龚仁伟
县委直属机关工作委员会　李子娥
县委党校　朱世荣
县机构编制委员会办公室　潘淑愿　莫兴权
县信访局　张向阳　梁润玲
县委党史研究办公室　白明宣
县老干局　邓宝剑
县保密局　白林娟

龙胜各族自治县人民代表大会常务委员会

县人民代表大会常务委员会办公室　吴伟汉

龙胜各族自治县人民政府

县人民政府办公室　潘万濠
县法制办公室　侯永利
县人力资源和社会保障局　肖　儒
县民政局　李玉琼　罗春婷
县机关事务管理局　潘　靓
县纠纷调处办公室　秦顺峰
县民宗局　龙　政
县发展与改革局　蒙勇君
县投资促进局　赵健玲
县物价局　谢　颖
县国土资源局　范琳琳
县工商行政和质量技术监督局　白桂秀
县审计局　陈晓珂
县统计局　黄程颖
县食品药品监督管理局　申亮红
县安全生产监督管理局　刘　军
县水库移民工作管理局　秦胜梓
县工信局　曾文群
范道祥
县文新广体局　赵春兰　蒋　森
县档案史志局　白明宣
县政务服务中心　杨志学

政协龙胜各族自治县委员会

政协龙胜各族自治县委员会办公室
韦月琴　石俊雄

人民团体

县总工会　龙凯琼
共青团龙胜各族自治县委员会　黄　颖
县妇女联合委员会　钟秀珍
县科学技术协会　梁艳平
县工商业联合会　潘树琴　龚仁伟
县文学艺术界联合会　石农兵
县残疾人联合会　吴春玲

法治·军事

县政法委员会　周恩江
县公安局　蒲秦静
县人民检察院　刘　莹
县人民法院　吴限臣
县司法局　马　艳　梁鑫磊
县人民武装部　唐新锰　吴子雄
中国人民武装警察部队龙胜各族自治县中队
白　建　袁训成
中国人民武装警察部队龙胜各族自治县消防大队
唐新栋　文艺钧

县人民防空办公室　付佳佳

财政·税务

县财政局　秦金生
县国家税务局　熊　芳
县地方税务局　贺美莲

金　融

中国人民银行龙胜各族自治县支行　彭世峰
桂林银监分局龙胜各族自治县办事处　杨启龙
中国农业银行股份有限公司龙胜各族自治县支行　白惠珍
县农村商业银行　梁丽宣
桂林国民村镇银行有限责任公司龙胜支行　易小丹
中国人民财产保险股份有限公司龙胜各族自治县支公司　杨　瑜
中国人寿保险股份有限公司龙胜各族自治县支公司　杨麟萍

农业·林业·水利

县农业局　黄　毅　蒙朝亿　梁翠莺
县农业机械化管理局　韦　志
县林业局　谢宏斌
县水利局　侯月玉
县扶贫开发办公室　石祖国
县水产畜牧兽医局　余　凤
广西龙胜南山自然保护区管理处　戴学忠

工业·旅游

县工业、商贸与信息局　曾文群　范道祥
龙广滑石开发有限公司　周太敏
华美滑石开发有限公司　邓春玲
桂林龙脊旅游有限公司　蒙　进
桂林龙胜温泉有限责任公司　尹发钧
县旅游局　李培民
龙胜龙脊梯田国家湿地公园风景名胜区管理局　潘盘艳　董晓坤

商贸业

县市场服务中心　杨凯华
县供销合作社联社　韦苏虹
县粮食局　郑学林
县烟草专卖局　马　姝
中石油龙胜分公司　王　练
中石化龙胜分公司　石洪波
县民用爆炸物品管理公司　秦福春
县国有资产投资经营有限公司　董华君

城乡建设·环保·市容

县住房和城乡建设局　付佳佳
桂林市住房公积金龙胜各族自治县管理中心　杨柳香
县环保局　李得溱
县市容局　杨鸿雁

交通运输·公路管护·电业

县交通局　谢美秀
县公路局　蒋培鑫
县水利电业公司　雷淋莉

教育·科技·卫生·计生

县教育局　吴辉翰

县科学技术局　王荣清
县水文水资源局　屈　锦
县气象局　伍　钊
县卫生和计生局　覃善疆
龙胜中学　蓝　凌
县民族中学　吴辉翰
县实验中学　吴辉翰
县人民医院　欧国能
县中医医院　伍海春
县疾控中心　戴桃梅
县妇幼保健院　廖江涛

邮政·信息传输和信息技术服务

县邮政分司　王俊超
中国电信股份公司龙胜分公司　秦秀珍
中国移动通信集团广西有限公司龙胜分公司　石建华
中国联合网络通信有限公司龙胜分公司　詹丽萍

乡　镇

龙胜镇　沈修恒
龙脊镇　曹永光
平等镇　杨秦川
瓢里镇　石梅兰
三门镇　李玲丽
泗水乡　蒙曾荣
江底乡　张　怡
马堤乡　韦冬璇
伟江乡　袁　娟
乐江乡　刘佑怡

龙胜各族自治县地图

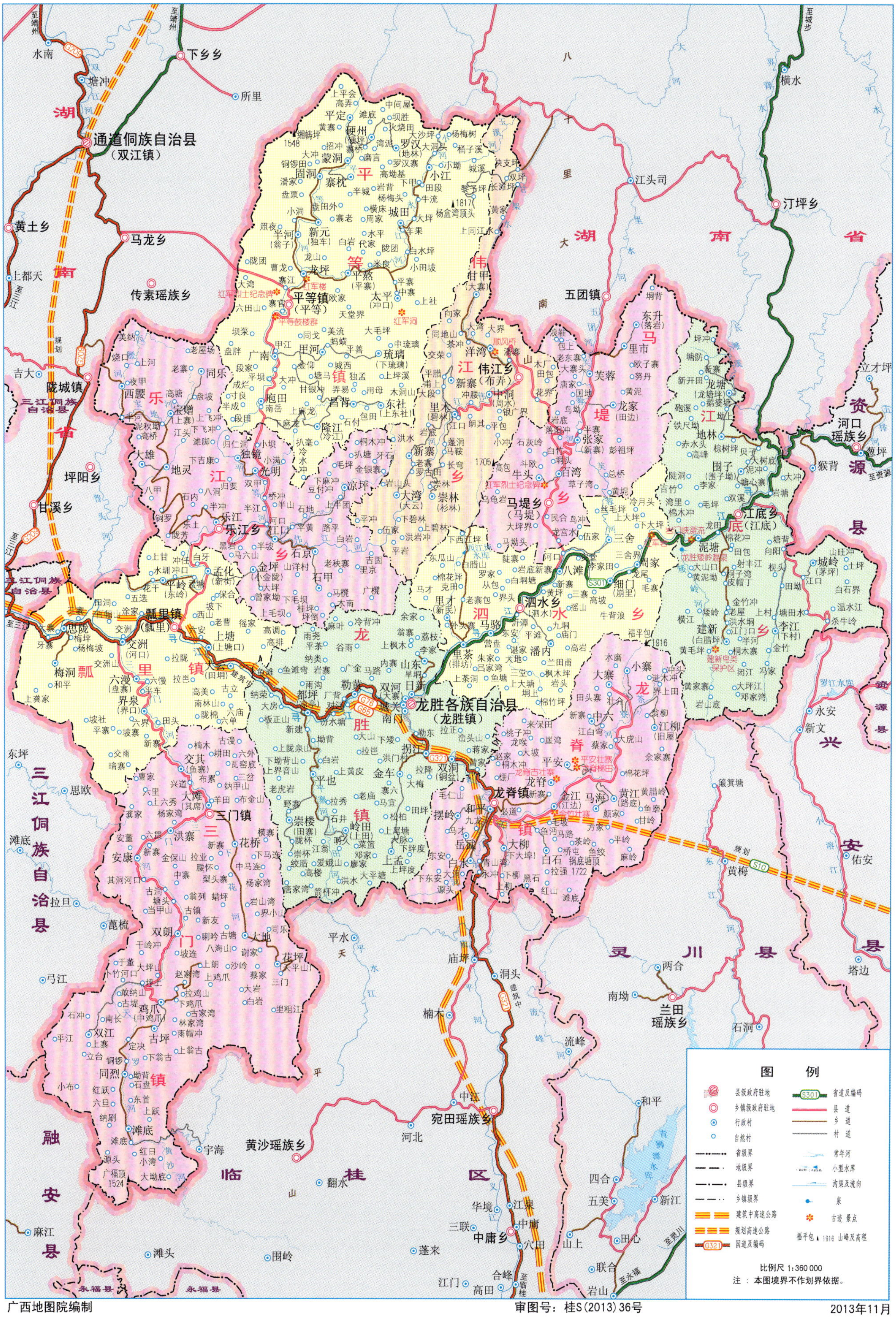

广西地图院编制　　审图号：桂S(2013)36号　　2013年11月

龙胜名片

- ◆中南地区最早成立的民族自治县（1951 年）
- ◆全国计划生育红旗单位（1986 年）
- ◆全国计划生育先进集体（1990 年）
- ◆全国少数民族计划生育先进集体（1992 年）
- ◆全国计划生育工作先进单位（1993 年）
- ◆全国计划生育模范集体（1994 年）
- ◆全国民族团结进步模范单位（1994 年）
- ◆全国群众体育先进单位（1997 年）
- ◆全国“爱心献功臣”先进县（1999 年）
- ◆全国儿童工作先进县（2000 年）
- ◆全国少数民族计划生育先进集体（2000 年）
- ◆国家级生态示范区（2002 年）
- ◆全国计划生育优质服务先进县（2003 年）
- ◆全国文明县城（2009 年）
- ◆全国水电农村电气化县（2011 年）
- ◆全国新型农村合作医疗先进单位（2012 年）
- ◆全国科普惠农兴村计划先进单位（2012 年）
- ◆全国罗汉果种植面积、产量第一位（2012 年）
- ◆全国科技进步考核先进县（2012 年）
- ◆ 2009—2012 年度全国群众体育先进集体（2013 年）
- ◆全国大学生志愿服务西部计划优秀服务县（2013 年）
- ◆全国休闲农业与乡村旅游示范县（2014 年）
- ◆全国深呼吸小城镇 100 佳荣誉称号（2014 年）
- ◆全国重要农业文化遗产地（2014 年）
- ◆全国首批 2016 年—2020 年度科普示范县（2016 年）
- ◆服务精准扶贫国家林下经济及绿色产业示范基地(2016 年)
- ◆中国品牌节庆示范基地（2016 年）
- ◆龙胜作为桂林名片先后亮相中央电视台春节联欢晚会和美国纽约时代广场（2017 年）
- ◆桂林鸡血玉进入国家标准（2017 年）
- ◆龙胜龙脊梯田系统入选全球重要文化遗产（2017 年）
- ◆广西壮族自治区计划生育先进集体（1989 年）
- ◆广西壮族自治区民族团结先进集体（1992 年）
- ◆广西壮族自治区实现造林绿化规划县（1995 年）
- ◆广西壮族自治区拥军优属模范单位（1996 年）
- ◆广西壮族自治区人畜饮水工程建设大会战先进单位（1996 年）
- ◆广西壮族自治区计划生育达标先进县（1998 年）
- ◆广西壮族自治区计划生育达标先进县（1999 年）
- ◆广西壮族自治区计划生育（一类县）先进单位（1999 年）
- ◆广西壮族自治区计划生育达标先进单位（2005 年）
- ◆广西壮族自治区城乡清洁工程评比四星级县（2007 年）
- ◆广西壮族自治区双拥先进县（2007 年）
- ◆广西壮族自治区民族团结进步先进集体（2008 年）
- ◆广西壮族自治区 2001 — 2010 年扶贫工作先进单位（2011 年）
- ◆广西壮族自治区人口和计生工作模范县（2012 年）
- ◆广西壮族自治区首批特色文化产业项目示范县（2012 年）
- ◆广西壮族自治区“十佳休闲旅游目的地（县）”（2012 年）
- ◆广西壮族自治区平安建设先进县（2012 年）
- ◆广西壮族自治区“无邪教县”“无毒县”（2012 年）
- ◆ 2011 年— 2012 年平安广西建设活动先进县（2013 年）
- ◆广西壮族自治区“无毒县”（2013 年）
- ◆广西壮族自治区科普示范县（2013 年）
- ◆广西壮族自治区革命老区县（2013 年）
- ◆广西特色旅游名县创建县（2015 年）
- ◆群众安全感在全自治区 111 个县区排名第一，成为广西最平安的县区（2016 年）
- ◆自治区文明城市荣誉称号（2017 年）
- ◆第二批全区民族团结进步创建活动示范县（市、区）（2017 年）
- ◆群众安全感自治区排名第二，桂林市排名第一（2017 年）
- ◆龙胜红糯被农业部认定为国家地理标志性农产品（2017 年）。这是继龙胜凤鸡、翠鸭、龙脊茶、龙脊辣椒、地灵花猪之后，龙胜的第六个国家地理标志性农产品

龙胜温泉 （温泉旅游有限公司 供稿）

数字龙胜（2017）

◆行政区划面积：2538 平方千米
◆乡镇：10 个
◆村：119 个
◆村民小组：1656 个
◆全县人口：172482（不含外出务工半年以上人口）。
◆人口自然生长率：3.54‰
◆粮食作物播种面积：10701 公顷
◆粮食总产量：6.31 万吨
◆罗汉果种植面积：2000 公顷，总产量：2.40 亿个
◆水果总产量：9.84 万吨
◆肉类总产量：11837 吨
◆水产品总产量：860 吨
◆林地面积：178013.62 公顷；森林蓄积量：1564.77 万立方米
◆森林覆盖率：79.12%
◆地区生产总值：66.63 亿元
◆农林牧渔业产值：19.11 亿元
◆工业总产值：66.01 亿元
◆全社会固定资产投资：56.40 亿元
◆社会消费品零售总额：9.97 亿元
◆财政收入：4.53 亿元（不含上级补贴）
◆全县金融机构年末存款余额：57.82 亿元
◆农村居民年人均可支配收入：10572 元
◆城镇居民年人均可支配收入：31172 元
◆水电站总装机容量：32.95 万千瓦
◆全年完成发电量：108981 万千瓦时。
◆村公路通车率：100%
◆村民小组电视人口覆盖率：100%
◆国家级自然保护区：1 个（花坪国家级自然保护区）
◆国家级森林公园：1 个（温泉森林公园）
◆国家 AAAA 级旅游区：2 个（龙脊旅游风景区、温泉景区）。当年全县接待国内外游客 777.36 万人次，旅游总消费 83.38 亿元。
◆滑石矿储藏量：约 6600 万吨
◆全县注册登记的规模以上工业企业：22 家。
◆普通中学：3 所，其中高中 1 所，在校学生 2159 人，专任教师 150 人。初中 2 所，在校学生 4464 人，教职工 322 人。
◆小学：10 所，教学点 53 个，在校学生 10059 人，教职工 796 人。
◆幼儿园：19 所，入园人数 4815 人。
◆医疗卫生机构：173 所，病床床位 500 张。

注：以上数据多数来自县统计局统计年鉴，少数为有关单位上报数据。

晨雾中的县城　　（县新闻中心　供稿）

脱贫攻坚

2017 年 1 月 22 日，中共桂林市委书记、市人大常委会主任赵乐秦（前排左五）在县委书记周卉（前排左二）、县长吴永合（前排右一）陪同下到龙脊镇金江村贫困户潘德干家进行扶贫调研　（县新闻中心　供稿）

2017 年 9 月 11 日，中共桂林市委书记、市人大常委会主任赵乐秦（前排中）在县委书记周卉（前排左一）、县长吴永合（右一）陪同下到龙脊镇金江村进行扶贫调研　（县新闻中心　供稿）

2017年7月28日，县委、县政府召开全县脱贫攻坚工作推进会议 （县新闻中心 供稿）

2017年12月4日，龙胜各族自治县与广东省肇庆市高要区签订扶贫协作框架协议

（县扶贫开发办公室 供稿）

2017 年夏，县委书记周卉（前排中）在乐江乡调研柑桔生产情况　（乐江乡　供稿）

2017 年 8 月 2 日，县委书记周卉（右二）在龙脊镇江柳村贫困户调研　（龙脊镇　供稿）

2017 年 1 月 5 日，县长吴永合（左一）在全国林业厅局长会议上做扶贫工作专题发言

（县扶贫办公室　供稿）

2017 年 3 月 27 日，县长吴永合（左二）在三门镇安康村贫困户调研　（县扶贫办公室　供稿）

2017 年 4 月 7 日，县人大常委会主任粟宁群（左一）在瓢里镇上塘村入户进行扶贫调研

（县新闻中心　供稿）

2017 年 6 月，县政协主席杨桂姬（左一）在乐江乡西腰村调研　（县政协办公室　供稿）

2017 年 3 月 21 日，县委书记周卉（前排左三）、县长吴永合（前排左四）、县委副书记黄健（前排左二）在龙脊大道工地调研　　（县新闻中心　供稿）

2017 年龙胜大力发展民族旅游业。图为龙脊镇大寨村扶贫旅游分红现场　　（县新闻中心　供稿）

泗水乡周家村扶贫产业——菊花种植　　（潘志祥　供稿）

百香果丰收待运　　（县新闻中心　供稿）

伟江乡甘甲村梅花鹿养殖户丰收　（水库移民局　供稿）

伟江乡农户三木药材丰收
（县新闻中心　供稿）

伟江乡南山萝卜丰收
（县新闻中心　供稿）

平等镇小江村西红柿丰收

（县新闻中心　供稿）

马堤乡哈密瓜丰收

（马堤乡　供稿）

龙胜镇都坪村罗汉果丰收

（县农业局　供稿）

泗水乡周家村开展旅游扶贫。图为瑶族群众与游客跳团圆舞　　（县新闻中心　供稿）

龙脊镇平安村旅游扶贫分红　　（县新闻中心　供稿）

贫困屯——乐江乡三所屯新貌　　（乐江乡　供稿）

重点扶贫工程——龙脊景区至潘内景区旅游大循环路在建设中 （县交通局 供稿）

平等镇甲河村至流璃村扶贫公路峻工 （县交通局 供稿）

2017 年 6 月，桂林市"部级优课"展播暨扶贫支教活动在龙胜开展 （县教育局 供稿）

2017年8月,龙胜召开贫困人口“因病致贫”“因病返贫”调查工作推进会　（县新闻中心　供稿）

位于县城北岸的扶贫移民安置小区——老乡家园峻工　（县档案史志局　供稿）

瓢里镇举行扶贫移民易地搬迁老乡家园交房仪式

（瓢里镇　供稿）

乐江乡陇方组贫困户吴通献喜迁新居

（县新闻中心　供稿）

龙胜风光

县城一景 （潘志祥 供稿）

南山冬景 （县新闻中心 供稿）

龙脊春晓（航拍）　（潘志祥　供稿）

金秋龙脊　（县新闻中心　供稿）

夏日龙脊　（潘志祥　供稿）

龙脊冬景　　（县新闻中心　供稿）

南山雪景　　（伟江乡　供稿）

龙脊峡漂流　　（县新闻中心　供稿）

通车后的桂三高速龙胜段三景

（县新闻中心　供稿）

民族节庆

2017 年农历七月十四，伟江乡第三届苗族"跳香节"歌舞表演　（伟江乡　供稿）

2017 年农历六月二十四，乐江乡地灵村侗族"关公节"歌舞表演　（县新闻中心　供稿）

2017 年农历二月十五，乐江乡宝赠村侗族"祭萨节"　（县新闻中心　供稿）

乐江乡宝赠村侗族传歌节
（乐江乡　供稿）

瓢里镇瓢里村第六届鱼宴节龙舟赛　（瓢里镇　供稿）

平等镇龙坪村侗族织布节纺纱表演　（平等镇　供稿）

泗水乡红瑶红衣节节庆活动　　（潘志祥　供稿）

2017 年正月初六，平等镇广南村侗族“鼓楼节”

（县新闻中心　供稿）

2017 年农历六月六，龙脊镇大寨村瑶族“晒衣节”织布展示　　（县新闻中心　供稿）

2017年11月25日，平等镇琉璃村弄易屯瑶族文化节

（县新闻中心　供稿）

龙脊镇马海村壮族“辣椒节”

（县新闻中心　供稿）

龙脊镇黄洛屯红瑶“长发节”梳发表演　　　（县新闻中心　供稿）

第六届龙脊梯田文化节芦笙表演 （县新闻中心 供稿）

第六届龙脊梯田文化节“多耶”舞
（县新闻中心 供稿）

龙脊镇龙脊古壮寨开耕节“抢鸭赛”
（县新闻中心 供稿）

目　　录

特　　载

大 事 记

龙胜概貌

中国共产党龙胜各族自治县委员会

龙胜各族自治县人民代表大会

龙胜各族自治县人民政府

中国人民政治协商会议龙胜各族自治县委员会

纪律检查和行政监察

人民团体

法　治

军 事

经 济

经济管理与监督

城乡建设·市容管理·环境保护

教育·科技

文化·体育

医疗卫生和计划生育

社会生活

乡镇概览

先进表彰

附 录

索 引

Contents

People's Government of Longsheng Autonomous County of Various Nationalities

Longsheng Autonomous County of Various Nationalities of CPPCC

Disciplinary Inspection & Administrative Supervision

Mass Organization

Rule of Law

Military

Economy

Urban & Rural Construction, City Appearance Management & Environmental Protection

Education & Technology

Culture & Sports

Medical & Health & Family Planning

Civil Life

Township Profile

Advanced Commendation

Appendix

Indexes

特　　载

2017 年 11 月 2 日，龙胜县委召开全县学习贯彻中共十九大精神大会　　（县新闻中心　供稿）

以习近平新时代中国特色社会主义思想为指引 为全面打赢脱贫攻坚战、建设中国生态旅游强县而奋斗

——在县委十四届三次全体(扩大)会议第一次全体会议上关于县委常委会工作的报告

中共龙胜县委书记:周　卉

(2018年1月8日)

县委书记周卉做工作报告

(县新闻中心　供稿)

同志们:

下面,我受县委常委会委托,向全会作工作报告。

县委十四届二次全会以来,在桂林市委、市政府的正确领导下,县委常委会团结带领全县各级党组织、广大党员和干部群众,深入贯彻落实党的十八大,十八届三中、四中、五中、六中、七中全会精神,深入学习宣传贯彻党的十九大精神,坚持以习近平新时代中国特色社会主义思想为指导,统筹推进"五位一体"总体布局和协调推进"四个全面"战略布局,全面落实自治区第十一次党代会、桂林市第五次党代会和县委十四届二次全会的决策部署,紧紧围绕"生态立县、绿色崛起"的发展理念,坚持"生态、旅游、扶贫"发展思路,按照"龙胜全域旅游大景区、有机食品大园区"的建设要求,聚焦脱贫攻坚,强化措施,勠力同心,全县经济建设、政治建设、文化建设、社会建设、生态文明建设以及党的建设取得了明显的成效。

一年来,县委常委会主要抓了以下几个方面的工作:

一、强化政治责任和政治担当,坚决维护以习近平同志为核心的党中央权威和集中统一领导

县委常委会以高度的政治自觉和政治责任做好迎接学习宣传贯彻党的十九大各项工作,并作为主线贯穿全年工作全局,积极配合完成了我县推荐提名广西出席党的十九大代表候选人工作。组织开展系列宣传活动,举办各类民族节庆活动,以昂扬向上的精神风貌和热烈隆重的舆论氛围喜迎党的十九大。十九大胜利闭幕后,第一时间作出部署安排,及时组织学习、传达、宣传、贯彻,通过开展领导干部带头学、邀请专家辅导学、文艺搭台巡回学、立足岗位实践学等系列活动,在全县上下迅速掀起了学习宣传贯彻党的十九大热潮。

我们始终高度重视理论武装工作,突出领导干部这个"关键少数",抓好全县各级党委(党组)中心组和科级以上领导干部的理论学习。县委常委会以身作则,率先垂范,每月定期开展集体学

习，坚持把学习贯彻党的十九大精神和习总书记视察广西重要讲话精神与龙胜实际紧密结合起来，力求学懂、弄通、做实，不断增强贯彻落实的思想自觉、政治自觉和行动自觉。开展理论学习“进机关、进社区、进农村、进企业、进学校”活动，全县各级党组织和广大党员干部“四个意识”和“四个自信”进一步增强，更加自觉地在思想上政治上行动上同以习近平同志为核心的党中央保持高度一致，为打赢脱贫摘帽攻坚战和建设中国生态旅游强县提供了坚强的思想保障。

我们始终坚持学以致用、学用结合，将习近平新时代中国特色社会主义思想和党的十九大精神的新要求新部署，与推动龙胜事业发展的实际行动结合起来，与完成年度目标任务结合起来，与系统科学谋划龙胜今后发展结合起来，在打赢脱贫摘帽攻坚战、打好生态牌、发展循环经济、打造精品农业、建设美丽龙胜、全面从严治党等方面，创造了许多成功的经验和工作亮点，开创了龙胜发展的新局面。

二、全力克难攻坚，“脱贫攻坚战”取得重大胜利

认真贯彻落实习近平总书记精准扶贫、精准脱贫战略思想，牢固树立“四个意识”，坚持把脱贫攻坚作为最大的政治责任、最大的民生工程和最大的发展机遇，按照“准、实、严”的总标准和“精准扶贫、不落一人”的总要求，扎实推进“七个一批”和“十大行动”，成效显著。一是全面落实工作责任。强化党政“一把手”负总责的脱贫攻坚责任制，健全各级各部门脱贫攻坚责任制，并把打赢脱贫摘帽攻坚战作为向习近平同志为核心的党中央对表看齐的实际行动和重大的考验，坚决兑现向党和17万各族群众立下的“军令状”。二是狠抓资金投入和管理。加大资金投入力度，全年预算安排本级财政专项扶贫资金1682万元。科学统筹整合涉农资金4亿多元，保障了集中资源打赢脱贫攻坚战。三是扭住产业扶贫、旅游扶贫、教育扶贫、健康扶贫、精神扶贫发力点。着重发展贫困人口受益的产业，确定了中草药材、富硒生态水果、富硒高山蔬菜、特色品种养殖、富硒茶叶以及乡村旅游、特色林业为全县“5+2”扶贫产业。打造“精品农业”，有机产品和国家地理标志农产品成为群众增收致富的新引擎。积极引导贫困群众以特色民居、梯田、林地入股合作的方式，走出了“景区辐射”、“支部引领”、“党员带头”、“能人带动”等为主要模式的旅游扶贫新路子。以“不让一个孩子因为贫困而失学”为宗旨，打好资助、补助、减免、关爱、服务等组合拳，教育阻断贫困“代际传递”成效初步显现。加大健康扶贫保障力度，坚决预防因病致贫、因病返贫。从2017年起，建档立卡农村贫困人口患病住院费用享受各类保障政策措施后实际报销比例达到90%以上。积极创建国家健康扶贫工程示范县，市县乡医联体、医共体（新增）建设不断加快，极大促进了我县的健康扶贫工作。深入开展感恩教育，贫困户内生动力不断增强。四是破解易地扶贫搬迁难点。采取分散安置为主和集中安置为辅的方式推进易地扶贫搬迁工作，并实行联系点领导“八包”责任制，推动了安置点工作的有效落实。五是扎实推进以水、路、房、网和公共服务设施为主的基础设施建设，贫困村的基础设施水平持续提升。全县119个行政村全部通水泥路，生态旅游大环线主干道基本打通，桂三高速公路顺利通车，龙胜逐步融入桂林1小时“经济圈”。安全用水、安全用电得到进一步改善，网络通讯基本实现了村屯全覆盖。六是抓好党建促脱贫工作。实施引领带动、内在推动、保障促动“三轮驱动”战略，创新推出在开篇谋局上做实“3好”、在分类推进上注重“2好”、在长效机制上突出“5好”的“10好”[1]党建引领脱贫模式，有效把党组织优势转化为脱贫攻坚的优势。特别是建立党建服务站、整合第一书记力量建立临时党支部等，成效明显、特色鲜明。

三、全力夯实基础，“发展新走势”保持稳中有升

我们坚持以发展为第一要务，统筹抓好产业优化升级、重大项目建设和城乡一体化发展，着力

强优势、补短板、上水平，全县综合实力保持健康有序的良好态势。初步预计，2017年，全县实现地区生产总值66.12亿元，增长7.0%；组织财政收入完成4.52(更新)亿元；固定资产投资56.19亿元，增长15%；社会消费品零售总额9.99亿元，增长11%；城镇居民人均可支配收入31172元，增长9%；农村居民人均可支配收入10630元，增长11%。

（一）抓产业、促升级，发展质量进一步提高。牢固树立一二三产融合发展的理念，推动现代农业、生态工业、文化旅游等特色产业互促发展。一产方面，讲好优质农产品背后的故事，大力发展“两茶一果加特色养殖”产业(新增)，着力打造龙胜“生态+”、“高山+”、绿色、有机等品牌，无公害、绿色和有机农产品成为龙胜“生态经济”的一张靓丽名片。突出新型经营主体培育、发展名优水果，百香果、猕猴桃、沃柑成为群众增收的新支撑。深耕农业文化，龙脊梯田系统正式入选“全球重要农业文化遗产”。二产方面，坚持走科技含量高、经济效益好、资源消耗低、环境污染少的工业发展之路，突出抓好以滑石为主的工业经济。加大对滑石产品研发、技术创新和技术改造的投入，产品竞争力不断增强。统筹做好中国红玉(龙胜鸡血玉)、紫龙玉和工业硅(去掉)、竹木加工、农产品加工等传统产业，有效实现了工业经济的提档升级。三产方面，加快以旅游业为龙头的第三产业发展。以广西特色旅游名县复核为契机，扎实推进旅游基础设施、旅游业态、旅游管理等工作，我县以第一名成绩高质量通过广西特色旅游名县复核验收工作，全域旅游建设步伐加快。启动和新建了各族文化园、金江村江边组民宿等一大批景区景点，精品路线加快推进。旅游基础设施项目有序推进，其中龙脊景区大循环路实现了应急通车，成功缓解了多年来龙脊景区黄金周游客拥堵的问题。创新旅游产品，生态观光游、健康养生游、乡村体验游、森林探秘游、红色文化游等一批旅游业态蓬勃发展。预计2017年全县接待游客量达739.77万人次，旅游总消费达77.48亿元。

（二）抓项目、扩投资，发展基础进一步稳固。继续发挥项目撬动经济发展的杠杆作用，落实县领导联系重大项目制、项目指挥长终身负责制和项目推进汇报会制度，强化项目规划、审批、土地、资金等要素保障，促进了重大项目的有序推进，产生了项目建设带动基础提升和发展变化的“联动效应”。2017年，全县统筹推进重大项目和重大工作73项，其中区级层面重大项目超额完成任务。

（三）抓建设、重管理，城乡面貌进一步改善。坚持以打造宜居、宜业、宜游家园为目标，统筹推进城乡建设，让全县人民在共建中享有更多的获得感和幸福感。坚持创城为民、创城惠民，大张旗鼓地开展自治区文明城市创建活动。2017年7月，我县被评为自治区“文明城市”。更加突出软环境建设、社会风尚建设、公民素质建设、城市文化建设，顺利通过了全国文明县城复核。不断拉大县城框架，完善县城功能。对盛园路、仰寨棚户区改造项目进行了规划设计，制定了棚户区改造实施方案及补偿方案，确保了各项工作的有序推进。严把规划关，整齐划一和民居特色进一步彰显。加强传统村落工作申报，19个行政村列入中国传统村落名录。“美丽龙胜·宜居乡村”建设工作扎实推进。农村厨房、厕所、养殖场、垃圾污水处理基础设施明显改善。重拳出击整治“两违”，强力整治非法营运三轮摩托车，市容市貌有了新改观，赢得群众的普遍赞誉(去掉，表述不客观)。加强特色小镇建设，龙脊镇作为桂林市唯一乡镇被授予“广西首批养生养老小镇”荣誉称号。

四、全力守护生态，“美丽龙胜蓝”得到新的彰显

强化绿水青山就是金山银山的意识，坚持“环境就是民生，青山就是美丽，蓝天也是幸福”的理念，打好生态保卫战，不断厚植绿色发展优势，天蓝、地净、山绿、水清、空气清新的“龙胜蓝”更加凸显。强化环保责任落实。把环保工作任务和目标纳入全县绩效考核体系，实施“党政同责、一岗双责”。并建立奖惩机制，实行“一票否决”，形成了“政府为主体、环保部门统一监督管理、相关部门齐抓共管，企业守法经营，全社会共同参与”大环保格局。加大生态保护的力度。在开展“控违打非”、禁止采沙、禁伐天然阔叶林、禁止新建水电站的基础上，2017年在全县范围内开展禁渔行动，推动生态环境持续向好。完善生态保护体系。全面实施大气、水、土壤污染防治，成效明显。空气优良天数逐年增加，空气综合指数排名全市第一。水质达标，农村垃圾得到妥善处理，滑石厂、采石场等重点行业的污染物排放得到有效控制。全面推行河长制，实现了河道的长效管理与保护。继续开展生态创建，打造生态创建示范点。3个乡镇和2个行政村分别获得自治区生态乡镇和生态村命名。

五、全力破解瓶颈，“改革源动力”不断激活焕发

我们坚持把改革作为破难题、促发展、惠民生的关键一招抓紧、抓好、抓到实处。全县9项重点改革任务全面落实，富有成效。扎实推进金融改革，“三农金融服务室”实现行政村全覆盖，信用户、信用村、信用乡（镇）创建面分别达到40%、35%、35%以上。着力推进价格机制改革，景区景点的价格更加明晰规范。加快推进不动产登记工作，不动产登记办理时间明显缩短，工作效率进一步提高。全面做好教育综合改革，聘请常年法律顾问，确保了教育系统运用法律引导和保障教育改革发展。加强教科研改革，中考、高考成绩实现了历史性突破。稳步推进群团改革，工会、团委、妇联改革方案均按照规定要求出台下发。公安改革、司法改革、医疗改革、供销改革等工作顺利推进，对全县的发展起到了明显的带动作用。

六、全力为民利民，“社会保障网”日益织密加厚

我们深入贯彻以人民为中心的发展思想，始终把保障和改善民生作为一切工作的出发点和落脚点，努力让发展成果更多更公平地惠及广大群众。严格落实各项惠民政策，紧盯政策争取民生项目，持续加大民生投入，实现了民生改善的力度与加快发展的速度同步提升。认真落实教育优先发展战略，稳步改善办学条件，各类教育均衡协调发展。夯实教育基础，民族中学教学综合楼、龙胜中学学生宿舍楼、龙胜县扶贫移民小学、龙脊大道移民创业园教育园区等重点工程有序推进。实行新一轮更加积极的就业政策，全县城镇新增就业、城镇失业人员再就业、就业困难人员再就业、农村劳动力转移就业成绩显著。深入推进农村低保制度与脱贫攻坚有效衔接，超额完成了自治区下达的两项衔接绩效任务。认真开展医疗救助工作，极大缓解了困难群众看病难的问题。加大村级公共服务中心建设力度，率先在全市实现村级文化服务中心全覆盖。深入做好文化传承工作，完成了我县第一个红瑶服饰制作技艺传习基地建设并投入使用。开展精准化排查矛盾、精细化解决纠纷、精确化打击违法犯罪“三化”行动，社会持续稳定，群众安全感满意度总体排名全区前列。“七五”普法工作全面推进，人民群众司法感受明显提升。进一步落实安全生产责任制，加强安全生产行政执法和事故隐患排查治理，安全生产形势持续稳定好转。科技、科协、体育、新闻出版、防灾减灾等社会事业全面发展。

七、全力建强堡垒，“党建伟大工程”实现全面提升

我们坚持党要管党，从严治党的原则，坚持抓好党建是最大政绩的理念，以强烈的担当精神，聚焦主业，全面推进党的思想、组织、作风、制度和反腐倡廉建设，切实提升了党的执政能力和执政水平。

（一）推进“两学一做”学习教育常态化制度化。按照基础在学、关键在做的要求，深化拓展“七学”[2]模式和“五做”[3]工程，使学习教育学在日常、严在经常、做在长远，真正做到内化于心，外化于行。特别是去年党员干部在抗洪救灾过程中展现出的“我们在一起”的精神，是我县广大党员干部践行“两学一做”的生动实践。突出示范引领，县委常委带头上党课、带头参加支部活动，带头整改问题，推动了全县各级党组织落实“三会一课”制度，党员干部的作风持续好转。

（二）切实抓好基层党建工作。坚持基层党建在打赢脱贫攻坚战、建设中国生态旅游强县中的引领作用，创新方式方法，解决基层党建重点难点问题。推进农村党组织“五化”[4]建设，打造了39个“星级化”农村党组织。采取“引”、“召”、“留”、“推”等办法，促进村级党组织高效有序顺利换届。稳步提升两新组织党组织覆盖率，严格执行联席会议制度，派驻党建工作指导员，促进两新党组织的有效运转。坚持把党组织建在产业链上，把党员聚在产业链里，把农民富在产业链上，全县建立党建服务站47个，在党建领航扶贫上发挥了积极的作用。对全县2400多名村干（小组长）进行了3天脱产培训，推动培训延伸到最基层。创新实施支部带强合作社、合作社带活空壳村、党员带动干事创业“三带”工程，全县119个行政村集体经济收入明显提高。

（三）突出抓好领导班子和干部队伍建设。坚持好干部“二十字”标准选拔使用干部，干部队伍活力进一步增强。坚持“五个一批”[5]使用干部，干部得到了多岗位、全方位的锻炼。推出以“讲”领学、以“派”见学、以“干”促学的“三位一体”干部教育培训链，干部教育培训的针对性和有效性进一步增强。加强干部工作圈、生活圈、社交圈的监督管理，形成了干部“三圈”监管合力。切实做好村党组织“第一书记”、“美丽广西”乡村建设扶贫工作队员的管理工作，特别对于区、市派出的第一书记，工作表现优秀的，以县委名义向其所在单位提出书面推荐函，极大地调动了干部干事创业的积极性。统筹推进各类人才队伍建设，干部人才队伍结构素质进一步改善。

（四）从严从实开展党风廉政建设和反腐败工作。深入贯彻落实中央八项规定精神“回头看”工作的要求，以永远在路上的精神状态抓好作风建设。认真抓好中央巡视“回头看”和桂林市第三巡察组反馈意见整改，共整改问题121条。认真查找“四风”突出问题特别是形式主义、官僚主义的新表现。坚持抓早抓小，自觉运用好四种形态尤其是前两种形态，把问题解决在萌芽状态。全年运用第一、第二种形态的比重达98%。采取“三逐一”核查方式开展扶贫领域监督执纪问责工作，为打赢脱贫攻坚战提供了坚强的纪律保障。大力推进县纪委派驻机构改革，实现58家县一级党和国家机关单位派驻全覆盖。全面动员部署推进国家监察体制改革试点工作，做到了按时间节点有序推进。坚持问责力度不减、尺度不松、节奏不变，全年共立案查处各类违纪案件121件，给予党政纪处分112人，移送司法机关2人，反腐败斗争压倒性态势形成并巩固发展，遵规守纪成为广大党员干部的一种习惯和自觉。

（五）不断强化宣传思想建设。深入开展“理论政策面对面”宣讲活动，推动了党的方针政策家喻户晓、深入人心。始终坚持党管意识形态，牢牢把握正确舆论导向，加强引导，有效发声，为改革发展稳定汇聚了强大正能量。积极培育践行社会主义核心价值观，加大对杨海英、龙美艳、韦美月等道德模范和先进典型的宣传力度。强化爱国主义教育和国防教育，习近平新时代中国特色社会主义思想和中国梦深入人心。借助各种媒体平台，实行全方位的宣传。全年在中央、自治区、桂林市党报党刊和电视台分别上稿766条和383条，龙胜作为桂林名片先后亮相2017年中央电视台春节联欢晚会和美国纽约时代广场，影响力和美誉度不断提升。

（六）积极推进民主政治建设。全力支持人大依法监督和立法工作（新增）、政府依法行政、政协参政议政、法检两院依法独立行使职权。坚持和完善民族区域自治制度，深入推进民族团结进步创建活动，推动了民族团结进步事业不断发展。高度重视国防动员和国防后备力量建设，不断强化党管武装工作，军地军民双拥共建工作成效明显。加强同各民主党派、工商联和无党派代表人士的团结合作，不断发展壮大爱国统一战线，积极做好共青团、妇联、工会、老干部、档案党史等工作，为龙胜持续发展汇聚起强大合力。

一年来，县委常委会高度重视加强自身建设，始终高举旗帜，坚定信念。在学习宣传贯彻党的十九大精神上作表率，在学懂弄通做实上当先锋，不忘初心、牢记使命，自觉做共产主义远大理想和中国特色社会主义共同理想的坚定信仰者和忠实践行者。始终坚持树立以人民为中心的发展理念，自觉在践行根本宗旨上带好头作表率，坚持把人民立场作为根本政治立场，把人民对美好生活的向往作为奋斗目标，从脱贫攻坚这件群众最关心、最直接、最现实的大事入手，强化责任担当，切实保障和改善民生，以实际行动赢得人民群众的支持拥护。始终坚持强化能力建设，增强辩证思维、战略思维能力，不断提高新常态下应对风险挑战、领导经济社会发展的能力，驾驭复杂局面、处理复杂问题的本领。始终坚持民主集中制，按规则议事、决策、办事，用好批评和自我批评武器，严肃党内政治生活，以县委常委领导班子的团结奋进，带动了全县各级领导班子和干部队伍的团结奋进。始终坚持以上率下，带头执行中央八项规定精神，带头严格自律，压紧压实主体责任和监督责任，推动了干部清正、政府清廉、政治清明。县委常委会全体同志密切配合、相互支持，勇于进取、敢于担当，形成了求真务实、团结奋进、一心干事的良好局面。

同志们，以上报告的是县委常委会一年来的主要工作。这些工作的顺利开展，是上级党委、政府正确领导的结果，是全县各级党组织和广大党员干部共同努力、艰苦拼搏的结果，也是各位委员、候补委员辛勤工作的结果。在此，我代表县委常委会，向大家表示衷心的感谢和崇高的敬意！

在肯定成绩的同时，我们也清醒地认识到工作中还存在一些问题和不足，主要表现在以下几个方面：沿河一带与高山一带发展不平衡、不充分的问题比较突出，基础设施比较落后；部分经济指标与计划预期存在一定差距，经济企稳回升、向好发展的基础仍需进一步巩固；财政收支矛盾突出的问题依然存在，加强财源建设、培植可持续财源仍需用劲加力；部分干部的理念、能力、作风与深化改革、创新发展的工作要求还有一定的差距；反"四风"任务仍然艰巨，从严治党还需紧抓不放。对于这些问题，县委常委会将高度重视，深入研究，认真加以解决。

希望同志们对县委常委会的工作提出意见和建议，帮助我们把工作做得更好。

2018 年工作安排

2018 年是贯彻党的十九大精神的开局之年，是改革开放 40 周年，是自治区成立 60 周年，也是实施"十三五"规划承上启下的关键一年，做好全县各项工作，任务艰巨，意义重大。

2018 年全县工作的指导思想是：深入学习宣传贯彻党的十九大精神，以习近平新时代中国特色社会主义思想为指引，按照全面建成小康社会各项要求，坚持稳中求进总基调，紧扣社会主要矛盾变化，全面落实新发展理念和高质量发展要求，围绕"生态立县、绿色崛起"的发展理念，坚持"生态、旅游、扶贫"发展思路，推进"龙胜全域旅游大景区、有机食品大园区"建设，努力推动全面从严治党进一步加强、经济发展质量进一步提高、社会事业进一步发展、群众生活进一步改善，在决胜全面建成小康社会道路上迈出坚实步伐，奋力谱写经济发达、民族团结、社会和谐、文化繁荣、山川秀美的中国生态旅游强县新篇章。

2018 年全县经济社会发展的主要预期目标是：地区生产总值增长 5%，力争 6%；财政收入增长 5%，力争 6%；固定资产投资增长 10%，力争 11%；社会消费品零售总额增长 10%，力争 11%；城镇居民人均可支配收入增长 8.5%，力争 9%；农村居民人均可支配收入增长 12%，力争 12.5%；旅游总消费增长 12%，力争 13%。

围绕以上目标任务，2018 年我们重点抓好以下几个方面的工作：

一、必须把学习宣传贯彻党的十九大精神作为当前和今后一个时期的首要政治任务

党的十九大在政治上、理论上、实践上取得了一系列的重大成果，就新时代坚持和发展中国特色社会主义的一系列重大理论和实践问题阐明了大政方针，就推进党和国家各方面工作制定了战略部署，是我们党在新时代开启新征程，续写新篇章的政治宣言和行动纲领。学习好、宣传好、贯彻好党的十九大精神，事关党和国家的全局，事关最广大人民的切实利益。全县各级党组织和广大党员干部要以强烈的政治责任感和历史使命感，把深入学习宣传贯彻党的十九大精神作为当前和今后一个时期的首要政治任务，切实把思想和行动统一到党的十九大精神上来，把智慧和力量凝聚到十九大提出的各项目标任务上来。一是要继续抓好学习大培训。紧密结合“两学一做”学习教育常态化制度化和即将开展的“不忘初心、牢记使命”主题教育，分级分类、分期分批开展全覆盖培训，不断强化“四个意识”和“四个自信”。二是要继续加强组织宣传力度。统筹理论宣传、新闻宣传、网络宣传、文艺宣传，拓宽宣传的广度和深度。三是要深入抓好贯彻落实。要按照习总书记在十九届一中全会上提出的“六个方面”的要求，结合各单位、各部门实际，在融会贯通、学以致用和解决问题上下功夫，全面抓好贯彻落实。

二、坚持抓好脱贫工作，努力在群众获得感上实现新突破

进一步强化责任担当，综合施策，深入推进脱贫攻坚和巩固已取得的脱贫成果，在稳定实现“两不愁、三保障”的基础上，努力实现已脱贫群众致富能力明显增强，享受更加和谐的安居乐业环境，享有更高的获得感和幸福指数。特别是要聚力深度贫困群众，坚决不留贫困“锅底”。我们要抓住关键重点，全面落实到位。一是要在产业扶贫上下功夫。继续抓紧抓实中草药材、富硒生态水果、富硒高山蔬菜、特色品种养殖、富硒茶叶以及乡村旅游、特色林业“5+2”扶贫产业，深入推进“有机＋扶贫”、“生态＋扶贫”、“电商＋扶贫”等扶贫新业态，确保群众稳定脱贫、持续增收。二是要在“四个坚持”上下功夫。要坚持旅游扶贫是“最具潜力”的扶贫模式，引导贫困户依托自然资源禀赋和民俗文化等特有的元素开展“参与式”扶贫，提升群众增收致富的后劲。要坚持教育扶贫是“最长远”的扶贫模式，进一步做好义务教育普及、学校基础设施建设、学生资助体系、教师队伍建设、职业教育提升等工作，阻断贫困的“代际传递”。要坚持健康扶贫是“最有获得感”的扶贫模式，深入推进医疗惠民项目，切实解决因病致贫、因病返贫的问题。要坚持精神扶贫是“最根本”的脱贫模式，深化感恩教育，解决贫困户等、靠、要“思想病”，不断提升贫困户的内生动力，推动“要我脱贫”向“我要脱贫”的根本转变。三是要在项目推进上下功夫。可以说，没有一批重大项目的强力支撑，就不可能有扶贫的好效果和群众的满意度。我们要牢固树立抓项目就是抓扶贫、抓项目就是抓发展的理念，以强有力措施推动项目建设。要继续落实项目指挥长负责制，推动工作落到实处。2018年要重点抓好生态旅游扶贫大循环线、潘内景区、泗水小镇、大型实景演出、瓢平二级公路等重点项目的建设，以一个个实实在在的项目带来看得见、摸得着的实惠。要进一步加大中央预算内项目的建设力度，全面做好涉农资金整合项目的推进工作。对进展缓慢的项目和新开工的项目，要加大督促力度，采取切实有效措施解决项目建设中的问题，推动项目建设顺利进行。要进一步做好重大项目储备工作。加大招商引资力度，超前研究和谋划一批重大项目，做好项目的包装，保持项目建设的连续性，推动投资和财税收入增长，带动全县经济社会的发展。四是要在脱贫攻坚的精准和合力上下功夫。继续坚持差异化、精细化、“滴灌式”帮扶，实现全面精准、力求早日脱贫致富。要凝聚各方力量，特别是要做好与广东高要区的扶贫协作，形成推动工作的强大力量。

三、坚持抓好生态保护，努力在生态农业、生态工业上实现新突破

一是强化生态保护。良好的生态环境是龙胜最大的优势和资本，关乎全县人民最根本的利益，涉及子孙后代的生存与发展，必须牢固树立和践行绿水青山就是金山银山的理念，要像保护眼睛一样保护生态环境，像对待生命一样对待生态环境，把不损害生态环境作为发展的底线，尊重自然、顺应自然、保护自然，让龙胜的环境更生态、更美丽。要深入实施“党政同责、一岗双责”制度，继续做好生态林、河道、梯田等自然资源的保护工作，加大矿山排污整治力度(新增)，严把建设项目环境准入关，严格执行“国家重点生态功能区”产业准入负面清单制度，切实守护好龙胜的生态环境。继续推动资源节约集约利用。坚持节约优先，树立节约集约循环利用的资源观，用最少的资源环境代价取得最大的经济社会效益。继续加强生态环境资源监测和评价，加大生态的宣传力度，培育生态文化、真正让绿水青山就是金山银山的理念内化于心、外化于行。二是推进生态农业。突出生态优势，深入实施“一品两带三区”示范工程，构建油茶、茶叶、罗汉果、凤鸡、翠鸭(新增)、百香果、猕猴桃、食用菌、柑橘等生态农产品示范带。推进土地规范有序流转，做强林下经济(新增)，发展多种形式的适度规模经营，培育和支持合作社、家庭农场、专业大户等新型经营主体，加快生态农业产业化进程。要利用农产品展销会和电子商务解决农产品“入市难”和“流通难”问题，建立“农工商一体化、产供销一条龙”的生态农业产业化体系，促进农村一二三产业融合发展。要加强生态农业基础设施建设，提升生态农业综合效应。做好有机食品培育，打造全县群众增收致富的新亮点。三是做实生态工业。在保护生态的前提下，实现有效益、有质量、可持续的增长。强力推进南山风电场二期开工项目建设、江底乡天霖甘泉水业基地项目建设，继续实施小水电站技术改造和电网升级改造，鼓励具备条件的滑石、木材加工企业通过技术改造提升产品质量和档次。大力发展民族传统工业，着重开发精炼茶油、龙脊茶饮料、草编、竹编、民族刺绣、民族服饰等民族特色旅游工业，变特色为优势。加大精准服务力度，促进小微企业升级，力争部分企业能够进入规模工业序列。加大继续抓好非公经济“两个健康”[6]，做好非公企业平台注册，不断提升非公经济持续发展水平。

四、坚持抓好全域旅游，努力在发展服务业上实现新突破

坚持把旅游业作为龙胜的支柱产业、核心产业、品牌产业和生命产业来打造，要以建设中国生态旅游强县、国家生态公园为目标，加快“全域大景区”建设步伐。以景区理念规划整个县域，以景点要求建设每个乡村，打造出“处处是景、时时见景”的龙胜大景区，推动全县旅游从“景点旅游”向“全域旅游”转变。要进一步推动旅游业与服务业、现代农业对接，使旅游业从“门票经济”向“消费经济”转化，推动产业融合发展。加快智慧旅游工程建设，完善大数据中心和电商平台，推进“一部手机游龙胜”。加大红色文化、民族文化、孝道文化的传承、保护和开发力度(新增)，切实把文化资源优势转化为旅游的优势、发展的优势。继续加大旅游项目的建设力度，不断完善旅游基础设施和公共服务设施建设，提升旅游的硬件水平。要全面推进国家全域旅游示范区的建设，高质量做好迎接自治区和国家的验收工作。大力发展信息服务、现代物流等产业，培育发展现代服务业新的增长极。

五、坚持抓好乡村振兴战略的实施，努力在城乡建设上实现新突破

重塑城乡关系，走城乡融合发展之路，是推进乡村振兴战略和城乡协调发展的必然要求，我们要按照“产业兴旺、生态宜居、乡风文明、治理有效、生活富裕”的高标准，统筹推进城乡协调发展。一是加快县城的发展。要围绕旅游业的发展需要加快老城区的改造和新城的开发，特别是要

结合棚户区改造、县庆项目建设、特色街区打造等工作在城市建设中融入先进元素和具有民族特色的个性元素，打造一批具有标志性、独创性、文化性和功能性的建筑精品；不断建立完善城市管理体制机制，进一步提高城市管理水平，大力塑造市民文明、环境优美、秩序井然的城市新形象。二是抓好农村工作。去年12月28日—29日，中央召开农村工作会议。会议指出，农业农村农民问题是关系国计民生的根本性问题。没有农业农村的现代化，就没有国家的现代化。农业强不强、农村美不美、农民富不富，决定着亿万农民的获得感和幸福感，决定着我国全面小康社会的成色和社会主义现代化的质量。我们一定要深刻领会其精神实质和丰富内涵，切实抓好农村工作。持续推进美丽乡村建设。不断巩固“清洁乡村”、“生态乡村”成果，深入开展“美丽龙胜、宜居乡村”建设。要重点推进“厕所革命”，带动改厨、改圈工作的全面落实。继续深入实施产业富民、服务惠民、基础便民专项活动，突出抓好水、电、路、网、通讯等基础设施建设，不断改善农村人居环境，提升群众的生活品质。切实做好坚持农村土地集体所有、坚持家庭经营基础性地位、坚持稳定土地承包关系的“三个坚持”，进一步壮大集体经济，建立符合市场经济要求的集体经济运行机制，确保集体资产保值增值和农民的广泛受益。切实培育壮大农村人才队伍，立足龙胜人才紧缺的实际，切实做好投资新农人、回乡新农人、科技新农人、电商新农人的引进和培育工作，为乡村全面(修改)发展提供人才支撑。继续深化农村精神文明建设，以文明家庭、文明校园等活动为载体，大力弘扬优秀传统文化，着力培育文明乡风，引导群众向善向上，塑造文明乡风，共建美好精神家园。三是持续抓好示范乡镇建设。要继续加大力度，全面完成第三批新型城镇示范乡镇“书记工程”(书记工程改成建设)，同时做好第四批示范乡镇的遴选和申报工作。要坚持示范乡镇建设与脱贫攻坚、现代农业示范区建设、全域旅游路线打造等方面结合起来，加快形成城乡一体、产城互动、全面融合的城镇化格局。

六、坚持抓好发展环境，努力在深化改革上实现新突破

推动高质量发展，根本之举在于深化改革。通过改革的发力，从根本上破除各类障碍，持续激发振兴活力。要深化供给侧结构性改革，积极推进“三去一降一补”。加快投融资体制改革，做大做强投融资平台，增强投融资能力和防范风险能力。深化农村产权制度改革，全面完成农村承包地确权登记颁证工作。进一步深化“放管服”改革，完善责任清单和责任动态调整机制。落实生态保护责任制，推进河长制改革，完善绿色考评体系。深入推进创新驱动发展，持续加强科技兴工、科技强农和科技惠民工作。继续推进文化、教育、旅游、卫生、脱贫攻坚等领域改革，释放出更多的改革红利。

七、坚持抓好社会事业，努力在改善民生上实现新突破

我们一切工作的出发点和落脚点都是为人民谋幸福，要坚持以群众对美好生活的需要为导向，抓住人民最关心最直接最现实的利益问题，既尽力而为，又量力而行，把难事办好、把好事办实。要优先发展教育，进一步提高教育质量，保障教育公平，办好人民满意的教育。不断提高就业水平和质量，完善社会保障体系，积极发展慈善、残疾人和老龄事业。加强医疗卫生保障，推进医联体建设，为群众提供更加优质便利的医疗卫生服务。扎实推进平安龙胜建设，加大矛盾调处力度，及时解决尤其是扶贫领域新发生的矛盾和问题。加强治安防控体系建设，扎实推进“雪亮工程”[7]，进一步减少违法犯罪的发生。持续推进“一村(社区)一法律顾问”工作，打破群众“信访不信法”的怪圈，引导广大干部群众运用法治思维和法治方式解决发展中的难点问题。着力强化企业安全生产主体责任，着力堵塞监管漏洞，进一步提升全县安全生产整体水平。全力抓好保障性住房、交通出行、文化需求、食品药品等群众关心关注的重点问题，使人民群众获得感、幸福感更加充实、更有保障、更可持续。

八、坚持抓好民主建设，努力在凝聚合力上实现新突破

坚持和完善人民代表大会制度，全力支持和保障人大依法行使各项职权。全力支持人民政协依法开展民主监督和政治协商，加强基层协商民主建设。坚持党对统战工作的领导，全面落实中央、自治区和桂林市党委关于统一战线的部署和要求。加强民主法制建设(新增)，依法管理宗教事务，维护民族团结、社会和谐的良好局面。充分发挥工会、共青团、妇联、工商联、残联、文联、红十字会、科协、关工委(新增)等群团组织的桥梁纽带作用，为全县的深化改革和经济发展发挥积极的作用。重视国防教育，加强国防后备力量建设，加强武警、消防和民兵预备役建设，深入推进"双拥"共建工作，推动形成同心协力、干事创业的良好社会氛围。

九、坚持抓好党的建设，努力在改善政治生态上实现新突破

党的十九大立足党和国家事业发展全局，提出了新时代党的建设总要求，对推进全面从严治党作出重大部署。迈向新征程，我们要毫不动摇坚持和完善党的领导，毫不动摇把党建设得更加坚强有力，全面推进党的建设新的伟大工程。

(一)站稳政治立场，始终把党的政治建设摆在首位。党的政治建设是党的建设的根本性建设，决定党的建设方向和效果。要树牢"四个意识"，坚定"四个自信"，坚决维护以习近平同志为核心的党中央权威和集中统一领导，真正做到政治上铁心、思想上坚定、行动上紧跟，全面融入血脉、植入灵魂。深入推进"两学一做"学习教育常态化制度化，精心组织开展"不忘初心、牢记使命"主题教育。严守党的政治纪律和政治规矩，坚决维护和尊崇党章。严格执行新形势下党内政治生活若干准则，增强党内政治生活的政治性、时代性、原则性、战斗性，自觉抵制腐朽思想的侵蚀，营造风清气正的良好政治生态。要加强党性锻炼，不断提高政治觉悟和政治能力，永葆共产党人政治本色。

(二)坚定理想信念，打牢党的建设的思想根基。理想信念动摇是最危险的动摇，理想信念滑坡是最危险的滑坡。要强化思想理论武装，深入理解和把握习近平新时代中国特色社会主义思想的科学体系、精神实质、实践要求，切实用习近平新时代中国特色社会主义思想武装头脑、指导实践、推动工作。切实抓好意识形态工作，夯实责任、守好阵地，坚持团结稳定鼓劲、正面宣传为主的舆论导向，大力宣讲龙胜好故事、传播龙胜好声音。积极践行社会主义核心价值观，广泛开展精神文明创建、道德实践和文化惠民活动，弘扬新风尚，激发正能量。

(三)注重德才兼备，建设高素质专业化干部队伍。政治路线确定之后，干部就是决定因素。要全面贯彻党的十九大对干部队伍建设提出的新要求，认真落实好干部标准，把紧把严政治标准这个硬杠杠，注重从政治忠诚、政治定力、政治担当、政治能力、政治自律五个方面"看干部"，坚持凭能力用干部、以实绩论英雄，完善考核评价机制，建立激励机制和容错纠错机制，切实为干事者撑腰、为负责者负责、为担当者担当。要进一步增强执政本领，坚持走出去与请进来相结合，进一步解放思想，对标先进，最大限度地调动党员干部干事创业的热情和激情。

(四)立足固本强基，扎实做好抓基层打基础工作。基础不牢，地动山摇，党的全部战斗力的基础在基层。要以提升组织力为重点，突出政治功能，强化问题整改，切实推动基层党建补短板、强基础、促提升。全面加强基层党组织和带头人队伍、党员队伍建设，关爱基层党员，扩大基层党组织覆盖面，加大软弱涣散基层党组织整顿力度，推动各类资源向基层配置。严格落实"三会一课"、述职评议、县委常委联系指导党建品牌等制度，推动基层党的建设全面进步、全面过硬。

（五）持续正风肃纪，切实抓好作风建设和反腐败工作。坚决贯彻落实习近平总书记关于进一步纠正“四风”、加强作风建设的重要批示精神，深入查摆整改“四风”新表现，锲而不舍抓好作风建设。认真落实“两个责任”，始终把纪律挺在前面，坚持无禁区、全覆盖、零容忍，坚持重遏制、强高压、长震慑，坚定不移惩治腐败。持续强化扶贫领域监督执纪问责工作，切实维护群众的切身利益。要完善权力运行制约和监督机制，深入推进纪律检查体制机制改革和监察体制改革工作，确保取得明显成效。要用好监督执纪“四种形态”，抓早抓小、防微杜渐。要深入开展政治巡察，提高政治站位，瞄准重点工作、重点问题、重点对象，高质量完成巡察任务。

同志们，新时代要有新作为、新状态要有新风貌。让我们更加紧密地团结在以习近平同志为核心的党中央周围，以党的十九大精神为指引，不忘初心、牢记使命，坚定信心、奋发有为，在全面打赢脱贫攻坚战，建设中国生态旅游强县上取得新的更大的胜利！

名词解释：

〔1〕“十好”党建引领脱贫模式：“落实好”大党建理念，“强化好”三心“精气神”，“压实好”工作责任，“建设好”各类党组织，“搭建好”促脱贫有效载体，“完善好”督查考核机制，“深化好”脱贫人才队伍机制，“推广好”内生动力激发机制，“健全好”资金保障机制，“注重好”阵地巩固机制。

〔2〕“七学”模式：集中“研学”、领导“带学”、巡回“讲学”、培训“助学”、典型“引学”、文化“悟学”、结对“送学”。

〔3〕“五做”工程：争做对党忠诚标兵、争做创建佳绩标兵、争做服务群众标兵、争做遵纪守法标兵、争做弘扬正气标兵。

〔4〕“五化”建设：推进农村党组织设置灵活化、组织生活正常化、管理服务精准化、工作制度体系化、阵地建设规范化“五化”建设。

〔5〕五个一批：脱贫攻坚选派一批、项目一线选派一批、招商一线选派一批、信访部门选派一批、重点岗位选派一批。

〔6〕两个健康：服务助推非公有制经济人士健康成长、非公有制经济健康发展。

〔7〕雪亮工程：以县、乡、村三级综治中心为指挥平台、以综治信息化为支撑、以网格化管理为基础、以公共安全视频监控联网应用为重点的“群众性治安防控工程”。

龙胜各族自治县人大常委会工作报告

在 2018 年 1 月 19 日龙胜各族自治县第十六届人民代表大会第三次会议上

龙胜各族自治县人大常委会主任　粟宁群

县人大常委会主任粟宁群做工作报告

（县新闻中心　供稿）

各位代表：

我受自治县人大常委会委托，向大会报告工作，请予审议。

2017 年工作回顾

在县委的坚强领导下，自治县人大常委会深入学习贯彻落实党的十八大和十八届三中、四中、五中、六中、七中全会精神，深入学习宣传贯彻党的十九大精神，紧紧围绕“生态立县、绿色崛起”的发展理念，依法行使职权，充分发挥地方国家权力机关作用，认真完成自治县第十六届人大二次会议确定的目标任务，各项工作取得了新进展、新成效、新突破。

一、紧扣中心，服务全县发展大局

常委会始终从全县发展的大局谋划和推进人大工作，依据人大工作定位和特点，主动融入，履职尽责，推动县委重大决策部署贯彻落实。

（一）始终坚持党的领导。常委会坚持党的领导与依法履职相结合，认真落实常委会党组向县委请示报告制度，主动把县委的决策部署贯彻落实到人大依法履职、开展工作的各方面和全过程，保证了党的领导、人民当家作主和依法治国的有机统一。县委高度重视并切实加强对人大工作的领导，印发了《龙胜各族自治县人大常委会机关主要职责、机构设置和人员编制规定的通知》（龙办发〔2017〕6 号），成立两个专委、组建新的工委，配强了人大机关干部，为新形势下加强和改进人大工作提供了保障，奠定了基础。

（二）强力助推脱贫攻坚。常委会按照县委的统一部署，全面落实领导责任和工作责任，全力以赴做好帮扶、协调、监督、指导和服务工作。一年来常委会领导班子及人大机关分别联系 4 个乡（镇）、7 个贫困村，联系帮扶贫困户 61 户，坚持按要求到所联系的泗水、平等、乐江、瓢里等乡（镇）进行协调、指导，突出抓好易地扶贫搬迁、产业发展、综合管理等工作；经常到联系村、帮扶贫困户家中走访，为联系乡（镇）、村、帮扶贫困户的发展出谋划策，促进乡（镇）在精准识别、精准帮扶等方面取得实效，切实做到扶真贫、真扶贫。人大机关加大对联系瓢里村的扶持力度，切实帮助贫困户解决生产生活困难。一年来,常委会共投入扶贫资金达70多万元,扶持所联系乡(镇)、村的道路硬化、文化综合楼等基础设施建设,帮助贫困户和农村专业合作社发展生产。

(三)依法做好人事任免。常委会坚持党管干部和人大依法任免干部的有机统一,严把拟任命人员任前谈心谈话、党组会征求意见、供职表态发言、颁发任命书、向宪法宣誓等关口,坚持任后听取履职报告、专项工作报告,进一步增强了被任命人员的责任意识和公仆意识。一年来,常委会共依法任免人大常委会和“一府两院”工作人员47人次,其中任职41人次,免职6人次;补选1名桂林市第五届人大代表。

(四)跟踪推进项目建设。常委会坚持以促进全县发展为己任,始终牢记职责和使命,全力支持重大项目建设。一年来,常委会按照县委重大项目建设的要求,充分发挥自身职能作用,通过听取项目建设情况报告、专题调研、组织代表视察等多措并举,对全县重大项目进行跟踪服务和推进。其中,跟踪推进的桂三高速公路顺利通车,龙脊大道、龙脊景区大循环路项目不断加快,推进了全县经济社会快速发展。

(五)助推民族文化传承与发展。常委会助力开展“龙脊梯田文化节”、侗族“祭萨节”、瑶族“晒衣节”和苗族“跳香节”等重大民族节庆活动;民族服饰设计与征集,民族歌曲整理和创作均达到预期效果,推进了中国生态旅游强县的建设步伐。

二、弘扬法治,积极推进法治龙胜建设

常委会坚持以推进社会主义民主法治建设、强化社会公平正义为己任,进一步加大法律监督力度,积极推进依法行政、公正司法和全民守法,为全面建成小康社会提供强有力的法治保障。

(一)启动地方立法,逐步完善自治条例。

1.突出龙胜特色,切实抓好《龙胜各族自治县自治条例》修订工作。把《龙胜各族自治县自治条例》修订列入2017年立法规划和年度工作重点。经县委批准,制定了《龙胜各族自治县自治条例》修订工作方案,成立了以自治县四家班子主要领导为组长的自治条例修订领导小组。常委会认真借鉴其他民族自治县自治条例修订案的经验,并通过召开座谈会、研讨会、征求意见会等方式,多渠道、多层次听取全县10个乡镇和30多个县直单位以及社会各界人士、老干部代表和部分人大代表的意见。向桂林市人大常委会征求意见,还聘请广西民族大学法学、民族学等方面的专家学者对《龙胜各族自治县自治条例》修订稿征求意见。同时多次到自治区人大民族委员会进行汇报、沟通、交流。常委会对各方面的修改意见和建议进行认真研究,特别是对重点内容深入调研、反复论证,并对《龙胜各族自治县自治条例》的内容作了较大修改。经过十次的修改完善,《龙胜各族自治县自治条例》(修订草案)基本形成,已通过自治区人大民族委员会的审查,按法定程序提交本次大会审议。

2.顺应新时代要求,启动《龙胜各族自治县民族民间传统文化保护条例》单行条例的立法工作。出台了相关立法工作方案,成立了立法领导小组,组建文本起草组和专家咨询组,充分发挥统筹、组织、协调作用,聚集各方力量共同推进立法工作。目前,《龙胜各族自治县民族民间传统文化保护条例》形成了初稿,已向自治区人大、市人大的相关委室征求意见,组织自治区立法专家和民族专家进行审议。

(二)开展执法检查,规范依法行政。坚持“少而精、重实效”的原则,选择与人民群众生活息息相关、社会关注度较高的法律法规进行执法检查。一年来,先后对《中华人民共和国行政诉讼法》《中华人民共和国食品安全法》《中华人民共和国义务教育法》和《中华人民共和国环境保护法》等法律的贯彻落实情况开展了执法检查和执法调研。其中,常委会把食品安全作为重大民生问题实施重点监督,使我县食品药品的安全监管机制进一步完善。同时提出了强化执法力度,进一步提升食品安全监管水平;加强企业法人培训,切实增强食品安全第一责任意识等建议，收到了良好的社会效果。

（三）强化司法监督，促进公正司法。加强对人民法院、人民检察院的执法监督，是司法为民、公正司法的重要保障。常委会对“两院”经常性开展执法监督和工作监督，开展人大代表旁听法院庭审工作，坚持每年听取和审议一次“两院”专题工作情况报告，并提出建议意见。通过听取和审议自治县人民法院关于司法体制改革的专项工作报告，提出了进一步简化立案流程、推进阳光司法、改善审判监督机制等建议。常委会还十分关注职务犯罪预防工作，将其列为视察检查的重点，要求自治县人民检察院进一步加大预防力度，增强预防和控制职务犯罪的能力。“两院”积极落实审议意见，改进工作，促进了公正司法，保障了社会稳定。

（四）加强普法教育，推进全民守法。认真组织开展选举任命人员向宪法宣誓活动，不断增强国家公职人员的使命感和责任感。积极承担宣传宪法责任，围绕“平安龙胜”创建等活动和“12.4国家宪法日暨全国法制宣传日”，督促指导相关部门开展普法宣传。组织代表对“七五”普法工作情况进行视察调研，针对普法工作中存在的宣传形式和内容单一、行政执法不够规范等问题，提出工作建议和要求，促进了普法工作有效开展。

（五）重视人大信访，维护和谐稳定。常委会把受理和督办群众来信来访作为关注民生、了解民情、反映民意的重要渠道，健全完善了接访、转办、督办、反馈工作机制，维护了群众的合法权益。坚持每月主动参加信访接待日活动，热情接待上访群众，耐心听取群众诉求，妥善解决群众问题。一年来共接待来访来信 43 批 129 人次，受理来信 39 件，对于所受理的来信来访都依照程序进行了妥善处理，为维护全县社会稳定发挥了积极作用。

三、突出重点，认真开展工作监督

常委会紧紧抓住我县经济社会发展中全局性、关键性问题开展监督，坚持以人民为中心，关注社会民生，强力推动共享发展。一年来，先后对滑石产业、精准扶贫等多个议题开展了专题监督。

（一）强化经济发展监督。面对国际形势复杂多变、国内经济下行压力加大的形势，常委会加强对县域经济发展重点领域的研判，通过听取和审议《自治县人民政府关于 2017 年 1 月—8 月国民经济和社会发展计划执行情况的报告》，开展全域旅游、交通发展、城乡建设、滑石产业等重大项目和支柱产业的专题视察调研，对存在问题提出意见和建议，为全县经济发展“把脉问诊”，出谋划策。

（二）强化民生项目监督。始终关注民生，找准监督工作的切入点，强化监督实效，增进民生福祉，不断提高百姓的幸福感和获得感。关注县城高位供水及县城几所初、高中供水问题，建议政府及相关部门采取有力措施加以解决；持续关注教育发展，着力推进改善办学条件，构建平安校园；围绕脱贫攻坚，加大对扶贫各项政策落实的监督力度，促进脱贫攻坚取得实效。

（三）加强全口径预决算审查监督。常委会加强对财政预算决算的审查监督，听取和审议《关于龙胜各族自治县 2016 年财政决算（草案）的报告》《关于龙胜各族自治县 2016 年度预算执行情况和其他财政收支的审计工作报告》《自治县人民政府关于2017年1月—8月预算执行情况报告》和《自治县人民政府关于 2017 年预算调整方案的报告》。依法审查批准了龙胜各族自治县 2016 年财政决算和 2017 年预算调整方案。结合视察调研中发现的新情况、新问题，建议自治县人民政府加强预算管理，全面实施规范、公开的全口径预算管理机制，创新和整合财政投入方式，完善绩效评价考核体系，发挥财政资金的杠杆作用，助推经济转型发展；加强依法理财，严格收支管理，提高财政资金使用效益；加强债务管理，建立良性举债机制和债务化解预案，防范政府性债务风险。自治县人民政府对常委会提出的审议意见高度重视，认真抓好整改落实，效果明显。

四、服务代表，充分发挥代表履职作用

常委会始终把代表工作作为基础性工作来抓，尊重代表主体地位，提升代表履职水平，切实发挥代表作用。

（一）强化培训，增强履职能力。注重把提高代表综合素质作为代表履职的基础，采取举办人大代表培训班、现场视察观摩、表彰优秀代表等形式，加强了对代表的培训工作。在十六届人大二次会议召开之际，举办了县人大代表集中培训班，就如何撰写人大代表议案、建议和意见进行授课，拓展代表视野，提升代表履职能力。

（二）优化服务，创造履职条件。坚持邀请代表参加视察调查、专题调研、执法检查等活动，拓宽代表的知情知政渠道。一年来，先后有9人次列席了县人大常委会议，有47人次旁听法院庭审现场，组织部分代表监督法院的执行工作。组织市、县人大代表对人民群众关注的热点难点问题、重点工程等进行专题视察12次；为基层人大代表订阅《广西人大》杂志，建立人大工作微信群，为代表依法履职创造了条件。

（三）完善机制，增强议案办理实效。坚持把代表议案建议办理作为保障代表依法履职的重要内容和落实代表监督职权的重要措施。采取常委会领导重点督办、"一府两院"领导牵头领办、部门单位负责承办、各工委对口督办等措施，切实加大了代表议案建议督办的力度。组织提建议的代表、承办单位领导深入到平安村、大寨村、县城民族中学、龙胜中学、实验中学和体育新城等实地督办代表建议的办理落实情况。通过督办，大寨景区新建了一个250个车位的立体停车场，有效缓解国庆黄金周停车难问题。一年来，常委会转办的46件代表建议意见全部办理完结，代表普遍感到满意。

（四）注重联系，加强对基层人大工作的指导。坚持常委会领导联系乡镇制度，结合脱贫攻坚等中心工作，指导和支持乡镇人大依法开展工作，督促乡镇完善了相关制度，规范了工作流程，为基层人大依法开展工作打下了坚实基础。认真贯彻落实常委会组成人员联系代表制度，畅通代表反映问题渠道，更加突出解决基层问题。

五、健全机制，切实加强自身建设

常委会把加强自身建设摆在重要位置，不断强化理论武装，改进工作作风，提高履职能力，努力打造务实为民、敢于担当、作风清廉的地方国家权力机关。

（一）加强思想建设，在深化学习中增强政治定力。坚持把思想政治建设贯穿始终，严守党的政治纪律和政治规矩，打实依法履职的思想基础。认真学习贯彻习近平总书记系列讲话精神，坚持把"两学一做"学习教育形成常态化，切实在思想上、行动上与党中央保持高度一致。坚持党组集中学习、党支部每月一次组织活动，使常委会组成人员政治定力和行动自觉增强，依法履职、服务大局的能力进一步提升。

（二）加强作风建设，在务实为民中展示良好形象。认真履行好党风廉政建设主体责任，坚决执行中央八项规定，努力改进调研视察、执法检查、专项视察、跟踪督办等工作程序，规范公务接待，减少"三公"经费支出，持续推进"四风"整治。支持县纪委派驻人大机关纪检组工作，做到人大工作和廉政建设同部署、齐推进，廉洁从政，务实为民。修订完善了《人大常委会议事规则》等规章制度和《人大机关财务管理》等机关管理制度，有力地推动了常委会各项工作依法、规范、有序开展。积极参与全县的重点项目建设、脱贫攻坚等中心工作，深入基层一线，督促落实进度，协调解决问题，推动当前各项工作顺利实施。

（三）注重理论研究，在强化宣传中营造浓厚氛围。常委会始终重视人大理论研究，广泛宣传人大制度，人大宣传影响力不断增强。一年来，我县在市级以上杂志、报刊、媒体发表文章8篇，其中《龙胜各族自治县人大常委会调研自然资源保护、传统建筑的保护与传承工作》荣获第十六届桂林市人大新闻三等奖，自治县人大机关被自治

区评为2017年度宣传人大工作二等奖。

（四）注重工作交流，在互相学习中提升能力水平。常委会坚持把加强对外交流作为创新人大工作的重要途径，组织工作人员带着课题外出考察、上门请教，吸取借鉴成熟的工作经验。一年来，先后赴贵州独山、湖南靖州等地学习制度建设、法律监督、预算审查等工作经验，拓宽了工作视野，学习了先进经验，提高了工作水平。同时，协助完成了全国人大和区、市人大及各地人大赴龙胜开展的调研视察任务。

各位代表，过去一年常委会取得的成绩，是县委坚强领导的结果，是常委会组成人员和全体代表共同努力的结果，是“一府两院”和各乡镇人大大力支持、积极配合的结果，也是社会各界和全县各族人民积极参与的结果。在此，我谨代表自治县人大常委会，向一直关心支持人大工作的各级领导、各位代表、各界人士表示衷心的感谢和崇高的敬意！

回顾去年的工作，我们深刻地体会到，做好人大工作必须坚持党的领导，必须坚持依法履职，必须坚持以人为本，必须坚持发挥代表作用，必须坚持务实创新。同时，我们也清醒地认识到，常委会工作与宪法和法律赋予的职责相比，与全县各族人民群众的期望相比，监督实效还需进一步增强，代表作用的发挥还需进一步提高，指导基层人大的力度还需进一步加大，常委会自身建设还需进一步加强等等。新的一年，常委会将认真改进自身工作的不足，更好地履行宪法法律赋予的职权。

2018年主要任务

各位代表，2018年是深入贯彻落实党的十九大精神开局之年，也是实施“十三五”规划承上启下的关键一年。在县委的领导下，自治县人大常委会坚持以习近平新时代中国特色社会主义思想为指导，全面贯彻落实党的十九大精神，认真落实县委十四届三次全会提出的目标任务，聚焦全县各族人民的诉求关切，切实履行宪法和法律赋予的职责，全力加快中国生态旅游强县建设步伐，不断开创人大工作新局面，为全面建成小康社会作出新的贡献。

一、坚持党的领导，推动全面发展

坚持党的领导，是人民代表大会制度不断发展和完善的基本前提，也是做好人大工作的根本保证。要始终把坚持党的领导贯穿于依法履职全过程，落实到人大工作各方面。

（一）坚持正确政治方向。坚持把学习贯彻党的十九大精神和习近平总书记视察广西重要讲话精神与龙胜实际结合起来，不断增强贯彻落实的思想自觉、政治自觉和行动自觉，不断增强“四个意识”和“四个自信”，坚决维护以习近平同志为核心的党中央权威和集中统一领导，确保党对人大工作的绝对领导落到实处。要主动围绕县委中心开展工作，不折不扣贯彻落实县委决策部署，坚持重大事项、重大问题向县委请示报告制度，及时通过法定程序把县委重大决策和重要意图变为人民群众的自觉行动，积极争取县委对人大及其常委会依法行使职权的直接领导和大力支持，为人大常委会开展工作创造良好的政治环境。

（二）坚持服从全县大局。要把带头贯彻执行县委决策部署作为人大工作的根本任务，紧扣党代会、“十三五”规划确定的目标任务和人民群众普遍关心、关注的热点难点问题，认真开展调查研究，适时作出决议、决定，积极回应人民关切，保证县委重大决策部署得到有效贯彻落实。

（三）坚持依法任免干部。坚持党管干部和依法任免相结合，严格按照法定程序和任免条件，做好人事任免工作。认真实施宪法宣誓制度，完善任前考核审查和任后监督评价机制，增强公职人员宪法宣誓意识和法律意识，促使国家机关工作人员勤政廉政。

二、强化依法履职，推动法治社会建设

根据新时代人大工作的要求，常委会将深入推进依法治国实践，努力在法治龙胜建设上找准

新亮点。

（一）完成监察体制改革试点任务。围绕全面推进依法治国、全面从严治党，落实好中央、自治区党委、桂林市委和县委关于国家监察体制改革试点决策部署，选举任命好自治县监察委员会组成人员，完成党委赋予的各项任务。

（二）加强法律法规监督。坚持依法监督、规范监督、科学监督，深入开展执法检查，着力推进法治政府建设。加大宪法法律宣传力度，积极开展执法检查，强化对公、检、法、司的工作监督和法律监督，维护社会和谐稳定。

（三）推动地方立法工作。进一步加强科学立法、民主立法、依法立法，有效发挥地方自治立法职能，集中精力完成《龙胜各族自治县民族民间传统文化保护条例》的制定。认真做好规范性文件备案审查。

（四）做好《龙胜各族自治县自治条例》宣传。《龙胜各族自治县自治条例》（修订草案）报自治区人大常委会获得批准后，要及时抓好自治条例的宣传和培训工作，使自治条例更好地促进全县经济社会发展。

三、强化监督职责，增强监督实效

常委会要坚持在监督中支持，在支持中监督，推进解决好新时代人民日益增长的美好生活需要和不平衡不充分的发展之间的矛盾，切实提高监督工作实效。

（一）关注经济监督，促进健康发展。听取和审议2018年上半年国民经济和社会发展计划执行情况，“十三五”规划实施情况中期评估报告；加强对宏观经济形势的研判，组织开展视察调研活动，注重发现存在的问题，查找分析问题的根源，提出可行性意见建议，促进计划的全面完成；强化重点工作监督，围绕经济发展方式转变、经济结构调整、项目建设、招商引资等重点工作，加大对龙胜发展不平衡不充分方面问题的监督力度，促进经济社会持续健康发展。

（二）创新财政监督，规范预决算执行。严格贯彻落实预算法，加强财政预决算审查监督。强化预决算编制的科学性、完整性和预算执行的严肃性，提高预算约束力，严禁超预算或无预算支出，减少预算的追加和调整。加大预算执行力度，提高预算执行效率。加强对预算执行的财政监督和审计监督，强化审计查出问题的整改落实和责任追究。推进财政支出预算绩效管理全覆盖，增强依法理财的自觉性。

（三）注重民生监督，回应社会关切。树立“监督就是支持、监督就是服务、监督就是促进”的理念，精选议题，改进监督方式。根据政府中心工作，精心确定监督工作重点，围绕扶贫开发、生态环保、美丽乡村、食品安全、文化教育、医疗卫生、就业保障、公共服务等民生事项进行调研，督促和支持“一府一委两院”及时回应群众关切，全力办好民生实事，不断提高公共服务的整体水平，努力让人民群众过上更好的生活。听取和审议精准扶贫、易地搬迁专项工作报告，对推行河长制、全域旅游重大项目、龙胜有机食品大园区建设、妇女儿童权益保护、少数民族文化保护与传承、城镇水源及供水等进行调研，对“一府一委两院”研究处理人大审议意见的情况进行跟踪监督。

（四）加强干部任后监督，切实增强服务意识。在政府组成部门中开展“向人民报告”活动、在被任命人员中开展工作评议、满意度测评等活动，重点抓好扶贫、旅游、环保以及教育、卫生计生、城乡建设等部门的评议工作，不断提高政府部门的服务质量和履职水平。

四、重视代表工作，在发挥代表履职作用上有新作为

坚持代表主体地位，不断丰富活动形式，积极拓宽民主渠道，切实保障人大代表的知情权、参与权、表达权和监督权。

（一）加强代表培训。县乡两级人大都要高度重视对代表的培训工作，今年将采取“走出去、请进来”多种培训形式，结合人大工作监督重点，举办以提高代表履职能力为主要内容的专题学习班，着力提升代表依法履职的能力和水平。

（二）搭建代表履职平台。加强代表履职平台建设，全面提升乡（镇）“代表履职活动中心”和村级（社区）“代表活动之家”，积极为代表依法履职创造条件。开展人大代表向选民述职活动，进一步增强代表履职的责任感。进一步规范代表列席县人大常委会会议，参与视察调研、执法检查、工作测评等工作，拓宽代表知情知政渠道，深入推进闭会期间代表履职活动规范化、常态化。

（三）加强服务和管理。不断完善代表议案建议办理机制，规范办理程序，继续推行代表建议办理公示制度，切实抓好代表重点建议的跟踪督办，提高办理质量和水平。评选表彰优秀人大代表建议和承办代表建议意见先进单位，树立榜样，带动全局。

（四）树立典型代表引路。注重宣传人大代表先进事迹，积极发挥代表作用，在人大代表中开展“讲代表故事”活动，总结经验，发现典型。

五、加强自身建设，提升履职能力

新的形势和任务迫切要求常委会组成人员和人大机关干部必须站在时代前列和实践前沿，努力建设一支政治素质高、履职能力强、整体形象好的人大干部队伍。

（一）加强学习，努力推动工作。要学懂弄通做实党的十九大精神，做到学思践悟，知行合一。要结合开展“不忘初心、牢记使命”主题教育，牢固树立强烈的责任意识和担当精神，牢记人大工作的使命和职责，尽职尽责、恪尽职守、敢于监督、善于监督，努力开创人大工作新局面。

（二）健全制度，规范履职行为。要适应新形势、新要求，坚持以制度办事，靠制度管人，着力加强制度建设。进一步完善《人大常委会议事规则》和人大机关办文、办会、办事等各项规章制度，严格议事程序，规范履职行为，增强工作实效。

（三）严于律己，建设廉洁机关。坚决反对“四风”，认真落实党风廉政建设责任制和领导干部“一岗双责”制，支持县纪委派驻人大机关纪检组工作，做到人大工作和廉政建设同部署，齐推进。

（四）重视宣传，营造良好氛围。要充分利用各类宣传阵地和新闻媒体，加大对人大制度和人大工作的宣传力度，全方位、多角度唱出人大制度好声音、讲出人大工作好故事、写出人大代表履职好新闻。另外，还要开展少数民族地区人大工作理论研究，提升人大工作理论水平。努力营造人民代表向人民负责、受人民监督的良好社会氛围。

（五）提高标准，主动做好服务。要加强对乡镇人大工作的指导，密切联系交流。要加强人大信访工作，努力维护群众合法权益。要在脱贫攻坚中使足干劲、下足功夫，不断拓宽精准帮扶实效。

各位代表，时代的重托光荣艰巨，人民的期待殷切厚重。我们将以习近平新时代中国特色社会主义思想为指导，全面深入贯彻落实党的十九大精神，在县委的坚强领导下，不忘初心，牢记使命，坚定信心，奋发有为，全面打赢脱贫攻坚战，为建设中国生态旅游强县作出应有的贡献！

政府工作报告

——2018 年 1 月 18 日在自治县第十六届人民代表大会第三次会议上

自治县县长　吴永合

县人民政府县长吴永合做工作报告

（县新闻中心　供稿）

各位代表：

现在，我代表自治县人民政府向大会作工作报告，请予审议，并请各位政协委员和列席会议的同志提出宝贵的意见和建议。

一、2017 年工作回顾

2017 年是党的十九大胜利召开之年，也是决战贫困、决胜小康的关键之年。过去的一年，在市委、市政府和县委的坚强领导下，在县人大、县政协和社会各界的监督支持下，我们面对严峻形势和特大洪涝灾害等诸多挑战，积极应对新情况、新问题，爬坡过坎，负重前行。2017 年全县地区生产总值完成 66.63 亿元，同比增长 6.43%；固定资产投资完成 56.39 亿元，同比增长 15.42%；组织财政收入完成 4.53 亿元；工业增加值完成 29.06 亿元，同比增长 5.5%；社会消费品零售总额完成 9.97 亿元，同比增长 10.7%；城镇居民人均可支配收入完成 31172 元，同比增长 9%；农村居民人均可支配收入完成 10572 元，同比增长 10.4%；城镇登记失业率控制在 2.39% 以内。

一年来，我们主要做了以下工作。

（一）抓重点、攻难点，脱贫攻坚成效显著

坚持打好脱贫攻坚战役，把脱贫攻坚作为最大的政治任务、最大的民生工程和最大的发展机遇，全县上下一心、全力以赴，脱贫攻坚取得显著成效。

组织有力，精准帮扶。成立县、乡、村脱贫攻坚作战指挥部，县级指挥部下设 10 个专责组，抽调 59 名精兵强将集中驻组办公。落实县、乡、村三级扶贫信息员 151 名，西部计划志愿者 52 名、脱贫攻坚志愿者 40 名，有效充实了基层精准扶贫工作队伍。安排 59 名贫困村第一书记、71 名“美丽广西”乡村建设扶贫工作队长、107 个帮扶单位 3687 名帮扶干部，对全县 7680 户贫困户和 3578 名贫困学生进行帮扶联系，形成“一帮一”“一帮多”“多帮一”的帮扶模式，实现帮扶全覆盖。采取党政“一把手”负总责的脱贫攻坚责任制，逐级落实帮扶责任，做到帮扶人人有责。建立县、乡、村三级脱贫摘帽挂图作战机制，对照脱贫摘帽各项指标，及时跟踪贫困人口，做到动态管理、持续帮扶。

措施完善，精准施策。制定并出台易地移民搬迁、特色产业发展、教育资助、医疗救助、金融支持等一系列精准扶贫政策，鼓励扶贫户干事创业。实施产业扶贫,确定中草药材、富硒生态水果、富硒高山蔬菜、特色品种养殖、富硒茶叶为全县扶贫主导产业,覆盖全县 71.53% 的建档立卡贫困户,累计发放产业奖补资金 1037.4 万元。实施旅游扶贫,引导贫困群众以特色民居、梯田、林地入股合作的方式,推进大寨、平安、龙脊、金江、周家、张家、甘甲等一批乡村旅游扶贫示范点建设,走出了一条旅游扶贫的好路子。实施金融扶贫,截至 2017 年底,扶贫小额贷款余额 1.28 亿元,贴息 537.92 万元,惠及 4248 户贫困户。实施基础设施建设工作,实现全县 119 个行政村全部通水泥路,有村级办公场所、村卫生室、农家书屋、宣传栏和文体设施,20 户以上自然屯全部通水泥路或砂石路。99.95% 的农户有安全饮用水。2017 年共硬化和新建通组道路 298 条 396 公里,维修通组道路 280 余条,建设桥梁 8 座 220 延米。实施易地移民搬迁工作,结合我县实际,采取集中安置和分散安置相结合的方式,全年投资达 4.75 亿元,共搬迁安置贫困户 2025 户 9251 人,特别是通过晴天大干、阴天抢干、雨天巧干,乐江、瓢里、三门、县城、伟江集中安置点建设创造了龙胜速度。培育村级集体经济,统筹资金 2950 万元支持 59 个贫困村发展集体经济,通过委托县农村发展投资有限公司代管经营优良项目,至 2017 年底贫困村集体经济收入均达到 2 万元以上。同时,深入开展教育扶贫、健康扶贫、精神扶贫等工作,并落实好低保政策,切实做到各项扶贫政策“不落一户、不少一人”。

重点突破,精准提效。县级预算安排财政专项扶贫资金 1682 万元,清理收回存量资金 3038 万元,整合使用财政涉农资金 4.03 亿元,统筹用于扶贫开发,重点投入到基础设施建设、农业生产发展、易地移民搬迁、村级集体经济、社会事业等方面,全县脱贫攻坚成效实现了新突破。受国家财政部邀请,龙胜县作为全国四个县广西唯一一个参会单位在关于财政支持脱贫攻坚工作座谈会上作典型发言,相关工作得到充分认可。2017 年,全县上下全力克难攻坚,按照“精准扶贫、不落一人”的总要求,变压力为动力,变被动为主动,顺利通过桂林市扶贫成效核验组、自治区第三方评估、自治区“四合一”考核组的扶贫核验工作,脱贫攻坚战取得了重大胜利。

(二)抓项目、扩投资,发展活力不断增强

坚持扭住项目建设“牛鼻子”,突显抓项目就是抓发展,抓投入就是抓后劲,努力实现全县经济社会持续快速健康发展。

深度谋划,强化项目要素保障。继续执行县领导联系重大项目制、项目指挥长终身负责制,推行“一个项目、一名领导、一个团队、一套机制、一抓到底”的制度,建立完善工作责任机制、联席会议机制、奖惩机制、督查工作机制以及银企合作长效机制。各部门形成合力,做好项目资金、土地、资源、环境、配套基础设施等要素保障,确保项目顺利推进。全年完成土地储备 1000 亩,收取土地出让金 1726.01 万元,两个城市批次农转征报批工作顺利通过自治区人民政府审核并获批复,切实为全县经济发展提供用地保障。

狠抓落实,力推项目进度建设。把重大项目建设作为稳投资稳增长的主要抓手,不断扩大投资规模,强力拉动县域经济快速增长。一是继续重点推进龙脊梯田风景名胜区大循环公路、桂三高速公路龙胜县城段出口连接公路、龙脊大道移民创业园教育园区、老乡家园庆新路易地移民搬迁工程安置楼、龙胜县扶贫移民小学(龙胜镇第二小学)、中医医院整体搬迁等 73 个重大项目和重大工作,其中,列入自治区层面重大项目 2 项,列入市级层面重大项目 9 项。桂三高速公路龙胜段已实现全面通车,龙胜正式加入大桂林 1 小时“经济圈”。二是启动 70 周年县庆项目建设,扎实开展龙胜多民族文化博物馆、民族公园以及潘内红瑶梯田景区等项目前期工作。

充实优化,提升项目储备水平。突出项目投资的前瞻性和计划性,做好项目储备与管理工作,增强固定资产投资和经济发展后劲。重点抓好重大产业、城建、交通、生态环保、旅游休闲为主的项目储备，完成国家重大项目系统的“三年滚动计划”项目录入334项，计划总投资180.81亿元；完成县域经济三年行动计划项目库建设，按照产业发展、基础设施、公共服务为重点统筹推进项目94个，计划总投资36.37亿元，实现经济社会全面协调可持续发展。

（三）调结构、促升级，特色产业不断壮大

坚持扶持特色农业品牌，突出体系完善、融合发展、品牌打造、农民增收，具有本地特色的现代农业明显增效。

农业基础体系更加完善。按照“有机食品大园区”的总体布局，“两茶一果＋特色养殖”和“一品两带三区”[1]的特色农业发展思路，全县建成现代农业示范基地达97个，其中，高标准建设龙脊休闲农业示范区、勇爱有机油茶示范区2个自治区县级示范区和龙胜镇平野河谷生态农业示范区、乐江地灵红糯农业示范区、泗水里骆林场秃杉特色示范区3个自治区乡级示范区。积极培育新型农业经营主体，新增农民专业合作社60个，全县合作社达337个；8家农业企业获得市级龙头企业称号；新增家庭农场13个，全县家庭农场达26个。举办各类科技培训班和科普讲座300余期，培训约1.2万人次，开播《农村科技新视界》栏目，播出茶叶、猕猴桃、凤鸡等种植、养殖科技培训约90期次。推广“公司＋合作社＋能人＋农户”发展模式，有力促进农业增产、农民增收。如龙脊镇里排组思阳美味猕猴桃专业合作社，通过与企业合作引导组织农户发展种植红阳猕猴桃135亩，年产果7万斤，总产值达60万元，仅此一项户均收入2.6万元。

特色生态产业更加融合。全年粮食总产量达6.45万吨，新造林14573亩，种植罗汉果3万亩、百香果1.5万亩，出栏凤鸡187万羽、翠鸭48万羽，特色养殖场达到67个，优质柑橘、猕猴桃、茶叶等多年生品种扩面提质，累计总面积达6.34万亩。水果产量达9.6万吨。龙脊辣椒、朝天椒、夏秋萝卜和越夏西红柿等高山特色蔬菜实现规模化种植。全年农业总产值达19.27亿元。县财政每年安排100万元农业产业风险基金，为农户产业发展保驾护航。

特色品牌增收更加凸显。稳步推进农产品“三品一标”[2]认证工作，继有机云耳、海松生态黄牛、扬之水有机茶叶之后，凤鸡、地灵花猪、青钱柳、野竹笋获得有机农产品认证，全县有机农产品总数达到8个；继龙脊茶叶、龙脊辣椒、凤鸡、翠鸭、地灵花猪之后，龙胜红糯成为第6个获得国家农产品地理标志认证产品。积极打造精品农业品牌，龙脊梯田农业系统继获得国家农业部授予的“中国重要农业文化遗产”称号后，顺利通过联合国粮农组织“全球重要农业文化遗产”评审。目前，全县农产品商标注册总数已达61个。构建多渠道农产品销售体系，继续实行农产品外销、包装、品牌申报等奖励政策，对农产品外销销售额达到一定规模的企业、合作社、流通大户给予奖励，上年度补助资金达38.6万元。

（四）抓龙头、促推动，工业经济明显发展

坚持政策扶持、项目落地、龙头带动、多元发展，工业经济转型升级势头强劲。

新兴企业实现“加速度”。一是积极打造“中国红玉之乡”。国家标准鸡血玉（中国红玉）正式颁布实施，极大规范了鸡血玉市场秩序，促进鸡血玉市场稳定快速地发展，形成以县城北岸揽胜楼步行街和艺江南民族文化风情园为主的鸡血玉集贸市场。二是积极推进龙胜县源恒杉川木业有限公司扩建项目、南山风电二期项目、爱莲食品公司天然饮用水项目、江底乡天霖甘泉水业基地等建设工作，为工业发展提供新动力。投资1353万元完成电信普遍服务试点项目；龙胜县农网升级改造及变送变电线路建设工程完成全部投资3744万元，有效改善了产业结构，实现工业经济持续健康发展。

规模企业实现“高引擎”。2017年，全县滑石行业继续加强和完善“四项管理”[3]考评工作，突出严把质量关，积极调整产品结构、增加产品附加值，延伸产品产业链、强化矿石综合利用、延长矿山服务年限，全县滑石行业规模工业企业实现年产滑石块18.68万吨，年产滑石粉28.46万吨，预计实现税金约1.5亿元；电力行业完成发电量11亿千瓦时，上网电量10.8亿千瓦时；全县形成了以滑石、电力、木材和冶炼为主的21家规模工业企业，实现规模工业增加值27.84亿元，占国民生产总值的42.31%。重点推进滑石、水电站、冶炼企业技改项目的建设进度，进一步发展壮大滑石、电力等特色工业产业。深入实施龙头企业培育计划，通过打造良好的投资环境和健全服务体系，有力地推动全县工业产业集约集群发展。继续实施“抓大壮小扶微”工程，从政策上鼓励企业做大做强，大唐桂林新能源有限公司成功进入规模企业统计序列。

多元发展实现“新增长”。坚持“企业为主、政府推动、市场运作、合作共赢”的发展思路，全面推进电子商务进农村工作。一是强化基础，完善服务体系。加快宽带网络建设进度，无线4G+通信、家庭光纤宽带网络已覆盖全县10个乡镇119个行政村，覆盖率达100%。仓储物流体系初步健全，建成县级仓储物流中心1个、镇级仓储物流中心1个。中国邮政、菜鸟物流、圆通等物流企业、广西二维码中心龙胜分中心已正式入驻我县办公。县电子商务公共服务中心正式启用。二是发展农村电子商务与物流配送运营服务体系，搭建村级服务平台，建设农村电子商务服务点83个，建成农村淘宝电子商务服务站34个，覆盖17个贫困村。县政府与京东集团签订农村电商精准扶贫战略合作协议，为种养殖大户和专业合作社提供电商化的农资采购、金融信贷、农技服务和产品营销等综合服务。

（五）夯基础、创品牌，全域旅游明显提档

坚持发挥地方特色优势，全面推动全域旅游[4]、特色旅游，品牌旅游，具有本地特色的全域旅游经济方兴未艾。

全域旅游强劲开启。按照“全县大景区，旅游一盘棋”的指导思想，完成《龙胜各族自治县全域旅游发展规划》《泗水五星级乡村旅游区控制性规划》等规划的初稿编制工作，启动《生态旅游扶贫大环线总体规划》以及大环线沿线各个节点的规划编制工作，科学指导全县旅游发展。启动和新建各族文化园、金江村江边组民宿、小寨梯田、潘内梯田、龙泉景区、张家苗寨、洋湾苗寨、南山景区、平等特色小镇、广南千户侗寨、瓢里特色小镇等特色乡村景区景点，加快实施龙脊景区大循环路二期、龙脊古壮寨电瓶车道、金坑电瓶车道、里骆至温泉骑行绿道、传统古村落和特色村寨的保护和发展、“长征驿站”和“长征宿营地”等公共服务基础设施项目。生态旅游扶贫大环线基本贯通，龙脊景区创建国家5A级景区工作稳步推进。投资2000万建设覆盖全县景区和交通要道的监控系统、智慧旅游中心、大数据中心、重点景区广播系统。以第一名的成绩高质量通过广西特色旅游名县复核验收工作，全力做好广西旅游服务业标准化示范单位建设工作。2017年全县接待游客量为848.12万人次，同比增长8.44%；旅游总消费为86.07亿元，同比增长16.44%。

特色旅游成效凸显。坚持“全域一区一线”[5]发展思路，在全县合理布局建设乡村旅游基础设施，串点成线、串线成面、广泛辐射。加大基础设施投入，完善黄洛瑶寨、泗水乡村旅游区等乡村旅游区（点）的基础服务设施，并新建一批旅游标识标牌、旅游步道、旅游厕所、停车场、休闲驿站等旅游服务设施。打造“党的民族政策发祥地”品牌，形成以“红军岩——红军桥——红军坳——红军洞——红军楼”为主线的红色旅游线路。圆满承办了龙脊梯田国际越野挑战赛，成功举办了“鼓楼文化节”“开耕节”“辣椒节”“梳秧节”“晒衣节”“盘王节”“跳香节”“鱼宴节”等一系列民族节庆活动。重点开发包装一批乡村旅游景点，扶持乡村旅游度假、乡村民宿等项目建设，全面推行“旅游精品＋精品农业”，促进旅游与农民增收齐头并进。目前，我县休闲农业与乡村旅游实现快速发展，全县共发展农家乐350余家，总床位达2.25万余张。

品牌旅游魅力彰显。依托桂林国际旅游胜地建设，湘桂黔边区区域旅游合作发展优势，全力打造“世界梯田原乡、世界滑石之都、中国红玉之乡、多民族生态博物馆、康寿养生胜地”五张特色旅游品牌。深化开展电视、网络、影视、掌媒、广告等“多位一体”的宣传模式，巩固和提高龙胜旅游的知名度和美誉度。设立旅游巡回法庭，整治旅游市场乱象，切实保障游客和旅游经营者的合法权益。全面推进龙胜旅游向品牌化、生态化、高端化和国际化发展，实现与国际旅游胜地的高度融合，游客满意度在广西特色旅游县区稳定排名前列。“三月三”、龙脊梯田文化节等品牌活动已成为全县17万各族群众的盛会，通过集中展示苗、瑶、侗、壮、汉各民族服饰、非物质文化遗产、名优土特产、民间工艺、风味餐饮等特色，连续吸引人民日报、新华社、央视、广西日报、广西电视台等各级媒体前来报道，获得了社会各界的高度关注与好评。

（六）重生态、造精品，生态建设明显提质

坚持美丽城市、美丽乡村、生态体系建设，生态文明发展底蕴优势凸显，城乡面貌不断改善。

美丽城市提升品位。坚持新老城区双举并重，因地制宜，优化布局，完善功能，城镇化水平明显提高。《县城总体规划(2016—2035年)》顺利通过自治区评审，《土地利用总体规划调整完善方案》编制和基本农田永久划定工作圆满完成，高标准通过自治区级文明城市的验收。县城民族公园、龙脊大道、三江六岸景观规划基本完成，县城兴龙南路(种子公司－滑石矿段)道路改造工程顺利竣工。完成县城民族广场、华业广场、民族中学以及部分居民楼等路段的夜景亮化工程。完成县城及温泉景区沿线花化工程。积极争取上级项目扶持资金，努力推进盛园路和仰寨2个棚户区项目建设。深入开展“县城环境卫生市容市貌大整治”行动，全面整治占道经营、工地乱象、车辆乱停乱放等行为，全年无害化处理生活垃圾达2.4万吨，新增清扫保洁区域18万平方米，公厕、河道、排污治理成效显著。重拳出击整治“两违”，依法取缔非法营运三轮摩托车，市容市貌焕然一新，赢得群众的普遍赞誉。

美丽乡村打造精品。“美丽龙胜·宜居乡村”建设工作全面铺开，“产业富民”“服务惠民”“基础便民”等三民活动项目有序推进，龙脊镇作为桂林市唯一乡镇被授予“广西首批养生养老小镇”荣誉称号。农村垃圾专项治理工作成效明显，投资2200万元完成5个乡镇垃圾处理中心项目建设和10个村级垃圾处理中心示范点建设。投资5158.51万元新建平等、瓢里、三门等三个镇级污水处理厂，已顺利实现通水。投资4200万元完成国家级传统村落保护发展项目9个和村屯乡土特色示范建设项目10个。完成20个贫困村自然村(屯)安装太阳能路灯400盏。完成农村饮水安全工程巩固提升工程73处，实施小农水工程项目20处，解决农村饮水不安全和饮水困难人口10517人。农村“三改”工作稳步推进，改厕完成4800户，改厨完成4800户，改圈完成6238户。

生态体系构建显效。严格划定生态红线，进一步执行禁伐阔叶林有关政策，投入785万元实施农村绿化工程，义务植树37万株，森林覆盖达79.12%，发放森林生态效益补偿基金1446.76万元。完成国家重点生态功能区县域环境质量监测与考评工作，经环保部考核，生态环境质量继续保持全区先进行列。全面推行河长制工作，完成147条河流、19座水库的核查工作。设立县级河长9个、乡级河长177个、村级河长265个。对全县480多条河道继续实施全面禁止采砂挖石，禁止新批新建水电站，解决了一大批群众关心、关注，多年想解决而没有解决的问题。严厉打击非法捕鱼行为，实施水电站生态流量监控整治。不断加大工业废水治理、节水灌溉、水源保护、水土保持、矿山恢复治理等生态建设力度，实现全县地表水、县城饮用水水源水质达到或优于III类标准。加强环境执法力度，全年检查企业70余家，对2家环境违法企业负责人进行约谈，对9家环境违法企业进行处罚。严格贯彻落实环境保护

“党政同责、一岗双责”[6]责任制，完成中央环保督察反馈整改销号问题3个，举报问题整改6个。大力开展空气污染防治，加强环境质量预测预警，空气质量继续向好，空气优良率达到98.8%，PM10和PM2.5平均浓度与上年同期比分别下降19.7%和29%。综合指数为2.74，在桂林市各县区中排名第一，展现出天蓝、山绿、地净、水清、空气新的美丽景象。在自治区表彰的“2016年度广西科学发展先进县”考评中，我县在全区29个重点生态功能区中排名第三，较好地完成全年各项目标任务。

（七）强保障、惠民生，社会事业明显进步

坚持发展为了人民、发展依靠人民、发展成果由人民共享，全力解决好人民群众关心的各种问题，努力提升居民幸福指数。

教育事业全面推进。投入5500万元加强教育基础设施建设，有序推进龙胜县扶贫移民小学（龙胜镇第二小学）、民族中学教学综合楼、龙胜中学学生宿舍楼、龙脊大道移民创业园教育园区等重点工程，新建校舍10552平方米，新建运动场8000平方米。落实覆盖全学段的家庭经济困难学生资助政策，发放各类资助金2741.1万元。新招聘教师68名，农村特岗教师25名，招录农村小学全科教师19名，教师队伍不断优化。扎实做好控辍保学工作，确保义务教育均衡发展入学率、巩固率达标。全县教育质量实现新突破，高考一本上线77人，二本上线447人，上线人数、上线率均创历史新高。中考一等生100名，一等率首次突破10%。顺利承办桂林市农村义务教育学生营养改善计划工作现场会，并作典型发言。

卫生计生稳步发展。一是夯实医疗卫生机构服务能力。巩固县级公立医院“二甲”标准；投入7579万元重点实施县中医医院整体搬迁项目、县疾控中心业务楼及实验室新建项目、乡镇卫生院业务用房建设和医疗设备采购项目；统筹440万元新建17个、维修和扩建34个村级标准化卫生室。二是深入实施医疗惠民工程。基本医保、大病保险对建档立卡贫困人口实行政策倾斜，实行县域内“先诊疗后付费”，实现基本医保、大病保险和民政医疗救助“一站式”即时结算；贫困人口参加城乡居民基本医疗保险由财政进行全额补助，全县参保率达100%；贫困患者符合基本医保支付的门诊和住院费用报销比例提高10%，自2017年11月起取消住院基金起付标准；大病保险补偿起付线由8000元降低至3500元，报销比例提高10%；县财政投入370万元建立健康扶贫公益基金兜底保障机制，投入75万元为建档立卡贫困人口购买商业医疗补充保险，确保贫困患者住院报销比例达到90%以上。创新开展“五级四员”[7]互帮互助联动机制，在广西日报头版头条刊登《邻里守望互帮互助——龙胜创建国家健康扶贫示范县纪事》，宣传推广先进做法。全市健康扶贫现场会、全区计生协会助力健康扶贫暨关爱保险项目现场会、全区贫困地区农村留守儿童健康关爱活动启动现场推进会先后在我县召开。三是深入推进医药卫生体制改革。县人民医院、县中医医院先后分别与自治区南溪山医院、市中医医院组建医疗联合体；县人民医院与龙脊镇、瓢里镇、泗水乡卫生院建成医共体。县域内就诊率从60%提高到90%，使群众在家门口就能享受到“三甲”医院的优质医疗服务。四是强化基本公共卫生服务。实行家庭医生签约服务，疾病防控及防艾工作卓有成效；扎实开展妇幼健康服务项目，认真落实出生缺陷综合防治措施和妇女“两癌”筛查项目，严控孕产妇死亡率和婴儿死亡率。五是全面二孩政策稳步推进。全年共兑现各类计生家庭奖励扶助资金604.8万元。依法维护妇女儿童、青少年健康权益取得新突破，在国家卫生计生委召开的贫困地区农村留守儿童健康关爱工作推进会上作典型发言。

持续壮大文化软实力。继续推动民族文化保护与发展项目，广泛征集各民族山歌和民族服饰设计方案；完成了我县第一个红瑶服饰制作技艺传习基地建设并投入使用，提升和完善了红瑶服饰示范点和盘瑶服饰展示传承中心点。成功举办桂林市2017年民族文化进校园现场会并作典型发言。投入2500万元新建53个村级综合文化服务中心，率先在全市实现了村级综合文化服务中心全覆盖。流动图书馆、文化站、农家书屋免费开放工作有序开展，完成补充农家书屋图书12870册、十九大精神读本1630册；农村电影公益放映1428场。三门镇、江底乡广播电视乡镇无线发射台站建设如期完工，停播近20年的龙胜人民广播电台重新开播，全民健身和群众体育蓬勃开展。

全面深化社会保障。坚持改善民生，增进人民福祉，为民办实事工程项目全面完成。深入推进城乡社会保障体系建设，不断完善城乡居民医疗保险、养老保险、低保、救灾救助等制度。全县参加社保17.22万人，征收社保费2.356亿元，发放社保费2.809亿元，低保金4687万元，民政医疗救助资金746万元，残疾人“两项补贴”266.33万元。保障性安居工程建设稳步推进，顺利完成农村危房改造1023户。城镇新增就业3354人，农村劳动力转移新增就业4963人。加强地质灾害防治工作，投入2710万元完成桂龙路更材山等6个地质灾害治理工程。加强食品药品安全监管，认真开展食品安全事件应急演练，及时处置食品安全事件，启动食品检验检测中心项目建设，严厉打击非法生产、销售行为，保障广大人民群众“舌尖上的安全”。在“7·1”特大洪灾中，全县上下同心同德，迅速组织应急避险，奋力解救受困群众，全力保障生活供给，最大程度维护人民群众生命财产安全，夺取了抗洪抢险的全面胜利。全县整合救灾资金2052.04万元，迅速开展灾后重建，水毁公路和桥涵基本修复抢通，电力、通讯得到保障，每一名受灾群众生活都获得妥善安置。

加强社会治理和安全生产。进一步推进平安龙胜、法治龙胜建设，认真开展“七五”普法宣传教育。全县高清视频监控等设备进一步完善，社会治安防控体系有效加强。始终保持打击违法犯罪高压态势，持续开展“神剑”系列专项活动，为人民群众挽回经济损失100余万元。首次实现警企协作地网工程，与天网工程共同织密龙胜平安网。成功举办湘桂黔边区刑侦工作协作会第二届第六次工作会议。加大信访积案化解力度，依法依规处理信访突出问题。强化安全生产“红线意识”和“底线思维”，进一步落实安全生产主体责任，加强安全生产行政执法和事故隐患排查治理，全县未发生较大以上生产安全事故，一般事故得到有效防范，安全生产形势持续稳定好转。社会大局持续和谐稳定，2017年群众安全感和满意度排名全区第二，其中第四季度排名全区第一。

（八）提效能、优服务，自身建设明显加强

深入贯彻落实新发展理念，把全面建成小康社会使命扛在肩上，把万家忧乐放在心头，加强政府自身建设，切实提高施政能力和服务水平。

以简政理念深化“放管服”改革。纵深推进行政审批制度改革，扎实开展权力清单、责任清单“两单融合”工作，全县41个单位共梳理权力事项主项3564项，取消和调整部门权力事项1056项，增加完善权力事项343项。抓好行政审批事项动态监管，直接取消审批事项42项，调整为其他权力事项189项。严格执行重大行政决策合法性审查制度。完成乡镇“四所合一”[8]阶段性改革，设立10个乡镇国土规建环保安监站(综合行政执法队)。继续加强审批事项事中事后监管，优化公共服务流程。推进农村金融体制改革，成立县农村金融改革工作领导小组，新组建全域旅游投资开发有限公司、农村发展有限公司、市场开发投资经营有限公司等投融资平台。开启农村社会信用体系建设，全年共创建信用乡(镇)4个，信用村42个，引导广大农民群众树立守信光荣、失信可耻的意识。

以开放理念扩大区域合作成果。加强粤桂合作，成功与肇庆市高要区达成对口帮扶协议，全年获得财政援助资金2140万元。主动出击考察和洽谈招商项目，成功引进深圳同花顺有限责任公司、苏州工业园区、桂林福达集团等一批实力雄厚的企业进驻龙胜。龙胜全域旅游投资合作、龙胜田园综合体以及水资源开发等8个项目有序推进,预计投入资金达 50 亿元,全年内资到位资金 15.15 亿元,外资到位资金 815 万美元。充分利用新媒体、新媒介,面向全球发出龙胜好声音,全年共接待人民日报、新华社、中央电视台、英国 BBC 等 50 余家国内外新闻媒体,龙胜作为桂林名片先后亮相 2017 年中央电视台春节联欢晚会和美国纽约时代广场。全年在中央级报刊上稿 37 条,在中央电视台新闻联播上稿 2 条,在新华社推出通稿 80 篇。协助中央电视台农业频道扶贫纪录片《中国力量》龙胜专题的拍摄。全年在自治区级媒体上稿 260 条,在广西电视台播出时长达 200 多分钟;在市级媒体上稿 877 条。

依法行政,建设法治政府。全面落实行政执法责任制,强化对权力的制约和监督,完善纠错问责机制。坚持"以公开为常态、不公开为例外"的原则,积极推进决策公开、执行公开、管理公开、服务公开、结果公开。进一步推行政府法律顾问制度。加大管理和培训力度,提升执法人员业务素质,完善执法程序。推进"互联网 + 政府服务"工作,正式启用"一站式"新政务服务中心,完成县级公共资源交易平台建设并投入使用,完成县级政府国家电子政务外网横向建设,推行行政审批"三集中三到位"[9],完善"马上办"工作机制,办理提速 62.7%,按时办结率 95.43%,真正做到了"信息多跑路,群众少跑腿",既节约了办公成本,也提高了行政效率。

改进作风,建设廉洁政府。深入学习宣传贯彻党的十九大精神,全力推进"两学一做"学习教育常态化制度化,严格按照法定程序、法定权限、法定职责行使人民赋予的权力。认真履行党风廉政"一岗双责",抓好政府系统党风廉政建设,强化主体责任意识,打造清正廉洁的高素质干部队伍。严肃查处侵害群众利益的不正之风和腐败问题,全年行政警告 10 人,行政记过 21 人,行政开除 2 人。坚决维护司法公正,积极支持法院、检察院依法独立开展工作。支持县级纪委派驻机构改革和县委巡察办、巡察组的组建。自觉接受人大的法律监督、工作监督,政协的民主监督,社会的舆论监督,共办理人大代表建议 46 件、政协委员提案 20 件,办结率均达 100%。优化政务服务,认真贯彻落实中央八项规定精神和国务院"约法三章"要求,持续反"四风",健全厉行节约长效机制,进一步缩减"三公经费"。

一年来,民族宗教、外事侨务、对台工作、人事、审计、监察、统计、物价、编制、接待、机关事务、档案、供销、保密、地方志、市场服务、广播电视、水库移民、检验检疫、防震减灾、老龄、科协、工会、共青团、妇女儿童、社会科学、文联、残疾人工作不断推进,税务、公路、国土、工商、金融、气象、水文、民爆公司、石油、烟草、邮政、通讯等部门为全县经济社会发展作出了积极贡献。国防建设、国防动员、人民防空及双拥工作得到加强。

各位代表,一年的成绩来之不易,这是市委、市政府和县委正确领导的结果,是自治县人大、政协有效监督、大力支持的结果,是各级各部门和全县各族人民团结奋斗、顽强拼搏的结果。在此,我代表自治县人民政府向全县各族人民,向给予政府工作大力支持的人大代表、政协委员,向工商联和离退休老同志,向驻我县各单位、人民解放军、武警官兵、消防官兵、公安民警,向所有关心、支持我县发展的各界人士,致以崇高的敬意和衷心的感谢!

在总结成绩的同时,我们也应清醒地看到,我县经济社会发展还存在不少困难和问题:发展内力依然不足,经济总量偏小,综合实力仍然不强;财政收入过多依赖于一次性税收项目,收支压力巨大;农业生产势头趋缓,基础设施仍较为薄弱,产业优势不够突出;工业经济有待提质增效,固定资产投资增长乏力,项目推进较慢,部分行业、企业经营困难,外贸出口产品单一;城乡发展不平衡,基础设施建设依然滞后;征地难、融资难、人才短缺等影响发展的瓶颈问题依然突出;政府自身建设也存在一些缺点和不足等等。我们要勇于正视困难,直面矛盾,采取有效措施,切实加以解决,绝不辜负全县人民的期盼。

二、2018年工作总体要求和目标任务

各位代表，2018年是贯彻党的十九大精神的开局之年，是改革开放40周年、自治区成立60周年，也是实施“十三五”规划承上启下的关键一年，做好全县各项工作，任务艰巨，意义重大。

2018年政府工作的指导思想是：全面贯彻党的十九大精神，以习近平新时代中国特色社会主义思想为指导，按照全面建成小康社会各项要求，坚持稳中求进工作总基调，紧扣社会主要矛盾变化，全面落实新发展理念和高质量发展要求，围绕“生态立县、绿色崛起”的发展理念，坚持“生态、旅游、扶贫”发展思路，推进“龙胜全域旅游大景区、有机食品大园区”建设，坚决打赢脱贫攻坚战，努力推动经济发展质量进一步提高、社会事业进一步发展、群众生活进一步改善，奋力谱写经济发达、民族团结、社会和谐、文化繁荣、山川秀美的中国生态旅游强县新篇章。

2018年全县经济社会发展的主要预期目标是：地区生产总值增长5%，力争6%；财政收入增长5%，力争6%；固定资产投资增长10%，力争11%；社会消费品零售总额增长10%，力争11%；城镇居民人均可支配收入增长8.5%，力争9%；农村居民人均可支配收入增长12%，力争12.5%；旅游总消费增长12%，力争13%；城镇登记失业率控制在3%以内。要实现全年工作目标任务，必须抓好以下重点工作：

（一）发展为先、创新驱动，建设现代化经济体系

坚持以改革创新的思想推进发展、深化发展，加快推进科技创新，大力发展生态经济，不断开创社会经济发展新局面。

——发展主导性项目，促进投资平稳较快增长

坚持把项目建设作为全县经济发展的主要载体，继续加强重大项目建设和投融资工作，千方百计增加投资总量。

完善组织保障工作机制。继续实行县领导联系重大项目制、项目指挥长终身负责制，坚持“一个项目、一名领导、一个团队、一套机制、一抓到底”的工作办法，建立重大项目联席会议制度，及时研究解决项目建设中存在的资金、土地、林地、拆迁等难题，确保项目顺利推进。进一步完善自治县《重大项目建设考核奖励办法》，明确具体考核内容、工作措施和奖惩细则，从项目建设形象进度、投资完成情况、保障措施及工作开展情况等方面进行考核，切实加强项目建设工作管理，力争完成全年目标任务。

强化重点项目策划包装。继续充实完善项目库，科学谋划一批影响深远、利于破解发展瓶颈的重大项目建设，为全年实现经济增长提供强有力的支撑。加快成立县庆项目建设领导小组办公室，立足特色旅游主线，对项目进行深度包装。强力推动民族特色县城、生态旅游扶贫大环线、潘内红瑶梯田景区、教育园区、平等镇新型城镇化示范乡镇等项目建设。进一步扩展招商视野，更加注重业主招商、专业招商、“产业链”招商〔10〕、资源优势招商和“回归”招商，提高招商的成功率。积极参加各类促进民营投资项目的推介活动，充分利用东盟博览会、泛珠经贸洽谈会等大型招商平台，重点推介策划包装的项目。采取项目融资、产权融资、股权融资等多种方式，吸引和聚集社会资金，投入重点项目建设。

加快交通基础设施建设。贯彻军民融合发展要求，以提升完善交通运输功能为目标，加大交通基础设施建设力度，进一步改善对外交通、县域交通、乡村交通，强力推进“四好农村路”〔11〕建设，提高交通运输覆盖能力和国防保障能力。以桂三高速（龙胜段）出口连接线为辐射点，加快建设龙脊大道、龙脊梯田风景名胜区大循环公路二期工程（含二龙桥至大寨改扩建工程）、南山至野牛坳公路、瓢里至平等（野牛坳）二级公路改建工程等项目，基本打通生态旅游扶贫大环线；启动龙胜至城步高速公路、骑行绿道（栈道）等项目前期工作；力争张吉怀桂高铁线（张家界—吉首—怀化—桂林）途经龙胜并设站，从而构建我县运转顺畅的现代综合交通运输网络体系。建成比较完善的路

网和农村公路，县城到乡镇之间重点通过改造提高等级、乡镇之间重点加强公路连接、行政村与行政村之间重点加强连通、行政村到自然村之间重点提级改造。疏通小城镇和各村屯的“毛细血管”，提高公路硬化率，力争到年底，二级公路里程突破130公里，三级公路超过50公里。

完善能源信息基础建设。按照节能优先、绿色低碳、创新驱动的要求，推动能源生产和消费方式变革，走出一条清洁、高效、安全、可持续的能源发展道路。大力发展风能，建设平等、南山、泗水、伟江等风能电场，总装机容量567兆瓦。优化电网结构，强化智能电网和分布式能源建设，加强电源与电网的有效衔接，通过新建、改建110千伏变电站、35千伏变电站等项目，提高科学调峰、储能配套能力。建成县城管道燃气项目。统筹推进信息基础设施建设，推动信息化与新型工业化、城镇化和农业现代化同步发展。完善和提升广播电视户户通设施和服务水平。提升网络覆盖率，推进4G网络和宽带网络光纤化改造，全县农村互联网使用率达到90%以上。完善农村电商基础设施，构建全流程、一站式、低成本的电子商务服务体系，全县农村电子商务服务网络辐射能力达到95%以上。

加强水利基础设施建设。实施水源地保护工程、小型农田水利建设、小流域国家水土保持重点建设、中小河流防洪治理、水毁堤防修复和河道疏浚水利工程等12个项目，推进县城第二水源、第二水厂项目建设。建立健全水资源合理配置和高效利用体系、水资源保护体系、水生态文明建设制度体系，树立底线思维，实行最严格水资源管理制度。实施农村饮水安全工程和乡镇供水工程巩固完善提升项目，确保年底全县农村自来水普及率达到80%。

——发展创新型经济，建设重点生态功能区

深化供给侧结构性改革。把发展绿色经济放在突出位置，以稳农业、优工业、升级服务业为着力点，加强对标准的监管，重点抓质量的提高，推动生态发展与现代经济深度融合，提供更优质的产品和服务。支持传统产业优化升级，推进企业资产重组，优化要素配置，加大产品研发、技术创新和技术改造的投入，提高规模化、集约化经营水平，塑造品牌和质量，最大程度提高产品附加值及市场占有率。

加快推进科学技术创新。围绕推进发展特色优势产业的目标，整合全县科技资源，加快经济增长方式的转变，为促进我县经济社会健康发展提供有力的科技支撑。积极推进“科技兴工”工程，引导和鼓励企业加强技术创新和新成果、新技术的应用，提高产品科技含量，向科技要效益，向创新要发展。积极推进“科技强农”工程，大力发展无公害、绿色、有机农业，引进推广新品种、新工艺，试验建设生态农业、智慧农业、立体农业、创意农业等新型农业，强化农产品加工、包装、仓储、销售、运输等创新工作。积极推进“科技惠民”工程，加强科技特派员的科技服务工作，建立科技特派员科技咨询服务平台，继续发挥科技人才在经济发展中的关键性作用。加强公共安全、医疗卫生、环境保护、防灾减灾等领域的科技应用。组织开展“全国科普日”“十月科普大行动”“科技活动周”等科普品牌活动，促进城乡居民科学素质的全面提升。巩固全国科普示范县创建成果，继续完善创建工作机制，创新工作方法，扩大创建成果，做好迎检复核工作。

着力提高生态功能效益。坚持以创建“广西科学发展先进县”为突破口，建立完善重点生态功能区监管制度，严格实施重点生态功能区产业准入负面清单，积极争取中央、自治区对龙胜重点生态功能区转移支付力度，统筹经济发展与环境保护，提高重点生态功能区生产力。结合龙胜自身的传统产业和优势产业发展，以保护和修复生态环境、提供生态产品为首要任务，因地制宜发展生态工业、生态农业和生态旅游业。

——发展特色化农业，做活乡村振兴文章

坚持选准产业、形成规模、提高标准、打造品牌，构建培育新型农业经营体系，促进农业产业创新发展，提高农业供给质量，进一步落实乡村振兴战略。

立足梯田原乡特色，打造名特优农产品品

牌。关注农产品的优质、安全、绿色、营养、健康，大力推行农业清洁生产，改变目前农业“大肥大药”的生产方式。继续发展以油茶、茶叶、罗汉果、凤鸡、翠鸭、亚冷水鱼为主的“两茶一果＋特色养殖”特色产业；做好农业支持保护补贴和政策性水稻保险等惠农工作，确保全县粮食种植面积稳定在16.5万亩；推动农业绿色发展和质量兴农，加快创建“有机食品大园区”，着力打造无公害、绿色、有机的高山特色生态农产品品牌，推进农产品“三品一标”认证工作，建设“三品一标”农产品种养基地；大力发展林下经济和亚冷水鱼养殖产业；加强优质茶叶种植推广，打造“龙脊茶”公共品牌，深入开展龙胜古茶树保护和开发工作，切实保护好全县5万株树龄超百年的古茶树。

狠抓品质认证工作，提高标准创建规模化示范区。加快推进全国有机示范县创建工作，建设一批符合实际、要素集中、产业集聚、技术集成、经营集约的现代农业核心示范区。优化“一品两带三区”布局，建设以瓢里镇、乐江乡、平等镇、三门镇为重点的柑桔示范带和以龙胜镇、龙脊镇、泗水乡、江底乡为重点的猕猴桃示范带；创建以罗汉果、猕猴桃、百香果、新品种柑橘为主的农业科技示范基地；建设以平等昌背和马堤芙蓉为重点的茶叶示范区，加快建设龙脊金江大山茶叶文化体验基地；建设以龙胜镇、平等镇和马堤乡为重点的食用菌示范基地；建设龙脊休闲农业示范区、勇爱有机油茶示范区、伟江乡高山农业核心养殖示范区。加快培育种养大户和规模适度的家庭农场，家庭农场力争新增12个；重点抓好现有示范区建设，进一步完善基础设施建设，扩大特色农产品生产规模，努力提升示范区级别。

推进农业配套设施建设，为农产品生产提供科技保障。深入落实农机补贴惠农政策，促进新型农业机械的应用和普及，开展农机培训和指导工作，切实提高全县农业机械化水平。高标准规划建设节水型、生态型灌区，重点建设旱片节水灌溉工程和农业节水工程，促进水资源循环利用。进一步提高气象服务能力，完善乡镇气象信息服务站设施建设，最大限度地减少自然灾害对农业生产造成的影响。提高现代农业发展科技支撑能力，创建农业科技服务平台，使传统农业向经营组织化、装备设施化、生产标准化、要素集成化的现代农业转变，努力提高农业产业化主导产业的产出水平。

稳步推进农业体制改革，促进产供销一体化。培育新型农业经营主体，推广“公司＋基地＋农户”“合作社＋基地＋农户”“能人＋农户”等发展模式，引导和促进农民专业合作社规范发展，支持多种经营方式共同发展，带动群众增收致富。健全优惠政策体系，支持引导农产品生产由初级加工向精深加工发展，向农户提供全产业链服务。构建多渠道产销体系，重点扶持一批流通企业，加大销售环节奖励力度，搭建农村电商和多元化产销对接平台。积极拓宽凤鸡、翠鸭等国家地理标志产品，木耳、肉牛、皇金菊等有机产品，罗汉果、油茶、茶叶、亚冷水鱼等地域特色农产品的销售渠道，提高市场占有率，扩大知名度和影响力。利用农产品展销会和电子商务解决农产品“入市难”和“流通难”问题，建立“农工商一体化、产供销一条龙”的农业产业化体系，促进农村一二三产业融合发展。积极优化农业产业布局，在转变生产方式、发展农产品物流、延伸产业链上下功夫，提高现代农业生产效益。

——发展升级版工业，壮大工业整体实力

坚持转型升级，着力培育一批新兴工业企业，发展新的经济增长点，大力实施品牌战略，提升工业竞争力和话语权。

保障工业项目重点实施。成立工业发展领导小组，出台自治县《实施工业振兴战略加快工业发展若干意见》《2018年工业发展奖励扶持方案》《2018年县四家班子领导跟踪服务工业企业工作方案》等一系列措施，加大对中小微型企业、新进规模企业的支持奖励力度，鼓励工业企业做大做强，增强经济发展后劲。对优质滑石资源实行保护性开发，构筑滑石在不同领域的产品开发和价值链条，着力打造“世界滑石之都”。以国家标准鸡血玉(中国红玉)正式颁布实施为契机,努力拓宽龙胜鸡血玉商品市场,抓好玉石工艺产品的加工、销售环节,促进玉石产业不断发展壮大,积极打造“中国红玉之乡”。抓紧做好龙胜创新混凝土有限责任公司、鑫友竹制品公司、泗水恒源杉川木业有限公司服务工作,力争部分企业进入规模工业统计序列。

加强能源企业提技改造。规范新能源项目建设,有序推进南山风电场二期工程、江底乡天霖甘泉水业基地等项目建设。继续抓好水电站增效扩容和电网升级改造,处理好发电、供电、用电企业的关系,抓好冶炼企业技术改造项目,增加全社会用电量,把水资源优势转化为经济优势。鼓励冶炼企业通过采用新设备、新工艺等途径,推进工艺升级、产品提升。

优化电子商务产销环节。加快建设日用品配送中心,科学规划瓢里物流小区等项目,完善物流配送及冷链体系建设。继续抓好全国电子商务进农村示范县项目建设工作,利用县电子商务公共服务中心的辐射带动作用及“互联网+工业品”的模式,培育发展一批电子商务工业企业品牌,推广我县特色工业产品,促进我县产业、产能、产品的立体式对外输出。

——发展高品质旅游,推动服务业快速发展

坚持把旅游业作为龙胜的支柱产业、核心产业、品牌产业和生命产业来打造,深化拓展“全域一区一线”“全域旅游大景区,有机食品大园区”发展思路,促进以旅游业为龙头的现代服务业快速发展。

立足基础发展全域旅游,创建旅游快速便捷通道。以桂林高铁网和桂三高速公路为主线,积极发挥1小时“经济圈”效应,打造交通便利的全域大景区,把更多游客“引进来”。深入推进龙脊创国家5A级景区、温泉、金车等现有A级景区的提质改造,加快推进多民族生态博物馆、各族文化园、大型实景演出、南山景区、平等特色小镇、泗水乡村旅游绿道等旅游项目的建设,以生态旅游扶贫大环线串联全县各个景点景区,努力实现游客与全域旅游“零距离”。大力开发红色旅游,着力培育泗水烈士纪念碑园、伟江潘寨红军桥、平等红军烈士纪念塔、龙坪红军楼、审敌堂、乐江光明将军岩等红色旅游景区景点,修缮恢复三条贯穿龙胜西北部的长征徒步线路,积极与桂林“重走红军长征路”红色旅游精品线路并轨。

构建新型旅游发展格局,优化服务提升游客体验。全力推进旅游改革、创新和提升,促进旅游国际化、乡土化、高端化、全域化发展,推动旅游业由“景点旅游”向“全域旅游”发展模式转变。加快智慧旅游工程建设,完善大数据中心平台,探索创建“龙胜旅游”APP,以智能手机、平板电脑等便携的移动终端设备为载体,共享门票信息、游客数量、景点分布、自驾路线、旅游资讯等龙胜旅游服务信息,让更多游客感受到“贴身服务”式的旅游新体验。紧抓旅游消费市场秩序,保证旅游收费项目公开透明,推行景区门票电子化服务,简化排队买票等环节,实现一部智能手机游遍整个龙胜。深入实施旅游素质提升工程,高标准建设旅游公厕、旅游步道等一批旅游基础设施建设,加强景区控违打非力度和民宿民居的规范管理,提升旅游服务质量,让每一位来到龙胜的游客宾至如归。

(二)持续作战、多措并举,精准发力助推脱贫攻坚

坚持把脱贫攻坚作为最大的政治任务、最大的民生工程、最大的发展机遇,牢牢把握粤桂扶贫协作契机,努力再创脱贫攻坚新成果。

——合力攻坚,强化保障。继续完善扶贫开发领导小组职能,发挥“指挥棒”作用,加强部门协作意识,深入开展贫困户结对帮扶工作,做到帮扶单位不改变、帮扶干部不改变、帮扶责任不改变、帮扶政策不改变,为全面完成脱贫攻坚任务提供坚强的组织保证。完善脱贫攻坚项目库建设,加大涉农资金整合力度,用于建设贫困村基础设施项目、鼓励扶持贫困户发展产业、支持驻村工作队开展工作。

——综合施策,强力推进。加紧完成贫困村通组道路硬化、农田水利等基础设施建设,全面完

成贫困村危房改造任务。继续实施产业扶贫，推进贫困村罗汉果、百香果、柑橘等产业发展，积极培育农民专业合作社、种养大户、家庭农场、旅游驿站、乡村农家乐等新型经营主体，产业扶持覆盖率达到80%。继续实施健康扶贫，全面落实建档立卡贫困户系列健康惠民政策，进一步落实家庭医生签约服务，重点人群的签约服务率达到60%以上。继续实施教育扶贫，扎实做好“雨露计划”扶贫培训和贫困家庭学生教育补助工作，进一步提高控辍保学质量，义务教育巩固率达到90%。继续实施金融扶贫，进一步提高扶贫小额信贷的精准性和有效性，探索扶贫龙头企业、农民合作社、能人大户辐射带动模式，量身定制贷款产品，完善信贷服务，切实解决精准扶贫资金问题。引导转移就业脱贫，大力实施农民工培训创业行动，重点加强对贫困劳动力的技能培训，引导就地就近或外出务工，增加家庭收入。实施生态保护脱贫，扩大对贫困地区和贫困人口生态保护补偿，增加生态公益岗位，优先安排贫困人口就业。落实农村低保兜底政策，抓好低保制度与扶贫政策有效衔接工作；开展精神扶志工作，树立脱贫攻坚典型，以先富带动后富，强化贫困户脱贫意识。

——严格考核，注重实效。进一步加强扶贫工作的督查力度，将脱贫攻坚指标任务纳入各乡镇、各部门年度目标责任考核内容，重点考核入户帮扶人员到位、扶贫手册填写、明白卡上墙和贫困村贫困户脱贫摘帽摸底等情况，把政策落实、资金管理、台账资料、帮扶成效等工作作为年度绩效考核的重要依据。突出问题导向，抓牢抓实扶贫领域监督执纪问责，适时开展自查自纠和整改工作，确保扶贫工作经得起群众监督、经得起各级考核与检验。

（三）深化改革、开放发展，激发县域经济内生动力

大力推进各领域改革，扩大对外开放合作，不断优化发展环境，推进“互联网+”纵深发展，加大创业力度，将改革创新的潜在势能转化为经济社会的发展动能。

——坚持全面深化改革。深化行政体制改革，把转变政府职能持续推向深入，进一步处理好政府和市场的关系，继续推进“三证合一”“一照一码”[12]登记制度改革，在政策、融资、统一平台、法律等方面为企业提供优质服务，促进扩大就业。深化经济体制改革，积极推进投融资模式创新，优化对中小企业的政策支持，强化服务引导功能，支持非公经济发展。深化社会民生领域改革，进一步深化医疗体制改革，推进学区制改革，健全养老服务体系。深化城乡土地制度改革，统筹推进农村土地征收、农村经营性建设用地入市、宅基地制度改革三项试点工作，落实承包土地“三权分置”[13]办法，鼓励集体企业参股入股，提高集体经济组织化程度，全面完成村级改革任务和农村土地承包经营权确权登记颁证工作。

——坚持扩大对外开放。进一步加强经济、科技、旅游的对外交流与合作，健全招商引资工作机制。建立招商引资工作联席会议制度，适时召开招商项目推进会，及时研究和解决招商引资过程中的困难和问题。加强对国内外大企业、大财团发展战略和投资方向的跟踪，加大“走出去”力度，把有较大发展潜力如旅游、健康养生、电子商务等用地少、附加值高的优势产业作为招商引资的重点，在“招优引强”上下功夫。全面提升服务质量和水平，切实优化投资环境，主动跟进服务，力促企业早落地、早投产、早生效。

（四）提升自信、树立品牌，促进民族文化繁荣发展

大力保护和传承传统民族文化，深度挖掘民族文化品牌，进一步促进民族节庆、民族传统艺术、民族服饰、民族饮食等文化大融合。

——实施文化兴盛工程，提升乡村发展软实力。乡村要振兴，乡风文明是保障，既要看农民口袋里票子有多少，更要看农民精神风貌怎么样。坚持物质文明和精神文明一起抓，树立向上向美、诚信互助、健康淳朴、文明和谐的乡风民俗，焕发农民群众精气神，为实施乡村振兴战略汇集强大

正能量。树文明新风，反对大操大办、铺张浪费、盲目攀比，把社会主义核心价值观日常化、具体化、形象化、生活化。

——做好公共文化基础服务。做好县级图书馆、文化馆、乡镇文化站免费开放工作，改善文化活动场地、红瑶服饰传承中心、电子阅览室设备等服务设施，提升服务质量；升级流动图书服务点、读者服务活动品牌、地方文献建设等服务项目。继续实施文化惠民工程，完善村级公共服务中心配套设施建设；通过举办广场舞、唱山歌、演地方戏等民俗节庆活动和民族体育比赛，丰富广大农村群众文化活动；开展好农家书屋开放和农村电影公益放映工作，抓好“扫黄打非”、使用正版软件及版权保护工作。

——强化民族文化产业培育。龙胜民族文化根植于乡土文化，积极挖掘民间文化内涵，找准民族文化的根和魂，以优秀传统文化滋养民族生命力、创造力和凝聚力。加快推进民族自治条例的修改和完善，用民族纪念日提升弘扬传承民族传统文化，守护好民族文化的根脉。积极探索民族文化与时尚运动、养生文化、体育竞技、流行元素、高端媒体等相结合的发展路子。做好草编、竹编、民族刺绣、民族服饰等民族特色艺术、特色手工艺品的保护传承和转化，打造精品民族文化产业。

——提高文化遗产保护水平。保护好乡村物质文化遗产，加强对古村落、民族村寨、文物古迹、农业遗产等保护力度。组织开展红色文化遗产普查和挖掘保护活动，以发扬红色传统、传承红色基因为核心，着力加强龙胜长征文化资源的保护与开发利用，推进红色文化与旅游相结合；开展非物质文化遗产进校园、进课堂等重大展示展演活动及对外交流活动；继承和弘扬中华优秀传统文化，做好非物质文化遗产的保护传承工作。

（五）提高保障、改善民生，加强社会治理能力建设

坚持在发展中保障和改善民生，完善公共服务体系，保障群众基本生活，在幼有所育、学有所教、劳有所得、病有所医、老有所养、住有所居、弱有所扶上不断取得新进展。

——优先发展教育事业。统筹推进教育综合改革，全面提升教育教学质量；大力推进教育信息化和“全面改薄”[14]工作，改善办学条件，办人民满意的教育；投入4800多万元建设教育园区、扶贫移民小学项目，启动县移民创业园幼儿园与儿童活动中心共建项目，切实解决县城学校“大班额”问题；健全学生资助制度，完善自治县《中小学教育教学质量奖励方案》，使绝大多数学生特别是贫困学生接受高中阶段教育、更多接受高等教育；推动城乡义务教育一体化发展，高度重视农村义务教育，计划招录80名乡村教师，推进教师资源均衡配置。建设县、乡、村三级国防教育专栏，普及国防教育，增强全民国防观念。

——提高就业质量和收入水平。坚持实施积极的就业政策，实现更高质量和更充分就业，城镇新增就业2600人，转移农业劳动力4500人；全面实施企业劳动合同制度，普遍建立集体协商和集体合同制度，企业劳动合同签订率达90%，集体合同签订率达85%；完善劳动人事争议处理机制，劳动人事争议仲裁结案率达95%；开展职业技能培训工作，针对新增劳动力、高校毕业生及农民工等重点群体实施免费接受职业培训行动；实施最低工资制度，逐步缩小不合理的工资差距，力争最低工资标准达到城镇从业人员平均工资的40%以上。

——完善社会保障体系。全面实施全民参保计划，推进城乡居民养老保险制度，城乡居民参加社会养老保险率达90%以上，社会保障水平稳步提高，城乡居民基础养老金稳定增长；强化动态管理措施，进一步抓好农村低保与扶贫开发政策的有效衔接，将符合条件的贫困人口纳入低保范围，切实做到“应保尽保”；深入开展双拥创建活动，全面落实各项优抚安置军休政策，完善涉及各类对象的优待性保障措施；大力发展老龄事业，推进民政园区、社会福利院老年启智楼项目建设；加快推进残疾人事业发展，加强残疾人社会保障水

平和服务体系建设，营造全社会助残扶残的良好氛围；全面做好全县社会保障卡制卡及发放工作。

——实施全民健康政策。深化医药卫生体制改革，深入探索推进市县医联体建设和县域医共体建设，组建龙胜各族自治县人民医院和中医医院两个公立医院医疗集团，探索建立紧密型"321模式"医联体[15]，实现责任共担、技术共用，为群众提供优质便利的医疗卫生服务，切实解决看病贵、看病难的问题；快速推进县中医医院新建项目、乡镇卫生院业务用房建设项目、流动人口健康促进试点项目建设。强化医疗卫生信息化建设，县、乡医疗机构互联信息平台覆盖率达100%，提高优质医疗资源的可及性和整体效率；扎实开展家庭医生签约服务、"两癌"筛查工作和医疗质量监测评价工作。持续改善卫生计生服务，全面落实计生扶持政策，做好"全面两孩"政策衔接，合理引导群众依法生育，倡导科学文明的生育观念。保障食品药品安全，严格落实食品药品"四个最严"[16]要求，加大食品药品监管力度，提升安全监管效能，继续做好食品药品监督抽样检测工作，完成食品检验检测中心建设。

——加强创新社会治理。乡村社会具有人情社会、熟人社会的基本特征，农村现在最大的特点就是"散"，缺乏组织带动和联结，凝聚力和向心力不强。办好农村事，关键要有好的两委，目前，农村存在着村级班子成员素质参差不齐和职能错位的现象，因此，我们必须夯实基层组织，抓好"选、育、管、用"四个环节，营造风清气正的农村政治生态。全面开展矛盾纠纷排查化解工作，妥善处置群体性事件，加强对重点群体和重点人员的教育稳控工作；全面推进全县群众信访服务中心标准化和规范化建设，提高信访案件的办结率和办理质量；完善安全保障和立体化治安防控体系建设，扎实推进"雪亮工程"[17]建设，积极开展"神剑""利剑"等系列专项行动，筑牢社会治安网络，提高打击犯罪能力；继续加强"地网"工程建设力度，延伸高清视频监控网，实现乡镇全覆盖；强抓社会治理，持续推进"一村一法律顾问"和村级警务助理工作，发挥好村规民约在乡村治理中的积极作用，解决"法律够不着，道德管不住"的实际问题。积极推进"七五"普法工作，形成普法工作新格局。建立冤假错案责任终身追究制。深入推进"平安龙胜"建设，严厉打击违法犯罪活动，确保社会治安大局平稳，保持群众安全感稳居全区前列。

——推进安全生产改革。树立安全发展理念，健全公共安全体系，完善安全生产责任制，坚决遏制重特大安全事故。完善防灾减灾救灾体系，对灾害隐患进行排查和综合治理，加大基层救灾设施和装备配备支持力度，强化物资储备；贯彻落实中央、自治区《关于推进安全生产领域改革发展实施意见》。坚持安全发展，坚守发展绝不能以牺牲安全为代价这条不可逾越的红线，坚持安全第一、预防为主、综合治理的方针，加强领导、改革创新，协调联动、齐抓共管，着力强化企业安全生产主体责任，着力堵塞监管漏洞，着力解决不遵守法律法规的问题，提升全县安全生产整体水平。

（六）保护环境、绿色发展，加快生态文明建设

要牢固树立绿水青山就是金山银山的理念，尊重自然，保护自然，构建人与自然和谐共生的新格局。

——提升城乡管理水平。完善市政基础设施建设，实施桂龙路、兴龙西路和东园路等道路改造项目，改善县城交通环境，加紧推进盛园路棚户区改造工程，提升改善城市功能和形象。加大执法力度，继续采取停车收费措施，坚决整治摊点乱摆、车辆乱停、垃圾乱扔、广告乱贴、工地乱象等"五乱行为"；严厉打击非法营运；大力整顿规范建筑市场秩序，严格控制建筑红线，严控严打公路沿线、沿河、沿景区违法违规乱建行为。

——坚持绿色发展战略。以生态经济为抓手，坚持产业生态化、生活低碳化，推动绿色循环发展，不能"鼓了部分人的钱袋、毁了全县的生态"，或者"钱袋未鼓、生态先毁"。加强保护区生态保护，落实天然商品林禁伐机制，逐步实施彩化、花

化等林相改造工程，营造山美水美的生态环境，进一步打造生态保护优良的国家重点生态功能区。优化矿山建设布局，积极引导企业建设绿色矿山，加快创建“广西绿色矿业发展示范区”。加强森林、湿地等生态系统建设，建立生态补偿机制，严格划定生态红线，维持我县林地保有量；实施新一轮退耕还林、生态公益林保护、石漠化综合治理等重点工程，全面完成造林绿化工作任务。加强对野生动植物的保护工作，完善名木古树的挂牌、修复工作。全面完成全国森林资源规划设计调查工作。

——着力解决环境问题。坚持全民共治、源头防治，持续实施大气、水、土壤污染防治，开展农村人居环境整治行动。严把生态关，对破坏生态环境的项目一律关停，对全县采石场进行全面督查整顿。采取限制烟花爆竹燃放措施，减轻燃放造成的大气污染影响。实施水污染防治行动计划，县城饮用水水源水质自动监测站年内投入试运行；继续推进污水垃圾处理项目建设，完成县城污水处理厂二期工程的前期工作及县城污水处理厂一期提标工程，实施污水管网延伸工程，推进乡镇污水处理站和农村生活污水处理项目建设，逐步提高污水处理水平。严厉打击水事违法行为，巩固全县河道禁采成果。推广生态养殖等清洁生产技术，加强农业面源和养殖业污染治理。落实耕地保护责任，严守保护红线，确保占补平衡，扎实推进“旱改水”提质改造项目和土地整治项目，确保实现耕地保护目标。

——推进宜居乡村建设。继续提高生态创建质量，开展10个宜居生态新农村示范村屯创建工作。突出“宜居”主题，继续推进和巩固“三清洁”“三化”工作，持续开展产业富民、服务惠民、基础便民专项活动，规范农村畜禽养殖，加快实施农村改路、改水、改厕、改厨、改圈项目，实施40个村屯太阳能路灯项目。加快实施我县农村生活垃圾两年攻坚计划，创造山更青、水更绿、天更蓝、人更美的农村生态环境。

（七）依法行政、廉洁从政，加强执政能力建设

全面加强自身建设，加快转变政府职能，不断提高行政效能，持续用力、深处着力，努力建设人民满意的政府。

——加强法治政府建设。严格按照法定权限和程序履行职责，自觉接受县人大及其常委会的依法监督、县政协的民主监督和社会各方面监督，认真办理人大代表建议、议案和政协提案。全面完成监察体制改革任务，进一步做好规范性文件报备、备案、审查工作。加快完善政府法律顾问制度，严格执行重大行政决策法定程序，切实提高政府决策的科学化、民主化和法治化水平。

——推动政府职能转变。深化行政审批制度改革，切实做好行政审批项目的后续服务管理工作，深入推进简政放权、“一网式、一门式”政府服务模式和服务事项标准化工作。进一步完善乡镇机构改革和事业单位分类改革工作，持续发力做好权力清单和责任清单两单融合的动态管理工作。

——全面推行政务公开。完成县级政府国家电子政务外网纵向建设和政务云平台建设，提高政府行政服务效能。强化政府信息公开，规范行政行为公开透明，推动行政主体严格执法。推动政府提供服务“部门化”向对外服务“集中化”转变，有效管理社会秩序和社会公共事务，充分保障人民群众合法权益，正确引导社会力量依法行使权利。

——深入推进廉政建设。加强政府自身建设，依法履行政府各项职责，坚持问题导向，始终保持反“四风”高压态势，严明政治纪律和政治规矩，层层压实主体责任，坚定不移地转作风、建机制、强监管、肃贪腐，以更坚定的决心，更有力的举措，更扎实的作风，努力打造廉洁政府。

各位代表，全面完成今年各项工作意义重大、责任重大，而要实现全年的目标任务，关键在于开拓创新、真抓实干。让我们更加紧密地团结在以习近平同志为核心的党中央周围，在市委、市政府和县委的坚强领导下，不忘初心、牢记使命，统一思想、坚定信心、砥砺前行，全力以赴完成全年任务，为实现“十三五”美好蓝图不懈奋斗，在决胜全面

建成小康社会的道路上迈出坚实的步伐!

名词解释

〔1〕一品两带三区:创建特色农业品牌;创建以龙脊、龙胜、泗水、江底为主的猕猴桃产业带,以瓢里、乐江、平等、三门为主的柑橘产业带;创建以高山绿园生态农业核心示范区、龙脊休闲农业示范区、龙胜镇平野河谷生态农业示范区等三个示范区为主的现代农业示范区。

〔2〕三品一标:无公害农产品、绿色食品、有机农产品和农产品地理标志。

〔3〕四项管理:精神文明建设、生产现场管理、安全生产管理、产品质量

〔4〕全域旅游:是将特定区域作为完整旅游目的地进行整体规划布局、综合统筹管理、一体化营销推广,促进旅游业全区域、全要素、全产业链发展,实现旅游业全域共建、全域共融、全域共享的发展模式。

〔5〕全域一区一线:全域:即全域旅游。一区:即全县大景区,是指将全县作为一个大景区来建设,按照旅游"一盘棋"来发展,把龙胜建成国家生态公园。一线:即生态旅游扶贫大环线,是指通过建设一条主线全长396公里,连接全县10个乡镇和81个行政村的大环线,将全县的主要旅游景点串点成线、串线成片,推动龙胜旅游全面提升,带动全县各族人民脱贫致富。

〔6〕党政同责、一岗双责:用在安全生产和环保工作领域。党政同责,是指各级党委、政府及其有关部门的主要负责人对相应工作都负有领导责任;一岗双责,是指各级党政领导干部在履行岗位业务工作职责的同时,履行相应工作职责。

〔7〕五级四员:建立村两委书记或主任(村计生协会长)——村委秘书长(或计生专干部)——村医——3~5名计划生育协会会员——建档立卡中因病致贫、因病返贫的患者及家属的"五级四员"联系服务网络。

〔8〕四所合一:广西推行乡镇国土资源、村镇规划和环境卫生、环境保护、安全生产监督等机构"四所合一"改革,并将县级国土、规建、环保、安监等部门相关执法职能以委托形式交由其承担。

〔9〕三集中三到位:部门行政审批职能(行政许可、行政审批、行政服务)向一个科室集中、承担审批职能的科室向行政服务中心集中、行政审批事项向电子政务平台集中,切实做到审批事项进驻落实到位、授权到位、电子监察到位。

〔10〕产业链招商:是指围绕一个产业的主导产品及与之配套的原材料、辅料、零部件和包装件等产品来吸引投资,谋求共同发展,形成倍增效应,以增强产品、企业、产业乃至整个地区综合竞争力的一种招商方式。

〔11〕四好农村路:即把农村公路建好、管好、护好、运营好。

〔12〕三证合一、一照一码:将企业依次申请的工商营业执照、组织机构代码证和税务登记证三证合为一证,提高市场准入效率;"一照一码"则是在此基础上更进一步,通过"一口受理、并联审批、信息共享、结果互认",实现由一个部门核发加载统一社会信用代码的营业执照。

〔13〕三权分置:是指农村的土地集体所有权、农户的承包权、土地的经营权分置并行。

〔14〕全面改薄:全面改善贫困地区义务教育薄弱学校基本办学条件。

〔15〕"321模式"医联体:组建好龙胜各族自治县人民医院医疗集团和龙胜各族自治县中医医院医疗集团后,分别与自治区南溪山医院、市中医医院组建紧密型医联体,交由南溪山医院、市中医医院托管,打造两个三级、二级、一级公立医疗机构融合的"321"模式医联体。

〔16〕四个最严:最严谨的标准、最严格的监管、最严厉的处罚、最严肃的问责。

〔17〕雪亮工程:以县、乡、村三级综治中心为指挥平台、以综治信息化为支撑、以网格化管理为基础、以公共安全视频监控联网应用为重点的"群众性治安防控工程"。

中国人民政治协商会议
龙胜各族自治县第十一届委员会常务委员会工作报告

（2018年1月17日在政协龙胜各族自治县第十一届委员会第三次会议上）

政协龙胜各族自治县委员会副主席　吴耿心

各位委员：

我受政协龙胜各族自治县第十一届委员会常务委员会的委托，向大会作工作报告，请予审议。

2017年工作回顾

2017年是我县加快实现“打赢脱贫攻坚战、建设中国生态旅游强县”目标取得显著成就的一年。一年来，中共龙胜县委高度重视人民政协工作，进一步加强对县政协工作的领导，专门听取县政协党组工作汇报，多次研究政协工作。在中共龙胜县委的领导下，县政协及其常委会深入贯彻县委的决策部署，牢牢把握团结和民主两大主题，紧扣全县工作大局，认真履行政治协商、民主监督、参政议政职能，凝聚共识、汇集力量、建言献策，为推动我县脱贫攻坚和改革发展稳定作出了新贡献。

一、加强理论学习，凝聚思想政治共识

县政协常委会坚持把强化理论武装、增强政治定力摆在首位，通过党组扩大会、党员学习会、委员培训会等形式，认真学习党的十八届六中全会、十九大精神和习近平总书记系列重要讲话精神，引导政协各参加单位和广大政协委员认真领会新时代对人民政协的新要求，自觉增强“四个意识”，坚定“四个自信”，坚持中国共产党的领导，坚定不移地走中国特色社会主义政治发展道路。认真学习贯彻政协章程和中共中央办公厅《关于加强和改进政协民主监督工作的实施意见》，以及中央、自治区党委、市委、县委关于加强人民政协工作的意见，切实加强对人民政协性质定位的理解和把握，聚焦县委、县政府中心任务，推进协商民主，广泛凝聚共识，进一步增强不忘初心、继续前进的使命感和责任感。按照“懂政协、会协商、善议政”的要求，组织政协委员和政协干部参加履职培训等，及时把学习贯彻中共中央、自治区党委、市委和县委的重要会议精神与履行职能结合起来，努力推动政协工作不断迈上新台阶，着力提升履职成效。

二、紧扣中心任务，围绕发展建言献策

县政协常委会坚持把促进发展作为履行职能的第一要务，注重发挥政协优势，积极参政议政，为促进我县经济社会发展献计出力。

（一）聚焦重点工作协商议政。进一步规范政协协商的内容、形式，提高协商实效。一年来，县政协举行全体会议1次、常委会议5次、主席会议20次，会议围绕事关全县经济社会发展全局性、综合性、前瞻性的重大问题开展协商讨论。特别在年初召开的十一届二次会议期间，委员们认真听取和协商讨论了县政府工作报告和其他报告，并在会上分别作了《重振“龙胜柑橘”产业的思考》《助力教育发展，为脱贫摘帽奠基》《建设生态农业（核心）示范区，助推脱贫攻坚》《积极推动非公有制经济组织参与全县精准扶贫工作的建议》4个专题发言，并书面提交了《关于做好全县农业生产布局规划的建议》《关于解决我

县教师职称聘任问题的建议》等高质量的建言调研报告。以高度负责的政治责任感和使命感，积极建言献策。围绕全县脱贫攻坚、城市管理、教育、科技、文化、卫生、旅游、环境保护以及改善民生等重要问题进行了广泛协商，坦诚畅言，提出了很好的意见和建议。此外，通过参加县四大班子扩大会、列席县委常委会、政府常务会等有关会议，就全县改革发展中的重大问题参与协商。通过各种形式的协商活动，在各党派、各族各界人士中增进了共识，汇聚了力量，提出了一些富有建设性的意见、建议，得到了县委、县政府的重视和采纳。

（二）围绕重大问题开展民主监督。坚持问题导向，重点选择环境、教育、医疗、交通、社会保障、食品药品安全等人民普遍关注、社会影响较大的问题开展民主监督视察活动，不断推进相关决策部署落实和部门工作改进。组织委员就“县城供水工程”、“关于龙胜镇桂龙路更材山山体滑坡影响车辆通行”等内容进行视察调研。形成了专项视察报告呈报县委、县政府。通过提出改进工作的意见建议，充分发挥政协委员在资政建言、民主监督、反映社情民意等方面的作用，为促进经济社会发展营造良好环境。

（三）紧扣中心任务建言献策。坚持围绕中心、服务大局，紧扣全县的中心工作和群众普遍关注的热点问题，分别就农业产业化发展、教师队伍建设等课题开展调研论证。课题组先后深入乡镇采取听汇报、实地察看示范基地、召开座谈会等形式，广泛了解全县发展现状，听取乡镇、村及企业负责人的意见和建议。并组织课题组成员赴广西的武鸣、环江、富川、钟山，湖南的安化、永州，贵州的湄潭、修文、独山、荔波、镇远、余庆县等地学习考察当地的先进经验和做法，形成了《关于我县农业产业化发展调研报告》《关于加强教师队伍建设促进我县教育事业发展调研报告》等调研报告，提出的许多意见和建议，得到了县委、县政府及有关部门的重视和采纳，为县委、县政府提供了科学的决策依据。

（四）助推专项任务取得成效。按照县委对全县重大项目的统一部署，县政协领导班子成员继续牵头组织“盛园路棚户区改造”、“古村落保护建设”、“有机绿色示范县建设”、“龙脊大道建设项目”、“红玉矿山及集中区项目”等9个重大项目推进工作组，对所联系的重大项目开展协调服务和督促指导，较好完成工作任务。

三、持续发力，助推打赢脱贫摘帽攻坚战

脱贫攻坚是2017年县委、政府的重点工作，县政协坚持把助推精准扶贫、精准脱贫作为履职的重要工作，主动作为，发挥作用。

（一）积极围绕脱贫攻坚建言献策。坚持把助推精准脱贫作为履职的重心，认真组织委员围绕旅游扶贫、教育扶贫、产业扶贫等问题开展调研视察，促进相关政策的落实和问题的解决。

（二）在全体委员中深入开展“我为扶贫攻坚做件事”实践活动。以实践活动为载体，积极引导全体委员在扶贫攻坚战中发挥主体作用，将“助力脱贫攻坚，投身脱贫攻坚”作为政协委员履职敬业的重要实践活动，号召各位委员充分发挥自身优势，积极开展“我为脱贫攻坚做件事”活动，能办大事办大事，能多办事多办事，办不了大事办小事，原则上不能不办事。引导委员们积极开展医疗救助、教育帮扶、产业技能帮扶、扶贫助学等扶贫攻坚活动，在活动中，不断地涌现出刘予、侯启元等医疗义诊带头人，周勇、梁家军、陈艳萍等捐资济困带头人，钟振华、李海林、李全友、杨海松等致富带头人。

（三）政协领导班子积极投身扶贫攻坚主战场。县政协班子领导积极做好所联系乡镇的脱贫攻坚总体协调工作，坚持每星期至少深入联系乡镇指导扶贫工作1次以上，经常性到联系村、帮扶贫困户家中走访，指导联系村脱贫摘帽、帮扶贫困户脱贫致富。今年以来政协领导班子分别牵头联系5个乡镇、5个贫困村，共联系贫困户25户，年内共扶持联系乡镇、村、户扶贫资金达120万元，用于解决村部建设、产业发展、壮大集体经济以及一些屯、组的基础设施建设。特别是做好易地搬迁集中安置点的领导“八包”责任制工作，推动了乐江乡集中安置点和伟江乡新寨村平腊集中安置点工作的全面落实。

（四）切实做好机关扶贫联系村工作。县政协结对帮扶乐江乡地灵村，共结对帮扶贫困家庭59户，机关干部积极深入联系村、贫困户家中，协助联系村建立帮扶工作机制，编制帮扶规划，落实扶贫资金，落实强农惠农富农政策，督促项目实施，脱贫攻坚工作取得实效。年内除了积极对接落实扶贫项目，还筹集40多万元支持联系村的道路硬化、维修风雨桥、扶持贫困户发展生产、贫困户子女上学等。此外，还帮联系村配备了电脑、打印机、复印机等。

四、坚持与时俱进，扎实做好政协经常性工作

坚持把创新作为推进政协事业发展的动力之源，以改革创新精神做好经常性工作，推动政协整体工作水平的提升。

（一）着力提升提案工作质量。提案办理工作紧紧围绕“生态、旅游、扶贫”的发展思路，以提高提案质量为重点，以提高办理实效为目标，以提升服务能力为保障，充分发挥政协提案在发展协商民主、助推经济发展、保障民生改善、促进生态文明建设的独特作用，认真履行职责，积极建言献策。全年共收到委员提案26件，立案20件，6件转为建议。提案包括脱贫攻坚、基础设施、农林水、科教文卫、旅游环保、党的建设和社会管理等内容，提案回复率为85%。

（二）开展走访联系委员活动。密切政协与委员的联系，积极开展恳谈交流、走访看望等活动，深入委员企业、委员工作单位及时了解委员的工作生活和履职情况，听取委员及所代表的界别呼声、建议和要求，帮助委员协调解决问题，让委员更多感受到政协组织的关怀和温暖，增强政协的凝聚力。一年来，共走访县政协委员30人次。如：走访了江底乡委员周小钞、三门镇委员袁麟林的凤鸡养殖基地，了解委员的凤鸡养殖情况；走访了马堤乡委员银家良、杨进红、乐江乡委员李海林经营的合作组织，了解合作组织的经营模式和现状，帮助解决和协调有关问题；走访了致富带头人董宗华、李金友委员的产业基地，了解委员企业的经营状况和带动贫困户发展情况，为委员们排忧解难。

（三）推动慈善事业发展。加强与上级政协的沟通、联谊，通过市政协慈善机构的积极牵线搭桥，一年来，共争取到资金48万元，用于扶持龙胜中学33名今年新录取大学的贫困学生、乐江乡地灵村鼓楼迁移、活动广场建设、蒙洞小学学生食堂改建、龙脊镇金江村受灾户灾后重建、平等镇庖田村村部建设。

（四）做好上级调研协助工作。积极协助全国、区、市政协做好视察、调研工作。一年来，我们严格按照中央八项规定，从简务实，做好各项服务协调工作，共协助全国、区、市政协做好视察调研活动15批次（其中全国3次、全区5次、全市7次），得到了全国、区、市政协领导的充分肯定。如：5月18日至19日，全国政协提案委员会主任孙淦带领扶贫监督性调研组一行13人到我县开展扶贫监督性调研活动；9月21日全国政协文史和学习委员会副主任方立一行17人到我县开展“少数民族戏剧的传承与发展”专题调研；10月20日至21日全国政协常委、民盟中央副主席、广东省政协副主席温思美一行9人到我县就全国政协《关于加快粤沪桂黔滇高铁经济带建设推进精准扶贫精准脱贫的建议》重点提案办理情况开展考察调研。

（五）深化内外交流交往。年内共接待全国各地各级政协的来宾50批次600多人次来我县就“历史文化保护传承发展有关政策、措施”、“少数民族地区非物质文化遗产保护与传承”、“生态示范村建设”、“生态环境水资源保护”、“少数民族木结构村寨火灾风险防范”、“旅游扶贫”“县城停车管理”等工作进行调研视察。在接待中，我们主动配合，积极向各级政协领导、政协委员推介龙胜，提出相关的意见建议，取得了良好的效果，得到了各级政协的好评。

（六）强化政协新闻宣传。在做好常规新闻宣传报道工作的同时，加强重要会议和重大活动的集中宣传报道，突出宣传政协履职的新思路、新办法、新成效。一年来，共编辑出版《政协之声》5期，在《广西政协报》《广西政协网》《桂林日报》《桂林市政协网》等报刊网站刊发稿件57篇，被广西政协报和桂林市政协评为宣传工作先进单位，县政协的影响力进一步扩大。

五、加强自身建设，努力提高履职能力和水平

县政协常委会始终坚持把加强自身建设作为提高政协履职能力的前提和基础，切实加强常委会的思想建设、组织建设、作风建设和制度建设，发挥常委会的整体作用和常委的带头作用，进一步提高政协工作水平。

（一）认真履行党组责任。县政协党组认真履行党要管党，从严治党责任，落实党建工作责任制，党组书记履行抓党建第一责任人的职责，其他党组成员根据分工抓好职责范围内党的建设工作。进一步完善党组内部的议事和决策机制，制定了《龙胜各族自治县政协党组议事规则》，全年共召开党组（扩大）会议13次，通过党组会议讨论和决定本单位的重大决策、重要人事任免、重大项目安排、大额资金使用、党组织和党员队伍建设、党风廉政建设和反腐败工作方面的重要事项。认真贯彻落实中央、区、市、县委关于党风廉政建设的部署和要求，及时研究、安排、部署和落实政协的党风廉政建设工作。

（二）加强委员队伍建设。一是制定《龙胜县政协委员履职管理办法》，规范委员履职活动，鼓励委员依法履职；突出界别特点，发挥界别优势，组织界别委员开展参观考察、调研视察、走访慰问、座谈联谊等活动，拓展委员参政议政渠道，增强委员履职能力，发挥了委员主体作用。二是举办委员专题培训班、开展专题讲座，9月6日至9日邀请市政协秘书长苏甲杏、市提案委主任谢漓到县委党校为全体委员讲授政协知识，并组织了现场参观教学活动，组织了127名政协委员到雁山区草坪乡学习建设休闲旅游主题小镇的先进经验，到灵川县古镇提香葡萄示范点和潭下柑橘示范区参观学习农业产业发展的先进经验。使政协委员既增长了知识又开阔了眼界，进一步提升了政协委员的综合素质和履职能力。

（三）加强政协机关建设。扎实推进“两学一做”专题教育常态化制度化，贯彻落实中央八项规定“回头看”工作，持续纠正“四风”问题，修订完善公务接待、财务管理等规章制度。加强机关党组织建设和工会建设，落实“三会一课”制度，全面加强机关的思想、组织、作风和制度建设，推进作风建设常态化长效化，机关建设进一步增强，参谋助手、综合协调、服务保障作用进一步发挥。

各位委员！过去的一年县政协常委会工作取得的成绩，是中共龙胜县委高度重视、加强领导的结果，是县人大常委会、县人民政府以及各部门和社会各方面大力支持的结果，是县政协各参加单位和广大政协委员共同努力的结果。在这里，我代表县政协常委会，向大家表示衷心感谢！

总结一年来的工作，我们深切体会到：做好新时期人民政协工作，必须坚持中国共产党的领导，认真贯彻中共中央和自治区、市委、县委的各项决策部署，始终保持政协事业正确政治方向；必须坚持人民政协性质定位和团结民主两大主题，充分发挥政协独特优势和不可替代的作用；必须坚持围绕中心、服务大局、履职为民，在助推发展、服务人民中彰显政协作为；必须坚持委员主体地位，在发挥委员作用中夯实政协工作基础；必须坚持改革创新，在与时俱进中永葆人民政协蓬勃生机与活力。

同时，我们也清醒地看到，与上级党委和县委对政协工作的要求相比，与广大政协委员和全县人民群众的期盼相比，我们的工作还存在一些差距和不足，需要切实加以改进。比如：政治协商形式和程序有待进一步规范；民主协商、民主监督有待进一步加强；委员履职意识、履职能力还有待加强、提案回复率有待提高等。我们真诚地希望各位委员对常委会工作提出批评和意见，以便把今后的工作做得更好。

2018年工作部署

2018年是贯彻党的十九大精神的开局之年，是改革开放40周年，是实施“十三五”规划承上启下的关键一年，县政协工作的总体要求是：全面贯彻落实党的十九大精神，认真贯彻落实县委十四届三次会议精神，围绕“生态立县、绿色崛起”的发展理念，坚持“生态、旅游、扶贫”发展思路，推进“龙胜全域旅游大景区、有机食品大园区”建设，扎实有效地履行好政治协商、民主监督、参政议政职能，充分发挥政协组织的优势，广泛团结各界人士，努力发挥协调关系、汇集力量、建言献策、服务大局的作用，在决胜全面建成小康社会道路上迈出坚实步伐，奋力谱写中国生态旅游强县的新篇章。

一、强化忠诚意识，进一步夯实共同思想政治基础

忠诚是做好任何工作的根本保证。人民政协讲忠诚，最根本的就在于毫不动摇地坚持中国共产党的领导，在于始终保持坚如磐石的政治定力。要认真学习党的十九大精神，以习近平新时代中国特色社会主义思想为引领，进一步增强“四个意识”，特别是核心意识和看齐意识，更加坚定地维护以习近平同志为核心的党中央权威，更加坚定不移地走中国特色社会主义政治发展道路。切实做到思想和行动与中央保持高度一致，确保中央、自治区党委、市委和县委的决策部署贯彻落实到政协履职的全过程。

二、强化中心意识，聚焦中心工作建言献策

围绕中心，服务大局，是人民政协履行职能必须遵循的重要原则。要充分发挥政协的独特优势和重要作用，紧扣县委十四届三次全会提出的奋斗目标，紧紧围绕“生态立县、绿色崛起”的发展理念，坚持“生态、旅游、扶贫”发展思路和事关全县经济发展的综合性、全局性、前瞻性问题建言献策。年内围绕推进龙胜脱贫攻坚、“全域旅游大景区、有机食品大园区”建设、工业发展、重点项目、乡村振兴、宜居乡村等课题专题开展调研活动，切实发挥资政建言作用，为加快龙胜“打赢脱贫攻坚战、建设中国生态旅游强县”目标作出应有的贡献。

三、强化协商意识，进一步提升政协协商民主实效

认真组织实施经县委批转的县政协2018年工作计划，深入调查研究、广泛协商交流、搞好成果转化。加强政治协商与县委、政府工作的有效衔接，围绕我县经济社会发展的重大问题和人民群众普遍关注的热点、难点问题，重点关注公共基础设施建设、生态保护、教育优先发展、食品药品和社会治安防控体系等民众关心的问题开展专题调研，提出意见建议。要开展跟踪调研民主监督，推动协商成果转化，提高协商成效。精心组织委员开展协商议政，切实开展好专题协商、对口协商、界别协商、提案办理协商，丰富协商载体，增加协商密度，提高协商实效。

四、强化监督意识，推动各项事业健康发展

人民政协民主监督是社会主义协商民主建设的重要内容，是帮助党和政府改进工作的重要方式。要进一步强化监督意识，丰富监督形式，完善监督制度，坚持在参与中支持、在支持中服务、在服务中监督，融协商、监督、参与、合作于一体，敢于指出各项工作中的各种不足，真正实现民主监督的常态化、规范化和实效化。要丰富监督形式，鼓励委员通过政协会议、提案、调研、视察、信息、大会发言等载体，切实发挥法院特约监督员的政协委员作用，进一步创新、拓展民主监督的形式。

五、强化民本意识，助力人民群众对美好生活的向往

坚持协商于民、协商为民，设身处地为群众着想，感同身受为群众分忧，多做得民心、顺民意的工作。要进一步发挥政协社情民意在汇集舆情中的重要作用，把关注民生热点问题作为政协履职的重要工作，多建利民之言，多谋利民之策，促进改革发展成果更多惠及人民群众。要把积极助推全面打赢脱贫攻坚战作为政协履职的重心，积极引导政协委员投身脱贫攻坚主战场，深入开展“我为脱贫攻坚做件事”活动，引导委员参与产业扶贫、旅游扶贫、教育扶贫、健康扶贫、思想扶贫、项目扶贫和公益慈善事业等活动，切实做到有智献智、有力献力，通过各种形式，为脱贫攻坚、决胜全面建成小康社会贡献力量。

六、强化履职意识，不断提高政协工作科学化水平

加强理论研究，不断丰富政协理论成果。抓好文史资料工作，深入挖掘龙胜工匠艺人文史资源，形成系列文史成果。加强政协工作宣传报道力度，办好政协之声，利用政协公众微信平台，提升政协工作影响力。加强委员教育培训，提高委员履职能力；组织委员参观考察，拓宽委员履职视野；完善委员履职评价系统，强化委员履职考核；加强委员联系与服务工作，进一步落实走访委员工作制度，了解委员思想状况和工作生活情况，帮助委员解决实际困难和问题，助推委员成长和事业发展。

七、强化廉政意识，进一步提升履职实效

加强党风廉政建设，要严格执行中央八项规定，深入推进党风廉政建设和反腐败工作，持之以恒强素质，驰而不息抓作风，努力造就一支政治坚定、作风优良、业务熟练的干部队伍。进一步推进政协委员履职制度化、程序化、规范化。要以界别为纽带、专委会为基础、委员为主体，强化联系协调，加强内外联络，积极构建沟通顺畅、配合紧密、运转高效的工作格局，着力提高调查研究能力、联系群众能力、合作共事能力、协商议政能力、民主监督能力，焕发履职热情，提升履职实效。

各位委员，同志们！十九大吹响的时代号角催人奋进，新时代赋予的历史使命光荣艰巨。让我们更加紧密地团结在以习近平同志为核心的党中央周围，以党的十九大精神为统领，在中共龙胜县委坚强领导下，不忘初心、牢记使命，坚定信心、奋发有为，为全面打赢脱贫攻坚战，建设中国生态旅游强县作出新的更大贡献！

大　事　记

2017 年 5 月 3 日，县委中心学习组在县委会议室召开专题理论学习会议　（县新闻中心　供稿）

1月

6日 龙胜召开脱贫攻坚专题会议，安排部署迎接国家对龙胜脱贫攻坚核验工作。县长吴永合出席会议并讲话，要求各级各部门要高度重视，加强领导，集中精力做好脱贫攻坚迎检各项工作。

15日 桂林龙脊旅游有限责任公司在龙脊镇大寨村举行桂林龙脊梯田景区大寨村2016年旅游扶贫成果分红仪式。2016年该景区门票、耕种补贴合计471万元。

18日 县委书记周卉，县长吴永合，县委常委、常务副县长石修雄赴桂林出席龙胜与福达集团有限公司举行潘内梯田旅游发展合作框架签约仪式。吴永合与桂林福达集团有限公司负责人就潘内梯田旅游发展合作框架协议进行签约。

20日 中共龙胜各族自治县第十四届委员会第二次全体会议在县委政府4楼会议室举行。会议提出了2017年的重点工作：把“生态、旅游、扶贫”作为全县工作核心；坚持不懈加强经济建设；加强文化建设；加强社会建设；从严从实加强党的建设。会议通过《中共龙胜各族自治县第十四届委员会第二次全体会议公报（草案）》。

22日 中共桂林市委书记、市人大常委会主任赵乐秦到龙脊镇金江村调研，看望慰问潘德干、廖太满、廖国财3户贫困家庭。市委常委、秘书长赵仲华，县领导周卉、吴永合、郑明旺参加慰问活动。

2月

4日下午 龙胜各族自治县第十六届人民代表大会常务委员会第三次会议在人大4楼会议室召开。会议由县人大常委会主任粟宁群主持。县人大常委会副主任李健胜、梁文星、曾波、潘艳玫以及常委会组成人员参加会议。县委常委、常务副县长石修雄，县人民法院副院长杜宏干和县人民检察院检察长陈炜列席会议。会议审议和通过自治县第十六届人民代表大会第二次会议召开时间、第十六届人民代表大会第二次会议日程（草案）、县人大委员会工作报告。会议听取和审议自治县人民政府关于十五届人大七次会议和十六届人大一次会议代表建议办理情况报告。

15—17日 政协龙胜各族自治县第十一届委员会第二次会议在县党校会议中心开幕。县政协主席杨桂姬，县政协副主席侯秋英、吴耿心、何彦泽、甘高强出席会议。县领导周卉、吴永合、粟宁群、梁文华、黄健、石修雄、欧阳军辉、潘德辉、粟海英、李文涛、李桥胜、高中海、余龙想以及县四大班子其他领导、县人民法院院长、县人民检察院检察长参加会议并在主席台就座。县政协副主席吴耿心做《中国人民政治协商会议龙胜各族自治县第十一届委员会常务委员会工作报告》，副主席侯秋英向大会做《中国人民政治协商会议龙胜各族自治县第十一届委员会常务委员会提案工作情况报告》。县政协委员陈艳萍、洪德清、兰孟华、杨光伟分别作《重振“龙胜柑橘”产业的思考》《助力教育发展　为脱贫摘帽奠基》《建设生态农业（核心）示范区　助推脱贫攻坚》《积极推动非公有制经济组织参与全县精准扶贫工作的建议》的专题发言。县委书记周卉在会上发表讲话。

17日 龙胜召开2016年度表彰大会，会议对2016年度全县目标任务绩效考评中获得突出成绩的先进集体进行表彰，并为2016年度先进工业企业等先进集体进行颁奖。

17—18日 龙胜各族自治县第十六届人民代表大会二次会议在县委党校会议中心召开。大会主席团常务主席周卉、粟宁群、杨桂姬、李文涛、李健胜、梁文星、曾波、潘艳玫出席会议。县领导吴永合、肖柱、石修雄、潘德辉、粟海英、郑明旺、李桥胜、余龙想、黄炜、曾瑞玉、阳健青、侯秋英、何彦泽、吴耿心、甘高强、余坤文，县人民法院院长秦雯、县人民检察院检察长陈炜参加会议。大会由人大主席团常务主席粟宁群主持。县长吴永合代表县人民政府向大会作政府工作报告。大会还听取了县人大常委会主任粟宁群所做的《龙胜各族自治县人大常委会工作报告》。会议审议通过《龙胜各族自治县人民政府工作报告》《龙胜各族自治县2016年国民经济和社会发展计划执行情况与2017年国民经济和社会发展计划报告》《龙胜各族自治县2016年财政预算执行情况和2017年财政预算安排报告》《龙胜各族自治县人大常委会工作报告》《龙胜各族自治县人民法院工作报告》《龙胜各族自治县人民检察院工作报告》。会议还表决通过《关于严格自然资源保护、促进生态文明建设的议案的决议执行情况报告》和《关于传统村落保护与传承的决议的执行情况报告》。原县四家班子离退休领导，驻龙胜的自治区、桂林市人大代表，县政协委员，县直各单位负责人，各乡（镇）长和特邀代表等列席会议。

3月

1日　龙胜举行学习贯彻中共十八届六中全会暨自治区第十一次党代会精神专题讲座，桂林市委党校副校长黄革新和市委党校党建教研室副主任、副教授李霄冰作专题辅导。县四大班子领导，各乡镇领导班子，县直单位、县直属单位、县属企业科级以上干部参加专题讲座。

10日　全县农业农村、脱贫攻坚“美丽龙胜宜居乡村”和社会治理工作大会在县民族体育馆召开。会议贯彻落实中央、自治区、桂林市有关农业农村、脱贫攻坚、农村建设和社会治理工作等方面的会议精神和具体工作要求，全面总结全县农村工作、脱贫攻坚、生态乡村建设和社会治理工作，研究部署当前和今后一个时期的工作。周卉、吴永合、粟宁群、杨桂姬等在家的县四大班子领导以及县人民法院院长、县人民检察院检察长出席会议。会议还对自治区认定的马堤乡、伟江乡、平等镇3个第一批广西县乡级现代特色农业示范区进行授牌。各乡镇、县直单位、直属单位，县属企业的领导班子成员和干部职工代表；各村、社区的支书、主任；贫困村第一书记，非贫困村包村工作组组长；各乡镇涉农站（所）干部职工；县脱贫攻坚作战指挥部、县乡村办工作人员；相关单位执法人员代表；2016年度“美丽龙胜”乡村建活动示范村和模范保洁代表参加了会议。

21日　龙胜召开2017年重点项目推进工作会议，总结上年全县重大项目协调推进工作，安排部署2018年全县重大项目建设工作。县领导周卉、吴永合、黄健、石修雄出席会议，各乡（镇）党政领导班子、县直各单位领导等参加会议。

21—22日　国家全域旅游示范区建设专家组对龙胜创建国家全域旅游示范区工作进行专题调研，专家组先后到平安梯田景区、黄洛瑶寨、艺江南民族休闲园、龙胜温泉景区进行实地考察，并仔细地查看景区景点的旅游基础设施，了解景区景点的旅游经营、管理及营利等情况。县领导周卉、吴永合、石修雄陪同调研。

4月

11—12日　全国人大民族委员会副主任委员杜德印率调研组到龙胜就脱贫攻坚工作情况进展、民族乡经济社会发展情况进行调研。杜德印一行先后来到瓢里镇、龙脊镇开展调研活动，每到一处，杜德印一行都详细了解当地的脱贫攻坚工作和乡镇经济社会发展情况。自治区人大民委副主任委员冯成善、桂林市人大常委会副主任石春莲，县领导周卉、粟宁群、梁文星、潘艳玫参加调研。

14日　龙胜与桂林福达集团有限公司举行隆重仪式签约30亿元建设项目。县委书记周卉在签约仪式致辞，介绍了龙胜的基本情况、资源优势、投资环境等情况。县长吴永合代表县人民政府与桂林福达集团签订合作协议。县领导周卉、吴永合、粟宁群、杨桂姬、桂林福达集团有限公司董事长黎福出席签约仪式。

20日　龙胜各族自治县第十六届人大常委

会第四次会议召开，会议由自治县人大常委会主任粟宁群主持。会议审议通过人事任职议案。县委副书记黄健介绍县委人事安排情况。根据相关规定，拟任政府职能部门人员依次作供职发言。县人大常委会副主任李健胜、梁文星、曾波、潘艳玫出席会议。副县长曾瑞玉、县人民法院院长秦雯、县人民检察院副检察长荣先明列席会议。

5月

3日 县委中心学习组召开专题学习（扩大）会议，会议围绕中共中央总书记习近平视察广西时的重要讲话精神开展专题学习。周卉、吴永合、粟宁群、杨桂姬等四家班子领导、部分县直单位主要领导参加会议。

18—19日 由全国政协常委、提案委主任委员孙淦率领的全国政协调研组到龙胜，通过实地走访，召开座谈会等形式开展扶贫监督性调研。调研工作重点围绕扶贫工作中的责任制落实、基层党建、扶贫监督、人才培养和作用发挥、贫困地区和群众发展生产等五大方面进行。调研组一行深入龙脊镇金江村江边组蒙翠秀、潘汉勇2位贫困户家中，了解其家庭成员健康情况、种植资源、收入结构，以及对接帮扶、帮扶成效等情况。并先后在县城和龙脊镇分别召开座谈会，听取自治区、桂林市、龙胜脱贫工作情况介绍。自治区政协主席陈际瓦、自治区政协副主席沈北海，桂林市政协主席粟增林，县领导周卉、吴永合、杨桂姬等参加调研。

6月

15日 桂林市健康扶贫工作现场推进会在龙胜召开，主要内容是贯彻党中央、国务院脱贫攻坚方略，落实健康扶贫决策部署，总结推广好经验好做法，部署深入实施健康扶贫工作。会议总结2016年桂林市健康扶贫工作，部署2017年健康扶贫工作。自治区卫生计生委党组成员、副主任麦家志，市领导何翔、王德明、郑毅出席会议。县领导周卉、潘艳玫、曾瑞玉、侯秋英参加会议。

15日 中国农业发展银行创新部总经理杜彦坤，农发行广西区分行党委书记、行长刘喜峰协同北京乾景园林规划设计有限公司董事长回全福一行，到龙胜就旅游开发进行调研，并召开座谈会。县领导周卉、吴永合、石修雄、何彦泽及县相关单位负责人出席座谈会，县长吴永合主持座谈会，县委书记周卉对旅游资源、生态优势、人文优势、旅游产业发展优势等进行介绍。

7月

19—20日 由联合国粮农组织(FAO)全球重要农业文化遗产专家考察组到龙胜对龙脊梯田农业系统申报全球重要文化遗产项目进行考察评估。

29日 龙胜召开抗洪救灾工作总结表彰大会，县委书记周卉讲话，共表彰35个先进单位、55个先进个人。

8月

2日 县委书记周卉，县委副书记黄健，县委常委、常务副县长石修雄到龙脊大道项目工地现场办公，了解施工进度。

10日 县长吴永合到西江坪森林旅游景区进行调研，县交通局、旅游局、林业局、泗水乡、伟江乡主要领导参加调研。

22日 龙胜召开2017年高考优秀学生表彰大会，县长吴永合讲话。奖金共计75万元。

9月

3—4日 县委书记周卉、副书记黄健、副县长梁德锋率县直有关单位、各乡镇主要领导、脱贫攻坚作战指挥部负责人及业务骨干一行70多人到玉林市陆川县考察学习精准扶贫档案管理工作。

11 日 中共桂林市委书记、市人大常委会主任赵乐秦到龙脊镇金江村调研，到农户廖太满家了解脱贫情况。县委书记周卉参加调研。

10 月

16 日 龙胜召开迎接自治区脱贫攻坚大督查工作布置会。会议要求按照自治区大督查内容、范围、时间节点，认真完成迎接督查工作任务。此次自治区扶贫攻坚大督查主要督查各地在扶贫工作中扶贫领域腐败和作风问题解决、易地扶贫搬迁、年度脱贫任务完成、国家反馈问题整改等工作情况。县领导周卉、吴永合、梁德锋、伍永强、李一飞出席会议。粟宁群、杨桂姬等县领导，各乡镇党政干部、驻村第一书记在各乡镇扶贫指挥部参加会议。

18 日上午 9 时 中国共产党第十九次全国代表大会在北京人民大会堂正式开幕。龙胜广大党员领导干部和各族群众收看收听会议直播盛况。直播结束后，全县各族各界纷纷表示将以十九大精神为指导切实增强紧迫感，责任感，助推龙胜经济社会再上新台阶，奋力实现全县经济发展的新跨越。

18 日 自治区副主席张秀隆率调研组到龙胜就脱贫攻坚工作开展实地调研。自治区有关部门领导蒋家柏、严伯贵、梁雄、韦朝永以及桂林市副市长谢灵忠、县委书记周卉、县长吴永合等参加调研。张秀隆一行先后深入龙胜镇平野村白岩组、县城易地扶贫搬迁安置点“老乡家园”开展调研。座谈会上，听取桂林市副市长谢灵忠对龙胜脱贫工作的评价以及县委书记周卉、县长吴永合在扶贫领域的相关情况汇报。

21 日 自治区脱贫攻坚督查组到龙胜开展督查活动，县委书记周卉汇报了龙胜脱贫攻坚情况。

21—24 日 龙胜受邀参加中国国际农产品交易会，县长吴永合参加交易会。

26 日 全县 52 名驻村第一书记先后来到龙脊镇金江村、龙胜镇平野村板平组、泗水乡里茶村开展脱贫攻坚工作调研。在当天下午举行的工作座谈会上，县委常委、组织部部长李文涛与自治区卫计委驻龙胜县扶贫工作队临时党支部、龙胜县第一书记临时党支部等 6 个党支部签订责任书。县领导周卉、李文涛、余龙想为其授牌。。

26 日 桂三(桂林至三江侗族自治县)高速公路正式通车，全程 135 千米。此路以双向四车道规格建设，设计时速每小时 100 千米。概算总投资 150.87 亿元。主线在龙胜境内长 17.46 千米。

27 日 龙胜召开落实自治区脱贫攻坚大督查问题整改暨贫困县摘帽工作推进会。会议的主要任务是:通报大督查反馈情况，分析当前脱贫摘帽工作中存在的具体困难和问题，研究部署下一阶段脱贫摘帽工作，集中力量打赢脱贫摘帽攻坚战。周卉、吴永合、粟宁群、杨桂姬等四大班子领导，县人民法院院长，县人民检察院检察长，区、市、县贫困村党组织第一书记和“美丽广西”乡村建设(扶贫)工作队员、各乡(镇)领导班子成员和扶贫助理、县直各单位、直属各单位领导班子成员、县属各企业主要领导以及县脱贫攻坚作战指挥部下设各专责组全体驻组成员参加会议。

31 日 龙胜召开重大项目现场推进会，县领导周卉、黄健、梁德锋、曾瑞玉、吴耿心到龙脊大道、教育园区、民政园区、中医院园区、法院园区现场办公，查看项目施工进度。

11 月

2 日 龙胜召开学习贯彻中共十九大精神大会。周卉、吴永合、粟宁群、杨桂姬等在家的县四大班子领导、县人民法院院长、县人民检察院检察长以及其他县处级领导、各乡(镇)党政主要领导、县直各单位主要负责人、县属各企业主要负责人参加会议。

6日 县政协第十一届委员会召开第六次常委会议。县政协主席杨桂姬，副主席侯秋英、何彦泽、吴耿心、甘高强参加会议。会议分别讨论通过了增补3名第十一届委员会委员事项，就《关于加强教师队伍建设促进我县教育事业发展的调研报告》《农业产业发展调研报告》等进行协商讨论。

21日 广东省第二扶贫协作工作组组长、广东省扶贫办副主任杨胜军一行，在县政协主席杨桂姬，县委常委、政法委书记梁德锋以及区、市、县扶贫办领导的陪同下，到马堤乡对龙胜开展的粤桂扶贫协作工作进行调研，调研重点包括：2017年扶贫协作工作计划、2017年2000万元财政帮扶资金项目安排计划以及帮扶资金到位情况。

23日 “广西龙胜龙脊梯田系统”在罗马通过联合国粮农组织(FAO)评审，正式认定为全球重要农业文化遗产(GIASH)。

27日 中共龙胜县委书记周卉带领四家班子领导及其他县处级干部、县人民法院院长、人民检察院检察长、县直各单位党政主要负责人共50余人到位于中共桂林党校的市廉政教育基地参观学习，接受了一次主题鲜明、内容丰富、冲击力强的廉政警示教育，市纪委常委张捷林参与活动。

28日 县长吴永合率队到县城庆新路扶贫搬迁工程——老乡家园安置楼视察工程进展情况。该工程总建筑面积4.44万平方米，其中住宅3.41万平方米，项目总投资1.20亿元，共23层，搬迁安置户336户，约1500人。县领导梁德锋、阳健青参加视察。

28日 农业部第四次农产品地理标志登记专家评审会在北京召开，龙胜红糯以其显著的品种特性、优良的产地环境、悠远的人文历史、良好的发展前景获得了专家评委的高度评价和一致认定通过，正式成为龙胜继龙胜凤鸡、龙胜翠鸭、龙脊辣椒、龙脊茶、地灵花猪之后的第六个国家地理标志性农产品。

30日19时30分左右 龙脊镇金竹村金竹组发生一起民房火灾，火灾共烧毁民房9户，破拆11户，火灾未造成人员伤亡。

12月

1日 县委书记周卉、县长吴永合、副县长曾瑞玉到龙脊金竹壮寨，实地察看火灾灾后情况，指导灾后重建工作。

12日 县第十六届人大常委会第八次会议召开。县人大常委会领导粟宁群、梁文星、曾波、潘艳玫出席会议，会议通过有关人事任免。

全年 龙胜各族自治县继续推进重点项目建设，主要有：龙脊梯田风景名胜区大循环公路工程、桂三高速公路龙胜县城段出口连接公路工程、龙脊大道工程、移民创业园教育园区工程、庆新路老乡家园工程、龙胜县扶贫移民小学工程、中医医院整体搬迁工程、改善农村人居环境工程、桂林龙胜爱莲食品有限公司桶装饮用水厂建设工程、龙胜县电业公司农网升级改造技改工程、桂林市龙胜源恒杉川木业有限公司建设工程、鑫有竹制品贸易有限责任公司厂房搬迁工程、和平锰铁有限责任公司2500千伏安矿热炉技术改造工程、银河电站110千伏开关站扩建工程、华美公司上朗露天采矿土石方剥离工程、龙胜奔牛木材厂(瓢里分厂)建设工程、县天泽超细滑石粉有限责任公司年产1万吨超细滑石粉技术改造工程等。其中，龙脊大道工程建设当年投入3222万元；县城庆新路老乡家园工程建设共投入2501万元；各乡镇易地扶贫搬迁项目共投入2514万元；改善农村人居环境工程建设共投入3808万元；桂三高速公路龙胜县城段出口连接公路工程建设，当年投入项目建设资金3222万元。当年，以上工程多数在建设中。

龙胜概貌

南山风光　　（县新闻中心　供稿）

历史沿革

公元前221年，秦朝建立，推行郡县制，在今广西设桂林郡，县境大部分属之，少部分属长沙郡地。西汉初，南海郡郡尉赵佗吞并象郡、桂林郡自立南越国，县境属南越国。汉武帝平南越国后于汉元鼎六年（公元前111年）置始安县，县境大部份地域属之。东汉改始安县为始安国，县境属之。三国时期吴国设武陵郡，下辖始安县，县境属之。隋朝改桂州为始安郡，县境仍属始安县。唐龙朔二年（662年）[一说武德四年（621年）]析始安县置灵川县，县境属之。五代十国，县境先属楚，后属南汉。后晋天福八年（943年）置义宁县，龙胜属之。后晋开运三年（946年）在今兴安县城增置溥州，县境归溥州广明县辖。不久复设义宁县，县境复归义宁县辖。

宋、元、明三代，县境仍属义宁县。因桑江境地处边远山区，不易管辖，明代隆庆五年（1571年）于义宁县城西北的司坪[今临桂县宛田镇；一说于今龙胜各族自治县境内（见杨武泉《岭外代答校注》第27页）]设桑江口巡检司，亦称桑江巡检司，专辖桑江境（今龙胜各族自治县境）。明末，该巡检司撤销，清初复置。清乾隆六年（1741年），清朝析桑江口巡检司所辖之桑江境置桂林府龙胜理苗分府，亦称龙胜理苗厅，简称龙胜厅。龙胜厅下辖两个巡检司，即龙胜巡检司和广南巡检司。龙胜巡检司驻厅署（今县城）；广南巡检司始驻广南城，后移驻瓢里。同年，置义宁协驻龙胜，防范与镇压少数民族。义宁协下设二营，8汛，48塘，官兵千余人。清末，义宁协奉裁。民国元年（1912年）废龙胜厅设龙胜县。民国二年（1913年）龙胜县隶属漓江道，次年改隶桂林道。民国十六年（1927年），直隶广西省。民国十九年（1930年），广西建立民团制度，龙胜县属第一民团区。民国三十年，属桂林行政监督区。民国三十一年三月至三十三年四月（1942年3月至1944年4月）直隶广西省政府。民国三十三年（1944年）五月后，隶属桂林第八行政督察区。民国三十八年（1949年）1月1日至9月30日，属第十五行政区。

1949年11月21日，龙胜全境解放。同年12月6日成立龙胜县人民政府。1951年8月19日，撤销龙胜县，设龙胜各族联合自治区（县级）。1953年12月，改称龙胜各族联合自治县。1955年9月18日，广西省人委报国务院备案，将龙胜各族联合自治县更名为龙胜各族自治县，隶属桂林地区行政公署。1970年后属桂林地区。1998年11月8日，桂林地区与桂林市合并成立新的桂林市，龙胜各族自治县隶属桂林市。

地理位置

龙胜各族自治县位于广西壮族自治区东北部，地处越城岭山脉西南麓，广西最高山峰猫儿山西侧，介于北纬25° 29′ 21″ ~26° 12′ 10″、东经109° 43′ 28″ ~110° 21′ 14″之间。地处湖南省、广西壮族自治区交界处。东临兴安县、资源，西与三江侗族自治县交界，南和东南与临桂县、灵川县相连，西南与融安县接壤，北和西北分别与湖南省通道侗族自治县毗连，北和东北与湖南省城步苗族自治县为邻。县境最东至戴云山，最西至双峰岭、桑江出境处之石门塘，最南至广福顶，最北至上平会北。南北最大纵距78千米，东西最大横距60千米。县城龙胜镇与广西壮族自治区首府南宁市实际公路里程486千米（“321”国道改道后及桂林至南宁高速公路里程，之前为531千米），距桂林市中心89千米，与桂柳高速公路距离79千米。2008年，第二次全国土地调查结果，全县总面积定为2538平方千米。

地形地貌

【地形】 龙胜“万山环峙,五水分流”。越城岭自东北向西南延绵而去,境内崇山万叠,峭壁千寻,河谷幽深,水流湍急。全县平均海拔700米,海拔1500米以上的山峰有21座,海拔在700米以上山地占全县土地面积的47.26%。福平包(山名)海拔1916米,为全县最高海拔;最低海拔为桑江出境处的石门塘,海拔仅为163米。从最高海拔到最低海拔垂直高差1753米。16度以上的陡坡占全县土地面积的87%,15度以下的缓坡仅占13%。山峰与山坡常呈阶梯状倾斜,部分形成悬崖峭壁。山地土层厚浅不一,森林覆盖面广,至今尚存的原始森林区有花坪林区、彭祖坪林区和西江坪林区。

【地貌】 境内地貌类型单一,侵蚀结构中山陡地形遍及全县,但在同一地貌单元内的不同地位也出现多种次一级地貌,计有山前梯地、河流谷地、桌面山、长条状分水岭、V形河谷等。境内水系众多,大、小河流均汇入主流桑江(浔江在龙胜境内之河段自古俗称桑江),自东向西流入三江侗族自治县境。

【山脉水系】

山脉　龙胜全境皆山,山体高大,连绵不断,巍峨磅礴。诸山属南岭山脉越城岭山系,大体可分为猫儿山脉、大南山脉、全数山(全素山)脉及天平山脉等四大山脉。猫儿山脉主峰位于县境东部的兴安县与资源县分界线上,其脉延于县境内,呈东—东南走向,形成福平包(1916米)、竹山、戴云山(1811米)、锅底塘(1722米)等山峰。大南山脉分布于平等以东,芙蓉以西,其源于湖南城步县之牛头坡,主峰在湖南城步苗族自治县境内,向西南延伸,长达70余千米。其脉延于龙胜境内,呈北—南走向,由7座1500米以上山峰组成。全数山脉亦为大南山支脉,分布于县境西部,为与三江侗族自治县及湖南通道侗族自治县、绥宁县之自然分界线,呈北—西南走向,长达100余千米,形成1000米以上山峰6座,最高峰为南端的广福顶(1520米)。天平山脉位于县境南部,呈南—西南走向,主峰蔚青岭海拔1778米,林区面积1.33万公顷。2017年,以上四大山脉植被丰富,山顶部分多为野生芒草,竹子及灌木,山腰及山脚分布人工营造的针叶林、其他经济林及野生阔叶林。

水系　境内集雨总面积3867.65平方千米,森林面积广,水系发达,溪河遍布,有大小溪河480余条,总长1535千米。大、小河流均汇入主流桑江,自东向西流入三江县境。

主流桑江古名贝子溪,集境内所有溪河之干流,属珠江流域西江水系。其左源为发于湖南城步苗族自治县汀坪乡之江底河;右源为源于资源县五排东北紫金山麓之五排河。两源于县境江底东北汇合后向南流经江底、泗水、龙胜镇等乡镇地域,再西折流往瓢里镇域,途经都坪、鱼滩、大云、瓢里、思梅等地,从石门塘流入三江侗族自治县境内,境内流程88千米。

龙脊秋景　　(潘志祥　摄)

支流主要有平等河、凉坪河、伟江河、芙蓉河、三门河、平寨河、和平河、李江河、矮岭河。

气候·灾情·水文

【气候概况】 2017年，龙胜县全年平均气温19℃，比历年平均值(18.3℃)偏高0.7℃。年极端最高气温38.4℃，年极端最低气温-0.2℃。2017年全年总雨量1751.10毫米，与历年平均值(1522.20毫米)偏多2成左右。4—9月汛期雨量为1313.10毫米，与历年平均值相比偏多2成。年日照总时数1044.30小时，与历年平均值相比偏少，全年总雨量比历年平均偏多，但各月降水分布较不均匀，全年无明显的干旱发生，全年发生4次较为极端恶劣气候现象，总体评价全年气候属正常稍偏差年景。

【气温情况】 2017年全年平均气温19℃，比历年同期平均值偏高0.7℃。全年日极端最高气温38.4℃，出现在7月27日；年极端最低气温-0.2℃，出现在12月8日、12月20日。春播期≤12℃的低温结束日出现在3月19日，总日数8天；全年未出现寒潮天气过程，10月冷空气活动频繁，出现连续3天日平均气温≤22℃的寒露风天气1次，出现时间为10月12日至10月20日。本年7月出现阶段性高温天气，7月25日—30日、8月1日—4日出现大于37度的高温。12月中旬中期至下旬中期出现连续霜(冰)冻灾害天气，对龙胜农业生产造成了一定的影响。

【雨量】 2017年，龙胜县全年总雨量1751.10毫米，与历年平均值(1522.2毫米)偏多，汛期的总降水量为1313.10毫米(龙胜站)，与历年同期平均相比偏多两成；4月降雨量38.5毫米，5月降雨量150.10毫米，6月雨量369.40毫米，7月降雨量313.90毫米，8月份雨量265毫米，9月降雨量176.20毫米；前汛期降水558毫米，与历年同期相比偏多，后汛期降水为755.10毫米，与历年同期相比偏多。从龙胜站的资料看，本年度汛期降水4、5月份降水为偏少外，其余月份降水均为偏多。2017年龙胜站整个汛期共出现4场大于50毫米的降水，分别是6月28日降雨量为73.70毫米；7月1日降雨量为140毫米；8月10日降雨量为92.40毫米，8月13日降雨量为54.40毫米。各乡镇降水分布不均，局部有强降水，6月28日全县普降暴雨，大暴雨的有3个站点，分别是大滩村雨量为103毫米，平等雨量为104.80毫米，马堤村雨量为108.20毫米。7月1日全县普降大暴雨，达到大暴雨量级有14个站点，最大雨量的站点是瓢里雨量197.80毫米、其次是平等177.70毫米、大滩村177.40毫米、乐江乡金坪村下金146.30毫米。8月10日，县内大部乡镇出现暴雨，部分乡镇出现大暴雨，从自动站降雨量统计有10个自动站达暴雨，其中2个自动站达到大暴雨；达到大暴雨站点是大滩村105.30毫米，和平乡102.60毫米。8月13日，县内普降大暴雨，达到大暴雨量级有6个站点，最大雨量站点是瓢里，雨量180.50毫米，其次是下金129毫米、江口村125.70毫米、乐江村123.90毫米。

【光照】 2017年，龙胜县全年日照总时数1044.3小时，与历年平均值相比偏少，春播期(3月1日至4月10日)低温阴雨日天数8天，春播期日照正常，4月份日照正常，对春播有利，综合分析，本年度的光照条件属正常偏好年景。

【雷击事故】 2017年5月1日凌晨5时左右，平等镇小江村岔组马家坳发生一起雷击事故，1人死亡，5人受伤。

【水灾】 5月1日17时30分，平等镇硬州村岩田组杨正敏户的房屋遭屋后山体滑坡影响，导致

2017 年 7 月，县公路局抢修公路　　（县新闻中心　供稿）

该户有两间房间被塌下来的土石掩埋，其中有一名长年瘫痪在床的老人杨再选被埋在房间内已死亡，灾害造成受灾人口 50 人，紧急转移安置 20 人，倒塌房屋 1 户 4 间；直接经济损失 20 万元。

同年 6 月 25 日(20 时至 20 时）全县普降大雨，局部暴雨，出现暴雨的站点有平等、大滩村、江底村，雨量分别为 88 毫米、59.70 毫米、53.90 毫米；26 日(20 时至 20 时）全县普降小到中雨，局部大雨；27 日(20 时至 20 时）全县普降中雨，局部大雨；28 日(20 时至 20 时）全县普降暴雨，局部大暴雨，大暴雨的有 3 个站点，最大雨量出现在马堤村站点，雨量 108.20 毫米，其次是平等、大滩村站点，雨量分别为 104.80 毫米、103 毫米。此次降雨过程，维持时间长，过程累计雨量大，受强降水影响，龙胜县龙胜镇、飘里镇、龙脊镇、三门镇、泗水乡、马堤乡出现洪涝灾害，造成房屋倒塌，农作物受损，总经济损失 240 万元。

同年 7 月 1 日(20 时至 20 时）全县普降大暴雨，达到大暴雨量级有 14 个站点，最大雨量的站点是瓢里雨量 197.80 毫米、其次是平等 177.7 毫米、大滩村 177.40 毫米、下金 146.30 毫米；2 日(20 时至 20 时）全县多云，局部有短时阵雨，最大雨量的站点是平等 5.70 毫米，此次降雨过程，从 6 月 30 日 20 时起到 7 月 1 日 18 时降水一直没有停止过，维持时间长，降水强度大，过程累计雨量大，受强降水影响，龙胜县 10 个乡镇均出现洪涝灾害，造成房屋倒塌，农作物受损，公路塌方，通信终断，全县受灾人口 5500 人，农作物受灾面积 190 公顷、倒塌房屋 44 间，总经济损失 629 万元。

同年 8 月 13 日(20 时至 20 时）县内普降大暴雨，达到大暴雨量级有 6 个站点，最大雨量站点是瓢里，雨量 180.50 毫米，其次是下金 129 毫米、江口村 125.70 毫米、乐江村 123.90 毫米；14 日(20 时至 20 时）全县普降中雨，达到暴雨量级的有 2 个站点，最大雨量的站点是花坪 76.40 毫米，其次是和平村 51.8 毫米；15 日普降大雨，江底村站点达到大暴雨，雨量 108.1 毫米；此次降雨过程，未发生重大灾情，只有部分村级公路塌方。

【霜冰(冻)灾害】 龙胜 2017 年 12 月中旬中期至下旬中期县境内出现连续霜(冰)冻灾害天气，对辖区内农业生产造成一定的影响，全县农作物受灾较严重的是百香果，约有 333.33 公顷百香果不同程度受灾，主要是百香果枝干末稍嫩芽受冻后干枯，造成尾果不能自然成熟。

【水文】 2017 年，县水文水资源局下辖勒黄水文站、三门水文站 2 个国家基本水文站；平等、乐江、江口、江底、张家、和平、瓢里、牙寨等 8 中小河流个自动监测水(文)位站，雨量自动监测站已基本覆盖各乡镇村屯，达 46 个站点。水文自动监测系统的科学布设，全面提升龙胜河流的山洪灾害防御应急预警预报能力，为地方主要党政领导及防汛有关部门提供灾害防御信息，给防汛减灾决策部署提供科学技术支撑。

水文监测项目有：雨量、水位、流量、蒸发、水质等项目,并完成各项目的资料收集与整编。2017年7月1日龙胜境内遭遇20年一遇的大洪水中,龙胜水文积极应对,为地方党政领导、防汛指挥部门提供及时准确的水情服务信息,严把预警第一关,“6.28~7.1”强降雨期间,县中心水文站先后发布洪水蓝色预警13次、洪水黄色预警3次,编发水情快报27期、重要水情信息专报1期、发送水情短信6786条,给党委政府防汛减灾决策部署工作赢得先机。

2017年,水文部门贯彻落实“最严格的水资源管理制度”,助力龙胜县河长制工作的实施,加强县域流域的水质监测,开展省界平等河高弄断面、县界江底断面、水功能区乐江、里茶断面的水质理化全指标分析监测工作,并每月初完成县域“水情月报”“水资源状况报通报”的报送,为水生态环境治理服务工作提供技术保障。汛前及时与县防汛抗旱办公室举办召开年度防汛抗旱及水文工作会议,全力做好防汛备战工作,着力提高龙胜县重要防洪城镇的防汛预警能力。（屈　锦）

资源·物产

【土地资源】 2017年,龙胜县境土地面积245048.28公顷,其中耕地面积17754.32公顷,园地面积14869.52公顷,林地面积178013.62公顷,草地面积20623.37公顷;建设用地面积2772.97公顷,其中城镇用地面积369.91公顷,农村居民点用地面积2213.26公顷,独立工矿用地面积177.33公顷,其他建设用地面积12.47公顷;交通运输用地面积1719.57公顷;水域及水利设施用地3741.79公顷;其他土地面积5553.12公顷。

【水资源】 龙胜境内植被广,森林覆盖率达到79.12%。水资源丰富。龙胜县大小溪河,纵横480多条,主要河流总长约335千米,其中:主要河流龙胜河(也称桑江,寻江)88千米;主要支流芙蓉河、和平河、三门河、平等河、伟江河。其它支流有:龙胜镇平野河、三门花坪河、平等小江河、平等平定河、江底李江河等。全县水力资源理论蕴藏量为60.58万千瓦,可开发量42.97万千瓦。

近年来,县委、县人民政府领导合理利用和充分发挥龙胜水能资源的自然优势,并在大力发展低碳清洁能源的同时,把水电产业逐步培育成为龙胜县经济发展中不可或缺的支柱产业。截至2017年底全县已运行电站有82座,装机容量32.95万千瓦,占可开发总量的76.7%。2017年度全县实际用水总量为1.16亿立方米。其中工业用水量0.16亿立方米,占13.79%;农业用水量0.84亿立方米,占72.41%;生活用水量0.15亿立方米,占12.94%;生态环境补水量0.01亿立方米,占0.86%。主要江河水库水功能达标率为100%。河流交界断面水质水量达标率为100%。

主要江河水库水功能达标率为100%。河流交界断面水质水量达标率为100%。全年征收水资源费474.06万元,比上年同期增加21.76万元,同比增长4.8%。

【风能资源】 龙胜多高山,在高海拨地区风能资源丰富,尤以伟江乡甘甲村、平等镇小江村、龙脊镇江柳村、龙胜镇上孟村等地为甚。截至2017年,已在南山建风电场。

【森林资源】 龙胜是广西主要木材产地之一,森林面积广,森林资源丰富。2017年,全县森林覆盖率为79.12%,林地面积178013.62公顷,森林活立木总蓄积1564.77万立方米。

【野生动物资源】 龙胜境内野生动物资源丰富,主要野生动物:

哺乳类属国家二级保护动物有麇、麝、野猪、豺狼、狐狸、貂、猴、黄猿、猪獾、果子狸、豪猪、灵猫、刺猬;属自治区重点保护野生动物有野兔、猪獾、黄鼬(黄鼠狼)、竹鼠、獭、麂羊、岩羊、红腹松鼠、穿山甲等。

鸟类属国家一级保护动物有白颈长尾雉;属国级二级保护动物黄腹角雉、鹰、锦鸡、环颈雉等。属自治区重点保护野生动物有斑鸠、布谷鸟、喜鹊、大嘴乌鸦、鹧鸪、竹鸡、画眉、野鸡、鹇鸡、猫头鹰、秧鸡、五色鸡、八哥、杜鹃、鹭鸶、黄莺、翠鸟、雪鸟、啄木鸟、红嘴相思鸟等。

爬行类有眼镜蛇、银环蛇、南蛇、金环蛇、腹蛇(干芋苗)、竹叶青、黄金条、晰蜴、壁虎等。

鱼类县境内江河野生鱼类有鳅科、鲶科、合鳃鱼科、鲻科等鱼类。共5个目,17科,80多种鱼类,主要有鲤鱼、赤魟、鲥鱼、七丝鲚、白肌银鱼、鳗鲡、青鱼、鳜鱼、草鱼、大鳍、鳍鱼、鳡鱼、鲶鱼、南方马口鱼、赤眼鳟、大眼红鲌、翘嘴红鲌、鲂鱼、鲐细鳊、银飘鱼、石豪鱼、兰刀鱼等。

两栖类有蛙、蟾蜍、龟、鳖、山瑞、螃蟹、蝎、水蛇、大鲵(娃娃鱼,国家二级保护动物)等。

【野生植物资源】 龙胜县境维管束植物有178科580属1262种或变种。其中裸子植物有5科6属7种;被子植物137科416属914种和54个亚种或变种(双叶植物118科369属794种和47个变种单子叶植物19科92属120种12个变种)。境内由于海拔高度不同,而形成不同的植物分布带:海拔1700米以上树种有北亚热带常绿、落叶阔叶混交林为主;海拔1300米~1700米,常以壳斗科、榛科、木兰科、杜鹃科阔叶树种为主,多为落叶、常绿阔叶混交林;海拔800米~1300米,多为常绿阔叶林;海拔500米~800米,常为松、杉等针叶林和壳斗科、樟科等组成的混合林。草本植物也因海拔高度不同,而形成不同的分布带,高海拔地带山路金茅草、巴芒芦、野古草为主,低海拔地带则以鸭嘴草、黄茅草、乌毛蕨为主。

珍稀植物有113种,其中针叶类有银杉、长苞铁杉、五针松、罗汉松等,阔叶林类有银杏、竹柏等。在各类植物中,国家一级保护植物有银杉、伯乐树、银杏、红豆杉、水杉;国家二级保护植物有福建柏、白豆杉、鹅掌楸、观光木、马尾树、木瓜红、篦子三尖杉、五针松、半边枫、闽楠、桫椤。

【矿产资源】 龙胜县境内矿产资源丰富,被誉为“世界滑石之都”“中国红玉之乡”。迄今已发现有滑石、金、铅锌、铜、磷、钒、钨、镍、铁、锑、锰、石煤、石棉、粘土、高岭土、地热、辉绿岩、花岗岩、大理岩、石英石、建筑用砂、建筑石料用灰岩、鸡血玉(暂定名)、观赏石等25种矿产。

截至2017年底,已发现各类矿产地107处,其中大型矿床3处、中型矿床1处、小型矿床30处、矿点73处。滑石和金矿为本县主要矿产,其中鸡爪、古坪、上朗大型滑石矿床3处,桐子山中型滑石矿床1处。滑石产地共20处;金矿有分水坳、福平包、潘内小型金矿床3处,金矿产地35处;(铜)铅锌矿产地9处,铁矿点4处,锰矿点3处,其它矿产少、零星分布。

矿产地主要分布于如下3个区域:

1. 和平—河口—大白山地区金、铅锌、地热集中分布区,区内有分水坳、潘内、福平包和陡洞小型金矿床4处,陡洞、岩湾等金矿点18处;柚子坪和大柳铅锌矿小型矿床2处、九龙桥、田坪等铅锌矿点6处;矮岭地热1处。

2. 古坪—上朗—三门地区滑石集中分布区,区内有鸡爪、古坪、上朗大型滑石矿床3处,桐子山中型滑石矿床1处,下龙、粮仓坪、团包岭、沙岭小型滑石矿床4处,曾家塘等滑石矿点7处。近年新发现的鸡血玉(暂定名)、建筑用辉绿岩、饰面用大理岩也产于此区。

3. 庖田—龙坪—蒙洞地区金、滑石、锑、铁集中分布区,区内有塘马、平等、小满、固洞等金矿点13处;松树坳小型滑石矿床1处;地灵小型锑矿床1处;平会、黄沙江等铁矿点3处;梅洞等锰矿点3处。

龙脊小寨风光　　（潘志祥　摄）

龙胜出产的茶叶肥厚、多汁、味甘可口、营养丰富。以江底乡、龙脊镇、平等镇的茶叶出名。其中“龙脊茶”久负盛名，清朝乾隆年间曾为朝廷贡茶，在1983年的全国茶叶鉴定会上被评为全国28大名茶之一。“江底茶”为大叶茶，有的古茶树树龄有60~70年，根系发达，所产的茶叶肥厚、多汁、营养丰富。

【旅游资源】 龙胜山清水秀，风景秀丽，民风民俗古朴，丰富的自然资源和人文资源标构成龙胜独特的旅游资源。2017年，龙胜有温泉省级旅游度假区、桂林龙脊旅游有限公司、桂林金坑索道客运有限公司、桂林龙胜骏龙旅游运输有限公司4家主要旅游企业。有AAAA级景区两家：龙脊风景名胜区、温泉省级旅游度假区。AAA级景区4家：白面瑶寨、艺江南中国红玉文化园、龙脊旅游小镇、金车生态民族村。此外，还有一批未评定等级的景区和特色民族村寨。

已评定等级的景区、景点有：龙脊梯田风景名胜区，温泉景区等。未评定等级的特色旅游景区景点有：县城景区、温泉国家森林公园、彭祖坪原始森林旅游区、西江坪原始森林旅游区、花坪自然保护区、南山高山草场区、泗水源泉生态乡村旅游区。

【土特产品】 龙胜地处亚热带季风气候地带，气候温暖湿润，土地肥沃，利于作物生长。境内土特产品主要有茶油、桐油、茶叶、柑橘、南山梨、竹笋、烟叶、香菇、辣椒、棕皮、红糯、罗汉果、凤鸡、翠鸭、地灵花猪、地灵红糯等。宝赠村出产的烟叶品质优良。

龙胜还盛产“三木药材”（杜仲、黄柏、厚朴），为木本药材。

茶叶、凤鸡、翠鸭、龙脊辣椒、地灵花猪、地灵红糯6个产品获得国家农产品地理标志性认证产品，其中龙胜凤鸡被列入国家级畜禽遗传物种保护名录，是广西禽类唯一获此殊荣的品种。

人口·行政区划

【人口概况】 2017年，龙胜县人口为172482人（不含外出打工半年以上人口），出生总人数2009人，人口出生率为10.93‰；死亡人数为1360人，死亡率7.40‰；人口自然增长率3.54‰。

【行政区划】 2017年，龙胜县行政区划为5个镇（龙胜镇、龙脊镇、平等镇、瓢里镇、三门镇），5个乡（泗水乡、江底乡、马堤乡、伟江乡、乐江乡），辖119个村，5个社区居民委员会（县城城北社区、城南社区、城西社区、桂龙社区、北岸社区），3个街道居民委员会（三门街道居民委员会、瓢里街道居民委员会、和平街道居民委员会）。

表 1

2017 年全县人口统计表

单位:人

单位	年末总户数、人口数				年末人口性别、年龄					
	户数	人口合计	城镇人口	乡村人口	性别		年龄			
					男	女	0~17 岁	18~34 岁	35~59 岁	60 岁及以上
龙胜镇	11289	36759	23433	13326	18337	18422	7343	7483	15155	6778
龙脊镇	4170	15885	525	15360	7918	7967	2935	3257	6573	3123
平等镇	7771	28271	667	27604	14843	13428	4995	6020	11468	5788
瓢里镇	4231	14920	1821	13099	7522	7398	2465	3297	6144	3014
三门镇	4121	14506	1207	13299	7368	7138	2584	3312	5996	2614
泗水乡	3345	13292	0	13292	6667	6625	2599	2796	5603	2294
江底乡	2312	8799	0	8799	4475	4324	1593	2004	3645	1557
马堤乡	3020	11449	0	11449	5901	5548	2320	2406	4758	1965
伟江乡	2538	9593	238	9355	4942	4651	1748	2123	4024	1689
乐江乡	4991	19008	0	19008	9971	9037	3406	4144	7694	3764
合计	47788	172482	27891	144591	87944	84538	31988	36848	71060	32586

注:上表数据由县公安局户政科提供。不含外出务工半年以上人口

表 2

2017 年龙胜各族自治县行政区划情况一览表

乡镇名称	社区（街道）居民委员会(个)	社区(街道)居民委员会名称	村民小组（个）	村民委员会（个）	村民委员会名称
龙胜镇	5	城北社区居民委员会、城南社区居民委员会、城西社区居民委员会、桂龙社区居民委员会、北岸社区居民委员会	176	14	山东村 城关村 双河村 日新村 勒黄村 都坪村 平野村 岭田村 拐江村 双洞村 南门村 崇楼村 上孟村 金车村
龙脊镇	1	和平街街道居民委员会	185	15	和平村 白水村 摆岭村 金江村 白石村 黄江村 马海村 小寨村 大柳村 中禄村 大寨村 江柳村 龙脊村 平安村 岳武村
平等镇			282	21	平等村 庖田村 广南村 甲河村 隆江村 昌背村 琉璃村 东社村 龙坪村 平熬村 太平村 城田村 新元村 半河村 固洞村 蒙洞村 寨枕村 硬州村 平定村 罗汉村 小江村
瓢里镇	1	瓢里街居民委员会	149	10	上塘村 瓢里村 交州村 六漫村 界泉村 思陇村 梅洞村 平岭村 孟化村 大云村
三门镇	1	三门街居民委员会	188	13	交其村 安康村 双江村 同列村 双朗村 大罗村 古坪村 花桥村 大地村 花坪村 鸡爪村 洪寨村 大锣村

续表

乡镇名称	社区(街道)居民委员会(个)	社区(街道)居民委员会名称	村民小组(个)	村民委员会(个)	村民委员会名称
泗水乡			134	9	泗水村 里茶村 里才村 潘内村 八滩村 三舍村 细门村 周家村 马骆村
江底乡			108	8	江底村 围子村 泥塘村 建新村 城岭村 龙塘村 李江村 地灵村
马堤乡			111	8	马堤村 张家村 芙蓉村 里市村 东升村 龙家村 百湾村 牛头村
伟江乡			120	8	甘甲村 布弄村 中洞村 里木村 新寨村 大湾村 崇林村 洋湾村
乐江乡			203	13	金坪村 乐江村 江口村 石京村 光明村 独镜村 地灵村 大雄村 宝赠村 同乐村 西腰村 凉坪村 石甲村
合计	8		1656	119	

民族·语言·宗教

【宗教团体和活动场所管理】 2017年,县民族宗教事务局通过实地走访各宗教活动场所,通过与场所管理人员座谈交流,了解各场所的内部管理情况、人员变动情况和建设情况等,掌握各场所的基本信息,督促指导各场所不断完善管理制度,各宗教活动场所走上规范化管理轨道。

【民族】 龙胜是多民族聚居县,主体民族有侗、瑶、苗、壮、汉等民族,除以上5个主体民族外,还有蒙古族等其他民族,人口不多。2017年,少数民族人占全县总人口的80%。境内少数民族多以地域聚居,侗族绝大多数居住在平等镇、乐江乡及瓢里镇;瑶族多数居住在江底乡、泗水乡、三门镇、龙脊镇;苗族多数居住在伟江乡、马堤乡;壮族多数居住在龙胜镇、龙脊镇、瓢里镇。汉在全县各地均有分布。县城规模扩大后,各民族迁至县城的人口亦增多。

【语言】 龙胜县境内各民族均本民族的语言,苗、瑶语属苗瑶语族苗语支和瑶语支,苗语近似

龙胜红瑶　　（县新闻中心　供稿）

南方汉语方言，瑶语分为盘瑶语群、红瑶语群；侗壮语属侗语族侗水语支和壮傣语支，侗语为南部侗族方言，壮语为北壮方言。汉语主要为桂北方言，境内部分地区的汉族操灵川土语，湖南新化、叙浦方言。普通话及桂林话是各民族之间交流的共同语言。

【宗教工作概况】 2017年，县境内各群众有部分人信仰佛教外，还有少数群众信仰基督教。2017年，有县城西郊的龙头寺、乐江乡光明村的归仁洞庵等10个佛教活动场所。信仰基督教的群众主要集中在平等镇的广南村。龙胜的宗教工作在2017年1月以前由县委统战部宗教事务办公室负责管理。1月23日，县政府对县民族宗教事务局进行定机构、定编制、定职能，不再保留龙胜各族自治县民族事务管理局、县宗教事务办公室。将县宗教事务办公室承担的宗教事务行政职能划入县民族宗教事务局，组建龙胜各族自治县民族宗教事务局。

县民族宗教事务局学习贯彻全国、全区宗教工作会议精神。7月5日、6日，组织相关人员参加自治区宗教工作会议、自治区宗教工作法规政策理论知识培训。认真开展宗教政策法规学习活动。县委统战部、县宗教办人员到兴佛寺、归仁洞等宗教场所组织学习《宗教事务条例》及党的宗教工作基本方针，开展学习教育活动。同时利用龙胜列为全国“民族百节之县节庆示范基地”的条件和农历“三月三”“六月二十四”等传统会期到乡镇、村屯宣传党的宗教政策法规。全年共发放关于宗教方面的学习资料1000余份，出版宣传墙报5期、板报3期。

【开展民间信仰调研活动】 2017年，县民族宗教事务局组织工作人员深入10个乡镇的社区、村、场点，就民间信仰场所及其活动情况开展专题调研。了解到全县除有宗旨、有组织、有制度的信仰道教、佛教、基督教等宗教信徒外，民间信众大约有3万人左右。民间信仰场所在10平方米以上的宫、庙、祠、宇、阁、社、馆等有500多座，这些场所成立管理理事会或有人看管的50座，其中列入县民宗局作为试点管理的有1座。（龙　政）

党政机关、直属事业单位、人民团体、军事单位和自治区直属行政、事业、企业单位及领导人

中国共产党龙胜各族自治县委员会

县委书记：周　卉

县委副书记：吴永合

　　　　　　黄　健

县委常委：肖　柱（任至6月）

　　　　　石修雄

　　　　　欧阳军辉（任至7月）

　　　　　潘德辉

　　　　　粟海英

　　　　　李文涛

　　　　　李桥胜

　　　　　郑明旺

　　　　　梁德锋（9月任职）

　　　　　高中海（挂职任至7月）

　　　　　敖孔华（9月任职）

　　　　　余龙想（挂职、自治区社会主义新农村建设指导员驻龙胜县工作队队长）

龙胜各族自治县人民代表大会常务委员会

党组书记、主任：粟宁群

副主任：李健胜

党组成员、副主任：梁文星

　　　　　　　　　曾　波

　　　　　　　　　潘艳玫

副调研员：余坤文（任至8月）

龙胜各族自治县人民政府

县　长:吴永合
常务副县长:石修雄
副县长:潘德辉
　　曾瑞玉
　　梁德锋(任至9月)
　　黄　炜
　　阳健青
　　余龙想(挂职、自治区社会主义新农村建设指导员驻龙胜县工作队队长)
　　李一飞(9月任职)
　　经本荣(4月任职)
　　高中海(挂职,任至7月)
　　敖孔华(挂职,9月任职)

中国人民政治协商会议龙胜各族自治县委员会

主　席:杨桂姬
副主席:侯秋英
　　何彦泽
　　吴耿心
　　甘高强

中共龙胜各族自治县纪律检查委员会

书　记:李桥胜
副书记:曾学强
　　文进鑫
常　委:秦建军
　　李龙芳
　　梁昌鼎
　　唐昭坤

法院·检察院

龙胜各族自治县人民法院

党组书记、院长:秦　雯
党组成员、副院长:粟长赋
　　曹彰茂
　　杜宏干
党组成员、纪检组长、审委委员:吴列军
党组成员、执行工作局局长、审委专职委员:杨　革

龙胜各族自治县人民检察院

党组书记、检察长:陈　炜
党组成员、副检察长:荣先明
　　赵明华
　　韦兆松
党组成员:吴　涛

县委各部委及直属事业单位

县委办公室

主　任:郑明旺
副主任:白林娟
　　韦　彬
　　王永飞
　　蒙荣祥(4月任职)
　　范是亮(10月挂任)
　　赵海龙(9月挂任)

县委督查室

副主任:韦　彬

县委政研室

主　任:王永飞

县国家保密局

副局长:白林娟

保密委员会

主　任:郑明旺
副主任:白虎成
　　白林娟

组织部

部　长:李文涛

常务副部长:廖思红

副部长:舒华钰

　　　陆全民

　　　杨吕娟

县基层办公室

主　任:舒华钰

副主任:陆曙恒

宣传部

部　长:潘德辉

常务副部长:王珺珩

副部长:蒲庆锋

精神文明办公室

主　任:蒲庆锋(10月任职)

专职副主任:何　平(10月任职)

统一战线工作部

部　长:粟海英

副部长:蒙昌伟

政法委员会

书　记:欧阳军辉(任至4月)

　　　梁德锋(8月任职)

副书记、综治办主任:苏良松

副书记、维稳办主任:贲　健

机构编制委员会办公室

主　任:蒙树生

副主任:范树文

事业单位登记管理局(设在编制办)

局　长:彭钰雯

直属机关工作委员会

书　记:黄　琴

副书记、武装部部长:梁旭光(任至7月)

副书记、武装部部长:梁义福(10月任职)

县委、县政府信访局

局　长:蒙政友

副局长:刘德强

老干部局

局　长:杨吕娟

副局长:龙彭艳

县接待办公室

主　任:吴菊凤

县委党校

校　长:黄　健

常务副校长:赵丽明

副校长:杨光足(任至4月)

　　　邹定发(4月任职)

县绩效考评领导小组办公室

主　任:韦　彬

龙胜各族自治县人大常委会机构

县人大常委会办公室

主　任:吴伟汉

法制与内务司法委员会

主任委员:廖克业

财政经济委员会

主任委员:周如松

选举联络工作委员会

主任委员:兰支学

教科文卫农业农村环资城建与民族工作委员会

主任委员:余杰略

县人民政府各委办及事业单位

县人民政府办公室

主　任:白虎成

副主任:梁　刚

李海明

杨能武

段政辉

刘　英

文华新

督查室

主　任:杨能武

副主任:向东明

应急办公室

副主任:张海涛

县政务服务管理办公室

主　任:何瑞琪

县调处办公室

主　任:苏桂德

公安局

党委书记、局长:黄　炜

党委副书记、政委:蒋精忠

党委委员、副局长:黄仁炳

王志星

陈克海

党委委员兼办公室主任:杨进福(任至11月)

党委委员、政工室主任:刘丽琴(11月任职)

党委委员、纪委书记:佘光芳(任至7月)

监察局

局　长:曾学强(4月任职)

副局长:秦建军

杨礼淑

司法局

党组书记、局长:范道宁(任至4月)

黄秋明(6月任职)

党组成员、副局长:苏成翠

黄铭朕(4月任职)

法制办公室

主　任:韦贤惠

副主任:潘　新

发展与改革局

党组书记、局长:蒋　晖

副局长:杨奇文

蒋生云

谢伦干

吴昌勇(8月任职)

物价局

局　长:蒋　晖

副局长、县医改办主任:杨奇文

工信局

党组书记、局长:陆安阳(任至3月)

蒙　勇(4月任职)

党组成员、副局长:姜成林

粟佑平

党组成员、纪检组长:柳映宁(任至7月)

副局长:黄流军

教育局

党组书记、局长:梁昌群

党组成员、副局长:谭宗彦

吴松菊
党组成员、纪检组长:唐晚秋

科学技术局

党组书记、局长:石怀忠
党组成员、副局长:谭秀丽

地震局(设在科学技术局)

局　长:石怀忠
党组成员、副局长:谭秀丽

知识产权局(设在科学技术局)

局　长:石怀忠

民政局

党组书记、局长:刘凯锋
党组成员、副局长:贺玉标
杨树萍
党组成员、老龄办副主任:李玉琼

财政局

党组书记、局长:吴　健
党组成员、副局长:蒙世庄
乐永胜
张荣文
党组成员、纪检组长:杨明春
国库支付局局长:杨　华

民族宗教管理局

党组成员、局长:石天亮
党组成员、副局长:兰基卫(正科级)
梁承红(正科级)

民族语言局(设在民族宗教管理局)

党组成员、局长:石天亮
党组成员、副局长:兰基卫(正科级)
梁承红(正科级)

人力资源与社会保障局

党组书记、局长:陆全民
党组成员、副局长:蒋承德
夏永萍
阳孝雄
党组成员、纪检组长:刘再光(8月任职)

社会保险事业局

副局长:吴永革
李树生
何刘成

国土资源局

党组书记、局长:石天宇(任至9月)
龙文瑞(9月任职)
党组成员、副局长:冯百林
陈　勇
党组成员、纪检组长:文华新(任至7月)

环境保护局

党组书记、局长:粟建广
党组成员、纪检组长:梁钦岳(任至7月)
党组成员、副局长:黄有旺
庾秀君

住房和城乡建设局

局　长:李文家(12月任职)
副局长:李文家(任至11月)
周培强
何明高
纪检组长:黄宝梅(任至7月)
韦振强(7月任职)

县人民防空办公室

主　任:李文家

县市容管理局

党组书记、局长:刘发军

党组成员、副局长:胡学谦
陈　军

交通运输局

党组书记、局长:余杰略(任至4月)
李　强(4月任职)
副局长:唐永龙
舒　堃(任至9月)
纪检组长:梁海玲(任至7月)

水利电力局

局　长:唐荣达
副局长:严栋贵
范承武
纪检组长:申淑源(任至8月)

农业局

党组书记、局长:石腾龙
党组成员、副局长:荣月英
副局长:何建成(7月任职)

林业局

党组书记、局长:陆安阳(4月任职)
副局长:陈能愿
郑旭云(兼县森林公安局局长)
张　端(挂职,7月任职)

投资促进局

局　长:杨文赞

文新广体局

党组书记、局长:吴连伟
党组成员、副局长:曾德茂
陈　芳

县电视台

台　长:吴连伟
副台长:杨志军
蔡本华

卫生与计生局

党组成员、局长:刘曼萍
党组成员、副局长:曾德全(正科长级)
党组成员、副局长、县计生协会专职副会长:黄流斌
党组成员、副局长、县爱卫办主任:龙怀军
党组成员、纪检组长:刘美玉(任至7月)
梁旭光(7月任职)
党组成员、副局长、县红十字会专职副会长:
石建革(7月任职)

审计局

党组书记、局长:朱胜坚
党组成员、副局长:赖源峰
石冬梅

安全生产监督管理局

党组书记、局长:唐旗胜
党组成员、副局长:侯　钰
刘少权

统计局

党组书记、局长:陈海波
党组成员、副局长:侯慧清
蒙树娟
党组成员、纪检组长:吴昌勇(任至7月)

工商行政和质量技术监督管理局

党组书记、局长:邓劲军
党组成员、副局长:于立民
杨道忠
莫学文

旅游局

局　长:毛逸人

副局长:陆　强(任至4月)
石艳玲

食品药品监督管理局
局　长:杨　光
副局长:石庆荣
蔡显钧
郑海斌

粮食局
局　长:江显华(任至3月)
黄家余(4月任职)
副局长:陈帮和

水产畜牧兽医局
局　长:李维军(10月任职)
副局长:周景雄
纪检组长:侯文军(任至7月)

扶贫办公室
党组书记、主任:杨艳琼
党组成员、副主任:张　拓
杨焕娟
副主任:廖祥富(挂任)

农业机械化管理局
局　长:杜柳顺(任至3月)
马弘昊(4月任职)
副局长:梁义福(任至9月)
胡学究

水库移民管理局
局　长:廖修革

机关事务管理局
局　长:吴泽川
副局长:阳文松

档案史志局
局　长:杨进朝
副局长:粟美玲
李庭韩

县国有资产投资经营有限公司
总经理:李海明
副总经理:杜桂生
向承干
黄功林(任至10月)
吴定权(4月任职)

供销联社
理事会主任:杨海生
监事会主任:蒙仁伟
监事会副主任:贲艳菊
理事会副主任:蒙胜坤
秦志军

市场服务中心
主　任:伍浩勇(10任职)
副主任:曾国进

南山自然保护区管理处
主　任:李　强(任至4月)
副主任:戴学忠(4月任职)

龙脊梯田国家湿地公园风景名胜区管理局
党组书记、局长:廖宇俭
党组成员、副局长:申淑源(7月任职)

县政协常委会工作机构

县政协办公室
主　任:韦月琴(4月任职)

县政协提案和社会法制科教文卫体委员会
主　任:石敏立

县政协经济科技联谊和委员联络委员会

主　任:刘文军

人民团体·社会团体

总工会

主　席:吴耿心

党组书记、常务副主席:蒙永军

党组成员:王　劼

中国共产主义共青团龙胜各族自治县委员会

书　记:杨　赛

副书记:黄　颖(6月任职)

妇女联合会

党组书记、主席:周艳红

党组成员、副主席:钟秀珍

科学技术协会

主　席:梁艳平

党组书记:魏志开

副主席:杨凤娟

工商业联合会

党组书记:詹前军

主　席:杨光伟

副主席:潘树琴

文学艺术界联合会

主　席:石农兵

副主席:肖志军(7月任职)

残疾人联合会

党组书记、理事长:侯正军(任至4月)

　　　　　　　　江显华(4月任职)

党组成员、副理事长:吴春玲

　　　　　　　　　粟卫国

红十字会

会　长:曾瑞玉

常务副会长:刘曼萍

专职副会长:石建革

社会科学界联合会

主　席:蒲庆锋(5月任职)

副主席:陆恒江(5月任职)

兼职副主席:向族金(5月任职)

　　　　　　赵丽明(5月任职)

秘书长:陆恒江(兼,5月任职)

中直、自治区直、市直驻龙胜各族自治县单位

国家税务局

党组书记、局长:岳梦辉

党组成员、副局长:王协民

　　　　　　　　李豪明(任至8月)

　　　　　　　　唐丽卿

　　　　　　　　曾凡凯(8月任职)

　　　　　　　　李　源(8月任职)

党组成员、纪检组长:张业军(任至4月)

　　　　　　　　　李豪明(8月任职)

地方税务局

局　长:郑　江

副局长:唐丰宽

　　　　曾宪发

　　　　刘建军(2月任职)

纪检组长:韦双林

水文水资源局

局　长:韦　明

民用爆炸物品专营公司

经　理:秦福春

中国邮政龙胜各族自治县分公司

副总经理:刘　涛(主持工作)
　　　　石月娟(11月任枳)

县气象局

党支部书记、局长:伍　钊
副局长:唐更生
　　　贲维芬

公路管理局

局　长:柳映昭
党总支书记:刘　洁(11月任职)
副局长:廖吉泽
　　　邓美毅
　　　龙青松(任至11月)

烟草专卖局

局长、经理:郭晖(任至3月)
副局长、副经理:何志军(主持工作,3月任职)
副局长:余　峰
副经理:邓红勇

中石油龙胜分公司

经　理:黄　炼

中石化龙胜分公司

经　理:石洪波

水利电业有限公司

党委书记、董事长、总经理:侯仁华(任至8月)
　　　　　　　　　　　江发枝(8月任职)
党委书记:贲吕延(任至8月)
党委副书记:蒙惠萍(8月任职)
党委副书记:周桂龙(任至8月)
纪委书记:周桂龙(8月任职)
副总经理:蒋利妮
　　　　黄亚民(任至8月)
　　　　王卓城
　　　　石兵林
财务总监:田　虹

桂林市住房公积金龙胜各族自治县管理中心

主　任:陈万军

广西广播电视信息股份有限公司龙胜分公司

总经理:蒋拥军
副总经理:吴广教

中国电信股份有限公司龙胜分公司

副总经理:蒋　静(主持工作)
　　　　唐远志

中国移动通信集团广西有限公司龙胜各族自治县分公司

总经理:周显平
副总经理:康业娜
综合部经理:石建华

中国联合网络通信有限公司龙胜各族自治县分公司

总经理:赵　骏

中国人民银行龙胜各族自治县支行

行　长:邹定强(6月任职)
副行长:韦永耀(4月任职)
　　　覃家科(4月任职)

桂林银监局龙胜各族自治县办事处

主　任:李荣昌

农业银行龙胜各族自治县支行

行　长:杨祝锋
副行长:苏宏林

杨小红
周　伟

广西龙胜农村商业银行

董事长:周士杰
行　长:石明福
监事长:谭家明
副行长:贺　雷

桂林国民村镇银行有限责任公司龙胜支行

行　长:梁家军
副行长:刘陶红
梁运毅
彭梦迪

中国人民财产保险股份有限公司龙胜支公司

经　理:谢崇志
副经理:赵铁军

中国人寿保险股份有限公司龙胜支公司

经　理:吴　超

驻龙胜军事单位

县人民武装部

部　长:卢　寒(6月任职)
政　委:肖　柱(任至6月)

中国人民武装警察部队龙胜中队

指导员:袁训成
中队长:白　建

中国人民武装警察部队龙胜消防大队

大队长:李经纬
教导员:林诗文
参　谋:文艺钧

乡　镇

龙胜镇

中共龙胜镇委员会

党委书记:蒋文明
党委副书记:朱得缘
姚海娟
韦　彬(挂职)
唐永龙(挂职)
党委委员、纪委书记:蒙品健
党委委员:李荣琴
刘志敏
吴海华
杨基层
党委委员、武装部部长:廖汉江

龙胜镇人大主席团

主　席:姚海娟
副主席:蒙树梅

龙胜镇人民政府

镇　长:朱得缘
副镇长:刘志敏
吴海华
杨基层
刘让民

龙脊镇

中共龙脊镇委员会

党委书记:张荣军(任至4月)
唐宗权(4月任职)
党委副书记:苏艳松
杨　辉
党委委员、纪委书记:陆清清
党委委员:韦吉阳
陈燕燕
范米成

倖华蔚
杨思琦
党委委员、武装部部长:黄透敏

龙脊镇人大主席团

主　席:杨　辉
副主席:曾玉明

龙脊镇人民政府

镇　长:苏艳松
副镇长:陈燕燕
范米成
倖华蔚
杨思琦

泗水乡

中共泗水乡委员会

书　记:谢本玮
副书记:谭胜武
范代馗
李维军(挂职,4 月任职)
黄　琴(挂职,4 月任职)
党委委员、纪委书记:曾宪君
党委委员:刘　辉
伍利丹
陈兴华
秦杨艳
党委委员、武装部部长:杨秀能

泗水乡人大主席团

主　席:范代馗
副主席:吴　晗

泗水乡人民政府

乡　长:谭胜武
副乡长:伍利丹
陈兴华
秦杨艳
周勇军
胡桂萍(桂职,5 月任职)

江底乡

中共江底乡委员会

党委书记:蒙积君
党委副书记:唐剑兵
吴京航
党委委员、纪委书记:邓宜能
党委委员:粟盛周
沈　馨
梁元义
秦友健
党委委员、武装部部长:刘　瑛

江底乡人大主席团

主　席:吴京航
副主席:蒙　萌

江底乡人民政府

乡　长:唐剑兵
副乡长:沈　馨
梁元义
秦友健
石天勤

马堤乡

中共马堤乡委员会

书　记:胡秋菊
第一书记:刘凯锋(9 月任职)
副书记:蒙泽军
杨树干
吴海华(挂职,9 月任职)
党委委员、纪委书记:石革川
党委委员:兰孟华
廖祥富
石丹龙
李仁硕
党委委员、武装部部长:银东亮

马堤乡人大主席团

主　席:杨树干
副主席:陆珊珊

马堤乡人民政府

乡　长:蒙泽军

副乡长:廖祥富

　　　　石丹龙

　　　　李仁硕

　　　　祝现国

伟江乡

中共伟江乡委员会

书　记:龙宪智

副书记:舒作焱

　　　　杨令贵

党委委员:阳　迪

　　　　余德成

党委委员、纪委书记:陆丽花(5月任职)

党委委员、武装部部长:谭维新

伟江乡人大主席团

主　席:杨令贵

副主席:粟世贵

伟江乡人民政府

乡　长:舒作焱

副乡长:余德成

　　　　黄寿敏

　　　　李芳梅

平等镇

中共平等镇委员会

书　记:王建松

副书记:舒华钰(挂职)

　　　　伍先军

　　　　蒙石松

党委委员、纪委书记:王月梅

党委委员:杨昌辉

　　　　谌礼军

　　　　杨春忠

　　　　兰忠盛

党委委员、武装部部长:石廷柱

平等镇人大主席团

主　席:蒙石松

副主席:杨宝嫦

平等镇人民政府

镇　长:伍先军

副镇长:兰忠盛

　　　　谌礼军

　　　　杨春忠

　　　　吴宝乐

乐江乡

中共乐江乡委员会

书　记:阳庆国

副书记:徐小朋

　　　　侯正勇

党委委员、纪委书记:秦建华

党委委员:陈能苑

　　　　蒙胜军

　　　　蒙政嫦

　　　　韦吉婵

　　　　程　浩

党委委员、武装部部长:侯发刚

乐江乡人大主席团

主　席:侯正勇

副主席:刘　华

乐江乡人民政府

乡　长:徐小朋

副乡长:蒙胜军

　　　　蒙政嫦

　　　　韦吉婵

　　　　程　浩

瓢里镇

中共瓢里镇委员会

书　记:戴顺贵

副书记:蒋江涛

　　　　兰智军

党委委员、纪委书记:杨义勇
党委委员:蒙柳洁
范是亮
凤明智
阳　健
党委委员、武装部部长:陈定坤

瓢里镇人大主席团

主　席:兰智军
副主席:周安伟

瓢里镇人民政府

镇　长:蒋江涛
副镇长:范是亮
凤明智
阳　健
周　艳

三门镇

中共三门镇委员会

党委书记:李晓春
党委副书记:杨玄敏(7 月任职)
陆雄飞
党委委员、纪委书记:唐玉群
党委委员:涂丽玲
毛陈文
赵海龙
王国干
党委委员、武装部部长:粟维政

三门镇人大主席团

主　席:陆雄飞
副主席:韦山嫦

三门镇人民政府

镇　长:杨玄敏
副镇长:毛陈文
赵海龙
王国干
蒙绍勤

在龙胜各族自治县注册的主要企业

龙广滑石开发有限公司

党委书记、董事长:陈桥兴
党委副书记、纪委书记:黄仁椿(任至 4 月)
党委委员、董事、常务副总经理:杜东林
党委委员、董事、副总经理:赖银兵
纪委副书记、副总经理:向族金
财务总监:马波涛
党委委员、工会主席:廖爱芬
党委委员、总经理助理、监查室主任:蒙　干
总经理助理、公司市场开发部经理:张亚宇

华美滑石开发有限公司

董事长兼总经理、矿长:方荣兴
常务副总经理、常务副矿长:赵承健
副总经理、副矿长:方荣豪
蒲庆龙
方荣河
李金成

桂林龙胜温泉旅游有限责任公司

董事长、总经理、党支部书记:李斌勇
副总经理:叶　斌
梁柳峰
杨洪斌
吴珂全
周生威
陈绍华
财务总监:龚永亮
总经理助理:谢建桂

龙脊旅游有限责任公司

董事长:陆思远
总经理:王得利
副总经理:石　斌

蒙　进
潘胜刚
易玲华
胡兴任

龙胜各族自治县主要学校及医疗单位

龙胜中学

党支部书记、校长:赖银燕
副校长:秦光红
陈仁菊
唐晓敏

民族中学

党支部书记、校长:蓝忠华
副校长:龙德宏
黄流华
石琳珂

实验中学

党支部书记、校长:梁　结
副校长:黄勇义
龙军华
谌子成

民族职业技术学校

校　长:蓝良志

县人民医院

党支部书记、院长:秦松德
常务副院长:龚星光
党支部副书记、副院长:廖金福
副院长:刘国兰
潘凯忠
蔡春香
姜　华
刘登岩

县中医医院

院　长:欧志学
副院长:李永君
夏蔚林
罗文君
蒋茂华

县妇幼保健院

院　长:侯启元
副院长:梁凯春
荣兰芝
刘彩玲
李夏鹏

县疾病预防控制中心

主　任:荣光雄
副主任:姚　群
代典凤

经济和社会发展

【综合经济】 2017年,龙胜县实现地区生产总值66.63亿元,同比增长6.50%。其中,第一产业增加值11.69亿元,同比增长4.5%;第二产业增加值35.83亿元,同比增长6.2%;第三产业增加值19.11亿元,同比增长8.5%。农业总产值19.11亿元,同比增长4.7%。完成粮食种植面积10701公顷,粮食总产量6.31万吨。工业总产值累计完成66.01亿元;工业增加值29.02亿元,同比增长6.1%。固定资产投资完成56.4亿元,同比增长15.1%。财政收入4.53亿元,同比下降19.2%。社会消费品零售总额9.97亿元,同比增长10.7%;城镇居民人均可支配收入31172元,同比增长9%;农村居民人均可支配收入10572元,同比增长11%;城镇登记失业率控制在2.39%以内。

经济建设、政治建设、文化建设、社会建设、生态文明建设和党的建设协调推进取得积极成效。

【招商引资】 2017年，龙胜县招商引资力度加大，共实施外来项目8个(其中一产业1个、二产业7个)。内资到位资金151480万元，同比增长15.39%，完成桂林市下达年度目标任务的100.99%；港、澳资到位资金815万美元，同比增长15.60%，完成桂林市下达年度目标任务的108.67%。两大考核指标均超额完成年度目标任务。当年，新引进投资500万元以上的项目6个，投资总额约4.15亿元，新引进项目中：区外境内项目2个，市外区内项目2个，县外市内项目2个。在新引进的项目中按行业分：第一产业项目1个，拟投资金4221万元；第二产业项目2个，拟投资金6255万元；第三产业项目3个，拟投资金31000万元。具体投资产业为：种植业加工类项目1个，液化气配送站及饮用水项目2个，文化、娱乐、旅游项目3个。

【农业基础体系完善】 2017年，龙胜县按照“有机食品大园区”的总体布局，“两茶一果+特色养殖”和“一品两带三区”的特色农业发展思路，全县建成现代农业示范基地达97个，其中，高标准建设自治区县级示范区2个：龙脊休闲农业示范区、勇爱有机油茶示范区。建设自治区乡级示范区3个：龙胜镇平野河谷生态农业示范区、乐江地灵红糯农业示范区、泗水里骆林场秃杉特色示范区。当年，新增农民专业合作社60个，全县合作社达337个；8家农业企业获得市级龙头企业称号；新增家庭农场13个，全县家庭农场达26个。举办各类科技培训班和科普讲座300余期，培训约1.20万人次，开播《农村科技新视界》栏目，播出茶叶、猕猴桃、凤鸡等种植、养殖科技培训约90期次。推广“公司+合作社+能人+农户”发展模式，促进农业增产、农民增收。全县农产品商标注册总数已达61个。构建多渠道农产品销售体系，继续实行农产品外销、包装、品牌申报等奖励政策，对农产品外销销售额达到一定规模的企业、合作社、流通大户给予奖励，上年度补助资金达38.6万元。全年农业总产值达19.11亿元。

【旅游产业有新发展】 2017年，龙胜县按照“全县大景区，旅游一盘棋”的指导思想，完成《龙胜各族自治县全域旅游发展规划》《泗水五星级乡村旅游区控制性规划》等规划的初稿编制工作，启动《生态旅游扶贫大环线总体规划》以及大环线沿线各个节点的规划编制工作，科学指导全县旅游发展。启动和新建各族文化园、金江村江边组民居、小寨梯田、潘内梯田、龙泉景区、张家苗寨、洋湾苗寨、南山景区、平等特色小镇、广南千户侗寨、瓢里特色小镇等特色乡村景区景点，加快实施龙脊景区大循环路二期、龙脊古壮寨电瓶车道、金坑电瓶车道、里骆至温泉骑行绿道、传统古村落和特色村寨的保护和发展、“长征驿站”和“长征宿营地”等公共服务基础设施项目。生态旅游扶贫大环线基本贯通，龙脊景区创建国家AAAAA

2017年，龙脊大寨红瑶“晒衣节”织布演示 （县新闻中心 供稿）

级景区工作稳步推进。投资2000万建设覆盖全县景区和交通要道的监控系统、智慧旅游中心、大数据中心、重点景区广播系统。以第一名的成绩高质量通过广西特色旅游名县复核验收工作，全力做好广西旅游服务业标准化示范单位建设工作。全年全县接待游客量为777.36万人次，同比增长8.44%；旅游总消费为83.38亿元，同比增长16.44%。

加大基础设施投入，完善黄洛瑶寨、泗水乡村旅游区等乡村旅游区（点）的基础服务设施，并新建一批旅游标识标牌、旅游步道、旅游厕所、停车场、休闲驿站等旅游服务设施。打造“党的民族政策发祥地”品牌，形成以“红军岩——红军桥——红军坳——红军洞——红军楼”为主线的红色旅游线路。承办龙脊梯田国际越野挑战赛，成功举办“鼓楼文化节”“开耕节”“辣椒节”“梳秧节”“晒衣节”“盘王节”“跳香节”“鱼宴节”等一系列民族节庆活动。重点开发包装一批乡村旅游景点，扶持乡村旅游度假、乡村民居等项目建设，全面推行“旅游精品+精品农业”，促进旅游与农民增收齐头并进。全年，全县共发展农家乐350余家，总床位达2.25万余张。

依托桂林国际旅游胜地建设，湘桂黔边区区域旅游合作发展优势，全面推进龙胜旅游向品牌化、生态化、高端化和国际化发展，实现与国际旅游胜地的高度融合，游客满意度在广西特色旅游县区稳定排名前列。农历“三月三”、龙脊梯田文化节等品牌活动连续吸引人民日报、新华社、央视、广西日报、广西电视台等各级媒体前来报道。

【重点项目建设】 2017年，龙胜继续重点推进龙脊梯田风景名胜区大循环公路、桂三高速公路龙胜县城段出口连接公路、龙脊大道移民创业园教育园区、老乡家园庆新路易地移民搬迁工程安置楼、龙胜县扶贫移民小学（龙胜镇第二小学）、中医医院整体搬迁等73个重大项目和重大工作，其中，列入自治区层面重大项目2项，列入市级层面重大项目9项。桂三高速公路龙胜段已实现全面通车，龙胜正式加入大桂林1小时“经济圈”。启动70周年县庆项目建设，开展龙胜多民族文化博物馆、民族公园以及潘内红瑶梯田景区等项目前期工作。

【工业产业出现新活力】 当年，龙胜积极打造“中国红玉之乡”。国家标准鸡血玉（中国红玉）正式颁布实施，形成以县城北岸览胜楼步行街和艺江南民族文化风情园为主的鸡血玉集贸市场。

推进龙胜县源恒杉川木业有限公司扩建项目、南山风电二期项目、爱莲食品公司天然饮用水项目、江底乡天霖甘泉水业基地等建设工作，为工业发展提供新动力。

投资1353万元完成电信普遍服务试点项目。龙胜县农网升级改造及变送变电线路建设工程完成全部投资3744万元，有效改善产业结构，实现工业经济持续健康发展。

全年，全县滑石行业继续加强和完善考评工作，突出严把质量关，积极调整产品结构、增加产品附加值，延伸产品产业链、强化矿石综合利用、延长矿山服务年限，全县滑石行业规模工业企业实现年产滑石块19.95万吨，年产滑石粉28.46万吨，预计实现税金约1.50亿元；电力行业完成发电量10.91亿千瓦时，上网电量10.8亿千瓦时；全县形成以滑石、电力、木材和冶炼为主的21家规模工业企业，实现规模工业增加值27.84亿元，占国民生产总值的42.31%。重点推进滑石、水电站、冶炼企业技改项目的建设进度，进一步发展壮大滑石、电力等特色工业产业。深入实施龙头企业培育计划，通过打造良好的投资环境和健全服务体系，有力地推动全县工业产业集约集群发展。继续实施“抓大壮小扶微”工程，从政策上鼓励企业做大做强，大唐桂林新能源有限公司成功进入规模企业统计序列。

坚持“企业为主、政府推动、市场运作、合作共赢”的发展思路，全面推进电子商务进农村工作。强化基础，完善服务体系。加快宽带网络建设进度，无线4G+通信、家庭光纤宽带网络已覆盖全县10个乡镇119个村，覆盖率达100%。仓储物流体系初步健全，建成县级仓储物流中心1个、镇级仓储物流中心1个。中国邮政、菜鸟物流、圆通等物流企业、广西二维码中心龙胜分中心已正式入驻龙胜办公。县电子商务公共服务中心正式启用。发展农村电子商务与物流配送运营服务体系，搭建村级服务平台，建设农村电子商务服务点83个，建成农村淘宝电子商务服务站34个，覆盖17个贫困村。县政府与京东集团签订农村电商精准扶贫战略合作协议，为种养殖大户和专业合作社提供电商化的农资采购、金融信贷、农技服务和产品营销等综合服务。

【精准扶贫】 龙胜各族自治县是国家扶贫开发工作重点县和滇桂黔石漠化片区县，全县有贫困村59个。通过2017年动态调整后，全县有建档立卡贫困户8205户31573人。

全年，共落实59名贫困村第一书记、71名“美丽广西”乡村建设扶贫工作队员及3678名干部结对帮扶贫困户和联系贫困学生，同时，及时对贫困人口动态调整后新增（返贫）的贫困户及2015年退出户全部安排结对帮扶干部，实现贫困户、贫困学生帮扶联系全覆盖。落实县、乡、村扶贫信息员，加强贫困村第一书记、帮扶干部和扶贫信息员的教育培训，提高广大干部政策水平和帮扶能力，提升“一户一册一卡”填写、扶贫资金使用管理、贫困人口动态调整和扶贫信息录入质量。

7月底起，按照自治区统一部署要求，扎实开展贫困人口动态调整和“回头看”工作，全县共新纳和返贫2572人，剔除贫困人口562人，确定整屯搬迁对象75人，并已全部录入系统，确立纵横式帮扶干部。

全年，县级预算安排财政专项扶贫资金1682万元，比2016年增加949万元，增幅129.50%。当年清理收回存量资金3038万元，清理收回存量资金可统筹用于扶贫开发资金1792万元。全年，全县共统筹整合使用财政涉农资金3.03亿元，其中用于基础设施建设资金2亿元，用于农业生产发展5357万元，用于易地扶贫搬迁1029万元，用于村级集体经济1850万元，用于社会事业等其他支出2114万元，推动全县脱贫攻坚工作。

全县共完成投资4.75亿元，共搬迁安置贫困户2030户9260人。全年跨地区有组织劳务输出1289人，就地转移就业676人。举办创业培训、家政服务和农民实用技术培训班21期，培训贫困农民1086人、贫困残疾人70人；开发贫困村公益性岗位59个；发放农民工创业担保贷款1553万元，扶持增收项目163个；落实项目资金24万元，对自主创业的86名贫困残疾人进行扶持。

推进以水、路、房、网和公共服务设施为主的基础设施建设。全年，共硬化和新建通组道路298条396千米，维修通组道路280余条，新建村级公共服务设施项目58个，新建农村人饮安全提升工程44处。全县119个村已全部通水泥路、网络宽带，有村级办公场所、宣传栏和文体设施，20户以上自然屯全部通水泥路或砂石路，99.95%的农户均有安全饮用水。

11月，龙胜受财政部邀请到北京汇报扶贫资金使用工作以及今后年度统筹整合使用财政涉农资金使用方向工作（全国邀请了四省四县负责财政相关人员参加），在座谈会上财政部领导对龙胜县的工作给予充分的肯定。

全年，全县共完成25个贫困村21093人贫困人口脱贫“双认定”，并完成贫困人口脱贫标识和信息录入工作。通过2017年动态调整后，全县有建档立卡贫困户8205户31573人。当年全县脱贫15个村19681人。

年底，全县还有贫困村33个，贫困人口1494户5541人，贫困发生率为3.52%。

【“美丽乡村”建设】 2017年，全县“美丽龙胜·宜居乡村”建设工作全面铺开，“产业富民”“服务惠民”“基础便民”等三民活动项目有序推进，龙脊镇作为桂林市唯一乡镇被授予“广西首批养生养老小镇”荣誉称号。农村垃圾专项治理工作成效明显，投资2200万元完成5个乡镇垃圾处理中心项目建设和10个村级垃圾处理中心示范点建设。投资5158.51万元新建平等、瓢里、三门等3个镇级污水处理厂，已顺利实现通水。投资4200万元完成国家级传统村落保护发展项目9个和村屯乡土特色示范建设项目10个。完成20个贫困村自然村(屯)安装太阳能路灯400盏。完成农村饮水安全工程巩固提升工程73处，实施小农水工程项目20处，解决农村饮水不安全和饮水困难人口10517人。农村“三改”工作稳步推进，改厕完成4800户，改厨完成4800户，改猪牛圈完成6238户。

【惠民政策落实】 2017年，龙胜县投入5500万元加强教育基础设施建设，有序推进龙胜县扶贫移民小学(龙胜镇第二小学)、民族中学教学综合楼、龙胜中学学生宿舍楼、龙脊大道移民创业园教育园区等重点工程，新建校舍10552平方米，新建运动场8000平方米。落实覆盖全学段的家庭经济困难学生资助政策，发放各类资助金2741.1万元。新招聘教师68名，农村特岗教师25名，招录农村小学全科教师19名，确保义务教育均衡发展入学率、巩固率达标，全县教育质量实现新突破。

巩固县级公立医院“二甲”标准；投入7579万元重点实施县中医医院整体搬迁项目、县疾控中心业务楼及实验室新建项目、乡镇卫生院业务用房建设和医疗设备采购项目；统筹440万元新建17个、维修和扩建34个村级标准化卫生室。实行县域内“先诊疗后付费”，实现基本医保、大病保险和民政医疗救助“一站式”即时结算；贫困人口参加城乡居民基本医疗保险由财政进行全额补助，全县参保率达100%；贫困患者符合基本医保支付的门诊和住院费用报销比例提高10%，自2017年11月起取消住院基金起付标准；大病保险补偿起付线由8000元降低至3500元，报销比例提高10%；县财政投入370万元建立健康扶贫公益基金兜底保障机制，投入75万元为建档立卡贫困人口购买商业医疗补充保险，确保贫困患者住院报销比例达到90%以上。全年共兑现各类计生家庭奖励扶助资金604.8万元。

投入2500万元新建53个村级综合文化服务中心，率先在全桂林市实现村级综合文化服务中心全覆盖。

推进城乡社会保障体系建设，不断完善城乡居民医疗保险、养老保险、低保、救灾救助等制度。全县参加社保17.22万人，征收社保费2.36亿元，发放社保费2.81亿元，低保金4687万元，民政医疗救助资金746万元，残疾人“两项补贴”266.33万元。完成农村危房改造1023户。城镇新增就业3354人，农村劳动力转移新增就业4963人。加强地质灾害防治工作，投入2710万元完成桂龙路更材山等6个地质灾害治理工程。

加强食品药品安全监管，认真开展食品安全事件应急演练，及时处置食品安全事件，启动食品检验检测中心项目建设，严厉打击非法生产、销售行为。

全年，全县整合救灾资金2052.04万元，迅速开展灾后重建，水毁公路和桥涵基本修复抢通，电力、通讯得到保障，每一名受灾群众生活都获得妥善安置。

中国共产党
龙胜各族自治县委员会

2017年10月，龙胜县委召开常委扩大会（县委中心组）学习贯彻中共十九大精神会议

（县新闻中心　供稿）

县委综述

【概况】2017年,中国共产党龙胜各族自治县委员会有常委15人(含挂职常委3人及任期中调离者),委员39人,候补委员7人,书记1人,副书记2人。有基层党(工)委16个。县委机关机构设置:县委纪律检查委员会、县委组织部、县委政法委、县委宣传部、县委统战部(内设台湾工作办公室、外事侨务工作办公室)、县委办公室、县委督查室、县委政研室、县委保密委员会办公室(国家保密局)、县委机要局(国家密码管理局)、县绩效考评办公室、县接待办公室、县委党校、县直属机关工作委员会、县委党史研究办公室(并入县档案史志局)、县编制委员会办公室、县委精神文明办公室(设在县委宣传部)、县委老干部局、县信访办公室、县社会治安综合治理办公室(设在县委政法委)。

2017年,县委召开:全县2016年度乡镇党委书记抓基层党建和党风廉政建设工作述职评议会、中国共产党龙胜各族自治县第十四届委员会第二次全体会议、龙胜县2016年度年终表彰大会、县委中心组专题学习会、全县农业农村、脱贫攻坚、"美丽龙胜·宜居乡村"和社会治理工作大会、全县重大项目工作推进会、全县贯彻落实中央八项规定精神"回头看"工作会议、全县意识形态和宣传思想文化建设、学校思想政治工作会议、县委中心组(扩大)学习会、全县脱贫攻坚推进会暨精准扶贫档案管理业务培训会、全县脱贫攻坚工作推进会暨年中工作会议、全县2017年抗洪救灾工作表彰大会、龙胜各族自治县落实自治区脱贫攻坚大督查问题整改暨贫困县脱贫摘帽工作推进大会、龙胜各族自治县学习贯彻中共十九大精神会议等14次主要会议,宣传、贯彻、落实中共十八大、十八届三中、四中、五中、六中全会精神和十九大精神,深入学习贯彻落实中共中央总书记习近平系列重要讲话精神和习近平新时代建设有中国特色社会主义新时代思想,开展打赢脱贫摘帽攻坚战。

【全县工作指导思想】2017年,龙胜县委常委会以中共中央总书记习近平新时代中国特色社会主义思想为指导思想,深入学习宣传贯彻中共十八大和十八届三中、四中、五中、六中、七中全会精神,全面落实自治区第十一次党代会、桂林市第五次党代会和县委十四届二次全会的决策部署,紧紧围绕"生态立县、绿色崛起"的发展理念,集中全县力量开展脱贫攻坚战,把"生态、旅游、扶贫"作为全县工作核心;坚持不懈加强经济建设;加强文化建设;加强社会建设;从严从实加强党的建设。

【全县重点工作】2017年,龙胜县委常委会团结带领全县各级党组织、广大党员和干部群众,深入贯彻落实中共十八大和十八届三中、四中、五中、六中、七中全会精神、中共十九大精神,主要抓以下6方面工作:

其一:强化政治责任和政治担当,坚决维护以习近平为核心的党中央权威和集中统一领导。掀起学习宣传贯彻中共十九大热潮,坚持把学习贯彻十九大精神和习总书记视察广西重要讲话精神与龙胜实际紧密结合起来,不断增强贯彻落实的思想自觉、政治自觉和行动自觉,为打赢脱贫摘帽攻坚战和建设中国生态旅游强县提供坚强的思想保障。

其二:全力克难攻坚,开展脱贫攻坚战。认真贯彻落实习近平总书记精准扶贫、精准脱贫战略思想,建立健全各级各部门脱贫攻坚责任制,集中力量和资源打赢脱贫攻坚战。

其三:全力夯实基础,促进全县经济运行保持稳中有升。坚持以发展为第一要务,统筹抓好产业优化升级、重大项目建设和城乡一体化发展,着力强优势、补短板、上水平,全县综合实力保持健康有序的良好态势。

其四：坚持“环境就是民生，青山就是美丽，蓝天也是幸福”的理念，打好生态保卫战，把环保工作任务和目标纳入全县绩效考核体系，实施“党政同责、一岗双责”。并建立奖惩机制，实行“一票否决”，形成“政府为主体、环保部门统一监督管理、相关部门齐抓共管，企业守法经营，全社会共同参与”大环保格局。

其五：以改革为动力，不断激活生产力。坚持把改革作为破难题、促进经济发展。全力发展社会保障。贯彻以人民为中心的发展思想，始终把保障和改善民生作为一切工作的出发点和落脚点，努力让发展成果更多更公平地惠及广大群众。严格落实各项惠民政策，紧盯政策争取民生项目，持续加大民生投入，实现民生改善的力度与加快发展的速度同步提升。

其六：加强党的建设。坚持党要管党，从严治党的原则，坚持抓好党建是最大政绩的理念，全面推进党的思想、组织、作风、制度和反腐倡廉建设，切实提升党的执政能力和执政水平。

【全县理论学习要求】 2017年，中共龙胜县委组织开展理论学习“进机关、进社区、进农村、进企业、进学校”活动，全县各级党组织和广大党员干部“四个意识”和“四个自信”进一步增强，更加自觉地在思想上政治上行动上同以中共中央总书记习近平为核心的党中央保持高度一致。4月25日，召开全县意识形态和宣传思想文化建设、学校思想政治工作会议，县委书记周卉与各乡（镇）党委、县直局级以上单位党委（党组、党总支、党支部）签订了意识形态工作责任制责任书。4月25日，县委召开全县意识形态和宣传思想文化建设、学校思想政治工作会议，会议学习贯彻全区、市意识形态和宣传思想文化建设、学校思想政治工作会议精神。

5月3日，县委中心组（扩大）学习会在县委常委会议室召开。会议围绕习近平总书记视察广西时的重要讲话精神开展专题学习，就如何深入贯彻习近平总书记对广西工作提出的“五个扎实”工作要求开展研讨。

11月2日，县委召开全县学习贯彻中共十九大精神会议。会议传达学习十九大精神，对全县学习宣传贯彻十九大精神作安排部署。号召全县各族干部、群众掀起理论学习高潮。

2017年，龙胜召开脱贫摘帽攻坚战大会　　（县新闻中心　供稿）

主要会议

【全县2016年度乡镇党委书记抓基层党建和党风廉政建设工作述职评议会】 2017年1月4日上午，全县2016年度乡镇党委书记抓基层党建和党风廉政建设工作述职评议会在县委政府四楼会议室召开。桂林市委第三巡查组组长蒋汉平到会指导，周卉、吴永合等在家的县委常委，县委党的建设工作领导小组成员，各乡镇党委书记，部分县级党代表，人大代表，政协委员代表和基层党员干部代表参加会议。

会上,全县10个乡镇党委书记和两位县直工委书记逐一做述职报告。

【中国共产党龙胜各族自治县第十四届委员会第二次全体会议】 2017年1月20日,中国共产党龙胜各族自治县第十四届委员会第二次全体会议在县委、政府四楼会议室召开。县委书记周卉代表县委常委会做工作报告,与会人员对周卉所作的县委常委会工作报告进行了分组讨论,并以举手表决的方式通过了《中共龙胜各族自治县第十四届委员会第二次全体会议公报(草案)》。

【全县2016年度年终表彰大会】 2017年2月17日,龙胜县2016年度年终表彰大会在县委党校会议中心召开。周卉、吴永合、粟宁群、杨桂姬等在家的县四家班子领导出席会议。会上,县委书记周卉讲话,县委副书记、县长吴永合主持会议,县委常委、常务副县长石修雄宣读表彰决定。

【县委中心组专题学习会】 2017年2月27日,县委中心组召开专题学习会议,集中学习传达《关于新形势下党内政治生活的若干准则》《中国共产党党内监督条例》、十八届中央纪委七次全会精神及中共中央总书记习近平在中共中央政治局第39次集体学习讲话精神。县委书记周卉主持会议。

【全县农业农村、脱贫攻坚、"美丽龙胜·宜居乡村"和社会治理工作大会】 2017年3月10日,全县农业农村、脱贫攻坚、"美丽龙胜·宜居乡村"和社会治理工作大会在县民族体育馆召开。会议贯彻落实中央、自治区、桂林市有关农业农村、脱贫攻坚、乡村建设和社会治理工作等方面的会议精神和具体工作要求,全面总结全县工作,研究部署当前和今后一个时期的工作。周卉、吴永合、粟宁群、杨桂姬等县四家班子领导以及县人民法院院长、县人民检察院检察长出席会议。各乡镇、县直各单位、直属各单位、县属各企业的领导班子成员和干部职工代表;各村、社区的支书、主任;贫困村第一书记,非贫困村包村工作组组长;各乡镇涉农站(所)干部职工;县脱贫攻坚作战指挥部、县乡村办工作人员;相关单位执法人员代表;2016年度"美丽龙胜"乡村建设活动示范村和模范保洁员代表参加会议。

【全县重大项目工作推进会】 2017年3月21日,全县重大项目工作推进会在县委政府四楼会议室召开。会议总结2016年全县重大项目协调推进工作,安排部署2017年全县重大项目建设工作。县领导周卉、吴永合、黄健、石修雄出席会议。各乡(镇)党政领导班子、县直各单位领导等参加会议。

【全县贯彻落实中央八项规定精神"回头看"工作会议】 2017年3月29日,全县贯彻落实中央八项规定精神"回头看"工作会议在县委、政府四楼会议室召开。会议传达学习自治区、桂林市会议精神,对在全县开展"回头看"工作进行动员部署,明确提出"回头看"的工作目标任务和要求。周卉、吴永合、杨桂姬等在家的县四家班子领导,县人民法院院长,县人民检察院检察长,各乡(镇)党委、人大、政府主要领导,县委办公室、县人大办公室、县政府办公室、县政协办公室、县直各单位正科职领导参加会议。

【全县意识形态和宣传思想文化建设、学校思想政治工作会议】 2017年4月25日,全县意识形态和宣传思想文化建设、学校思想政治工作会议在县委、政府四楼会议室召开。会议学习贯彻自治区、桂林市意识形态和宣传思想文化建设、学校思想政治工作会议精神,部署下一步工作。周卉、粟宁群、杨桂姬、黄健等在家的四家班子领导出席会议。

【县委中心组(扩大)学习会】 2017年5月3日,

县委中心组(扩大)学习会在县委常委会议室召开。会议围绕习近平总书记视察广西时的重要讲话精神开展专题学习,就如何深入贯彻中共中央总书记习近平对广西工作提出的“五个扎实”工作要求开展研讨。周卉、吴永合、粟宁群、杨桂姬等四家班子领导、部分县直单位主要领导参加会议。

2017 年 7 月 28 日,龙胜召开抗洪救灾表彰大会

(县新闻中心　供稿)

【全县脱贫攻坚推进会暨精准扶贫档案管理业务培训会】 2017 年 6 月 8 日,全县脱贫攻坚推进会暨精准扶贫档案管理业务培训会在县委党校会议中心召开。会议对精准扶贫档案管理进行业务培训,对相关政策及 2017 年任务进行解读说明。周卉、吴永合、杨桂姬等县四家班子领导出席会议。县人民法院院长、县人民检察院检察长,区市县贫困村党组织第一书记,美丽广西乡村建设扶贫工作队队员,各乡镇领导班子成员,县直各单位、直属各单位、县属各企业主要领导、相关工作人员,以及县脱贫攻坚作战指挥部下设各专责小组全体成员共 400 余人参加会议。

【全县脱贫攻坚工作推进会暨年中工作会议】 2017 年 7 月 28 日,龙胜县脱贫攻坚工作推进会暨年中工作会议在县委、政府四楼会议室召开。会议传达自治区、桂林市县域经济发展大会暨年中工作会议精神,听取部分乡(镇)和县直单位上半年工作情况汇报,递交 2017 年脱贫摘帽承诺书,总结全县上半年工作情况并对下半年工作进行部署。周卉、吴永合、粟宁群、杨桂姬等在家的四家班子领导出席会议,县人民法院院长、县人民检察院检察长,其他处级领导,县人民政府党组成员,各乡(镇)党委、人大、政府主要领导,县直各单位、直属各单位主要领导参加会议。

【全县 2017 年抗洪救灾工作表彰大会】 2017 年 7 月 28 日,全县 2017 年抗洪救灾工作表彰大会在县委党校会议中心召开。会议总结 2017 年抗洪救灾取得的经验,表彰在抗洪救灾中涌现出来的先进集体和个人。县领导周卉、吴永合、粟宁群、杨桂姬等在家的县四家班子领导出席会议,各乡(镇)、县直各单位领导班子成员、全县抗洪救灾先进集体负责人和先进个人,县防汛办公室全体成员参加会议。

【龙胜各族自治县落实自治区脱贫攻坚大督查问题整改暨贫困县脱贫摘帽工作推进大会】 2017 年 10 月 27 日,龙胜各族自治县落实自治区脱贫攻坚大督查问题整改暨贫困县脱贫摘帽工作推进大会在县人民礼堂召开。会议通报大督查反馈情况,研究部署下一阶段脱贫摘帽工作。县领导周卉、吴永合、粟宁群、杨桂姬等在家的县四家班子领导出席会议,县人民法院院长、县人民检察院检察长,区、市、县贫困村党组织第一书记,美丽广西乡村建设扶贫工作队队员,各乡镇领导班子成员、扶贫助理,县直各单位、直属各单位、县属各企业主要领导，以及县脱贫攻坚作战指挥部下设各专责小组全体成员参加会议。

【龙胜各族自治县学习贯彻中共十九大精神会议】 2017年11月2日，龙胜各族自治县学习贯彻中共十九大精神会议在县委、政府四楼会议室召开。会议传达学习十九大精神，对全县学习宣传贯彻十九大精神作安排部署。县领导周卉、吴永合、粟宁群、杨桂姬等在家的县四家班子领导出席会议，县人民法院院长、县人民检察院检察长，其他处级领导，各乡（镇）、县直各单位、直属各单位、县属各企业主要领导参加会议。

重要决策

【开展贯彻落实中央八项规定精神"回头看"工作】 2017年4月3日，中共龙胜县委印发《龙胜各族自治县开展贯彻落实中央八项规定精神"回头看"工作方案》。通过对中共十八大以来全县贯彻落实中央八项规定精神情况进行自查、检查，全面系统梳理全县贯彻执行中央八项规定精神、纠正"四风"工作情况，总结经验成效，坚持成功做法，创新监督执纪方法，紧盯老问题，深挖隐形、变异"四风"问题，健全完善制度机制，深化标本兼治，持之以恒、锲而不舍纠正"四风"，在坚持中深化，在深化中坚持，推动中央八项规定精神在龙胜落地生根。

【推进"两学一做"学习教育常态化制度化】 2017年8月，中共龙胜县委按照中央、自治区、桂林市的要求，结合龙胜实际，研究制定了《关于推进"两学一做"学习教育常态化制度化的实施方案》，强调要把思想教育作为首要任务，坚持用党章党规规范党组织和党员行为，用习近平总书记系列重要讲话精神武装头脑、指导实践、推动工作，为加快实现龙胜与全国全区同步全面建成小康社会和实现"十三五"美好蓝图，努力建设经济发达、民族团结、社会和谐、文化繁荣、山川秀美的中国生态旅游强县提供坚强组织保证。

【印发《龙胜各族自治县法治政府建设实施方案（2017—2020年）》】 2017年8月31日，中共龙胜县委、县政府研究制定印发《龙胜各族自治县法治政府建设实施方案(2017—2020年)》，结合龙胜实际，深入推进依法行政，加快建设法治政府，实现到2020年基本建成职能科学、权责法定、执法严明、公开公正、廉洁高效、守法诚信的法治政府目标。

【全面推行河长制】 2017年10月27日，中共龙胜县委、县政府研究制定印发《龙胜各族自治县全面推行河长制工作方案》。强调坚持"政府主导、属地负责、行业监管、专业管护、社会共治"的原则，加强监督考核，切实改善全县河道生态环境质量，促进经济社会与生态环境的协调发展。

2017年11月，龙胜召开中共十九大精神宣讲报告会

（县新闻中心　供稿）

2017年3月，龙胜召开组织工作会议　　（县新闻中心　供稿）

【学习宣传贯彻中共十九大精神】 2017年11月10日，中共龙胜县委印发《龙胜各族自治县关于认真学习宣传贯彻党的十九大精神的工作方案》。文件指出，学习宣传贯彻好中共十九大精神是当前和今后一段时期的首要政治任务。通过全面深入系统地学习宣传贯彻中共十九大精神，进一步统一思想、武装头脑、凝聚人心、明确方向，不断增强“四个意识”，坚定“四个自信”，把全县广大党员干部职工和各族群众的思想和行动统一到十九大精神上来，学以致用、用以促学，把十九大精神落实到推动龙胜经济社会发展各项工作中去。

（张　颜）

组织工作

【概况】 2017年，中共龙胜各族自治县委员会组织部（简称县委组织部）内设办公室、干部股、干监股、档案室、人才股、干教办、组织股、调研室。下辖基层办、远程办、“两新”工委。在岗职工13人，其中干部12人，工勤编1人。全县共有基层党（工）委16个，党员10222名。

【“两学一做”学习教育】 2017年，县委组织部坚持全覆盖、常态化、重创新、求实效，充分发挥领导干部的表率作用和各支部主体作用，深入推进“两学一做”（学习党章、学习习近平系列重要讲话，做合格共产党员）学习教育常态化制度化。出台制度化实施方案，打牢“抓常”的基础。印发《关于推进“两学一做”学习教育常态化制度化的实施方案》的通知，坚持领导机关和领导干部作表率，严格执行双重组织生活制度，采取县四家班子领导带头参加专题学习研讨、党委中心组专题研讨、党支部党小组集体学习等多种方式，推动学习融入日常、抓在经常。

开展常态化专题引学，树立“抓细”的标杆。组织党员干部收看收听中共十九大开幕会盛况直播，211场（点）4789名党员收看十九大开幕会盛况直播。组织收看《榜样》《将改革进行到底》等专题片，在“两学一做”学习教育中广泛开展向廖俊波和黄大年专题学习活动，立起合格党员的标尺，引导党员践行合格党员标准，做到思想认同、政治看齐、行动紧跟。

坚持针对性调研督查，注重“抓严”的导向。开展“两学一做”学习教育“回头看”工作专项督查，把查摆解决问题贯穿学习教育全过程，建立问题清单销号台账，做到整改一个销号一个，对解决问题不到位、群众不满意的坚决不予销号，责令重新解决。截至年底，经查摆梳理须加以整改的问题573个，已整改到位559个。搭建新颖性活动载体，紧绕“抓实”的目的。在全县范围内开展“争当八桂先锋、争当合格党员”活动。根据不同领域党员的特点和需求，组织开展主题党日活动、体验式教育、警示教育等活动2300场次。组织2840名党员干部到县内党性教育基地参观学习，让广大党员干部接受深刻的党性教育和精神洗礼。在“梯田云党建”微信公众平台开设专栏,平台开设4个月来共推送相关信息文章37篇。

【干部选拔任用】 2017年,县委组织部坚持正确用人导向,紧紧围绕全县事业发展需要选干部、配班子。严格按照《条例》和四项监督制度的要求,严格执行民主推荐、考察、酝酿、讨论决定、任职等程序,进一步加强组织监督和广大干部群众的监督,坚决防止“带病提拔”“带病重用”“破格提拔”“买官卖官”等情况发生。2017年,讨论调整配备干部10次共237人,提拔干部59人(领导职务48人,非领导职务11人);试用期满正式任用2人;挂职干部18人。

【干部教育培训】 2017年,县委组织部全面开展6支人才队伍的培训,年内共选派党员骨干、青年干部、技术人才10余名到发达地区学习考察,组织全县组工干部到南京大学学习,培训农村实用性、管理型人才3万余名。全年举办各类专项培训班35期,培训人员8500余人次。其中,村“两委”换届结束后,分7批对贫困村“第一书记”、村(社区)党组织书记和副书记、村民委主任和副主任、村务监督委员会主任、村民小组长等2400名村干进行集中脱产轮训,实现村干培训全覆盖至村民小组长一级。通过开展村(社区)党组织书记综合能力测试,倒逼村(即村主要干部须参加考试及格后方能续任的村)(社区)党组织书记不断加强理论知识学习,提升任职能力和水平,为基层组织建设打牢基础。

【干部监督管理】 2017年,龙胜县委组织部共对拟提拔重用干部49人进行任前审核;对拟进入干部队伍的人员(含拟进入公务员队伍、参照公务员法管理单位的人员)61人进行任前审核。完成2015年8月以来新提拔使用的103名干部信息进一步审核。坚持从严管理监督干部,严格做好领导干部出国(境)管理监督工作,共办理42名领导干部的出国(境)审批手续。进一步强化对历史遗留问题的审理,严格执行干部政策,认真受理老干部和科级干部的党籍、参工时间及其它历史遗留问题的申诉。

【组织建设】 2017年,龙胜县委组织部坚持系统谋划、整体推进,大力推动基层党建全面提升全面过硬。坚持发扬民主,坚持依法办事,坚持选好干部,坚持稳步推进的工作思路和工作原则,选优配强村“两委”班子。8月底,119个村及8个社区(居委会)均选举产生新一届“两委”班子。此次换届,有283名致富能手充实到村“两委”,女干部数258人,比上届增加17人,大专以上学历村干28人,比上届增加8人,45周岁以下村党组织书记占比38%,村干部结构进一步优化。制定《龙胜各族自治县党的基层组织建设工作服务站实施方案》,深化党建引领,在生态、旅游、电商、农业、教育、卫生医疗、易地搬迁等行业领域组建47个党建工作服务站。全面通过制定《村级组织活动场所建设评级实施方案》,加大经费投入,整合部门资源,将村级组织活动场所规范建设成为办公议事中心、党群活动中心、为民服务中心。全年,投入资金1694.7万元新建村级活动场所15个,扩建(修缮)活动场所40个,2017年全县面积达标、功能完备的村级组织活动场所占比92%以上。采取“分类选派,落实整改队伍;集体研讨,制定整改方案;一村一策,开出精实良方;落实奖惩,传导工作压力;抓常抓实、构建长效机制”的“五步工作法”,扎实推进软弱涣散党组织的整顿工作。全年按照不低于10%的比例倒排出来的11个软弱涣散村及2016年尚未整顿到位的7个软弱涣散村,截至12月已全部完成整顿,进一步夯实基层党建基础。以“星级化”创建为契机,打造39个星级化基层党组织,激发基层党组织建设内在活力和潜在动力,促进农村党组织晋位升级。2017年,全县评选出五星级党组织7个,四星级党组织12个，三星级党组织20个。在全县119个村中成立村民合作社，明确村支书或主任任社长并规范挂牌、制度上墙、登记注册。其中，59个贫困村有53个是由村党组织书记兼任社长，充分发挥党组织在贫困村社员群众中的领导核心作用。

2017年，县委常委、组织部部长李文涛（右二）下乡调研

（县新闻中心　供稿）

【“美丽广西”乡村建设（扶贫）工作】 2017年，龙胜县委组织部严格按照“党群部门到软村、政法部门到乱村、经济部门到穷村、涉农部门到专业村”的选派思路，坚持部门特点、行业优势、干部特长和任职村实际有机结合，精心组建扶贫工作队伍。选派贫困村“第一书记”59人、美丽乡村工作队员76人、大学生村官8人，实现软弱涣散村、扶贫开发村、情况复杂村等四类村“驻村人”全覆盖，有效助推全县打赢脱贫摘帽攻坚战。

2017年，县委组织部继续帮扶泗水乡里才村、马骆村，帮扶的47户贫困户（里才村5户、马骆村42户）中，2016年已脱贫12户并得到巩固，全年有24户贫困户达到“八有一超”脱贫标准，签订脱贫双认定书，剩余11户计划2018年脱贫。当年，县委组织部扶持里才村20万元，用于村综合办公楼建设。资助马骆村3万元，用于维修村综合办公楼。资助水泥27吨用于村屯道路水毁修复和部分贫困户房前屋后硬化，化肥4.70万元用于发展产业。投入资金3.50万元，在“春节”“七一”等节庆日，开展慰问贫困党员和贫困群众活动。

【信息调研宣传】 2017年，龙胜县委组织部坚持“全员办信息”的工作要求，围绕党建引领脱贫攻坚的结合点、切入点，要求组工干部每周撰写上报一篇信息，充分发挥信息辅助领导决策、协助领导管理、促进部门交流、指导基层实践、推动全局发展等方面作用。在市级及以上党建网、党报党刊、内部刊物发表党建信息100余篇。其中，在《中国组织人事报》上稿4篇、在《广西日报》上稿10篇、在《当代广西》上稿5篇、在《广西组工信息》上稿7篇、在《桂林组工通讯》上稿12篇、在桂林党建网上稿80篇、获桂林市优秀论文二等奖调研文章3篇。

【远程教育管理】 2017年，龙胜县委组织部利用远程教育平台组织党员干部学习会议精神，把思想统一到中共十九大精神的要求上来。中共十九大开幕期间，134个站点通过远程教育平台收看中共十九大开幕直播。在村“两委”换届期间，利用全县119个远程教育站点，组织4000余名党员干部群众集中学习收看村“两委”组织换届选举的相关政策130余场次。在龙脊镇黄江村建立以“远教+电商+示范基地+精准扶贫的服务远教站点”为模式的学用示范基地。继续打造播放有重点、建设有亮点、示范有看点的“百里特色”远程教育示范带。

（门宏永）

宣传工作

【概况】 2017年，龙胜县委宣传部增挂县精神文明建设委员会办公室、县委对外宣传办公室（政府新闻办公室）两块牌，内设办公室、社会宣传股、新闻报道股、干部理论教育股、党员教育股5个职能股室及二层机构新闻网络信息中心。在职干部职工14人，部长1人，副部长2人。

【理论宣传工作】 2017年，龙胜县委宣传部采取“请进来”“走出去”等方式开展学习，邀请上级讲师到龙胜宣讲，下派县级讲师团成员深入县直单位、乡镇、村（屯）宣讲。出台《龙胜各族自治县学习党的十九大精神实施方案》，成立县学习中共十九大精神办公室，将中共十九大精神以山歌、彩调、小品、歌舞等形式向群众宣传，组织专题学习30余场次，制作、发放学习中共十九大专用笔记本6000本。继续在全县开展“理论政策面对面”宣讲活动，新增理论小广场5个，充实县理论宣讲团专家，新备课题30个，年内开展“十八届六中全会精神”、《准则》和《条例》、“两部党内法规”“十九大精神”等专题宣讲活动125场。全年宣传舆情信息上稿中宣部综合8篇，自治区单条1篇，桂林市单条5篇。扎实推进意识形态工作，做到“三纳入”：即纳入年底绩效考核内容，纳入年底向县委作述职评议内容，纳入县委党建工作内容。4月25日，召开全县意识形态和宣传思想文化建设、学校思想政治工作会议，县委书记周卉与各乡（镇）党委、县直局级以上单位党委（党组、党总支、党支部）签订意识形态工作责任制责任书。

2017年6月28日，县委常委、宣传部部长、副县长潘德辉在江底建新村上党课

（县委宣传部 供稿）

【社会宣传】 2017年，龙胜县通过节庆活动树立品牌，以梯田人文、民族风情、康寿养生等特色文化，利用春节、清明、农历“三月三”、端午等节日，打造一批主题鲜明的群众性文化活动精品，春节期间开展“弘扬我们的价值观”为主题的新春文化系列活动，推出文艺演出“领导干部带头唱民族歌曲”、摄影展、游园、体育竞技、舞龙舞狮、农村业余文艺汇演等活动。全县开展文化、科技、卫生、法律四下乡活动9场，邀请桂林“百姓大舞台”到瓢里镇演出。“苗瑶侗壮汉欢乐三月三”红瑶非物质文化遗产展示、“相约三月三，牵手好情缘”等活动引来广西电视台现场直播，端午期间举办第六届龙脊梯田文化节系列民族民俗活动，集中展示龙胜苗、瑶、侗、壮、汉各民族服饰、非物质文化遗产、名优土特产、民间工艺、风味餐饮等特色，调动全县10个乡镇，50多个民族村寨2200多名群众齐参与。龙胜“三月三”、龙脊梯田文化节已成为了全县17万各族群众的盛会。连续两年吸引人民日报、新华社、央视、广西日报、广西电视台等各级媒体前来报道。

【新闻外宣】 2017年，龙胜县委宣传部坚持导向，新闻外宣硕果累累。全年共接待人民日报、新华社、中央电视台、英国BBC等50余家国内外新闻媒体，龙胜作为桂林名片先后亮相2017年中央电视台春节联欢晚会和美国纽约时代广场。在中央电视台中央新闻联播上稿2条，《红糯节上品农趣》《天梯龙脊》等龙胜各类宣传内容在央视播出，总时长100余分钟。协助完成中央电视台农业频道扶贫纪录片《中国力量》龙胜专题的拍摄。在中央级党报党刊上稿26篇，新华社推出通稿80篇，自治区级党报党刊上稿143条；广西电视台上稿34条，播出时长达200多分钟；在市级党报党刊上稿500多条，桂林电视台上稿300多条。各大主流新闻网站发布信息2000多条；出版《今日龙胜》47期。配合做好《妈阁是座城》电影拍摄工作；在广西卫视投放12秒形象宣传广告，广西新闻频道对龙胜“三月三”系列活动进行直播；在《东方之旅》投放形象宣传广告4期，共120万册；桂林电视台对龙胜第六届梯田文化节进行直播；在深圳、广州、香港投放30多个车体广告；在南宁东站LED巨幕，桂阳高速跨路天桥、桂林站、桂林北站出站通道灯箱投放广告；新建大型高杆广告牌3座。官方微信平台全年群发推送微信350条，总阅读量达200万余次，订阅用户1.50万余人。

【精神文明建设】 2017年，龙胜各族自治县被区委、区人民政府授予自治区文明城市荣誉称号。县文明办获自治区未成年人思想道德建设工作先进单位称号。杨惠梅被评为桂林市诚实守信道德模范；杨海英家庭、侯日孟家庭获第一届“桂林市文明家庭”称号，龙胜小学被评为自治区文明校园；深化未成年人思想道德建设，继续开展“我的中国梦”主题教育实践活动，认真做好“三项常规活动”和“四项集中性活动”。龙胜镇小学“童心向党”歌咏活动视频在广西电视播出；继续做好乡村少年宫自建工作，2017年新增平等镇小学、泗水乡小学作为中央彩票专项公益金支持乡村学校少年宫项目，在全县16所学校开展“戏曲进校园”活动。

【文化产业】 2017年，龙胜继续推进文化事业和文化产业的发展。不断满足农民群众的文化需求，把公益文化事业建设的重心放在基层、放在农村，认真推进社区和村级综合文化服务中心项目建设，积极探索适合基层特点、适合农民需要的文化方式，鼓励和引导广大文化工作者下基层、下乡村，开展系列群众性文化体育活动，把更多更好的精神食粮奉献给广大人民群众；加大对红色文化研究以及保护、开发和利用的力度；加大文化体制的改革力度，创新文化管理体制，鼓励社会资本进入文化产业，培育文化市场。加快广播电视事业的改革和发展，不断提高新闻报道质量，多措并举力保广播电视安全、优质、高效传输。

【脱贫攻坚工作】 2017年，龙胜县委宣传部继续帮扶贫困村江底乡建新村，支持30万元完成村级综合文化服务中心建设并资助价值1.3万元的电脑、办公桌等办公用品一批；与乡镇共同争取解决村内道路硬化项目5千米；资助水泥50吨，修建大坪江组屯内硬化道路300余米；资助5000元扶

2017年，红瑶“非遗”文化展示　（县新闻中心　供稿）

持组建村文艺队；春节、中秋节走访慰问贫困户，给贫困户送去生活用品、慰问金共12000多元；“六一”儿童节、“教师节”对建新村儿童以及教师开展慰问，给孩子们送去节日礼物，为学校解决实际困难。大力发展特色产业，鼓励贫困户种植罗汉果、百香果、大叶百合等特色农作物，通过发展产业、外出务工等渠道摆脱贫困走向小康。建新村在江底乡2017年村级绩效考评中获综合奖一等奖，村支书杨文能被评为优秀村干。

（王媛丽）

统一战线工作

【概况】 中共龙胜各族自治县委员会统一战线工作部（简称县委统战部）是中共龙胜县委领导下的一个职能部门。主要统战对象为民主党派成员，无党派高、中级知识分子，台湾同胞，港澳同胞，归侨、海外侨胞及其眷属，少数民族人士，宗教团体及宗教界人士。统战部内设台湾工作办公室、侨务工作办公室、统战部办公室。原内设宗教事务办公室取消，其职能于2017年1月23日转入县民族宗教事务局。统战部下设一个二层事业单位——龙胜县非公经济发展服务中心。县工商联挂靠统战部。2017年，全县统战工作总体思路是：全面贯彻中共十八大和十八届三中、四中、五中、六中全会精神，以邓小平理论、“三个代表”重要思想、科学发展观为指导，深入贯彻习近平总书记系列重要讲话精神和治国理政新理念、新思想、新战略，紧紧围绕统筹推进“五位一体”总体布局和协调推进“四个全面”战略布局，以迎接中共十九大、学习贯彻中共十九大精神为主线，继续深入贯彻落实中央和自治区党委关于统一战线重大决策部署。着力强化责任、维护统一战线团结稳定，营造风清气正的政治环境，为加快实现“两个建成”凝聚人心、汇聚力量。

2017年3月9日，县委常委、县统战部部长粟海英（前排左一）到平等镇东舍村调研 （县委统战部 供稿）

【理论学习】 2017年，龙胜县委统战部把学习中共中央总书记习近平系列重要讲话精神和治国理政新理念新思想新战略特别是关于统一战线的重要思想，作为全县统一战线各类主题教育的核心，作为工商联无党派人士思想政治建设的鲜明主线，通过举办专题培训、辅导讲座、学习研讨等系列活动，全县统战干部和统一战线成员牢固树立了“四个意识”特别是核心意识、看齐意识，更加自觉地向党中央看齐，更加坚定地维护以习近平同志为核心的党中央权威。扎实开展思想教育引领活动，为中共十九大召开营造良好氛围。支持党外代表人士深入开展坚持和发展中国特色社会主义实践活动，准确把握党外人士思想动态，有针对性地加强思想政治工作，积极引导党外人士主动发声，发挥正能量，为迎接中共十九大胜利召开营造良好氛围。全面深入系统地学习宣传贯彻十九大精神，通过召开统战系统干部职工学习贯彻十九大精神会议，重点学习十九大中有关统战系统的内容。把统战部门广大党员干部职工的思想和行动统一到十九大精神上来，抓好全县统战工作，打赢脱贫摘帽攻坚战，加快实现建设中国生态旅游强县的目标。

【非公有制经济领域统战工作】 2017年，龙胜县委统战部加强教育培训，提高非公有制经济人士的综合素质。组织市工商联执委参加桂林市“非公经济代表人士理想信念教育”活动。组织会员企业参加桂林市工商联组织的各种经济讲坛、培训。9月组织各乡镇统战委员、工商联班子成员、部分执委考察团赴阳朔县、荔蒲县就乡镇商会的建设、民营企业参与扶贫、“五好”工商联、“四好”商会建设进行考察学习，开阔视野，增进感情交流。

做好非公有制经济服务工作。组织非公有制企业及全县非公经济领导小组成员单位关注广西非公经济服务平台，让非公经济领导小组成员单位学习借鉴好的经验，更好地服务非公企业。开展非公经济大走访、大调研活动，帮助部分非公企业解决招工难、融资难问题，通过政协委员反映社情民意的方式帮助非公企业反映一些诉求（如将2路公共汽车终点站延长至艺江南民族文化休闲园，方便群众出行的建议于9月27日正式落实）。组织非公有制企业参加农产品交易会、旅游联盟交流会、国际珠宝玉石展览会等活动推介龙胜。

【党外代表人士队伍建设工作】 2017年，龙胜县委统战部推进党外代表人士的安排使用，全面贯彻落实中央和自治区党委、市委关于各领域党外代表人士安排使用的政策规定，推荐杨礼淑、刘德强2位党外干部到县人民检察院、县人民法院挂职，填补近年县人民法院、人民检察院领导班子无党外干部的空档。强化党外代表人士队伍管理，健全党外代表人士管理工作机制。

【侨务、港澳台海外统战工作】 2017年，龙胜县委统战部利用各乡（镇）、村等传统节日，以山歌、发放资料等形式，开展侨法宣传；开展侨情调查工作，召开全县侨情调查工作培训会，由桂林市外事侨务办授课人员开展培训，为侨情调查工作打下基础。

台属、台胞慰问走访工作。年初，对台属进行登门慰问、座谈，送上慰问金，带去了党和政府的关怀。

台商服务工作。4次协助台商李明夫至国土、住建、环保等部门办理企业定点、土地报建等相关工作。

来信来访工作。6月22日，接待从英国回来的华人李玲的来访，对其反映事项作了细致了解，并妥善处理。

开展海外联谊接待服务工作。积极协助市外事侨务办在龙胜召开全市外事侨务干部班；协助安排接待日本星火友好“学习中国人民革命战争”代表团一行到龙胜参观红军岩及白面瑶寨博物馆；配合市台办做好台湾花莲县花莲市国裕社区发展协会到龙胜参观访问；香港回归祖国20周

2017年，县委统战部做台商服务工作

（县新闻中心　供稿）

年之际，全年共接待到龙胜考察、探访的香港社团共4期计122人次。

协助扶贫救灾引资工作。协助民建广西区委、桂林市委引进香港爱德基金会，2017年，向平等镇(600户)、乐江乡(400户)的受水灾户捐助6万千克大米(价值36万元)。（潘树琴　龚仁伟）

党校工作

【概况】 龙胜县委党校是龙胜少数民族干部教育培训的重要阵地，也是承接县外各级各类会议培训的良好平台。2017年，县委党校校园面积1.53公顷，建筑面积14000多平方米：有1幢含1个168个座位阶梯教室、4个40多个座位教室及10余间办公室的教学楼，1幢含可容纳500人主报告厅及16个40多个座位小会厅的会议中心，1幢1层为荣誉室、2层为灯光球场的综合楼，1幢可供120人食宿的学员公寓楼，有1个体育运动场。当年，投入40多万元新建3个会议讨论室，校园设施进一步完善，校园规划布局合理，设计具有民族特色。县委党校是龙胜少数民族干部教育培训的重要阵地，也是承接县外各级各类会议培训的良好平台。

【党员干部教育培训工作】 2017年，龙胜县委党校配合县干部教育领导小组做好全县党员干部教育主体班教学工作。配合县委按年初计划开展全县干部教育培训工作，主办或协办全县科级领导班训班、全县村民小组长培训班、全县村支部书记培训班、全县村主任培训班、全县村副主任培训班、全县基层妇女干部培训班、县直党员培训班、县直入党积极分子培训班等20多个培训班，受训达6000多人次。

【理论宣传工作】 2017年，龙胜县委党校开展学习、宣传、贯彻落实中共十九大和十八届三中、四中、五中、六中、七中全会精神活动，年内以学习宣传贯彻十九大和十八届三中、四中、五中、六中、七中全会精神为主要内容开展教育培训，并将其贯穿到各个班次教学培训的全过程，确保党的最新理论成果进教材、进课堂、进学员头脑，实现十九大精神和十八届三中、四中、五中、六中和七中全会精神全覆盖。选派赵丽明、邹定发、朱世荣、兰方国等宣讲骨干教师，以《学习两个条例》《习近平新时代中国特色社会主义思想》《迈入中国特色社会主义新时代》《怎样做一名合格的农村党员》《中国共产党校光辉历程》《中共党史及启示》《新时代、新目标、新征程》《迈步进入中国特色社会主义》等课题送教到各单位，受训人数达5000多人次，完成宣讲工作任务。

【会务保障】 2017年，龙胜县委党校发挥党校优良教学培训平台，为全县各类大型会务提供优质服务。做好年初政协、人大会，全县经济工作会等

2017年，县委党校在瓢里镇孟化村进行扶贫调研

（县新闻中心　供稿）

会务服务工作；做好自治县重大活动、重要工作部署及上级有关视频会议等会务服务工作；做好专家学者理论报告会等会务服务工作。年内仅会议中心举办的各级各类会议多达90场次，利用时间130多天，因服务到位而得到会议举办方的好评。

【师资培训】 2017年，龙胜县委党校组织开展政治和业务学习活动，将党校教员应该涉及的理论分为马克思主义理论、党史党建、时事政治、行政管理、经济管理、政策法律等领域，要求各位教员根据自己的原有基础及关注点选定1—2个领域进行深入研究，不断提高自己的理论造诣。选派教员外出参加各种理论培训学习。选派兰方国、陈桂兰老师参加自治区党校“导师制”一年时间的学习。选派邹定发、罗成奉老师参加百色干部学院两期理论培训学习。选派赵丽明、邹定发、朱世荣、兰方国老师参加桂林市理论宣讲骨干培训学习。

【科研工作】 2017年，龙胜县委党校着力推进教研咨一体化建设，高质量完成一个市级调研课题任务(龙胜西北少数民族地区脱贫致富的关键——建设循环公路)。抽调精兵强将全力以赴认真开展调查研究，已按要求高质量完成调研课题任务，课题获准结项。

发挥党校思想库作用，撰写校级咨政文章。学校班子成员、教员根据龙胜县2017年政府工作报告及龙胜县情，每人于4月底前拟定一个咨政调研课题及提纲，经学校审批后开展调研，本年度经认真严格评审，选出3篇提交县委、县人民政府，为县委、县人民政府提供咨政参考，建言献策。

【学术活动】 2017年，龙胜县委党校组织教员参与学术活动，积极在各级各类刊物上发表文章。本年度选送4篇论文参加桂林市委党校征文活动，其中兰方国撰写的《贫困山区推进绿色发展方式的思考》获三等奖；谭宗梅撰写的《乡村旅游精准扶贫的现实困境及破解路径》在《党政干部学刊》上发表。

【龙胜县红色文化旅游资源调研活动】 2017年，县委、县政府重视龙胜县红色文化旅游资源调研，县财政拨付6万元专款给县委党校用于此次调研活动经费开支。以副校长邹定发为组长，以朱世荣、兰方国、梁钦亮为组员的工作组，与从县文化部门抽调的一些人员，开展调研工作，形成初步调研成果。

【扶贫包村】 2017年，龙胜县委党校利用党校理论教育优势，强化对联系村的宣传教育工作，着力打造孟化冲任生态文明示范点，千方百计为联系村办实事办好事：增加人员协助工作队员做好包村工作，由原来1人增加为2人；全体干部职工走进贫困户家中，帮助贫困户制定脱贫计划，确定脱贫项目，并每月至少下乡一次了解贫困户产业发

2017年9月，县委党校在马堤乡进行红色旅游文化调研

(县委党校　供稿)

展情况和产业申报情况，做好档案整理，所有结对户发展态势良好；开展节日慰问活动，“三八”妇女节、“六一”儿童节、“七一”建党节、“八一”建军节、中秋节等都深入一线慰问，让群众及时感受到党和政府的温暖；积极参与协助搞好换届选举前期工作；拨出专项资金1.93万元，并争取物资及项目资金30万元投入扶贫攻坚工作。

（朱世荣　兰方国）

党史工作

【概况】 龙胜各族自治县档案史志局是由县档案局、党史办、县志办合并为一个科级单位，担负全县档案的管理工作和全县党史、地方志资料的征集和编纂工作，是参照公务员法管理的事业单位。2017年，县档案史志局有在职工作人员10人，后勤服务聘用人员1名。当年，县档案史志局认真贯彻落实中共十八大、十八届五中、六中全会精神和习近平总书记系列重要讲话精神，着力抓好中共十九大精神和习近平新时代中国特色社会主义思想的学习宣传和贯彻落实，组织开展扶贫联系村“精准扶贫”工作，完成2017年度档案、党史、地方志业务工作和“精准扶贫”工作。被评为全县2017年度绩效考评综合先进单位、桂林市地方志系统先进单位、桂林市档案系统2016年度县级综合档案馆建设考核一等奖、2016年度数据采集、报送工作优秀奖、2016年度宣传工作先进集体。

【《龙胜各族自治县大事记》编辑出版】 2017年，龙胜县委党史办公室每季度编辑出版一期图文并茂的《龙胜各族自治自治县大事记》，共4期，约1.83万字。内容有重要政务活动、领导工作、重要会议、扶贫与捐赠、经济与生态、民主与法制、科教文卫与计生，以及其他工作。

【党史资料编辑】 2017年，龙胜县委党史办公室编辑、整理、审核、校对《中国共产党龙胜历史》(第二卷)，完成对《中国共产党龙胜历史》第二卷正文第一节到第五节中大事记图片的收集。

【党史宣传教育】 2017年，龙胜县委党史办公室继续加强党史教育，开展学党章党规、上党史课活动。全年深入学校、社区、机关、企业、农村等上党课3次，听课人数达300余人。

【清明祭祀烈士墓活动】 2017年3月29日，清明节前夕，为进一步加强革命传统教育，缅怀革命烈士，弘扬烈士精神，铭记历史，推进党史教育工作，县档案史志局组织全体干部职工到县烈士纪念碑园，开展祭扫活动，祭奠革命先烈，缅怀英烈的丰功伟绩。

（白明宣）

保密工作

【概况】 2017年，龙胜县保密工作全面贯彻中共十八大和十八届三中、四中、五中全会精神，深入学习宣传贯彻中共十九大精神，深入学习贯彻习近平总书记系列重要讲话精神特别是关于加强保密工作的重要讲话精神，深入学习贯彻自治区第十一次党代会精神，紧紧围绕协调推进“四个全面”战略布局，全面推进《中共中央关于加强和改进保密工作的意见》《中共广西壮族自治区委员会关于加强和改进保密工作的实施意见》《“十三五”时期广西壮族自治区保密事业发展规划》和《桂林市委保密委员会2017年工作要点》的落实，全年没有发生失、泄密事件，县国家保密局获全区2012—2016年度保密工作集体二等功。

【保密法制宣传教育】 2017年，龙胜县保密局坚持有针对性地开展新形势下的保密宣传教育和保密技术培训，不断提高保密观念，增强保密意识和保密工作的责任感、使命感。将保密工作学习教育纳入机关学习的重要内容。组织全县干部职工认真学习《保密法》《保密实施办法》和有关法律法规，进一步提高认识。制定全县机关单位保密教育全员覆盖宣传月活动方案，9 月 22 日，组织全县各级各单位、各部门涉密人员和分管领导，集中学习保密工作的基本知识和防范泄密的基本技能，分析国内当前信息安全形势，组织观看大型保密文献纪录片《胜利之盾》。同时通过开展保密送基层服务、播放(悬挂)保密法警言警句(宣传标语)、发送保密法制短信、开展党政机关保密大检查等多种形式深入扎实地开展保密法制宣传教育月活动。

【保密制度建设】 2017 年，龙胜县保密局修订完善相关保密工作制度。严格按照《销毁国家秘密载体及其它内部文件资料保密管理规定》《移动存储介质保密管理规定》《关于转发〈中共龙胜县委办公室保密工作制度〉等保密规章制度的通知》推进保密工作，确保保密工作规范化、制度化、科学化发展。

【保密监督检查】 2017 年，龙胜县保密局加强对国家秘密载体管理的监督检查。在全县开展网络清理专项检查，印刷、复印单位专项检查工作，重点单位涉密载体清理清退情况专项检查，无失泄密情况发生。加强对国家和自治区统一考试保密管理的监督检查。参与县城相关考点的现场监督工作，考前对存放考卷的保密室进行检查，排除失泄密隐患，并对考试现场进行监督。加强对政府信息公开保密的监督检查。对机关保密审查制度和工作机构建设、审查情况进行检查、指导，及时对行政机关提出的不能确定是否可以公开的政府信息进行确定，坚持“谁上网，谁负责”的原则，对行政机关公开的政府信息的严格审查，确保涉密信息不上网。

【保密管理】 2017 年，龙胜县保密局加强定密管理。全面落实定密责任人制度，加强定密责任人及承办人履职培训和管理，组织开展定密责任人制度落实情况专项检查。加强对本县重点机关、单位规范定密工作指导，严格落实国家秘密密级标志，着力解决一些机关、单位定密不规范、不准确的问题。强化定密监督检查，建立定密违规案件通报机制。

加强对涉密文件的管理。机关的文件起草、打字、复印、信息系统保密管理均由专人负责。凡属秘密文件一律由办公室专人保管。密件文件在收发、传递、使用、保管和清退等各个环节做到登记明确、手续清楚。规定文件不准横传、不准带入家中及公共场所，向外借阅文件、档案均应由单位领导批准。

加强网络保密管理。继续贯彻落实《中共中央办公厅、国务院办公厅关于印发〈党政机关和涉密单位网络保密管理规定〉的通知》文件精神，指导、监督做好涉密网络密级确定、规划建设、运维保障、信息管控等全过程管理，完成在用涉密网络的测评工作，加快推进涉密网络审批工作，组织开展涉密网络安全风险评估工作。

（白林娟）

老干部工作

【概况】 2017 年全县有离休干部 15 人(其中垂直管理 2 人)，原四家班子退休领导干部 26 人，处级退休干部 15 人。当年老干局在编干部 2 人，县老干部活动中心在编 1 人。

【落实老干部“两个待遇”政策】 政治待遇。2017 年，龙胜县老干局为老干部制定订阅报刊、每月定期阅读文件、组织参加县“两会”(人大会、政协会)等重要会议和参观县内重大建设项目等。每年5日6日和11月21日，县老干局组织老干部举行两次大型的纪念性座谈会(1949年5月6日龙胜武装起义和1949年11月21日龙胜解放纪念日座谈会）等。

生活待遇。全县离休干部离休费得到足额发放，每年定期进行健康检查制度，所有离休干部的医疗费实行实报实销，其他生活待遇也都纳入县财政保障。特困企业的离休干部(3人）津贴执行财政补足。春节慰问经费在桂林市11个县中待遇较高。对老同志的节假日慰问、生病住院探访，都坚持高标准。

【老干部“两个阵地”建设】 龙胜县老干部活动中心大楼共4层320多平方米，除了开设老年大学教室、老年棋牌室、舞蹈室外，还为老年体协、老年舞蹈队、老年门球队等老年群众组织提供办公场地。老年大学在册学员近300人，开设有书画班(30人)、红歌班(30人)、侗歌班(30人)、诗词班、歌舞班(30人)、乐器班(15人）等专业（班次)，逐步创立“恭贺新春”“快乐五月”“健康八月”“幸福九九”等系列活动。校刊《龙胜老年》已出版编印4期。

及时贯彻全国、全区、全市离退休干部“双先”表彰大会精神，围绕“双先”、《两个提纲》、聚焦“展示阳光心态、畅谈发展变化、体验美好生活”等内容，组织离退休干部编写龙胜县开展“余热有为秀桑江，夕阳不老挺龙脊”为主题的百首山歌集专题活动、开展多场山歌传递正能量活动。用山歌宣传党的政策凝聚人心、收到很好的社会效应；老干部工作在社会上的影响力得到加强。在“两学一做”学习教育活动中，以书信的方式，向离退休干部党员发出两封信，号召他们离岗不离党，力挺龙胜，老当益壮。全年，收到征文10多篇，诗词、山歌300余首。

【开辟老干工作新平台】 2017年县老干局运用新媒体，搭建“桑江智囊”微信号公众平台。“桑江智囊”微信号平台得到广西老年报等相关媒体的报道宣传。

【打造关工委工作新品牌】 2017年，在上年“潘姨妈信箱”获得全国关工委系统先进个人后，继续在新领域拓展新的业务。同时在努力打造“张伯伯讲堂”第二品牌活动，分别在各中学、小学设立“张伯伯讲台”，继续开展以“健康成长”为主题的法律进校园宣讲活动，由各学校进行“点菜式”教学，在山水道《耕读讲堂》公益讲座每周六的“张伯伯讲堂”专场授课，内容以社会主义核心价值观为宣传重点内容，引入国学等礼仪培训讲课。

（邓宝剑）

机构编制

【概况】 龙胜各族自治县机构编制委员会办公室（简称县编委办公室）是县委序列的工作部门，内设秘书股、综合业务股、监督检查股、行政管理改革股4个股室，设主任1名、副主任1名，在职在编4人；所属二层事业单位：自治县事业单位登记管理局，设局长1名，在职在编6人。2017年，县机构编制工作围绕县委、县政府的中心工作，做好机构及人员编制管理工作，继续深化行政审批制度改革，进一步推行政府部门权力清单制度工作，推进乡镇“四所合一”改革工作，完成县纪委派驻机构改革工作，启动全面深化国家监察体制改革试点工作。

2017年，县编委办公室严格执行机构编制工作制度，继续做好编制动态调整机制。

设立新机构：龙胜各族自治县财政投资评审中心、中共龙胜各族自治县委员会巡察工作领导小组办公室，设立12个纪委派驻机构。

注销机构：龙胜各族自治县社会保障服务中心。

人员编制调整：全县行政编制共调整47名，其中纪委派驻机构改革调整42名，巡察办调整4名，法制办调整1名;全县事业编制共调整16名;收回事业编制3名,增核后勤服务聘用人员控制数3名。

【机构编制实名制】 2017年,全县共有机关单位群众团体69个(含独立运行挂牌机构9个)、事业单位310个,机构编制实名制工作已实现全覆盖。按工作人员出入编的规定,共办理全县机关事业单位工作人员出入编1076人次;按单位机构编制变动情况,为142个单位在人员编制、单位名称、内设机构等方面更新实名制系统数据;库内单纯人员信息变更1206人次。

【事业单位登记管理】 2017年,龙胜县编委办公室按照《事业单位登记管理暂行条例》及其《实施细则》要求开展事业单位法人设立登记、变更登记、注销登记。2017年底全县共有事业单位310个,应参加年审单位307个,共年审单位307个,年审率为100%;累计办理事业单位法人设立登记8个,法定代表人变更登记32个、住所变更登记13个、单位名称变更11个、举办单位变更1个、宗旨和业务范围变更登记12个、经费形式变更2个,办理事业单位法人注销登记15个,并在桂林事业单位在线网站进行公告。按要求完成事业单位法人存量代码转换工作。

事业单位法人公示信息抽查工作。县事业单位登记管理局按照相关规定程序,从执法人员名录中随机抽取2名执法人员,从本级事业单位名录库中随机抽取县植物保护站、乐江乡水产畜牧兽医站、县市容环卫监察大队、县旅游执法大队、县业余体育运动学校等5个单位,确定核查人员和被核查单位,于10月24日—26日,采取实地核查的方式,对事业单位法人证书登载事项和年度报告进行检查,对存在的问题提出整改方案,并整理相关档案材料及时归档。

开展县编办直接管理机构编制的机关、群团统一社会信用代码赋码工作,已发证65个,赋码率100%。

【事业单位分类改革】 2017年,龙胜县编委办公室开展事业单位承担行政职能的清理工作,梳理各事业单位对应承担的权责事项,根据权责清单设立依据确定该权责事项是法定、法定委托或者主管部门委托的权责事项,经过审核形成《龙胜县事业单位承担行政职能情况汇总表》。

【机构编制信息化建设】 2017年,全县网上名称管理工作实现“两个全覆盖”,(即所有机关事业单位都要注册中文域名、有自建网站的都要加挂标识),中文域名注册及运行费用由县财政统一支付。推进机构编制云平台试点建设工作,印发《龙胜各族自治县机构编制云平台建设方案》,11月份初步完成行政单位和事业单位的“三定”信息录入,行政单位录入信息总数505条,事业单位录入信息总数939条。政府部门权责清单已按照上级要求的格式统一导入模板中。

【行政审批制度改革】 2017年,龙胜县编委办公室继续深入推进行政审批制度改革。及时对照职能进行清理,切实达到“应减尽减”、“应调尽调”,承接有序。取消审批事项42项,调整189项。重新核定龙胜县行政许可审批事项为251项,行政审批事项全部进入政务服务中心集中审批。对取消和调整的行政审批事项,对取消的行政审批项目,及时落实到位,不再实施审批,不以备案、审查、核准等形式进行变相审批,取消和调整审批事项的文件要求,建立事中事后监管措施42个。

【政府部门权力清单制度推行】 2017年,龙胜县编委办公室推进推行政府部门权力清单和责任清单“两单融合”工作。县发改局等41个部门(包含挂牌机构)共梳理出权力事项主项3564项(其中带子项的主项总数为418项,包含子项总数为2490项),按照“法无授权不可为”和简政放权的要求,41个部门共取消和调整部门权力事项1056项,其中:取消490项,调整566项;增加完善权力事项343项；部门权责清单由权力事项、权力事项依据、责任事项、责任事项依据、追责情形和追责情形依据6部分组成，根据“有权必有责”的原则，权力事项与责任事项、追责情形一一对应。在梳理过程中，共查阅法律、法规、规章、规范性文件总数为1715部（份）。全县政府部门权力清单和责任清单已于8月在龙胜官方网站向社会公布。

根据《自治区人民政府关于印发广西各级政府部门权责清单管理办法的通知》的有关规定，对县统计局、县财政局、县人力资源和社会保障局、县民族宗教事务局、县林业局、县环境保护局及全县乡镇权责清单进行调整。

【县纪委派驻机构改革】 2017年，龙胜县撤销县直各单位原设置的纪检组、纪工委及监察室，重新综合设置12个纪委派驻机构，由县纪委统一管理。

（潘淑愿　莫兴权）

直属工委工作

【概况】 2017年，中共龙胜各族自治县直属机关工作委员会（简称县直属工委）有144个基层党组织（党委3个：公安局党委，下辖16个党支部；龙胜滑石发展有限公司党委，下辖9个党支部；县水利电业有限公司党委，下辖5个党支部。党总支部5个：县林业局党总支部，下辖7个党支部；县人民法院党总支部，下辖5党支部；县国税局党总支部，下辖2个党支部；县地税局党总支部，下辖5个党支部；县水利电力局党总支部，下辖5个党支部。），直管基层党支部86个，共有党员2952人（其中3个党委542人）。

【思想政治工作】 2017年，县直工委组织县直120个党组织进行党务干部培训，对党的组织生活、发展党员工作以及党建相关工作进行学习培训。此次培训，实际操作性强、针对性强，对提高支部党务干部开展组织生活的水平和履职尽责能力有着重要意义。同时，邀请区、市委党校教授和县内教师为县直党务工作者、县直党员理论教育培训4次，组织参加党员培训900多人次，增强广大党员的责任感、使命感、光荣感，提升党性修养和能力素质。工委严格按照发展党员工作要求，6月下旬组织县直70名入党积极分子参加培训，邀请县委党校教师给入党积极分子进行专题辅导讲座，并编写、印制了《入党积极分子培训班学习培训资料》。同时，为每名入党发展对象印制《入党发展对象学习培训资料》。

【基层组织建设】 2017年，龙胜县直属工委把做好机关党建工作放在机关党务工作的首位，不断强化县直机关党组织建设工作的规范化管理，推动县直党组织党的群众路线教育实践活动生动开展、扎实推进。深化和拓展创先争优活动，为彰显

2017年4月，县直属工委开办入党积极分子培训班

（县新闻中心　供稿）

党的先进性，全面推进各个领域党组织建设，在全社会营造学先进、赶先进、当先进的良好氛围。根据区、市、县的工作部署，6月，县直属工委对2016年度22个县直先进党组织和138个先进个人予以了表彰，进一步调动党员干部的积极性，充分充分发挥党员先锋模范作用和党组织战斗堡垒作用。

2017年7月21日，县直属工委召开换届选举动员大会

（县直属工委　供稿）

【党费收缴工作】 2017年，龙胜县直属工委全年完成收缴党费775078.64元。

【关爱党员】 2017年春节、七一、中共十九大召开期间，县直属机关工委领导深入到贫困党员家中，深入到瘫痪病人的床前，进行走访慰问，共发放慰问金56200元，共慰问185名贫困党员、老党员、下岗职工党员，做到以“真情关怀，真心关爱”的实际行动，履行“关爱党员，凝聚党心”的时代使命。

【党风廉政建设】 2017年，龙胜县直属工委深入贯彻落实党的各项纪检会议精神和县委、县政府的部署要求，坚持“围绕中心、服务大局”，坚持“从严治党、执纪为民”，坚持“标本兼治、惩防并举”，着力加强纪律、作风和反腐倡廉建设，全年，对11名党员进行党纪处分，协助市、县纪委查办党员违纪案件17件，推动党风廉政建设。

【党员发展工作】 2017年，龙胜县直属工委严格按照发展党员工作“控制总量、优化结构、提高质量、发挥作用”的总要求，做好新党员发展工作，把好党员发展关，重视机关业务骨干和积极分子的入党培养。按照《党章》规定，充分酝酿、细致考察，年内批准转为正式党员32人和吸收新党员47人。

6月上旬，县直属工委在县委党校举办入党积极分子培训班，县直各基层党组织共有70入党积极分子参加了培训。邀请县委党校教师给入党积极分子进行专题辅导讲座，并编写、印制了《入党积极分子培训班学习培训资料》。同时，为每名入党发展对象印制了《入党发展对象学习培训资料》。

【机关武装工作】 2017年，县直属工委认真做好机关民兵预备役的整组工作，组建民兵应急排、通信连、通信抢修分队、医疗救护分队、卫生防疫分队等分队，并完成民兵训练和考核工作。协助县人武部做好2017年新兵的役前训练工作。

（李子娥）

信访工作

【概况】 2017年，龙胜县委、县政府信访局内设秘书股、接访股、办信股、督查督办股、专线电话股，全局在岗职工6人（其中干部5人，大学生志愿者一人，具有大专以上学历 6 人，党员 4 人，正、副局长各一人）。2017 年全县信访维稳工作以习总书记系列讲话精神为指导，把“三到位一处理”指示精神作为工作目标，进一步深化信访制度改革，切实加强和改进信访工作，把打造“阳光信访”“责任信访”“法治信访”的“三新”格局为工作抓手，以开展创建信访工作“三无”（无进京越级上访、无大规模集体上访、无因信访问题引发的极端恶性事件和舆论负面炒作”）县（区）活动为工作目标，抓住影响社会和谐稳定的源头性、根本性、基础性问题，深入推进社会矛盾化解、社会管理创新。畅通信访渠道，精准接访下访，精准化解矛盾纠纷，精准解决信访突出问题，落实领导包案、接访、下访工作机制，使信访问题和矛盾纠纷在基层得到及时有效化解。当年信访总量有所下降，信访局共接待到县上访群众 136 批 1001 人次。全年到市、赴邕、进京“零越级访”“零非访”，被评为桂林市唯一的自治区级信访工作“三无”县。

2017 年 5 月，县领导接待来访群众　　（县信访局　供稿）

【领导高度重视信访】 2017 年，县领导参加接访活动 27 人次，接待群众 437 人，受理问题 21 件，已处理和答复 20 件。畅通接访渠道，解决问题落实到位。全年县领导阅批来信 36 件，落实包案领导和负责人，制定稳控化解措施，包案领导亲自约访重点人员，为他们解决实际困难。开展清理化解信访积案工作。书记、县长亲自包案，政法委书记负责协调，各分管领导包案化解，落实责任，一抓到底，全年共化解重大积案及信访突出问题 18 件。

【掌握情报信息　强化稳控措施】 2017 年，龙胜县按照自治区、桂林市联席办要求，进一步建立健全公共突发事件应急处置机制，充分发挥处理突发事件及群体性事件联席会议的作用，做好重点群体的稳控工作。进一步加大依法治访力度，规范信访秩序。按照有关法规，针对非正常上访等扰乱秩序的违法行为，依法进行处置。强化源头预防，全年共排查出影响社会稳定的各类矛盾纠纷 98 件，化解 98 件。在各级“两会”、十九大期间及国际重大会议等时期，全系统实行 24 小时值班，实行非正常上访每日“零报告”制度，做好矛盾纠纷排查工作，对排查出的重点案件严格落实领导包案，加大案件办理力度。

【办公硬件建设】 2017 年，县信访局投入资金 25 万元进行视频信访系统建设，增设 Led 显视屏及摄影器材。通过市验收，成为全市第一批率先完成视频会议系统建设的县区之一。

（张向阳　梁润玲）

龙胜各族自治县人民代表大会

2017年2月17日—18日，召开县第十六届人民代表大会第二次会议　　（县新闻中心　供稿）

重要会议

【龙胜各族自治县十六届人民代表大会第二次会议】 2017年2月16日—18日，龙胜各族自治县第十六届人大第二次会议在县城召开。会议分别听取和审议了自治县人民政府县长吴永合做的政府工作报告、县发展和改革局关于自治县2016年国民经济和社会发展计划执行情况与2017年国民经济和社会发展计划草案的报告（书面）、县财政局关于自治县2016年财政预算执行情况与2017年预算草案的报告（书面）。听取和审议了县人大常委会主任粟宁群做的县人大常委会工作报告、县人民法院院长秦雯做的县人民法院工作报告、县人民检察院检察长陈炜做的县人民检察院工作报告。会议审议了《关于严格自然资源保护，加强生态环境建设的决议》和《关于加强我县传统建筑的保护和传承议案的决议》的执行情况报告。

【常委会会议】 2017年，龙胜县举行了7次常委会会议，即龙胜各族自治县十六届人民代表大会常务委员会第二次会议到第八次会议。

县人大常委会第二次会议 1月23日，举行县人大常委会第二次会议，会议讨论通过了自治县人大常委会关于召开第十六届人民代表大会第二次会议的决定、《自治县第十六届人民代表大会第二次会议议程》（草案）和《自治县第十六届人民代表大会第二次会议日程》（草案）。

县人大常委会第三次会议 2月4日，举行县人大常委会第三次会议，会议讨论通过了自治县人大常委会关于召开第十六届人民代表大会第二次会议的决定、《自治县第十六届人民代表大会第二次会议日程》（草案）、《自治县人大常委会工作报告》，会议听取和审议了自治县人民政府《关于十五届人大七次会议和十六届人大一次会议代表建议办理情况报告》。

县人大常委会第四次会议 4月20日，举行县人大常委会第四次会议，会议决定经本荣挂任龙胜各族自治县人民政府副县长（挂任一年）、白虎成任县人民政府办公室主任、黄炜任县公安局局长、曾学强任县监察局局长、蒋晖任县发展和改革局局长、吴健任县财政局局长、陆全民任县人力资源和社会保障局局长、杨艳琼任县扶贫开发办公室主任、毛逸人任县旅游局局长、梁昌群任县教育局局长、刘凯锋任县民政局局长、李强任县交通运输局局长、石腾龙任县农业局局长、吴连伟任县文化新闻出版广播电视体育局局长、刘曼萍任县卫生和计划生育局局长、陆安阳任县林业局局长、石天亮任县民族宗教事务局局长、朱胜坚任县审计局局长、粟建广任县环境保护局局长、唐旗胜任县安全生产监督管理局局长、杨光任县食品药品监督管理局局长、邓劲军任县工商行政管理和质量技术监督局局长、陈海波任县统计局局长、余杰略任县人大常委会教科文卫农业农村环资城建与民族工作委员会副主任（正科级，主持工作）、谌礼艳任县人大常委会办公室副主任。

县人大常委会第五次会议 6月12日，举行县人大常委会第五次会议，会议决定黄秋明任龙胜各族自治县司法局局长。

会议还以举手表决方式通过了关于接受张荣军辞去自治县第十六届人民大会代表职务的决定（草案）和关于对粟道勇采取取保候审强制措施的决定（草案）。

县人大常委会第六次会议 7月24日，举行县人大常委会第六次会议，会议决定免去蔡文安县人民法院审判委员会专职委员职务、龙林华县人民法院审判委员会委员职务、李福德县人民检察院检察委员会专职委员职务。

会议决定任命杨革为县人民法院审判委员会专职委员、李庭建为县人民法院审判委员会委员、赖银平为县人民法院审判委员会委员、蒋彩志为县人民法院审判委员会委员、杨秀兴为县人民法院审判委员会委员、刘德强为县人民法院挂职副院长（挂职时间一年）、邓美秀为县人民检察院检察委员会专职委员、杨礼淑为县人民检察院挂职副检察长（挂职时间一年）、莫小洪为县人民检察院检察员。

会议还讨论修订《龙胜各族自治县自治条例》和《龙胜各族自治县民族民间传统文化保护条例》。

县人大常委会第七次会议　9月28日，举行县人大常委会第七次会议，会议决定免去梁德锋龙胜各族自治县人民政府副县长职务。会议决定任命敖孔华挂任龙胜各族自治县人民政府副县长（挂职期二年）、李一飞任龙胜各族自治县人民政府副县长。会议补选陈荣茂为桂林市第五届人民代表大会代表。

会议还审议和通过了《龙胜各族自治县人大常委会执法检查组关于检查〈中华人民共和国食品安全法〉实施情况的报告》（草案），听取和审议了自治县人民政府《关于自治县2017年1月—8月国民经济和社会发展计划执行情况的报告》《关于自治县2016年自治县财政决算（草案）的报告》《自治县2017年1月—8月财政预算执行情况分析报告》《关于自治县2017年预算调整方案（草案）的报告》《关于自治县2016年财政预算执行情况和其他财政收支的审计工作报告》，会议听取和审议了县人大常委会财经与社会发展工作委员会《关于自治县2016年财政决算（草案）的审查报告》，会议审议、通过了县人大常委会《关于批准自治县2016年财政决算的决议》（草案）、县人大常委会《关于批准自治县2017年预算调整方案的决议》（草案）。

县人大常委会第八次会议　12月12日，举行县人大常委会第八次会议，会议决定免去吴列军的县人民法院审判员、审判委员会委员职务、陈胜龙的县人民法院审判员职务。会议决定任命伍永强任县人民政府副县长、李文家任县住房和城乡建设局局长。会议表决通过钟秀珍为县人民法院人民陪审员。

重要工作

【脱贫攻坚工作】 2017年，龙胜县人大常委会按照县委的统一部署，全面落实领导责任和工作责任，全力以赴做好帮扶、协调、监督、指导和服务工作。2017年常委会领导班子及人大机关分别联系4个乡（镇）、7个贫困村，联系帮扶贫困户61户，坚持按要求到所联系的泗水、平等、乐江、瓢里等乡（镇）进行协调、指导，突出抓好易地扶贫搬迁、产业发展、综合管理等工作；经常到联系村、帮扶贫困户家中走访，为联系乡（镇）、村、帮扶贫困户的发展出谋划策，促进乡（镇）在精准识别、精准帮扶等方面取得实效，切实做到扶真贫、真扶贫。人大机关加大对联系瓢里村的扶持力度，切实帮助贫困户解决生产生活困难。全年常委会共投入扶贫资金70多万元，扶持所联系乡（镇）、村的道路硬化、文化综合楼等基础设施建设，帮助贫困户和农村专业合作社发展生产。

【国家机关工作人员任命】 2017年，龙胜县人大常委会坚持党管干部和人大依法任免干部的有机统一，严把拟任命人员任前谈心谈话、党组会征求意见、供职表态发言、颁发任命书、向宪法宣誓等关口，坚持任后听取履职报告、专项工作报告，进一步增强被任命人员的责任意识和公仆意识。一年来，常委会共依法任免人大常委会和“一府两院”工作人员47人次，其中任职41人次，免职6人次；补选1名桂林市第五届人大代表。

【人大代表建议办理情况】 2017年，龙胜县人大常委会坚持把代表议案建议办理作为保障代表依法履职的重要内容和落实代表监督职权的重要措施。采取常委会领导重点督办、“一府两院”领导牵头领办、部门单位负责承办、各工委对口督办等措施，切实加大了代表议案建议督办的力度。组织提建议的代表、承办单位领导深入到平安村、大寨村、县城民族中学、龙胜中学、实验中学和体育新城等实地督办代表建议的办理落实情况。通过督办，大寨景区新建了一个250个车位的立体停车场，有效缓解国庆黄金周停车难问题。全年常委会转办的46件代表建议意见全部办理完结，代表普遍感到满意。

【视察调研工作】 2017年，龙胜县人大常委会组织市、县人大代表对人民群众关注的热点难点问题、重点工程等进行专题视察12次。常委会坚持以促进全县发展为己任，始终牢记职责和使命，全力支持重大项目建设。2017年常委会按照县委重大项目建设的要求，充分发挥自身职能作用，通过听取项目建设情况报告、专题调研、组织代表视察等多措并举，对全县重大项目进行跟踪服务和推进。其中，跟踪推进的桂三高速公路顺利通车，龙脊大道、龙脊景区大循环路项目不断加快，推进全县经济社会快速发展。坚持"少而精、重实效"的原则，选择与人民群众生活息息相关、社会关注度较高的法律法规进行执法检查。

组织代表对"七五"普法工作情况进行视察调研，针对普法工作中存在的宣传形式和内容单一、行政执法不够规范等问题，提出工作建议和要求，促进普法工作有效开展。

开展全域旅游、交通发展、城乡建设、滑石产业等重大项目和支柱产业的专题视察调研，对存在问题提出意见和建议，为全县经济发展"把脉问诊"，出谋划策。

常委会坚持把加强对外交流作为创新人大工作的重要途径，组织工作人员带着课题外出考察、上门请教，吸取借鉴成熟的工作经验。年内，先后赴贵州独山、湖南靖州等地学习制度建设、法律监督、预算审查等工作经验，拓宽了工作视野，学习了先进经验，提高了工作水平。同时，协助完成了全国人大和自治区、桂林市人大及各地人大在龙胜开展的调研视察任务。

【信访工作】 2017年，龙胜县人大常委会把受理和督办群众来信来访作为关注民生、了解民情、反映民意的重要渠道，健全完善接访、转办、督办、反馈工作机制，维护群众的合法权益。坚持每月主动参加信访接待日活动，热情接待上访群众，耐心听取群众诉求，妥善解决群众问题。2017年共接待来访来信43批129人次，受理来信39件，对于所受理的来信来访都依照程序进行了妥善处理。

2017年4月，县人大常委会主任粟宁群(左一)率县人大代表到龙脊大道建设工地调研 (县人大办公室 供稿)

【宣传工作】 2017年，龙胜县人大常委会始终重视人大理论研究，广泛宣传人大制度，人大宣传影响力不断增强。全年县人大机关在市级以上杂志、报刊、媒体发表文章8篇，其中《龙胜各族自治县人大常委会调研自然资源保护、传统建筑的保护与传承工作》获第十六届桂林市人大新闻三等奖，县人大机关被自治区评为2017年度宣传人大工作二等奖。

(吴伟汉)

龙胜各族自治县人民政府

2017 年 9 月，县人民政府党组召开学习中共十九大精神专题会议　　　　（县政府办公室　供稿）

县政府综述

【县政府机构概况】 2017年,龙胜各族自治县人民政府下辖5镇(龙胜镇、龙脊镇、平等镇、瓢里镇、三门镇)5乡(泗水乡、江底乡、马堤乡、伟江乡、乐江乡)人民政府。

县人民政府主要行政工作部门(25个):县政府办公室、县发展和改革局、县扶贫开发办公室、县公安局、县教育局、县监察局、县民政局、县司法局、县财政局、县人力资源和社会保障局、县国土资源局、县环保局、县住房和城乡建设局、县交通运输局、县农业局、县文化新闻出版广播电视体育局、县卫生和计生局、县林业局、县民族宗教事务管理局、县审计局、县旅游局、县环境保护局、县安全生产监督管理局、县统计局、县食品药品监督管理局、县工商行政管理和质量技术监督局。

县监察局与县纪律检查委员会机关合署办公,列入县政府工作部门序列,不计入县政府机构个数。县政府办公室挂县工信局、县法制办公室、县调解处理土地山林水利纠纷办公室牌子;县发展和改革局挂县粮食局、县物价局、县国防动员委员会国民经济动员办公室牌子;县教育局挂县科学技术知识产权局牌子;县住房和城乡建设局挂县人民防空办公室牌子;县交通运输局挂县国防动员委员会国民交通战略办公室牌子;县农业局挂县水产畜牧兽医局、县水利局牌子;县食品药品监督管理局挂县食品安全委员会办公室牌子。

另设直属事业单位有:县机关事务管理局、县农业机械管理局、县水库移民工作管理局、县招商促进局、县接待办公室、县档案史志局、龙脊风景名胜区管理局、县地震局、县供销社等。

【全县经济社会发展主要目标】 2017年,龙胜县经济社会发展主要预期目标:地区生产总值增长6.50%,力争7%;财政收入增长5%,力争5.50%;固定资产投资增长12%,力争13%;社会消费品零售总额增长10.50%,力争11%;城镇居民人均可支配收入增长8%,力争9%;农村居民人均可支配收入增长10%,力争11%;旅游总消费增长12%,力争13%。

【全县经济工作重点】 2017年,龙胜县经济工作重点:

全面开展脱贫攻坚工作,实施精准扶贫措施。鼓励扶贫户干事创业。实施产业扶贫,开展教育扶贫、健康扶贫、精神扶贫等工作。专项扶贫资金重点投入到基础设施建设、农业生产发展、易地移民搬迁、村级集体经济、社会事业等方面,实现全县脱贫攻坚新突破。

抓项目、扩投资,努力实现全县经济社会持续快速健康发展。把重大项目建设作为稳投资稳增长的主要抓手,不断扩大投资规模,强力拉动县域经济快速增长。

调整农业产业结构、促进特色产业不断壮大。坚持扶持特色农业品牌,突出体系完善、融合发展、品牌打造、农民增收,具有本地特色的现代农业明显增效。积极培育新型农业经营主体,通过与企业合作引导组织农户发展种植新产业。

抓龙头企业、促进工业经济明显发展。积极调整产品结构、增加产品附加值,延伸产品产业链通过打造良好的投资环境和健全服务体系,推动全县工业产业集约集群发展。继续实施“抓大壮小扶微”工程,从政策上鼓励企业做大做强。

推进旅游产业上新台阶。推动全域旅游、特色旅游,坚持“全域一区一线”发展思路,在全县合理布局建设乡村旅游基础设施,串点成线、串线成面、广泛辐射。加大基础设施投入,促进旅游与农民增收齐头并进。

【全县经济社会发展主要成效】 2017年,龙

2017 年平等镇山区办旅游　　（县新闻中心　供稿）

胜县地区生产总值完成 66.63 亿元，同比增长 6.43%；固定资产投资完成 56.40 亿元，同比增长 15.42%；组织财政收入完成 4.53 亿元；工业增加值完成 29.06 亿元，同比增长 5.5%；社会消费品零售总额完成 9.97 亿元，同比增长 10.7%；城镇居民人均可支配收入完成 31172 元，同比增长 9%；农村居民人均可支配收入完成 10572 元，同比增长 10.4%；城镇登记失业率控制在 2.39% 以内。

全年粮食总产量达 6.31 万吨，新造林 14573 亩，水果产量达 9.84 万吨。全年农业总产值达 19.11 亿元。

实现工业经济持续健康发展。全县形成以滑石、电力、木材和冶炼为主的 21 家规模工业企业，实现规模工业增加值 27.84 亿元，占国民生产总值的 42.31%。

全年，全县接待游客量为 777.36 万人次，同比增长 8.44%；旅游总消费为 83.38 亿元，同比增长 16.44%。

全年投入 5500 万元加强教育基础设施建设，有序推进龙胜县扶贫移民小学（龙胜镇第二小学）、民族中学教学综合楼、龙胜中学学生宿舍楼、龙脊大道移民创业园教育园区等重点工程，新建校舍 10552 平方米，新建运动场 8000 平方米。落实覆盖全学段的家庭经济困难学生资助政策，发放各类资助金 2741.1 万元。新招聘教师 68 名，农村特岗教师 25 名，招录农村小学全科教师 19 名，教师队伍不断优化。

实施医疗惠民工程。城乡居民基本医疗保险参保率达 100%；贫困患者符合基本医保支付的门诊和住院费用报销比例提高 10%，县域内就诊率从 60% 提高到 90%

不断完善城乡居民医疗保险、养老保险、低保、救灾救助等制度。全县参加社保 17.22 万人。保障性安居工程建设稳步推进，完成农村危房改造 1023 户。城镇新增就业 3153 人，农村劳动力转移新增就业 4963 人。

重要会议

【县十六届人民政府第 6 次常务会议】 2017 年 2 月 3 日，龙胜各族自治县人民政府县长吴永合主持召开自治县十六届政府第 6 次常务会议。会议议定的主要事项为：

讨论《关于龙胜各族自治县 2016 年国民经济和社会发展计划执行情况与 2017 年国民经济和社会发展计划（草案）的报告》；

讨论《关于龙胜各族自治县 2016 年预算执行情况和 2017 年预算（草案）的报告》；

讨论《十六届人大二次会议政府工作报告（讨论稿）》；

讨论《关于要求解决县城生活垃圾运往桂林设施设备运行经费的请示》；

会议原则同意以上相关报告和请示，修改完善后报县委常委会研究。

【县十六届人民政府第 7 次常务会议】 2017 年 2 月 7 日，龙胜各族自治县人民政府县长吴永合主持召开自治县十六届政府第 7 次常务会议。会议议定的主要事项为：

讨论《关于请求解决环卫工人 2016 年 7 月至 12 月增加工资问题的请示》；

讨论《关于给予黄均强行政开除处分的请示》；

讨论《龙胜各族自治县 2017 年“两茶一果加特色养殖”建设项目奖补政策（讨论稿）》；

讨论《龙胜各族自治县 2017 年精准扶持贫困户发展产业实施方案（征求意见稿）》；

讨论《关于请求成立龙胜县第二畜禽定点屠宰配送中心及大力支持县农产品冷链物流配送项目建设的请示》；

会议对各项议题进行讨论并分别作出决定。

【县十六届人民政府第 8 次常务会议】 2017 年 3 月 22 日，龙胜各族自治县人民政府县长吴永合主持召开自治县十六届政府第 8 次常务会议。会议议定的主要事项为：

讨论《关于请求重新核定龙胜县城道路停车收费相关事宜的请示》；

讨论《关于要求延续龙政函〔2010〕154 号〈龙胜各族自治县人民政府关于同意给予桑江北区拆迁回建户、安置户办理国有土地使用权优惠政策的批复〉文件的请示》；

讨论《关于调整自治县县级公立医院部份医疗服务价格的请示》；

讨论《关于周韵臻等 26 位退休人员划归林业局下属事业单位的请示》；

讨论《要求解决涉案车辆停放场地的请示》；

讨论《十六届人大一次会议和二次会议政府工作报告任务分解表（草拟稿）》；

会议对以上内容进行讨论并分别作出决定。

【县十六届人民政府第 9 次常务会议】 2017 年 5 月 4 日，龙胜各族自治县人民政府县长吴永合主持召开自治县十六届政府第 9 次常务会议。会议议定的主要事项为：

讨论《自治县 2017 年第一批财政专项扶贫资金（发展资金）安排计划》。

讨论《关于调整扶贫通组路项目补助标准的请示》；

讨论《关于调整自治县 2017 年自治区第一批财政专项扶贫资金基础设施项目计划和补助标准的请示》；

讨论《自治县 2017 年市财政专项扶贫资金项目计划（讨论稿）》；

讨论《龙胜各族自治县财政专项扶贫资金管理办法（讨论稿）》；

讨论《龙胜各族自治县统筹整合使用涉农资金管理办法（讨论稿）》；

讨论《龙胜各族自治县 2017 年使用统筹整合财政涉农资金分配表》；

讨论《关于研究批准〈三门镇新型城镇化示范乡镇建设项目征地拆迁安置补偿实施办法〉的请示》；

讨论《自治县桂三高速公路龙胜县城段出口连接公路开发建设征地拆迁安置补偿实施办法》；

讨论《自治县国有企业高管人员薪酬待遇实施方案（修改稿）》；

讨论《关于调整我县机关事业单位工作人员和离退休人员死亡后遗属生活困难补助标准的请示》；

讨论《关于落实县人社局 2015 年 4 月份后退休干部执行桂人新函(92) 1 号文件享受退休工资待遇的请示》；

会议讨论以上报告、方案和请示并分别作出决定。

【县十六届人民政府第 10 次常务会议】 2017 年 6 月 16 日，龙胜各族自治县人民政府县长吴永合主持召开自治县十六届政府第 10 次常务会议。

会议议定的主要事项为：

讨论《龙胜各族自治县法治政府建设实施方案(2017—2020年)(讨论稿)》；

讨论《龙胜各族自治县人民政府依法行政工作制度》；

讨论《关于提请自治县人民政府常务会议审议〈龙胜各族自治县人民政府工作规则〉等四个文件的请示》；

讨论《关于请求尽快落实龙胜县城南滑坡治理排土工程的请示》；

讨论《关于提请研究落实2017年度环境保护目标责任制有关工作的请示》；

讨论《关于建立县人民医院与自治区南溪山医院医疗联合体的请示》；

讨论《关于成立龙胜各族自治县市场开发投资经营有限公司的请示》；

讨论《关于公司运营模式的请示》；

讨论《关于向中国进出口银行融资评估的情况汇报》；

讨论《关于吴定权同志社会保险问题的意见》；

会议讨论以上报告、方案、汇报和请示，分别作出决定并报请县委常委会研究。

【县十六届人民政府第11次常务会议】 2017年7月25日，龙胜各族自治县人民政府县长吴永合主持召开自治县十六届政府第11次常务会议。会议议定的主要事项为：

讨论《关于民族体育中心游泳馆和健身中心建设运营方案的请示》；

讨论《关于以购买公共服务方式解决我县公益性文艺演出及重大节庆文艺活动任务的请示》；

讨论《关于加强村(社区)级组织运转经费保障工作有关事项的请示》；

讨论《关于跟广西恒美丽环保工程有限公司签订龙胜县环卫服务补充协议的请示》；

讨论《关于上报收回2014年存量资金调剂扶贫、救灾资金安排方案的请示》；

讨论《关于将2017年车辆购置税收入补助地方资金和自治区公路建设专项资金统筹安排分配的请示》；

讨论《关于2017年政府新增债券用于脱贫攻坚项目建设资金分配的请示》；

讨论《关于安排2017年政府新增一般债券(公益性建设部分)项目资金的请示》；

讨论《关于龙脊大道移民创业园教育建设项目实施工程总承包的请示》；

讨论《关于呈报中小学教育教学质量奖励暂行方案的请示》；

讨论《关于给予龙怀辉等同志行政处分的请示》；

讨论《全县脱贫攻坚推进会暨年中工作会、抗洪救灾表彰大会工作方案》；

会议讨论以上相关事项，分别作出决定并报请县委常委会研究。

【县十六届人民政府第12次常务会议】 2017年9月26日，龙胜各族自治县人民政府县长吴永合主持召开自治县十六届政府第12次常务会议。会议议定的主要事项为：

讨论《关于请求新建龙胜各族自治县拉麻扶贫产业园建设项目的请示》；

讨论《关于对〈龙胜各族自治县人民政府规范全县采购和招投标活动的实施意见〉(2017年5月26日修改稿)的修改建议》；

讨论《关于上报〈关于龙胜各族自治县2017年县本级财政预算调整方案(草案)的报告〉的请示》《关于上报自治县人大〈龙胜各族自治县2016年财政决算(草案)报告〉的请示》《2017年车辆购置税收入补助地方资金项目计划》；

讨论《关于2017年调整机关事业单位退休人员基本养老金的请示》；

讨论《关于请求确定瓢里至平等(野牛坳)公路改建工程建设方案的请示》;

讨论《龙胜龙脊梯田风景名胜区大循环公路(二龙桥至大寨)项目征地拆迁安置补偿实施办法》;

讨论《申请免缴龙泽苑项目地块土地使用税的报告》;

讨论《关于开展南山自然保护区总体规划的请示》;

讨论《关于龙胜振合资产经营管理有限责任公司董事会任职的请示》;

讨论《关于桂林龙胜爱莲食品有限公司〈桂林龙胜桶装饮用水项目〉环评审批有关问题的请示》;

讨论《关于拟召开龙胜县工业发展大会及有关材料的请示》;

讨论《关于我县行政规范文件清理工作的请示》;

讨论《关于我县"放管服"改革和生态文明建设涉及的规范性文件清理工作的请示》;

讨论《关于请求县人民政府研究决定桂三高速公路县城段出口连接公路工程(龙脊大道)有关事项的请示》;

讨论《关于解决龙胜县城南滑坡治理工程存在问题的请示》;

会议讨论以上相关事项,分别作出决定并报请县委常委会研究。

【县十六届人民政府第13次常务会议】 2017年10月23日,龙胜各族自治县人民政府县长吴永合主持召开自治县十六届政府第13次常务会议。会议议定的主要事项为:

讨论《关于审核〈龙胜各族自治县小型水利工程确权发证暂行办法〉的请示》;

讨论《关于设立龙胜各族自治县河长制办公室的请示》;

讨论《关于报审〈龙胜各族自治县全面推行河长制实施方案(代拟)〉的请示》;

讨论《关于水利电力局政企分开职工安置及国有资产情况的报告》;

讨论《关于明确县水利电力开发总公司的定级管理及班子建设配备的请示》;

讨论《关于增加公安局民警、警务辅助人员加班补贴、执勤岗位津贴的请示》;

讨论《关于发放2017年离退休人员生活补助的请示》;

讨论《关于龙胜各族自治县2018年统筹整合使用财政涉农资金"一上"实施方案的请示》;

讨论《关于统筹整合使用2017年第三批车辆购置税收入补助地方资金用于一般公路建设项目资金的请示》;

讨论《关于审定〈龙胜各族自治县电子商务进农村综合示范项目建设方案〉〈龙胜各族自治县电子商务进农村综合示范项目资金使用计划〉的请示》;

讨论《关于给予侯文军行政降级处分的请示》;

讨论《关于解决教厂被征地户生活安置地的建议》;

会议讨论以上相关事项,分别作出决定。部分决定报请县委常委会研究。

【县十六届人民政府第14次常务会议】 2017年11月7日,龙胜自治县人民政府县长吴永合主持召开自治县十六届政府第14次常务会议。会议议定的主要事项为:

讨论《关于要求调整政务服务中心作息时间的请示》;

讨论《关于制定〈龙胜各族自治县2016年绩效考评奖金发放方案〉的请示》;

讨论《关于追加2014年、2015年贫困退出户帮扶工作经费的请示》;

讨论《关于扩建龙胜消防大队营区的请示》;

会议讨论以上相关事项,分别作出决定。

重要举措

【脱贫攻坚】 2017年，龙胜成立县、乡、村脱贫攻坚作战指挥部，县级指挥部下设10个专责组，抽调59名精兵强将集中驻组办公。落实县、乡、村三级扶贫信息员151名，西部计划志愿者52名、脱贫攻坚志愿者40名，充实了基层精准扶贫工作队伍。安排59名贫困村第一书记、71名“美丽广西”乡村建设扶贫工作队长、107个帮扶单位3687名帮扶干部，对全县7680户贫困户和3578名贫困学生进行帮扶联系，实现帮扶全覆盖。实施产业扶贫，覆盖全县71.53%的建档立卡贫困户，累计发放产业奖补资金1037.4万元。实施旅游扶贫，引导贫困群众以特色民居、梯田、林地入股合作的方式，走出了一条旅游扶贫路子。实施金融扶贫，截至年底，扶贫小额贷款余额1.28亿元，贴息537.92万元，惠及4248户贫困户。实施基础设施建设工作，实现全县119个村全部通水泥路，20户以上自然屯全部通水泥路或砂石路。99.95%的农户有安全饮用水。全年共硬化和新建通组道路298条396千米，维修通组道路280余条，建设桥梁8座220延米。实施易地移民搬迁工作，全年投资达4.75亿元，共搬迁安置贫困户2025户9251人。培育村级集体经济，统筹资金2950万元支持59个贫困村发展集体经济，截至年底贫困村集体经济收入均达到2万元以上。同时，深入开展教育扶贫、健康扶贫、精神扶贫等工作，并落实好低保政策，切实做到各项扶贫政策“不落一户、不少一人”。县级预算安排财政专项扶贫资金1682万元，清理收回存量资金3038万元，整合使用财政涉农资金4.03亿元，统筹用于扶贫开发，全县脱贫攻坚成效实现了新突破。受国家财政部邀请，龙胜各族自治县作为全国4个县中一个县，广西唯一一个参会单位在关于财政支持脱贫攻坚工作座谈会上作典型发言，相关工作得到认可。

【项目投资】 2017年，龙胜县完成土地储备66.66公顷，收取土地出让金1726.01万元，两个城市批次农转征报批工作顺利通过自治区人民政府审核并获批复，切实为全县经济发展提供用地保障。当年，继续重点推进73个重大项目和重大工作，其中，列入自治区层面重大项目2项，列入市级层面重大项目9项。桂三高速公路龙胜段已实现全面通车，龙胜正式加入大桂林1小时“经济圈”。启动70周年县庆项目建设，扎实开展龙胜多民族文化博物馆、民族公园以及潘内红瑶梯田景区等项目前期工作。

完成国家重大项目系统的“三年滚动计划”项目录入334项，计划总投资180.81亿元；完成县域经济3年行动计划项目库建设，统筹推进项目94个，计划总投资36.37亿元，实现经济社会

2017年3月，龙胜召开2017年度贫困村脱贫摘帽工作部署暨业务培训会

（县新闻中心　供稿）

2017 年 2 月，县农业局召开全县种植大户农业实用技术培训会

（县农业局　供稿）

全面协调可持续发展。

2017 年，龙胜打造“中国红玉之乡”，形成以县城北岸揽胜楼步行街和艺江南民族文化风情园为主的鸡血玉集贸市场。推进龙胜县源恒杉川木业有限公司扩建项目、南山风电二期项目、爱莲食品公司天然饮用水项目、江底乡天霖甘泉水业基地等建设工作，投资 1353 万元完成电信普遍服务试点项目；龙胜县农网升级改造及变送变电线路建设工程完成全部投资 3744 万元。

【特色产业发展】 2017 年，龙胜县建成现代农业示范基地达 97 个，其中，高标准建设 2 个自治区县级示范区和 3 个自治区乡级示范区。积极培育新型农业经营主体，新增农民专业合作社 60 个，全县合作社达 337 个；8 家农业企业获得市级龙头企业称号；新增家庭农场 13 个，全县家庭农场达 26 个。举办各类科技培训班和科普讲座 300 余期，培训约 1.2 万人次，开播《农村科技新视界》栏目，播出茶叶、猕猴桃、凤鸡等种植、养殖科技培训约 90 期次。推广“公司 + 合作社 + 能人 + 农户”发展模式，有力促进农业增产、农民增收。

全年粮食总产量达 6.31 万吨，新造林 971.53 公顷，种植罗汉果 2000 公顷、百香果 1000 公顷，出栏凤鸡 187 万只、翠鸭 48 万只，特色养殖场达到 67 个，优质柑橘、猕猴桃、茶叶等多年生品种扩面提质，累计总面积达 4226.66 公顷。水果产量达 9.84 万吨。全年农业总产值达 19.11 亿元。

特色品牌凤鸡、地灵花猪、青钱柳、野竹笋获得有机农产品认证，全县有机农产品总数达到 8 个；龙胜红糯成为第 6 个获得国家农产品地理标志认证产品。龙脊梯田农业系统继获得国家农业部授予的“中国重要农业文化遗产”称号后，通过联合国粮农组织“全球重要农业文化遗产”评审。全县农产品商标注册总数达 61 个。

【工业经济发展】 2017 年，龙胜县滑石行业规模工

2017 年 11 月，县长吴永合（前排右三）在三门调研工业生产

（三门镇　供稿）

业企业实现年产滑石块 18.68 万吨，年产滑石粉 28.46 万吨，预计实现税金约 1.5 亿元；电力行业完成发电量 11 亿千瓦时，上网电量 10.8 亿千瓦时；全县形成了以滑石、电力、木材和冶炼为主的 21 家规模工业企业，实现规模工业增加值 27.84 亿元，占国民生产总值的 42.31%。继续实施“抓大壮小扶微”工程，大唐桂林新能源有限公司成功进入规模企业统计序列。

龙脊景区缆车　　（县新闻中心　供稿）

【通信网络及电商加速发展】 2017 年，龙胜实现无线 4G+ 通信、家庭光纤宽带网络覆盖全县 10 个乡镇 119 个村，覆盖率达 100%。仓储物流体系初步健全，建成县级仓储物流中心 1 个、镇级仓储物流中心 1 个。中国邮政、菜鸟物流、圆通等物流企业、广西二维码中心龙胜分中心已正式入驻龙胜办公。县电子商务公共服务中心正式启用。建设农村电子商务服务点 83 个，建成农村淘宝电子商务服务站 34 个，覆盖 17 个贫困村。县政府与京东集团签订了农村电商精准扶贫战略合作协议。

【推进全域旅游业发展】 2017 年，龙胜启动《生态旅游扶贫大环线总体规划》以及大环线沿线各个节点的规划编制工作。生态旅游扶贫大环线基本贯通，龙脊景区创建国家 AAAAA 级景区工作稳步推进。投资 2000 万建设覆盖全县景区和交通要道的监控系统、智慧旅游中心、大数据中心、重点景区广播系统。以第一名的成绩高质量通过广西特色旅游名县复核验收工作。全年全县接待游客量为 777.36 万人次，同比增长 8.44%；旅游总消费为 83.38 亿元，同比增长 16.44%。

打造“党的民族政策发祥地”品牌，形成以“红军岩——红军桥——红军坳——红军洞——红军楼”为主线的红色旅游线路。承办龙脊梯田国际越野挑战赛，成功举办“鼓楼文化节”“开耕节”“辣椒节”“梳秧节”“晒衣节”“盘王节”“跳香节”“鱼宴节”等一系列民族节庆活动。全县共发展农家乐 350 余家，总床位 2.25 万余张。

全力打造“世界梯田原乡、世界滑石之都、中国红玉之乡、多民族生态博物馆、康寿养生胜地”五张特色旅游品牌。游客满意度在广西特色旅游县区稳定排名前列。农历“三月三”、龙脊梯田文化节等品牌活动连续吸引人民日报、新华社、央视、广西日报、广西电视台等各级媒体前来报道。

【生态建设】 2017 年，龙胜《县城总体规划（2016—2035 年）》顺利通过自治区评审，《土地利用总体规划调整完善方案》编制和基本农田永久划定工作完成，通过自治区级文明城市的验收。县城民族公园、龙脊大道基本完成，县城兴龙南路（种子公司 - 滑石矿段）道路改造工程顺利竣工。完成县城民族广场、华业广场、民族中学以及部分居民楼等路段的夜景亮化工程。完成县城及温泉景区沿线花化工程。全年无害化处理生活垃圾达 2.4 万吨，新增清扫保洁区域 18 万平方米。依法取缔非法营运三轮摩托车，市容市貌焕然一新，赢得群众的普遍赞誉。

龙脊镇作为桂林市唯一乡镇被授予“广西首

批养生养老小镇”荣誉称号。投资2200万元完成5个乡镇垃圾处理中心项目建设和10个村级垃圾处理中心示范点建设。投资5158.51万元新建平等、瓢里、三门等3个镇级污水处理厂，已顺利实现通水。投资4200万元完成国家级传统村落保护发展项目9个和村屯乡土特色示范建设项目10个。完成20个贫困村自然村（屯）安装太阳能路灯400盏。完成农村饮水安全工程巩固提升工程73处，实施小农水工程项目20处，解决农村饮水不安全和饮水困难人口10517人。农村“三改”工作稳步推进，改厕完成4800户，改厨完成4800户，改圈完成6238户。

投入785万元实施农村绿化工程，义务植树37万株，森林覆盖率达79.12%，发放森林生态效益补偿基金1446.76万元。完成国家重点生态功能区县域环境质量监测与考评工作，生态环境质量继续保持全区先进行列。全面推行河长制工作，完成147条河流、19座水库的核查工作。设立县级河长9个、乡级河长177个、村级河长265个。对全县480多条河道继续实施全面禁止采砂挖石，禁止新批新建水电站。实现全县地表水、县城饮用水水源水质达到或优于III类标准。加强环境执法力度，全年检查企业70余家，对2家环境违法企业负责人进行约谈，对9家环境违法企业进行处罚。完成中央环保督察反馈整改销号问题3个，举报问题整改6个。空气质量继续向好，空气优良率达到98.8%，PM10和PM2.5平均浓度与上年同期比分别下降19.7%和29%。综合指数为2.74，在桂林市各县区中排名第一。在自治区表彰的“2016年度广西科学发展先进县”考评中，龙胜在全区29个重点生态功能区中排名第三。

【社会事业】 2017年，龙胜县新建校舍10552平方米，新建运动场8000平方米。落实覆盖全学段的家庭经济困难学生资助政策，发放各类资助金2741.1万元。新招聘教师68名，农村特岗教师25名，招录农村小学全科教师19名，教师队伍不断优化。全县教育质量实现新突破，高考一本上线77人，二本上线447人，上线人数、上线率均创历史新高。中考一等生100名，一等率首次突破10%。顺利承办桂林市农村义务教育学生营养改善计划工作现场会，并作典型发言。

全年，全县统筹440万元新建17个村级标准化卫生室、维修和扩建34个村级标准化卫生室。实行县域内“先诊疗后付费”，实现基本医保、大病保险和民政医疗救助“一站式”即时结算；全县参保率达100%；贫困患者符合基本医保支付的门诊和住院费用报销比例提高10%。投入75万元为建档立卡贫困人口购买商业医疗补充保险，确保贫困患者住院报销比例达到90%以上。县域内就诊率从60%提高到90%。全年共兑现各类计生家庭奖励扶助资金604.8万元。

持续壮大文化软实力。2017年，完成龙胜第一个红瑶服饰制作技艺传习基地建设并投入使用。成功举办桂林市2017年民族文化进校园现场会并作典型发言。投入2500万元新建53个村级综合文化服务中心，率先在桂林市实现村级综合文化服务中心全覆盖。

三门镇花桥生态示范村 （三门镇 供稿）

全面深化社会保障。2017年，全县参加社保17.22万人，

2017 年 10 月，县创业园区教育建设项目开工仪式

（县教育局　供稿）

征收社保费 2.356 亿元，发放社保费 2.81 亿元，低保金 4687 万元，民政医疗救助资金 746 万元，残疾人“两项补贴”266.33 万元。顺利完成农村危房改造 1023 户。城镇新增就业 3153 人，农村劳动力转移新增就业 4963 人。

2017 年，龙胜持续开展“神剑”系列专项活动，为人民群众挽回经济损失 100 余万元。首次实现警企协作地网工程，与天网工程共同织密龙胜平安网。成功举办湘桂黔边区刑侦工作协作会第二届第六次工作会议。社会大局持续和谐稳定，群众安全感和满意度排名自治区第二，其中第四季度排名自治区第一。

【以改革促进政府自身建设】 2017 年，龙胜县政府以简政理念深化“放管服”改革。全县 41 个单位共梳理权力事项主项 3564 项，取消和调整部门权力事项 1056 项，增加完善权力事项 343 项。抓好行政审批事项动态监管，直接取消审批事项 42 项，调整为其他权力事项 189 项。完成乡镇“四所合一”阶段性改革，设立 10 个乡镇国土规建环保安监站。新组建全域旅游投资开发有限公司、农村发展有限公司、市场开发投资经营有限公司等投融资平台。开启农村社会信用体系建设，全年共创建信用乡（镇）4 个，信用村 42 个。

成功引进深圳同花顺有限责任公司、苏州工业园区、桂林福达集团等一批实力雄厚的企业进驻龙胜。龙胜全域旅游投资合作、龙胜田园综合体以及水资源开发等 8 个项目有序推进，全年内资到位资金 15.15 亿元，外资到位资金 815 万美元。

2017 年，龙胜推进“互联网＋政府服务”工作，正式启用“一站式”新政务服务中心，完成县级公共资源交易平台建设并投入使用，完成县级政府国家电子政务外网横向建设。

严肃查处侵害群众利益的不正之风和腐败问题，全年行政警告 10 人，行政记过 21 人，行政开除 2 人。全年共办理人大代表建议 46 件、政协委员提案 20 件，办结率均达 100%。

（潘万濠）

人力资源管理和社会保障

概　　述

2017 年，龙胜县人力资源和社会保障局内设办公室、综合管理股、培训就业职业能力建设股、工资福利股、劳动保障监察股、调解仲裁管理股、社会保险股、专业技术人员管理股、行政审批办公室（信访、政策法规股）9 个股室，下设社会保险事业局、职称改革工作领导小组办公室、劳动保障监察大队、劳动人事争议仲裁院、就业服务中心、人才交流中心等 6 个机构。全局在岗干

2017 年 9 月，县人社局在泗水乡举办专场人才招聘会

（县人社局　供稿）

部职工 75 人。编制情况：公务员编制 13 名，后勤服务控制编制 2 名；参公事业编制 30 名，事业编制 39 名。

全年，全县城镇新增就业 3153 人，城镇失业人员再就业 663 人，就业困难人员再就业 258 人；全县参加城镇企业职工基本养老保险 8033 人，机关事业单位职工参保人数 4687 人；全县城乡居民基本养老保险应参保人数为 85827 人，实际参保人数为 84025 人，参保率达 97.9%；2017 年城镇职工基本医疗保险参保人数 17088 人，2017 年城乡居民基本医疗保险应参保 155036 人；全年共收到劳动人事争议书面仲裁申请 24 件；受理群众投诉举报劳动保障监察案件 15 起。

人事管理

【公务员管理录用】 2017 年，龙胜县人力资源和社会保障局完成全县公务员和参公人员的年度考核工作，在自治区公开考试录用公务员及参公人员工作中，全县政府机关共录用公务员 34 名（含参公人员，其中公安局 1 人），办理各类人员流动 48 人，任免 97 人次，组织实施县以下机关公务员职务与职级并行制度，推进公务员分类改革，加强基层公务员队伍建设，办理晋升职级 86 人。组织公务员进行全员培训，共组织全县 1194 名公务员参加全自治区网络学习和考试。

【专业技术人员技术职称评审】 2017 年，龙胜县人力资源和社会保障局办理工程、教育、经济等系列初级职称定职、确认、遗失补办等 35 人；审核推荐高级职称评审材料 105 人、中级 63 人，县职改领导小组完成初级职称评审 80 人；完成里骆林场岗位 25 人的首聘工作，为事业单位 371 人办理新聘、续聘、晋升、变动等手续，其中岗位异动审批 273 人次、职称晋升 205 人（工人技术等级 70 人），辞职 15 人。县职改领导小组审核了初评委报送的 82 人的申报材料，审核通过 80 人。组织开展专业技术人员互联网 + 开放合作公需科目继续教育，全县共 3252 人参加培训考试，通过考试 3000 人。完成机关事业单位高、中、初级工人考评工作，完成高级工鉴定 5 人，中级工鉴定 12 人，初级工鉴定 5 人。

【工资福利管理】 2017 年，县人力资源和社会保障局扎实做好公务员和事业单位工作人员的正常工资晋升和职务晋升增加工资。公务员正常晋升级别 244 人，晋升档次 213 人，事业单位正常晋升薪级工资 3051 人。晋升职称等级待遇审批 86 人，行政职务变动审批 87 人，机关工人技术等级变动审批 7 人，转正定级工资变动审批 45 人；为事业单位人员办理岗位工资变动审批 277 人，办理 191 人调动工作工资转移手续，办理 9 名外县调入人员工资转移手续，为 192 名新

2017 年 2 月，县人社局举办人才招聘会　　（县人社局　供稿）

进事业单位人员办理工资手续，为 43 名新进公务员办理工资手续。完成 2017 年调整遗属生活困难补助标准的审批工作，遗属补助标准由 585 元上调至 720 元。共上调 327 名遗属的生活困难补助。完成 2017 年机关事业单位退休人员生活补助审批工作，按每人 3000 元标准，共审批退休人员 2319 人：其中行政事业单位 2135 人、财政补差人员 182 人、林业无编制人员 2 人。办理机关事业退休人员手续 129 人，特殊工种提前退休 1 人，因病丧失劳动能力提前退休 1 人。为机关事业单位 70 名死亡人员办理死亡待遇审批手续，为 16 人办理遗属补助审批手续。审批改革后退休人员独生子女补助 54 人，为 180 人办理连续工龄手续。

人才队伍建设

【人事人才服务】 2017 年，龙胜县接待大、中专生、高校技校生、函授生毕业报到 566 人，其中硕士 8 人，本科生 215 人，大学专科生 277 人，中专生 66 人。受理大、中专生、高职、高校毕业生档案托管 570 卷，代理保管大中专毕业生档案 5770 卷，失业职工档案 43 件。全县大、中专毕业生实名登记总人数 193 人（其中区内 174 人，区外 19 人），其中已就业人数 169 人，特殊去向 6 人，未就业人数 7 人，自愿暂时不就业 5 人。离校未就业毕业生就业率 96.69%。

【事业单位工作人员招聘】 2017 年，龙胜县人力资源和社会保障局为教育系统、卫生系统及县直部分事业单位公开招聘工作人员 206 人，其中教育系统公开招聘 70 人、全科教师 19 人、特岗教师 25 人；2016 年度乡镇卫生院事业单位 24 人；2017 年度事业单位“三支一扶”服务期满人员直接面试招聘 1 人；县直部分事业单位 67 人（其中后勤控制数 5 人）。2017 年赴广州、湖南等地为卫生系统招聘重点领域急需高层次人才。

社会保险

【基本医疗保险】 2017 年，龙胜县城镇职工基本医疗保险参保人数 17088 人，城镇职工基本医疗保险基金征缴收入 5683.62 万元，完成全年目标任务 5019 万元的 113.24%；公务员医疗收入 1993.33 万元。全年城乡居民基本医疗保险应参保 156971 人（原新农合 147970 人，城镇居民 9001 人），实际参合 155036 人（原新农合 145999 人，城镇居民 9037 人），参合率 98.77%，城乡居民基本保险费收入 9625 万元，其中个人缴费 2587 万元，各级财政补助 7038 万元。

【工伤保险】 2017 年，龙胜县参保人数 13514 人，完成全年目标任务 13480 人的 100.25%，工伤保险基金征缴收入 322.26 万元，完成全年目标任务 245 万元的 131.53%。

2017年5月，县人社局在民族广场开展保险法规宣传

（县人社局　供稿）

经济社会的和谐稳定。

【生育保险】 2017年，龙胜县参保人数12640人，完成全年目标任务7116人的177.62%，生育保险基金征缴收入262.61万元，完成全年目标任务201万元的130.65%。

【失业保险】 2017年，龙胜县参保人数9539人，完成全年目标任务7000人的136.27%，失业保险基金征缴收入429.5万元，完成全年目标任务360万元的119.3%。

调解仲裁与劳动保障监察

【劳动人事争议调解仲裁】 2017年，龙胜县继续完善劳动关系三方协调机制作用，共收到劳动人事争议书面仲裁申请24件(其中立案受理21件，不予受理3件)，另外，案前调处劳动人事争议14件，已结案37件，结案率97.4%，其中调解结案21件，调解率为60%，对于所受理的案件均严格按照法定程序，“以事实为依据，以法律为准绳”依法以调解或仲裁方式结案，切实维护了用工单位和劳动者的合法权益，有力地促进了经济社会的和谐稳定。

【劳动保障监察】 2017年，龙胜县共审查用人单位150家，其中网上年审60家，审查用人单位规章制度450条，纠正用人单位违法条文30条，指导数十家用人单位建立工资支付制度及工时制度。截至11月底，全县参加劳动用工备案用人单位254家次，涉及用工总数891人，签订劳动合同人数501人，劳动合同签订率100%。共审查用人单位101家，其中网上年审43家，审查用人单位规章制度450条，纠正用人单位违法条文56条，指导数十家用人单位建立工资支付制度及工时制度。参加劳动用工备案用人单位70家，涉及用工总数501人，签订劳动合同人数501人，劳动合同签订率100%。坚持日常巡查执法和专项执法检查相结合，深入企业宣传《劳动法》《劳动合同法》《社保法》等劳动保障政策法规，发放宣传册2500份，解答劳动者或用人单位问题300余条，加强与住建局、公安局、工商质监局、县总工会等部门的联合，在全县范围内开展“春暖行动”、清理整顿人力资源市场秩序、用人单位遵守劳动用工和社会保险法律法规情况等专项检查活动，及时发现和纠正用人单位违法行为。同时充分发挥与公安、检察、法院等部门的联动作用，严厉打击拒不支付劳动报酬犯罪行为。全年，共巡查用人单位188户，涉及劳动者4500人，受理群众投诉举报劳动保障监察案件15起，立案6起，已结案13件，2件正在处理中，法定期内结案率100%；为劳动者追讨工资341余万元，涉及劳动者187余人。处理用人单位未为劳动者缴纳养老保险费案件2起，涉及劳动者6人，督促用人单位为劳动者补缴养老保险费32.5万元。

（肖　儒）

民政事务

【概况】 龙胜各族自治县民政局(简称县民政局)内设办公室,财务室,社会救助股,社会福利、社会事务及民间组织股、法制办公室,优抚安置股(双拥办),救灾救济股,基层政权、社区建设及区划地名股。局所属二层机构共7个:县社会福利院、县救助管理站、县老龄工作委员会办公室、县殡葬管理所、县低收入家庭经济状况核对中心、县民政局婚姻登记处、县城镇居民最低生活保障办公室。全局在职干部职工32人,其中局班子成员4人:局长兼党组书记1人、副局长2人、党组成员1人。

2017年,龙胜设10个乡(镇)119个村,5个社区居民委员会,3个街道居民委员会。当年度全县城乡低保月均发放5846户1.8万人次,其中城镇低保649户1202人,农村低保户5197户17158人,共筹集低保资金5195万元,累计发放城乡低保救助资金4041万元。

救灾救济工作方面,2017—2018年冬春总发放救灾救济资金90万元,救助3641人;发放因灾倒损农房维修资金43万元,维修农房436户;发放因灾倒损农房重建资金100万元,重建农房50户;发放因灾过渡期生活救助资金39万元,救助132户;灾民施救率达100%。

2017年,全县在册各类优抚对象961人。当年共接收退伍军人、士官48人。全县共有孤儿33人,全年共发放孤儿生活保障金22.8万元,376人次。全县共有重残人员8000人,全年共发放残疾人两项补贴资金共266.33万元,53266人次。

2017年5月2日,副县长曾瑞玉(主席台左二)在全县民政工作会议上讲话 (县民政局 供稿)

【区划地名管理工作】 2017年,龙胜县民政局认真落实《国务院关于开展第二次全国地名普查的通知》和《广西自治区人民政府关于开展第二次全国地名普查的通知》及《龙胜各族自治县人民政府关于开展全县第二次全国地名普查的通知》精神,指导龙胜、瓢里、三门3个乡镇开展市级、区级农村社区建设试点创建工作,并确定2018年在马堤乡马堤村、龙脊镇金江村等9个村开展农村社区建设试点。全年,已完成地名目录的核对、地名信息采集、地名登记录入等内、外业工作,并顺利通过自治区、国家检查验收。

【民间组织管理】 2017年,龙胜县有各种社会组织106个(社会团体95个,民办非企业单位10个,公建民营养老机构1个),办理收养登记28例。其中,2017年新增社会团体11个,民办非企业6个,公建民营养老机构1家。参加年检及换证的社会组织88个,年检率达100%。

【殡葬工作】 2017年清明期间,龙胜县民政局在县城和乡镇政府驻地悬挂殡葬改革宣传横幅27条,同时派出流动宣传车分别深入乡村、城镇广播殡葬宣传，散发殡葬改革宣传单2000份。并利用有线网络广播电视平台作为期10天的文明祭扫、和谐殡葬的宣传。宣传过程中把殡葬服务项目、收费标准及定价依据公开，服务程序、服务内容、服务承诺及监督电话公开。同时，清明期间在殡仪馆设立质询台，提供各项殡葬质询、祭扫等便民措施。

【救灾救济】 2017年，龙胜县因自然灾害全县农房受损505户，严重损坏886间，一般损坏930间，紧急转移安置人口4492人，需紧急生活救助人口619人，需过渡性救助人口175人，经济损失达400多万元；其它洪涝风雹灾害受灾人口51000多人、需生活救助10455人、需紧急生活救助5000人、紧急转移安置2600人；农作物受灾面积800多公顷、绝收100多公顷，直接经济损失2000多万元。灾情发生后，县民政局及时到现场调查了解灾情，及时调拨救灾物资，保障受灾群众的基本生活。全县共发放大米21万千克，彩条布80000平方米，棉被500床，衣裤800套，帐篷55顶；2017—2018年冬春总发放救灾救济资金90万元，救助3641人；发放因灾倒损农房维修资金43万元，维修农房436户；发放因灾倒损农房重建资金100万元，重建农房50户；发放因灾过渡期生活救助资金39万元，救助132户；灾民施救率达100%。自治区为每户农房投保金额是18000元，龙胜在自治区18000元基础上再增加5000元，全县农房每户保险金额达23000元。全年，有2000余户受灾农户享受到保险公司理赔，理赔总额560余万元。

【城乡医疗救助、临时救助】 2017年，龙胜县共筹集城乡医疗救助资金869万元，其中上级下拨560万元，地方财政配套80万元，上年结转资金229万元。城乡低保、低收入对象累计医疗救助2190人次，发放医疗救助资金634.95万元，其中救助住院对象1705人，救助金额613.49万元；救助门诊对象485人，救助金额21.46万元；贫困对象医疗救助420人，救助金额144.17万元，从根本上解决困难群众看病难问题。

全年共发放临时救助467户次，救助金额109万元。

【优抚、双拥工作】 2017年，龙胜县在册各类优抚对象961人，其中烈士子女5人、三属8人、伤残军人36人、带病回乡10人、参战人员351人、在乡复员军人114人、60周岁以上农村籍退役老兵436人。为优抚对象和参战退役人员开展门诊医疗救助，优抚对象每人每年500元发放到个人账户，六级以上残疾军人按城镇职工医疗办理。帮助各类优抚对象79人改造危房、生活帮困20.95万元，为伤残军人粟世星协调解决廉租房问题。全年发放门诊医疗救助24.4万元，大病救助80人，救助金额20.25万元。全年共接收退伍军人、士官48人。抓好退伍军人、士官的培训工作，安排7人到桂林参加培训，32人参加县劳动服务公司就业培训、电商、汽车驾驶维修培训，培训率达67%，发放培训金5.3万元。

【社会救助与社会福利】 2017年，龙胜县救助站共救助流浪乞讨人员349人次；站内救助82人次，站外救助267人次。向求助对象发放衣物等用品120多套；同时对因被盗、被抢的进城务工人员和离家出走的无着人员提供住宿、食物和返程车票等相关的救助服务。

全县共有孤儿33人，每人每月600元生活保障金，按时足额发放到位，全年共发放孤儿生活保障金22.8万元，376人次，切实保障孤儿基本生活。据统计，龙胜县共有重残人员8000人，全年已申请并受理残疾人护理补贴人数为4658人，占总人数的58%；已申请并受理残疾人生活补贴为1666人，已申请并受理重度残疾人护理补贴2992人，有效改善残疾人家庭的生活质量。1月—12月，发放残疾人两项补贴资金共266.33万元，53266人次，其中：已发放困难残疾人生活补贴95.26万元，19051人次；发放重度护理补贴171.08万元，34215人次，有效改善了残疾人家庭的生活质量。

（李玉琼　罗春婷）

民族宗教事务

【新的民族宗教事务管理机构组建】 2017年1月，根据桂林市编委《关于加强和规范民族宗教事务机构编制管理的指导意见》和《龙胜各族自治县人民政府办公室关于印发龙胜各族自治县民族宗教事务局主要职责内设机构和人员编制规定的通知》文件精神，整合民族事务和宗教事务行政职能及工作机构，组建龙胜各族自治县民族宗教事务局，为自治县人民政府工作部门，承担本县民族宗教事务行政职能，不再保留原民族事务管理局和县委统战部内设的宗教事务办公室。

【民族团结进步宣传月活动】 2017年3月初，龙胜县人民政府办公室印发《关于开展2017年民族团结进步宣传月活动的通知》，出台《2017年龙胜各族自治县民族团结进步宣传月活动方案》，以“和谐龙胜、团结进步”为主题，在全县范围内组织开展“民族团结进步宣传月”活动。各乡镇、各单位开展“民族团结进步宣传进公园”“民族团结进步宣传进广场”“民族团结进步宣传进校园”等活动。在公园、广场、街道、学校等公共场合，通过广播电视、图片展示、现场发放宣传材料、张贴、悬挂宣传画、宣传标语、横幅以及利用公益电子屏幕播放标语等多种形式，集中组织开展户外宣传活动。据不完全统计，共悬挂宣传标语381条，利用公益电子屏幕滚动播放民族政策、法律法规和民族基本知识达98小时，出版板报126块。同时与龙胜电视台、《今日龙胜》《桂林龙胜》微信等县内新闻媒体合作，以专版、专栏、专刊、专题等形式，宣传全县各地贯彻落实民族区域自治法促进经济社会发展的成绩和经验，龙胜电视台连续一个月滚动播放民族团结宣传标语，《今日龙胜》《桂林龙胜》微信平台专题宣传民族团结活动内容20多条，以手机短信发送信息1万条。组织开展民族政策法律法规咨询活动。以印制一批反映民族政策、民族法律法规和民族基本知识的宣传专刊，出版一批民族政策法律法规专栏、专版，组织一次民族政策法律法规咨询活动，在农历“三月三”期间，上街进行民族政策法规宣传咨询服务活动，集中展出版报18版，共向广大干部、群众发放学习资料3000份。利用民族传统节日开展宣传。利用自治县举办“苗瑶侗壮汉·欢乐三月三”这一民族传统节日平台为契机，挖掘、弘扬民间传统文化，以五大民族八大活动为载体，开展民族团结进步宣传月活动，唱响民族文化、民族团结示范县品牌。通过部门网站开展宣传。县民族宗教事务局积极发挥干部职工的能动性，向自治区民宗委、市民宗委等上级媒体报送全县民族宗教工作信息，被自治区民宗委网站采用信息13篇，市民宗委网站采用30余篇，使民族宗教政策宣传工作取得新成效。

【民族团结进步创建活动推进】 2017年，龙胜认真贯彻落实国家民委和自治区党委、自治区政府《关于进一步开展民族团结进步创建活动的意见》的精神，按照自治区民宗委、桂林市民宗委的安排，积极开展民族团结进步创建活动。建立民族团结进步创建活动组织机构。各乡镇、社区也相应成立相关组织机构。制订创建活动方案，将创建活动的重点放在发展少数民族地区经济、增加少数民族群众收入的工作之中，使创建活动在维护民族团结与进步中得到了有效的升华。并把龙胜镇桂龙社区等13个单位列为创建活动示范点。利用县电视台、《今日龙胜》报社、微信等载体大力宣传开展民族团结进步创建活动的重大意义和目标任务，宣传龙胜在全国、全区获得表彰的民族团结进步先进事迹，少数民族在发展经济、

2017年11月，县民宗局在县城民族广场进行民族团结宣传活动

（县民宗局 供稿）

勤劳致富的先进典型；利用党校、会议对各乡镇、各单位干部进行了民族团结进步的培训，使创建活动有效地在全县开展。在创建活动中切实依法维护了少数民族的合法权益，维护了民族团结与社会稳定。

2017年，自治区党委宣传部、自治区党委统战部、自治区民宗委命名龙脊镇龙脊村古壮寨为第二批全区民族团结进步创建活动示范村（屯），龙胜各族自治县实验中学为第二批全区民族团结进步创建活动示范学校，龙胜各族自治县为第二批全区民族团结进步创建活动示范县（市、区）。

【民族地区经济社会发展推进】 2017年，龙胜共争取上级民宗委少数民族发展资金387万元，其中，国家级少数民族发展资金350万元；自治区本级少数民族发展资金25万元，桂林市本级少数民族发展资金12万元。经过调查论证，共实施项目18个，其中：投入少数民族特色村寨发展与保护194万元，为小江侗寨、伟江布弄苗寨、马堤乡东升村木林苗寨修建寨门、民族戏台等，截至12月底所有项目基本竣工。

【民族文化进校园活动开展】 2017年，龙胜开展民族文化进校园活动。结合全县和各校实际引导师生积极开展各项民族文化活动，拓展民族文化视野，传承优秀民族文化，提升师生民族文化素养，促进学校民族团结进步教育发展，全县共有11座学校5000多人参加各种活动。桂林市民宗委于11月6日—8日在龙胜召开了全市民族文化进校园工作现场会，县实验中学在会上作了典型发言。

【民族文化和传统体育活动】 2017年，龙胜充分利用农历“三月三”这一民族传统节日平台，组织开展丰富多彩、健康向上、群众喜闻乐见的系列民族文化体育活动，突显龙胜各民族大团结、大融合、大发展的良好氛围，参加人数11000多人。

【举办龙胜各族自治县第四届“世界读书日”民族语言讲故事、演讲比赛活动】 2017年，龙胜第四

乐江小学民族班教学 （县教育局 供稿）

届“世界读书日”民族语言讲故事、演讲比赛活动，选手们根据自己所属的民族，用民族语言进行讲故事或演讲，共39名选手参加决赛，推动本县民族语言的传承和发展。

【民族文化传承工作取得新进展】 2017年，龙胜民族文化保护与传承工作有序推进，全年投入7.7万元建设民族文化项目指挥部办公室，解决办公场地问题；邀请两位通道侗族自治县省级非物质文化遗产之侗族琵琶弹唱传承人进行传授琵琶弹唱和侗族大歌，进一步打造本县侗族传统文化品牌；面向社会征集龙胜各民族服饰设计方案，设计奖金额38万元；开展5个民族五首歌的征集活动，资金总额16万元。组织开展课题调研活动，根据全区民宗系统工作会议精神和桂林市民宗委2017年调研工作安排，确定龙胜2017年民族宗教工作相关课题进行重点调研，侧重对民族服饰、少数民族传统手工艺、“口述中国民族工作多媒体数据库建设”等课题进行调研。

【精准扶贫工作】 2017年，县民族宗教事务局完成结对帮扶，任务到人，项目到户工作。年内在联系的平等镇昌背村各个组发放精准扶贫相关政策和相关规定的宣传单200多份，制作和悬挂脱贫攻坚的宣传标语8条，制作宣传展板3块。同时开展技术和相关知识培训，年内举办茶叶采摘技术培训、茶叶种植加工外地考察培训、侗族文化培训、妇女健康知识培训、党章知识培训等培训班。积极争取资金，切实搞好脱贫攻坚工作。年内用在昌背村扶贫工作中的经费为14.40万元。加强基础设建设，年内完成昌背至弄易、独孟的阴冲水泥桥建成通车。完成昌背至弄易、独孟组的通组路硬化。完成昌背至用母组的通组路硬化。完成昌背上中下3个组的亮化工程和昌背村村级文化服务中心建设。认真搞好帮扶工作，县民宗局帮扶人员积极开展宣传政策和入户填表工作，昌背村茶叶种植在原有156公顷的基础上，2017年全村扩种了33.33公顷，种植罗汉果0.47公顷，植椒0.03公顷，完成了县里下达的脱贫户数。

【做好行政审批权责清理工作】 2017年，龙胜县通过清理县民宗局26项（宗教25项、民族1项）行政许可职责，为规范今后的行政许可工作提供依据。

（龙　政）

档案工作

【概况】 2017年，龙胜各族自治县有档案馆1个（自治区三级档案馆）和县人民法院、县人民检察院、县国土资源局、县人民银行、县工商银行、县农业银行、县国税局、县地税局等9个一级综合档案室，县质监局、县公安局、县财保公司3个二级综合档案室，县纪委、县水电局、县气象局等19个三级档案室。各综合档案室管理本部门近20来年的档案，全县形成比较完整

2017年6月，县档案史志局在县城民族广场进行档案法规宣传

（县档案史志局　供稿）

的档案工作网络体系。

【档案馆藏】 2017年，龙胜县档案馆有83个全宗，馆藏档案31874卷，案卷排架长度250米；以件为保管的档案27001件；声像档案123盘，照片档案1652张；图书资料2500册；实物档案43件。

【档案资源扫描】 2017年，龙胜县档案局（馆）完成老档案扫描36.88万张，超额完成上级下达34万张的任务数，并按时上报自治区档案馆。年内加强对档案业务的指导，协助乡镇、县直机关单位立卷归档1050件。

【档案查阅利用】 2017年，龙胜县档案局（馆）全年共接待查阅档案的单位和群众460余人次，查阅档案880卷650件，提供证明依据390份。为核对工龄、调处纠纷、购买养老保险、调资、党内规范性文件清理、房改政策、编写资料等方面的证明提供档案依据。

【档案宣传】 2017年6月8日，龙胜县档案局（馆）在县中心广场开展"国际档案日"集中宣传活动，活动围绕"档案——我们共同的记忆"这一主题，宣传档案"存凭、留史、资政、育人"的特殊价值，展现档案工作"记录历史、传承文明、服务社会、造福人民"的重要作用，增强公众的档案意识。宣传活动通过现场摆放宣传展板、挂横幅、向群众发放宣传资料、发放调查问卷、现场解答群众咨询等形式，进行档案法制、档案知识、档案利用、档案征集等多方面内容的宣传。据统计，当天共摆放宣传展板5面，悬挂宣传横幅4条，发放宣传资料500多份，设立咨询台1个，接受群众咨询118人（次）。

【档案安全】 2017年，龙胜县档案局为重点消防单位。当年，为保障全县的档案安全，组织人员在11月份完成了全部灭火器的年检、更换，做好了"三铁、八防"和全局（馆）电线电路的检查维护工作。

（白明宣）

地方志工作

【概况】 2017年，龙胜各族自治县地方志编纂委员会办公室贯彻落实《地方工作条例》《广西壮族自治区实施〈地方志工作条例办法〉》《全国地方志发展规划纲要（2015—2020）》，出版、发行《龙胜年鉴（2017）》，完成《龙胜年鉴（2016）》的资料汇编。

【完成《龙胜年鉴（2016）》资料汇编】 2017年，龙胜各族自治县地方志编纂委员会办公室按照自治区、桂林市方志办的要求，在完成《龙胜年鉴（2017）》出版、发行的同时，编辑、整理《龙胜年鉴（2016）》资料汇编。

【《广西年鉴（2017）》《桂林年鉴（2017）》稿件征集和报送】 2017年，龙胜县地方志编纂委员会办公室按照自治区、桂林市地方志编纂委员会办公室的部署，收集、整理、编辑《广西年鉴（2017）》《桂林年鉴（2017）》龙胜部分的材料，并按时间和质量要求报送自治区、桂林市地方志编纂委员会办公室。

【地情年报】 2017年，龙胜县地方志编纂委员会办公室按照桂林市地方志编纂委员会办公室的部署，对县委、县政府和全县各单位、各乡镇收集、整理2017年的地情资料，内容包括县委、县政府工作报告，县委、县政府重要会议和重要决策，政务督查，龙胜2016年大事记，各乡镇和县直各单位的文件等，并按时上报桂林市地方志编纂委员会办公室。

【精准扶贫】 2017年，龙胜县档案史志局按照县委、县政府的总体部署和扶贫攻坚领导小组的要求，加大对扶贫联系村和结对户的资金扶持，给予帮扶资金5.08万元用于贫困户发展产业和日新村基础设施建设，完成对结对帮扶贫困户的脱贫攻坚工作，并协助扶贫办脱贫攻坚作战指挥部进行精准扶贫档案归档检查指导工作。（白明宣）

机关事务

【公共机构节能工作】 2017年，龙胜县机关事务局提高节能工作意识，进一步规范能耗统计监测工作，抓好节能宣传周活动，推进节能改造和加强用能管理，完成县委、政府办公楼卫生间改造工程。实现全县人均综合能耗同比下降3.9%，单位建筑面积能耗同比下降1.6%；人均用水量同比下降3.9%的目标。

【应急、机要通信车辆管理】 2017年，龙胜县机关事务局设立“公务用车管理股”，对全县一般公务用车实行分点停放、统一管理、统一调度的管理模式，建立车辆相关信息台，严格执行用车审批制度，科学、合理调配车辆。对52辆公务用车喷涂统一标识并统一安装ETC。

【后勤保障】 2017年，龙胜县加强水电设备设施管理：对消防设施维护保养5次，对供排水管道进行维护检修56次；对便槽、供电线路等相关公共设备设施进行维护检修43次，对政府办公大楼的厕所进行了全面升级改造，保障了公务大楼各套设备设施的正常运转。

每天24小时不间断地值班，确保了两大院办公和生活环境稳定安全。

2017年1月，县机关事务局召开通讯、机要、应急用车调度工作会

（县机关事务局　供稿）

坚持每周一大扫除，每天两小扫，为各单位提供了一个清洁卫生的工作、生活环境。

加强机关大院车辆出入安全管理，严格执行车辆进出、停放规定，确保机关大院车辆管理安全有序。驾驶员严格遵守交通安全管理和驾驶员管理规定，确保行车安全。

增设县人大常委会办公楼值班岗亭，并增加一名保安编制，确保了大院办公区的安全。

【精准扶贫工作】 2017年，龙胜县机关事务局共17位干部职工对应和平村28户贫困户，贫困人口104人。全年投入2万资金给和平村委用于基础建设，投入2.8万元资助贫困户发展产业，逢年过节对贫困户进行慰问。完成了“双认定”工作，确保了所有扶贫工作与县政府要求同步开展。

（潘　靓）

县政务服务工作

【权力清单和责任清单“两单融合”工作】 龙胜各族自治县政务服务工作以提供“高标准、高品质、高效能”服务为总体要求，深入推进“放管服”改革，加快推进政务服务体系建设，不断规范和提升政务服务水平，进一步推动政府职能转变，为全县经济社会发展营造良好的政务环境。

2017年5月26日，龙胜召开行政审批制度改革会议，部署权力清单和责任清单“两单融合”及编制和优化权力运行流程工作。县审改办于6月13日组织工作培训会，各乡镇、县直相关部门负责人参加培训。

为全面完成全县权力清单和责任清单“两单融合”工作，印发《龙胜各族自治县人民政府办公室关于印发自治县推行政府部门权力清单和责任清单“两单融合”工作实施方案的通知》对“两单融合”工作作出了全面安排布置。同时，抽调所有相关的45个责任单位人员集中办公进行梳理、审核。经清理，县发改局等41个部门(包含挂牌机构)共梳理出权力事项主项3562项(其中带子项的主项总数为418项，包含子项总数为2490项)，按照“法无授权不可为”和简政放权的要求，41个部门共取消和调整部门权力事项1056项，其中：取消490项，调整566项，增加完善权力事项343项。在梳理过程中，共查阅法律、法规、规章、规范性文件总数为1715部(份)。

权责清单经完善合法性审查、征求意见、修改充实、县政府审定等程序后，于8月22日在县政府门户网向社会公布。

【编制和优化行政权力运行流程工作】 2017年，龙胜县根据《广西壮族自治区人民政府办公厅关于印发编制和优化市县乡三级行政权力运行流程工作方案的通知》精神和桂林市相关工作部署要求，为深入推进权力清单制度工作，进一步规范行政权力运行，全面完成县、乡二级权力运行流程编制和优化工作，印发《龙胜各族自治县人民政府办公室关于印发自治县编制和优化县乡二级行政权力运行流程工作方案的通知》，对编制和优化流程工作作出全面安排布置。同时，自治县人民政府组织各乡(镇)、县直38个部门各1名业务骨干，集中县政务服务中心依照自治区制定的统一标准逐项编制行政权力运行流程，并报经相对应的上级部门审核，形成了《龙胜各族自治县县级38个部门行政权力运行流程》和《龙胜各族自治县乡镇行政权力运行流程》初稿，其中，10个乡镇共梳理出权力事项980项，38个县直单位共梳理出权力事项3710项。初稿经完善合法性审查、征求意见、修改充实、县政府审定等程序后，于2017年12月29日在县政府门户网向社会公布。

【新县政务服务中心竣工使用】 2017年9月6日，龙胜县正式使用新县政务服务中心，新建成的中心建筑面积共5600平方米，其中，政务服务大厅约4400平方米，建有80个服务窗口、26间后台办公室和1间银行服务网点；公共资源交易中心约1000平方米，建有4间评标室、2间开标室；政务服务和公共资源交易管理办公区约200平方米，包括1间网络机房、1间配电房和5间办公室。

【乡(镇)、村级政务服务中心建设推进】 2017年，龙胜按照《广西区乡(镇)政务服务中心建设参考标准》和《广西区行政村政务服务中心建设参考标准》要求，全面完成10个乡(镇)和125个村(居)民委员会的政务服务中心建设。其中，江底乡、泗水乡、马堤乡、伟江乡等4个乡政务服务中心面积均达100平方米以上。乡(镇)、村政务服务中心正常使用“基层信息应用平台”办件。

【政务服务事项集中办理推进】 2017年，县本级政务服务中心共接到申请办理事项9473件，受理9466件，办结9069件，平均日结率为25.68%，办理提速为62.7%，制度执行率为100%，项目完整率为100%；全年乡镇全年办件33502件；村级办件11455件。

【县本级政务服务中心窗口设置】 2017年，龙胜县人民政府办公室于2017年7月19日印发了《龙胜各族自治县人民政府办公室关于调整县政务服务中心进驻单位和政务服务事项的通知》，重新调整了进驻政务服务中心的单位和服务窗口设置。其中，设立独立服务窗口21个单位，综合服务窗口9个单位。年底，按通知要求进驻到政务服务中心的单位有33个，其中，独立窗口进驻19个，综合窗口进驻单位14个。

【政务服务事项目录规范】 2017年4月，龙胜县政府办组织各行政审批单位1名业务骨干脱产集中梳理服务事项目录。要求各行政审批单位对照本部门行政权力清单，进一步梳理行政许可事项和公共服务事项，经征求县编办、县法制办意见后，形成《龙胜各族自治县政务服务事项目录》，并在县政府网站公布。2017年10月27日，县人民政府办公室印发《关于向政务服务中心窗口充分授权的通知》，要求各单位进一步做好向服务窗口充分授权，各部门列入政务服务事项目录清单的服务事项，都应当进入政务服务中心集中办理，实行“应进必进”，做到“一窗口受理、一站式办理”。

简化办事环节　为进一步规范公共服务行为，简化优化公共服务流程，方便群众办事创业，依照自治区和桂林市清理“奇葩证明”相关工作部署，自治县人民政府办公室印发《关于清理规范涉及企业及群众办事创业各类证明的通知》，要求各乡镇、各部门按照“谁设定、谁清理”的原则，对涉及企业及群众办事创业提交的各类证明和盖章环节开展清理规范工作，坚决砍掉各类无谓的证明和繁琐的手续。经清理，各乡镇、各部门共清理上报各类证明46项，经审核拟保留29项，取消17项。其中，为群众办事创业开具的证明共22项，经审核拟保留13项，取消9项；要求基层开具涉及群众创业的证明共24项，经审核拟保留16项，取消8项。清理结果经合法性审核后，自治县人民政府办公室印发《关于公布自治县涉及企业及群众办事创业各类证明目录的通知》，并于2017年7月在自治县人民政府门户网站公布。

【政务公开】 2017年，龙胜为推进和加强全县政务公开政府信息公开工作，专门成立了以常务副县长为组长的政务公开和政府信息公开工作领导小组，制定《领导小组成员单位工作职责》《政务公开制度》《政府信息公开制度》等管理制度以及责任追究制度，并将政务公开政府信息公开工作纳入年度绩效考评指标体系。

为加强政府门户网站管理和内容保障工作，建立由自治县网信办负责网站建设和运行管理，县政府办及各单位分工负责内容保障的管理机制，加强对各内容保障单位信息发布量、完整率、及时率和更新率的督促指导，发现问题及时通报，推动各单位政务公开政府信息公开工作长效管理。

10月，县政管办组织专题培训会议，针对政府信息公开工作中存在的问题和如何保障政府信息公开工作进行专题培训，各重点领域保障单位参加了培训。培训会全面剖析了全县政府信息公开和政务公开存在的普遍问题和不足，要求按照“公开为常态，不公开为例外”的原则，及时、准确、全面公开群众普遍关心、涉及群众切身利益的政府信息，以公开促落实，以公开促规范，以公开促服务。

县人民政府办公室印发《关于贯彻落实桂林市人民政府办公室2017年政务公开工作要点的通知》，进一步明确了重点领域政务公开内容保障责任单位和要求。同时，针对县政府门户网站存在的问题，新增了审计信息公开、行政处罚信息公开等栏目。

6月13日开展权力清单和责任清单“两单融合”工作，7月完成了共涉及41个部门的“两单融合”工作，并于8月22日在政府网站等媒体向社会公开。

县人民政府组织各乡镇、各部门编制完成各自的权力运行流程，全县38个部门及10个乡镇权力运行流程在政府门户网站开设专栏于12月

29 日向社会公开，接受社会监督。在政府门户网站及时公开财政信息 231 条；主要内容包括：县政府决算、县部门决算、县部门预算、“三公经费”及财政专项资金等。有关精准扶贫、精准脱贫的政策、文件和政策解读，扶贫小额信贷名单、技能培训以奖代补名单及“雨露计划”补助名单等信息均通过门户网站向社会予以公开。向社会公开了 2016 年龙胜县保障性住房跟踪审计整改情况以及种苗资金调查专项审计调查报告，被审计单位也向社会公开整改报告。

印发了《龙胜各族自治县人民政府办公室关于将“五公开”要求落实到办文办会程序的通知》，要求各乡镇、各部门建立健全文件公开的源头管理机制和政策解读机制，并将“五公开”落实到会议办理程序，办文办会工作逐步规范。

通过自治区政府信息公开统一平台、县政府门户网站、微信平台主动公开。2017 年，在自治区政府信息公开统一平台全县累计主动公开各类信息 3820 条；在县政府门户网站公开政府信息 4500 条；微信平台发文 405 条，阅读量达 200 万人次，留言评论 6000 人次，订阅用户达 2.1 万人。通过报刊、电视等新闻媒体公开政府信息。各乡镇、各单位通过龙胜电视台、《今日龙胜》等新闻媒体主动公开政府信息 238 期 1400 余条，宣传各项政策，解答各类热点、难点问题。各乡镇、各单位及时、主动按季度向政务服务中心、档案馆、图书馆等信息查阅场所提供政府信息，便于群众和企业查阅。

【公共资源交易中心场地建设与运行】 龙胜县公共资源交易中心场地面积 1000 平方米，包括 2 间开标室、2 间专家评标室、2 间业主评标室、2 间办公室、2 个服务窗口等。装修工程于 2017 年 8 月完工，电子监察系统、录音电话、音响及电子投屏等配套设施同时完成。同时，在市政管办协调下，2017 年 9 月 25 日与市交易中心、新点公司达成招投标信息系统共享协议，并正在衔接落实。

县公共资源交易中心于 2017 年 10 月试运行，2017 年 11 月—12 月，接受进场交易项目 118 个，累计交易金额 4666.45 万元，节约资金 238.16 万元。其中工程类项目交易金额 4572.68 万元，节约资金 237.42 万元，节约率 4.9%；货物（服务）类项目交易金额 119.25 万元，节约资金 0.74 万元，节约率 0.6%。

【电子政务工作】 县本级横向城域网已建成。电子政务外网网络是由横向城域网和纵向广域网组成、与互联网安全逻辑隔离的网络平台，承载政务公开、政府信息公开、公众医疗保障、社会服务等应用。县电子政务外网从 2016 年启动建设，于 2017 年 2 月正式开通运行。本项目已建成龙胜县级横向城域网，横向连接党委、政府、人大、政协、公检法司等 80 个部门，纵向连接 10 个乡（镇）政府广域网已于 2018 年 1 月进入运行调试阶段，并依托自治区电子政务外网广域骨干网，实现了纵向连接国家、自治区、市、乡镇。此外，为规范各政务部门网络接入，已建成 500M 电信统一互联网络主出口和 200M 联通备用出口，提供给各政务部门单台电脑独享 100M 互联网访问服务能力。投入建设资金共计 181.34 万元。

县电子政务外网的建成，有效地解决了电子政务建设中存在的网络建设各自为政，重复建设，结构不合理等问题。电子政务外网作为政府部门的公用行政基础设施，首先满足了县本级政府部门的非涉及国家秘密信息的各类业务系统的搭载需求。满足政府内部非涉密类业务和信息传输的需要，为其提供基础的网络承载和支撑服务，其次解决跨部门、跨地区业务在公开前内部办理安全传输、处理与交换的需求。

【互联网+政务服务工作】 2017 年，龙胜印发《龙胜各族自治县人民政府关于印发自治县加快推进网上政府服务工作实施方案的通知》，并制定《龙胜各族自治县网上办事大厅管理制度》和《龙胜各族自治县网上办事目录》。 （杨志学）

中国人民政治协商会议龙胜各族自治县委员会

2017 年 2 月 16 日，县政协第十一届委员会第二次会议开幕　　（县政协办公室　供稿）

【概况】 2017年，政协龙胜各族自治县第十一届委员会由150名委员组成，常务委员会由25名成员组成，主席会议由5名成员组成。150名委员中有女委员55人，占委员总数的36.6%；少数民族委员102人，占68%；各民主党派、无党派人士91人，占委员总数60.67%。县政协内设两个专委会和办公室，即提案和社会法制科教文卫体委员会、经济科技联谊和委员联络委员会，常务委员会办公室为正科级综合办事机构，承担县政协机关日常工作。

重要会议

【县政协十一届三次常务会议】 2017年1月22日，龙胜县政协十一届三次常务会议在县政协2楼会议室举行，县政协主席杨桂姬主持会议，政协副主席侯秋英、何彦泽、吴耿心、甘高强，常务委员石敏立、刘文军、石怀忠、杨光伟、杨华、龙彭艳、杨礼淑、石兵林、蒙朝亿、梁仁琼、韦杰鹏、周恩平、洪德清、李依宸、钟振华出席会议，龙怀辉、舒华钰、姜华、周勇、胡占文因事请假。会议对政协龙胜各族自治县委员会第十一届二次会议议程、日程（草案）、2016年度专题调研报告、2016年度优秀提案和先进承办单位建议名单、第十一届二次会议发言材料、发言人及《县政协第十一届委员会常务委员会工作报告》和《县政协第十一届委员会常务委员会提案工作报告》进行认真协商讨论修改，并协商通过了政协委员变动事项。

【县政协十一届四次常务会议】 2017年2月4日，龙胜县政协十一届四次常务会议在县政协2楼会议室举行，县政协主席杨桂姬主持会议，副主席侯秋英、何彦泽、吴耿心、甘高强，常务委员石敏立、刘文军、石怀忠、杨光伟、杨华、龙彭艳、杨礼淑、石兵林、蒙朝亿、梁仁琼、韦杰鹏、周恩平、洪德清出席了会议，龙怀辉、舒华钰、姜华、周勇、胡占文、李依宸、钟振华因事请假。由于县政协第十一届二次会议时间跟市里面的会议冲突，根据县委要求，原定于2月6日—8日召开的县政协第十一届二次会议时间需进行调整，会议协商通过政协龙胜各族自治县委员会第十一届二次会议的会议时间、十一届二次会议议程（草案）和十一届二次会议日程（草案）。

【县政协第十一届委员会第二次会议】 2017年2月15日，政协龙胜各族自治县第十一届委员会第二次会议在县委党校会议中心开幕。会议应到委员150人，实到140人，符合《中国人民政治协商章程》规定。县政协主席杨桂姬，副主席侯秋英、何彦泽、吴耿心、甘高强，县领导周卉、粟宁群、肖柱、石修雄、潘德辉、粟海英、郑明旺、李桥胜、余龙想、李健胜、梁文星、曾波、潘艳玫、曾瑞玉、阳健青出席会议并在主席台前排就座。县四家班子离退休的老领导、驻龙胜县的桂林市政协委员、县人民法院主要领导、县人民检察院主要领导、县直各单位及垂直管理单位的负责人，各乡镇党委、政府、人大负责人，社区有关人员应邀参加会议。会上，县委书记周卉发表讲话，县政协主席杨桂姬主持会议，县政协副主席吴耿心代表县政协十一届常委会向大会作《中国人民政治协商会议龙胜各族自治县第十一届委员会常务委员会工作报告》，县政协副主席侯秋英代表县政协十一届常委会作《中国人民政治协商会议龙胜各族自治县常务委员会提案工作报告》。

2月17日下午，政协龙胜各族自治县第十一届委员会第二次会议完成大会各项议程后在县委党校会议中心举行闭幕会。县政协主席杨桂姬，县政协副主席侯秋英、何彦泽、吴耿心、甘高强出席会议。县领导周卉、吴永合、粟宁群、肖柱、欧阳军辉、粟海英、李文涛、郑明旺、余龙想、梁文星、曾波、潘艳玫、曾瑞玉出席会议并在主席台前排就座。会上，县政协主席杨桂姬讲话，县政协副主席何彦泽主持会议。

【县政协十一届五次常务会议】 2017年4月7日，龙胜县政协十一届五次常务会议在县政协2楼会议室举行，县政协主席杨桂姬主持会议，副主席侯秋英、何彦泽、吴耿心、甘高强，常务委员石敏立、刘文军、龙彭艳、石怀忠、杨礼淑、杨华、周恩平、姜华、周勇、梁仁琼、石兵林出席了会议，舒华钰、洪德清、韦杰鹏、蒙朝亿、李依宸、杨光伟、钟振华、胡占文、龙怀辉因事请假。会议对《政协龙胜各族自治县委员会2017年工作要点》进行认真协商、讨论、修改，并协商通过人事任免事项，常委们还对习近平总书记在中共中央政治局第三十九次集体学习讲话、十八届六中全会、全国两会、县纪委全会等精神进行了专题学习。

【县政协十一届六次常务会议】 2017年11月6日，龙胜县政协十一届六次常务会议在县政协2楼会议室举行，县政协主席杨桂姬主持会议，副主席侯秋英、何彦泽、吴耿心、甘高强，常务委员石敏立、刘文军、舒华钰、石怀忠、龙彭艳、杨礼淑、杨光伟、石兵林、姜华、韦杰鹏、周恩平、洪德清、胡占文、周勇、李依宸、钟振华出席会议，杨华、蒙朝亿、梁仁琼因事请假。会议协商通过了《撤销将揽胜楼作为全民共享公共资源的建议》，对《关于加强教师队伍建设促进我县教育事业发展的调研报告》《全县农业产业化发展调研报告》进行认真协商、讨论、修改，协商通过增补政协龙胜各族自治县第十一届委员会委员建议名单，常委们还进行了中共十九大精神和党章的专题学习。

主要工作

【政治协商】 2017年，龙胜县政协精心组织十一届二次全体会议，与县党政领导一起共商大事、共谋大计，重点围绕政协常委会工作报告、提案工作报告和“一府两院”工作报告深入开展议政协商，进一步规范政协协商的内容、形式，提高协商实效。全年召开县政协全体会议1次、常委会议5次、主席会议20次，会议围绕事关全县经济社会发展全局性、综合性、前瞻性的重大问题开展协商讨论。在年初召开的十一届二次会议期间，通过各种形式的协商活动，在各党派、各族各界人士中增进了共识，汇聚了力量，提出了一些富有建设性的意见、建议，得到了县委、县政府的重视和采纳。

【民主监督】 2017年，龙胜县共收到提案26件，经提案审查委员会审查立案的为20件，转为建议6件。在立案的提案中，有关农、林、水3件，基础设施建设2件，科教文卫体5件，旅游发展3件，党的建设和社会管理6件，其他内容提案1件。为保证提案及时办理，发挥应有作用，提案委员会注重与县政府办公室沟通联系，将立案的20件提案全部交由有关单位和乡镇办理，并加强与承办单位沟通协调，电话督办，所提的意见和建议得到较好采纳落实，能按时办复的提案17件，办复率85%。

【脱贫攻坚工作】 2017年，县政协领导班子积极参加全县重点项目建设、招商、维稳、普法、化解积案等工作，积极参与联系乡镇、领导坐班接访等活动，做到联系重点工程项目、联系乡镇不空挂、信访接待日不缺位。特别是在项目建设中，县政协领导勇挑重担，面对错综复杂的矛盾和困难，不回避、不惧怕，发扬“抓铁有痕，踏石留印”的精神，经常深入项目一线，协调解决项目推进中的困难和问题，全力推进项目建设。

县政协结对帮扶乐江乡地灵村，共结对帮扶贫困家庭43户，机关干部积极深入联系村、贫困户家中，协助联系村建立帮扶工作机制，编制帮扶规划，落实扶贫资金，落实强农惠农富农政策，督促项目实施，脱贫攻坚工作取得实效。除了积极对接落实扶贫项目，还筹集40多万元支持联系村的道路硬化、维修风雨桥、扶持贫困户发展生产、贫困户子女上学等。帮联系村配备了电脑、打印机、复印机等。在全体委员中深入开展“我为扶贫攻坚做件事”实践活动,积极引导全体委员在扶贫攻坚战中发挥主体作用,充分发挥自身优势,引导委员们积极开展医疗救助、教育帮扶、产业技能帮扶、扶贫助学等扶贫攻坚活动。

【专题调研】 经龙胜县政协常委协商通过,确定了2017年专题调研重点为《关于龙胜县农业产业布局调整专题调研》和《进一步提高我县教师队伍管理水平专题调研》。6月13日—16日,县政协组织部分政协常委、委员、涉农部门主要领导及乡镇分管农业的领导,开展全县农业产业调研。调研组走访了平等、乐江、三门、瓢里、马堤等乡镇。8月23日—27日,组织调研组成员分成两个调研组,由政协主席带队赴湖南浏阳县、安化县等地进行农业产业布局调整专题考察学习,第一组负责学习考察贵州修文县(猕猴桃)、湄潭县(茶叶)、河池环江县(红心柚);第二组负责学习考察湖南浏阳市(油茶),安化县(国家级柑桔育苗中心);南宁武鸣县(沃柑)、柳州鹿寨(蜜橙)。7—8月,由政协常委和教育、财政、人事、编制、绩效等部门及部分中小学校长、幼儿园园长等代表为课题调研组成员,由政协主席、副主席带队,分别到桂林灌阳县、阳朔县、恭城县,贺州市富川县、钟山县,河池市都安县,南宁市马山县,贵州省独山县、荔波县、余庆县、镇远县等学习考察教育管理先进工作经验。经过深入调查研究,广泛听取意见,反复讨论,认真分析,形成《龙胜各族自治县农业产业化发展调研报告》《关于加强教师队伍建设促进我县教育事业发展的调研报告》等高质量的调研报告。调研报告提出的意见和建议,为县委、县政府的决策提供重要参考。

【委员培训】 2017年9月6日—8日,县政协在县委党校举办政协委员专题培训班,邀请市政协秘书长苏甲杏、市政协提案委主任谢漓分别作《政协委员如何履好职尽好责》和《如何撰写政协委员提案》专题讲座,县政协领导班子和全县政协委员100多人参加了培训。

【宣传工作】 2017年,龙胜县政协重视对外宣传工作,建立政协宣传工作量化考评制度、激励制度,充分调动各委室、各界别和广大政协委员的积极性。强化政协新闻宣传,不断提升影响力。全年共编辑出版《政协之声》5期,在《广西日报》《广西政协报》《广西政协网》《桂林日报》《桂林市政协网》等报刊网站刊发稿件57篇,被广西政协报和桂林市政协评为宣传工作先进单位,县政协的影响力进一步扩大。

【孙淦到龙胜调研】 2017年5月18日—19日,由全国政协常委、提案委主任孙淦率领的全国政协调研组到龙胜开展扶贫监督性调研。

【刘剑到龙胜调研】 2017年6月8日,由自治区政协常委、社会和法制委员会主任刘剑率领的自治区调研组到龙胜开展少数民族木结构村寨火灾风险防范工作调研。

【方立到龙胜调研】 2017年9月21日,由全国政协文史和学习委员会副主任方立率领的全国政协调研组到龙胜开展“少数民族戏剧的传承与发展”专题调研。

【温思美到龙胜调研】 2017年10月20日—21日全国政协常委、民盟中央副主席、广东省政协副主席温思美一行9人到龙胜县就全国政协《关于加快粤沪桂黔滇高铁经济带建设推进精准扶贫精准脱贫的建议》重点提案办理情况开展考察调研。

(韦月琴　石俊雄)

纪律检查和行政监察

2017 年 2 月，龙胜召开全县深化国家监察体制改革试点工作动员部署会　　（县纪委　供稿）

【概况】 2017年,中共龙胜各族自治县纪律检查委员会(简称县纪委)、龙胜各族自治县监察局合署办公,设办公室、信访室、党风政风监督室、第一纪检监察室、第二纪检监察室、案件审理室。全年,县纪委、监察局按照县委和上级部门的部署,聚焦中心任务,强化监督执纪问责,把纪律挺在前面,实践运用监督执纪"四种形态",深入开展查处发生在群众身边的"四风"、腐败问题和扶贫领域监督执纪问责工作,取得了新的明显成效。

【县纪委十四届二次全会】 2017年2月28日,中国共产党龙胜各族自治县第十四届纪律检查委员会第二次全体会议召开。会议主题是认真学习贯彻中共中央总书记习近平系列重要讲话精神和中共十八届六中全会、十八届中纪委七次全会、自治区十一届纪委二次全会、桂林市五届纪委二次全会精神,总结2016年全县纪检监察工作,部署2017年工作任务。县委常委、纪委书记李桥胜作题为《推动全面从严治党向纵深发展为加快实现"两个建成"提供坚强纪律保证》的工作报告。县委书记周卉出席会议并讲话。

【"两个责任"工作落实】 2017年,龙胜县纪委、监察局坚持以上率下,引领责任落实。制定实施《关于落实党委主体责任和纪委监督责任的意见》及责任落实考评办法,与乡镇党委、纪委和县直单位部门主要领导签字,完善责任清单,加大考评检查力度,形成班子统责、"一把手"领责、班子成员分责的责任体系。层层传导压力,督促责任落实。建立"两个责任"工作落实台账,抓住主要领导这个关键少数,实施常态约谈和述职述责,县委书记、县纪委书记集体约谈全县10个乡镇党委书记、乡镇长、人大主席和县直单位正科级以上干部2次,县处级领导开展约谈50人次,进一步落实治党管党责任要求,细化责任目标,层层传导压力。动真碰硬问责,倒逼责任落实,发挥《问责条例》利剑作用,实行"一案三查",以问责倒逼责任上肩。全年共查处"两个责任"落实不力问题8起。

【作风建设工作】 2017年龙胜县纪委、监察局坚持问题导向,不折不扣抓好中央巡视"回头看"反馈意见整改和贯彻落实中央八项规定精神"回头看"工作的要求,持之以恒抓好中央八项规定精神落地生根。县纪委牵头抓总、统筹协调,多形式多渠道开展宣传,努力营造无禁区、全覆盖的工作氛围。全县共悬挂横幅295条,张贴标语427条,制作宣传展板105块,设立大型户外广告牌标语8块,在旅游景区及县城等张贴问题提醒牌150多块。发送"回头看"工作短信1400多条。从县委督查室、政府督查室、县纪委、县财政局等18个部门抽调25名业务骨干组成检查组,对全县10个乡镇和63个县直单位进行两轮专项检查,重点检查中央八项规定精神执行情况、党风廉政建设"两个责任"落实情况、隐形"四风"整治情况等。各检查组共检查发现问题144条。按照"谁主管、谁负责"的原则,全县各级党委(党组)对照反馈意见逐项整改落实,

2017年3月,县纪委工作人员下乡调研　　(县纪委　供稿)

实现专项检查全覆盖。经过两轮自查自纠，全县10个乡镇68个县直单位共列出问题清单236条，其中115条问题已于"回头看"活动开展之前整改完成。"回头看"工作期间共整改问题121条，16个单位清退24项款项，共清退35.18万元，其中领导干部清退3.24万元。同时开展专项治理，重点整治"大操大办婚丧喜庆酒席"和不作为、乱作为、慢作为等问题。加大警示教育力度，严肃惩处违规违纪行为，查处违反中央八项规定精神案件26件，涉及科级领导干部6人，一般干部15人，村干部及农村党员5人。同时，完善规章制度，健全长效机制，及时修订完善制度规定，废旧制立新规，编密制度笼子。

【查办案件工作】 2017年，龙胜县纪委、监察局运行"阳光信访举报"，开通"一键举报"通道，全年共收到信访举报88件，初核40件，了结25件，信访转立案4件，信访监督1件，暂存11件。共处置问题线索224条，同比上升113.2%。加强执纪审查力度，全县纪检监察机关共立案审查121件，与上年持平，该委立案22件，同比下降24.1%。乡镇纪委立案64件，同比下降20.9%，纪检组立案35件，同比上升218.1%。查处乡科级干部21人，一般干部58人；其他人员42人。结案119件，给予党内警告53人，严重警告14人，开除党籍10人，行政警告21人，行政记过10人，行政撤职4人，行政开除4人。挽回经济损失106.48万元。继续开展敦促违纪人员主动交代问题工作，共有14人主动交代问题，201人次主动退出违纪款67.10万元，通过有效运用前三种形态，避免了干部陷入违法犯罪的深渊，真正让第四种形态成为极少数，全年运用第四种形态2人，不断巩固反腐败斗争压倒性态势。

【扶贫领域监督执纪工作】 2017年，龙胜县纪委、监察局坚持无禁区、全覆盖、零容忍严查扶贫领域腐败问题，为全县脱贫攻坚保驾护航。2017年，宣传造势不减力。继续通过网站、报纸、电视台、微信公众号等媒体发声，发放宣传画报2400多张，悬挂横幅标语308条，制作宣传展板150多块，设立大型户外广告牌标语12块。开通龙胜纪检监察微信公众号一键举报功能，以领导接访、带案下访、下乡接访活动等方式，多渠道、多形式的宣传方式，形成"纵到底、横到边"的大宣传局面。系统排查不遗漏。由纪委牵头，各职能部门联动组成督查组，采取明察暗访、实地核查、交叉巡察等方式，按照"三逐一"（对产业发展过程逐一核查、对结对帮扶人员工作过程逐一核查、对扶贫资金发放过程逐一核查）标准，对扶贫攻坚工作全面督查。全年对扶贫产业从申报到落实到验收到资金拨付全过程采取专项督查、定期抽查，共开展督查6次，发布督查简报6期，提醒整改问题54个，约谈提醒89人，批评教育38人，提醒谈话后援单位主要负责人8人，发现问题63个，摸排问题线索73条。严肃惩处不手软。全县查处扶贫领域案件86件，占立案总数的71.07%，结案83件，给予党内警告等轻处分76人，给予开除党籍、行政开除等重处分7人，挽回经济损失75.6万元。注重深挖案件线索，排查退耕还林林下养殖项目，顺

2017年3月，县委常委、县纪委书记李桥胜（左二）在乐江乡调研

（县纪委　供稿）

藤摸瓜查处水产畜牧系统窝案、串案24件。

【党风廉政宣传教育工作】 2017年,龙胜县纪委、监察局把廉政宣传教育工作纳入党委(党组)工作大局。重新设计完善龙胜纪检监察网,开通"龙胜纪检监察"微信公众号。加强信息报送工作,在市级以上媒体登载发表稿件信息90余篇,利用龙胜纪检监察网刊发全县党风廉政建设宣传稿件200余篇。选拔报送勤廉榜样2名,协助拍摄桂林电视台"爱廉说"栏目2期。加大警示教育力度,通报曝光典型案例3批次。

【巡察工作】 2017年,龙胜县纪委、监察局开展好县内巡察及交叉巡察。落实巡察办人员编制3个,建立巡察人才库,确定了巡察工作组长7人,巡察人才队伍60人。该年度共开展两轮巡察,分别对水利电力局、住建局等15家单位开展巡察工作。共收到意见建议58条,提出整改意见23条,发现问题线索21个,移交给县纪委问题线索5个,立案17件,17人受到党纪政纪处分,挽回经济损失14.76万元。

认真落实巡视巡察整改要求,主要领导亲自审定整改方案。按照"谁主管、谁负责"的原则,将巡视反馈的10个方面22个具体问题细化分解为92个小项,落实到相关部门和个人进行整改。6月底前各项整改任务均已完成。

【纪检队伍建设】 2017年,龙胜县纪检干部全部聚焦主责主业,未兼任其他职务工作。退出相关议事机构,仅仅参与议事协调机构有15个,全面履行监督执纪问责专职。加强队伍建设,打造纪检铁军。组织开展好"警示明纪、筑牢防线"专题教育和"守规矩、学榜样、做四个合格纪检干部"主题教育活动,从严贯彻落实《中国共产党纪律检查机关监督执纪工作规则(试行)》要求,认真查找工作过程中的风险点和薄弱环节,排查出廉政风险点32处,制定防控措施45条。加强干部队伍培训力度,3月,组织县纪委班子及乡镇纪委书记参加桂林市纪检工作业务培训学习;9月,组织全县45名纪检干部到上海复旦大学参加培训。实行"县纪委常委+纪检监察室+镇纪委"的联合办案模式,解决了乡镇纪委力量不足、业务不精等问题,提升乡镇纪委纪律审查工作质量。严惩不担当、不负责、不忠诚、不干净行为,立案查处纪检干部违纪案件3起。

【派驻机构改革工作】 2017年,龙胜县纪委根据《关于推进市县纪委派驻机构改革的指导意见》《关于市县纪委派驻机构改革有关问题的通知》文件精神,全县稳步推进派驻改革工作。制定并印发了《关于加强县纪委派驻机构建设的意见》《关于全面落实县纪委向县一级党和国家机关派驻纪检机构的方案》《关于县纪委派驻机构和有关编制设置的工作方案》等3个文件。7月26日召开派驻机构全覆盖工作动员部署会,宣布12家派驻纪检组任职名单,并举行派驻机构授牌仪式,实现对全县58家县一级党和国家机关派驻监督全覆盖的改革目标。

【深化国家监察体制改革试点工作】 自2017年11月11日全国监察体制改革试点工作动员部署电视电话会议起,县纪委、监察局相继组织参加了自治区、桂林市监察体制改革试点工作电视电话会议。11月27日,组织召开全县深化监察体制改革试点工作动员部署会议,会议上,县委书记对全县监察体制改革试点工作进行全面部署,成立县深化监察体制改革试点工作领导小组和上报深化监察体制改革试点工作实施方案。龙胜县监察体制改革前纪检监察机关内设机构有6个,即:办公室、党风政风监督室、信访室、案件审理室、纪检监察一室、纪检监察二室。改革后,将新增加预防宣教室、案件监督管理室、纪检监察3室,内设机构共9个。改革前县纪检监察编制61个(不包含派驻纪检组政法编制6个),其中委局机关16个,巡察办3个,派驻纪检组42个。检察院涉改3部门人员编制10个,改革后县纪检监察人员编制共71个。 (邓丽萍)

人民团体

2017 年 2 月，县总工会在县城民族广场组织元宵节游园活动　　（县总工会　供稿）

总 工 会

【概况】 2017年，龙胜各族自治县总工会(简称县总工会)下设综合办公室、维权办公室、经审办公室、财务室、帮扶中心、基层组织办公室。全县共建基层工会121家，涵盖工会总数696家，组建率达97%，工会会员20564人，其中农民工会会员13604人。

【工会组织建设与深化劳动和技能竞赛】 2017年，龙胜县总工会突出抓好基层工会规范化建设，重点抓好25人以上非公有制企业建会入会工作，进一步提高工会组织覆盖率和职工入会率。同时，以非公企业为切入点和着力点，深化“职工之家”建设。

同年，县总工会开展“安康杯”竞赛活动，累计单位涉及22家，覆盖职工群众1万人。

【劳模管理和服务】 2017年，龙胜县总工会组织全县28名各级劳模在县人民医院进行全面体检。并带领部分劳模外出疗养，参观考察学习，使劳模感受到党和政府的温暖。全年，为9位自治区级困难劳模发放慰问金7万元。

【“春风行动”、夏送清凉、“金秋助学”、冬送温暖活动开展】 2017年，龙胜县总工会与政府有关部门配合，开展好“春风行动”和民营企业招聘活动，成功介绍就业100多人，同时组织女农民工家政和下岗失业青年开展电子商务培训班，共有300多人参加了培训，培训金额6万元；全年，共发放救助金30.17万元，其中受灾救助10人，救助金额2.50万元；特困职工生活救助24人，救助金额7.05元；医疗救助6人，救助金额0.67万元；金秋助学52人次，救助金额9.97万元；开展送清凉和暑期农民工亲情活动531人，慰问金额2.98万元。

【职工互助保障工作】 2017年，龙胜县总工会继续开展职工重大疾病医疗互助保障工作，通过召开全县职工医疗互助保障大会以及发放资料、出版专栏等宣传方式，全年共完成职工医疗互助保障5396份，完成总任务数5230份的103.17%。其中得到重疾赔付的有36人，赔付金额合计6.3万元。为农民工购买保险共3885份，其中一名农民工获得17万元意外保险补偿金。

2017年3月，县总工会慰问环卫职工 （县总工会 供稿）

【发展先进企业文化和职工文化】 2017年，龙胜县总工会积极开展各种文化活动。县总工会在2017年元宵节联合13个基层工会举办丰富多彩的职工游园活动；3月，举办农历“三月三”交友联谊活动，为单身青年职工提供交友平台；4月举办以“中国梦·劳动美·我为龙胜建设作贡献”为主题的2017年庆“五一”职工文化系列活动，一共有6个项目，活动范围覆盖全县大多数企事业单位。“五一”

2017 年 7 月，县总工会到扶贫联系户调研　（县总工会　供稿）

国际劳动节，县总工会、体育局、团县委承办全县职工体育运动会。12 月，县总工会与宣传部联系举办"学习宣传贯彻中共十九大精神，立足岗位促脱贫攻坚建功新时代"系列文化活动，有效提高全县职工群众的身体素质和文化素养，得到职工群众的好评。

重视文化引领，弘扬工匠精神。充分发挥《工人日报》《广西工人报》在引领职工践行社会主义核心价值观、加强民族团结进步等方面的作用，大力宣传"发现命名桂林工匠活动"，引导广大职工立足本职、爱岗敬业，培养执着专注、精益求精、一丝不苟、追求卓越的职业素养。开展以职工书屋为载体的职工读书读报活动，全年共建设职工书屋 2 家。

【工会财务资产经审工作】 2017 年，龙胜县总工会加强工会财务管理、资产监管，完善经费审查审计制度，依法合规管好用好工会经费和资产，通过市总经审委对 2016 年经费使用情况的审计工作，并依照《工会法》《工会章程》，做好以税代收的工会经费收缴工作，截至 12 月底，已收缴工会经费 395.72 万元。

【扶贫包村工作】 2017 年，龙胜县总工会按照县委、县扶贫办的工作要求，开展全县扶贫攻坚战工作，为联系村解决实际问题，积极选派第一书记脱产深入联系村开展扶贫工作，单位主要领导多次召开主席办公会研究扶贫村工作，单位帮扶联系人每月都抽出时间到贫困户研究指导工作、全年通过多方争取，共为贫困村的基础设施建设筹集到资金 12 万多元，同时为贫困户争取 9 万多元的产业扶持资金。支持该村城乡清洁工程及村"两委"换届工作。

（龙凯琼）

县妇女联合会

【概况】 2017 年，龙胜各族自治县妇女联合会（简

2017 年 11 月，县妇联到贫困户罗汉果种植园调研（县妇联　供稿）

称县妇联)内设办公室、妇儿工委办公室、儿童部、农村部、权益部、妇女儿童法律援助站,在职工作人员4人。

【贫困妇女创业致富】 2017年,龙胜县妇联加大以“巾帼脱贫示范基地”为龙头的各类“妇字号”基地、巾帼合作社建设,加强技能培训、互助合作。利用龙胜发展乡村旅游业的巨大优势,扶持妇女发展乡村休闲民俗风情游,并带动特色种养、餐饮等服务业的发展。龙胜县聚福阁农家乐获2017年自治区“金绣球”农家乐示范点。

【“两癌”筛查公益项目活动】 2017年,龙胜县妇联举行“两癌基金”发放仪式,并亲自走访贫困妇女和贫困“两癌母亲”家庭。开展两癌筛查公益项目,对平等镇、龙脊镇、泗水乡,江底乡29~64周岁的已婚育龄妇女(贫困家庭妇女、留守妇女、流动妇女优先)进行“两癌”免费筛查,惠及妇女1万多人。

【妇联工作改革】 2017年,龙胜县妇联重视村(社区)妇代会改建妇联工作,将村(社区)妇代会改建妇联工作作为基层党建带妇建的重要内容,扎实推进。全县10个乡镇的127个村(社区)都开展了“会改联”工作,完成全县村(社区)的100%。选举出妇联主席70个,专兼职副主席70名,执委委员630名。

【基层妇女干部培训工作】 2017年,龙胜县妇联加强对妇女工作者特别是基层妇联干部的学习培训。10月26日—27日,对全县10个乡镇妇联主席和127个村、社区妇联主席进行培训。

(钟秀珍)

共青团龙胜各族自治县委员会

【概况】 2017年,共青团龙胜各族自治县委员会(简称团县委),下辖基层团委14个,县直属团支部15个,村团支部119个,团员总数5040名。

【共青团基层组织活力】 2017年,龙胜团县委在党委的领导下,开展团县委和基层团委换届工作,配齐各基层团委班子成员,形成良好的工作局面。同时不断加强企业、农村、社区、学校等传统领域团建工作,在县委的支持下与县委组织部联合印发《关于进一步加强全县机关企事业单位团组织建设工作的通知》,进一步加强党政机关及事业单位团建工作,成立县财政局、县水利电力局、县检察院等团支部;对接企业等资源,深化乡镇实体化“大团委”建设;加强非公团建,并注重非公有制企业之间的交流,提升团建质量,上半年新增非公有制企业和社会组织建团2家。制定出台《关于做好2017年龙胜发展团员调控工作的通知》,按照“坚持标准、控制规模、提高质量、发挥作用”的总要求,严把发展团员入团人数,确保在2025年将全

2017年10月,县妇联举办基层妇女干部培训班 (县妇联 供稿)

县团青比例控制30%以内;持续推进青年文明号、青年安全生产示范岗、青少年维权岗等品牌项目建设,团的基层组织活力不断增强。

【志愿者组织体系完善】 2017年,团县委完善志愿者组织体系健全组织网络,全县10个乡镇均建立志愿者组织,团员青年均成为"八桂青年"网络注册志愿者。规范运行体系,全面深化志愿服务团队、志愿服务项目、志愿者实名注册和志愿服务计时工作,全年共有1000多名志愿者参与志愿服务,实名注册志愿者达到2217名。强化队伍建设,进一步完善西部计划志愿者、大学生联合会、脱贫攻坚志愿者的志愿者队伍组织建设,涵盖基础教育、医疗卫生、农业科技、文化宣讲、基层社会管理、基层青年工作、普法宣传等领域。7月,举行2016—2017年西部计划志愿者总结、表彰暨欢送会,做好2017—2018届大学生西部计划志愿者的上岗工作,做好组织培训工作,同时修订《志愿者自管委员会管理条例》《志愿者年度考核制度》,通过完善、细化志愿者的管理要求和标准,使志愿者的管理更加科学合理,客观全面。

【共青团吸引力和凝聚力】 2017年1月,中国共产主义青年团第十七届中央委员会第六次全体会议通过《关于新形势下推进从严治团的规定》。团县委领导班子高度重视广大青年团员思想理论学习,以召开各基层团委会议、下发文件、新媒体网上宣传学习等形式贯彻学习,进一步引导全县各级团组织按照上级团委的统一部署,把学习贯彻《规定》精神同共青团工作实际相结合,配合"两学一做"教育学习、"一学一做"教育实践,制定各种相关规定规范团干部的言行举止,持续深入开展去除"机关化、行政化、贵族化、娱乐化"现象、增强"政治性、先进性、群众性",发挥共青团联系青年的桥梁和纽带作用,为党做好青年群众工作奠定坚实基础,开展青年之声、"1+100"等团干部直接联系服务青年活动,确保团干部将直接联系、服务青年、引导青年工作落到实处,让团组织更具凝聚力、团的工作更接地气、团的干部更有活力。抓住纪念五四运动98周年、中国共产主义青年团成立95周年、少数民族传统重大节庆为契机,广泛开展"不忘初心跟党走""学习总书记讲话,争做合格共青团员"等主题教育学习活动,引导广大青少年进一步坚定跟党走的信心和决心。其中,重点开展了弘扬"五四"精神、纪念"五四"运动98周年和共青团建团95周年,进一步弘扬党的青年工作的历史经验的表彰大会、文艺晚会等活动2场次;开展2017年龙胜县青少年"学雷锋活动月""缅怀革命先烈弘扬爱国精神"清明祭英烈"建设绿色龙胜共筑生态家园"植树护绿;开展"实现中国梦,法治伴我行""我的青春我的梦—学习总书记讲话做合格共青团员"等主题征文比赛,近百人参赛,其中龙胜两名团员青年分别荣获桂林团市委"我的青春我的梦—学习总书记讲话做合格共青团员"的二等奖、三等奖。

2017年,团县委组织志愿者服务队活动 (团县委 供稿)

【利用新媒体引导团员青年工作】 2017年,龙胜县根据团员青年成长规律和聚集交流等时代新特点,着力突出青少年文化建设,注重用社会主义先进文化、感恩奋进文化、时尚文化、网络文化教育引导青少年,凝聚了各界青年,探索运用QQ、微博、微信等新媒体引导青少年,充分利用"龙胜青年之声""龙胜大学生联合会""华工研支团"3大微信平台宣传共青团工作。龙胜团县委、龙胜志愿者腾讯、新浪官方微博,关注粉丝达3000人,发布微博900条,建立"团龙胜县委""龙胜少队辅导员""大学生远程教育""龙胜人在北京""广东的龙胜人""龙胜自行车协会""西部计划志愿者""龙胜大学生联合会""团聚爱·缘来你在这里""2017年青春引擎基层团干部培训班"等QQ群、微信群,团结凝聚青年,传递团情瞬间,宣扬正能量。

【维护青少年的合法权益】 2017年,团龙胜县委开展预防青少年违法犯罪工作,聘请校园法制副校长;争取政策,落实人员和经费,落实预防工作经费7万元。围绕未成年人保护、禁毒防艾,走进社区、农村、校园宣传交通安全、远离网瘾、防火防盗等问题开展进校园主题活动20余次;开展"送法进校园"青少年自我保护和维权宣传活动、"青春护航·平安校园"禁毒宣传工作、普法知识进校园等普法维权活动10余次。针对组织、强迫未成年人违法犯罪的黑恶势力,不良文化产品,毒品、黑网吧及违法违规网站等问题,团县委充分发挥"网吧义务监督员"的职责,定期联合县文化局、公安局等相关部门对学校周边网吧进行集中整治。加大宣传"12355"青少年服务平台,及时掌握青少年思想动态和现实需求,引导青少年依法反映诉求,有效化解社会不稳定因素。

【群团改革工作】 2017年,团龙胜县委坚持"党建带团建",以基层团组织建设为重点,认真开展了创建规范化团委、团支部活动,在共青团建设、基层团的工作和团的活动等方面取得优秀的成绩。将团建工作与"一学一做"紧密结合起来,把制定共青团改革方案作为团建工作的重点,并于12月底完成改革方案制定工作。

【脱贫攻坚工作】 2017年,团龙胜县委组织团员青年参加脱贫攻坚工作,号召龙胜大学生反哺家乡、服务基层,在暑假期间开展支教、关爱留守儿童、关爱孤寡老人的志愿服务活动共30余次,服务人次达1000余人,举办文化下乡文艺晚会3场次,为3000多名龙胜群众带来视听盛宴,融入脱贫攻坚活动,宣传脱贫小知识。招募脱贫攻坚志愿者40名,安排到全县各个脱贫攻坚部门,为实现全县脱贫摘帽目标贡献青春力量。

【团干部培训】 2017年,团龙胜县委加强学习培训,提高政治业务素质。在团委内部完善每周五下午理论学习制度,组织干部定期定时学习。邀

2017年12月6日,团县委举办团干培训班　（团县委　供稿）

请广西团校老师对全县113名青年团员干部进行“青春引擎”培训，安排部分优秀团干到广西区团校、桂林团市委进行业务学习，进一步提升全县村团支部书记的理论水平，培养和造就高素质的团干部队伍。

【志愿服务活动】 2017年，团龙胜县委大力弘扬“奉献、友爱、互助、进步”的志愿精神，青年志愿服务活动蓬勃开展，组织西部计划志愿者广泛开展“宝杯计划”、移动舞台捐赠、“学以修身，心向远方”华工研支团巡回教育讲座活动、爱心教室、心守家园助学、西部计划志愿者助学等活动500人次；开展321国道“青春自护·平安春节·温暖回家路”志愿服务活动，持续时间长达9天，累计服务300多人；开展“口腔健康·快乐成长”口腔关爱大使公益行、“欢乐六一，拥抱童年”等关爱留守儿童活动40余次。组织大学生联合会在春节期间开展“爱满空巢．情暖家乡”关爱空巢老人活动，共走访7户人家；大力开展大中专学生暑期“三下乡”社会实践活动，组织青年梦想团到龙胜中学开展高考经验交流会，对高三学生进行学习经验的介绍和指导。组织11名研究生支教团志愿者通过扩大宣传、开展为期12天的大型公益活动“七彩假期”关爱留守儿童暑期支教活动，惠及龙脊镇中六村小学35名学生；双十一活动“你是我的阿拉丁神灯”共收集全县5所小学150名留守儿童的小心愿活动、“宝杯计划”为村小学生送去保温杯、“321国道温暖回家路”为返乡摩托大军提供志愿服务等活动，不断提高志愿服务的社会认知程度。

2017年，西部计划项目办入围第二十一届“中国青年五四奖章”优秀集体候选单位，获2016—2017年度全国优秀项目办；宝“杯”计划参加第四届中国青年志愿服务项目大赛，获提名奖。 （黄 颖）

县科学技术协会

【概况】 2017年，龙胜各族自治县科学技术协会（简称县科协），编制3人实有人数6人(其中2017年1月至12月聘请临时工1人)，内设办公室、少数民族科普工作队。年内开展学术交流、科普宣传、科技培训、科技咨询、科技服务等工作。全年县科协分别获2016年广西“十月科普大行动”先进单位、2016年广西实施“五个一”农村适用技术培训工程先进单位、2016年桂林市“十月科普大行动”先进集体、2017年桂林市“十月科普大行动”先进集体、龙胜县2016年度绩效考评综合先进单位等荣誉。

【科普组织建立】 2017年，全县10个乡镇配备专兼职科协主席（科技助理），119个村6个社区都配备有专兼职科普宣传员，农村专业技术协会共36个。

2017年7月，县科协举办农村实用科技培训班 （县科协 供稿）

【科普示范创建工作】 2017年,龙胜县继续加大科普示范创建工作力度,以县科学素质工作领导小组办公室行文印发《龙胜县开展创建科普示范乡(镇)、科普示范村、科普示范社区、科普示范户评选活动的通知》,对创建工作进行部署和安排。同时,组织相关部门对创建工作进行检查验收,对达到创建标准的2个科普示范乡(镇)、10个科普示范村、10个科普示范基地、100户科普示范户、100名科普示范带头人给予命名。

【科普惠农兴村计划实施】 2017年,龙胜组织实施"广西科普惠农兴村计划",县油茶种植科普示范基地,获得"广西科普惠农兴村计划"先进单位。

【学术交流活动】 2017年5月26日,龙胜县科协举办庆祝首个"全国科技工作者日"活动,全县各行业科技工作者代表40多人参加了活动。

【科普品牌活动】 2017年10月20日,2017年全国科普日活动暨龙胜县"十月科普大行动"启动仪式在县城举行。当日,开展科技咨询、科普知识竞猜、科普图片展、播放科普宣传片、发放科普书籍和资料等活动,参与群众1200多人。

【青少年科普活动】 2017年"六一"儿童节,在江底乡小学开展"庆祝'六一'国际儿童节暨'科普进校园'活动",800多名师生参加,当日,开展科普知识宣传、科普知识有奖竞猜等活动,展出科普展板50多块,发放科普书籍1500多本。组织各中小学校开展青少年创新大赛活动,选送科幻画、小发明等25件作品参加桂林市青少年创新大赛。

【农村科技推广宣传】 2017年,龙胜县科协加强农村科技推广宣传,参加"三下乡"活动10次,季节性科普下乡4次,接待咨询群众600多人次,巡回展出展板40多块,发放科普宣传书籍6000多册,资料4000多份。在"科技活动周""食品安全宣传周""公共机构节能宣传周""防震减灾宣传日"等活动中,向群众宣传食品安全、防震减灾、节能减排科普知识和相关法律法规知识,制作宣传展板10块,印发宣传资料2000多份。

2017年10月,县科协开展十月科普大行动启动仪式

(县科协　供稿)

【农村适用技术培训】 2017年,县科协举办"五个一"[全区每年培训10个以上农村科普带头人,100个以上农村专业技术协会会长(理事长),1000个以上农村专业技术协会副会长(副理事长)、理事、村支书,10000名(次)以上农村专业技术协会技术(业务)骨干、村干部,100000个次以上农村专业技术协会会员、农村党员、周边农户、业务联系户。]当年,农村专业技术协会会员、农村党员、周边农户、业务联系户农村适用技术培训27

2017年5月26日，龙胜县科协举办庆祝首个"全国科技工作者日"活动　　（县科协　供稿）

期，受训群众2063人次。

【科协改革工作】 2017年，成立县科协深化改革工作领导小组，安排专人负责。县科协制定《龙胜县科协深化改革实施方案》初稿，报送县委审核。县委办公室于12月26日印发《龙胜县科协深化改革实施方案》，加强科协"四服务"职能定位，对科协发挥自身优势服务全县经济社会发展有重要意义。

【精准扶贫工作】 2017年，龙胜县科协继续结对帮扶龙脊镇岳武村精准扶贫工作，全年县科协扶持岳武村农业产业、人畜饮水、村屯建设等发展资金共7.68万元。县科协5人，共结对帮扶岳武村贫困户15户，当年通过脱贫摘帽"双认定"13户。　（梁艳平）

县社会科学界联合会

【县社会科学界联合会召开第二次代表大会】 2017年5月5日，龙胜各族自治县社会科学界联合会召开第二次代表大会，选举产生新一届的领导班子，蒲庆锋兼任社科联主席，陆恒江任社科联副主席，选举第二届委员会委员15人。

【社科理论研讨】 2017年度，龙胜县社科联承担广西桂学研究会《广西传统村落文化研究与史料集成》（桂林卷龙胜各族自治县篇）课题研究项目，得到县委、政府的大力支持，印发《龙胜各族自治县传统村落文化调研及村史采编工作方案的通知》。此课题覆盖面广，将收录全县31个传统村落文化史料，年底已完成三分之二任务，此课题计划2018年结题。《少数民族地区抓党建促脱贫的实践和思考》《龙胜县电子商务扶贫工作的实践与思考》两篇论文入选2017年桂林市社会科学学术年会论文集。紧紧围绕中共中央总书记习近平系列重要讲话精神，联合县委宣传部共同组织80场理论宣讲活动，为全县上下统一思想、凝心聚力，使党的方针政策家喻户晓、深入人心，发挥积极作用。以县委中心组为重点，多次开展专题学习和专题调研，带动全县的理论学习和调研工作。全年全县领导干部共撰写理论文章和调研报告140多篇，在市级以上媒体发表18篇。

【社科理论普及工作】 2017年度，龙胜县社科联争取自治区科普活动项目，申报自治区社会科学普及联合大行动之广西社会科学大讲坛，获得自治区审核立项，于2017年10月份实施完毕。组织参与"四下乡""世界读书日""十月科普大行动""社科知识进农村""民族文化进校园""消防知识进校园"等活动，大力宣传和普及社科知识。全年共开展科普活动12场，服务群众1.50万多人次，为群众送图书2500多册，送科普资料1万多份。

2017年5月，县社科联召开第二次代表大会 （县社科联 供稿）

【社科学会活动】 2017年，龙胜县社科联对全县与社科界相关的部门和各有关学会、协会、研究会的组织机构进行摸底调查，重点发展龙胜鸡血玉协会、龙胜各族自治县少数民族文化研究会、龙胜茶叶协会、龙胜自行车协会、龙胜徒步协会、龙胜少数民族体育运动协会等12个学会（协会）作为团体会员。各学会（协会）积极开展活动，如鸡血玉协会举办“桂林鸡血玉文化节”，茶叶协会举办“龙脊杯”首届茶叶品鉴推介会。不断充实和壮大龙胜社科个人会员队伍，全年，发展个人会员96人。《耕读讲堂》公益讲座被桂林市社科联评为“最有创意学会活动”。

【社科队伍建设】 2017年，龙胜县社科联坚持制度管人，使干部思想得到统一，工作机制不断创新，服务能力不断增强，始终保持积极进取、奋发有为的精神状态，呈现出用心、好学、协作的社科团队精神。参加上级社科联举办的各类培训。2017年县社科联被桂林市社科联评为“县（区）社科联工作二等奖”。陆恒江、杨江波被评为“桂林市县（区）社科联先进工作者”。社科委员杨惠梅被评为第四届桂林市道德模范。

【扶贫工作】 2017年，龙胜县社科联配合县委宣传部继续帮扶贫困村江底乡建新村，社科联副主席陆恒江任建新村第一书记，驻村开展工作，切实履行职责，完成精准扶贫和县委县政府布置的其他各项工作任务。帮助建新村完成村级公共服务中心建设并资助电脑、办公桌等办公用品一批，价值1.30万元；资助建新村水泥50吨，修建大坪江组屯内硬化道路300余米；春节、中秋节走访慰问贫困户，给贫困户送去生活用品、慰问金共3600多元；“六一”儿童节到来之际，县社科联对建新村贫困儿童进行慰问活动，给孩子们送去节日的礼物。大力发展特色产业，鼓励贫困户种植罗汉果、百香果、大叶百合等特色农作物，通过发展产业、外出务工等渠道摆脱贫困。 （陆恒江）

县残疾人联合会

【概况】 2017年，龙胜各族自治县残疾人联合会（以下简称县残联）有在职职工14人，领导职数1正2副。内设办公室、综合股，残疾人综合服务中心，承担县政府残疾人工作委员会和残疾人康复工作办公室日常工作。在县委、县政府的领导和上级残联的业务指导下，认真贯彻《中华人民共和国残疾人保障法》，按照“人道、廉洁、服务、奉献”的要求，围绕全县工作重点，精心实施“六大”工程，认真完成残疾人事业的各项目标任务，年度目标考核获一等奖。康复工作在全自治区残疾人康复工作会议上做典型发言。

【扶残助残】 2017年，龙胜把残疾人扶贫解困列

2017 年 5 月，县残联到福利院开展第 27 个全国助残日活动

（县残联　供稿）

为在中医院做康复的残疾人送去轮椅等辅助器具，帮助他们早日康复；帮助甲河村甲河组解决人畜饮水工程，让该组的残疾人用上干净卫生水。

对符合养殖条件的 165 户农村贫困残疾人家庭进行凤鸡苗、猪苗和饲料扶持，每户的扶持金额为 0.12 万元。所扶持的凤鸡苗、猪苗和饲料全部发放到 165 户农村贫困残疾人家庭，为贫困残疾人脱贫打下基础。

继续组织实施阳光家园计划项目，年内为 138 名智力、精神和重度残疾人安排居家托养服务，发放生活困难和康复托养服务补助资金 20.7 万元。

入脱贫攻坚的总体目标，统一规划、同步实施。党员干部结对帮扶和残联重点帮扶等措施，扶贫与扶智相结合、政策扶持与资金、物资扶持相结合。动员全社会理解、尊重、关心、帮助残疾人。扶持残疾人事业发展，让残疾人逐步自食其力、脱贫致富。为 2985 名一、二级重度残疾人发放护理补贴 179.1 万元；为 1641 名残疾人发放困难生活补贴 98.46 万元；为 27 名贫困残疾人开展“送温暖、送资金”活动。

在全县 10 个乡镇组织农村基层党组织的 123 名党员致富能手与 123 户贫困残疾人家庭户结对帮扶，年底已经全面完成申报，计划每户扶持 0.1 万元资金。

5 月 19 日，县人大副主任潘艳玫及县残联领导代表县四家班子领导慰问“坚强姐”胡凤莲一家；县残联领导班子深入平等镇甲河村慰问了该村的 9 户残疾人，并送慰问金，让他们享受到党和政府的温暖。

5 月 19 日，县政协常委梁仁琼、蒙朝亿等到龙脊镇马海村看望残疾人，并送上衣物、油、大米等；组织城南社区助残志愿者到光荣长寿院开展志愿服务活动，志愿者帮助光荣院打扫卫生、擦玻璃，与残疾人聊天，让 56 位残疾人享受到快乐。

【宣传、文体】 2017 年，龙胜县残联利用广播、电视、文件、会议、讲座、标语和走访慰问等多种形式，深入开展“全国助残日”“国际残疾人日”“爱耳日”“爱眼日”等活动，宣传残疾人保障法，宣传党的优待残疾人，扶持残疾人发展的政策。宣传社会扶残助残的先进单位和个人，宣传残疾人中身残志坚、拼搏进取的典型事迹。为营造全社会的扶残意识和残疾人的社会参与意识打造良好社会氛围。围绕“推进残疾预防，健康成就小康”主题，开展第 27 次“全国助残日”活动。

在第 18 届全国“爱耳日”期间结合工作实际，以“防聋治聋，精准服务”为主题，在全县范围内开展丰富多彩的爱耳护耳、健康听力宣传活动。3 月 7 日，县残联组织县疾控中心、妇幼保健院等单位深入平等镇甲河村、马堤乡马堤村开展“防聋治聋，精准服务”知识宣传进村屯活动。以知识讲座、面对面宣传、知识答题等方式把爱耳护耳、防艾防结核、和谐家庭建设等知识传授给广大群众。甲河村 82 名群众参加宣传活动，马堤村 150 人参加宣传活动。全年在桂林残联

2017年7月，自治区残联、扶贫办公室工作人员到龙胜开展贫困残疾人脱贫攻坚情况督查　　（县残联　供稿）

网站、《今日龙胜》、龙胜电视台等报刊及网站发布宣传稿件12篇幅，出板报11期，书写大小标语近千条。

【精准扶贫】 2017年，龙胜县残联在开展“精准扶贫”活动中，深入帮扶平等镇甲河村贫困群众。资助帮扶43名特困残疾人购买新型农村医疗保险。慰问“空巢老人”，为16名空巢老人送去质优毛毯等生活用品。为该村40名残疾人免费发放残疾人用品用具。在春节期间走访慰问该村85名残疾人。免费为该村14户残疾人家庭实施无障碍改造。免费在该村举办残疾人养殖培训班一期，负责发放鸡苗2000只。　　（吴春玲）

红十字会

【开展救灾救助】 2017年6月28日至7月3日，龙胜县境内连续遭受暴雨侵袭，10个乡镇均突降暴雨，暴雨持续时间长，最大降雨量达到192.70毫米，大暴雨导致各乡镇山洪暴发、河水骤涨，山体滑坡、道路塌方，农田被淹、部分道路交通瘫痪、局部电力电讯中断，群众房屋财产损失严重，56个村不同程度受灾，受灾人口达4.3万余人。紧急转移安置人口4492人，需紧急生活救助人口994人，需过渡性救助人口400人；农民房屋受损307户，倒塌64间25户，严重损坏394间170户，一般损坏381间249户，直接经济损失810万元；农田受灾面积约270公顷，成灾面积约131公顷，绝收面积66公顷，直接经济损失300万元。县人民政府副县长，县红十字会会长曾瑞玉，县卫计局长，县红十字会常务副会长刘曼萍，县专职副会长石建革深入伟江乡、瓢里镇等灾区了解灾情，听取乡镇村委会灾情汇报，根据灾情实际情况，对年度遭受灾害较严重的，自救能力较弱的平等镇、龙胜镇、瓢里镇、伟江乡、泗水乡等乡镇进行物资发放，红十字会按照救助公平、公正、无偿透明的原则，及时将救助物资发放到灾区，在伟江乡寨子村和马堤乡举行了“龙胜县红十字会发放中国红十字总会捐助物资发放仪式。此次灾害得到上级红十字会的大力支持；捐助物资共计284996元。其中：中国红十字基金会捐助家庭箱200个，价值4.60万元。2016年公益金捐助毛巾被300床，价值1.68万元。中国红十字总会捐助大米，食用油各150袋、桶，价值1.47万元。深圳市瑞昇生物科技有限公司捐助杀虫粉剂等价值0.89万元。广西红十字基金会下发，社会捐助龙虎牌风油精20箱，价值5.28万元。自治区卫协会捐助药品一批，价值5万元（发放到县直医疗单位和各乡镇卫生院）。1月4日中恒集团捐助龟苓膏800件，价值10.08万元。4月22日区红十字会发放袜

2017年6月，县红十字会在龙脊镇金竹壮寨开展救灾慰问活动

（县红十字会　供稿）

子2件，价值0.3万元。

【扶贫工作】 2017年，龙胜县马堤乡牛头村、瓢里镇上圹村，是县卫计局、红十字会扶贫联系村。县红十字会参与精准识别贫困户贫困村入户调查建党工作，完成入户调查等各项工作。

【项目建设】 2017年，中国红十字总会支持龙胜镇都坪村农村备灾减灾（博爱家园）项目40万元，县财政配套工程2万元，项目完成750平方米蓝球场地面平整硬化建设，新建一座80多平方米红十字避险站，新建红十字博爱家园宣传长廊围墙52米，新立红十字博爱家园大铜石（高2.6米、宽2米、厚70厘米）固定标志一个，制作大白玉石功德碑，红十字博爱家园筒介各一个。

同年，上报2018年平等镇平熬村牙二组，龙胜镇拐江村高石山二组饮用水申报项目；上报2018年瓢里镇上塘村博爱家园项目，平等镇庖田村老木组巷道硬化项目；上报2018年推荐“六个核桃”读书慧受赠三个学校工作。

【爱心救助】 2017年，龙胜县红十字会争取到广东企业老板爱心人士爱心救助，其中周灿鸿2012年7月至2016年7月，邵镜平2013年3月至2017年3月，魏春榕2014年6月至2018年6月，资助西腰村小学15个，地灵村小学10个特困学生，每年扶助每个学生助学金至少2000元。同时每年以不同方式资助体育用品、书包等物资。

【送温暖活动】 2017年，龙胜县红十字会慰问县环卫工人，物品价值0.94万元。发放物资慰问平等镇硬州村，马堤乡牛头村，瓢里镇上塘村贫困户共计80多户，其中；硬州村村民房屋倒塌维修费0.20万元，慰问牛头村特困户村民送米油计320元。

【学习宣传活动】 2017年，龙胜县红十字开展学

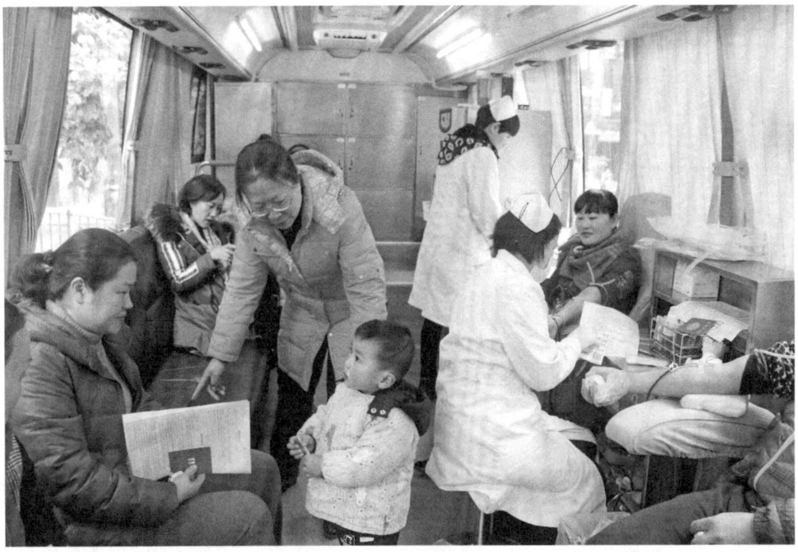

2017年7月，县红十字会 组织开展无偿献血活动

（县红十字会　供稿）

习、宣传贯彻《中华人民共和国红十字会法》，5月8日、6月23日、10月28日红十字会先后同县卫计局、县医院等单位在龙胜大酒店小广场开展卫计系统无偿献血和造血干细胞采样活动、发放艾滋病预防，无偿献血和造血干细胞宣传资料1200多份。利用卫生工作动态刊物、横幅、板报、县有线电视台等多种形势宣传红十字知识。

当年，在桂林日报上稿1篇，广西红十字会《博爱》网上稿4篇，区卫计网上稿1篇，市卫计网上稿1篇，龙胜官方上稿2篇，县电视台3次报导。

【无偿献血及造血干细胞器官捐献工作】 2017年7月23日，县红十字会同市血站，县卫计局等医疗单位、在龙胜大酒店门前开展卫计系统无偿献血及造血干细胞采样入库宣传工作，献血1.95万毫升。

【项目培训工作】 2017年，龙胜县开展红十字博爱家园基线调查176人次。举办传染病防治知识培训1期70人，开展红十字运动知识，应急救护心肺复苏知识各2期，共计240人，开展生计技能管理种植业培训班4期200人次，开展应急演练活动1次80多人次参加。开展红十字博爱家园座谈会，研讨会2次共计40人。举办龙胜特色旅游名县景区景点专（兼）职救护人员应急演练培训。

（覃善疆）

工商业联合会

【概况】 2017年，龙胜县工商联在县委统战部挂牌。当年继续推进民营企业走进贫困村共建新农村活动。有9个民营企业结对帮扶11个贫困村。如旺桂食用菌公司在马堤乡马堤村、东升村和平等镇龙坪村发展食用菌种植合作社，提供技术指导，保底价回收，带动80多户贫困户脱贫。芙蓉果蔬专业合作社通过流转贫困户土地种植大棚蔬菜，并返聘贫困户务工使其就近有稳定收入的形式参与扶贫工作等。

注重质量发展会员，稳步壮大工商联队伍。新增18家企业会员和30名个人会员。

【“泛海·和合班”材料的申报、审核工作】 2017年，县工商联开展乐江乡小学“泛海·和合班”材料的申报、审核工作。全年该校受益学生130名，第一学年11.96万元到位。资助标准为每人每餐4元，按每月23天、每学年10个月计，每人每年920元。

（潘树琴　龚仁伟）

法　　治

2017 年 3 月，龙胜开展文化科技卫生法律“四下乡”活动　　　　（县政法委　供稿）

法治政府建设

县人大立法、执法

【立法工作】 2017年，龙胜县人大常委会突出龙胜特色，切实抓好《龙胜各族自治县自治条例》修订工作。把《龙胜各族自治县自治条例》修订列入2017年立法规划和年度工作重点。经县委批准，制定《龙胜各族自治县自治条例》修订工作方案，成立以自治县四家班子主要领导为组长的自治条例修订领导小组。县人大常委会认真借鉴其他民族自治县自治条例修订案的经验，并通过召开座谈会、研讨会、征求意见会等方式，多渠道、多层次听取全县10个乡镇和30多个县直单位以及社会各界人士、老干部代表和部分人大代表的意见。向桂林市人大常委会征求意见，聘请广西民族大学法学、民族学等方面的专家学者对《龙胜各族自治县自治条例》修订稿征求意见。同时多次到自治区人大民族委员会进行汇报、沟通、交流。常委会对各方面的修改意见和建议进行认真研究，特别是对重点内容深入调研、反复论证，并对《龙胜各族自治县自治条例》的内容作了较大修改。经过10次的修改完善，《龙胜各族自治县自治条例》（修订草案）基本形成，已通过自治区人大民族委员会的审查，按法定程序提交本次大会审议。

启动《龙胜各族自治县民族民间传统文化保护条例》单行条例的立法工作。出台相关立法工作方案，成立立法领导小组，组建文本起草组和专家咨询组，充分发挥统筹、组织、协调作用，聚集各方力量共同推进立法工作。2017年，《龙胜各族自治县民族民间传统文化保护条例》形成初稿，已向自治区人大、桂林市人大的相关委室征求意见，组织自治区立法专家和民族专家进行审议。

【执法检查】 2017年，龙胜县人大常委会坚持“少而精、重实效”的原则，选择与人民群众生活息息相关、社会关注度较高的法律法规进行执法检查。全年，先后对《中华人民共和国行政诉讼法》《中华人民共和国食品安全法》《中华人民共和国义务教育法》和《中华人民共和国环境保护法》等法律的贯彻落实情况开展执法检查和执法调研。其中，常委会把食品安全作为重大民生问题实施重点监督，使全县食品药品的安全监管机制进一步完善。同时提出强化执法力度，进一步提升食品安全监管水平；加强企业法人培训，切实增强食品安全第一责任意识等建议，收到良好的社会效果。

全年，有47人次旁听法院庭审现场，组织部分代表监督法院的执行工作。组织市、县人大代表对人民群众关注的热点难点问题、重点工程等

2017年4月，县人大常委会主任粟宁群（前排左三）率县人大代表在龙脊景区进行执法调研（县人大常委会办公室 供稿）

进行专题视察12次；为基层人大代表订阅《广西人大》杂志，建立人大工作微信群，为代表依法履职创造了条件。

【议案建议办理】 2017年，龙胜县人大常委会坚持把代表议案建议办理作为保障代表依法履职的重要内容和落实代表监督职权的重要措施。采取常委会领导重点督办、“一府两院”领导牵头领办、部门单位负责承办、各工委对口督办等措施，切实加大代表议案建议督办的力度。组织提建议的代表、承办单位领导深入到平安村、大寨村、县城民族中学、龙胜中学、实验中学和体育新城等实地督办代表建议的办理落实情况。通过督办，大寨景区新建一个250个车位的立体停车场，有效缓解国庆黄金周停车难问题。全年，常委会转办的46件代表建议意见全部办理完结，代表普遍感到满意。 （吴伟汉）

政府法制

【机构建设】 2017年1月，龙胜县增加1名机关行政编制到县法制办公室，调整后县法制办公室机关行政编制为4名。2017年12月调入一名人员，至此，县法制办公室多年缺编少人的问题得以解决，达到了自治区在编在职4人的要求。

【修改完善政府工作制度】 2017年7月，龙胜县法制办公室修改完善《龙胜各族自治县人民政府依法行政工作制度》《龙胜各族自治县人民政府工作规则》《龙胜各族自治县人民政府办公室关于规范公文办理精简文件简报改进会风和县人民政府领导深入基层调研的规定》《龙胜各族自治县人民政府全体会议工作规则》《龙胜各族自治县人民政府关于进一步规范政府常务会议有关事项的通知》，9月制定《关于推行法律顾问制度和公职律师公司律师制度的实施意见》，使自治县人民政府议事程序法制化、有章可循，重大行政决策做到民主、科学、透明，夯实了法治政府建设基础。

【合法性审查工作】 2017年，龙胜县法制办公室共审查重大行政决策9件、行政裁决5件，审查各类文件、合同等30余件，提供法律建议20余件；完成公共服务事项、取消和调整要求基层开具涉及群众办事创业的证明目录、政府部门权责清单“两单融合”、县乡优化政府部门行政权力运行流程、政府部门权责清单动态管理等合法性审查。

【行政规范性文件管理】 2017年，龙胜县法制办公室推动并建立全县行政规范性文件的统一登记、统一编号、统一发布制度。审查5件规范性文件，经审查通过报县常务会通过发布1件，并向桂林市人民政府和县人大常委会作备案。开展两次行政规范性文件专项清理工作，并在龙胜县政府门户网站向社会公布清理结果。

【行政复议、行政应诉和行政调解工作】 2017年龙胜县上年结转行政复议案件2件，当年新收6件，结案7件(维持2件、因申请人撤销复议申请而终止复议5件)，结转下年1件。县法制办公室直接主持或参与调解重大纠纷6件。

2017年，县法制办公室拟定的《关于涉及〈林权证〉林地权属纠纷案件的受案处理程序规定》报县政府同意印发，完善龙胜涉及《林权证》林地权属纠纷案件调处程序。县法制办公室出庭应诉的行政诉讼案件28件，其中18件涉及《林权证》的林地权属纠纷根据《关于涉及〈林权证〉林地权属纠纷案件的受案处理程序规定》自行撤诉。

【行政执法监督】 2017年，龙胜县法制办公室组织开展全县行政执法单位文明执法的考核和案卷评查，落实行政执法人员培训考试制度，2017年组织各行政执法单位135人参加自治区行政执法资格(续职)无纸化培训考试。

【处理涉法事务】 2017年,龙胜县法制办公室参与《自治条例》和《民族民间传统文化保护条例》的修改工作,充分发挥政府法制机构在立法中的作用。接待群众来人来访80余人次,做好来访群众的思想工作,尽力化解纠纷及隐患。主持各种听证会5次,审查政府土地批文52件,国有土地使用证70本。（侯永利）

“三大纠纷”调处

【概况】 2017年,龙胜县“三大纠纷”调处工作以营造和谐稳定的经济社会发展环境为目标,以坚决防止发生“三大纠纷”引发群体性事件为重点,以调处重大纠纷案件为着力点,组织开展“三大纠纷”的预防、排查、化解和调处工作。

截至11月,全县新发案87起,立案调处87起,调结84起,调结率96%。其中土地纠纷26起,调结26起。山林纠纷61起,调结58起,水利纠纷0起,“三跨纠纷”4起,调结2起。积案9起,调结6起。年内不发生因“三大纠纷”调处不力而引发严重危害社会稳定的重大群体性事件,不发生因调处不力而致使纠纷转化为恶性刑事案件。

【信息网络构实】 2017年,龙胜县各职能部门及乡村屯都建立信息员,全县信息员达703人,多形式整合资源,做到随时掌握矛盾纠纷动态。保证一有情况,随时报告,随时有人处置。

【落实责任】 2017年,龙胜县全面落实“五排查”工作制度,坚持纵向排查与横向排查相结合。定期排查与不定期排查相结合。切实做到早发现、早预防、早稳控、早化解。各乡镇每月20日将排查情况报县调处办。对排查出来的纠纷案件,按照“五个确定”工作制度严格落实,及时做好稳控和化解工作。加强责任意识,树立依法理念。按照“分级负责、属地管理”的原则,努力做到“小事不出村,大事不出乡镇,矛盾不上交”,努力将矛盾化解在基层、化解在萌芽状态。

各乡镇各部门要在处理好一般性矛盾纠纷的基础上,集聚多方力量,有计划、有步骤地解决一批大案、要案、积案或群众反映强烈的敏感性案件,下大力气减少积案存量,全面化解“三大纠纷”越级上访隐患。围绕中心工作扎实开展纠纷调处,做到县委、县政府的重大决策部署到哪里,调处工作就跟进到哪里,重大项目建设在哪里,调处工作就服务到哪里,努力维护社会和谐稳定。

妥善处置纠纷。5月20日,伟江乡甘甲村黄家组与湖南城步县五团镇巡头村湖南行政界线南山架桥溪一带开发风力发电建设,引起纠纷面积约191.33公顷。通过化解纠纷,使纠纷地维持现状。

全年,群众来信来访60件,通过热情接待,认真登记,妥善处理。

【调处工作机制创新】 2017年,龙胜与湖南怀化市通道县及柳州市三江县、桂林的资源县、建立联席会议及联防联调长效机制,三门、瓢里、乐江、平等、江底、伟江6个乡镇与周边的“三跨”矛盾纠纷基本得到防控。与周边其他6个县建立相应的“三跨”联防联调约定处置机制,更好地处理边界纠纷、维护边界稳定,促进边界人民和谐生活和经济繁荣发展。（秦顺峰）

社会治安综合治理

【概况】 2017年,龙胜县委政法委、县综治办公室、县委维稳办公室和县防范办公室合署办公。8月,社会管理综合治理委员会名称更名为社会治安综合治理委员会。全县县、乡(镇)、村(社区)有综治中心135个，共划分为136个网格开展网格化服务管理工作，同时还加强基层治安网络建设，充分发挥其积极作用。全县有专业和义务巡防队120个，队员1250多人，全县有内保单位58个。

2017年6月，县政法委举办村级警务助理暨网格员培训班，县委常委、县政法委书记梁德锋（中）做动员讲话 （县政法委 供稿）

【社会治理水平明显提高】 2017年，龙胜县推进“平安龙胜”建设，以“一无（全年平安无大事）、两降（全县刑事案件、侵财案件发案下降）、三提升（群众安全感满意度、矛盾化解率、司法公信力进一步提升）、六个坚决防止（坚决防止发生危害国家安全和社会稳定的重大政治事件；坚决防止发生有重大影响的群体性事件；坚决防止发生重大网络突发事件；坚决防止发生10人以上规模进京赴邕集访、非访；坚决防止发生进京赴邕上访出现极端行为；坚决防止发生重特大安全事故）为工作目标，积极预防和严厉打击违法犯罪，加强部门联动，把精准排查精细化解矛盾纠纷常态化，严格规范执法司法活动，没有发生大规模群体性事件和进京赴邕非正常上访，实现了“零非访”的目标，全县政治大局稳定，群众安居乐业，为全县经济社会发展营造出安全稳定的良好社会环境。2017年龙胜群众安全感在自治区排名第二，在桂林市排名第一。

【保持社会大局和谐稳定】 2017年，龙胜县牢固树立“稳定压倒一切”的思想，严格落实维护社会稳定工作责任制，加强维稳队伍网络建设，建立风险评估机制和涉法涉诉救助等机制，对重大决策、重要节点和重点项目进行社会稳定风险评估。深入排查“三敏感”问题等不稳定因素，积极预防和妥善化解群体性事件隐患，筑牢维护社会稳定的第一道防线，完成中共十九大、全国和全区“两会”、东盟博览会、国庆节、龙脊梯田节等重大节庆活动的安保工作任务。积极开展涉法涉诉司法救助工作，2017年，全县政法各部门给予16起案件的21名生活困难的当事人进行司法救助，共发放救助金14.10万元。

【“平安龙胜”建设成果巩固】 2017年，龙胜县加强巩固“平安龙胜”建设成果，措施是进一步加强治安防控。加强街面警务巡逻，增加街面流动警务车和巡警；开展“雪亮工程”建设，使视频监控系统向乡（镇）、村和旅游景点延伸，实现对动态社会监控无死角；全面推行“一村一警务助理”，全县119个村全部设置警务助理，组织做好村屯群防群治工作，不断提升人民群众的安全感和满意度。

进一步优化网格化服务管理工作，依据龙胜实际情况，将全县126个村（社区、居委会）原划分的293个网格整合为136个，不断强化网格员对群众的优质服务；建立县、乡（镇）、村3级综治中心，并将全县治安防控重点区域的监控视频信号接入县综治中心，实现综治视联网、视频监控系统、综治信息系统“三网”合一。

进一步完善“以奖代拨”纠纷调处工作激

励机制，将以往按村大小定额拨付调处经费的做法，改为依据纠纷大小给予奖补。针对“三大纠纷”的调解，按照个人与个人之间、个人与集体之间、集体与集体之间，调解成功的每件奖励200至500元，未成功的每件补助80至150元；一般民事纠纷调解成功的每件奖励200元，未成功但引导当事人通过诉讼解决的，每件补助50元。“以奖代拨”机制的推行，有效激发了基层调解员的积极性，大量的矛盾纠纷在村屯得到有效化解，没有发生矛盾激化引发的群体性事件和“民转刑”案件。此项工作得到了桂林市委领导的充分肯定。10月25日—26日在资源县召开的桂林市社会治安综合治理创新暨综治中心建设现场推进会上龙胜作了典型发言；广泛开展综治平安建设宣传，通过印制宣传围裙和环保袋2万多条、法制文艺演出40余场次、设置永久性宣传标语300多条、编唱民族山歌80多首、发送手机短信60多万条以及集中培训县、乡、村网格员和警务助理180多人等方式，广泛深入地开展平安建设宣传教育活动。

【“无邪教创建”活动开展】 2017年，龙胜县深入开展“无邪教创建”活动，进一步加强防范和处理邪教工作，并与综治平安建设工作同部署、同落实、同考核。在全县广泛开展网上“家庭拒绝邪教”承诺、“防邪知识进家庭”和“防邪知识进校园”等活动，通过进村入户面对面的宣传，真正做到家喻户晓，使干部群众对活动知晓率达98%以上，参与率达到95%以上，形成“崇尚科学、反对邪教”的生活理念，切实筑牢反邪教基层基础工作，营造浓厚的反邪教活动氛围，使邪教在龙胜无立足之地。

【政法队伍满意度】 2017年，龙胜县开展全面从严治警、规范执法司法行为、提升政法队伍执法满意度活动暨“五查五整顿”专项行动，扎实整改工作作风，促进廉洁执法，确保无政法干警违法违纪现象，实现政法干警违法违纪案件“零”发生的目标，群众对政法队伍的满意度得到提升，年度排名从2016年的全自治区第86名提升到2017年的第39名。

（周恩江）

公　安

【概况】 2017年末，龙胜各族自治县公安局（以下简称县公安局）设有2个室、2中心和6个大队，下辖10个派出所、1个看守所、1个拘留所，共有民警162人，民警数占全县常住人口的万分之9.39。职工13人、协（辅）警148人、文职人员12人。全年共开展各类业务培训21次，600余人次参加培训。

打击犯罪取得新成效，受理配侦案件27起，协助刑侦、禁毒等办案部门抓获嫌疑对象65人，外省网逃13人。全年共接待来访群众46批次

2017年11月24日，自治区人民政府副主席、公安厅厅长胡焯（左三）到龙胜调研

（县公安局　供稿）

89 人次，实现进京赴邕、到桂林均为“零集访”和“零非访”。2017 年 1 月，被评为 2016 年度全自治区优秀公安局称号。

【打击刑事犯罪】 2017 年，全县共立刑事案件 401 起，与上年同期 583 起相比下降 31.2%；破案 193 起，破案率为 48.1%，与上年同期 38.6% 相比增长 24.6%；抓获犯罪嫌疑人 166 人，与上年同期 164 人相比增长 1.2%；抓获网逃人员 36 人，与上年同期 26 人相比增长 38.5%，其中抓获自治区厅督捕逃犯 6 人；刑事拘留 124 人，逮捕 111 人，与上年同期 107 人相比增长 3.7%；移送起诉 122 人，打掉犯罪团伙 11 个，抓获团伙成员 51 人。打击防控能力明显提升。

【对多发性侵财案件的打击力度加大】 2017 年，共立各类侵财类案件 322 起，与去年同期 515 起相比下降 37.5%；破获侵财类案件 125 起，抓获各类侵财案件犯罪嫌疑人 88 人，刑事拘留侵财案件犯罪嫌疑人 72 人，逮捕侵财犯罪嫌疑人 57 人，移送起诉侵财犯罪嫌疑人 76 人。年初，县公安局联合湖南省通道侗族自治县公安局，破获在龙胜、通道等地盗窃系列摩托车案，共抓获犯罪嫌疑人 6 人，刑事拘留 4 人，取保候审 2 人，追回摩托车 11 辆，为群众追回经济损失 7 万余元。

【快速侦破严重暴力犯罪案件】 2017 年 8 月 25 日，龙胜辖区发生一起故意杀人案，通过桂林市局刑侦等部门的大力支持和全体民警的不懈努力，仅在案发五小时将犯罪嫌疑人抓获。

【各类经济犯罪严厉打击】 2017 年，龙胜县共受理经济案件 7 起，协助烟草、税务、工商等行政执法部门办理案件 3 起，立经济犯罪案件 5 起，破案 4 起，刑事拘留 3 人，逮捕 2 人，起诉 2 人，成功侦破了粟某某涉嫌职务侵占案、柯某某涉嫌合同诈骗案、张某某涉嫌合同诈骗案等一批重大案件，涉案金额达 300 余万元。

【禁毒工作成效明显】 2017 年，龙胜县共破获涉毒刑事案件 23 起，抓获 23 人，其中，逮捕 21 人，与上年同期 16 人相比上升 31%；缴获各类毒品 196.01 克；查处毒品治安案件 121 起 164 人(行政拘留 133 人，罚款 31 人，转送强制隔离戒毒 24 人。)，与上年同期 156 人相比上升 5%。

【社会治安整治行动开展】 2017 年，县公安局加大对出租屋、KTV、洗浴中心、美容美发等易藏污纳垢公共场所的排查整治力度。全年共查获赌博案件 14 宗，行政拘留涉赌违法人员 140 人；查获涉黄案件 18 起，行政拘留 18 人；排查流动人口 1120 人，特种行业 285 家；按要求检查列管中的精神病人、两牢释放人员等各类治安重点人员 659 人次。

【便民利民服务开展】 2017 年，龙胜县在节假日期间采取不放假服务、上门受理等多种形式开展便民利民服务，同时为受灾群众开通办证“绿色通道”。全年办理二代身份证 13403 份，临时身份证 3477 份；户口准予迁入证明 436 份；旅馆业特种行业许可证 15 份；办理出入境手续 4689 次。车辆及驾驶员管理方面，共办理机动车业务 5029 笔。

【接处警和指挥调度管理加强】 2017 年，龙胜县共接报警 19345 起，有效报警 1865 起，其中刑事案件 142 起，治安案件 325 起，治安纠纷 241 起，交通事故 514 起，公民求助 160 起，其他 483 起。

【交通安全管理】 2017 年，龙胜县以“防事故、保安全、保畅通”为目标，先后开展“酒后驾驶专项整治”“摩托车专项整治”“预防重特大道路交通事故专项整治”“打击非法营运”等一系列整治行动，全年全县发生交通事故405起，同比下降20%。死亡7人，伤132人。财产损失31万元，同比下降18%。

【消防安全管理及抢险救援工作】 2017年，县公安局将消防安全“网格化”管理纳入了社会综治平台，同时以龙胜镇、龙脊镇、泗水派出所为试点进行了“三定四捆绑”规范化建设。全年共检查单位3121家，发现火灾隐患或违法行为5805处，督促整改火灾隐患或违法行为5053处，印发责令改正通知书1521份，行政处罚73家，临时查封28家，责令三停33家，罚款62.15万元，拘留7人，组织火灾原因调查10起，出具火灾认定书3份，出具火灾事故简易调查事故认定书7份。

【监管场所的安全管理】 2017年，龙胜县公安局实现监所连续12年安全无事故。全年看守所新收押犯罪嫌疑人162名，处理出所170人，通过开展深挖犯罪工作破获刑事案件13起。拘留所共收拘265人，释放265人。另外，看守所视频监控已完成高清升级改造，进一步为看守所的安全管理提供有力保障。

【“天网”“地网”建设】 2017年，龙胜县公安局在打造新型巡防机制中，不断加强“天网”“地网”建设，2017年，县城“天网”实现高清无缝对接。同时整合“天网”视频监控系统以及最新的车牌识别治安卡口系统、人脸识别系统、安全管控公共无线wifi、930系统于一体，实现以信息化手段引领治安防控体系，提升犯罪打击能力。全年，通过该防控体系协作抓获犯罪嫌疑占全年抓获犯罪嫌疑人80%以上。特别在侦办陆某某等人系列扒窃案中起关键作用，共破获案件5起。

【各级各类安全警卫保卫任务完成】 2017年，龙胜县重大活动多、突发事件也多，但县局不断完善预案，进一步加强演练，在各重大活动安保中做到万无一失，完成2017环广西公路国际自行车赛、第六届龙脊梯田文化节等大型活动的安保工作15次。完成各级各类安全警卫保卫任务40余次，做到零事故、零失误。在处理突发事件方面，该局能根据演练方案快速反应，其中，在处置“7·1”洪涝灾害、“7·30”龙胜镇大坪塘火灾和“11·30”龙脊镇金竹寨火灾，该局民警均能第一时间赶赴现场，在救灾过程中，始终坚持不畏艰险，连续作战的精神，展示公安队伍的过硬素质。

【公安改革建设】 2017年，公安改革不断深化，县局党委切实履行好主要领导抓改革的政治责任，围绕“讲改革、学改革、懂改革”学习活动，深化教育培训，消除“改革就是改编制体制”的误区，全警思想和行动进一步凝聚到发挥基层首创、提升警务效能上来。截至年底，该局已完成桂林市公安局80项改革任务中的76项，完成率95%。

2017年5月，在龙胜召开第二届第六次湘桂黔边区刑侦协作会

（县公安局　供稿）

其中在龙脊景区建立的“农家乐”外国人管理新模式,通过在民宿中推广达因“智能民宿”内宾住宿登记和“桂林涉外散居登记”手机APP系统对外国人进行管理,全年共登记上传外国人入住信息2560条,排名桂林市第一,调解涉外纠纷6起,辖区无一起涉外事件、事故发生。

【第二届第六次湘桂黔边区刑侦协作会】 2017年,龙胜县成功举办第二届第六次湘桂黔边区刑侦协作会,为进一步打击犯罪,维护三省地区的社会稳定和经济发展打下基础。

【桂三高速公路交通及治安管理交接完成】 2017年10月26日,完成桂三高速公路交通及治安管理交接工作。

（蒲秦静）

检 察

【概况】 2017年,龙胜各族自治县人民检察院(以下简称县人民检察院)内设反贪污贿赂局、反渎职侵权局、侦查监督科、公诉科、控告申诉检察科、民事行政检察科、监所检察科、职务犯罪预防局、办公室、政工科、司法警察大队、人民监督员办公室、案件管理办公室、派驻泗水检察室、派驻瓢里检察室共15个二层机构。检察干警39人。其中,检察长1人,副检察长3人,专职检察委员会委员2人,员额检察官13人,助理检察官11人,司法警察5人,行政人员4人,技术人员1人,检察员5人。县检察院按照上级部署,深入开展“五查五整顿”(查思想,着力整顿理想信念滑坡问题;查纪律,着力整顿有令不行问题;查作风,着力整顿不严不实问题;查担当,着力整顿不作为、乱作为问题;查管理,着力整顿领导责任落实不力问题)专题教育活动、全面从严治检规范执法司法行为提升检察队伍满意度活动,各项检察工作取得了一定的成绩。县人民检察院获得2017年度全县绩效考评综合先进单位,职务犯罪预防局撰写的《龙胜县检察院2016年惩治和预防职务犯罪综合报告》获得自治区检察机关精品惩治和预防职务犯罪综合报告,侦查监督科办理的黄桂发容留他人吸毒案采用非法方法收集证人证言监督案获得自治区检察机关精品侦查活动监督案件。当年,工作人员获奖情况:韦兆松记自治区人民检察院个人三等功,邓美秀获自治区人民检察院个人嘉奖,吴曼琼获自治区检察机关优秀通讯员。

【严重刑事犯罪打击】 2017年,龙胜县人民检察院坚持以维护社会和谐稳定为第一责任,充分发挥批捕、起诉职能作用,与县公安局、县人民法院积极配合,严厉打击黑恶势力犯罪、严重暴力犯罪、多发性侵财犯罪、涉众型经济犯罪,有效保障人民安居乐业。1—11月共受理公安机关提请批准逮捕案件103件138人,经审查后批准逮捕83件105人;公诉部门共受理移送审查起诉案件106件140人,经审查提起公诉82件115人。全年所办理的案件无错案,案件质量好。

【矛盾纠纷依法化解】 2017年,龙胜县人民检察院贯彻宽严相济刑事政策,探索完善轻微刑事案件快速办理、检察环节认罪认罚处理等工作机制,1至11月因无逮捕必要决定不捕18件30人,对情节显著轻微、已退赃赔偿、取得谅解的不诉3人。

【受理群众来信来访】 2017年,龙胜县人民检察院全面建成综合性检务接待中心,建成高清远程视频接访系统,实现市、县两级视频接访联通,引导群众依法合理表达诉求。坚持畅通信访受理入口,按照诉访分离原则,加大初信初访审查分流办理力度,对属于检察机关管辖的,及时受理、快速移送,保障案件能够依法及时导入审查。1—11月共受理群众来信来访18件,其中举报6件、控告2件、不服公安机关不立案2件、不服刑事附带民事裁定的执行1件、涉检信访2件、申请司法救助3件、咨询2件；提供司法救助8人，发放求助金额8万元。

2017年5月26日，县人民检察院到县实验中学开展法律宣讲活动

（县人民检察院　供稿）

【社会综合治理】 2017年，龙胜县人民检察院综合运用附条件不起诉、犯罪记录封存、社会调查、必理干预等措施，加大对未成年人的司法保护力度，1—11月依法办理未成年人犯罪案件7件9人。加强青少年法制教育，提高青少年的法律意识和自我防范意识，深入学校开展以“防治校园欺凌、护航未成年成长”为主题的法制宣传活动。

【职务犯罪查办】 2017年，龙胜县人民检察院坚决贯彻中共中央关于反腐败斗争的决策部署，坚持“老虎”“苍蝇”一起打，惩治预防两手抓。1—11月共立案侦查8件8人，其中要案1件1人(副处级)，大案7件7人，贪污贿赂职务犯罪案件7件7人，渎职侵权类案件1件1人，总涉案金额高达469余万元。挽回经济损失400余万元。在所立案侦查的案件中有5件5人为桂林市检察院交办，其余3件3人是涉及国家惠农资金案件，这是龙胜院继2015年重拳打击涉农惠民领域案件后，继续在该领域加大惩处力度取得的阶段性成果。

【开展职务犯罪预防工作】 2017年，龙胜县人民检察院在结合办案的基础上对发现职务犯罪苗头性、倾向性问题及时开展预防调查，对一些行业性、系统性的问题进行深入的调查研究，形成专项预防调查报告，对有关单位存在的廉政问题及时发出检察建议，帮助建章立制，加强廉政风险管控，防止风险点的蔓延和扩大化。1—11月针对全县的具体情况和职务犯罪的发展趋势，分系统、行业撰写案例分析5篇，完成调查报告32篇；开展警示教育宣传36次；针对案发单位发出检察建议3篇，被采纳3次；发送格言警句公益短信400条；行贿犯罪档案查询服务1597次。在农村“两委”换届期间，县检察院用行贿犯罪档案查询服务农村“两委”换届选举，

2017年7日10日，桂林市人大常委会对龙胜各族自治县人民检察院查办职务犯罪工作进行调研

（县人民检察院　供稿）

共受理各乡镇行贿犯罪档案查询申请11批次，共查询421人。在“两委”换届工作结束后，又及时对新上任的村“两委”人员开展职务犯罪预防警示教育，在他们履新之初敲响警钟、防患未然。

【刑事立案、侦查和审判活动监督】 2017年，龙胜县人民检察院监督侦查机关应当立案而不立案9件20人，不应当立案而立案1件1人；纠正漏捕8件11人，追加起诉遗漏犯罪嫌疑人5人，追加起诉遗漏犯罪事实3起；对侦查机关侦查活动的违法情形，书面提出纠正意见6件次，发出检察建议1件次。深入推进“两法衔接”，进一步完善联席会议、个案提前介入、情况通报等制度，针对重点罪名细化案件移送标准，增强打击合力。

【刑事执行活动监督】 2017年，龙胜县人民检察院注重保障被羁押人员合法权益，监督纠正刑罚执行和监管活动中的违法情形6件次；开展羁押必要性审查14人次；提出羁押期限预警15人次，有效防止超期羁押案件的发生；对辖区内所有缓刑、假释、暂予监外执行、剥夺政治权利的罪犯进行6次例行检查，在检察中发现各类监外执行违法违规情况3人，其中脱管失控2人，未按规定收监的1人。对此，提出纠正意见3件次，已纠正3人；办结财产刑执行案件1件。

【民事行政诉讼活动监督】 2017年，龙胜县人民检察院正确运用法律赋予的监督方式和手段，进一步完善多元化监督格局。加强和规范对民事诉讼、行政诉讼活动的法律监督，认真做好释法说理、服判息诉工作。1—11月受理民事行政案件7件并发出执行监督检察建议1件，被法院采纳1件，其余6件正在办理中。积极推进公益诉讼工作开展。根据上级检察机关关于开展公益诉讼工作相关部署，并主动向县委、县人大、县政府和县政法委报告该院在推进开展公益诉讼的工作情况，争取理解和支持，并走访县林业、国土等行政执法部门，宣传检察机关开展公益诉讼工作，加强案件线索摸排力度，确保公益诉讼工作扎实推进。

【司法体制改革各项工作】 2017年，龙胜县人民检察院开展司法体制改革各项工作，做好材料的组织和上报工作，做好内设机构改革、司法办案组调研、司法体制改革过程中基层检察院建设的调研、司法责任制改革及执行情况的调研和材料上报工作。严格认真按照上级检察院的部署和要求上报该院内设机构改革方案，改革方案已得到自治区检察院的批复。做好人员分类管理工作，按照自治区组织部和自治区检察院的相关文件要求，稳步做好该院员额检察官、检察官助理单独职务序列人员分类工作，将文件中明确职数、等级的人员按照任职条件填好任职审批表上报组织部批复、备案；将文件中不能明确的超等次、超职数问题如实上报上级检察机关，等候上级指导意见后再进行分类。

（刘 莹）

法 院

【概况】 2017年，龙胜各族自治县人民法院（以下简称县人民法院）在职在编干警总人数为65人，聘用人员9人。其中：员额法官19人，法官助理23人，书记员12人，法警10人，司法行政人员10人。原有内设机构14个，即：政工科、监察室、办公室、立案庭、刑事审判庭、民事审判第一庭、民事审判第二庭、行政审判庭、审判监督庭、审判管理办公室、执行局第一庭、第二庭、第三庭、司法警察大队。人民法庭4个即：城关人民法庭、瓢里人民法庭、泗水人民法庭、平等人民法庭。因工作需要，城关人民法庭并入县法院开展工作，瓢里人民法庭与平等人民法庭合署办公。员额制改革后，龙胜县人民法院组建刑事、民事、速裁、法庭及综合五大新型审判团队。

2017年，县人民法院全年共受理刑事、民商事、行政各类诉讼案件607件，审结577件，结案率95.06%。

【刑事审判】 2017年，龙胜县审结各类刑事案件104件，判处罪犯147人。依法审结刘某抢劫案、阳某等9人盗窃耕牛案等各种暴力犯罪和危害社会治安、影响群众生产生活的多发性犯罪案件69件，判处罪犯88人，进一步提升群众安全感和满意度；审结杨某开增值税专用发票案，有效维护社会主义市场经济秩序；审结谢某、唐某贩卖毒品等涉毒案件15件，严厉打击毒品犯罪；审结滥伐林木等破坏生态环境资源犯罪案件10件，判处罪犯13人，依法保护好龙胜的青山绿水；审结职务犯罪案件4件，公开开庭审理荔浦县人大常委会原主任秦凌云受贿、贪污案，推动反腐败斗争深入开展；对罪刑较轻、社会危害不大的罪犯，依法适用缓刑和非监禁刑，其中判处缓刑28人。县人民法院刑事审判庭被评为桂林市巾帼建功集体。

【民商事审判】 2017年，龙胜县人民法院充分发挥民商事审判定纷止争、维护诚信、保障民生的重要作用，把调解工作贯穿于民商事审判全过程，努力做到案结事了。全年审结各类民商事案件458件，调撤结案225件，调撤率49.13%。妥善审理金融借款合同、民间借贷纠纷案件128件，维护县域金融秩序，助推社会诚信建设；依托龙脊景区旅游巡回法庭，快速高效处理涉旅游纠纷，有效促进龙胜旅游市场的健康有序发展；依法快速审理劳动争议、劳务合同、人身损害赔偿等涉及群众生产生活切身利益的案件66件，切实保障民生。

【依法审理婚姻家庭纠纷案件】 2017年，龙胜县人民法院依法审理婚姻家庭纠纷案件152件，有效保护妇女儿童及老人的合法权益，重建幸福和谐的家庭。

【受理行政诉讼案件】 2017年，龙胜县人民法院全年受理行政诉讼案件15件，审结15件。加强司法与行政的良性互动，积极推进行政首长出庭应诉，行政机关负责人出庭应诉率继续保持100%，实现“官民”平等，有力推动行政争议实质化解，维护行政相对人合法权益，支持和促进行政机关依法行政。主动为行政部门提供执法业务培训和法律咨询80人次，在全桂林市基层法院率先发布《行政审判白皮书》，从司法审查的角度，对龙胜县人民法院2015—2016年审理的51件行政诉讼案件进行分析，提出建议，从源头上预防和减少行政争议。

【受理各类执行案件】 2017年，龙胜县人民法院全年受理各类执行案件272件，执结238件，执行到位标的1475.91万元，有效化解了一批案情复杂、涉案人数众多、社会影响较大的系列案，取得很好的法律效果和社会效果，2名干警被自治区高院评为“百日清案”先进个人。依法采取各类强制措施201件次，其中：查封财产22件次，冻结、

2017年5月，县人民法院开庭审理案件 （县人民法院 供稿）

扣留、提取工资收入、拍卖等79件次，发布失信被执行人名单30人次，限制高消费50人次。集中开展拘留失信被执行人的“春雷行动”“秋季行动”和“冬季风暴”，共拘传被执行人20人次，执结案件16件，执行到位标的31.57万元，集中亮剑治“老赖”。与县纪委监察局建立执行联动机制，对拒不履行生效法律文书确定义务的涉公职被执行人，及时向县纪委监察局进行通报。将失信被执行人名单通过龙胜县人民法院官方网站、微博、微信和龙胜电视台、中心广场电子显示屏、政府公告栏、各乡镇公告栏等平台向社会予以公布，督促被执行人及时履行生效法律文书确定的义务，共有29名失信被执行人因名单被公布而及时主动履行标的款共计162.77万元，执结案件25件，取得良好的效果。

全面启用网络司法拍卖，共在淘宝网拍卖标的物30处，涉案标的1654.36万元，网拍成交房产8处，成交金额315.92万元，溢价率8.58%，节省佣金15.80万元。推行执行案款“一案一账号”管理制度，确保执行案款及时兑付当事人。

【延伸司法审判职能，参与社会综合治理】 2017年，县人民法院充分发挥人民法院在多元化纠纷解决机制中的引领、推动和保障作用，整合社会资源，与交警、司法、村委合力化解矛盾纠纷。利用派出法庭、交通巡回法庭及返聘退休法官和驻贫困村第一书记开展诉前调解。2017年，诉前调解结案103件，其中99件案件达成调解协议，80%的案件当场得到有效履行，其他案件1个月内履行到位，节约司法资源，减轻群众诉累。联合桂林市妇联成立“惜缘婚姻家庭辅导室”，为当事人提供婚姻家庭法律咨询和婚姻矛盾调解、心理疏导等精细化服务，更好化解婚姻家庭纠纷，龙胜县人民法院被评为桂林市维护妇女儿童权益先进集体，1名干警被评为自治区维护妇女儿童权益先进个人。

积极开展法律进校园、进社区活动，举办校园法治讲座11场次，社区法律宣传活动21场次，提供法律咨询700余人次。分别在龙脊、瓢里、泗水3个中心小学成立青少年法治教育基地，为乡村未成年人传播法律知识、培育法治精神、弘扬法治文化；在各类媒体发表稿件134篇，其中省级以上媒体41篇，国家级媒体6篇；县、市、自治区电视新闻共计11条，讲好法院故事。

坚持源头治理，实行诉访分离、判后答疑、法官主动下访、院长接待日等制度，畅通信访渠道，引导群众依法理性表达诉求。县人民法院全年共接待来访群众610人次，法官带案下访43人次，巡回接访51人次，全年无涉法涉诉非访案件发生。

【司法为民】 2017年，龙胜县人民法院坚持就地办案，深入村寨等地开展巡回办案67场次，方便群众诉讼；提升诉讼服务水平，开展网上预立案，依托网络为外地当事人立案5件，方便当事人，受到群众欢迎；为贫困户、农民工、老年人、残疾人和军人开辟“绿色通道”，做到优先立案、优先审理、优先执行。

加大对孤寡老人、残疾人、贫困群众等困难弱势群体的司法救助力度，救助困难当事人32人，发放司法救助金29.7万元。对因生活困难交不起诉讼费的当事人，给予减、免、缓交诉讼费11.26万元，让交不起诉讼费的群众也能打得起官司。

龙脊景区旅游巡回法庭建成投入使用，新审判大楼建设稳步推进。信息化建设不断加强，每个法庭都安装庭审公开直播系统，老百姓足不出户就能观看庭审；完成12200件案件共21863册案卷纸质档案的电子扫描，人民群众调阅案卷更方便；智慧审判系统上线运行，办案效率进一步提高。

【脱贫攻坚】 2017年，龙胜县人民法院把脱贫攻坚作为最大政治责任和最大民生工程来抓，积极

2017 年 11 月，县人民法院到扶贫联系点开展扶贫调研

（县人民法院　供稿）

投入人力、物力开展精准扶贫工作。全院 63 名干警结对帮扶平等镇新元村、龙脊镇龙脊村共 152 户贫困户，多方筹措投入资金和物资共计 31.2 万元，帮助结对贫困村修建风雨桥、硬化道路、兴建文化楼。坚持扶贫扶志相结合，为结对贫困村“两委”成员和村小组长上专题党课，宣传中共十九大精神，强化村级文化建设，指导新元村举办首届“黑糯节”，贫困群众的获得感和幸福感进一步提升。

【推进司法改革】 2017 年，龙胜县人民法院通过深化司法改革，审判质效和司法公信力进一步提高，办案周期由原来平均每案 85 天缩短到 59 天，办案效率在正常审限内提升 31%，一审案件改判率、发回重审率同比分别下降 5.64% 和 4.67%。

组建以员额法官为核心、以辅助人员为支撑的 5 个新型审判团队，组建刑事、民事两大专业法官会议，完善审判委员会制度，有效提升办案质效。进一步落实人民陪审员制度，通过扩大陪审范围、提高陪审能力、发挥陪审作用，促进司法民主。

按照岗位职责、办案数量，科学确定法官、司法辅助人员、司法行政人员比例，有序推进法官、法官助理、书记员单独职务序列等级确认及晋升工作。按照“审理者裁判、裁判者负责”的司法责任制原则，积极落实新型审判权运行机制，确立各类审判主体办案机制和办案责任。实现院、庭长办案常态化，全年院、庭长办案 518 件，占结案总数的 63.56%。

构建全院全员全过程的监督管理机制，依托信息化手段，推进审判流程监督，把司法权运行的每一个节点都纳入可查可控范围，构建规范审判权运行的“数据铁笼”，并制定出台《审判流程管理规定》等三项监督管理制度。

【队伍建设】 2017 年，龙胜县人民法院全面贯彻落实党要管党、从严治党的要求，切实增强全院干警的“四个意识”，坚定“四个自信”，打造忠诚干净担当的法院队伍，院党总支连续 5 年被评为先进基层党组织，1 名干警被评为桂林市三八红旗手。把党的政治建设放在首位，推进“两学一做”学习教育常态化、制度化，始终坚持党对法院工作的绝对领导，确保法院工作正确的政治方向。院长与班子成员，分管领导与中层干部层层签订党风廉洁责任状和意识形态工作责任书。深化司法廉洁教育，组织干警观看廉政警示教育片。开展明查暗访，经常与干警谈心谈话，对发现的问题，及时督促整改。

组织干警参加培训学习 163 人次、庭审观摩 8 场次、案件评查 514 件，开展“优秀裁判文书”“优秀示范庭审”评比和书记员技能竞赛，促进干警业务素质的整体提升。开展全面从严治警规范执法司法行为提升队伍满意度、全面从严治警“五查五整顿”（查思想，着力整顿理想信念滑坡问题；查纪律，着力整顿有令不行问题；查作风，着力整

2017 年 6 月,县人民法院进行宪法宣誓　　（县人民法院　供稿）

顿不严不实问题;查担当,着力整顿不作为、乱作为问题;查管理,着力整顿领导责任落实不力问题)和查处发生在群众身边的“四风”和腐败问题等专项活动,紧盯“四风”新动向,进一步加强全院干警纪律作风建设。（吴限臣）

注:

一案一账号:每个案件都有一个专属账户,实现执行案号与银行专户的高度匹配,案款进、出全程留痕,实现案款信息化管理。

专业法官会议:主要为合议庭正确理解和适用法律提供咨询意见,讨论意见供合议庭复议时参考,采纳与否由合议庭决定,讨论记录入卷备查。

完善审判委员会制度:指审判委员会逐步减少对具体案件的讨论和对个案作出决定,更加强总结审判工作经验、决定审判工作重大事项职能。

司法行政

【概况】 2017 年,龙胜各族自治县司法局(以下简称县司法局)内设办公室、法制宣传股、基层工作股、公证律师管理股、法律援助中心、社区矫正股 6 个股室,辖 10 个乡(镇)司法所,管理自治县公证处(财政全额拨款事业单位),共有司法行政干部 33 人,事业编制工作人员 2 人。指导管理 8 家基层法律服务所,19 名基层法律服务工作者;监督管理 1 家律师事务所,执业律师 6 人。2017 年度绩效考评在桂林市司法行政系统中获二等等次;在全县绩效考评工作中获全县一等等次,并被评为“2017 年度绩效考评综合先进单位”。

【公共法律服务体系建设】 2017 年,龙胜县司法局以推进公共法律服务体系建设为重点,构建法律服务资源共享的“大服务”平台体系,发挥辅政惠民提效作用。组织 6 名律师、10 名基层法律服务工作者启动“一村(社区)一法律顾问”签约仪式并开展法律服务工作,完成 75 个村(社区、街道)覆盖法律顾问工作,实现贫困村法律顾问全覆盖;设立县法律援助中心驻法院工作站和看守所工作站;同年 9 月 12 日,借助全县村“两委”换届后的新一届村“两委”干部培训之际,县司法局在县委党校举办针对全县村“两委”干部、贫困村第一书记的“法律援助·助力精准扶贫”培训会,加大对贫困群众的法律援助力度,进一步延伸法律援助的工作“触角”,助力脱贫攻坚,让法律援助成为弱者的“保护之盾”,让法律服务真正受惠于民。

【公证体制改革】 2017 年,龙胜县司法局推动行政体制公证机构转为事业体制公证机构,完成县公证处的法人设立登记(备案)和法定代表人登记,获取龙胜各族自治县公证处统一社会信用代码,并落实 2 名事业编制工作人员,顺利完成自治县公证体制改革和机制创新。年内县公证处办理各类公证共146件,其中继承权公证113件,单方法律行为公证22件,现场监督8件,其他有法律意义事实3件。无错证、假证现象发生。

【普法教育工作】 2017年,龙胜县司法局深化法治宣传教育,"百节"普法成果显著。结合龙胜民俗民情、人民调解和扶贫工作,积极推行"谁执法谁普法、谁主管谁普法"工作机制,深入开展"法律七进"活动;通过桂林市电视台"法治桂林"电视专栏、县电视台法治专栏和"法治龙胜"微信公众号开展多媒体法治宣传,深化法治文化建设;在龙脊镇临河广场搭建长20米、高10米的法制宣传长廊;在马堤乡芙蓉村等全县公路醒目地段树立法治宣传牌,完善法治文化宣传阵地建设,全方位、多角度地展现了法治精神,营造了尊法学法守法用法的社会氛围。

【人民调解工作】 2017年,龙胜县司法局狠抓矛盾纠纷排查化解,进一步完善龙脊旅游纠纷人民调解委员会和部分景区调解组织,逐步使得人民调解向更专业化、行业化迈进。年内共排查出各类矛盾纠纷551起,调处成功546件,调处成功率达98%以上,将矛盾纠纷化解在基层、消除在萌芽状态,有效地维护了社会稳定。

【特殊人群服务管理】 2017年,龙胜社区矫正、安置帮教工作进一步规范,实现无漏管、无脱管现象及无重新犯罪案件的发生。当年全县共接收刑满释放人员62名,自2012年接管社区矫正工作以来,累计接收社区矫正服刑人员334人,累计到期解除矫正264人,实际在册70人,累计开展庭前调查评估13次。

【队伍建设】 2017年,龙胜县司法局开展全面从严治警"五查五整顿"专项行动,规范执法司法行为提升司法行政队伍满意度,使严守铁规禁令、规范执法司法成为广大司法干警的自觉行动,努力建设一只信念坚定、司法为民、敢于担当、清正廉洁的司法队伍,切实提升群众安全感和队伍满意度。加强干部教育培训工作,分别选派2名所长参加自治区维稳骨干培训班,1名干警参加2017年度公证员考核任职培训班,7名干警参加厦门大学的司法行政系统干部综合能力提升班,努力提升队伍综合业务素质能力。

【扶贫工作】 2017年,龙胜县司法局进一步落实扶贫措施,扎实做好扶贫攻坚各环节工作,结合"法律七进"、公共法律服务体系等职能建设,深入开展"精准发力爱心帮扶法律服务打赢脱贫攻坚战"活动,实现"7个100%"的工作目标,顺利完成三门镇大罗村贫困村脱贫工作,努力为全县脱贫攻坚工作贡献司法行政正能量。

(马 艳 梁鑫磊)

2017年12月,县司法局在县城民族广场开展法律咨询活动

(县司法局 供稿)

军　　事

2017 年 9 月 10 日，龙胜新兵入伍，图为母亲送儿当兵　　（县新闻中心　供稿）

县人民武装部

【概况】 2017年,龙胜各族自治县人民武装部始终坚持严格按照广西军区和桂林警备区党委扩大会的部署要求,深入学习贯彻中央军委主席习近平关于治军强军的重要讲话精神,紧紧围绕强军目标,科学筹划年度工作。中共十九大召开后,围绕学习、贯彻十九大精神,扎实抓好以“严抓学习教育、严守纪律规矩、严厉纠风治弊、严格监督问责”为重点内容的学习教育,切实增强贯彻执行党的路线方针政策和上级重大决策部署的高度自觉性。通过全体干部职工的共同努力,完成年度各项工作任务。

【认真贯彻中共十九大精神】 中共十九大召开前,认真筹划迎接和学习贯彻准备工作,组织干部、职工深入学习贯彻习主席7.26重要讲话,观看《强军》《不忘初心继续前行》等专题片,营造浓厚的政治氛围。十九大召开期间,组织全体干部职工第一时间收看收听,第一时间传达、学习,第一时间讨论、交流。十九大胜利闭幕后,在参加上级学习贯彻动员部署会的基础上,部党委通过召开干部、职工大会、党委扩大会等方式集中进行了两次再动员再部署工作,进一步统一思想。组织学习讨论领会十九大会议精神,出版十九大宣传版报,人人写心得体会,还结合交班时机,重点抽查干部、职工学习掌握十九大精神的情况;利用组织生活会和党日活动等时机,集中开展学习交流、重温入党誓词等活动。在年度民兵训练中,把学习贯彻十九大精神作为民兵军事训练的重要内容。

【领导班子建设】 2017年,龙胜县人民武装部领导班子变动大。部长是新调整调入的。7月班子调整后,党委一班人坚持按照《党委工作条例》要求,在涉及重大问题、大项工作、大项活动、大项经费开支、人事任用等工作上,带头讲原则、讲规矩,坚持把事务公开、把办事过程透明,以公开促公平并接受群众的监督;全面停止有偿服务工作,严格执纪监督力度,严防违规违纪问题发生;通达对新调入成员交任务、压担子等方式面对面的搞好传帮带,帮助尽快适应岗位、进入角色。部党委“一班人”思想统一,确定“筑牢军魂改作风,固本强基谋打赢,严抓细打保安全”的工作思路。形成了存共识、求作为、谋发展的自身建设的坚强班子。

【严明部队纪律规范军人作风】 2017年,龙胜县人民武装部在部队建设中重点抓好严明组织纪律、严守条令条例、规范军人作风工作。以中共十九大精神为动力,维护党中央权威、维护核心、维护和贯彻军委主席负责制的根本,做好“严抓学习教育、严守纪律规矩、严厉纠风治弊、严格监督问责”为重点的纪律教育。结合推进“两学一做”学习教育常态化制度化,不断强化党员干部“四个意识”,切实增强贯彻执行党的路线方针政策和上级重大决策部署的高度自觉性。坚持不懈地注重理论灌输、营造廉政文化、党性党风党纪学习、日常警示教育,提高廉洁自律意识。紧跟军区系统改革进程,加大对执行纪律特别是政治纪律情况的监督检查力度,从严查纠推进改革、落实改革、整编落编中的违规违纪问题,全方位全时段对党员干部落实廉政规定情况进行检查监督。确保调整改革期间政令军令畅通、部队风清气正、纯洁巩固。

【县委常委议军会议召开】 2017年2月27日,中共龙胜县委议军会议召开。会议由县委常委、人武部政委汇报上年度工作和本年度亟需解决的问题。会议决定:指定由常务副县长主持制定县人武部常驻营区规范化建设方案,报县人民政府批准后实施；由县财政安排专项经费对县实弹训练场进行维修；将县人武部在岗人员列入全县绩效管理和考评范围，绩效考评奖励列入县财政预算。

【国防动员工作】 年初，国防动员委员会结合人事变动及时调整人员，并根据辖区实际情况，进一步明确国防动员工作的指导思想、建设目标、主要任务和措施要求。根据加强国防后备力量建设面临的新任务，着重抓指挥自动化建设、战备基础设施建设等工作。组织完成人民武装、国民经济、人民防空、交通战备、政治动员等专项动员方案和配套保障计划的工作；基本掌握全县国防动员资源的分布；完成国防动员指挥网络建设。形成层次分明、上下衔接、完整配套的国防动员方案体系。为战时实施快速动员打基础。着眼“机制完善、动员快速、数量充足、高质量、保打赢”的目标，按照“两个适应”的要求，抓基干民兵组织调整和应急动员力量建设，形成与任务相适应的参战支前力量体系。10 月 26 日，组织应急分队和基干民兵进行军事训练，进一步提高民兵队伍快速动员和遂行任务的能力；完成民兵组织结构调整编组和军事专业对口技术人员预备役登记统计；掌握经济动员资源数、质量及分布情况，编制综合和工业企业、医疗物资、军需物资、通用装备、专业保障队伍等经济动员预案；建立平战结合、军地联储联供的物资保障体系；组建军需物资、卫勤保障等应急专业保障队伍；完成交通重点目标保障方案编制和落实保障措施。完成政治动员潜力调查，掌握全县政治动员潜力，建立政治动员人才数据库，广泛开展国防教育。国防动员工作营造全社会关心支持国防后备力量建设的良好氛围。

【年度征兵任务完成】 2017 年，龙胜县从 5 月初开始进入征兵工作，5 月—7 月底为宣传发动阶段，在学校、社会开展形式多样的宣传，得到学校、社会对征兵工作的支持，有效激发应征青年的报名参军积极性。县领导对征兵工作高度重视。7 月 25 日至 8 月 8 日进入征兵实质性工作。召开县征兵工作会议，传达上级征兵工作会议精神，部署县征兵各项具体工作，成立县、乡镇征兵领导小组、落实征兵工作经费，明确体检、政审标准、要求。8 月 10 日—19 日，开展体检和政审初检初审和县的总检总审工作。9 月 4 日召开定兵会。坚持择优、廉洁、集体定兵的原则，为廉洁定兵，全县聘请 48 名廉洁定兵监督员，接受全方位的群众监督。最后以高标准、高质量、廉洁态度组织进行定兵。9 月 10 日欢送新兵入伍，完成年度征兵任务。

【民兵训练】 2017 年，龙胜县民兵训练从 10 月 26 日开始到 11 月 10 日结束。在整个集训过程中，利用政治教育时间，贯彻中共十九大会议精神；依照警备区民兵军事训练工作指示和民兵应急分队评比性考核通知精神要求，重点组织民兵进行

2017 年 10 月，县人民武装部开展民兵军事训练

（县新闻中心　供稿）

出动演练、队列动作、战术动作、卫生与救护，3000米跑、警棍盾牌操等内容的训练。严格按照《民兵军事训练大纲》的规定，集中训练时间15天，其中军事训练13天，政治教育2天，完成《民兵军事训练大纲》规定的有关训练科目。

【应对突发事件及时】 7月1日浔江发生大洪水，都坪河段发生采沙船脱缆，严重威胁下游大云水电站的事故。接到紧急通知后，县人武部立即派出民兵应急分队前往抢救险。经7小时抢险作业，把船体加固在拦水坝上；转移疏散受洪水威胁的岸边5户居民。完成采沙船脱缆险情处置。11月29日20时，龙脊镇金江村金竹寨发生民房火灾。县人武派出9名人员、2台指挥车和救火器材赶赴现场，与当地政府、消防部门配合，部长亲自组织指挥救援。经过现场紧急灭火、疏散受灾民众、房屋强拆控制漫延、维护火灾现场秩序等抢救行动。23时15分火灾被扑灭。

【拥政爱民和拥军优属】 2017年，龙胜县委、县政府领导经常过问征兵工作进展；强调各乡（镇）和相关单位在人力、财力、物力上保证征兵任务的完成；及时拨付征兵经费；提高义务兵服役优待金；“八一”建军节前夕，县四家班子领导对全县的军烈属进行走访慰问。县人武部领导在电视台发表征兵宣传讲话、率领征兵办指导乡镇征兵工作。县人武部认真贯彻落实军区和警备区打赢脱贫攻坚战工作会议精神，按县委、县政府的要求，抓好各项精准扶贫政策的落实。

年内，为结对帮扶江底乡地灵头村的40户贫困户赠送5万余元生活必需品和产业扶持物资。以拥军惠军政策协调地方相关部门为3名现役军人家属处理家庭涉法问题；1名军人子女择校入读；在纪念建军90周年活动中，利用媒体大力宣扬3名龙胜籍立功受奖官兵和“最美双拥人物”乐江乡河口村村民韦永平的事迹，提升军人军属荣誉感。 （唐新锰　吴子雄）

县武警中队

【概况】 2017年，龙胜县武警中队认真贯彻落实中共央军委主席习近平系列重要讲话精神和三级党委扩大会议精神，按照年初制定的工作思路和目标，全面抓建设、扎实打基础、反复抓落实，全程保稳定，持续纠“四风”、改作风、正风气，按照总部、总队、支队工作思路和阶段性要求，加强思想政治建设，思想政治基础进一步牢固；狠抓军事训练，官兵遂行任务能力进一步提高；落实正规化执勤，目标安全系数进一步提升；落实正规化建设要求，部队建设基础进一步夯实；坚持从严治军，部队安全发展得到保障；注重后勤工作规范化，综合保障能力进一步增强；加强班子建设，班子建设水平不断进步。

【中队党支部建设】 2017年，龙胜县武警中队始终把党支部自身建设作为争创先进中队的首要任务来抓。7月党支部班子进行了较大的调整。认真开展“两学一做”（学习党章、学习习近平系列重要讲话，做合格共产党员）、学习党委扩大会议精神的基础上，支部一班人采取平时个人、党日集体学、会议讨论学的方式，重点研究学习总队“奋力向武警部队第一方阵迈进的关键跨越”、支队“建设全面过硬窗口部队”等新思路、新要求。在贯彻落实中坚持做到三进入：进入干部理论学习、进入支部议事内容、进入日常工作实践，并从中不断汲取带领部队打基础、谋发展的养分。

2017年上半年，中队确立的6名入党积极分子，发展的1名党员及推荐上报的技术学兵5人、参加士兵考学2人和预提指挥士官集训2人。当年，中队按照组织制度、“四个一”（批评与自我批评、党课教育、思想汇报和配合活动）、“一交二定三落实”和“四比四看”等有效载体，充分发挥好

3 支队伍和 2 个群众性组织作用。支部始终注重“三支队伍”建设和“两个助手”作用发挥,入情入理教育引导、用心用情帮带提高,不断提高全体官兵工作热情。结合“新时期共产党员好样子大讨论活动”扎实搞好党员、干部的理论学习,努力提高党员干部思维层次和理论素质,不断强化工作实践能力。

【执勤训练情况】 2017 年,龙胜县武警中队严格落实执勤装备管理、查铺查哨、执勤部署等制度。落实奖惩措施,有效提升勤务质量。根据战备工作会议精神要求,为进一步规范中队的战备秩序,对中队战备库室进行改造,提高了中队的战备水平。加强实战化训练切实将训练与任务紧密结合,中队多次组织处置突发事件,组织中队官兵战术作业和方案演练,利用驻地的山坡进行体能训练,进一步强化以体能、战术为主的单兵课目训练。提高官兵的体能素质和执勤处突能力。

【部队管理情况】 县武警中队严格落实一日生活制度,做好“三抓”:即抓集合速度练雷厉风行作风,抓内务设置练精益求精标准,抓生活习惯树革命军人传统。同时,中队以“抓养成、严管理、促规范、保安全”活动为契机,严格部队管理、狠抓官兵日常养成、规范部队秩序、确保内部安全稳定,在一点一滴中提升军人素养,提升军营文化。

坚持以群众性创安活动和暑期百日安全活动为载体,建立健全安全小组、安全员,每月开展安全形势分析、安全检查和风险评估,重大节日搞好安全教育,每个敏感时期、每个重点关注人员都能做到有检查、有分析、有对策。

坚持每日点名,查铺点人,同时把勤杂人员和在外人员作为管控重点,对在外人员施行跟踪管理,做到走前有交待、到家有汇报、期间有提醒、归队有销假,确保人员不失控不失管。坚决杜绝违规使用手机现象和失泄密事件。严格落实枪弹安全管理规定切实做到“五同”,确保枪弹绝对安全。

【思想教育情况】 2017 年,龙胜县武警中队按照支队政治教育计划结合中队实际,严格落实政治教育“六步法”,干部深入班排组织讨论交流,人人谈体会,逐个亮思想,充分消化大课辅导和剖题教育授课内容。同时,广泛开展红色电影观看、红色故事朗读、读书笔记展评等配合活动,不断提振精气神、聚力赢大考。借鉴恭城县中队现场会经验,把“两学一做”活动引向制度化常态化,利用“教育时间领着学、备勤时间小组学、课余时间个人学”的组织形式,严密组织学习中共十九大精神和中共央军委主席习近平论强军兴军读本。

采取以讲强军故事的形式搞活政治教育,不断引导官兵尊干爱兵、以队为家、爱岗敬业、遵纪守法争当强军兴军的实践者。把政治教育的课堂外移到烈士陵园、贫困户的田间地里、执勤一线的哨位上,有效提高了教育的感染力,增强了官兵的责任感和使命感。

【后勤保障情况】 2017 年,县武警中队坚持以“三个服务”为重点,确立“建好队伍,搞好管理,热情服务,提高保障能力”的思路,不断加强后勤正规化建设,后勤保障效益逐步显现。

建好后勤队伍。坚持对后勤人员进行补课教育、谈心、汇报、定期分析,使给养员树牢保障意识,端正服务态度。

搞好规范管理。坚持支部集体理财,大项经费使用严格报批程序;坚持账目公布和财务审查制度,每月定期公布账目,自觉接受官兵监督;坚持落实营产营具管理责任制。

提高种植养殖。进行蔬菜生产,饲养猪、鸭、鹅、鱼,改善官兵伙食。

【双拥共建情况】 2017 年,龙胜县武警中队始终把双拥工作放在重要位置,坚持与部队建设同步发展。年初,制定新的共建活动制度、助民制度、

2017年8月,县委书记周卉(右)到县武警中队慰问官兵

(县新闻中心　供稿)

助学扶贫制度、奖惩制度、互帮互学制度,并坚持将这些制度细致渗透到中队建设的各项工作中,确保了整个双拥工作有序开展。共建单位积极发挥自身文体特长,经常组织员工到中队开展气排球等活动,传授官兵技巧,每逢"八一"、过年等重大传统节日,共建单位都到中队来慰问,给战士送温暖、送爱心,并开展丰富多彩的文体活动。中队先后完成清明节敬献花圈任务、国庆节武器巡逻勤务等勤务。(白　健　袁训成)

武警龙胜各族自治县消防大队

【概况】 2017年,武警龙胜各族自治县消防大队(简称武警县消防大队)以"立规矩、强基础、谋发展、保平安"为总体思路,主动作为、迎难而上,完成了农历"三月三"、红瑶长发节、第六届龙脊梯田文化节、中共十九大召开期间的消防安保、伟江乡跳香节等8个重大消防安保任务,中队党支部获得支队先进党支部荣誉,各项工作取得可喜变化,部队建设和消防工作呈现稳中向好的态势。保持了龙胜县消防工作和部队建设发展的良好态势,实现了社会面火灾形势和部队内部的"双稳定",全年部队内部未发生安全责任事故,全县共接处警71起,疏散抢救被困群众340余人、抢救财产价值2480万余元。完成中共十九大期间、农历"三月三"红瑶长发节、第六届龙脊梯田文化节、伟江乡跳香节等安保任务,打赢了6月29日龙胜抗洪抢险等急难险重救援任务,受到党委政府和人民群众高度肯定,龙胜大队被评为龙胜各族自治县抗洪抢险先进集体,2人获县先进个人,5人获支队嘉奖。

获支队"春雷杯"五人制足球友谊赛第二名,大队一队一精品节目《夜雨桑江》获支队"喜迎十九大、红门抒豪情"节目评比第二名。

【宣传贯彻《消防安全责任制实施办法》】 2017年,该大队宣传贯彻《消防安全责任制实施办法》,开展驻村驻点帮扶指导村寨开展防火宣传工作,排查30户以上村寨383个,邀请龙胜县县长吴永合为消防宣传代言,推动龙脊镇平安村作为智慧消防建设试点。全县共接处警71起,疏散抢救被困群众340余人、抢救财产价值2480万余元。

【争取地方党委、政府重视支持】 2017年,县消防大队党委配合县政府召开消防工作会,积极向地方党政一把手汇报工作,当好参谋,推动定期开展消防检查、专题研究消防工作、协调解决龙胜消防工作遇到的难点问题。

【隐患治理强化】 2017年,龙胜县消防大队开展消防安全风险评估,对村寨连片木质板房、商场市场、高层建筑和消防安全重点单位等实施分类"问诊"。提请省政府部署开展电气火灾、文物古

建筑、高层建筑等8专项治理行动,以龙胜镇龙脊景区为重点深化村寨消防安全整治,全县共督促整改火灾隐患4739处,整改销案1家重大火灾隐患单位。

【消防知识宣传】 2017年,龙胜县消防大队依靠当地党委、政府推动行业部门,发动社会力量,以消防宣传车、基层派出所、村警务助理、消防网格员为主力,开展"百车千所万人"消防大培训大宣传活动,推进消防安全宣传教育"七进"工作,切实提高社会火灾防控能力。分别于6月21日、6月22日,在龙脊镇大寨村和龙胜县民族广场开展消防大篷车基层行活动。在辖区中心街、广场、各大商场、酒店的LED电子屏及户外广告投放海报、视频,以激发公民关注消防安全、学习消防知识、参与消防工作的积极性和主动性,不断提升全民消防安全素质。11月9日,大队报请县政府组织开展"119"消防宣传月启动仪式。

【部队灭火救援实力提升】 2017年,龙胜县消防大队围绕"灭得了、救得下、打得赢"目标,聚焦灭火抢险、应急救援,全面提升部队实战能力。突出部队实战训演,结合龙胜村寨、居民灾害易发多发特点,常态化开展训演,实施商市场、石油化工、居民建筑火灾等灭火救援实战演练,着力解决前沿救援难题。组建水域救援处置小组、车辆事故救援小组、灭火攻坚组等专业队伍,加强相关专业技能训练,加强相关事故处置能力。

【后勤综合保障能力强化】 2017年,龙胜县消防该大队争取业务经费322.5万元,同比增长6.75%,实现了在经济下行、地方预算大幅审减的情况下不降反升的目标。县政府将大队营区毗邻的交警大队车管所3085.20平方米土地全部划拨给予大队,投入20万元完成食堂、厨房升级改造,投入2万元完成中队营房卫生间改造,投入10万元完成影院的升级改造,争取政府经费30万元用于营区篮球场翻修改造。投入装备建设经费12万元,购买器材150件(套),购买泡沫4吨。

【党风廉政建设】 2017年,龙胜县消防大队始终把党风廉政建设工作放在一切工作的首位,切实抓好抓实。健全组织,明确分工。根据大队工作实际,及时调整领导小组职能,充实机构组成人员,明确班子成员在党风廉政建设中的职责、工作重点、具体方法措施,确保"两个责任"有效落实。统抓重点,规范运行。结合实际对党风廉政建设阶段工作任务进行分解,及时传达总队纪委和支队等上级党风廉政建设工作的精神。大队始终把加强思想道德教育,提高官兵的廉洁自律意识,作为做好党风廉政建设的基础。结合开展中央八项规定回头看工作和酒驾问题集中整顿的契机,开展中央八项规定和酒驾教育等相关规定的学习,组织大队全

2017年6月,县消防大队在龙脊镇大寨村进行消防知识宣传

(县新闻中心　供稿)

体党员集中学习《中国共产党纪律处分条例》《中国共产党廉洁自律准则》《中国共产党问责条例》《关于新形势下党内政治生活的若干准则》《中国共产党党内监督条例》等相关规定，进行再学习再教育。组织全体官兵观看廉政警示教育片《永远在路上》和《酒驾警示教育片》加强警示教育。针对支队纪委开展的中央八项规定回头看督查工作进行自查自纠，并对出现的问题进行整改分析，确保大队在贯彻落实党中央的八项规定中不出现问题，改进工作作风。同时，针对本系统出现的干部违纪问题，进行及时的教育警示，引导干部官兵树立正确的世界观、人生观、价值观。加强注重节日期间教育防范，经常性开展对全体官兵进行廉政教育，绷紧廉政这根弦。把廉政建设贯穿于始终。（唐新栋　文艺钧）

人民防空建设

【概况】 2017年，龙胜各族自治县人民防空办公室（简称县民防办）坚持科学发展观，认真贯彻《人民防空法》和中共中央、国务院《关于加强人民防空工作的决定》，狠抓各项工作的落实，把握城市发展机遇，依法管理、科学管理，民防机构建设已覆盖全县社区及乡镇，按照“准军事化”机关建设要求，努力造就一支政治坚定、纪律严明、作风过硬、廉政高效的队伍。人民防空工程专项规划设计工作已于2017年6月底完成。2017年9月18日，龙胜县民防办组织县两所中学师生共5100人进行了民防疏散演练，为青少年学生进行了一次生动的国防教育。

2017年9月18日，进行全县9·18统一试鸣工作，取得了良好的人防教育效果。

【民防教育】 2017年，龙胜县民防办公室结合龙胜县民防建设的实际，利用农历“三月三”、泗水乡三月十五、马堤乡四月初八、江底乡六月六等传统节日，进行民防法律法规宣传，分发民防宣传资料3500余份，进一步提高了广大人民群众的民防战备意识。

为抓好民防教育工作，县民防办公室把学生民防教育工作列入重要议事日程，每年都对中学学生开展民防教育。2017年向县初级中学、民族中学免费发放民防教育课本1500本，每个学生人手一册，教育率达100%。组织两所中学参加桂林市民防知识统一考试，及格率达100%。通过对青年学生进行民防教育，以此来激发和增强他们的忧患意识及民防观念。

【民防易地建设费管理完善】 2017年，龙胜县民防办公室为做好防空地下室易地建设审批工作，根据《人民防空法》和相关的法律法规，制定各项管理措施、服务指南和各种审批报表等，规范完善了民防收费制度及审批手续，着力解决人民防空地下室易地建设收费审批工作中出现的问题。加大收费工作力度，组织规划执法大队对全县在建工程进行大清理，发现未及时办理民防手续的工程，进行停工整改，限期办理民防手续。收费工作做到应收尽收，全年共收取民防易地建设费42万元。（付佳佳）

经　济

2017 年秋，乐江乡地灵村收获红糯　　（县农业局　供稿）

经济综述

2017年，龙胜县经济社会持续平稳健康发展。全县实现地区生产总值66.63亿元，同比增长6.50%。其中，第一产业增加值11.69亿元，同比增长4.5%；第二产业增加值35.83亿元，同比增长6.20%；第三产业增加值19.55亿元，同比增长8.50%。农业总产值19.11亿元，同比增长4.7%。工业增加值29.02亿元，同比增长6.1%。固定资产投资完成56.40亿元，同比增长15.1%。财政收入4.53亿元，同比下降19.2%。社会消费品零售总额9.97亿元，同比增长10.70%；城镇居民人均可支配收入31172元，同比增长9%；农村居民人均可支配收入10572元，同比增长11%；城镇登记失业率控制在2.39%以内。

全年，全县固定资产投资完成56.39亿元。其中，项目投资56.09亿元，增长15.6%；房地产开发投资3027万元，下降7.9%。分产业看，第一产业投资1.75亿元，增长39.1%；第二产业投资9.38亿元，下降29.37%；第三产业投资48.03亿元，增长25.63%。（蒙勇君）

经济类型

国有经济

【概况】 2017年，全县注册登记的工业企业270多家，均属于中小型企业，主要分布在矿产开采加工、发电供电、铁合金冶炼、竹木加工、石材开发、农产品加工等领域。其中龙胜国有企业分布在矿产、建筑、交通、邮政、林业、仓储、运输、供电、电力生产、供水等行业。主要国有企业有龙广滑石开发有限公司、县国有资产投资股份有限公司、县兴龙城市投资有限公司、县兴辉置业投资有限公司、县邮政有限公司、县汽车运输公司、县粮油贸易公司、县保洁公司、县民用爆炸物品专营公司、县水力发电公司、县水利电业有限公司、县旅游公司、勒黄电站、镜明电站、县质监站、县自来水厂、县粮食购销有限责任公司及金融领域的国有企业。

主要国有企业

【县国有资产投资经营有限公司】 龙胜各族自治县国有资产投资经营有限公司于2009年4月经工商注册登记成立，为独立企业法人、国有独资企业性质的自治县人民政府直属企业。根据融资工作需要并请示自治县人民政府批准，县国有资产投资经营有限公司先后成立龙胜县兴龙城市投资有限公司、龙胜县兴辉置业投资有限公司。公司性质均为国有独资企业，主要职责分别是对城乡配套基础设施建设投资、对县城新区基础设施及相关配套设施建设投资。兴龙城市投资有限公司经营范围是：投资城乡水、电、路、气、网等配套基础设施和教育、卫生、文化等公共服务设施，水利投资，市政公共基础投资。兴辉置业投资有限公司经营范围是：土地储备、市政基础及配套设施投资、房地产、管道工程、桥涵等配套设施建设、地质灾害治理、城市绿化、亮化、美化及教育、卫生、文化等公共服务设施。两家公司在工商注册登记，依法设立董事会，接受自治县人民政府和财政、审计的监督。

【龙广滑石开发有限公司】 龙广滑石开发有限公司为国有控股企业。由龙胜各族自治县滑石矿有限公司（占53.88%的股份）、广西壮族自治区南宁矿粉厂（占17.5%股份）、（香港）桂林投资有限公司（占27.05%股份）、桂林汉栋投资有限公司（占

1.57% 股份）共同投资组成，是龙胜各族自治县滑石矿有限公司控股的具有雄厚经济实力的股份制企业。

广西龙广滑石开发股份有限公司是中国三大滑石生产和出口的主要基地，是集采矿、精选、粉体加工、运输、销售一体化的股份制企业。公司总资产 3.4 亿元，有员工 708 人，有中层以上管理人员 42 人。有大专以上学历 223 人，其中在职研究生学历 10 人，全日制研究生 1 人。有中级以上职称 32 人，其中高级职称 1 人，有注册会计师 1 人。

2017 年，生产滑石块 9.95 万吨；生产滑石粉 15.95 万吨。完成工业产值 4.19 亿元（当年价），实现销售收入 2.33 亿元，实现净利润 3711.59 万元上，缴各项税费 5022.77 万元。

【县自来水厂】 2017 年，龙胜县自来水厂完成售水量 250 万吨，安装新表 1000 多块，安装管道（Φ50 以上的）1000 多米，水费收入 490 万元，其它业务收入 164 万元，全年总收入 654 万元，同比增长 10%。因成本增加全年亏损 17 万元，同比上年亏损 42.44 万元，减亏 25.44 万元，减亏率 60%。

【县民用爆炸物品专营公司】 县民用爆炸物品专营公司是由原龙胜县物资局改制成立。2017 年，该公司在职员工 12 人，经国家安全培训机构培训的人员 3 人，特种行业培训上岗 4 人。主要管理着全县民用爆炸物资，为县城基础设施和各大小矿山服务。全年，县民用爆炸物品专营公司销售工业炸药 576.6 吨，工业雷管 14 万发；商品购进总额 392 万元；实现净利润 173 万元；实现利税总额 294 万元。

【龙胜各族自治县水利电业有限公司】 2017 年，龙胜各族自治县水利电业有限公司完成供电量 61071.84 万千瓦时，完成售电量 58133.13 万千瓦时，完成营业总收入 23492.18 万元，利润总额 1284 万元。

【县粮食购销有限责任公司】 龙胜县粮食购销有限责任公司于 2007 年粮食流通体制改革时成立，属国有企业。

集体经济

【乡镇企业概况】 2017 年，龙胜集体经济主要是乡镇企业，全县各乡镇均有乡镇企业。主要乡镇企业有华美滑石开发有限公司。其他乡镇的乡镇企业以木材加工、滑石加工、石材生产为主。

【龙胜华美滑石开发有限公司】 龙胜华美滑石开发有限公司前身为龙胜各族自治县三门滑石矿，1992 年与美国矿化国际有限公司合资成立广西龙胜华美滑石开发有限公司。2017 年，该公司拥有员工近 600 人，为集滑石开采、精选、加工、运输、销售为一体的综合性中型一档企业，并跻身广西外商投资企业 50 强行列。获“利税超两千万元企业”“广西优秀企业”“质量诚信优秀企业”连续 14 年获“重合同守信用企业”“国家级绿色矿山”“安全生产先进单位”“企业销售收入进步奖”“龙胜县十强纳税人”等多项荣誉。

2017 年，该公司实现工业总产值 4.78 亿元，产品销售收入 1.76 亿元，全年实现利税 4939 万元，上缴各项税费 3334 万元。

股份制经济

【概况】 龙胜股份制经济多为私人合股企业，主要分布在水电、木材加工、矿产开采、服务业等行业，以水电开发为主。

【主要企业】 龙胜县股份制企业集中在水电企业和木材加工企业。主要有银河电力开发有限公司，天星水电开发有限公司、伟江水电开发股份有限公司、奔牛木业有限公司等。

个体私营经济

【概况】 2017年,全县注册登记的个体经营的工业企业270多家,大部分为个体私营企业。年末实有从业人员7564人;当年,新增农民专业合作社57户,年末实有农民专业合作社340户,新增注册资金5761.72万元,年末实有注册资金32424.90万元,新增从业人数447人,年末实有从业人员2729人。

【经营范围】 龙胜个体经营的工业企业一般规模不大,多属家庭企业,主要为木材加工业。

国有资产投资

【概况】 龙胜国有资产投资主要由县国有资产投资经营有限公司负责。县国有资产投资经营有限公司于2009年4月经工商注册登记成立,为独立企业法人、国有独资企业性质的自治县人民政府直属企业。2017年,随着县城经济的不断向前发展,公司业务不断扩大,公司经营范围不断增加,特别是县易地扶贫搬迁、贫困村基础设施建设和县城改造等项目建设需求,需要投入大量的建设资金。作为全县重要的投融资平台之一,主要职责分别是对城乡配套基础设施建设投资,对县城新区基础设施及相关配套设施建设投资。龙胜县兴龙城市投资有限公司经营范围是:投资城乡水、电、路、气、网等配套基础设施和教育、卫生、文化等公共服务设施,水利投资,市政公共基础投资。

【工程项目建设】 2017年,龙胜县主要工程建设有6项:迎宾路(龙脊大道)重点工程项目建设、桂三高速公路龙胜县城段出口连接公路项目建设、县老乡家园县城庆新路扶贫移民搬迁安置楼项目建设、龙脊梯田风景名胜区大循环公路项目建设、县扶贫移民小学(龙胜镇第二小学)项目建设、中医医院整体搬迁项目建设。

迎宾路(龙脊大道)重点工程项目建设。迎宾路(龙脊大道)重点工程项目建设当年投入3222万元,占全年总投入的26.75%;县城庆新路老乡家园工程项目共投入万元,占全年总投入的20.76%;各乡镇易地扶贫搬迁项目共投入2514万元;改善农村人居环境工程项目共投入3808万元,占全年总投入的31.61%;县国投公司全年门面出租收入106万元;实现利润68万元,上缴税金0.48万元。

桂三高速公路龙胜县城段出口连接公路项目建设。当年投入项目建设资金3222万元,完成主体路基土石方工程及主体桥梁工程,设计总长

2017年7月,县委书记周卉(前排左二)、县长吴永合(前排左一)到龙脊大道建设工地调研 (县新闻中心 供稿)

2.48千米路基已全线贯通，全段路基级配碎石层的碾压平整，全段道路路床开挖至设计标高，并通过第三方检测公司检测，人行道加宽以及中央分隔带处土石方工程已随主路基工程施工完毕。

县老乡家园县城庆新路扶贫移民搬迁安置楼项目建设。县老乡家园县城庆新路扶贫移民搬迁安置楼位于龙胜镇桑江北区庆新路北侧，用地面积8000平方米，建设用地44432.95平方米。高23层，1~2层为商铺门面、市场及停车场，3~23层为住宅区。本项目共安置336户，约1500人，配套建设给排水、供电等基础设施。2017年，加快推进项目建设工作，当年投入项目建设资金2501万元。基础施工、主体结构建设(1~23层)完工，已经验收。建设完成屋面工程，各楼层给排水设施、供电设施已安装完毕，达到供水供电需求，安置楼8部电梯安装完毕并验收合格，按时按质完成全年各项建设任务。

龙脊梯田风景名胜区大循环公路项目建设、县扶贫移民小学(龙胜镇第二小学)项目建设、中医医院整体搬迁项目建设等项目亦在建设中。

【项目融资】 2017年，随着龙胜县易地扶贫搬迁、贫困村基础设施建设和县城改造等项目增加，该公司作为全县重要的融资平台，由龙胜县兴龙城市投资有限公司通过先后向国开行、农发行、农行等金融部门融资，签订贷款合同23.66亿元，已到位资金9.09亿元。 (董华君)

水库移民管理

【概况】 2009年3月6日，成立龙胜各族自治县水库移民工作管理局，人员编制5人，经费实行财政预算管理，属县人民政府直属副科级单位。局下设办公室、综合业务股，2017年有工作人员5人。

龙胜水库移民主要集中在平等镇、伟江乡、泗水乡、瓢里镇。截至2017年底，县内水库有中型水库3座，其中有2座已纳入后期扶持范围，涉及3个乡镇、36个村民小组。小型水库(电站)6个，涉及4个乡镇，7个村民小组，23个小组。搬迁户102户396人，进行生产安置到组295人，总的后扶指标为691人。2017年，通过后期扶持项目实施与建设，使移民地区的交通道路、人居环境等方面得到了改善，已进行生产扶持的移民，收入水平得到提高，为移民群众经济的发展打下基础，维护了库区的和谐稳定。

【水库移民区基础设施建设工程】 2017年共投入移民后期扶持资金287万元，用于水库移民区基础设施建设工程。其中龙胜县泗水乡里才村里才至白腊通组道路硬化工程，投资46万元，该项目已完工实际投资42万元；银河电站里木三期护岸工程项目，投资87万元；瓢里镇交州村河口、田洞码头工程，投资40万元；伟江乡甘甲村玉河漫水桥工程，投资16万元；平等镇平敖村交等桥工程，投资70万元，当年完成一跨桥梁和引道工程；伟江乡甘甲村玉河溪组水库移民倍增项目花山花海美化工程，投资22万元；平敖村中寨水库移民倍增计划产业规划设计，投资6万元。解决水库移民群众的行路难、居住环境差、生产条件恶劣等问题。

【精准扶贫工作】 2017年，县水库移民管理局参加脱贫攻坚战，多次组织干部职工进行结对帮扶政策培训，并能切实运用到结对帮扶当中，做到了真帮扶、出实效，“进贫困户家、知贫困户情、暖贫困户心、解贫困户难”，得到了帮扶对象的一致认可。该局扶持双江村30吨水泥，折价1.08万元，用于双江村通组道路硬化，解决部分村民小组出行不便的问题。工作队员驻村开展帮扶规划和帮扶工作，帮扶人员每月至少入户1次。

该局组织双江村村干及部分群众赴伟江乡甘甲村玉河溪组和马堤乡张家村努丹组茶园学习特色养殖和茶叶种植成果、先进经验管理方式以

及运营模式，探索特色种植、特色养殖、现代特色农业发展，促进双江村落实产业和发展产业

【水库移民培训工作】 2017年，龙胜县水库移民管理局根据库区各乡镇特色产业和移民需求，围绕精准扶贫工作，有针对性地开展移民培训工作，依托职业院校开展水库移民农业实用技术和转移劳动力技能培训。上半年组织移民参加2期培训班，培训移民90人（参加广西玉林农业学校厨师培训50人、参加龙胜县水库移民及联系贫困村产业培训会40余人）。

【水库移民后期扶持资金】 2017年，龙胜县发放移民后期扶持资金41.46万元。受益的大中型水库移民417人，其中搬迁户210人，每人每年扶持生活资金600元。

【库区基金征收工作】 2017年，根据《关于做好大中型水库库区基金征收工作的通知》文件精神，龙胜县水库移民管理局做好装机容量为2.5万千瓦以上的南山电站、银河电站水库库区基金的收缴工作，定时或不定时地到电站了解生产发电情况，及时核对上网电量，做到应征不漏，全年共收缴库区基金127.34万元。

【库区移民的社会稳定工作】 2017年，龙胜坚持依法依规化解矛盾，引导移民理性表达诉求，把库区移民矛盾和突出问题消灭在萌芽状态中，把切实解决群众的实际困难，维护社会的稳定放在首要位置，坚持把信访工作做到位、做到家，实现上访事件和群体性事件零发生。 （秦胜梓）

招商引资

【招商力度加大】 2017年，龙胜县抓住机遇，加大招商引资力度，落实招商引资工作的领导责任。坚持招商“走出去”不放松、“请进来”有选择的原则，县委、政府领导积极组织，主动出击，带队赴北京、上海、浙江、珠三角地区等地开展招商引资活动，主动出击考察和洽谈招商项目。成立招商引资工作领导小组。以县领导为组长，各乡镇、各部门主要领导为成员的招商工作领导小组，以项目为先，各部门通力协作，形成全县招商网络。

坚持资源优势换产业优势的招商原则，突出龙胜“健康养生、旅游、特色农林”等资源优势进行招商，发展龙胜特色产业，充分利用节庆活动为平台，宣传推介龙胜的投资环境，做好地方特色项目策划，增强招商引资的针对性，促资源优势转化为经济优势。

2017年伟江乡水库移民饲养梅花鹿 （县水库移民管理局 供稿）

【招商基础夯实】 2017年，龙胜围绕重点产业和特色产业，整合包装质量高、吸引力强的项目，做好项目的包装和储备，充实更新项目库。建立项目信息网络。为满足新形势下招商引资、对外宣传、扩大开放的需要，提高工作效率，进一步完善投资指南，同时充分调动各部门、企业、个人等方面的积极

性，加强相互协作配合，上下联动，形成合力，建立一个覆盖面广、关联度高、反馈性强的项目信息网络。加强招商业务培训。积极派员参加自治区、桂林市举办的招商业务学习培训，并对基层招商人员开展业务培训，进一步增强、提高招商人员的专业技能及业务水平。组织招商人员参加各种招商活动，拓宽了招商干部的眼界，加强了对经济形势、产业状况的了解把握。

【招商渠道拓宽】 2017年，龙胜县突出抓好对外宣传，扩大影响，增强吸引力。突出以商招商，进一步激活引导外来投资企业增资投入和发展新项目。突出依托各种活动进行招商。积极组织、参与各种项目推介会、恳谈会、洽谈会、东盟博览会等进行招商。当年，龙胜在东盟博览会期间共发放宣传资料1500多份，签约项目3个，东博会后通过发放宣传资料以及网络平台推介到龙胜考察项目的客商10余起。成功引进桂林福达集团、深圳同花顺有限责任公司、碧桂园等一批实力雄厚的企业落地龙胜。年内与上海桂林商会、广东中山潮州饶平商会等商会对接洽谈，外出推介有一定成效。突出抓好企业自主招商，努力把企业推向招商引资的主战场，通过企业自行引进项目、资金、技术等。

联合商会招商。各商协会拥有企业发展、投资动向、投资需求等大量信息资源，开展招商工作的重要渠道，密切与商协会的联系，积极探索商协会与企业横向联动招商新途径，充分利用各商会人脉资源广、信息渠道宽的招商优势，拓展龙胜招商引资空间。

【优化投资环境建设】 2017年，龙胜县坚持把优化发展环境、强化协调服务、促进项目落地作为推进招商引资工作的有力举措，牢固树立“发展靠项目、项目靠投资、投资靠招商”“硬件不足软件补、政策不足服务补”的服务理念，努力营造“一切服务于招商、一切有利于招商”的良好氛围。强化招商引资人员服务意识，深入企业了解企业生产经营情况，加强与企业主交流、沟通，联络感情，为企业排忧解难，营造优质高效的服务环境，以优质服务来增强竞争力和吸引力，为外来企业提供“零距离”服务。增进部门团结协作，提高服务水平，创造良好的项目推进机制，打造好招商载体，形成了部门联动抓招商的工作机制。

【项目引进】 2017年，龙胜县共实施外来项目8个，其中一产业1个、二产业7个。内资到位资金151480万元，同比增长15.39%，完成市下达年度目标任务的100.99%；外资到位资金815万美元，同比增长15.60%，完成市下达年度目标任务的108.67%。两大考核指标均超额完成年度目标任务。 （赵健玲）

农村扶贫工作

【概况】 龙胜各族自治县是国家扶贫开发工作

2017年3月，龙胜召开脱贫攻坚大会 （县扶贫办公室 供稿）

重点县和滇桂黔石漠化片区县。2017年动态调整后，全县有建档立卡贫困户8205户31573人。当年全县共新纳和返贫2537人，剔除贫困人口551人，确定整屯搬迁对象75人。当年共落实107个后盾单位派出59名第一书记和79名“美丽广西”乡村建设脱贫工作队员对全县119个村联系帮扶，实现了软弱涣散村、扶贫开发村、情况复杂村等四类村100%全覆盖。共落实各级帮扶干部3687人对全县7685户贫困户进行全覆盖帮扶。

2017年年底，全县脱贫15个村19681人。全县尚有贫困村33个，贫困人口1494户5541人。

【扶贫资金】 2017年，龙胜县级预算安排财政专项扶贫资金1682万元，比2016年增加949万元，增幅129.50%。增量部分占2017年一般公共预算收入增量的62.78%，比自治区要求的国家贫困县当年一般公共预算收入的增量20%提高42.78%。

清理收回可统筹使用资金3038万元，其中可用于扶贫1792万元，占比59%。

统筹整合使用财政涉农资金6.47亿元，其中用于基础设施建设资金4.18亿元，用于农业生产发展1.24亿元，用于易地扶贫搬迁4785万元，用于村级集体经济1850万元，用于社会事业等其他支出3889万元。

【贫困村村集体收入】 2017年，共统筹整合涉农资金2950万元投入贫困村发展集体经济，成立59个村民合作社作为村级集体经济发展主体。通过向县农村发展投资有限公司(简称为县农投公司)委托代管经营的方式，选准优良项目投资，在保证资产资金不流失的前提下按不低于8%的比例分红，有效破解村集体经济“空壳村”问题。此外，还推出资产盘活型、乡村旅游型、股份合作型等模式，保证所有贫困村村集体经济收入在2017年年底都超过2万元。

【产业扶贫】 2017年，龙胜开展产业扶贫，确定中草药材、富硒生态水果、富硒高山蔬菜、特色品种养殖、富硒茶叶为全县扶贫主导产业，主导产业覆盖了全县71.53%的建档立卡贫困户。全年共为建档立卡贫困户发放扶贫产业奖补资金1100万元。共认定扶贫经济组织9个，其中扶贫龙头企业4个、农村合作组织5个。打响龙胜生态有机特色农业品牌。全县获得有机产品认证的农产品7个(桂林升旺生态农业科技有限公司的木耳、桂林美名扬有机茶有限公司的茶叶、龙胜海松生态牧业发展有限公司的肉牛、江底民富合作社凤鸡、华夏沃土地灵花猪、龙胜泓文生态农林科技公司的青钱柳和野竹笋)和有机转换产品认证的农产品1个(龙胜泓文生态农林科技公司的皇金菊)。另外，茶叶、凤鸡、翠鸭、龙脊辣椒、地灵花猪、地灵红糯6个产品获得国家农产品地理标志认证产品，其中龙胜凤鸡被列入国家级畜禽遗传物种保护名录，是广西禽类唯一获此殊荣的品种。

【基础设施建设】 2017年，龙胜扎实推进以水、路、房、网和公共服务设施为主的基础设施建设。截至年底，全县共硬化和新建通组道路849千米，维修通组道路280余条，新建村级公共服务设施项目58个，新建农村人饮安全提升工程44处，建设桥梁19座558延米。全县119个村已全部通水泥路、网络宽带，有村级办公场所、宣传栏和文体设施，20户以上自然屯全部通水泥路或砂石路，99.95%的农户均有安全饮用水。

【易地扶贫搬迁】 2017年度，龙胜县共开工13个项目，开工率100%；落实住房用地54.9公顷，完成投资4.75亿元，竣工建房145套；住房总面积1.38万平方米，人均住房面积20.7平方米；搬迁安置贫困户2030户9260人。

【金融扶贫】 2017年，龙胜开展扶贫小额信贷工作，做好对全县建档立卡贫困户的评级授信工作，

2017 年 6 月 9 日，龙胜开展 2017 年“雨露计划”扶贫政策宣传活动
（县扶贫办公室　供稿）

由县财政给予全额补助，确保 2017 全县建档立卡贫困人口参保率达到 100%。2017 年起，在县域公立医院范围内就诊的贫困户，自负费用不超过总费用的 10%。大力实施医疗惠民项目，提高贫困人口政策范围内门诊和住院费用报销 10 个百分点；新农合大病保险补偿起付线从 8000 元降低至 3500 元，大病保险补偿报销比例提高 10 个百分点；实行县域内先诊疗后付费，实现新农合和大病保险“一站式”即时结算；实行城乡居民基本医疗保险参保缴费补助，当年贫困人口参加城乡居民基本医疗保险的个人缴费部分由县财政进行全额补助，实现了贫困人口参保率达到 100%。深入开展妇女“两癌”免费大检查，切实做到“两癌”早发现、早诊断、早治疗。从 2017 年起，建档立卡农村贫困人口患病住院费用享受各类保障政策措施后实际报销比例达到 90% 以上。

共授信贫困户 6376 户 1.80 亿元。全县累计发放扶贫小额贷款 1.28 亿元，惠及 4248 户贫困户。安排风险补偿资金 1563 万元。

【教育扶贫】 2017 年，龙胜县已对 1038 名（其中春季学期 427 名学生，秋季学期 611 名学生）符合补助条件的本科学历教育新生、职业学历教育学生发放“雨露计划”学历教育补助资金共 201.2 万元，实现应补尽补、精准补助、按时补助；每年预算 200 多万元用于学生交通费、伙食费等基本补助。对 48 名取得中式烹调师五级资格证书的符合条件的学员进行奖励补助共 3.84 万元；举办建档立卡贫困户实用技能培训班 14 期，培训 234 人，培训补助 11700 元；补助 29 名“两后生”，共 7.98 万元。

【健康扶贫】 2017 年，龙胜积极落实建档立卡贫困人口参加城乡居民基本医疗保险，出台政策明确贫困户个人缴费部分

【低保兜底】 2017 年，龙胜县纳入低保的贫困

2017 年 6 月，民建中央调研组在龙胜召开脱贫攻坚民主监督调研汇报会
（县扶贫办公室　供稿）

人口有11224人,低保户与贫困户的重合率为67.33%,低保对扶贫的贡献率为36%。

【扶贫成效省际间交叉考核工作】 2017年1月6日至2月6日由四川省扶贫移民局副局长王善平组长带领的考核组一行22人,对广西桂林市龙胜县、柳州市融水县、河池市东兰县3个贫困县和北海市合浦县、玉林市北流市2个非贫困县进行考核。2月14日在龙胜开展考核工作,抽取3个贫困村和2个非贫困村进村入户,一对一调查。每村随机抽取10户贫困户和5户脱贫户,入户调查采取一人一组,一对一进行走访,填写调查问卷,了解精准识别,精准退出和脱贫攻坚措施,资金项目与精准帮扶到户情况。龙胜县抽查的贫困村为拐江村、金江村、建新村和非贫困村为乐江村、交洲村。

【桂林市脱贫攻坚大督查】 2017年12月10日至12月13日,桂林市委督查室、市政府督查室组织相关部门对全市脱贫攻坚工作开展大督查,分6个组赴各县,市委督查专员龚财金组长带领28人于12月10日到龙胜督查,分组入村实地督查,主要查看贫困户脱贫“双认定”工作和贫困村摘帽认定工作的准备情况,工作队的组建情况等。督查组于12月10日—12日分5个组抽查了龙胜的25个村,预脱贫摘帽的25个贫困村,全部进行实地核验,每个村随机抽查核验15户农户。

【区市扶贫开发工作成效第三方评估工作】 2017年,龙胜县根据自治区扶贫开发领导小组的工作部署,自治区扶贫办通过磋商性谈判的方式,选定广西师范学院作为第三方评估机构,委托其对全区14个设区市2017年扶贫开发工作成效进行评估检查。评估内容包括:贫困人口识别准确率、贫困人口退出准确率、脱贫人口返贫情况和因村因户帮扶工作群众满意度。龙胜县抽取18个村1000户农户[其中贫困户700户(含脱贫户、退出户),非贫困户300户],现场抽选调查样本户。2017年12月18日广西师范学院共72人入驻龙胜,分成20个调查小组开展工作,12月22日结束调查工作。分别调查抽选18个村:龙胜镇勒黄村、平野村、上孟村;龙脊镇金江村、大寨村;泗水乡三舍村;江底乡建新村、城岭村、龙塘村、地林村;伟江乡崇林村;平等镇昌背村、甲河村;乐江乡地灵村;瓢里镇六漫村、界泉村;三门镇安康村、双江村。

【市县扶贫成效考核“四合一”实地核查工作】 市县扶贫成效考核“四合一”实地核查工作于2017年12月初启动,12月底完成,于12月19日核验组一行20人,在龙胜开展实地核查,抽查贫困村26个(奋斗目标村13个、计划任务村4个,已脱帽村1个,未脱贫村8个),每个村抽取农户15户,其中2017年脱贫5户(计划任务3户,奋斗目标2户),2016年脱贫户2户,2014年和2015年退出户各1户、未脱贫贫困户4户(含返贫户)、非贫困户2户。检验组抽取26个村:龙胜镇都坪村、金结村;龙脊镇黄江村、和平村;泗水乡龙甸村、周家村;马堤乡马堤村龙家村;伟江乡中洞村、新寨村;平等镇平等村、庖田村、广南村、城田村、半河村、蒙洞村、硬洲村;乐江乡凉坪村、独镜村、西腰村;瓢里镇平岭村;三门镇大地村、洪寨村、双朗村、大罗村、交其村。 （石祖国）

财　政

【概况】 2018年,龙胜各族自治县财政局(简称县财政局)内设国库支付局、办公室、非税综合股、预算股、政府采购办公室、财政监督室、财政投资评审中心、国库支付中心、国有资产和会计管理股、行政事业股、社会保障股、农业股、经济建设股

13个局、股室、中心。10个乡镇财政所。局机关在岗职工52人,其中干部51人,工勤人员1人。干部52人在岗人员具有大学本科学历27人,大专学历24人,中专学历1人。10个乡镇财政所干部职工39人。

【财政收入】 2017年,龙胜县财政局组织财政收入完成4.53亿元(不含上级补助),占预算77.45%,与上年同期相比减收1.08亿元,下降19.21%;其中:上划中央收入完成1.65亿元,比上年同期减收2467万元,下降13.02%;上划自治区收入完成5170万元,比上年同期减收1652万元,下降24.21%;一般公共预算收入完成2.36亿元,比上年同期减收6647万元,下降21.96%。收入完成情况按征收部门划分:国税部门完成2.62亿元,占预算80.9%,比上年同期增收1153万元,增长4.16%;地税部门完成10383万元,占预算74.95%,比上年同期减收8976万元,下降46.37%;财政部门完成8708万元,占预算70.17%,同比减收2943万元,下降25.26%。

【财政支出】 2017年,全县公共财政预算支出完成19.68亿元,比上年同期增支2.49亿元,增长14.52%,在一般预算支出方面,进一步加大了教育、社会保障和就业、医疗卫生、交通运输、住房保障等涉及民生方面的投入。

【国有资产管理】 2017年,龙胜县国有资产处置收入合计118万余元,其中鸡血玉坑料和鸡血玉小方章处置收入4.27万元,解决自2012年来涉案物品红石头数百吨长期堆放在龙胜县交警大队车管所,致使车管所业务开展工作造成诸多影响的问题。对认真做好资产评估工作,其中配合县粮食局做好三门粮站、瓢里思梅粮站等粮站的资产评估工作。

【支农惠农政策落实】 2017年,龙胜县财政局组织乡镇实施统筹整合农村综合改革转移支付资金一事一议财政奖补建设项目82个,财政奖补资金2233万元,村民筹资7.20万元,筹劳折资31.33万元。其中:村屯道路硬化建设项目33个,总长35.9千米;桥梁建设项目2个;文化活动公共场所建设22处;路灯亮化项目21个,其他水渠、人饮等项目4个。项目共覆盖60个村和93个自然屯,受益人口为2.48万人。

继续实施农业保险工作。2017年农财股组织协调农业、林业、畜牧水产部门以及中国人民财保、北部湾财保、中国太平洋财保等承保公司召开讨论会,贯彻落实好2017年政策性农业保险工作。经过多方努力,2017年,全县实现水稻保险全覆盖,投保面积6280公顷,投保资金235.35万元;森林保险全覆盖,其中商品林13.13万公顷,公益林面积71920公顷,投保资金713.42万元;能繁母猪投保0.15万头,育肥猪投保12.40万头,预计投保金额380.59万元。政策性农业保险的落实,提高了群众抵抗自然灾害风险能力,较好地保障了群众的财产安全。

【财政投资评审工作】 2017年,龙胜县投资评审预结算送审项目348个,送审造价6.96亿元,审定造价6.49亿元,审减金额0.48亿元,审减率6.84%。其中:预控价审核187个,送审造价4.48亿元,审定造价4.10亿元,审减金额0.37亿元,审减率8.34%;工程结算审核161个,送审造价2.49亿元,审定造价2.39亿元,审减金额0.10亿元,审减率4.13%。评审范围涉及市政、建筑、交通、土地整治、交通、水利及信息网络等项目。

【政府采购】 2017年,县财政局通过招标及非招标采购方式对125个项目进行集中采购,累计完成政府采购金额15971万元,节约资金344万元。其中工程类项目政府采购金额6812万元,节约资金123万元,节约率1.78%;货物类项目政府采购金额6588万元,节约资金139万元,节约率

2.07%；服务类项目政府采购金额2571万元，节约资金81万元，节约率3.07%。做好对代理机构的监督检查工作。为了进一步加强政府采购代理机构监督管理，规范龙胜县政府采购代理机构的执业行为，促进政府采购代理机构向专业化的方向发展，采购办按照自治区财政厅的要求，于2017年10月，组织开展采购代理机构监督检查工作。

【财政扶贫资金管理】 2017年，龙胜县财政局修订《龙胜各族自治县财政专项扶贫资金管理办法》，严格执行财政扶贫资金实行国库集中支付，杜绝财政专项扶贫资金滞留，对县发改局、县扶贫办公室、县民宗局等部门项目实行抽查实地验收，有效地提高了资金使用效率和效益。当年，龙胜收到上级财政专项扶贫资金1.73亿元，其中中央资金1.34亿元，自治区资金3398万元、市本级财政专项扶贫资金607.85万元；2017年新增政府债券资金用于扶贫1亿元。

【统筹财政涉农资金工作】 县财政局根据《关于支持贫困县开展统筹整合使用财政涉农资金试点的意见》和广西壮族自治区人民政府办公厅《关于印发自治区支持贫困县开展统筹整合使用财政涉农资金试点实施方案的通知》文件要求，编制龙胜县2017年度统筹整合使用财政涉农资金试点实施方案，将中央层面“19+1”、自治区层面“22+1”项资金纳入整合范围。2017年共统筹整合财政涉农资金3.13亿元，严格按照自治区“两上一下”的工作流程和“七个不准”要求安排使用整合资金，确保项目均来源于项目库。

（秦金生）

税　务

国家税务

【概况】 2017年，龙胜各族且治县国家税务局（简称县国税局）共有在职干部44人，设有办公室、财务管理股、人事教育股、机关党办、监察室、收入核算股、征收管理股、政策法规股、信息中心10个职能股室，下辖稽查局一个直属机构，下设龙胜税务分局和瓢里税务分局2个基层分局。其中中共党员33人，占总人数的75%。截至年底，县国税局管辖纳税人4766户，其中增值税一般纳税人376户，小规模纳税人企业494户，个体工商户4122户。

2017年，县国税局全面推行绩效管理工作，成立绩效工作领导小组和绩效考评委员会，制定并下发全县国税系统绩效管理办法、绩效考评实施细则、加减分项目及分值、个人绩效管理办法、

2017年4月10日，县国税局在县城民族广场开展税收法治宣传活动

（县国税局　供稿）

个人绩效考评实施细则等制度，推行绩效管理月报月结、绩效讲评会议、绩效分析评估报告工作，明确绩效系统共性及个性指标考核体系，将所有绩效指标填报及考评工作统一在新系统进行规范操作。同时依托绩效考评节点管理，强化过程控制，通过加强日常监控，加强督促，狠抓问题整改。把绩效管理工作与税收职能工作紧密结合，以此作为推进全局工作开展的重要抓手，促进全局各项工作顺利开展。

【税收收入】 2017 年，龙胜县国税局坚持税收总量与税收质量并重、管理增收与服务促收并举，推行税收收入横向联动分析工作机制，有效提升了税收收入质量。全年累计完成地方财政口径税收 26181 万元，同比增收 1152 万元，增长 4.60%，达到县政府下达预算任务的 80.52%；累计完成自治区国税局口径税收 28143 万元，同比增收 1759 万元，增长 6.67%，达到预期目标任务的 100.15%，呈稳定态势(2017 年龙胜县 GDP 为 66.63 亿元，同比增长 6.4%)。剔除营改增“四大行业”2017 年 1—5 月增值税 2750 万元后，可比口径税收：地方财政口径为 3.34 亿元，同比减收 1598 万元，降幅 6.38%，自治区国税局口径为 2.54 亿元，同比减收 991 万元，降幅 3.76%。

【依法治税】 2017 年，县国税局始终严格执行税收法律法规，深入推进依法治税和依法行政，落实税收执法责任制，完善税收执法监督保障机制。严格执行税收法律法规，落实税收执法责任制，坚持依法管理、依法减免、依法服务、依法稽查。不折不扣落实国务院“六项”减税政策等税收优惠政策。2017 年共办理减免税 4662 万元，增长 46%。认真落实行政审批制度改革，简政放权，清理税收规范性文件，大力推行税收执法权力清单。当年，县国税局稽查部门以查处税收违法案件和打击发票违法犯罪活动为重点，科学组织税收专项检查和区域税收专项整治，不断更新工作理念，加大稽查执法力度，提高稽查工作效率，全局稽查工作取得了明显成效。当年，共查结 2 户超过 100 万元的税收违法案件，执行各项税款入库 296.59 万元，罚款 102.14 万元，加收滞纳金 183.24 万元，查补总额 581.97 万元，超额完成市稽查局下达的全年指导性查补入库任务。

【税收征管】 2017 年，县国税局围绕全面推开营改增“改进好”“总结好”的相关要求，做实做好“营改增”政策辅导、纳税服务、税负分析、风险防控等工作，全系统共辅导纳税人 3742 人次，试点行业减税 419.27 万元，改革效应持续释放。全年完成风险任务 15 批次 109 户，入库税款 612 万元，收取滞纳金 203 万元，罚款 102 万元。与地税部门认真贯彻落实深化国、地税征管体制改革实施方案，深入推进国地税合作，效应初显：建立联席会议机制，2017 年按季召开 4 次国地税合作联席会议；共同建立税收宣传平台，联合开展税收宣传月系列活动和“三省四县”法制宣传；在互派干部

2017 年 4 月 28 日，县国税局召开纳税人座谈会（县国税局　供稿）

交流挂职的基础上，共建培训平台，整合力量开展3次业务培训；联合开展纳税信用等级评定、个体双定；联合开展税收风险管理、税收分析、共享双方涉税及欠税信息等。

2017年11月3日，县国税局开展学习中共十九大精神活动

（县国税局　供稿）

【纳税服务】 2017年9月6日，县国地税局办税服务厅共同进驻县政务服务中心，而后试行“一人一机双系统”模式。严格按照《征管规范(1.2版)》与《纳税服务规范(2.3版)》要求，取消部分表证单书报送，简化办税流程。积极宣传“办税便利通”功能，强化导税服务，引导纳税人网上办税，微信办税，让纳税人“多走网路，少走马路”。积极推进委托邮政代开发票工作，提供延时服务和预约服务，提高了纳税服务的便利性。

【党建工作】 2017年，县国税局严格按照全面从严治党要求，加强思想引领，紧紧围绕“纵合横通强党建”工作思路，将从严治党主体责任和监督责任压实到基层，把深入推进“两学一做”学习教育常态化制度化与学习贯彻中共十八届六中全会、自治区第十一次党代会和中共十九大精神相结合，融入日常工作，落实到问题整改中，把学习宣传贯彻中共十九大精神作为首要政治任务，广大党员干部的党性作风得到新一轮洗礼。

【精准帮扶】 2017年，县国税局结合“扶贫帮困周”“周五党日+”等系列活动，充分发挥党组织和党员干部在脱贫攻坚中的组织堡垒和先锋模范作用，全力帮助贫困户脱贫。全年共结对帮扶106户(其中：龙家村贫困户49户，退出户2户；里市村51户，退出户4户)，累计实现脱贫86户，脱贫率81%；累计投入扶贫建设资金23.6余万元，其中对96户有实际产业项目的农户投入资金17万元，支持贫困户的生产发展。

【队伍建设】 2017年，龙胜县组织开展支部学习和廉政学习各12次，开展廉政专题警示教育2次，突出教育和管理，进一步严明纪律要求，增强干部尊廉崇廉、遵纪守法、忠诚履职的意识。开展2次党员活动和工会活动，提升队伍凝聚力。2017年全区国税系统“岗位大练兵、业务大比武”活动重点抓好纳税服务业务骨干培训，一人获全区国税系统“115”工程岗位能手。　（熊　芳）

地方税务

【概况】 2017年，龙胜各族自治县地税局(简称县地税局)内设7个职能股室，下辖7个分局。设1个党总支、4个党支部。在职干部职工52人，其中党员48人，占总人数的92.3%，大学专科以上学历47人，占总人数的92.2%。

当年，对干部职工身份信息资料再核实、补充更新、整理汇总，推进人事档案完善；抓好人员编制管理，新录用公务员考核及人员退休手续办理、编外人员管理、明确职能股室和分局工作职责范围及工作关系。推荐选拔晋升2名正科级非领导职务，选拔任用1名副科级领导干部，对班子分工进行调整，对7名中层干部进行换岗，做好国地税互派干部交流挂职工作。加强绩效管理，印发2017年绩效管理办法，不断改进指标体系和考评规则，强化绩效考评结果运用，全面深化考核结果和工作实绩与人才确认、干部选拔、教育培训、评优评先、绩效奖励发放等挂钩做法。深化业务培训，抓好职工全员培训，组织开展纳税服务类“岗位大练兵、业务大比武”活动，联合国税局举办3期前台办税人员业务知识培训。加强文化建设，组织开展“中国税务精神”提炼等一系列文化活动，组织参加“广西特色旅游名县”创建复核、“广西文明县城”创建、“结对共建”等活动，带动地税文化发展。

【税收收入】 2017年，龙胜县从税源分析、税源监控、收入预测、税款征收、欠税清缴、纳税评估等方面狠抓管理，严格组织收入原则，健全税收收入质量评价体系，强化源头管控和过程监督，加强沟通汇报，深化与相关部门的配合协调，调动一切力量、采取一切措施，全面形成组织税收收入工作合力。全年组织地方各项收入10781.45万元。

【税收征管】 2017年，龙胜县全面转变征管方式，认真贯彻落实市局《业务工作的指导意见》，做好分解改革任务工作；在还责还权于纳税人的前提下，积极开展县本级的风险分析评估工作。持续深化风险管理，制定工作计划，对国地税合作共性清单和个性清单内容进行布置和安排。有效推进税种管理改革；持续深化“放管服”改革，进一步优化审批流程，精简涉税资料，加快转变税收征管方式。深入推进国税局、地税局合作，增强纳税人获得感。认真落实税制改革部署。扎实推进残保金全职能征收，做好环境保护税开征准备工作。稳步推进国税、地税征管体制改革，以落实国地税合作规范为抓手，以联合办税厅整体进驻龙胜县政务中心为突破口，推进纳税服务深度融合。国地税联合办税、联合风险管理、联合税收分析等3项工作获县政府领导批示肯定。

【纳税服务】 2017年，县地税局持续深入推进“便民办税春风行动”，全面优化纳税服务。深入推进国地税合作，全面深化国地税联合办税服务厅建设，抓好“五个统一”的落实，在原有税务登记、变更、注销互办的前提下，逐步实现纳税申报、代开发票的通办。全面推进规范办税，全面落实和持续深化《纳税服务规范广西实施操作手册》；梳理工作流程，实现新规范与现行的办税流程无缝对接；推行办税公开制度、简化办税流程，推进涉税业务“一窗通办”，进一步规范办税服务。不断优化办税方式大力推行联合办税、网上办税、自助办税、免填单办税、二维码一次性告知等办税服务方式，纳税服务水平进一步提升。

【依法治税】 2017年，县地税局推进法治政府建设，落实规范性文件部门会签、领导干部日常学法等制度，健全税收行政执法案卷检查、税收政策执法情况反馈等工作机制，制定工作计划明确8项依法行政工作任务；深入组织开展行政执法资格考试；加大税收执法督查、监察工作力度，加强对税收执法行为的监督制约，对全县地税系统的执法状况开展全面检查；积极落实法律顾问制度和税务执法权力清单制度，及时全面公开各项权力，2016年度纳税信用等级评定工作，评定A级企业12户。精心组织开展第26个全国税收宣传月活动，为营造良好税收环境提供支撑。积极落实税收优惠政策，确保纳税人应享尽享。全年各项税收优惠共减免税款2315.77万元。其中办理小微企业税收减免41户，减免税款21.48万元；办理存量房交易应减免税 844 户，减免增值税 279.89 万元，契税 379.99 万元，个人所得税 22.11 万元；办理城镇土地使用税减免税款 1.79 万元；办理企业所得税汇算税收优惠减免企业所得税 1610.51 万元。

【精准扶贫】 2017 年，县地税局成立扶贫工作领导小组和扶贫办公室，强化分工，形成局领导“一帮五”，干部职工“一帮二”的帮扶格局，组织全体帮扶干部集中深入结对帮扶贫困户走访，加大脱贫政策宣传力度，共同商定解决生产生活困难的办法与脱贫摘帽的措施，基本形成了以茶叶、龙脊辣椒、罗汉果种植为主的特色生态种植产业格局，帮助贫困群众走上一条可持续的增收致富之路。2017 年，先后迎接媒体暗访、省际交叉考核、国家级扶贫成效第三方机构独立评估，完成整村脱贫摘帽任务。

【党风廉政建设】 2017 年，县地税局推进党风廉政建设，突出“两个责任”，层层签订并递交了党风廉政建设、监督、干部职工家庭助廉责任书，落实“两个责任”清单化管理；把反腐倡廉教程列为干部培训的必修课，组织干部职工到柳州监狱开展警示教育活动，将廉政教育内容纳入会议、培训之中，建立起廉政教育管理长效机制；在抓好警示教育的同时，切实强化党员干部对《准则》和《两个条例》的学习，进一步增强干部职工廉洁自律意识；深入开展中央八项规定精神“回头看”工作，开展自查自纠、交叉检查和专项检查，制定“回头看”整改问题清单、任务清单、责任清单；加强扶贫领域监督执纪工作，严格履行“两个责任”，加强扶贫资金管理使用，确保扶贫各项工作政策落到实处，促进挂点村扶贫工作健康持续开展；加大对作风纪律的提醒和检查力度，全年共开展警醒教育谈话 14 次，涉及人数 17 人，做到干部监督关口前移、源头治理，变被动的事后监督为主动的事前防范。

（贺美连）

金融业

银行业

【概况】 2017 年，龙胜各族自治县共有银行业管理机构两家，即中国人民银行龙胜县支行和中国银行业监督管理委员会桂林银监分局龙胜办事处，在职人员分别为 17 人、3 人。共有 4 家银行金融机构，即中国农业银行股份公司龙胜各族自治县支行、广西龙胜农村商业银行、广西龙胜邮政银行、桂林国民村镇银行有限公司龙胜支公司。营业网 36 个，各项业务稳步增长，各项存款余额 57.82 亿元，比年初增加 6.5 亿元；各项贷款余额 42.50 亿元，，比年初增加 5 .63 亿元，全年银行业实现盈利 7404 万元。

中国银行业监督管理委员会桂林监管分局龙胜办事处

【概况】 2017 年，中国银行业监督管理委员会桂林监管分局龙胜办事处（简称龙胜银监办），贯彻落实国家宏观调控政策，负责引导辖区银行业机构调整信贷结构，提升综合竞争能力和金融服务水平，全力支持县域经济建设。

【日常监管】 2017 年，龙胜银监办按照“管风险、管内控、管高管、提高透明度”的监管理念。开展审慎性监管谈话 2 次；全年对辖区银行业金融机构网点进行第五次安全和安全现场检查 2 次，投入工作量 40 人次，检查机构 4 家，检查面达 100%，提出整改意见 4 条，配合贺州分局交叉检查组对农商行进行 5 个项目的现场检查，投入工作量 60 人次。确保全县银行业金融机构安全稳健运行，有利支持了地方经济的建设和发展。

（杨启龙）

中国人民银行龙胜各族自治县支行

【概况】 2017年，中国人民银行龙胜各族自治县支行（简称人民银行龙胜县支行），在职员工17人。年内，该行能认真贯彻落实好国家稳健的货币政策，充分发挥“窗口指导”的作用，积极引导县辖商业银行按照国家产业政策与金融精准扶贫政策相结合支持地方经济发展。

【维护金融稳定】 2017年，人民银行龙胜县支行加强货币信贷运行监测，及时掌握县辖金融动态，认真做好金融运行状况反馈工作。根据“两综合，两管理”的工作要求，强化重大事项报告制度，确保在第一时间掌握辖区发生的重大金融事项，以便采取相应对策化解和处置金融风险。以“3·15”金融消费权益保护日、龙脊梯田文化节、“6·14”全国信用记录关爱日、“金融知识宣传月”等活动为载体，加大对中小企业和个人金融知识、征信、银行卡安全知识、反洗钱的宣传工作，全面提升各经济主体的诚信意识、金融知识水平、打击洗钱犯罪等行为，为全县金融业的高效和稳健运行提供良好的发展环境。

【金融管理】 2017年，人民银行龙胜县支行以“正风提气，改革创新推进年”为主题，紧紧围绕桂林市中支提出的“1234”工作要求，发挥党建引领作用，加强对辖内金融机构各项业务的监督，成立金融消费权益保护中心，公布群众投诉电话12363条。对中国农业银行龙胜县支行各项业务进行综合执法检查，配合上级行完成对广西龙胜农商行进行反洗钱专项执法检查，对各银行业金融机构开展银行结算账户专项检查，对检查发现的一般性问题提出具体整改意见，对违反《反洗钱法》的行为，敢于亮剑，对相关金融机构给予相应的处罚，同时对单位负责人也进行处罚。做到有法必依，执法必严，违法必究。

【金融服务】 2017年，人民银行龙胜县支行以开展“两学一做”、以“党建带业务”等活动为契机，不断增强责任意识，提高金融服务水平。为各方提供优质高效的金融服务为目标，认真开展银行帐户开立、经理国库、个人信用报告、货币政策、存货利率查询，人民币真伪鉴定、金融统计等工作。用好用活国家金融政策，向广西龙胜农商行发放扶贫再贷款1.70亿元，用于涉农领域支持产业扶贫、化解贫困户融资难题；农村地区支付环境不断完善。12月末，银行业金融机构在全县乡村布放POS机425台、自动柜员机85台，设立助农取款服务点162个，金融服务站29个，实现金融服务在行政村的100%覆盖，扩大普惠金融在区的影响。

2017年10月31日，人民银行龙胜支行召开中共十九大精神宣讲会

（人民银行龙胜支行　供稿）

【金融精准扶贫】 2017年，龙

2017 年 7 月 27 日,人民银行龙胜支行召开金融精准扶贫工作座谈会
（人民银行龙胜支行　供稿）

胜县政府出台了《龙胜县金融扶贫示范县创建工作方案》,积极实施金融扶贫示范县创建工作,引导县辖金融机构合理配置资源,不断提高金融扶贫开发工作实效,利用金融重点支持基础建设、主导优势产业和特色产品发展,着力推供建档立卡贫户、创业农民工急需的金融产品和服务,力争扶贫再贷款投放量保持持续增长。截至 12 月底,人民银行龙胜县支行累计发放扶贫再贷款 1.70 亿元,余额 1 亿元。金融机构累计向 1722 户贫困户提供 5688.1 万元的资金支持,打造出泗水乡周家村,马堤乡芙蓉村、张家村,龙脊镇里排村、金江村,瓢里镇上塘村,平等镇小江村等 7 个金融扶贫示范点,向示范点发放 1929.4 万元贷款,支持带动 394 户贫困户发展生产,使 357 户贫困户实现脱贫,并走向脱贫致富的道路。

【农村信用体系建设】 2017 年,人民银行龙胜县支行按照“政府主导、人行推动、多方参与、共同受益”的原则,以推进信用村建设为抓手,推进农村社会诚信体系建设,让有贷款需求的农户因此受益,解决农民贷款难、贷款流程繁琐的现状。扎实开展“四级联创”工作,完善龙胜县农村信用体系创建机制,全年共创建信用乡(镇)4 个,信用村 42 个,信用户 22127 户,达到自治区政府下达的信用户、信用村、信用乡(镇)分别达到 40%、35%、35% 的要求。

【金融知识宣传与教育】 2017 年,人民银行龙胜县支行联合公安、工商、税务、县辖金融机构等单位,开展“3·15”金融消费权益保护日、龙脊梯田文化节、农历六月六龙脊红瑶晒衣节、农历四月八首届敬牛节等宣传活动;参与湘黔桂三省区八县联合宣传活动,9 月金融知识宣传月宣传活动。在活动中结合人民银行职能,用民族语言有重点的进行普及宣传,加强对金融消费者权益保护的教育,提升金融消费者的风险识别能力,引导金融消费者通过合法程序解决金融消费纠纷,全年共制作版报 40 块,发放宣传资料 5000 余份,满足不同群体对金融知识的了解和需求,取得良好的社会效果。 （彭世峰）

中国农业银行股份有限公司龙胜县支行

【概况】 2017 年,中国农业银行股份有限公司龙胜各族自治县支行(简称农行龙胜县支行)内设机关部门 4 个:综合管理部、风险管理部、公司业务部、个人金融部。下辖支行营业室、城关分理处、三门分理处 3 个营业网点;4 个离行式自助银行,3 个在行式自助银行,1 个金融便利店,全行共设立存取款一体机、取款机。在职员工 68 人,其中:大学本科学历 19 人,占比 27.9%;大专学历 28 人,占比 41.2%;中专学历以下 21 人,占比 33.09%。

2017 年,农行龙胜县支行牢固树立“敢为人先、永争第一”的理念,紧密围绕“强党建,稳改革,增盈利,提份额,控风险,严管理”的工作方针,继续强化“以客户为中心,以市场为导向,以效益为目标”的三大经营理念，夯实经营管理基础，加大市场营销力度，实现各项工作再上新台阶。实现拨备前利润2916万元，拨备后利润2503万元。获农行广西区分行一级支行竞争力提升奖之存款提升奖、桂林分行绩效考评优秀奖、清收不良资产先进集体奖。

【经营范围】 农行龙胜县支行主要办理存款、贷款、储蓄、转账结算、现金结算、商业汇票承兑、票据贴现、国库券、重点建设债券发行、承兑、外汇存款、贷款、汇款和外币兑换业务。

【存款业务】 2017年，农行龙胜县支行牢固树立“客户立行、存款兴行”的经营思想，多策并举开展资金组织营销工作，积极推进客户分层营销和精细化管理，加强营销体系调整，促进了各项存款的稳定增长。年末，各项存款余额14.27亿元，比年初增长1.09亿元。

【贷款业务】 2017年，农行龙胜支行加大营销力度，积极推动各项贷款投放，年末，各项贷款余额为11.43亿元，比年初增长1.61亿元。法人贷款方面：重点支持高速公路建设、滑石加工、水电、商贸等行业；个人贷款方面：加大住房贷款营销投放，加大“随薪贷”“房抵贷”“网捷贷”等特色产品营销力度，同时，创新贷款方式，选择旅游比较成熟的行政村，如：龙脊镇平安村、大寨村等，发放“农家乐”信用贷款，全年共投放贷款313万元。

【“三农”金融服务】 2017年，农行龙胜支行加强营销，主动融入当地主流经济，大力扶持水电、滑石矿等地方支柱产业的发展，积极推动贷款有效投放。全年累计投放各项贷款2.76亿元。各项贷款在龙胜县同业占比27.1%，比年初增长0.76个百分点，排名第2位。

积极改善农村金融服务环境。在全县布放存取款机20台，POS机156台，惠农通服务点26个，新增惠农卡928张，推出企业网上银行、个人网上银行、手机银行、转账电话、商户消费终端(POS)等先进的金融服务工具，为客户提供安全、便捷服务，实现365天每天24小时全天候的金融服务，将银行的服务柜台延伸到客户的办公桌上，客户使用电子银行产品足不出户就可以轻松享受自助金融服务，有效改善金融服务环境。同时，推进“惠农通”工程和惠农卡助农取款服务点的工作，在各乡镇设立投入使用惠农通服务点74个，可为客户办理账户查询、小额存、取款，转账、缴话费、农户贷款循环用贷等业务，进一步扩大和延伸农行的金融服务半径，提高三农服务水平。

【内部管理】 2017年，农行龙胜县支行加强内部管理，抓规章制度落实，实现连续第28个安全年，内控综合评价为一类行。开展“三线一网格”管理模式的落地实施与推广工作，多方位开展员工行为排查，杜绝案件发生。开展“三化三达标”“三化三铁”“双基管理建设年”创建活动，内部管理得到加强。

（白惠珍）

广西龙胜农村商业银行

【概况】 广西龙胜农村商业银行(以下简称：龙胜农商行)是经中国银行业监督管理部门批准成立的农村商业银行股份有限公司，其前身为龙胜县农村信用社，2008年5月19日改制成立广西龙胜农村合作银行，2011年12月8日改制成立广西龙胜农村商业银行股份有限公司，简称：广西龙胜农村商业银行。龙胜农商行总行机关设立办公室、人力资源部、信贷管理部、市场开发部、财务管理部、统计管理部、风险管理部、法律合规部、稽核审计部、安全保卫部、纪检监察室、电子银行部；下设18个营业网点。即：1个营业部；古龙、兴龙、日新、龙胜镇、龙脊、泗水、江底、马堤、伟江、平等、乐江、瓢里、三门13个支行；北龙、滨江、兴龙西路、区矿4个分理处；截至12月31日，有在职员工182人，其中：中专以下文化程度18人，大专45人，本科115人，研究生4人。

【业务品种】 2017年，龙胜农商行业务经营品种：办理城乡居民个人储蓄存款、行政企事业单位存款、国内结算、委托收款、代发工资、代收代付、发行银行卡及信用卡、办理桂盛通、网上银行、电话银行、中小企业贷款、个体工商户贷款、城镇居民创业贷款、国家公务员事业单位干部、职工消费贷款、农户小额贷款、农业综合开发贷款、其它项目贷款。

2017年春节，县农商行参加春节文艺汇演　（县农商行　供稿）

【存贷业务】 2017年，龙胜农商行经营管理进一步提升，各项业务进一步发展。各项存款稳步上升，截至12月31日，各项存款余额37.25亿元，比上年增长3.39亿元，各项存款中储蓄存款28.18亿元，比年初增长2.74亿元；对公存款9.06亿元，比年初增长0.65亿元。月日均存款余额为38.53万元。

各项贷款持续增长。年末各项贷款余额29.03亿元，比上年增长2.73亿元。

经济效益明显提高。年末实现经营利润0.57亿元，与上年同比增加0.01亿元，年内上缴税款0.19亿元。

各项指标达标。年末资本充足率为13.82%，比上年下降0.53个百分点，核心资本充足率为12.72%，比上年下降0.54个百分点；拨备覆盖率为200.82%，比上年上升26.40个百分点；拨贷比为4.68%，比上年上升1.13个百分点；专项准备充足率为387.59%，其他资产减值准备充足率为271.02%；不良贷款占比2.33%，比上年上升0.29个百分点；

各项存款突破37.25亿元，在龙胜县金融同业中存款居第一位。

【市场份额】 2017年，龙胜农商行存款余额为37.25亿元，占全县市场份额的64.44%；贷款余额为29.03亿元，占全县市场份额的68.7%。存款增量占比为66.29%，其中对公存款增量占比为57.11%，储蓄存款增量占比为68.94%；贷款增量占比为55.57%。财政性存款3.92亿元，占全县财政性存款总额的70.16%。各项市场份额位居县域金融行业第一。

【信贷投向】 龙胜农商行是龙胜县金融行业中为地方经济建设发放贷款最多、覆盖面最广的一个金融行业。2017年贷款重点支持了农业、中小企业、旅游及个体工商业等行业，年内累计发放各项贷款17.63亿元，同比增加3.29亿元。

发放“三农”贷款。截至12月底，该行贷款余额为29.03亿元，存贷比为75.23%。其中，涉农贷款余额27.27亿元，比年初增加1.97亿元，涉农贷占比93.93%；全年累计支持农户贷款户数为4962户，累计发放农户贷款7.61亿元，年末余额达17.29亿元，占比为49.22%。其中支持农户小额信用贷款3039，累计发放金额1.11亿元，余额达2.38亿元。

转变思想观念，优化资金配置，支持农副产品加工、销售和中小企业发展。2017年累计发放农村中小企业贷款4.98亿元，主要支持桂林龙泉旅游开发有限责任公司、桂林市龙胜源恒杉川木业有限公司、广西桂林林松电力科技开发有限公司、桂林市龙胜鑫辉石业有限责任公司、龙胜鼎祥置业有限责任公司、龙胜各族自治县龙脊罗汉果加工厂、龙胜金通房地产开发有限公司等数十家企业。

履行社会责任，深入开展金融精准扶贫工作，进一步加大对贫困户的信贷支持力度。截至12月底，全年累计支持贫困户贷款1123户，累计发放金额0.58亿元，有效地支持贫困户的发展，为全县脱贫摘帽工作作出应有的贡献。

推进农村信用体系建设。2017年该行新创建了日新村等35个信用村，12月底该行信用村为42个，占全县行政村的35.29%。同时还创建龙胜镇、龙脊镇、泗水乡和瓢里镇等四个信用乡镇，占全县的40%，有效推进龙胜农村信用体系建设，促进农村信用生态环境发展。

加强对小微企业的扶持力度，切实落实好续贷政策，着力解决小微企业融资难、融资贵、难融资的现实困难，2017年为困难企业办理续贷12户，22笔，续贷金额1.08亿元，为企业节约财务成本约0.03亿元。

落实好房地产贷款政策，加强房地产贷款管理，严禁发放“首付贷”及流入房地产的贷款，做好房地产贷款的调查，选择管理规范、经营前景好、效益稳健的房地产开发公司投放贷款，2017年该行只发放龙胜金通房地产开发有限公司一笔0.16亿元房地产贷款。同时抓好个人住房按揭贷款的发放，截至12月底，全年共发放个人住房按揭贷款194户，发放金额为0.48亿元，年末余额为0.81亿元。

【内部管理】 龙胜农商行具有完善的法人治理结构，建立健全党委组织、工会组织、设立股东大会、董事会、监事会和高级管理层等为主体的组织架构。内部管理制度健全，制定有内控制度104个，收集法律法规19个，编纂共60万字内容涵盖“三会一层”、人事教育、财务会计、信贷管理、市场开发、风险管理、安全保卫以及综合管理等各个部门的《龙胜农村商业银行内控制度汇编》，按照现代金融企业制度要求已向现代金融企业转轨，全行内部运行顺畅有序，“三会一层”履职正常，决策、监督、运行有机统一。

【电子银行】 龙胜农商行发行及办理的银行卡业务有：桂盛卡（即：银联卡）、ATM自助取款机、CRS自助存、取款机、消费刷卡POS机、“桂盛通”自助结算终端机，手机银行、网上银行、短信通、ETC等电子银行业务。截至年底，共发行桂盛卡15.75万张，新增9106张；手机银行用户20831户，有效户比年初增长8417户；POS特约商户366户；电子银行业务交易替代率76.69；桂盛信用卡有效卡量8058张，新增4253张，授信额3.86亿元，用信额1.04亿

2017年7月，县农商行开展党风廉政警示教育活动

（县农商行　供稿）

元,不良率0.32%,实现收入0.05亿元。全辖安装ATM自助取(存)款机46台,在全县各乡(镇)、村(屯)安装“桂盛通”自助结算终端机366台,增设银行卡助农取款服务点119个,增加金融服务项目,实现龙胜农商行自助结算终端村村通,农村群众足不出户都可以办理得到金融业务。

(梁丽宣)

桂林国民村镇银行有限责任公司龙胜支行

【概况】 桂林国民村镇银行有限责任公司龙胜支行(以下简称:桂林国民村镇银行龙胜支行)是经中国银行业监督管理部门批准成立的桂林国民村镇银行分支机构,于2012年7月19日正式成立对外营业,桂林国民村镇银行龙胜支行设立综合部、业务部、营业部3个部门,下设龙胜兴龙西路支行、龙脊自助银行、龙脊大寨自助银行。截止12月31日,有在职员工27人,全部为大专以上文化,其中本科及本科在读12人。

【存贷业务】 截至2017年12月31日,桂林国民村镇银行龙胜支行各项存款余额2.97亿元,年末各项贷款余额1.37亿元,不良贷款占比0.98%,全年累计发放各项贷款1.40亿元,年末实现经营利润199.71万元。

【信贷投向】 2017年,桂林国民村镇银行龙胜支行坚持服务“三农”服务社区、服务小微企业,坚持“小额、分散”的信贷原则拓展业务,全年累计发放各项贷款1.4亿元,农业方面,贷款解决全县农、林、牧、渔业生产资金余缺,对“三农”贷款起到有意的补充,并且成立国民联合三农协会,对支持“三农”经济发展起到有力的作用。2017年推行新的信贷品种“方便Dai”。“方便Dai”遵循先授信,后用信,阳光操作,动态管理的原则,按照一次核定、授信3年、用款灵活的方式进行管理。

【信贷业务】 2017年,桂林国民村镇银行龙胜支行利用每天的晨会客户经理汇报每个贷款客户的基本情况,全体客户经理进行分析后来判断是否对该笔贷款客户放款,有效的提高客户经理的调查能力。新发放的贷款必须着重看借款人的第一还款来源,不要一有抵押物或担保人就发放贷款,做好贷前实地调查,严禁违规发放贷款。调查贷款用途要真实合法,按实际用途撰写调查报告。

【电子银行】 桂林国民村镇银行龙胜支行发行及办理的银行卡业务有:国民联合卡、ATM自助取款机,CRS自助存、取款机,消费刷卡POS机,手机银行,网上银行,微信银行,短信通等电子银行业务。

(易小丹)

保 险 业

【保险业概况】 保险类金融机构3家,分别是中国人民财产保险股份有限公司龙胜支公司、中国人寿保险股份有限公司龙胜支公司、北部湾财产保险公司,从业人员154人(含临时工)。全年保险机构保费收入总额8562万元,较上年增加1366万元,增幅达18.98%,全年保险理赔总额5191万元,较上年增加1522万元。

中国人寿保险股份有限公司龙胜支公司

【保险业务】 2017年,中国人寿龙胜支公司继续占据龙胜寿险市场主导地位,公司总保费市场份额保持在99.6%,市场份额较上年度提升0.2个百分点,市场地位得到更一步的巩固。

全年,该公司实现总保费收入4504万元,同比增长21.1%,其中包括长期险首年保费2028万元，同比增长4.0%，10年期以上期交590万元，同比增长12.4%，短期险保费387.3万元，同比增长34.3%，业务结构进一步优化。

【组织架构】 2017年，中国人寿龙胜支公司辖内管理干部职工及代理营销人员共计150人，公司长期以来保持稳健发展态势，为当地人才就业提供了稳定的发展平台，内设有综合管理部、客户服务部、个险业务部、团体业务部及银行保险部，员工9人。另设龙胜镇、瓢里镇、三门镇、龙脊镇、伟江乡5个乡镇营销服务部，为广大客户提供更便捷的优质服务。

【社会责任】 2017年，中国人寿龙胜支公司共缴纳税款49.20万元，同比增长2.20%，为推动桂林的经济发展和社会稳定做出应有贡献。公司始终坚持“快速、主动、优质”理赔的原则抓好理赔管理，打造理赔绿色通道服务的精良品质，持续完善“医保通”实时赔付系统，持续提高理赔时效和理赔质量。

【业务开拓】 2017年，中国人寿龙胜支公司累计实现农村小额保险业务保费41.4万元，该保险承保人数累计达15.4万人，累计赔款11万元；实现学生险保费111.1万元，全县学生险投保率年均88%，为学生人身安全提供最好保障。实现计划生育家庭爱心保险保费27万元，覆盖计生人群5377户，承保了全县独生子女家庭意外保险，配合政府部门开展对独生子女家庭的关怀、照顾，使龙胜的独生子女家庭生活得到最大的保障和实惠，解决独生子女家庭的后顾之忧。年内实现计生关爱保险106万元，承保人数达4.24万人。2017年内公司积极推进高危行业安全生产责任保险建工险，保费收入29万元。

【队伍建设】 2017年，中国人寿龙胜支公司以保险业基本法为经营核心，推进常态增员工作，打造包括扬帆起航训练营及初级主管训练营在内的多个营销员训练平台，着重对销售队伍的诚信合规教育培训，提高营销员的自身素质及客户服务能力。按照保监会大力整治销售误导的工作要求，推进营销员诚信教育，防范销售违规风险，做到“依法合规，诚信经营”。 （杨麟萍）

中国人民财产保险股份有限公司龙胜支公司

【概况】 2017年，中国人民财产保险股份有限公司龙胜支公司（简称龙胜支公司）业务区域主要是龙胜县城和各乡镇的财产保险和车辆保险等财产业务及短期人身意外健康险。年内，保费收入3406万元，比上年增长6.16%，其中，车险保费收入1911万元，比上年增长7.22%；非车险保费收入978万元，比上年增长22.78%；农业险保费收入517万元，比上年下降7.28%.

【保费支付】 2017年，龙胜支公司全年保费规模达到3406万元，直接赔款1958万元，承保利润512万元。 （杨 瑜）

商务贸易

综 述

【概况】 2017年，龙胜工业和信息商贸局下设商贸服务管理股。2012年4月成立“龙胜各族自治县商务综合行政执法大队”为自治县工业和信息商贸局管理的二层财政全额拨款事业单位，核定财政全额拨款事业编制3名。负责全县成品油市场、直销、拍卖、典当、废旧物资回收、商业特许经营管理(酒类管理、食品安全管理划入食品药品监督局)等事项的执法稽查工作。

【主要经济指标】 2017年,龙胜县社会消费品零售总额9.97亿元,同比增长10.7%;外贸进出口总额完成2.5亿元;新增限额以上批零住餐企业3户;限额以上批发零售住宿餐饮企业16家;物流快递业50家;入住阿里巴巴、淘宝、京东、天猫等网上销售平台企业28家。龙胜依托旅游优势,带动餐饮住宿业发展,农家乐由2012年的300多家增至2017年底的800多家,全县旅游业农村直接从业人员达2万人,间接从业人员达5万人。目前全县共有住宿农家旅馆饭店400多家,宾馆共计227家(县城76家、温泉12家、龙脊景区139家),四星级酒店1家,三星级酒店2家,百家汇、婵娟、惠之林、周六福黄金等50多家知名连锁企业落户龙胜,龙胜消费市场活跃和繁荣。

【展销贸易】 2017年,企业开展三月三特色小吃展销活动。进一步传承特色油茶、红白糯糍粑、五彩蕨粑、柚叶粑、五谷杂粮粑、达连粑、素粽、肉粽、板栗粽、竹筒饭、红白糯米饭、南瓜饼、翠翠酸爽、荷叶红糯米凤鸡、椒盐翠鸭下巴、翠鸭血粑、卤凤鸡爪及灯盏模油炸粑等20多种反映龙胜民风民俗、历史文化,社会信誉良好的特色小吃,深受广大客人的亲睐。

开展“诚信兴商宣传月”活动。进一步加强商务诚信、社会诚信建设,大力提倡“诚信兴商、和谐社会”的理念,围绕“倡导诚信兴商,共建和谐社会”的活动主题,宣传企业通过诚信经营扩大销售、提高效益、赢得竞争优势的经验,宣传有关政策,努力扩大消费市场,促进社会消费。

开展第六届龙脊梯田文化节特色小吃展销一条街活动。动员特色小吃商家24家参加特色小吃展销一条街活动,充分挖掘地方特色美食,传承传统民族文化,让各方来客品尝到了特色小吃商家推出的廉价美食,小美食得到了广大顾客的亲睐。

动员广大商贸企业利用民族特色节庆活动,开展线上线下同步促销,达到刺激消费,拉动消费的作用,有效扩大消费市场,促进社会消费。

组织相关企业参加自治区工业和信息化委、自治区二轻工业联社举办的2017广西工艺美术作品暨大师精品展览。

【电子商务进农村】 2017年6月16日,龙胜县人民政府与京东集团签订农村电商精准扶贫战略合作协议;引进农村淘宝、村邮乐购、乐村淘等电商。县级电子商务公共服务中心全面启用,中心总面积2500平方米,设有电商办公区、展示厅、培训室、会议室、孵化区等。2017年,阿里巴巴、乐村淘等电商平台已全部入驻办公,给予3年免租优惠,县级电子商务公共服务中心计划再引进京东、苏宁等平台商,为本地企业、创业青年入驻孵化服务。县级电子商务主体运营商已经确定,由桂林龙胜元素电子商务有限公司承接,企业已经入驻开展相关工作。县、乡、村三级服务体系不断完善。县级公共服务中心已建设完成,总面积2500平米;计划建设乡(镇)级服务站9个,至2017年12月底,已完成5个乡(镇)服务站建设;计划建设村级服务点119个,截至11月底,已完成61个村级服务点的建设。

强化基础,健全物流、网络体系。2017年,龙胜网络设施在不断完善,上网用户大幅上升。无线4G+通信网络覆盖10个乡镇119个村,家庭光纤宽带覆盖119个村,全县行政村宽带覆盖率100%,网络建设能满足农村电子商务发展要求。是推进快递物流发展迅速。全县仓储物流体系初步健全。建成1000多平米的县级仓储物流中心1个、300多平米的镇级仓储物流中心1个。中国邮政、菜鸟物流、圆通等物流企业已入驻。为乡(镇)、村点提供上下行快件配送等服务。

【扶持中小企业】 2017年,龙胜积极争取外经贸发展专项资金,促进企业稳步发展。根据自治区商务厅、财政厅《关于做好2017年中央外经贸发展专项资金项目申报工作的通知》文件要求,及时通知进出口企业按文件要求做好申报工作,确保无一遗漏,积极收集企业申报材料,完善系统网上申报工作,及时与相关单位相关股室人员初审项目资金,联合行文按时报送自治区商务厅、财政厅,全年共审核项目4个,获项目资金93万元。争取区工信委小微企业扶持资金150万元,扶持31家小微企业。 (曾文群 范道祥)

县市场开发服务中心

【概况】 2017年,龙胜市场贸易主要由县市场开发服务中心负责管理。县市场开发服务中心全年经营收入515万元,支付银行贷款利息10.65万元;上缴国家税金28.55万元。共有县城集贸市场2个,乡镇集贸市场8个。

【县城农贸市场】 2017年,龙胜县城民族贸易商场和临江街民族农贸市场位于县城临江街路,是龙胜县规模最大的农贸市场,其营业面积达4778.8平方米,有固定摊位570个,商业铺面178个,临时摊位400余个,从业人员达4125人,年交易额为56025.3万元。

【易地扶贫搬迁安置综合楼建设】 2017年,龙胜县市场开发服务中心和兴龙城市投资有限公司实施建设乐江乡、瓢里镇两个点的易地扶贫搬迁集中安置综合楼项目,由县市场开发服务中心提供土地作项目建设用地,其中,瓢里镇项目占地面积1854.86平方米,建筑占地面积1200.10平方米,总建筑面积5852.平方米,共5层;乐江乡项目占地面积1720平方米,建筑占地面积1301.2平方米,总建筑面积5602.23平方米,共6层。两个点的易地扶贫搬迁集中安置综合楼一、二层均作为农贸市场功能使用,三层(含三层)以上楼层均作为易地扶贫搬迁安置楼,共建设住房67套,安置贫困人口290人。

【成立龙胜各族自治县市场开发投资经营有限公司】 2017年6月21日,龙胜县人民政府批准成立"龙胜各族自治县市场开发投资经营有限公司",隶属于县人民政府,由县市场开发服务中心代管。公司经营范围:全县范围内的集贸市场开发、综合治理及资本运营;城乡基础设施项目投资;土地市场的综合开发;房地产市场投资;新农村建设;基础设施项目代建代管;投资服务等。公司自成立以来各项工作有序运作。

【抢险救灾工作】 2017年6月末至7月初,龙胜县境内普降暴雨,引发20年一遇的洪涝灾害。县城农贸市场心连心超市至电力公司码头市场,被

2017年12月27日,县委书记周卉(左六)到乐江乡检查易地扶贫搬迁集中安置综合楼建设 (县新闻中心 供稿)

2017 年 7 月，洪灾后清洗市场　　（县新闻中心　供稿）

洪水淹没近 1.4 米。面对这场突如其来的洪灾，县市场开发服务中心全体干部职工坚持将经营户的生命财产安全放在第一位，不等不靠，统筹安排，采取紧急果断措施，与洪灾展开了顽强的斗争，为广大经营户将损失降到了最低。据不完全统计，从 7 月 2 日—4 日，共计投入各种清淤车辆 150 台次，450 吨，工人 400 余人次。经过干部职工 4 天的连续奋战，取得重大胜利，谱写市场中心干部职工团结抗洪的壮丽诗篇。7 月 28 日被县委、县人民政府授予“全县抗洪救灾先进集体”荣誉称号。

（杨凯华）

烟草专卖

【卷烟销售】 2017 年，龙胜县全年实现销售额 1.41 亿元（含税），同比增加 740 万元，增幅为 5.5%；实现卷烟销售总量 5647 箱，完成全年计划的 100.1%，同比下降 9 箱，降幅为 0.2%；实现单箱销售额 24970 元，同比增加 1425 元，增幅为 6.1%，完成年计划 25310 元的 98.7%。

【专卖管理】 2017 年，龙胜县烟草专卖局持续利用已建立的长效执法工作机制，坚持政府牵头、部门共管的工作格局不变，充分利用公安、工商等执法部门的执法合力，齐抓共管，坚持资源共享、信息互通、统一行动、有效打击的工作思路，联合查处无证经营、销售“假、非、私”烟等案件。制定科学、合理的检查计划，积极收集卷烟市场的信息和线索。打破过去常规的检查时间和方法，采用日常检查与专项整治相结合的手段，对重点对象和区域采取定期或不定期检查、集中检查、错时检查、交叉检查、夜间上路等工作方式，加大对辖区涉烟非法行为的打击力度。强化与邮管部门的合作，对辖区内物流、快递企业负责人进行专题物流寄递环节的法律法规培训，强化物流寄递企业守法经营和配合执法理念。全年共查获各类涉烟案件 35 起，移交工商部门处罚案件 25 起，查获卷烟 1773.6 条，案值 8.67 万元。

【品牌培育】 2017 年，龙胜县烟草专卖局强化营销手段，培育重点品牌，推动销售结构协调发展。以重点品牌、细支烟、新品烟作为品牌培育的突破口，导入竞争机制，充分调动一线员工的积极性、主动性，引导辖区零售户拓宽品牌宽度，切实增强品牌培育能力，提高市场把控力。特别是广西产“真龙”烟重点品牌发展较快，当年累计销售真龙系列卷烟 2160 箱，同比增加 149 箱，增幅为 7.4%，完成全年真龙系列 2015 箱总量目标的 107.2%；销售 10 元以上真龙卷烟 1216 箱，同比增加 127 箱，增幅为 11.7%，完成全年 10 元以上真龙 1180 箱总量目标的 103.1%。

【内部监管】 2017 年，县烟草专卖局内部监管工作以继续强化“事前、事中、事后”全过程管理作用为主线，以规范内部经营行为为核心，以重责任、促规范、稳发展为基调，全面深化内部监管工作，内管委派制有效运行，经营管理严格规范。卷烟营销工作紧盯销售总量、销售结构和8元以上真龙销售等核心目标；专卖管理工作以“APCD+E”工作法为切入点，以持续推进“三个平台”建设为发力点，在内部专卖监督管理规范下，全面提高卷烟市场监管力度，规范辖区卷烟市场秩序。

（马　姝）

石油供应

中国石油天然气股份有限公司广西桂林销售分公司

【概况】 2017年，中国石油天然气股份有限公司广西桂林销售分公司主要企业桂龙、交洲第二、牛尿加油站。桂龙加油站位于龙胜镇金结村321国道旁，在编人数7人。交洲第二加油站位于瓢里镇上塘村321国道旁，在编人数8人。牛尿加油站位于泗水乡八滩服务区，在编人数6人。年内，中石油3座加油站抓好成品油销售和安全管理，全年成品油及非油品销售取得较好成绩。安全管理实现“零事故”的管理目标。

【石油供应】 轻油销售：2017年，龙胜县中石油公司三座加油站完成轻油销量8479吨(其中机出零售8479吨)，同比减少26%（其中机出零售同比增长–26%—汽、柴油分别同比增长1.3%和–15.6%，完成年度总任务的78%。

零售市场份额：龙胜县境内共有加油站9座，其中石化6座，占零售市场份额68%；中石油加油站3座，占零售市场份额32%。

非油销售：2017年，总销售非油品99万元(实现吨油零售117元)，同比增加12万元，同比增长8.52%，完成年度总任务的65%。

【安全管理】 2017年，中石油三座加油站落实各项安全管理制度，抓好安全检查，促进QHSE管理工作；对加油站的安全隐患进行排查，实现了安全事故为零和伤亡事故为零的管理目标。

（王　练）

中国石化销售有限公司广西桂林龙胜分公司

【轻油销售】 2017年，龙胜县完成轻油销量25257吨，其中：直分销6686吨(其中：分销285吨)，库配238吨，机出零售18333吨(其中汽、柴油同比增长分别为7.8%和–6.9%)，完成年度总任务的102%，市场份额69%，增长3个百分点，机出零售同比对标中石油为9%。

【非油销售】 2017年，中国石化销售有限公司广西桂林龙胜分公司完成非油品总销售400万元(实现吨油非435元)，同比增加75万元，同比增长23%，完成年度总任务的100%。燃油宝销售67.3万元，同比增长10%，实现吨油燃油宝63元/吨，已连续28个月(从2015年9月至2017年12月)不低于47元/吨，平均为65元/吨，最高达92元/吨(2018年1月高达117元/吨)。

【非油业务潜力深挖】 2017年，中国石化销售有限公司广西桂林龙胜分公司做大做实门店零售，从“宝、岛、门、店、开口秀”5个方面推广“五重售”活动，提高重点商品销售，提升毛利率，充分利用旅游线路优势做大主力便利业务，打造湘桂、和平两座加油站样板站，树立标杆。

结合实际，因地制宜，丰富团购商品品类，增强团购的吸引力，逐步摸索出一条符合当地消费者心理的促销办法。由于辖区属少数民族自治县，民风纯朴，对于家中大小喜事都要宴请亲朋好友，针对这一习俗积极组织员工向亲朋好友推销香烟，效果明显，团购业务得到了扩大。

优化品种结构，力推主打商品，通过近几年的非油品经营，逐步掌握司机这一特殊消费群体的消费习惯，在商品的购进上要有针对性和预见性，在商品的摆设上把一些热销、特色商品摆在明显处，摆在消费者便于看到和提货的地方，引导客户消费非油品的习惯，同时引进新的业务增长点，深挖客户消费潜力，实现量效规模增长，让非油品销售业务逐步走入良性轨道。

【安全管理】 2017年，中国石化销售有限公司广西桂林龙胜分公司强化员工的安全防范意识和实操技能，经常开展安全教育并进行消防演习，使员工能掌握必需的安全消防知识和防盗抢应急措施，收到良好的效果。

落实"三级"安全检查制度和值班制度，强化岗位职责意识，加强加油站现场管理，狠抓劳动纪律，严格操作规程，杜绝"三违"现象，把事故苗头消灭在萌芽状态。

加大对加油站货款回笼和油品数质量的检查监控力度，全年龙胜公司没有发生货款管理违规现象，也没有发现油品数质量问题。

（石洪波）

民用爆炸物资销售管理

【企业概况】 龙胜各族自治县民用爆炸物品专营公司是由原龙胜县物资局改制成立的全民所有制企业。2017年，该公司在职员工12人，经国家安全培训机构培训的人员3人，特种行业培训上岗4人。专业专用标准仓库一座，主要管理全县民用爆炸物资，为县城基础设施和各大小矿山服务。

【业务经营】 2017年，龙胜县民用爆炸物品专营公司销售工业炸药576.6吨，工业雷管14万发；商品购进总额392万元；实现净利润173万元；实现利税总额294万元。

【安全管理】 2017年，龙胜县民用爆炸物品专营公司依托《民用爆炸物品管理条例》，完善安全管理制度和应急救援预案，抓好安全隐患排除工作及员工安全学习，实行分级管理制和安全例会制，加强危险源24小时重点监管，实现年内无事故的管理目标。

（秦福春）

粮油贸易

【概况】 2017年，龙胜各族自治县粮食局（简称县粮食局）核定编制数4人，实有人数12人（包括后勤服务聘用编制1人），内设2个机构：办公室、综合股。下属二层机构（事业编）2个：军粮供应管理中心，编制数4人，实有人数2人；粮油管理服务中心，编制数2人，实有人数2人。2007年，进行粮食流通体制改革，成立县粮食购销有限责任公司，属国有企业。全系统共有干部职工31人，其中：局机关行政编制实有人数12人（包括后勤服务聘用编制1人），事业编制实有人数4人，国有粮食购销企业返聘人员15人。干部18人，工人13人；本科学历2人，大专学历15人，中专学历5人，高中及以下学历9人。

龙胜粮油贸易除粮食部门经营外，各商场、超市也经营此项业务，当年，粮食销售12775吨。其中，国有粮食企业销售2755吨，非国有粮食经营企业销售10120吨，转化用粮销售1534吨。国有粮食企业完成销售收入645万元，全年实现利润总额15万元。

2017年全县粮食总消费量68756吨，同比增加1288吨。其中，城镇口粮4875吨，农村口粮

2017 年冬,县粮食局监督员到放心粮油店进行食品安全检查

(粟泓剑 摄)

32438 吨,饲料用粮 29573 吨,转化用粮 1534 吨,种子用粮 236 吨,销往区内县外 4399 吨。

【粮油收购】 2017 年,县粮食局完成自治区下达直补订单粮食 3000 吨收购任务,发放补贴资金 72 万元。

【粮食购进】 2017 年,龙胜全年共购进粮食 13262 吨(原粮,下同),比上年减 1082 吨。其中,国有粮食企业购进 3440 吨,非国有粮食经营企业购进 9822 吨。

【储备粮轮换】 2017 年,龙胜轮换储备粮 2240 吨。其中,自治区储备粮食 1801 吨,县储备粮 439 吨。

【粮食库存】 2017 年,国有粮食经营企业库存 6618 吨,其中自治区储备粮 2093 吨,县级储备粮 1525 吨,订单粮食 3000 吨,全社会粮食库存总量 22882 吨,同比增加 11%,其中转化用粮 95 吨,非国有粮食经营企业库存 1024 吨,农户存粮 15506 吨,,城镇居民存粮 145 吨。

【粮食仓储】 2017 年,县粮食局完成在建工程投入 4 8 万元。其中平等旧仓维修投入 2 1 万元,泗水宿舍楼 13 万元,瓢里粮库 1–14 仓房屋顶瓦面维修资金 14 万元。

全年,龙胜县粮食总仓容 8820 吨,其中瓢里粮食储备库 5360 吨,泗水粮站 2040 吨,平等粮站 670 吨,乐江粮站 750 吨。

【科学储粮】 2017 年,县粮食局完成上年农户科学储粮仓 2000 套的设备安装发放和各项资料的上报工作,并通过验收工作组的验收。

【粮食流通监督检查】 2017 年,县粮食局严格按照《粮食流通管理条例》和《国家粮食流通统计制

2017 年 10 月,桂林市粮食局领导到瓢里粮食储备库检查粮食入库情况

(粟泓剑 摄)

度》等要求开展全县粮食流通监督检查、全社会粮食统计、统计监督检查等工作；按时做好全年粮食流通统计报表上报工作。当年，县粮食局获得粮食监督检查证有8人，得广西壮族自治区行政执法证1人，没有成立行政执法队；已落实粮食监督检查专项经费3万元，并对其下属国有粮食企业（粮食购销有限责任公司）开展8次粮食监督检查，出动人员共计21人次，公司是全县唯一建立有监督检查信息档案的粮食企业，全年没有发生有关涉粮案件，重点涉粮案件为零。

【依法管粮】 2017年，县粮食局坚持依法管粮，积极营造良好的市场环境，进一步加强粮食流通和粮油市场监管力度，确保粮油市场健康有序发展。

【粮食风险基金】 2017年，县粮食局落实到位全县粮食风险基金规模120万元。

【积极向上争取资金】 2017年，县粮食局积极向上争取资金35万元，建设泗水宿舍楼及对平等、瓢里仓库进行维修。

【安全生产】 2017年，县粮食局在安全生产方面，建立安全生产管理档案，建立健全"一岗双责"，实施任务分解，完善修订安全、防汛、消防预案、重大隐患报告、重大隐患动态监管、事故报告、应急预案、值班等制度，并组织实施。

加强春节期间出租房屋的安全管理。于1月10日印发《关于做好2017年春节期间安全生产工作的通知》，局综合股督促检查了粮食企业对外出租房屋及库点，严格执行安全生产管理制度，做好防火、防盗和值班安全工作。

加强安全生产宣传教育工作。于9月21日，组织全县粮食企业员工开展"一规定两守则"学习，并邀请县安监局注册安全工程师对新《安全生产法》解读及案例分析进行交流。综合股负责人就《粮油储存安全责任暂行规定》《粮油安全储存守则》《粮库安全生产守则》进行培训，进一步规范全县粮油仓储管理工作，提升仓储企业规范化管理水平、加强粮食企业应急处置与演练。于8月24日，组织全县粮食系统干部职工在瓢里粮库进行火灾事故现场演练，通过模拟火灾突发现场处置，加强对空气呼吸器、干粉灭火器、消防水带的使用，增强干部职工消防安全意识，提高了大家对火灾突发事件的应对能力，演练取得预期的效果，为今后做好县粮食安全生产和消防安全工作，起到了积极作用。

加强安全生产检查。分别于4月17日、8月22日到乐江粮站、泗水粮库、瓢里粮库进行现场事故隐患排查治理活动，要求每位职工对本岗位的生产设施设备进行一次全面检查。检查要做到横向到边，纵向到底，不留死角。对检查出来的事故隐患和治理情况，记入安全生产台账，整改完成经安全技术人员确认合格后方可销号；加强化学药品安全管理。粮食局2月28日印发《危险化学药品安全生产大检查工作实施方案》的通知，综合股对公司化学药品库及化学药品安全使用进行了检查，并于6月27日印发整改通知书，公司于9月30日前已消除被查处的安全隐患："化学药品库安全管理规程"制度上墙，库、站点执行药品"零库存"，药品库执行"双门双锁"制度。

加强固定资产管理。于9月粮食局对乡下固定资产（闲置仓、房）进行安全生产检查：现各乡镇固定资产均属危房，已无维修和使用价值，9月12日，粮食局联同平等镇人民政府对其居住在原蒙洞粮站当地居民石天雄，印发《危楼通知书》，要求石天雄搬出至安全居所，防止安全事故发生。

【安全检查】 2017年，县粮食局对粮食购销企业的储粮进行安全检查，全年累计检查粮食1万余吨，所有储粮安全率100%，平均粮温较好，无发热、无霉变、无虫害、无高水份粮食，实现"一符四无"粮仓100%。

【扶贫工作】 2017年，县粮食局加大精准扶贫力度，及时调整精准扶贫工作领导小组，扎实抓好精准扶贫工作。精准扶贫工作做到五到位（领导到位，驻村工作人员到位，责任到位，措施到位，工作到位）。3月28日，县粮食局领导来到龙脊镇白水联系村与50多名村民、小组长、党员、村两委委员共同商讨农村经济发展大计。在认真分析白水村的自然条件、农耕习惯及农村经济结构，归纳总结出白水村今后农村经济发展的方向和思路：继续做强做大罗汉果及百香果产业，全局帮扶37户贫困户，共发展种植业12.5公顷（其中：罗汉果8.9公顷，百香果0.93公顷，黑老虎0.26公顷）；积极发展特色种养业（沙塘桔1.40公顷，油茶0.53公顷，中华蜜蜂15箱，土鸡1000只）；完成白源大桥的架设主体工程，完善两头的隐桥以便正常通车；完成了白水组“改圈”+沼气+生态旅游农业项目的前期规划及论证工作；积极与发改、交通、财政等部门沟通，将龙脊白水拉网—白水组道路（村级道路的后段，拉网—村部）硬化，于2017年底完工通车；对贫困户全年投入近5万元，帮助发展生产和对贫困户进行慰问。认真履行、规范村级一事一议制度，把财政资金与农民利益结合起来，积极开展产业项目调研，坚持选准2~3个支柱经济产业，打造百姓产业支柱群。

（郑学林）

2017年9月，县粮食局工作人员在扶贫联系村农户罗汉果园调研

（吴泽军 摄）

供销社经营

【农民增收引领】 2017年，县供销社利用供销合作点多面广、接地气的优势，在发展农民专业合作社上做大文章，不断加大对农民专业合作社在政策、资金、金融等方面的扶持力度。全年，全县合作社总数达到305个，联合社2家。其中原供销合作社职工杨惠梅牵头成立的龙胜农产品购销专业合作社，有社员630人，其中贫困户社员83人，每年收购农产品200多万元。通过经济合作组织引导和组织广大农民大力发展农业产业，促进农业增产、农民增收和全县脱贫摘帽工作。

【搭建农村资产发展服务平台】 2017年，龙胜县成立农村发展投资有限公司，由县供销社负责公司具体业务。公司受自治县人民政府委托，归集贫困户金融脱贫小额信贷资金，集中投放于专业合作社、龙头企业、农业经济合作组织，以提高贷款资金的使用效益和资金安全，保障脱贫工作顺利完成。代管财政安排的村级集体经济培育资金，培育村级集体经济。组建乡、村综合服务平台，培育地方特色产品品牌建设，建立冷链、物流、仓储、加工体系等，使之真正成为政府管得住、群众用得着、企业得发展的三农服务平台。年底，公司已完成前期组建工作。并且开始运营托管59个贫困村的2950

万元村级集体经济发展资金，第二批红分收益已经拨付给各个贫困村。

【“国家有机产品认证示范区”建设服务平台搭建】 2017年，龙胜县委、政府提出打造全县有机农产品大园区，积极推进农产品“三品一标”认证工作，推动龙胜各种农产品走向高端市场，打响龙胜“生态+”“高山+”、绿色、有机等品牌，全力推进“国家有机产品认证示范区”创建工作。为此，县委、政府结合供销综合改革工作，把此服务平台交由县供销社具体负责，以此为契机，在完成有机农业规划编制、有机产品申报、农产品品牌建设的同时，将融合土地托管、职业农民培训、农资供应、合作社建设等工作。截至年底，通过土地托管、合作发展等形式，培育有机罗汉果、有机百香果、有机猕猴桃等种植示范基地200公顷；组织申报有机产品13个，其中龙胜红糯、地灵花猪、龙胜凤鸡、龙胜翠鸭等6个品种通过有机认证。

【淡季化肥备储和旺季供应】 2017年，龙胜县社下属果丰农资公司在当年冬天筹集资金近800万元，采取自储、与厂家联储等方式储备化肥6000余吨，其中：尿素806吨、碳铵1013吨、磷肥1009吨、复合肥3191吨，农药115吨，农膜2000千克，以确保全县农业生产需要，冬储量占全年化肥销售总量的30%以上。

【农产品宣传推介】 2017年，龙胜县组织当地农产品参加各地的展销会、推介会，提高龙胜农产品的知名度。特别是6月9日—11日在龙胜北岸休闲长廊举办的第六届龙脊梯田文化节名优土特产展销一条街活动。在11月举办的广西第十三届农展会上，供销社在区社的统一组织下，将龙胜县的特产进行集中展示，突出展现龙胜的优质名优特产。

考察外地市场，推介龙胜农副产品。供销社和流通办先后组织全县农民专业合作社负责人、流通大户赴广州、深圳、佛山等地考察农产品销售市场，拓展龙胜农产品的销售渠道。

【农产品流通奖励】 2017年，龙胜对农产品流通大户进行奖励，流通办已向政府报告申请对2016年度的农产品外销工作进行奖励，待政府批复后进行奖励表彰工作。

【项目建设】 2017年，龙胜县新建日用品配送中心项目。该项目由千乡工业品连锁经营有限责任公司承建。占地面积446.67平方米，为11层综合楼，总造价850万元。当年，主体工程通过验收。

【精准扶贫工作】 2017年，县供销社负责联系泗水乡三舍村精准扶贫工作，县供销社共结对帮扶48户。为推进三舍村的脱贫工作，县供销社全体干部、职工多次深入三舍村，通过入户调查、建档立卡、结对帮扶、产业扶持等开展精准扶贫工作。开展技术培训，共培训总数超过250人次。争取区畜牧兽医局养蜂站的“贫困户养蜂扶贫项目”落实在三舍村冷界头片。联系广西汉能光伏公司，为三舍村无偿安装3千瓦光伏膜发电项目。

【保障应急物资储备供应】 2017年，县供销社深入企业开展安全大检查，排除安全隐患，确保安全无事故。按县政府要求做好了防汛物资的储备和应急准备工作。

【党风廉政建设】 2017，县供销社认真按照上级有关加强党风廉政建设工作要求，结合单位实际，制定《龙胜各族自治县供销合作社联合社2017年党风廉政建设工作计划》，认真按照工作计划开展党建工作，采取开展集中学习、教育培训等方式，提高干部职工特别是党员干部的素质和能力，增强干部职工廉洁自律意识，不断推进反腐倡廉工作，形成了清正廉洁的工作环境。

（韦苏虹）

供 水

【供水管理】 2017年,龙胜县城自来水厂坚持安全生产,保障县城供水。加强机械设备的检查、保养和维修,当年管道维修80余次,7小时外维修工作30余次,机泵维修5次,抢修发电机4次。每天检测水质,做好消毒工作,确保供水符合国家规定的饮用水卫生标准,坚持无特殊情况提前通知停水的原则,注意做好抗洪抢险的防范措施,发现隐患及时报告、及时处理。积极做好第二水源、第二水厂建设的筹备工作,为县城规模扩大、人口增加用水量增大做好准备。

【营业收入】 2017年,龙胜县城自来水厂完成售水量250万吨,安装新表1000多个,安装管道(Φ50以上的)1000多米,水费收入490万元,其它业务收入164万元,全年总收入654万元,同比增长10%。因成本增加全年亏损17万元,同比上年亏损42.44万元,减亏25.44万元,减亏率60%。

(付佳佳)

工 业

工业综述

【概况】 2017年,龙胜县注册登记的工业企业270多家,均属于中小型企业,主要分布在矿产开采加工、发电供电、铁合金冶炼、竹木加工、石材开发、农产品加工等领域。工业企业性质分别为国有企业、合资企业、私营企业。国有企业和合资企业以滑石开采、加工、运输、水电为主企业;私营企业以冶炼业、竹木加工业为主。滑石开采与加工和水电企业为龙胜工业的主要产业。2017年实现全部工业总产值66.01亿元,实现工业增加值29.06亿元,同比分别增长9.2%和5.5%,工业企业实交税金2.58亿元,占全县税收总收入的70.96%,占全县组织财政收入的57.03%,工业税收增量对财政增收的贡献率达到57%。

全年,全县规模工业企业22家,其中当年新上规模企业1家(大唐桂林新能源公司),其中滑石行业5家、水电行业8家、冶炼行业4家、木材行业4家。因龙胜禁伐杂木,宏胜木业公司搬迁外省,不再纳入龙胜规模工业企业统计序列。全年,全县实现规模工业总产值62.81亿元,同比增长9.40%,实现规模工业增加值27.84亿元,同比增长5.70%,销售产值63.07亿元,同比增长9.65%,产销率100%;出口交货值累计2.06亿元,与上年持平;规模工业中滑石矿业、水电产业、木材加工业、冶炼行业占比分别为:41.21∶26.25∶24.14∶8.40,资源型工业经济特点突出。

【工业投资】 2017年,龙胜县实现工业投资6.54亿元,同比下降30.21%,占年度目标10.68亿元的61.24%,其中技改投资4.59亿元,同比下降30.55%,占年度目标7.21亿元的63.66%。

【万元规模工业增加值能耗】 2017年,龙胜县规模以上万元工业增加值能耗同比下降7.99%。

【重点项目建设】 2017年,龙胜县重点项目建设主要有:桂林龙胜爱莲食品有限公司桶装饮用水项目、龙胜县电业公司农网升级改造技改项目、桂林市龙胜源恒杉川木业有限公司建设工程、鑫有竹制品贸易有限责任公司厂房搬迁工程、和平锰铁有限责任公司2500KVA矿热炉技术改造工程、银河电站110KV开关站扩建工程、华美公司上朗露天采矿土石方剥离工程、龙胜奔牛木材厂

（瓢里分厂）建设项目、县天泽超细滑石粉有限责任公司年产1万吨超细滑石粉技术改造项目、打造中国滑石之都建设等项目建设。

龙广滑石粉厂一角　　（县新闻中心　供稿）

【项目扶持资金申报】 2017年，龙胜县对铁合金冶炼企业继续进行电价扶持。县财政拿出580多万元对冶炼、石材、木材、食品加工等30多家特色产业企业进行资金扶持。

【“抓大壮小扶微”工程】 2017年，龙胜县坚持实施“抓大壮小扶微”工程。从政策上鼓励企业做大做强，争取有条件工业企业进入规模企业统计序列，增加规模企业户数，做好大唐桂林新能源公司服务工作，10月进入规模工业序列。

【节能减排】 2017，龙胜县抓好清洁生产工作，加大对违法排污企业的整治；组织全县重点耗能企业开展网上直报培训，重点督促耗能企业淘汰落后电机更新高效节能电机，从而达到节能减排和降低成本的目的；抓好燃煤锅小炉整治任务。按上级要求在2017年年底全面完善燃煤小锅炉整治任务。

工业集中区简介

【瓢里工业集中区】 龙胜各族自治县瓢里工业集中区位于龙胜县城西部，距县城23千米，集中区始建于2007年7月，总体规划占地面积约73.33公顷，首期开发40.73公顷。集中区依托当地丰富的矿产及森林资源优势，重点发展矿产品与林（农）产品深加工二大特色产业。截至年底，入驻集中区项目8个，计划总投资2.53亿元，累计完成投资1.94亿元，竣工投产项目7个。全年实现工业总产值3.93亿元，同比增长2.53%，实现税收760万元，同比增长1%。

广西龙广滑石开发有限公司龙威滑石产品开发园是瓢里工业集中区第一批入园重点项目，项目总投资1.86亿元。分两期开发建设，一期工程为滑石粉产品开发及成品加工，总投入7600万元；二期工程为滑石相关的制品开发，总投入约1.10亿元，2017年正常生产。

【三门镇宝玉石生产加工集中区】 三门镇宝玉石生产加工集中区规划总面积10.17公顷，分二期建设，第一期开发6公顷，第二期开发4.17公顷。通过采用政府资金或引入市场运作模式完成“三通一平”等基础建设，然后以出让或租赁形式转让给投资商开发经营。计划实现新进入园区项目或企业5个以上，加工区平台及入驻项目综合投资总额达到1亿元以上。

2014年三门宝玉石生产加工区始建，其中朝辉石材公司试生产，并且召开首届三门鸡血玉拍卖会；2015年朝辉石材公司正常生产，但销量不大；2017年生产不正常。

矿产业冶炼业

【概况】 2017年,龙胜矿产业以滑石开采、加工、运输为主,其次是铅锌矿、锑矿开采。龙胜境内滑石矿丰富,约有6600万吨储藏量,为全国第二,矿产质量为全国第一。滑石开采以三门镇境内矿山开采为主,加工企业分布在龙胜至三门公路及321国道沿线。2017年共5家,分别是广西龙广滑石公司、华美滑石公司、三门滑石矿、名城滑石有限责任公司、二轻滑石制品厂。累计实现工业总产值25.89亿元,同比增长11.33%。

冶炼业以铁合金冶炼为主,分布在龙脊镇、龙胜镇、乐江乡。铅锌矿开采以原县铅锌矿(改制后为私营企业)为主。全年共4家,分别是大通锰铁公司、合信硅业公司、宏发硅业有限公司、全龙铁合金有限公司,累计实现工业总产值5.27亿元,同比增长6.18%。 (曾文群 范道祥)

水电开发

【概况】 2017年,龙胜县已运行电站82座,装机容量32.95万千瓦。全年完成发电量108981万千瓦时,比上年同期的107532万千瓦时增加1449万千瓦时,同比增长1.35%;全年完成上网电量109077万千瓦时,比上年同期的105826万千瓦时增加3251万千瓦时,同比增长3.07%。

(水电局)

【水电企业】 2017年,龙胜县有7家水电企业,分别是水电总公司、水利电业有限公司、银河电力开发有限公司、天星水电开发有限公司、桂水电力股份有限公司龙胜分公司、伟江水电开发股份有限公司、玉龙水电开发有限公司、大唐桂林新能源公司。

【水电企业工业总产值】 2017年,龙胜水电企业累计实现工业总产值16.49亿元,同比增长12%。

(侯月玉)

供电工业

【概况】 龙胜各族自治县水利电业有限公司(简称县电业有限公司)为全县唯一的供电企业,2017年完成供电量61071.84万千瓦时,完成售电量58133.13万千瓦时完成营业总收入23492.18万元,利润总额1284万元,全年县域内雨量减少导致供电量减少;由于管理措施得力,线损较上年同期降低了0.36个百分点,售电量有所上升。

2017年,推行变电站无人值守、“站所合一”的管理模式。通过安装远程监控系统,优化变电站配置,形成智能集控,实现变电站无人值守。

【电能表集抄改造推行】 2017年,县水利电业有限公司推行电能表集抄改造,推进集抄自动化管理,实现集抄自动化台区367个;完成518个台区共17000户用户表计数据采集;完成367个公变台区考核户的数据采集。通过电能计量集抄改造,达到加强线损管理、降低劳动强度的目的。

【客户优质服务开展】 2017年,为平等镇等9个乡镇安装了自助电费缴费终端,自此,已做到全县各乡镇自助电费缴费终端全覆盖。全年已有29287户开通银行代扣,全年通过银行代扣、微信支付和自助缴费终端总共收取电费2130万余元,降低了企业人工成本。

【电网规划与建设】 2017年,龙胜县完成总投资1.12亿元的农网改造升级工程的可研、设计及建设任务等工作;完成总投资6600万元的龙胜县2017年农网改造升级工程的可研、设计任务等工作;完成总投资800多万元自有资金电网改造11

个项目工程的设计等工作。

2017年完成的农网建设项目:2015年农网第一批项目完成新建110千伏线路27.50千米,完成35千伏及以下项目改造35千伏变电站1座,容量3.15千伏安。完成投资额1075.16万元。2015年农网新增项目完成新建110千伏线路16.2千米,完成新建及改造35千伏变电站18座,35千伏线路10.36千米。完成投资额1417.20万元。2016年农网改造升级项目完成新建及改造10千伏分支线路为1.297千米,新建及改造3个配电台区,容量为130千伏安,低压线路为4.44千米,改造一户一表72户;总表改造1339个台区,旧表改造17885户。完成新建110千伏线路23基铁塔基础开挖,13基浇筑,39基杆塔征地工作。完成投资额1447.65万元。 (雷淋莉)

木材加工工业

【概况】 龙胜是广西木材主产区,木材生产是龙胜主要产业之一,是农民增收的主要渠道。木材加工产品主要有用于房屋建造、装修和家俱生产的木条、木板。

【主要木材企业】 2017年,龙胜县主要木材企业共4家,分别是龙胜县木材公司、桂林鲁一木业有限公司、柏亿木业有限公司、奔牛木业有限公司;累计实现工业总产值15.16亿元,同比增长6.74%。

主要企业简介

龙广滑石开发股份有限公司

【概况】 广西龙广滑石开发股份有限公司是经广西壮族自治区商务厅和龙胜各族自治县人民政府批准成立,广西龙胜各族自治县滑石矿有限公司占53.88%的股份、广西壮族自治区南宁矿粉厂占17.5%股份、(香港)桂林投资有限公司占27.05%股份)桂林汉栋投资有限公司占1.57%股份,并由广西龙胜各族自治县滑石矿有限公司控股的股份制企业。

广西龙广滑石开发股份有限公司的生产基地位于"山水甲天下"的桂林市龙胜各族自治县境内,是中国乃至世界著名"滑石之乡",是中国三大滑石生产和出口的主要基地,该基地滑石资源丰富、储量大,露天开采,截至2017年已形成年生产滑石块8万~20万吨、生产滑石粉10万~18万吨规模,是集采矿、精选、粉体加工、运输、销售一体化的股份制企业。公司总资产3.4亿元,有员工708人,有中层以上管理人员42人。有大专以上学历223人,其中在职研究生学历10人,全日制研究生1人。有中级以上职称32人。其中,高级职称1人,有注册会计师1人。

2017年,公司党委贯彻落实中共十九大精神,按照上级关于党建工作的总体部署和要求,紧紧围绕党员教育工作,从加强学习教育、强化内部管理和完善制度机制入手,转变工作作风,狠抓工作落实,切实加强党建工作,提高党员的整体素质,扎实推进各项工作,使企业党建工作跃上了一个新台阶。公司设有中共基层委员会和纪律检查委员会。党委下辖9个党支部,有党员262名,有支委成员33名,有党委成员7名。党委下设有党委办公室。公司还设有基层工会、共青团、妇女等群团组织。

广西龙广滑石开发股份公司设有总经理办公室、人力资源和社会保障管理部、生产技术部全面质量管理部、经营部、财务部、审计稽核部、市场信息部、产品市场开发部、设备保障供应管理部、安全环保保卫部、资产管理部等部门。

生产部门有:古坪矿区、粮仓坪矿区、第一滑石粉厂、第二滑石粉厂、精细化工厂,龙威新材料生产厂、城港粉厂、汽车队等8个单位。

龙广滑石开发股份有限公司滑石粉加工厂

（龙广滑石开发股份有限公司 供稿）

2017年，该公司生产2个系列38个品种的滑石产品及新开发出的滑石粉母粒、功能性母粒、纳米材料、高分子材料和成核剂等产品。产品广泛应用于医药、食品、化妆、造管纸、塑料、橡胶、陶瓷、农药、饲料和防水材料等行业。公司生产的“桂花牌”滑石产品系列曾多次获广西区优质产品称号、广西名牌产品称号、广西著名商标称号等。

该公司安全生产方面采用安全标准化管理方法，已经达到三级安全标准化标准。2017年完成“IS014001管理环境体系”和“ISO9001：2015质量体系”换版与延续工作。所有产品都等同采用国际先进标准组织生产，建立健全了产品的质量保证体系。10多年来，连续复审合格。2017年，该公司正在运行ISO22000食品安全管理体系。

【生产状况】 2017年，龙广滑石开发有限公司生产滑石块9.95万吨，占年计划10.7万吨的92.99%；生产滑石粉15.95万吨，占年计划14.38万吨的110.92%，比去年同期增加11.11%。

【工业产值】 2017年，龙广滑石开发有限公司完成工业产值41900.26万元（当年价），占年计划的105%，增加值完成25136万元。

【销售收入】 龙广滑石开发有限公司实现销售收入23340.29万元，占年计划2.00亿元的116.70%，比上年同期增长3.93%；完成产品销售214738.99吨，比上年同期增长8.07%。

【利润】 2017年，龙广滑石开发有限公司实现净利润3711.59万元，比上年同期增长11.99%。

【上缴税费】 2017年，龙广滑石开发有限公司上缴各项税费5022.77万元。 （周太敏）

三门滑石矿、广西龙胜华美滑石开发有限公司

【概况】 龙胜各族自治县三门滑石矿成立于1985年，1992年与美国矿化国际有限公司合资成立广西龙胜华美滑石开发有限公司。在三十几年的创业历程中，由当初员工仅20余人，固定资产不足40万元的小企业，发展到2017年，拥有员工近600人，实现工业总产值4.78亿元，产品销售收入1.76亿元，全年实现利税4939万元，上缴各项税费3334万元。2017年公司总技改费用投入资金1840万元，固定资产设备和在建工程投入资金共计414万元，向社会赞助16万元。集滑石开采、精选、加工、运输、销售为一体的综合性中型一档企业，并跻身广西外商投资企业50强行列。获“利税超两千万元企业”“广西优秀企业”“质量诚信优秀企业”、连续十四年获“重合同守信用企业”“国家级绿色矿山”“安全生产先进单位”“企业销售收入进步奖”“龙胜县十强纳税人”等多项荣誉。

【矿产品生产】 华美公司下属有两个采矿区，

年产滑石矿块10万吨,5个滑石粉加工厂,加工厂引进国内外先进设备,年加工12万吨“金猴牌”“银岳牌”“龙脊牌”三大品牌的药用、食品用、工业用滑石粉、微细滑石粉、超微细滑石粉系列及滑石笔制品;“金猴牌”商标获广西著名商标和广西名牌产品。

企业生产的系列滑石产品广泛应用于医药、食品、化妆品、造纸、塑料、陶瓷、橡胶、防水材料、涂料及国防高科技领域,在国内外拥有广大的客户群。自开始经营进出口业务以来,利用本公司丰富的矿产资源和雄厚的生产基础,先后开拓了日本、泰国、马来西亚、越南、美国、法国、意大利等十几个国家和地区的客户,与多家客户建立了长期稳定的贸易关系。

【生产安全管理】 2017年,华美公司认真贯彻执行“安全第一、预防为主、综合治理”的方针,秉承扎实有效的安全管理工作作风。确立了以“体系管理为载体,安全第一”的安全工作指导思想,坚持“抓生产从安全入手,抓安全从生产出发”的安全工作管理理念,严格执行安全标准化,使公司安全生产管理工作走上“标准化、规范化、科学化”的管理轨道。建立分级负责管理的安全工作管理体系,严格执行领导带班巡查制度。由于管理措施得力,全年无重大安全事故发生。

【质量管理工作】 2017年,华美公司坚持“以质量求生存,以质量求发展,向质量要效益”的宗旨,重抓质量管理工作。坚持以客户价值为中心,以客户需求为导向。公司质量管理模式不断升级,向更精细、更高度发展。质量管理由原来的统一按ISO9000标准实施的管理模式,分细到生产的食品添加剂滑石粉的质量管理按ISO22000食品安全管理标准实施,药用滑石粉按《药用辅料生产质量管理规范》标准实施,另有产品按客户标准实施,实现公司的质量管理工作向更深层次的细化管理迈进。通过ISO9000质量管理体系、测量管理体系,ISO22000食品安全管理体系认证的评审工作,获得食品QS生产许可,公司的质量管理工作迈上了标准化、程序化和规范化的管理台阶。 (邓春玲)

龙胜创新混凝土有限责任公司

龙胜创新混凝土成立于2013年3月,公司厂址位于龙胜县龙胜镇勒黄村勒黄组,是一家专门从事混凝土生产与销售的企业。

公司总投资达3500万元,厂区面积约7000平方米,2017年公司有两名股东,股东兼法人代表谢培桂占60%股份,李满玲占40%股份,截至2017年创新混凝土拥有近50名正式员工,技术骨干人员达到20人左右,同时公司也拥有一大批混凝土专业设备,混凝土生产线一条,搅拌车15辆,泵车3台,水泥罐车3辆,砂石运输车辆8辆,年生产量可达30万立方。经过5年发展,至2017年底公司年销售额达到2100万元,进入规模企业行列。

公司于2017年9月新增的经政府批准投产的清水墙砖生产线已进入实施阶段,预计2018年8月可正式生产。 (曾文祥 范道祥)

农　业

农业综述

【概况】 2017年龙胜县农业总产值完成19.11亿元,同比增长12.63%;农村居民人均可支配收入完成10572元,同比增长10%。全年完成粮食种植面积1.07万公顷,与上年持平,粮食总产6.31万吨,同比增长2%;蔬菜种植面积8000公顷,总产12.9万吨,分别同比增长5.3%和10%;罗汉果种植面积2000公倾，总产2.4亿个果，产值1.08亿元；水果总面积1353公倾，全年完成水果产量9.84万吨，比上年增产11.75%。

【特色农业发展】 2017年，龙胜继续大力发展以“两茶一果加特色养殖”农业产业为重点的高山生态特色效益农业，种植罗汉果1353公倾，种植西红柿、辣椒、萝卜、菜心等高山蔬菜2333公倾，种植百香果600公倾，种植猕猴桃、砂糖桔、沃柑等新特优水果353公倾，栽培香菇、木耳（云耳）等食用菌15万平方米。

粮食生产

【粮食作物种植概况】 2017年，龙胜县完成粮食作物种植面积1.07万公顷，其中：水稻种植面积5333公顷，总产量4.03万吨；玉米2345公顷，总产量1.03万吨；红薯和其它杂粮2790公顷，总产量1.05万吨。粮食总产量6.31万吨，同比增长2%。

【稻谷生产】 2017年，龙胜县种植水稻5800公顷，其中：优质超级稻4930公顷，优质超级稻面积占水稻种植面积的85%，水稻总产量4.6万吨。主栽品种有中浙优1号、中浙优8号、中浙优10号、深两优5814、和两优1号、宜香107、宜香707等。

【特色优质米】 高杆大糯和同禾米为龙胜特色优质米，种植历史悠久，尤以地灵红糯及同禾米为甚。因其抗病虫害性好，极少使用农药，米质优良。近几年通过网络、电视和农产品展销等渠道加强宣传，品牌知名度逐年提高。乐江乡地灵村成立红糯开发农民专业合作社，重视发展红糯。2017年，全县种植333公倾，每公顷产大米4500千克，公顷产值63000元。

经济作物种植

【水果生产】 2017年，龙胜县水果生产进行特色优质水果改、扩种面积1000公倾，其中：百香果种植面积660公倾，优质柑橘新品种（沃柑、W．默科特、沙糖桔）等为代表的新优特色水果300公倾，猕猴桃20公倾，其它水果20公倾。水果产量9.84万吨。

【蔬菜生产】 2017年，龙胜县蔬菜种植面积8000公顷，产量14.2万吨。其中：龙脊辣椒、朝天椒种植面种各666.7公倾，每公顷产鲜椒15000千克，每公顷产值75000元，总产值分别为5000万元；高山夏秋萝卜266.7公倾，产值2000万元；越夏西红柿等高山特色蔬菜，面积2333公倾，总产值17500万元；建设高山蔬菜大棚5.50万平方米。

【罗汉果生产及加工】 2017年，龙胜县种植罗汉果总面积2000公倾，产量2.4亿个果。在建大型

马堤芙蓉村蔬菜大棚 （县新闻中心 供稿）

真空微波脱水机5座，电恒温型烘烤房21座，标准化冷库6座；全县累计有烘烤房156座，大型真空微波脱水机9座，微波真空脱水机单次烘烤量2500个，每炉烘干需4~5小时，单日烘烤量1万个，每座月烘烤量为26万个；电恒温型烘烤房单次烘烤量5万个，单次烘烤需5~6天，每座月烘烤量为16万个，每年常规加工6个月，全年烘烤量为1.02亿个，占全县总产果量的51%，每个罗汉果销售价格提高0.05元，增加效益510万元。

【虫茶生产】 龙胜有生产虫茶的优久历史。虫茶是由昆虫取食山区特产的植物叶子后，经过特殊的“生物反应”所生产的排泄物，历史悠久，早在李时珍著的《本草纲目》中就有提到，“此装茶笼内，蛀虫也，取其屎用”。它不属于普通茶叶，以药用茶或保健茶的形式出现，被誉为茶中奇珍。生产方法：每年于6月—7月间采集三叶海棠、钩藤等树枝叶，凉晒半干后堆放于敞开的阁楼上，下面垫放竹席，堆放时枝叶不宜过紧，厚度约0.5米~0.8米，泼浇适量的淘米水，保持半干湿度，自然生成幼虫取食叶子。当叶片过于干燥时，喷洒适量的淘米水，以利生长发育，待叶子食完后，于当年11月—12月份收集幼虫的排泄物，曝晒充分干燥后过筛贮藏。其色香味极浓，茶渣甚少，汤色透明纯净，具有清凉祛暑、解毒、健脾胃、助消化、顺气、解表等功效。现代医学研究表明，虫茶对于三高(高血压，高血脂，高血糖)具有很好的预防作用，可预防慢性代谢性疾病。

(蒙朝亿　黄　毅)

农业科技

【土肥技术推广】 2017年龙胜县土肥站开展耕地质量监测测土配方施肥工作。在龙胜镇都坪村凉亭组板坪田垌和马堤乡马堤村龙宫水实施耕地肥力监测试验工作，制定监测工作方案，从播种开始严格按工作方案要求进行有关农事管理，按要求进行施肥、病虫害防治、生长观察记录。进行验收、取样考种，同时采取不同处理的土壤样品进行5项常规项化验，并编写各点监测报告；加强测土配方施肥科技知识宣传培训，指导农民根据作物的需肥规律、土壤肥力对氮、磷、钾进行合理配比施肥，共完成879个土样5个项目共4400个项次的化验工作。据统计：全县水稻、玉米、水果、蔬菜、罗汉果及其他作物按项目要求进行测土配方施肥面积1.43万公顷，增产节支1800多万元。

龙胜镇都坪村农户罗汉果种植园　(县新闻中心　供稿)

【植物保护工作】 2017年，龙胜县植物保护工作坚持“预防为主，综合防治”的植保工作方针，树立“科学植保、公共植保、绿色植保”理念，通过加强农作物重大病虫草鼠害预警监测，积极开展主要农作物病虫草鼠害综合防控，推进专业化统防统治，加快植保绿色防控技术推广应用，持续强化植物检疫工作。

主要工作是做好水稻、柑橘、玉米、蔬菜等作物主要病虫害的预测调查和预警监测,全年共发布《植物病虫情报》16期,提出全县农作物重大病虫害发生防治对策建议,适时有效地指导广大农民做好大面积防控工作,防治面积占应防面积的95%以上,病虫损失率控制在5%以内。

推广植保绿色防控技术,落实农药使用量零增长行动,做好植保新农药、新技术引进开发,为指导农民科学用药提供依据,推动农药使用零增长行动实施。全县全年农作物病虫害绿色防控面积1233公顷次。

【农业科技培训】 2017年,龙胜县农业局开展农业科技培训班435场次,培训人员46817人次,完成计划任务的104.4%,派出农技人员下乡2454次,送技术书籍,赠送光碟1000张,印发明白资料7万余份。其中培育新型职业农民3个培训班共228人次;种植大户2个培训班100人次;村两委、农村党员9个培训班492人次;利用科普活动日、科技活动周、四下乡等活动宣传农业技术,开展现场技术咨询15场次,接受群众来访1万余人次;安排农技人员赴区内外、区内、县内培训6批次55人。植保培训班9期,培训学员670人次,其中水稻病虫害统防统治培训班5期358人次,柑橘黄龙病综合防控班3期240人次,西红柿绿色防控班1期72人次。

【农业科技成果奖】 2017年龙胜县土壤肥料工作站主持《龙胜县测土配方施肥技术研究与示范推广》项目、龙胜县经济作物站主持《龙胜县罗汉果电恒温烘烤技术推广与应用》项目,分别获龙胜县科学技术进步二等奖。

农业经营体制改革

【农村土地承包经营权确权登记】 2017年开展确权乡镇4个(平等镇、乐江乡、瓢里镇、三门镇),确权承包面积9266.67公顷,占全县总面积52.2%。

【新型农业经营主体培育新增】 2017年,龙胜县新增农民专业合作社60个,工商注册农民专业合作社共337个,其中种植业213个、养殖业62个、服务业51个、林业11个;新增家庭农场13家,全年共有26家。龙胜县龙思茶叶专业合作社获得2016年度广西农民合作社示范社;龙胜绿然农产品开发专业合作社获得桂林市第二批农民专业合作社示范社;龙胜县隆升农业有限公司、龙胜泓文生态农林贸易有限公司、龙胜农产品购销农民合作社、龙胜县龙脊茶文化旅游产业有限公司4家农业企业获得桂林市第七批农业产业化重点龙头企业称号;龙胜县和平罗汉果农民专业合作社、龙胜县绿然农产品开发专业合作社、龙胜县龙思茶叶专业合作社、龙胜县亚冷水鱼养殖专业合作社、龙胜各族自治县农产品购销农民专业合作社,5家评定为第三批县级示范社。通过企业和农业新型经营主体的引导和组织农户发展农业产业,带动农业生产向规模化、产业化和标准化方向发展,有力促进农业增产,农民增收。

【现代特色农业核心示范区建设】 2017年,龙胜县新建2个县级、市级现代农业核心示范区:龙胜县龙脊梯田休闲农业示范区、龙胜县勇爱有机油茶示范区;3个乡级示范区:龙胜县龙胜镇平野河谷生态农业示范区、龙胜乐江地灵红糯农业示范区、龙胜县泗水里骆林场秃杉特色示范区,共5个现代农业核心示范区。

农产品质量监测

【农业执法】 2017年龙胜县农业执法队和农产品质量安全监管股,对全县10个乡镇的农产品生产投入品经营门店进行3次拉网式清查整顿,重点检查有无国家禁限用农药、高毒农药及去向情况登记；农资产品“三证”是否齐全，有无篡用等现象。共出动宣传车15台次，出动执法人员150人次，执法车辆30台次，共检查门店50个次。依法立案查处假劣农药3起；针对个别经营单位存在农药质量安全意识不强、不按规定分类摆放农药等问题，提出整改要求，限期改正。免费印发《农药销售登记台账》给40多家门市，设立了无公害农产品用药重点供应店和无公害蔬菜用药专柜，并制版上墙公布正确用药方法。

【农产品质量安全培训】 2017年，龙胜县农业局举办“农产品质量安全”培训班13期，受训1600人次。举办农产品质量检测培训班2期，培训检测人员20人次；开展农产品质量安全宣传活动2次，发放资料3500份。

【农产品质量安全监测】 2017年，龙胜县农业局加强蔬菜生产基地监管，切实做好农产品质量安全监测。农产品质量安全检测人员在全县农贸市场进行农药残留检测，在县城完成150批次25个蔬菜品种进行风险监测，取1918个样品进行检测，合格率达99.98%，在乡镇完成蔬菜样品检测6748个，合格率达99.9%。

农业品牌建设

【农业系统品牌】 2014年龙脊梯田农业系统获得“中国重要农业文化遗产”称号，2017年11月23日，获联合国粮农组织授予的“全球重要农业文化遗产”(GIAHS)称号。

【“三品一标”建设】 2017年11月28日，龙胜红糯在中国农业部第四次农产品地理标志登记专家评审会上，通过专家评审获得农产品地理标志。

农业优惠政策

【耕地地力保护补贴】 2017年，国家为保护耕地地力，发放耕地地力保护补贴，全县补贴面积6276公倾，补贴金额1059.86万元，涉及农户37056户。

【两茶一果加特色养殖建设项目奖补】 2017年，龙胜县建设大型真空微波脱水机5座，每座奖补10万元；电恒温型烘烤房21座，每座奖补4.5万元；标准化冷库6座每座奖补10万元。

【现代农业示范区建设项目奖补】 2017年，龙胜县新建2个县级、市级现代农业核心示范区：龙胜县龙脊梯田休闲农业示范区、龙胜县勇爱有机油茶示范区，每个现代农业核心示范区奖补100万元。

【政策性水稻保险】 2017年，龙胜县政策性水稻保险覆盖10个乡镇，119个村，1656个村民小组，37056户，保险面积6276公倾。 （黄 毅）

农村饮水安全维护建设·农田水利建设·防洪治理工程

【“饮水净化”示范项目和农村饮水安全维护建设】 2017年，龙胜县完成农村饮水安全工程巩固提升工程53处，总投资829.11万元，主要以全县59个贫困村为重点，解决农村饮水不安全和饮水困难人口8582人。

完成农村饮水安全工程维修养护工程3处，总投资20万元。对江底街、泗水街、和平街3处农村饮水安全工程实施维修养护，保障10400人饮水安全。

【农田水利建设】 2017年，龙胜县完成小农水工程项目实施20处，建成堰坝18座，新建过滤13个，铺设管道17.68千米，渠道防渗改造40.06千米，改善灌溉面积622.73公顷，新增节水灌溉面积66.67公顷，受益人口1.65万人。

【防洪治理工程】 2017年，龙胜县防洪治理工程项目实施15个(其中续建上年度项目1个)，下达资金1036.3万元，完成护岸总长2.72千米，穿堤排水涵管8座，下河码头3座，集水井2个；完成堤防工程公益性维修养护5.09千米，完成水毁河堤修复长度0.72千米，完成河道疏浚长度3.43千米，新建水库值班房项目1个。

【水源地保护及水土保持工作】 2017年，完成龙胜县平等镇、乐江乡水源地保护工程，总投资90万元，完成宣传界碑5座，警示牌8块，围网1567.5平方米，水藻类植物清除600平方米，三面光渠道125米，拦水坝2座，田间生产道路220米，封禁治理122公顷。

完成乐江地灵小流域国家水土保持重点建设工程，总投资850万元，完成田间生产道路硬化1.3千米，护岸1.03千米，堰坝2座，沉砂池8座，引水渠3.9千米，完成综合治理面积17.2平方千米，水保林383平方千米和封禁治理面积1317.9平方千米。

全年征收水保设施费64.51万元，比上年同期增加22.31万元，同比增长52.78%。

【广西山洪灾害防治项目(非工程措施建设)】 2017年，总投资163万元，新建自动雨量站点25处。截至年底，全县完成建设自动雨量站点29个，自动水位站5个，水库终端16个，355套预警广播，94个简易雨量监测站。县防汛会议室升级改造。广西山洪灾害防治项目县级监测预警平台延伸到各乡镇(视频会议系统)，增加USP电源系统、购买防汛物资及相关设备。洪痕标记工程，已完成洪痕标记工程31处。

【最严格水资源管理实行】 2017年，龙胜县水利电力局严格按照“实行最严格的水资源管理制度”的要求，明确5个目标，即用水总量、万元工业增加值用水量、农田灌溉水有效利用系数、主要江河水库水功能区水质达标率和河流交界断面水质水量达标率。把握水资源管理“三条红线”，注重水资源配置、节约、保护，着力构建资源节约型、人水和谐的水生态环境，不断增强发展的可持续性。

饮用水水源保护 （县农业局 供稿）

【水政执法工作】 2017年，龙胜县水利电力局加强水利执法队伍建设，增强水政执法与宣传工作力度，加大涉水违章案件查处力度。利用“世界水日”“中国水周”和传统集市圩日时机，以宣传车、广播电视、媒体、板报、短信息等形式广泛宣传。据统计，全年发送水法宣传短信息3200余条、板报五期8版、悬挂横幅32条、出动宣传车120多人次。

开展日常巡查180余次，

出执法人员 580 人次;开展严厉打击水事违法行为。全年共现场处理水事违法行为 41 次(制止非法机械采砂 16 次、违法临河建筑 10 次、违法倒土 15 次)。下达《责令停止水事违法行为通知》41 份,立案查处水事违法案件 1 起,罚款人民币共 1 万元。在违法倒土多发河段插立禁止倒土通告牌 38 处。保障河道及水库的安全运行和全县水利秩序的正常运作,确保全县境内河道水清、河洁、流畅、岸绿、景美的生态风光。

(侯月玉)

林　业

【概况】 2017 年,龙胜各族自治县林业局(简称县林业局)深入贯彻县委、政府"生态立县、绿色发展"战略,加强森林资源保护、努力构建国家生态功能区,全力推进龙胜生态林业建设,按照建设生态林业、民生林业的要求,坚持因地制宜,科学规划,统筹推进的原则,以重点林业生态建设工程为支撑,大力开展植树造林、生态修复工程,统筹城乡绿化和县域林业发展,实现林业生态建设与产业发展协调共进。通过全县人民的共同努力,林业管理以生态保护为主,林种结构逐渐向重点经济林、速丰林、特种林发展,森林覆盖率、森林蓄积量逐年提高,生态得到保护,林种进一步优化,林业产值不断提高。全年全县森林覆盖率 79.12%,森林蓄积量 1564.77 万立方米。全年林业固定资产投资完成 2.28 亿元;林业产业总产值达到 49 亿元,比上年实际完成增长 8.90%。

【绿化造林工程】 2017 年,龙胜县完成造林 971.53 公顷;完成义务植树 37 万株;完成中幼龄林抚育 1.87 万公顷,超额完成 1.6 万公顷;农村美化绿化花化工程:对旅游公路沿线、景区周边和一些重点乡镇的 9 个村屯进行绿化提升。

【林业重点项目建设】 2017 年,龙胜县完成自治区油茶产业发展项目造林 131.93 公顷。完成中央财政造林补贴项目 666.67 公顷。完成欧洲投资银行项目 128.33 公顷。完成青钱柳造林项目 21.33 公顷。完成新一轮退耕还林工程 333.33 公顷。完成 2015 年、2016 年石漠化项目造林 198.13 公顷的全年抚育工作。

【科技示范园建设】 2017 年,自治区林业厅批准同意在勇爱生态油茶基地建设高产示范园。该园种植良种植油茶面积 133.80 公顷,当年完成投资 2010 万元。

【花卉苗木及森林景观改造】 2017 年,龙胜县共计培育种苗 255 万株,其中容器苗 120 万株,裸根苗 135 万株。在龙胜镇都坪村、三门大地村、里骆林场建设有广西聚龙、钰缘林业开发有限公司、杨家园林等种苗木场 6 家 33.20 公须,以种植油茶、秃杉、青钱柳及桂花、罗汉松、马褂木等绿化苗木为主。周家村白面旅游扶贫示范带森林景观三角梅、桃花、紫薇、黄槐等木本花卉、开花、彩叶树种的花化改造工程建设 66.67 公顷,高标准创建高山绿园生态农业核心示范区、实现以点带面、连片发展的带动作用。

【森林资源保护】 凭证采伐:2017 年,龙胜县林木采伐限额蓄积量 18.52 万立方米,共审批采伐林木蓄积量 6.78 万立方米,采伐林木出材量 4.91 万立方米,面积 1256.67 公顷,林木采伐许可证 1619 份。

木材运输:共签发木材运输证销售木材共 3.84 万立方米,活立木 1672 株,旧房料 588 吨,旧房料加工 49 立方米,发放木材运输证 1085 份。

【征占用林地】 2017 年,龙胜县县共审核、审批、上报 13 个占用征收林地项目,上报审批占用征收林地面积合计 8.60 公顷。

【生态公益林管理】 2017年，龙胜县县生态公益林面积7.19万公顷，全年发放兑现森林生态效益补偿基金任务1583.21万元。

【林业扶贫工作】 2017年，龙胜县林业系统194名干部、职工参加全县开展的精准扶贫、结对共建369户（含乡镇林业工作站）的帮扶工作任务。上年度共完成联系村年度贫困人口脱贫97户417人。并积极为113户结对贫困户获得金融部门小额信贷扶持，发展种养产业，使贫困户增收脱贫。全年，县林业局继续帮扶贫困对接户，年初免费给贫困村送苗9万株，全年送给贫困户年节慰问金共计63万余元，同时林业局直接资助各有关“7.1”受灾贫困村、贫困户资金9.50万元，水泥182吨。向县财政局单独申请扶贫修路资金30万元，完成潘内村大地组通组路1.5千米及村屯道路全面硬化。

国家林业局批复全县1500名建档立卡贫困人口转化为生态护林员开展林业管护的工作，年下达管护资金1500万元，从源头上保护好绿水青山，有效缓解了生态环境压力，保障全县1500户约5250人直接脱贫，占全县贫困户7630户的19.65%。加强生态护林员日常监督管理，确保生态护林员管护区管护工作的正常运行，保障生态公益林安全，达到“山有人管、林有人护、火有人防、责有人担”的目的。

【集体林权制度改革】 2017年，龙胜县通过完善深化集体林权制度改革的政策，继续推进查漏补缺纠错工作；全县集体林地面积20.39万公顷，涉及林改的农户有3.70万户14.67万人。全年累计完成发证面积16.44万公顷，发放林权证5.34万本，发证率80.6%。全年共计纠错林权证262本，纠错宗地1110个，纠错面积553.33公顷，处理林权纠纷32起。另为群众补办林权证152本。2017年共计接待来查阅林改档案材料、查阅山场界限的群众1080人次，复印林权档案材料1400份。

【林下经济】 2017年，龙胜县林下经济以合作社的形式种植经营，在龙胜镇平野村上黄组和拉秀组完成种植100公顷草珊瑚。将全县所有林地共计20.39万公顷全部进行政策性森林保险，其中生态林7.19万公顷，商品林13.2万公顷。总保费713.40万元。

【依法行政】 2017年，龙胜切实加强林区严打整治力度，确保林区治安秩序进一步稳定。到2017年龙胜县森林公安局共立辖区涉林刑事案件33起，破刑事案件30起，依法刑拘18人次，逮捕12人次，取保候审32人次，起诉39人。各木材检查站共完成受检木材3795车次，其中木材10.49万立方米，活立木12.95万株。查处超证运输6起，没收木材4.87立方米，木材变价5600元；无证运输木材案件15起，没收木材152.84立方米木材变价款10.95万元；非法占用林地案件一起，非法占用林地0.155公顷，罚没款1.55万元；滥伐林木案件8起，结案三起，滥伐林木13.36立方米，罚没款7250元。

加大宣传力度，有效制止林业违法行为。发放《林业政策法律法规知识宣传手册》3.5万册。

开展保护野生动物资源的专项行动，出动民警160人次对辖区的饭店、市场、景区进行检查，加强执法力度，极大的震慑打击此类违法犯罪行为的发生。行动期间，森林公安清查木材加工厂、野生动物加工经营场所120处，检查野生动物活动区域11处，开展宣传教育活动30次，还联合工商、综治办等机关对餐馆饭店、花鸟市场、农贸市场、商店、药店等场所查处非法经营、出售、宰杀野生动物及其产品的行为。

结合本辖区候鸟迁栖、繁殖等特征，于2017年10月1日—20日在龙胜县境内开展保护候鸟迁徙的专项行动。共向群众发放宣传资料300余份，出动警力96人次，入户宣传40余户，销毁捕鸟网6张，有效震慑了破坏野生动物的违法犯罪行为。通过以上宣传及专项行动。近年来，滥伐、盗伐林木案件明显下降，形成林区木材生产、经营、加工良好秩序的新局面。

【农村能源工作】 2017年，龙胜全面完成历年巩固退耕还林太阳能热水器、空气能安装项目660户，已检查验收完毕。实施对2013、2014年所建沼气池“一池三改”完成情况验收，完成旧池改造300户。完成三门镇古坪村梁家明野猪养殖场大型沼气池。完成泗水乡潘内村大地、杨梅组太阳能路灯25盏安装任务。完成自治县2017年农村有机垃圾户用处理池建设任务100座。为拓展业务，该局与广州碳汇投资股份有限公司签订的林业碳汇项目，通过森林固碳能力转化成有价的碳汇减排量，通过上市交易，增加收入，实现效益最大化，提高森林蓄积量和森林覆盖率。

【生态旅游】 龙脊梯田国家湿地公园（试点）于2015年12月获国家林业局批复建立，土地总面积4480.95公顷，其中湿地总面积为1536.97公顷。整个项目计划投资1.1亿元，至今到位资金1000万元。湿地公园的试点建立，改善龙脊梯田的基础设施，提升品牌效应，带动龙脊镇乃至全县的生态旅游发展。2017年景区内的大寨村、平安村、龙脊村共有773户3354人，其中贫困户147户571人，全县森林旅游收入与休闲服务产值达9亿元。

【森林防火】 2017年，县林业局分别到对全县四支森林消防队伍进行培训，补足配齐了森林火灾扑救装备。全年共出动森林防火车宣传15天次，全县共悬挂森林防火宣传横幅20条，张贴防火标语1100条，森林防火摩托车队巡逻60人次，森林防火山歌宣传会一场，电视广播宣传10天，移动发送短信5天30万条，购置油锯12台、制定森林防火单张日历4万份、森林防火宣传围裙6000块、森林防火宣传手提袋5000个、森林防火宣传牌20块。做到宣传到户、发动到人，切实增强群众安全用火、科学扑火意识，营造浓厚的森林防火氛围。当年，全县共发生森林火灾3起，森林火灾过火总面积83.74公顷、森林受害面积4.10公顷、森林受害率为0.02‰，林木损失25.22立方米、幼树7545.6万株。

【国有林场改革】 2017年，国有里骆林场经过改革，确定里骆林场为生态公益型林场，属公益一类财政全额拨款事业单位。2017年，有职工总数131人，其中退休85人，在职人员46名：其中事业编制职工24人，在职合同工22人。由经营性林场转变为以保护和培育森林资源为主要任务，以维护生态安全为重要职能的生态公益型林场。

【林业资金收支情况】 2017年初，龙胜县林业结余专项资金3583万元，本年下达专项资2720.06万元，本年支出3678.89万元（其中历年专项2060万元，当年1618.89万元），余额2623.84万元（历年1523万元，当年1101.17万元）。

【林业基础建设】 2017年在已建有龙脊镇、泗水乡全国标准林业工作站的基础上，本年度正在加快马堤乡、平等镇全国标准林业工作站建设。年度落实和平、思梅一级木材检查站建设资金10万元，科技推广站、质检站、重点实验室建设资金10万元，全部实施政府采购。落实规划投资498.75万元的森林公安业务技术用房，已近完工，预计年底前竣工。

【林业事业单位队伍建设】 2017年县林业局下属事业单位机构设置16个（不含10个乡镇林业工作站）。16个机构中含财政全额拨款事业单位15个、自收自支事业单位1个。林业局行政事业单位现有在职干部职工 245 人,其中下属事业单位 137 人(不含 10 个乡镇林业工作站、国营里骆林场),10 个乡镇林业工作站 25 人,国有林场 46 人,林业局行政 5 人、森林公安局 32 人。

【惠民政策】 2017 年,龙胜继续实行造林补助政策。县政府下达文件继续对油茶项目、青钱柳项目等继续给予补助政策。油茶造林项目每公顷补贴标准 7500 元;青钱柳造林项目每公顷补贴标准 7500 元;森林保险政策为县境内所有受灾害森林,赔偿标准:商品林每公顷补贴标准 12000 元;公益林每公顷补贴标准 7500 元。

兑现国家和自治区给林农的各项补助政策。森林生态效益补偿政策,补贴对象及范围:全县自治区级以上公益林所有者。补贴标准:权属属集体和个人的公益林,每年每公顷补助 225 元;停伐天然商品林补助,补贴对象及范围:全县申请停伐天然商品林林权所有者。补贴标准:每年每公顷补助 225 元。欧洲投资银行贷款造林项目,项目计划:2017 年度实 666.66 公顷。贷款发放办法:珍稀树种每亩贷款人民币 713 元,一般用材树种每公顷贷款人民币 9585 元,贷款期限 25 年。巩固退耕还林太阳能热水器项目,补贴对象及范围:全县巩固退耕还林户。补助标准:申请安装太阳能热水器用户,每户补助巩固退耕还林专项资金 1500 元。

(谢宏斌)

水产畜牧兽医

【概况】 2017 年,龙胜各族自治县水产畜牧兽医局(简称县水产畜牧兽医局)内设 3 个股(站)室:办公室、政策法规股、计财股。下设机构 14 个:动物疫病预防控制中心、动物卫生监督所、水产畜牧站、渔政站及 10 个乡镇水产畜牧兽医站,在职工作人员 63 人。

【畜禽饲养】 2017 年,龙胜县肉猪出栏 8.29 万头,同比增长 2.03%;牛出栏 1.96 万头,同比增长 2.15%;山羊出栏 2.35 万只,同比增长 2.9%;家禽出栏 187.22 万只,同比增长 1.81%;兔出栏 5.21 万只,同比增长 2.32%。肉类总产量 11837 吨,同比增长 2.26%;水产品总产量达 860 吨,同比增长 6.1%。

【动物疫病防控】 2017 年,龙胜年开展动物疫病免疫抗体监测 2024 份,其中血清学猪瘟 200 份、O 型口蹄疫 430 份、禽流感 794 份、鸡新城疫 600 份,免疫抗体合格率均达到 70% 以上。开展畜禽布鲁氏菌病基线调查,采集 646 份牛羊血清进行检查,检测结果全为阴性。完成小反刍兽疫病采样任务 70 份。全县高致病性禽流感、猪蓝耳病、口蹄疫、猪瘟群体免疫密度均达 100%,免疫效价水平达 70% 以上,达农业部免疫效价水平。

【动物卫生监督及食品安全管控】 2017 年,龙胜县产地检疫生猪 5917 头,禽类 14.41 万只;屠宰检疫生猪 2.14 万头,牛 916 头;无害化处理 4500 千克,无害化处理率达 100%。专项审查 10 家兽药经营场所,出动兽药执法人员 72 人次,出动执法车辆 24 台次,发放和张贴宣传资料 200 余份;"瘦肉精"检测 2530 批次,合格率为 100%;全年完成水产畜牧产品抽样监测 120 份,共出动执法人员 80 人次,检查养殖场 30 场次,合格率为 100%。

【渔业资源增殖和保护及渔政管理】 2017 年,龙胜县县水产畜牧局组织以"增殖水生生物、促进绿色发展"为主题人工增殖放流活动,在县城、龙胜镇都坪村,瓢里镇的界泉村,投放 4 万多尾大规格鱼苗。发放宣传资料 300 多份,拉挂横幅 10 多条。组织成立 9 个村级护渔组织,制作发放了 63 块护渔村禁渔护渔通告牌。

【农村改圈工作】 2017 年,龙胜县"改圈"开工

6238户，完工6238户，完工率100%。完成县级“改圈”试点项目建设一个（乐江乡光明村对河组），每个乡镇都落实了试点村。

【科技培训与推广】 2017年，县水产畜牧局以实施基层农技推广项目为契机，实施科技兴农计划，全年共进行各类养殖技术培训10期，培训人数达1000人次，培训内容涉及凤鸡翠鸭养殖、中蜂养殖、大鲵庭院养殖、淡水鱼类养殖、稻鱼生态工程技术等。

【龙胜凤鸡、翠鸭养殖】 2017年，龙胜县发放凤鸡苗83.74万只、翠鸭苗2.85万只。下半年随着家禽市场的持续回暖，在养殖户本身、合作社、企业及县流通办等各级组织的积极努力以及政府优惠政策扶持下，凤鸡养殖逐渐步入正轨。

【南方现代草地畜牧业推进行动项目】 该项目由龙达生态养殖公司于2015年开始实施，项目总投资483万元，改良天然草地面积631.3公顷、人工种草22公顷、草地围栏及分区围栏24425米（围栏草地面积433.06公顷）、灌溉沟渠管道10000米、田间道路5000米，新建栏舍480平方米、改造栏舍836平方米，储草棚库100平方米、堆粪棚80平方米、化粪池100立方米；购置牧草机械加工设备16台套、购种牛37头（种公牛7头）、种羊55只（种公羊5只）。2017年11月，项目通过自治区农业厅的竣工验收。

2017年11月，县水产畜牧兽医局在乐江乡地灵村开办稻田养鱼培训班

（县水产畜牧兽医局　供稿）

【活框中华蜂养殖】 2017年，龙胜县活框养殖中华蜂6000余箱，30箱以上的规模户有50户，60箱以上的有20户，中蜂活框饲养占比达到70%以上。符合奖励补助条件的规模户有30户，总计养殖数量为1542箱，奖励补助款总额为30.84万元。

【亚冷水鱼养殖】 2017年，龙胜县新建亚冷水鱼养殖规模场3个，共建成亚冷水鱼养殖规模场11个，建成标准化流水养殖池总面积18540平方米。其中鳟鱼养殖示范场2个，鲟鱼养殖示范场4个，大鲵生态繁育示范场4个，大鲵庭院养殖合作社1个。全年亚冷水鱼总产量达122.6吨，较去年同期增长11.45%。年产值达490万元，产品远销区内外及东南亚国家。

【稻田综合养殖示范基地建设和稻渔生态综合种养示范基地建设项目】 永久性稻田工程的稻鱼生态综合种养新技术于2016年11月在乐江乡示范推广，取得显著的成效。鱼产量较传统稻田养鱼提高8倍以上，平均每公顷稻田增加收入30000元以上。2017年，全县共完成永久性稻田工程示范面积23.8公顷，其中乐江乡地灵村和宝赠村完成稻田改造工程17.13公顷，龙脊镇小寨村与和平村岭背完成示范基地建设稻田改造工程6.66公顷。

【标准化生态养殖】 2017年,县水产畜牧兽医局推行标准化生态养殖,积极打造生态养殖示范点、生态养殖助农增收示范村建设。全年全县有四家养殖场通过星级认证;1个生态养殖助农增收示范村、3个生态养殖助农增收合作社示范点通过区级验收。示范点、示范村充分发挥的示范作用,以点带面辐射推广,推进现代生态养殖加快发展,助推"美丽广西·宜居乡村"建设。 (余 凤)

农业机械化管理

【概况】 龙胜各族自治县农业机械化管理局(简称县农机局)位于龙胜县龙胜镇兴龙北路3号,属于参照公务员管理的事业单位,内设3个股室:办公室、科技教育宣传股、农机监督管理股;下辖3个二层机构、5个管理站,其中二层机构是:农业机械化技术推广站、农机安全监理站、农业机械化学校;5个站是:龙胜镇站(龙胜镇、龙脊镇),泗水站(泗水乡、江底乡),马堤站(马堤乡、伟江乡),平等站(平等镇、乐江乡),瓢里站(瓢里镇、三门镇)。截至年底,农机局在职在编干部职工37人,全县119个村都配备1名农机安全协管员。

【农机作业】 2017年,龙胜县农业机械装备总量达28.3万千瓦,各类农业机械拥有量2.38万台套。全县农作物耕种收综合机械化水平48.90%,其中:机耕面积1.93万公顷,机耕水平87.30%;机械播种面积300公顷,机插水平1.36%;机械收获面积1万公顷,机收水平45.20%。水稻生产耕种收综合机械化水平63.66%,其中:水稻机耕面积4900公顷,机耕率为92.56%;水稻机插面积300公顷,机插率为5.67%;水稻机械收割5294公顷,机收率为83.11%。农机装备水平、农业机械化利用率逐年提升。

2017年6月27日,县农机局开展"农机安全文化乡村行"活动

(县农机局 供稿)

【农机购置补贴】 2017年,县农机局继续加大对"三农"投入,提前安排、精心组织、强化监管、规范程序、积极争取上级强农支农资金。全年,全县落实农机购置补贴资金120万元,全年补贴各类农机具1316台(套),受益农户1308户,农机购置补贴为群众享受国家强农惠农政策奠定基础。

【农机安全监理】 2017年,龙胜农机安全生产形势持续稳定。"打非治违"、农机安全隐患排查整治、打击拖拉机违法载客、整治"外挂车"假牌套牌等专项行动取得成效,非法违法生产经营活动及违法违规行为得到很好的整治,农机安全生产秩序井然。全年共上路检查拖拉机300台次,处罚纠正违章行为67台次,教育处罚违章驾驶员67人次。全年未发生一起农机安全生产事故。全县农机安全生产长效管理机制基本完善,农机安全信息网络基本形成,业务管理逐步规范化。

【农机技术推广】 2017年,龙胜根据该县农业产业调整和"两茶一果+特色养殖"农业产业结构以及旅游强县的特点，在继续做好水稻生产机械推广的基础上，加大果蔬、茶叶生产、加工和养殖机械的推广。全县共购置果蔬、茶叶生产、加工机械36台套，凤鸡、翠鸭、水产养殖机械发展趋势良好。当年，龙胜在水稻、“两茶一果+特色养殖”以及南山萝卜等农业产业生产、加工已基本达到机械化。

2017年6月20日，县农机局在龙脊镇举办农机安全生产培训班

（县农机局　供稿）

【农机化教育培训】 2017年，县农机局创新培训模式，开展以农机驾驶操作人员、农机管理人员和农村富余劳动力转移培训为主的各项农机技术培训。全年，共举办各类培训班6期，参加培训群众达700多人，其中农机管理人员129人，技术人员129人，农机具操作人员240人，新购机人员240人，当中有党员农机手76人，贫困户243人。为全县农村基层培养大批农机、农技实用人才，起到了农村科技知识培训主阵地的作用，为发展农机化事业、提高农民科技素质、农业增产农民增收做出贡献。

【农机合作社】 2017年，县农机局坚持以“合作社+产业+农户”的精准扶贫模式，依托“水稻全程机械化+茶叶种植、加工”为主要服务项目，充分发挥农机合作社带动作用。全年，重点扶持的龙胜盛鑫服务农民专业合作社，当年有成员22人，注册资金100万元，拥有各类机具49台套，其中，拖拉机配套农具12台套，水稻联合收获机械16台，水稻插秧机2台，粮食烘干机械11台，其他农业机械8台套。合作社农机化服务作业收入30万元，农机作业服务面积达3000亩。2017年，平等、乐江两个乡镇依托盛鑫农机专业合作社的优势，解放出农村富余劳动力1500多人从事二三产业，创劳务收入200多万元。

【农机质量投诉监督】 2017年，龙胜设立农机质量投诉监督管理站，将农机质量投诉监管工作作为农机化事业的一项重要工作，设立单独的办公室，购买办公设备，安装专门的投诉电话，工作人员接受农业机械投诉信息管理系统的应用培训，制定严格的规章制度，为农机用户建立一个依法监管、热情服务的农机质量投诉受理平台，切实维护好农民消费者的合法权益。一年来开展了多次农机质量投诉监督宣传活动，并发放了普法宣传单和农机科学技术资料等2000多份，提高农民消费者投诉维权意识，引导农民正确购买、使用和维护农业机具。

（韦　志）

交通管理·物流运输业

公路管理

【概况】 2017年，龙胜各族自治县公路管理局（简称县公路管理局）全局在职职工60人（含路政6人，收费站转岗11人），其中管理人员26人，退休职工 78 人。局机关设有路政执法大队、工会、养护与工程管理科、安全与国有资产管理科、财务科、政工科和办公室，下设和平养护站、日新养护站、瓢里养护作业组和公路应急保障中心。总管养里程 101.56 千米，包括国道 321 线 56.56 千米（K685–K741.56）；省道 301 线 45 千米（原 X144 线 K0–K45）；其中，水泥路面 81 千米，沥青路面 20.56 千米，全属于二级公路。

【公路养护】 2017 年，龙胜公路养护推行效益与质量挂钩责任风险制。根据龙胜实际情况，将路况指标及小修保养费分解到各养护站（组），实行承包管理，把任务细化到站（组）及个人，每月对任务完成情况进行绩效考核。通过建立有效的奖惩机制，充分调动了养护职工的工作积极性，路面养护质量得到进一步提升。全年完成路面修补 1.9 万平方米，水泥路面灌缝 1.68 万米，折算面积 90487.63 平方米；累计完成任务指标 130.59%。其中 G321 线、X144 线完成修补沥青路面病害 1.37 万平方米，折算面积 4.11 万平方米；碎石化修复水泥路面破碎板 7211.01 平方米，折算面积 4.33 万平方米；水泥路面灌缝 1.68 万米，折算面积 3356.9 平方米；水泥路面 315.9 平方米，折算面积 3159 平方米。国省干线公路养护优良路率达 91.16%，优等路 12 千米，良等路 78 千米，中等路 2.73 千米，次等路 6 千米。养护主要方面是：

加强防洪水毁及排水设施整治。针对汛期山区公路水毁频发的特点，该局重视防洪工作，成立应急待班小组，值班人员手机 24 小时开机，一旦发生险情立即根据分工职责采取行动。各养护站（组）坚持雨天巡路查桥制度，如遇到突发水毁造成路面中断情况，及时上报并做好安全防范措施。截至 11 月 20 日，共清理水毁塌方 98 处共 49882 平方米，完成国道 321 线平交道口排水系统整治 5 处共 315.9 平方米。

加强公路桥梁养护。严格按照桥梁养护规范对桥梁的养护情况进行监督，并提出整改意见，及时清理桥面泄水孔、伸缩缝，修补发现的桥面病害。截至 11 月，县公路局投入桥梁小修保养资金 19.77 万元，其中完成桥梁小修保养砌体及人工、机械台班费 206.60 平方米，投入资金 12.43 万元，桥梁踏步修复 134.4 平方米，投入资金 4.70 万元，桥面修复 848.7 平方米，投入资金 2.55 万元。同时，加强对桥梁的日常养护，对全局 40 座桥梁锥坡的垃圾、堆积物、翼墙的杂草、灌木以及人为占用桥梁进行全面清理，桥梁工程师每月对桥梁技术状况进行检查，确保所管辖桥梁经常处于良好状况。

加强公路沿线设施管理。全年修复损坏路缘石 400 立方米，三面光水沟、海底 84.81 立方米，挡墙水泥砖墙身 7.8 立方米，毛石混凝土水沟 61.06 立方米；修复损坏波形梁护栏 748 米，缆绳护栏 150 米；修复、安装轮廓标 410 根；安装道口桩 119 根，百米桩 155 根，千米碑 5 块。对全线交通安全标志牌进行清洗维护，修砍遮挡标志标牌的路树，完成公路标线补画、增设约 6700 平方米。

加强公路路容路貌整治。以“美丽广西 · 生态乡村”活动为契机，打造清洁优美的交通运输环境，提升公路通行能力和公路服务水平。全年共砍除边坡长草整修路容 11.9 万平方米，完成清理水沟 2611.5 立方米，整修路肩任务 7740 平方米，线型路肩修整 31.56 千米，清除涵洞土方 200 立方米；完成 41.27 千米路缘石刷白及全线轮廓桩、百米桩、千米碑、路树及桥梁刷白；完成路面保洁 570904 平方米；完成全线低矮路树修枝，砍伐沿线危树 52 株，G321 线补植路树 150 株。加强绿化景观点的日常养护，对公路沿线长势较差的苗木进行除草、剪枝、施肥养护。

通过加强对路面病害的及时掌控和修补，主动进行路面维修保养，较好地延长公路使用周期，减少公路小修保养经费开支。

【基础设施建设】 2017 年，龙胜县共完成养护工程投资 258.83 万元，其中路基修复工程 5 处，投资 43.84 万元，养护站房地基加固工程 1 处，投资

6万元;地质灾害防治工程完成1处,投资203.99万元。所有工程项目的质量和工期均符合批复要求,无安全生产责任事故。

【强化路政管理】 2017年1月—10月,龙胜县共发生路政案件31起,查处31起,查处率100%,追回路产赔(补)偿款20.2万元,其中办理路政许可项目11件,收取路产赔(补)偿款7.13万元,清理非交通标志牌69块,联合养护部门清理堆积物87处748立方米,拆除违章建筑2起13平方米,有效保护了路产路权,保障了公路的安全畅通。

推进"政府主导、部门联动"联合执法治超工作机制,大力开展治超工作。1月—10月,共查处违法超限运输车辆82台次,处理车辆82台次,罚款10.60万元,卸载车辆82台次,卸载货物249吨,超限率3%,有效整治了超限超载行为,维护交通运输正常秩序。

【安全隐患排查】 2017年,县公路管理局深入开展安全生产专项检查。每月组织养护、路政、安全管理人员对管辖公路及办公场所等至少开展一次全面安全隐患大排查。重大节假日前,对所辖公路桥梁、办公场所及应对突发事件的机械设备、材料准备等进行安全生产专项检查工作,对发现的问题要求相关责任人立即整改,及时消除安全隐患。节假日期间实行坐班和电话值班制度,路政、养护、安全值班人员全部上路巡查,及时清理障碍物,确保公路安全畅通。全年共组织安全检查次数42次,投入安检人员132人次,排查整改隐患293处,遏制了重特大生产安全事故的发生,安全形势保持稳定。

【内部控制加强 基础管理水平提升】 2017年,县公路管理局加强财务管理,防范财务管理风险。严格财经纪律及各项财务制度,严格执行国家有关现金制度及银行结算制度,杜绝违纪违法现象。抓好审计工作。全面加强审计监督,制定内部审计管理办法,并配备1名内部兼职审计人员,确保内审工作有序开展。强化国有资产监管。夯实资产管理基础,进一步规范资产管理。通过对全局固定资产进行清查,及时掌握固定资产存量、分布、结构及使用情况,并运用固定资产管理软件进行动态管理,确保资产高效使用。严格按照政府非税收入管理的规定,实行"收支两条线"管理,规范资产收益的收缴和使用,为细化预算,编制综合预算提供依据。

【党风廉政建设】 2017年,县公路管理局深入贯彻落实中共十八届三中、四中、五中、六中全会和习近平总书记系列重要讲话精神精神,认真学习领会十九大精神,全面落实从严治党要求,压紧压实"两个责任",实践运用"四种形态",从严监督执纪,强化责任追究,进一步转变党风行风。

执行"三会一课"制度,提高党员干部思想素质。设立廉政举报箱,公示廉政举报电话,广泛听取群众的意见和建议。成立党风廉政建设及反腐败工作领导小组,对政务、党务公开进行监督。截至10月底,开展廉政建设教育4次,受教育人数42人;开展一对一廉政提醒谈话共39人次,组织观看廉政电教片1次;进行廉政监督3次,党建工作督查2次。

【开展精准扶贫工作】 2017年,县公路管理局选派廖吉泽副局长为新农村指导员,到龙胜县乐江乡大雄村负责扶贫专项工作,局机关25名干部职工分别对该村的6个组25户贫困户实施一对一"建档立卡"帮扶。帮扶人员主动进村入户,开展扶贫政策宣传、落实具体帮扶内容、谋划产业项目,并及时跟踪了解产业发展情况,有效帮助贫困户达到"八有一超"标准,摘掉贫困帽子。该局以解决贫困村发展难题为核心,为贫困户办实事,办好事:投入1.30万元为大雄村修建公路挡土墙;安装防护栏40米;直接资助村办公经费0.50万元;扶持贫困户罗汉果苗1万株,计4.50万元;扶持

2017 年 9 月 28 日，龙脊景区大循环公路二龙桥停车场开工仪式

（县新闻中心 供稿）

特困户粟万军家 1.20 万元，解决其女儿粟蔓卿因贫入学困难问题；帮助 1 名贫困户解决就业。通过扎实开展精准扶贫工作，使公路行业的形象在民众中广受好评。（蒋培鑫）

交通运输业

【概况】 龙胜各族自治县交通运输局（以下简称县交通运输局）是县人民政府的工作部门，内设办公室、综合规划股、城市公共交通管理股、安全应急管理股 4 个机构。下设交通运输执法大队、运输管理所、公路管理所 3 个二层单位。自治县国防动员委员会交通战备办公室在县交通运输局挂牌。全局在职在编的干部职工 39 人，其中局长 1 人，副局长人 1 人，中共龙胜县纪律检查委员会派驻交通运输局纪检组长 1 人，属交通运输局党组成员，编制在纪委。2017 年，扎实开展党风廉政教育、“两学一做”常态化学习教育、学习党的十九大精神等活动。“七一”期间召开了建党 94 周年纪念大会，聘请党校教师为全体党员作中国共产党光辉历程回顾及“两个条例”专题讲座。进一步完善和落实党风廉政建设各项规章制度，持之以恒深入落实中央“八项规定”，有力保证了交通运输各项工作高效、廉洁、安全推进。获“2017 年抗洪救灾工作先进单位”“人大代表建议先进承办单位”“2017 年春运工作先进单位”等称号。

【物资流通概况】 2017 年，龙胜县共有物流企业 30 家，个体工商户 220 户。各类大型货运汽车约 1100 辆、小吨位货车约 700 辆、农用运输车约 500 台。其中：有限责任公司 21 家，有限责任公司分公司 3 家，私营企业 29 家，内资企业法人分支机构 1 家。按行业小分类出租车客运 1 家，邮政业 1 家，道路货物运输及代理 27 家，快递服务 16 家，网上营销企业 25 家，公路旅客运输 2 家，公共汽车客运 1 家。规模较大的企业有 5 家，年营业额在 500 万元以上的有 4 家，年营业额在 1000 万元以上的有 1 家。2016 年，全县社会消费品零售总额 9.97 亿元，同比增长 11.5%。其中客货运周转量 126500 万元，同比增长 10% ；完成货运量 1275.19 万吨，同比增长 15%；货物周转量 301971.63 万吨千米，同比增长 13%。（蒙勇君）

【交通基础设施建设】 2017 年，龙胜新建、续建公路建设项目 13 个，其中：区、市、县层面重点建设公路项目 4 个，农村公路建设项目 7 个，桥梁项目 2 个。全县公路交通基础设施投资完成 2.49 亿元。

区、市、县层面重点建设项目。桂三高速龙胜县城段出口连接公路。该项目设计里程 4.88 千米，技术等级为一级公路，一期工程（2.48 千米）路基完工，业主单位为龙胜各族自治县国有资产投资经营有限公司；二期工程（2.40 千米）实现局部路段动工建设。

龙脊梯田风景名胜区大循环公路。该项目设

计里程 68.10 千米，技术等级为二级公路，特殊困难路段按四级标准建设。概算总投资为4.10亿元。工程分二期实施，一期工程（大寨至潘内）32 千米，路基工程完工，路面工程完成 18 千米级配碎石摊铺；二期工程（二龙桥至大寨）12 千米，2017 年 9 月 28 日在二龙桥停车场举行开工仪式，完成工程设计和施工总承包招投标。

南山牧场至野牛坳工程。路基工程完成 12 千米，完成沥青路面施工 6 千米。

农村公路建设项目。2017 年，完成甘甲至南山、广南至铜锣两条水泥路，完成瓢里界—平岭、河口—石京、龙胜—山东 3 个窄路加宽项目，新建渡江桥，12 月 31 日完成桥梁基础施工，2017 年全年硬化通村水泥路共 40.70 千米。改善了龙胜交通基础设施通行条件。

【公路养护】 2017 年，龙胜县公路总里程为 993.85 千米。按行政等级分，国道 54.4 千米，省道 43.8 千米，县道 195.7 千米，乡道 370.4 千米，村道 302 千米，专用公路 25.4 千米。按技术等级分，二级公路 103 千米，三级公路 30.5 千米，四级公路 720.4 千米，等外公路 139.7 千米。县交通运输局坚持“管养并重、多措并举”的工作思路，重点抓好农村公路日常养护、水毁工程修复、路面维修等工作，不断提升农村公路的通行能力和服务水平。全年完成公路日常养护投资 950 万元。加大路面大中修投入，投入 560 万元，对龙脊景区道路、八滩至伟江公路、交州至三门、瓢里至平等公路等县道 121 千米路面进行维修，完成沥青路面修补 3.4 万平方米，碎石路面修补 3 万平方米；不断改善农村公路安全防护设施。投入 260 万元，完成江门口桥加固维修，完成泗水至潘内、河口至白石、和平至白水、八滩至三舍、马骆至里才、龙胜至山东、背阴山至城岭等 7 条农村公路 1.10 万米波形钢护栏安装；对 195 千米县道开展日常养护工作，完成投资 130 万元。

【公路抢险救灾】 2017 年 7 月 1 日，龙胜发生多年不遇的暴雨洪水，导致 38 条（县道 9 条、乡道 21 条、村道 8 条）农村公路受损，19 条公路（县道 1 条、乡道 11 条，村道 7 条）交通中断，农村公路遭受严重水毁，多数道路交通中断，水毁损失金额高达 1200 万元。县交通运输局组织人力进行抢险疏通道路，在最短时间内抢通全部道路。同时，积极争取资金修复农村公路水毁工程，共完成公路塌方清理 18 万立方米，砌筑挡土墙 2.10 万立方米，完成水毁工程修复投资 1300 万元，其中：县道完成 450 万元；乡道、村道完成 850 万元。

【公路运输】 2017 年，县交通局加强管理，优质服务，促进运输市场健康有序发展。抓好节假日期间的道路运输管理工作。深入站场及旅游景区开展检查，保障了节假日期间道路运输的安全、有序。抓好县城三轮摩托车非法营运的整治。5 月份启动三轮摩托车非法营运整治专项行动，查处非法营运三轮车 100 辆，县城客运市场和交通秩序不断得到改善。抓好农村客运管理工作，完善农村客运线路，新增了平定村通客车。加强对出租车、城市公交车的规范化管理。为解决城区居民出行难的问题，根据龙胜县城总体规划和城市建设发展的实际需要，当年 10 月 30 日，县交通运

2017 年 7 月，水灾后公路抢修 （县新闻中心　供稿）

输局、县交通警察大队、县市容管理局联合对县城老城区、北岸新城区的公交线路走向、站点设置、首末班次时间、运营间隔等进行了实地的核查、了解，并向自治县人民政府申请延伸和新增公交线路至县城北岸新区运营。积极推广运用新能源和清洁能源车辆，报废龙胜至瓢里农村班线6台客车，新购置8台新能源绿色环保电瓶公交车，于2017年10月1日投入运营。完成客运量1066.41万人次，客运周转量82248.18万人千米，完成货运量1275.19万吨，货物周转量30.2亿吨千米。

【交通安全】 2017年，县交通局坚持“安全第一、预防为主、综合治理”的方针，以“平安交通”建设为主线，严格落实“两个主体责任”，按照安全管理“一岗双责”的要求，提高安全监管能力。全年，无安全责任事故发生，安全形势总体平稳。切实抓好安全生产专项整治。采取定期检查和不定期抽查相结合的方式，以运输企业、客运车辆、危桥险路、公路养护、公路建设施工现场为重点检查对象，以春运、“五一”“国庆黄金周”“汛期”等重大节假日或特殊时期作为重点时段，开展安全生产专项检查和整治。加大路政执法力度，不断加强路产路权维护。全年开展路检路查12次，下发违章通知制止违章行为32起。集中整治了龙脊景区道路、八滩至芙蓉、杉木坳至伟江公路的乱堆乱放行为。 （谢美秀）

邮政·信息传输与信息技术服务

信息产业概述

2017年，龙胜县有中国移动龙胜分公司、中国电信龙胜分公司、中国联通龙胜分公司、广电网络龙胜分公司四家电信网络公司。网点店面以及4G信号覆盖10个乡镇119个村，通家庭宽带行政村覆盖率达到98%，通光纤占100%，家庭宽带用户为2.73万户，手机用户为15.62万户，其中4G手机用户数为9.46万人，经初步统计网上购物人数约9万人，占全县人口数52.18%，人均网上购物约6000元，25~35岁的群体成为网上购物的主力军。

2017年，整合资源通过搭建班子、制定方案、夯实基础、平台共营、树立品牌，保障质量等几个方面扎实推进综合示范各项工作。建成1个集展示、孵化等功能的县级电商公共服务中心，部分电商企业已入驻办公；建成5个镇级服务站点，61个村级服务站点；建成1个县级物流中心和1个乡级物流配送站；管理型人才培训549人，实践型人才培训1300人；确定品牌培育建设实施方案；农产品溯源已发第二个二维码。

与京东集团签订农村电商精准扶贫战略合作协议，将进一步优化龙胜县产业结构、促进商贸流通、带动创新就业、增加农民收入，助力龙胜深化创新驱动和供给侧结构性改革，提高开发式扶贫水平，推动经济转型和产业升级，培育经济发展新动能。

县城区域内商业店铺、公共区域80%覆盖无线Wi-Fi，新涌现出一批“微商”利用微信朋友圈销售商品，和新增一批以销售特色农产品的电商平台和商家。个人淘宝店、微店数量也呈快速上升态势，新增了乐村淘、京东等电子商务企业10余家入驻。 （蒙勇君）

邮 政

【概况】 2017年，中国邮政龙胜县分公司（简称县邮政分公司）下设综合办公室、市场营销部二大职能部室，市场营销部下辖2个金融网点、7个乡镇邮政所、2个邮政委代办点。截至年末从业员工58人，内退1人，退休职工27人。

【市场经营】 2017年，龙胜县邮政分公司围绕"融合发展、突破重点、提速增效"的工作方针，按照区分公司"一体两翼"经营发展战略部署，分公司领导带领全体员工奋力拼搏，各项工作稳步推进，经营取得了一定的成绩。本年度完成业务收入1090万元，完成年计划的102%，再次突破千万。函件业务稳步推进龙脊旅游门票项目，县医院病历本，移动墙体广告，法院朋友圈广告等，累计实现收入320万。本年继续加大村邮乐购的覆盖面，新增了31个点，加上往年的建点数覆盖全县83个村，进一步推进了电商的发展，也增强了投递能力和揽收能力。（王俊超）

中国移动龙胜分公司

【概况】 2017年，中国移动龙胜分公司内设综合部、销售中心、集团客户服务中心、工程维护中心1部3中心，下辖10个乡镇。自有渠道5个，社会渠道219个。年末员工51人，其中合同工48人。

【业务经营】 2017年，龙胜分公司按照市公司聚焦4G市场、家庭市场、集客市场发展，推进规模与份额提升，较好的完成市公司下达的各项目标任务。全年计费收入达8332万元(同比增长10.2%)；有效客户数达10.77万户，累计净增4118户，净增份额45.68%，日均通信客户份额76.81%，较上年底提升1.19%；计费时长4.23亿分钟，话务份额达79.85%，较上年底提升3.14%；手机上网流量8.9亿M，同比增长133%，月均4G客户DOU接近1.3G。家庭宽带有效客户达1.08万户，年累计客户净增4656户，家宽带行业份额达到40%，魔百和客户达7340户，占比家宽客户达60.3%。公司主导地位和运营效益大幅提升。

广西广播电视信息股份有限公司龙胜分公司

【网络改造】 2017年，广西广播电视信息股份有限公司龙胜分公司重视安全播出和安全生产工作，拓展农村电视、网络市场，集中时间、集中人力、集中财力抓好3个乡镇的FTTH项目数转和1个乡镇的智慧乡村项目建设，提高用户体验度和客户入网率，挖掘客户发展潜力。当年完成对马堤、泗水乡村点进行有线电视数字化转换工作，数转用户626户，新入户农网安装宽带469户。加大投入，加速发展。2017年该分公司按照"加强网络管理，改善网络服务，推动网络发展，提高网络效益"的要求，从"立足当前，着眼长远"着手坚持突出重点、注重效益、加快发展、整体提升的原则，加强网络建设与管理。城区启动FTTH试点的网络升级改造；加大农村网络改造力度，加快农网光纤到户项目建设，改造了3个乡镇，1000多用户的网络线路。

【规范管理】 2017年，龙胜分公司主动向县委、县政府主要领导和分管领导汇报工作，争取当地党委、政府的支持。主动与公安部门和各乡镇党委、政府加强联系和沟通，争取工作上的支持和帮助，加大公司各专网的回款力度。为完成好全年的各项工作任务，把建立和完善各项规章制度作为突破口来抓，规范企业的内部管理，加强作风建设，提高工作效率和服务水平。（石建华）

中国联合网络通信有限公司龙胜分公司

【概况】 中国联合网络通信有限公司龙胜县分公司，公司内设机构有综合部、政企、移网3个部门，综合部负责网络建设维护、公司日常综合事务、人力资源管理和考核等工作。政企是面向政府、企业等大客户业务拓展和销售工作。移网负责渠道业务培训、业务拓展、考核等工作。

2017年,龙胜分公司年末用工22人,其中在岗合同制员工20人;退休职工2人。党员7人。本科学历10人,大专学历8人,高中、技校4人。

【基站建设】 2017年,龙胜分公司完成新建4G网络共12个基站:龙胜县民族中学、龙胜镇勒黄村、龙胜镇金结村、龙胜镇金车村、勒黄村中寨、三门镇华美、三门镇交其村、三门镇洪寨村、三门镇安康村、泗水周家及高铁、白门岭等基站。

【宽带建设】 2017年,宽带建设完善龙胜县城北岸体育路、兴龙南路、兴龙北路的LAN改造FTTH及覆盖工作。完成江底乡、泗水乡、平等乡主要区域的宽带FTTH覆盖工作,累计新增宽带综合箱100余个,累计新增端口1200余口。提高网络稳定性及覆盖面。并率先完成全县宽带网络出口扩容,增强全县网络承载能力,有效提升用户上网感知度。

(詹丽萍)

中国电信股份有限公司龙胜分公司

【概况】 中国电信股份有限公司龙胜分公司(企业非法定名称为中国电信龙胜分公司),公司内设机构有办公室、客户销售服务部、客户支撑中心3个管理部门,客户销售服务部下设政企支局、城市支局、和平中心支局、三门中心支局。和平中心支局下辖龙脊、泗水、江底、马堤、伟江5个营业所,三门中心支局下辖乐江、平等、瓢里、三门、古坪5个营业所。移动电话用户2.24万户,互联网宽带端口总数2.28万个,宽带用户1.18万户。年末在岗合同制员工34人。

【市场经营】 加强信息应用推广、发展智慧酒店,以拓展新增客户市场提升收入为工作重点。认真抓好网点拓展和布局优化工作,2017年新增一级代理12家,社区厅2家,专营店3家。

【通信建设】 2017年,龙胜县完成龙脊、三门、瓢里、古坪及温泉网络交换机中继扩容工程。安装乐江、龙脊、江底、伟江等8个乡镇华为9303网络交换机。完成县城日新路、东园路、保健院二期小区及瓢里、和平、马堤、江底等乡镇农村区域FTTH建设。完成“普遍服务试点项目”27个村光缆敷设。完成白石、江柳、崇林、石甲、昌背、东社、琉璃、隆江、双江9个贫困村的光纤建设任务。龙胜区域电信负责的27个行政村光纤全部建设到位。完成2017年农村800MLTE替换项目工程,原有C网基站(除微波站外)全部替换800MLTE。800M基站达到74个,1.8G基站达到79个。

(秦秀珍)

旅 游 业

旅游业概述

2017年,龙胜旅游业有新的发展。县旅游局是全县旅游业的管理部门,内设办公室、质量监督管理股、市场推广股、规划建设股、财务统计股,共有行政编制4名,后勤服务控制数1名,其中局长1人,副局长2人。局所属二层机构3个:旅游质量监督管理所,参照公务员法管理事业单位,编制3名;旅游执法大队,参照公务员法管理事业单位,编制5名;温泉管理处,事业单位,编制3名。当年,根据县编办的相关安排,温泉管理处连人带编划转到新组建的温泉森林公园管理处。

当年,龙胜决心打造“经济发达、民族团结、社会和谐、文化繁荣、山川秀美”的中国生态旅游强县。优化全县整体规划布局、统筹综合管理、突出特色挖掘、强化旅游基础设施和公共服务设施建设、一体化营销推广等方面构筑全域旅游格局，进一步促进了龙胜旅游转型升级并实现跨越发展，基本形成了龙胜的特色旅游优势，旅游业已成为龙胜战略性品牌产业、支柱产业、核心产业和生命产业。2017 年，龙胜共有 AAAA 级景区两家：龙脊风景名胜区、温泉省级旅游度假区。AAA 级景区 4 家：白面瑶寨、艺江南中国红玉文化园、龙脊旅游小镇、金车生态民族村。此外，还有一批未评定等级的景区和特色民族村寨。

全年，龙胜旅游接待总人数达到 777.36 万人次，旅游总消费 83.38 亿元；2017 年，顺利通过广西特色旅游名县复核工作。

主要景区景点

龙脊梯田国家湿地公园风景名胜区

【概况】 龙脊梯田国家湿地公园风景名胜区亦称龙脊风景名胜区，为 AAAA 级景区。该风景名胜区地处桂北越城岭山脉西南麓，位于桂林市龙胜各族自治县龙脊镇的东北部，距桂林市区约 76 千米，距离县城约 30 千米了。景区面积共 70.10 平方千米，风景名胜区以梯田景观为核心，龙脊梯田区域内最高海拔 1850 米，最低海拔 300 米，梯田一般分布在海拔 300 米 ~1100 米之间，坡度大多在 26~35 度之间，最大坡度达 50 度。龙脊梯田历史悠久，距今已有近 2000 年的历史。梯田的规模磅礴壮观、气势雄浑，集成世界梯田造型之精华，线条如行云流水、潇洒流畅，为天下梯田所望尘莫及，堪称“天下一绝”。最精华的梯田景区 20 平方千米，景区内有 8000 多人口，主要居住着壮族和瑶族群众。景区民族节庆丰富多彩，以开耕节、梳秧节、晒衣节、火把节等为代表，民俗风情浓郁、民族文化灿烂多姿。

龙脊梯田风景名胜区是一个以梯田稻作农耕文化为主体，集自然景观与少数民族人文景观相结合的风景名胜区。经过 10 多年的旅游开发，2017 年已形成三大观景区：平安壮族梯田观景区；金坑红瑶梯田观景区；龙脊古壮寨梯田文化观景区。各观景区也各有特色：平安壮族梯田观景区是最早开发的一个观景区，是“七星伴月”观景点的所在地，梯田秀美线条流畅；金坑红瑶梯田观景区群山环绕，酷似一个天然的天坑，梯田大气磅礴，是红瑶聚集的村落，在 2007 年被评为“中国经典村落景观”；龙脊古壮寨梯田文化观景区，村寨的吊脚木楼依山而建，远远望去整个村寨刚好座落在龙腰之上。龙脊古壮寨是广西北壮的发源地，保持着原始古朴的风貌，村寨里上百年的古民居尚存 7 座，最早的一座距今已有 150 多年的历史。龙脊古壮寨在 2011 年被国家文物局列入全国生态(社区)博物馆示范点。百年老屋与博物馆展览厅对外免费开放。景区除了以上三大观景区外还有

龙脊梯田国家湿地公园风景名胜区一角　　（县新闻中心　供稿）

众多的民俗风情旅游村寨：有被评为“中国景观村落”的金竹壮寨、和“天下第一长发村”的黄洛瑶寨，还有小寨村、中禄村也在逐步开发中。

龙脊梯田风景名胜区为全国农业旅游示范点、中国重要农业文化遗产、全国研学旅游示范基地，全国乡村旅游创客示范基地。2017 年正在创建国家 AAAAA 级景区。该风景名胜区由龙脊梯田国家湿地公园风景名胜区管理局管辖。

【景区日常建设管理】 2017 年，龙脊梯田国家湿地公园风景名胜区管理局共受理居民建房申请 231 份，审结 220 份；其中大寨受理 109 份，审结 104 份；龙脊受理 12 份，审结 10 份；平安受理 11 份，审结 10 份；小寨寨受理 21 份，审结 21 份；中六受理 75 份，审结 74 份；金江受理 3 份，审结 1 份。受理接电申请 40 份，审结 40 份。

【景区建设】 2017 年，龙脊梯田国家湿地公园风景名胜区管理局总投资 530 万元的平安“七星伴月”观景台建设项目和总投资 580 万元的小寨观景平台项目前期准备工作基本完成，项目已进入招投标阶段。

该局全力推进湿地保护项目实施进度，湿地保护工程（界碑、界桩）、湿地恢复工程（水沟新建、修复）、科普宣教工程中的湿地展示区建设、宣教长廊已完成招投标并进入施工阶段；科研监测中心已做好设计预算，正进行财政评审。截至 2017 年年底，完成湿地 2016 年度保护项目奖励资金 80% 以上。

【景区行业管理强化】 2017 年，龙脊梯田国家湿地公园风景名胜区管理局加强景区行业管理工作。联合县公安局、旅游局、工商局、龙脊镇政府等有关部门在春节、“五一”节、国庆节等重大节日前对景区内经营者进行执法检查行动，积极开展占道经营专项整治和核心观景区的梯田违规搭棚种植，优化旅游环境；积极开展景区旅游投诉、执法工作和安全生产监管力度，保障旅游安全秩序。专人 24 小时负责景区旅游咨询和投诉，及时处理反馈游客诉求，全年共受理咨询 45 件，处理投诉 34 件（含转办投诉），处理率达 100%，为游客挽回经济损失 4.6 万元。龙脊景区巡查大队在核心景区平安、大寨、龙脊古壮寨等景区村寨进行定时、定点进行巡查，发现问题及时处理，保证景区的旅游秩序和规划建设的正常运行。

【精准扶贫】 2017 年龙脊梯田国家湿地公园风景名胜区管理局促成龙胜鑫远农业开发有限公司与对接片区有意愿的贫困户签订养猪合同，精选发展路子。全年共投入扶贫资金 22 万元。

【小寨村开寨】 2017 年 9 月 23 日，龙脊景区小寨村正式开寨。

【龙脊旅游小镇】 龙脊旅游小镇前身为和平街，古称官衙，位于龙胜各族自治县东南面，距桂林市区 75 千米，距县城 12 千米，距正在修建的桂林—三江高速公路最近出口处 5 千米，素有龙胜各族

航拍小寨村 （潘志祥 摄）

自治县“南大门”之称。主要居住着瑶、壮、汉等民族,少数民族人口占全镇总人口的84.5%。

龙胜县委、县人民政府将龙脊镇定为城镇化建设示范乡镇,并按照“特色旅游小镇”标准进行规划建设。龙脊镇以旅游产业为支撑,因地制宜、科学规划,大力实施基础设施提升工程,业已初步成为宜居、宜业、宜商、宜游的“特色旅游小镇”。

(潘盘艳　董晓坤)

温泉省级旅游度假区

【概况】 龙胜温泉为省级旅游度假区的核心,龙胜温泉有“华南第一泉”之称,位于江底乡境内,距桂林市110千米,离县城32千米的龙胜温泉国家森林公园内,是国家森林公园的核心组成部份。温泉景区内峰峦叠翠、林木葱郁、云缠雾绕、溪流清澈、空气新鲜,空气中负氧离子的含量每立方厘米达10000个单位以上,有“天然氧吧”之称。温泉水由地下1200米深处岩层涌出,分上下两大泉群,有大小泉眼16口,水温常年保持在45~58℃之间,共建造了27个大小不一、风格各异的温泉池。温泉水含有多种微量元素,具有软化血管、抗癌、抗衰老、助睡眠、镇痛之功效,对神经痛、关节炎、风湿病、皮肤病、糖尿病等均有良好的疗效,经国家地矿部、轻工部、卫生部有关专家鉴定为超低矿化度的偏硅酸重碳酸钙镁型天然饮用矿泉水。

温泉景区2007年被评为国家AAAA级景区,2008年该景区获“中国最佳文化生态旅游目的地”荣誉称号,2010年获得“全国温泉20强”,2014年获得“桂林最具影响力品牌”等称号。

【温泉国家森林公园】 温泉国家森林公园位于县城东北部,距县城30千米左右,为温泉景区重点景点。园内嶂峦叠翠,珍禽异兽,风景迷人,它集奇、秀于一身,山上有植物1500多种,是生态旅游、休闲度假、摄影写生的理想场所。 (李培民)

县城景区

【概况】 龙胜县城距桂林87千米,位于浔江与和平河汇流处,成品字型。龙胜大桥、白龙桥把3个区域连成一片,其城市风貌以及周边的民族风情较为浓郁。县城景区范围最具代表性的旅游点有民族商贸旅游街、楚南馆、揽胜楼、滨江公园、江心洲、银水侗寨、内外寨、金车、香炉山、玉牙沟、板平、拉秀峡谷、艺江南中国红玉文化园。

温泉峡谷风光　　（县档案史志局　供稿）

【金车生态民族村】 金车民俗村是县城景区主要景点,位于龙胜各族自治县城南面,距桂林市区87千米,共有321户1100人,居住着壮、瑶等民族,金车生态民族村是自治区农业旅游示范点,桂林市首批8个农家乐旅游点之一。金车村属亚热带季风性气候,全年雨量充沛,气候宜人,冬无严寒,夏无酷暑,是旅游休闲避暑的好去处。金车村以精致的老龙沟瀑布群、秀美的金车小河、美丽壮

县城风光 （县新闻中心 供稿）

观的金车梯田、韵味浓郁的古石墙和乡间小道成为一个环境优雅的“农家乐”旅游区，并以独具魅力的壮家迎宾宴、少数民族歌舞及古时用的石磨、寨心石、纺织车、门楼等吸引着各地游客，是一个适合休闲度假的旅游村寨。

【艺江南中国红玉文化园】 艺江南中国红玉文化园是县城景区主要景点，位于龙胜镇勒黄长田321国道旁，成立于2012年。艺江南中国红玉文化园以中国红玉加工销售为主体，园区内集中了50多间中国红玉销售商铺，建筑古色古香，配套有各类加工车间，不仅可满足大型原石切割、精细加工等不同要求的加工，还可以让游客深入了解中国红玉从加工到销售全过程，并建有龙胜大型的中国红玉陈列馆，游客可在这里进一步体验中国红玉文化。

同时，园区内设有大型停车场、民族风味餐馆，主打苗、瑶、侗、壮等少数民族特色美食，兼有龙胜特色火锅——柴火火锅，可让游客领略龙胜各种民俗文化。在园区周围，打造有葡萄长廊、露天烧烤、休闲钓鱼台、水上游艇、水上竹筏等原生态休闲项目，给游客提供更多聚会休闲的选择。

彭祖坪原始森林旅游区

【概况】 彭祖坪自然保护区位于龙胜东北部的马堤乡境内，距离县城45千米。它地处八十里南山之麓，在湖南省南山景区和龙胜江底温泉景区之间，总面积约3333.33公顷，最高海拔约1700米。区内地形地貌复杂，山峦起伏，沟壑纵横，植被丰茂，资源特色突出。

【景点】 主要景点有龙家村苗寨、龙家梯田、彭祖坪、彭祖老屋、彭祖采药、彭祖空心塔、情人石、彭祖瀑布、山丝瀑布、红头瀑布、珍稀植物园、刀背山、彭祖老人、彭祖大峡谷、彭祖彩溪、大白山高山草地、36凸、彭祖迎客松、铁杉林及铁杉王、杜鹃等。该景区正在开发中。

西江坪森林旅游区

【概况】 西江坪原始森林旅游区地处龙胜县里骆林场北部高炮岭一带，距离县城北20千米。西江坪原始森林旅游区动植物资源和旅游资源

彭祖坪原始森林旅游区风光 （县新闻中心 供稿）

丰富，湖光山色，四季风光独特。其境内林海莽莽、奔泉飞瀑，雾罩群山，溪水清澈，野趣横生，山水林木和民族等多种风情融于一体，空间层次井然，四季风光各异。

【景点】 西江坪原始森林旅游区内主要的旅游景点主要有里骆大桥、小岩底苗寨、西江坪水库、象鼻瀑布、螺丝岩、龙口瀑布、大石壁以及柳杉林等。该景区正在开发中。

花坪林区护林工在巡山　　（县新闻中心　供稿）

花坪自然保护区

【概况】 花坪自然保护区距离县城65千米，于1978年列入国家重点自然保护区，2000年正式批准为国家级自然保护区，以珍稀孑遗树种银杉及典型常绿阔叶林生态系统为重点保护对象。保护区由于地处云贵高原的东南边缘和南岭山地西部，海拔较高。由于山峰与山谷落差大，形成山峦叠翠、河谷纵横、瀑布众多、奇峰峭立、植被丰富、林海浩瀚的景观。

【景点】 其主要景点有粗江银杉、红滩瀑布、鸳鸯瀑布、杜鹃长廊景观、林海探幽、红毛河谷、花坪科教园等。是探秘寻幽、森林探险、研学旅游的好去处。该景区正在开发中。

南山高山旅游区

【概况】 南山高山草场区是一处集山水风光、侗族风情、高山草地风光以及人工水景为一体的综合旅游区，旅游资源丰富。这一区域由于地处桂北一隅，旅游可进入性较差，即使有公路穿过，但路线弯曲度大，由此严重影响到旅游业的发展，所以目前这一区域的旅游资源开发总体上是处于待开发状态。

南山高山旅游区风光　　（县新闻中心　供稿）

【景点】 通过调查，本旅游区以及周围区域最具有吸引力的景点有将军岩、归仁洞、庖田侗寨、平等侗寨、龙坪侗寨、平等古楼群、广南石城、平等孟滩风雨桥、回龙桥、红军楼、龙坪萨坛、拜王滩、南山水利枢纽工程（玉溪河水库、长滩坪水库、眉山水库、南山水库)、南山风光、南山猴面石、天女散花等。该景区正在开发中。

泗水布尼梯田·加乌瀑布景区

【概况】 泗水周家布尼梯田·加乌瀑布景区位于龙胜县泗水乡周家村,距离龙胜县城26千米,距桂林115千米。景区海拔400~1600米,总面积近66.67公顷,建设有空中观光索道,以花海梯田、高山叠瀑、少数民族民俗文化为主要景观,集”奇、险、幽、秀”于一体展示在世人面前。该景区正在开发中。

【景点】 主要景点有花海梯田、高山叠瀑等。

泗水乡村旅游区

【概况】 泗水源泉生态乡村旅游区位于龙胜县泗水乡,距全国著名的龙脊梯田景区20千米,紧邻"华南第一泉"龙胜温泉,交通十分便利。

泗水源泉生态乡村旅游区是一个以梯田稻作文化和少数民族民俗文化为主体,集自然景观与红色文化相结合的旅游区。2017年已开发大唐湾景苑、中国少数民族特色村寨、白面瑶寨、龙泉红瑶民俗园景区、排坊长寿文化养生区、里排壮寨生态农业观光旅游示范区。景区占地面积56.10平方千米,景区内水资源丰富,生态环境保护良好,交通能源、通讯设施完善配套,地理交通条件优越,生态乡村旅游发展迅速,已成为龙胜乡村旅游的典型代表。

2017年泗水乡发展旅游业,图为瑶族妇女刺绣表演

(县新闻中心　供稿)

【白面瑶寨】 白面瑶寨为泗水乡村旅游区主要景点之一,位于龙胜泗水乡周家村,距离龙胜温泉景区2千米,是龙胜最早开发的少数民族风情旅游点之一,寨边枫木参天,寨内环境优雅,村民皆为红瑶,热情好客。这里历史悠久,是经过数百年风水选址的典型瑶族村寨,是红瑶文化的百科长廊,还是党的民族政策首次提出并成功实践的的地方。

经过多年的开发,白面瑶寨成功开发红军岩、菊花种植基地兼观赏区、格桑花花海区、鱼塘垂钓休闲区、红瑶民俗博物馆等特色游览点,形成集民俗体验、休闲观光、特色餐饮等功能于一体的好去处。

旅游管理

【概况】 2017年,龙胜加强旅游业管理。县旅游局做好旅游安全生产各项工作。按照安全、消防等部门的相关规定,对县内旅游企业落实了安全生产的工作责任和整改措施,建立健全长效机制。做好节假日旅游黄金周安全生产大检查。按照相关文件精神和要求,在"五一"节"十一"、元旦、春节前夕,召开县内各旅游企业的旅游安全工作会议,在游客集散及人员密集地,进行旅游安全大检查,消除安全隐患。开展"安全生产月"宣传活动。组织旅游企业安全工作人员参加安全工作培训，确保持证上岗。全年没有发生重特大旅游安全事故。

【优化全县旅游秩序】 2017年，龙胜根据景区管理存在的问题，在旅游联合执法指挥部的领导下，狠抓旅游市场秩序整顿，强化行业管理，多次到县内景区进行旅游执法，重点打击了龙脊景区旅游商品营业摊点的非法经营行为。县旅游局会同县安委办，协同完善旅游安全管理制度，全年没有发生重大旅游事故。此外，组织相关单位和人员认真学习贯彻《旅游法》，参加自治区、桂林市组织的质监执法培训班，提高旅游执法人员业务能力。

【文明旅游宣传开展】 2017年，龙胜大力推进文明旅游工作，在全县范围内广泛张贴文明旅游公约，组织力量发放文明旅游宣传资料，落实经费对旅游从业人员进行文明旅游培训，开展文明旅游检查，建立游客不文明行为记录机制。

【行业服务水平提升】 2017年，县旅游局加强对A级景区、星级宾馆（酒店）的业务指导，组织开展了乡村旅游、旅游服务等方面的培训；同时对全县的A级景区进行质量等级复核。积极开展乡村旅游区、农家乐旅游服务质量星级评定工作，大力开发建设县内各类乡村旅游点。

旅游开发

【旅游产品开发】 2017年，龙胜县强力推进全县旅游规划、特色打造、项目建设等工作。

坚持“从大处着眼，从小处着手”的原则，按照县委、政府的部署，抓好《龙胜县全域旅游规划》编制工作，完成了《龙胜县城——温泉旅游绿道建设规划》，构建完整的龙胜县旅游规划体系，科学指导全县旅游发展。

2017年，龙胜依托特色旅游资源，努力彰显养生、农耕、民俗、乡土等特色，完善增加特色景区景点，加快民族村寨旧貌换新颜工作，推动农耕文化游、节庆活动游、休闲度假游、乡村体验游、生态森林游、健康养生游等持续火热，力争做到“人无我有、人有我新、人新我奇”，继续强力打造“世界梯田原乡、多民族生态博物馆、中国红玉之乡、康寿养生胜地、有机产品大园区”五大特色旅游品牌。同时，龙胜通过开展“古茶树祭祀”“开耕节”“红衣节”“辣椒节”“红糯节”等节庆活动，加大龙脊四宝、凤鸡翠鸭、两茶一果、菊花、红糯米等系列旅游商品的开发力度，深度阐述“龙脊耦耕”等特色，旅游产品体系层次增多、特色增强，迎合游客多样化的旅游发展需求。

【旅游项目建设】 2017年，龙胜加快重点旅游项目建设，让优质旅游资源在开发中释放旅游红利。落实龙胜生态旅游扶贫大环线、龙脊创国家AAAAA级景区、龙脊景区循环路、南山高山草原旅游度假区、县城—温泉绿道等重大项目。目前，生态旅游扶贫大环线部分道路已经在施工：龙脊景区大循环公路已挖通路基平台，并于2017年国庆黄金周作为龙脊景区应急通道使用，有效缓解龙脊景区在国庆期间的拥堵；其他项目大力推进中。

完善旅游公共服务设施，完成一批停车场、旅游集散中心、咨询服务中心、标识标牌等的新建和改造工作。截至年底，完成西山韶乐、千层天梯等观景平台建设，完成大寨野鸡沟、壮界、新寨等8座旅游厕所建设，完成金车村石板路等一批旅游服务设施的建设。

【旅游扶贫】 2017年，龙胜通过树立“全县生态大景区，旅游扶贫一盘棋”理念，深入开展旅游精准扶贫工作，“抓基础，重投入，显特色，树品牌”，千方百计促进旅游扶贫工作的健康发展，逐步探索出一条生态、旅游、扶贫“三位一体”发展路子。

通过景区景点、特色村寨、旅游产品及旅游商品的开发，龙胜成功探索出了符合龙胜实际情况的旅游扶贫开发模式。主要模式有：

民族文化旅游扶贫模式。该模式以挖掘龙胜民族文化为核心，整体推进龙胜内民族村寨的旅游基础设施建设，打造民族文化服务项目和体验产品，涌现出了以黄洛瑶寨、细门瑶寨为代表的一批民俗文化旅游村寨。黄洛瑶寨是龙胜境内开发成功的典型民族村寨，该寨以“红瑶长发”文化为核心，打造出了原生态的长发歌舞表演、长发洗护产品、农家特色餐饮住宿、民族纪念品等，已经成为发展民族文化旅游的典型代表，2017 年接待游客 50 万人次，仅歌舞表演一项就分红 200 余万元。

龙头企业带动发展扶贫模式。以龙头企业对旅游景区进行整体包装，统一管理，统一运营，群众集体入股或参与等方式进行合作。以龙脊景区内的大寨村、平安村、龙脊古壮寨，泗水乡白面瑶寨，龙胜镇忆江南鸡血玉文化园为代表。龙脊景区由龙脊旅游公司统一经营管理，对景区梯田农耕文化、民族文化进行开发，景区群众服务于旅游开发，享受门票分成，还通过开发特色服务项目获取利益。2017 年，龙脊景区接待游客达到 280 万人次，景区内群众直接分红超过 1000 万元。泗水乡白面瑶寨的群众把自有的土地与泓文生态旅游公司进行合作，公司返聘当地群众种植黄金菊，形成了集观光旅游、游客接待、特产销售的一条龙农业观光旅游模式。

村寨旅游联盟开发模式。以地理位置相对集中的村寨为基础组成旅游联合社，挖掘特色资源，统一宣传促销、培训学习，打造差异化的旅游产品，形成“一村一品”的旅游格局，各村实行独立经营、独立核算制度。该模式以泗水五星级乡村旅游区为代表，涉及区域内 6 个特色民族村寨，该旅游区已经成为龙胜境内最富特色的乡村旅游区，全年接待游客超过 70 万人次。

此外，还涌现出了党员签约贫困户，共同养殖销售凤鸡、翠鸭、发展山茶油、罗汉果，开设农家乐等旅游产品的“能人带动”模式；涌现出了群众以土地进行“合作”，公司并返聘当地群众务工的“民企合作”模式；通过打造桂林鸡血玉集散地的方式建设旅游小镇的“产业集群”模式；民俗村重点实施文化旅游，开创了“文化联营”扶贫模式等多种旅游扶贫模式，带动了大批群众享受到了旅游发展带来的红利。

近年来，旅游景区发展的辐射效应不断加大，景区从多角度为周边非核心景区群众创设了多渠道的就业机会。发动当地群众开展导游服务；让群众从事抬轿和背包服务，打扫景区卫生、管理景区秩序等；鼓励群众开发销售罗汉果、红薯等土特产、民族刺绣产品等旅游产品；鼓励周边群众为旅馆饭店种养、提供土特食材。让群众通过自已的劳动，从参与旅游中得到实惠，有尊严地获得持续稳定的收入。随着龙胜旅游的发展，旅游直接从业人员已达 2.5 万人，间接从业人员达 5 万人，越来越多的群众在旅游带动下走上了脱贫致富的道路。

旅游促销

【概况】 2017 年，龙胜县政府落实旅游宣传促销专项经费，实施龙胜旅游形象宣传工程，开展了媒体推介、网络营销、民族文化活动推广、龙胜旅游形象策划包装、旅游公益宣传等系列工作。

组织参加了中国桂林国际旅游博览会、桂林国际山水文化旅游节、桂湘原生态风情节等博览推介活动；到长沙、广州等地推介展示了龙胜特色旅游新形象。同时，龙胜通过大力宣传风光风情和开展“龙脊梯田文化节”“开耕节”“红衣节”“祭萨节”“红糯节”等一系列民俗节庆活动，吸引了各界媒体前来采风和拍摄节目，2017 年，仅在中央电视台上稿旅游专题报道 13 条次，时长达 250 多分钟，其中新闻联播 4 次，进一步带旺了龙胜旅游，拓展和巩固了客源市场。

通过加强与知名媒体的联系，加深微博、微信达人的沟通交流，充分利用新兴的网络交流平台的影响力，在龙胜旅游微信平台、龙胜旅游网等平台发布旅游信息，进一步拓展和巩固旅游客源

2017年7月，龙脊镇黄洛屯办旅游，图为梳长发表演

（县新闻中心　供稿）

市场。“世界梯田原乡、多民族生态博物馆、中国红玉之乡、康寿养生胜地、有机产品大园区”五张特色旅游名片打造初显成效。

【旅游节庆活动】 龙胜少数民族民俗文化璀璨，民族节庆活动丰富，有民族“百节之县”之美誉。

2017年，龙胜举办的主要旅游节庆活动有：2月举办的平等广南鼓楼文化节、织布节，3月举办宝赠祭萨节，4月举办“三月三”活动、中禄古茶树祭祀活动，5月举办龙脊开耕节，6月举办梯田文化节、龙脊梳秧节，7月举办大寨红瑶晒衣节、地灵百家宴活动，8月举办马海辣椒节，9月举办龙脊金秋开镰节，10月举办瓢里鱼宴节等。龙胜的少数民族传统文化和民族旅游资源得到了全面展示，赢得中外游客和专家们的广泛认可，为打造龙胜“百节之县”开启了历史新篇章。节庆活动的成功举办是整合旅游资源，实现区域旅游合作，促进旅游转型升级的一个重大举措。

旅游企业

综　述

2017年，龙胜旅游企业主要全域旅游投资开发有限公司，桂林龙脊旅游有限公司，桂林龙胜温泉有限公司，桂林金坑索道客运有限公司，桂林龙胜骏龙旅游运输有限公司，桂林龙泉旅游开发有限责任公司，大唐湾少数民族民俗发展中心，艺江南休闲文化园，龙胜小和旅游文化公司等。共有星级饭店4家：四星级的温泉中心酒店，三星级的碧莲大酒店、珊瑚大酒店，二星级的龙胜大酒店。有星级农家乐10多家：五星级农家乐全景楼，四星级农家乐水云间酒店等，三星级农家乐田林山庄等。此外，还有数家旅行社和众多的乡村旅游合作社。

（李培民）

桂林龙脊旅游有限责任公司

【概况】 桂林龙脊旅游有限责任公司是龙胜主要旅游企业之一，2017年公司以打造“国家AAAAA级旅游景区”为发展目标，积极开拓市场，全年接待游客116.65万人次，完成年度计划的111.10%，同比增长15.14%；营业收入8770.85万元，完成年度计划的109.64%，同比增长13.55%。其中境内游客108.45万人次，同比增长18.46%；境外游客8.20万人次，同比下降3.75%；团队62.99万人次，同比增长19.03%；散客53.66万人次，同比增长10.89%。

【旅游扶贫】 2017年，公司以“实施旅游扶贫、带动当地群众致富”为目标，带动龙脊景区内村寨经济的发展。当年公司支付给各村寨的梯田维护费834万元。景区内群众通过提供旅游服务，全年旅游收入高达3.80亿元，核心景区内的绝大部分群众通过旅游脱贫致富。公司精准扶贫帮扶小寨村的10户贫困户当年已全部脱贫。

【安全生产】 2017年年初,公司与各部门签订《安全生产和社会治安综合治理责任状》,将全年安全生产指标和任务全部细化、量化,使各部门明确各自的安全生产职责和目标。

制定了各种突发性事件的应急预案,定期进行安全检查和消防演习,确保了游客在景区的旅游安全。2017年未发生一例重大安全生产责任事故。全年配合公安派出所处置景区内发生的共10余起治安事件和突发事件;协助交警疏通道路交通共计5次;处理游客与村民纠纷10余次;找寻走失游客和儿童6次。

安排专职管理人员,各村寨安排安全巡视员,及时处理各类突发事件。雨季期间,对景区道路进行巡查,发现险情及时排除。为保证游客车辆能正常通行,购买一辆铲车专人负责铲除、清理景区内各点塌方,全年共清理道路大小塌方落石30余次;完成金江山体大塌方清理,双河口道路垮塌修复等抢险工作。

加强国庆节中秋节旅游黄金周的安保工作,保障高峰期游客安全。公司员工104人全部在岗,另临时聘请110名村干、协管,82名龙胜县保安公司保安协助公司工作。黄金周8天共接待游客11.52万人,未发生一例安全责任事故。

启用龙脊大循环路紧急应急通道,景区内二龙桥—大寨实行单向通行的交通管制,在10月2日至7日游客高峰期,共有5072辆车从龙脊大循环紧急应急通道疏散,保障了景区内交通通畅。

【增收节支创效益】 2017年年初,对相关经济责任指标按月进行分解,制订成本核算方案,严格控制非生产性成本及费用支出。由于2017年气温偏低,稻谷晚熟,公司与各村寨协商在国庆中秋节后延迟一周收割稻谷,稻田景象壮观,使游客错开国庆节拥堵,再创造一个黄金周,10月9日—15日共接待游客66793人,同期比增加90.22%。

公司5月开始使用支付宝业务,年内通过微信和支付宝支付的客人6709人次,交易金额达328.78万元。

对外地出租车和滴滴打车司机执行现场返利政策,全年进入游客4012人,营业收入38.1万元,同比增长98.4%。

对当地向导、出租车、旅馆业主的散客看歌舞执行团散同价政策,同时严格控制村民私自带客人进入歌舞场看歌舞,全年黄洛歌舞收入同比增长了20.82%。

加大停车场建设,旺季调动后勤人员到一线上班,全年共收取停车费192.34万元,与上年同期增长40.82%。加强景区门票款的及时回笼,全年应收账款回款率达到99.09%。

【龙脊梯田品牌知名度提升】 2017年,该公司先后与国内101家新闻媒体(电视媒体有28家,影视机构26家,网络媒体21家,移动媒体12家,平面媒体有14家)深度合作宣传龙脊,投入广告、宣传费用286.46万元。当年龙脊梯田多次在央视各频道出现,其中:2017央视春节联欢晚会,成龙演唱的《国家》舞台背景的大屏幕出现龙脊梯田多个景点的画面,CCTV1《将改革进行到底》第六集《守住青山绿水》出现龙脊梯田农耕画面。央视VR春晚栏目桂林会场播出龙脊梯田和黄洛长发的全景VR画面。

CCTV1《诗词大会》、CCTV7纪录片《中国力量》《农广天地》、CCTV9《原声中国》纪录片《四季中国》、CCTV10《中国影像志》、英国BBC电视台《中国文化之旅》、国家地理影视中心《本色中国》、澳大利亚纪录片《飞越中国》、广西台十九大公益广告片等栏目到龙脊取景拍摄报道。

做好节庆活动,提高景区吸引力。2017年,该公司成功举办的节庆有:龙脊三月三长发节、龙脊开耕节、龙脊梳秧节、六月六晒衣节、闰六月晒衣节、龙脊金秋旅游文化节暨小寨旅游开寨、龙脊梯田国际越野挑战赛。

在广东广州、深圳、佛山、江门、中山、花都、湖南怀化、永州、邵阳等地公交车,投放龙脊梯田车体广告。在桂林到广州高速路贺州路段投放大型户外广告牌。广东市场同比增长15%,湖南市场同比增长32.13%。

为分散国庆黄金周的客流,9月份针对柳州、桂林、湖南市场执行半价政策,通过最新最快的传播方式——微信公众号和各地大型微信群发布,效果显著,9月接待游客13.48万人。

【基础设施建设】 2017年,龙胜景区基础设施建设主要是:大寨壮界观景台及旅游公厕、大寨千层天梯观景长廊及休息长廊、大寨千层天梯观景台步行道、大寨停车场至壮界公路硬化、大寨壮界停车场公厕、大寨停车场至壮界公路排水沟、大寨壮界停车场车位线制作、大寨停车场至壮界公路水毁修复、田头寨西山韶乐休息楼工程及观景台旅游公厕、田头寨岩岭包观景平台、田头寨观景长廊及旅游公厕、大寨田头寨塘田面休息长廊及观景台、大寨新寨坳崽河停车场、大寨新寨井水河停车场、大寨新寨钢架停车场、大寨新寨停车场公厕、大寨新寨至新寨桥公路硬化、龙脊古壮寨栈道维修。

【梯田景观维护】 2017年龙胜4个核心观景区修复梯田共计9.33公顷,修复梯田大小塌方1100处,修整水沟5000米,清除田中杉树1000棵、芋头100株,共计修复费用111.92万元。在平安亮化梯田6公顷,营造水满田畴的梯田美景。

【员工培训】 2017年年初,公司成立人力资源部,根据公司实际情况修改《员工手册》,并对全员进行新《员工手册》培训和考核;6月对景区英语中、初级进行考核,对达到标准的员工给予英语补贴奖励;9月对全体员工进行实事政治、景区知识及周边旅游常识的普及和考试;12月聘请桂林旅游高等技术学校教授对公司的全体员工进行礼貌礼仪和服务意识的培训并考核。通过考核与绩效工资挂钩的方式,调动了员工学习的积极性,提高了员工的服务质量。 （蒙　进）

桂林龙胜温泉旅游有限责任公司

【概况】 桂林龙胜温泉旅游有限责任公司是桂林旅游股份有限公司的控股子公司,正式成立于2006年4月,属桂林大型旅游企业之一。主要经营龙胜温泉景区及龙胜温泉度假中心,包括度假酒店、餐饮、温泉泉池、SPA水疗、观光旅游等项目,是集度假、休闲、健身、康体、娱乐、美食等为一体的国内中高端旅游度假区,将民族特色和自然风光相结合的新一代绿色生态旅游产品。公司以"负责、协作、学习、求实、创新、超越"为企业精神,以"高、快、严、实"为企业作风,以"守法经营,诚信为本,服务社会"为最高准则,以"致力于提供高品质的旅游服务,努力成为游客满意、社会尊重,最有价值的旅游企业"为历史使命,以"用真情服务游客,为社会创造价值"为企业口号,创建现代化的新型旅游企业。

2017年,公司共接待游客16.07万人次,完成年计划的98.11%,比上年同期增长6.15%;营业收入3105.16万元,完成年计划的91.06%,比上年同期增长2.07%。

【市场营销】 境外市场销售情况:在境外一级市场韩国、台湾、东南亚等区域,客源销售方面主要与桂林专门从事上述市场的对接的旅行社通过联合广告宣传、给予相对灵活的批量优惠价格等方式进行合作。2017年在韩国市场大幅下降的不利情况下,运用包机及直航航班班次增长的条件积极引进了部分印度尼西亚团队,在一定程度上弥补了韩国市场下滑的不利影响。

国内中长距离市场销售情况:主要加强了对华东、华北市场的促销力度,增进了与上海春秋、金天下、南北假日、和顺、华夏等旅行社及其所驻华东、华北各办事处的深度合作,以共同进行同业广告宣传的方式进行景区、线路的推广。同时与浙江中青旅等当地有实力的组团社达成直采协议，有效的保障上海、江苏、浙江、北京等省市进入的客源量保持稳定增长。

周边近距离市场销售情况：桂林本地、广西区内、湖南、广东等市场；针对性地策划实施“金鸡贺新禧，温泉乐团圆”“诗意温泉，探春之旅”“温泉花瓣节”“冰火两重天——森林温泉冰爽漂流季”等12个主题活动，每个活动均取得一定的效果；推出与温泉周边的民族村寨以及天然森林氧吧等项目打包的组合产品，进行户外广告及电视、电台、报刊等媒体的多面宣传，巩固了市场占有率，保持客源量的稳定增长；利用贵广高铁的便利交通条件，与相关地区旅游社共同进行报刊等多渠道的媒体收客宣传，通过开展活动成功引入部分高铁系列团队，促进客源量的大幅增长。

电子商务销售方面：与杭州肥猫网络合作调整龙胜温泉的天猫旗舰店，同时扩充部分新产品与线路，并积极拓展分销渠道，新增抠游网、南部假期网等网络分销商8家。加强和完善公司官方微信和官方网站的建设，不断美化和更新网页资料，积极建立与携程、美团等国内知名专业旅游网站和旅行社电子商务平台的深度合作，多渠道进行与周边产品组合打包开展团购与自由行活动，增强公司产品的多样性与吸引力。1—12月网络电子商务平台共下客2.59万人次，比去年增长22.40%。

【强化内部管理】 开源节流、增收节支。2017年，国内物价指数仍居高不下，导致人工、物料成本持续上升，直接增加了公司运营成本。公司注意成本的节约，尽量做到能修好绝不换新。全年耗电量147.87万度，比上年同期下降1.04%，耗水量3.6万吨比上年同期下降42.57%；耗油量31.8万升比上年同期下降0.25%。维修费35.2万元比上年同期上升1.16%。

加强教育培训，强化员工队伍素质。年初与各部门签订服务质量目标责任书9份，各部门与领班、员工层层签订责任书282份。加强培训，提升业务技能，做好服务质量培训工作：按照2017年的服务质量管理计划及培训计划，结合公司及各部门的培训需求，服务质量管理部门对每一位新入职的员工进行了公司企业文化、公司概况、职业道德、岗位操作程序等内容的培训教育，经考核合格后，方可上岗；针对重大节假日进行节前动员和培训，以实现员工对本岗位工作的实际需求；同时对在服务宾客中发现的不足及过失的问题加以培训，达到提示及防止同样的问题发生，1—12月份公司一共培训108次，参加培训的员工达2046人次，培训时间190课时，培训费用共1900元，其中新员工培训2次，共培训新员工14人。

服务质量小组成员坚持日检、月检，主要对台账仪容仪表、服务积极性、服务意识、设施设备等相关内容的服务质量工作进行检查。全年共进行210余次检查，对存在的问题采取现场处理解决、下整改通知单等形式，并对整改情况进行跟踪解决；在每月的服务质量例会上对各部门的台账考核得分情况及检查中发现的问题整改情况进行公布。

通过全体员工的努力，温泉中心酒店网络评分从3.9分提高到了4.1分，SPA宾馆、金泉山庄网络评分从3.8分提高到了4.0分。

加强监督检查，狠抓设备保养及固定资产管理：通过全体员工的共同努力，工程人员认真做好各设备的维护保养，有效保证了酒店设施设备的安全正常运行，确保了酒店水电气能源的正常供给：

全年工程部共抢修管道漏水故障20多处，维修更换各种阀门80多只，更换各种灯泡、灯管2500余支，维修各种木制品和家私400多件，更换各种管件200多个，卫生间漏水50余间，修补外围石板路面100多平方米。

对已有固定资产及金泉新酒店设备设施建立了完整的固定资产台帐、档案、统一代码的资产卡片，并严格对资产的交付使用、内部转移、外借、转让、报废、更新等均按要求办理相关手续。年内按要求开展两次固定资产盘点。

加强财务管理，保障公司收益。公司对2016年度的财务情况、报表进行了全面的审计，完成大信会计师事务所对公司的审计；针对当年新出台的财务税收法规较多，积极组织相关人员学习税收相关法律法规，保证各项会计工作严格符合税法的相关规定，降低税收风险；随着业务的增加，签单的单位、网络销售及金额也在增加，县单位部分改为由县财政统一划拨，结算款项的周期延长，网络订房及签单的增加，也加大了应收款回收的难度。对部分回款率低且支付能力弱的单位，减少签单而采取现收的方式，同时针对网络订房，尽量采取现收及收取预收款的形式，从而降低风险。

【关心职工生活】 2017年，公司加大对困难职工的帮扶力度，认真搞好调研，积极做好困难职工帮扶工作。全年共找职工谈话、家访达18人次，为15名员工争取到县总工会的“送温暖”活动(其中有2名特困职工)，工会给予困难职工每人1600元的现金(特困职工4600元)和生活物品的补助；帮助5名困难职工申请到了“金秋助学”补助，解决了困难职工子女上学难的问题；探望因生病住院和生育职工、职工家属生故老人14人次；为使员工享受国家有关政策，减轻医疗费用负担，11月公司向县总工会申请，为在职员工继续购买了职工医疗互助保障险；严格按照上级工会工作部署，全面加强职工之家建设，做到组织机构健全，建会率100%，职工入会率100%，会费收缴率100%；关心员工，关注困难家庭，在春节、中秋、六一儿童节期间为员工发放节日礼品，员工生日时给员工发放生日蛋糕卷，将组织的温暖送到员工心坎；推行平等协商、集体合同制度，维护职工合法权益。推行平等协商、集体合同制度是工会工作的“牛鼻子”。为了抓好这项工作，公司加强培训工作，对职工进行《劳动法》及集体合同等方面知识的培训。

2017年，该公司和公司工会签订《集体协商合同》《女职工权益保护专项合同书》《劳动安全卫生专项集体合同》《工资专项集体合同》，从而使职工的劳动报酬、工作时间、安全卫生得到较好的保障，企业劳动关系较稳定，企业和职工利益实现了双赢。

【安全生产】 2017年，公司安全工作开展情况：年初与司属各部门签订2017年安全生产责任状(300份)。完善安全管理档案台帐，建立健全管理档案，修订了公司相关制度。年度安全总投入42.50万元，主要投入于消防、监控、电梯、车辆维护、安全培训、各类保险等。按要求每月组织召开安全工作例会，每季度组织一次安委会会议。年内组织全体员工进行消防应急演练2次，防洪演练1次，泉池区应急救援演练1次，受训人员达到680余人次，参加培训率达100%，达到安全培训指标。由公司总经理带队每月进行一次安全大检查，安委办开展月度和日常检查，各部门实施月度检查、每日巡查，在检查中不留死角，公司上下把安全工作放在首位，发现问题及时处理，层层监管更好的把安全工作落到实处。坚持每月逢九对周边山体进行巡查，年内组织山体巡查36次，清理后山倒树6棵，清理枯树2棵，清理塌方滚石2处，并加强对泉池区后山安全防护网的维护保养，有效的防止滚石、倒树事故的发生。加强泉池区域和酒店周边安全管理工作，加强人员值班巡查力度和安全提示工作，泉池区游客晕池现象同比下降20%；蜂、蛇高峰期每天安排专人负责对泉池区及路边花草进行巡查拍打，定期洒雄黄，防止虫、蛇叮咬。加强食品卫生安全管理，完善相关食品卫生安全管理制度，实现食品卫生安全“0”事故的发生。根据厨房安全管理规定，加大厨房抽油烟系统的清洗力度和巡查力度，确保酒店厨房安全无事故发生。严格执行交通法规，在景区内设置交通限速标志，安排好人员指挥交通，保障景区道路畅通、安全、有序，每月对驾驶员进行安全教育，每半年对驾驶员进行一次考核，严格遵守交通法规，定期对车辆进行安全检查和保养，实现年度无安全责任事故发生。积极组织开展“安全生产月”活动，公司按照上级文件精神的安排部署和要求，围绕“强化红线意识、促进安全发展”的活动主题，按要求完成活动所有内容。全面加强治安保卫管理工作，加大宣传力度，提高全体职工的治安防范意识。加强人员值班管理，提升监控质量。6月和9月分别组织开展了消防灭火实操演练和消防疏散逃生演练。（尹发钧）

广西龙胜南山自然保护区管理处

【概况】 南山自然保护区位于龙胜县西北部，跨伟江、平等两乡镇，涉伟江乡甘甲村、平等镇小江村、城田村和太坪村4个村委，与湖南省城步南山牧场相邻，总面积约4666.67公顷，其中国有土地使用权面积1740公顷。南山地处东经110° 2′ 22″，北纬26° 4′ 30″，交通便利，距离桂林市区150千米，距龙胜县城65千米，到城步县城64千米。

【生态资源保护工作】 2017年，南山自然保护区管理处对辖区范围进行一次全面的资源清查工作。辖区总面积4666.67公顷。其中公益林1634公顷、商品林919.2公顷、草山1532.2公顷、水域156.4公顷、耕地322.6公顷、民宅基建土地155.60公顷、其他424.87公顷。按照权属划分为国有土地面积1740公顷，集体土地2926.67公顷。

为加强对南山的保护管理和合理开发利用，根据《中华人民共和国民族区域自治法》《中华人民共和国自然保护区条例》《风景名胜区条例》及有关法律法规，起草《广西龙胜南山保护管理条例》《南山森林管理办法》《关于规范南山景区群众新建、维修房屋的管理办法》等管理制度，报县人民政府批准。

加大了对草场开发、盗伐林木、森林病虫害防治、征占用林地和牧地、森林防火方面的工作管理力度，在重点公益林管理、巡护林制度、森林保护执法工作方面逐步推进。2017年春夏季，协同森林公安、伟江乡派出所破获1起盗窃杜鹃盗伐林木案件，协同林业局、移民局、畜牧局开展道路征占用林地排查工作1起，协同林业局开展排查非法开采硅矿石非法占用林地和牧地1起，协同森林公安在南山保护区周边及核心区设立20块保护野生动植物警示牌。同时在南山管理核心区入口处安装大型警示牌1块，在核心区内的旅游景点边、湖边、居民区边安装安全卫生等警示牌10块。加强对南山核心区内的建筑控制建设，当年，没有新建的违规建筑。

【协助南山区域项目建设】 2017年，南山自然保护区管理处加强与南山风电场关于临时用地复绿工作推进的对接工作，完成1个点的排水沟和复绿工作。对陈某、孙某阻拦南山风电场39号40号集电线路直埋电缆沟工程开工事宜开展协调工作，核实征占用土地及青苗补偿相关数据，争取做通对二人的思想工作，促使工作顺利开展。参与南山公路（南山牧场到野牛坳）征占用林地牧地的协调工作。督促南山鑫辉石材公司开展土地复绿工作，南山石材场开采后土地采用爬山虎植物复绿具有一定的效果。

【总体规划】 根据2017年9月26日自治县第12次常务会议研究决定“南山自然保护区总体规划按照旅游总体控制性规划来制定”的精神，目前已经开展南山自然保护区旅游总体控制性规划前期工作。

【辖区内周边村寨群众的关系协调】 2017年，龙胜针对辖区内甘甲村的实际情况，协调该村民族服装的工作，先后多次与该村的村干到湖南省隆回县虎形山瑶族乡考察学习瑶族服装及产业发展经验，为该村脱贫和旅游民族文化建设贡献应有力量。

【旅游资源调查和资源收集工作开展】 2017年，南山自然保护区管理处多次与旅游局、县全域旅游发展投资公司深入南山腹地开展旅游资源调查和资源收集工作，邀请县直相关单位到南山调研，按照各行业部门管理的要求与群众交流意见，构思南山未来发展的措施。（梁　雷）

房地产业·住房公积金管理

房地产业

【房产管理】 按照监管、调控、保障的工作方针，加大房地产市场管理、规范和调控力度。2017年完成房屋变更登记6宗；转移登记（包括一手商品房买卖）880宗；商品房合同备案登记216宗，总面积1.59万平方米，签约金额5070.49万元；房屋抵押贷款748宗，其中房屋在建工程抵押贷款1宗，预售商品房抵押贷款53宗，司法协助111宗，公共物业维修资金的批复使用2宗。

【商品房销售】 2017年，龙胜县商品房销售建筑面积10282平方米，同比下降45.36%。

（付佳佳）

住房公积金管理

【公积金总体运转情况】 2017年龙胜县归集额增幅放缓，提取额增幅较大，个贷率居高不下，全县公积金资金运行安全，风险控制良好。截至12月底，全县公积金余额3.77亿元，贷款余额3.26亿元，公积金银行存款余额909.43万元。当年共实现增值收益407.84万元。

【住房公积金归集情况】 2017年，龙胜县归集公积金11338.20万元，同比增长8.44%。截至年底，全县住房公积金应缴交单位218个，实缴存单位208个，应缴存职工9438人，实缴职工达到8804人。

【住房公积金提取情况】 2017年，龙胜县公积金提取7873.45万元，占当年归集额的71.27%，同比增长15.99%。

【住房公积金个人贷款情况】 2017年，龙胜县发放公积金个人住房贷款10769.6万元，同比增长172.52%；全年发放贷款435户，同比增长154.39%。个人贷余额32584.22万元。全县住房公积金个贷逾期率为0.551‰（低于自治区监管处0.6‰的要求）。

【办理公积金全国异地转移】 2017年，龙胜根据住建部统一安排，从7月1日起启用全国住房公积金异地转移接续平台办理职工异地调动的住房公积金转移业务，在提高工作效率的同时极大的方便了群众，节约了职工来回奔波办理业务的时间和经济成本。

【企业减负政策落实】 2017年，龙胜县住房公积金管理中心按照自治区降成本41条文件第十九点“降低企业缴纳住房公积金成本”的工作要求，指导企业结合自身经济效益状况，在单位开立公积金账户时自主选择缴存比例5%~12%，对已开户缴存公积金但经营困难的企业经审核报批后，可以降低缴存比例或者缓缴，缴存下限为5%。

（杨柳香）

经济管理与监督

2017 年 4 月，食品安全执法人员在进行食品安全法规宣传　　（县新闻中心　供稿）

国土资源管理

【概况】 2017年,龙胜各族自治县国土资源局(简称县国土局)内设办公室、财务室、人教股、规划耕保股、利用股、矿产开发管理股、政策法规股、地籍测绘管理股、行政审批办、行政监察室、信息中心、土地储备中心12个职能股室,下设6个直属事业单位,全局在职干部职工共63人,其中局长1人、副局长2人。

【土地供应】 2017年,龙胜县共供各类国有建设用地73宗,其中:出让土地68宗,面积2.22公顷,出让土地中按招拍挂方式供地的用地10宗,按协议方式出让58宗,总计收取土地出让金1726.01万元;划拨5宗,面积0.16公顷。实施建设用地批后监管巡查145宗,办理龙胜百亿公司洛角湾1宗用地延期开工手续。

【执法监察工作】 2017年,龙胜县共查处土地、矿产违法案件27件。其中矿产3件,下发《责令停止违法开采矿产资源通知书》3份,3件属于轻微,非立案查处整改到位。土地违法案件24件,下发《责令停止土地违法行为通知书》24件,其中10件自行消除违法状态,非立案查处整改到位;立案14件,查处14件,发出《行政处罚决定书》14份,结案12件,处罚没款收入共计14.08万元。对国土部印发龙胜2016年度126个土地矿产卫片凝似图斑进行核查判定,经查,判定疑似违法图斑14个,总面积1.18公顷,耕地面积0.61公顷,合法图斑25个,监测面积15.73公顷,耕地面积20.38公顷,设施农用地15个,监测面积1.98公顷,占用耕地面积0.95公顷。临时用地67个,监测面积45.93公顷,占用耕地16.89公顷。伪变化5个,监测面积1.42公顷,占用耕地1.23公顷。立案查处12件,下发处理决定12个,查处结案12件,没收钢架棚及工棚0.95万平方米,落实罚款13.13万元。

【矿业权核查工作】 2017年,全县共有过期采矿权12宗,并对其进行逐一的核查。其中三门镇界木山大理石矿、三门镇龙家湾大理石矿、三门镇岩山湾滑石矿、三门镇翁古河口大理石矿、龙胜镇庙边大理石矿、三门镇大地滑石矿等6宗过期采矿权未在许可证有效期内提出申请且未作出说明,根据《国土资源部关于进一步完善采矿权登记管理有关问题的通知》规定,采矿权均已经失效,已经按照非申请注销的程序进行了公示,并已经在全国矿业权统一配号系统中进行备案注销。

【地质灾害防治】 2017年,龙胜县境内共有地质灾害隐患点30个,分布在全县10个乡镇的27个村委会。4月21日,在马堤乡牛头组举办地灾害应急演练,演练持续约1个半小时,整个演练过程组织严密、衔接合理、严肃认真紧张、井然有序,

2017年6月,县国土局工作人员在滨江公园开展全国土地日宣传活动 (县国土局 供稿)

取得很好的示范效果，达到演练预期目的。当年发放地质灾害防灾避险明白卡255份，积极配合泗水乡人民政府做好泗水寨陇组地质灾害避险工程，并于5月完工。完成江底温泉危岩治理、平街和平2处滑坡治理的竣工验收、龙胜县中医院滑坡治理评审招标工作、三门镇小学地质灾害治理招标工作、龙胜镇城南滑坡治理工程2、3号坡土方的评审、及挂网招标工作。

【土地整治项目验收】 龙脊镇大寨、小寨、中禄村等3个村土地整治项目于2011年9月23日开工建设，2014年10月14日已通过桂林市国土局组织的竣工验收工作，2017年2月已提交县审计局进行财务决算工作。泗水乡细门村土地整治项目实施规模369.64公顷，项目于2012年10月29日开工建设，2017年5月2日提交县财政局进行工程结算审核。工程结算审核已经完成，已完工并通过市局竣工验收。

【土地开垦】 三门镇双朗村、洪寨村等13个土地开垦项目，2017年正在施工阶段，水利工程量已完成90%，土地平整工程量已完成80%，施工单位第一次变更材料5月22日桂林市国土局已批复，施工单位组织第二次变更材料。伟江乡土地开垦项目、三门镇土地开垦项目等2个不稳定开垦项目6月17日得到桂林市国土局确认批复，新增耕地51.43公顷（其中新增八等水田17.20公顷、九等水田0.89公顷、九等旱地24.05公顷、十等旱地9.29公顷）。

【信访接待】 2017年，龙胜县来信来访共计35件。其中，来信16件，办结了16件（自办12件；县信访局转办4件，龙胜县纪委转办1件）；来访19次76人（含集体来访3次14人）。

【土地储备】 2017年，龙胜县完成了龙脊大道片区出让等3个商业用地的收储工作、两个居住片区的收储工作。完成了龙脊镇龙脊古壮寨生态农业旅游项目建设用地的收储工作。完成龙胜镇北岸新区长田路住宅用地的收储工作。无偿收回平等人民政府国有建设用地、伟江市场、瓢里市场、三门镇政府招待所。

【用地审批情况】 2017年，龙胜县完成第一、第二批次城市建设用地农用地转用和土地征收报批工作，用地总面积19.49公顷，该两个批次项目均已取得自治区批复。组织上报龙胜县龙脊梯田风景名胜区大循环公路工程、龙胜九九山泉水业基地项目两个单独选项项目的农用地转用和土地征收工作，项目用地面积27.8公顷，已通过市局审查，市政府请示文出来后，上报区厅审批。完成龙胜县大青山生态牧业有限公司养殖场等9个设施农业地审批工作，总面积4.54公顷，并按要求完成备案手续。

【信息公开】 2017年，在该局门户网站、自治区信息公开平台、县政府门户网站同步公开各类信息99条，其中：该局各类新闻39条，招拍挂公告6条，不动产登记公告14条，规范性文件2条，其他各类公告38条，并按时公开财政预决算等重点信息。配合其他股室完成县南山风电场（二期）项目用地、龙脊风景名胜区观光车道及星级宾馆用地勘测定界测量及测定界图制作，共绘制勘测定界27件，同时制作其他招拍挂用地批次来源图件2件。并根据局办的安排，开展信息化培训1次。

（范琳琳）

物价管理

【概况】 2017年，龙胜各族自治县物价局（简称县物价局）为进一步加强收费公示及收费行为事中事后监管工作，在上年公布龙胜行政事业性收费目录和政府定价经营性收费目录的基础上，根据国家、自治区价格主管部门2017年新出台文件的相关规定，重新修订龙胜《行政事业性收费目录清单》和《政府定价经营性收费目录清单》并在门户网站上公布。根据上级价格主管部门政策要求，调整全县公立医院医疗服务价格和病房床位费；根据龙胜实际，经自治县人民政府同意，调整县城路内机动车停放服务收费标准。

【收费管理】 2017年，县物价局根据自治区财政厅、物价局《转发财政部国家发展和改革委关于清理规范一批行政事业性收费有关政策的通知》《关于取消部分地方设立的行政事业性收费项目的通知》等有关文件精神，取消机动车抵押登记费、房屋转让手续费、白蚁防治费、预防性体检费、非刑事案件财物价格鉴定费和统计人员从业资格认定考试费。停征婚姻登记费、收养登记费、河道采砂管理费和卫生检测费。

【价格管理】 2017年，在龙胜县城区路内停车停放服务收费从2016年起试运行，根据一年来的运行情况，经县人民政府同意，调整县城路内机动车停放服务收费标准：各种摩托车、助力车、电单车每次每辆1元；小型车第1小时内，每15分钟1元，第1小时后，每30分钟1.5元，每天最高不超过30元。

【价格服务】 2017年，县物价局认真做好价格认定工作，坚持客观、公正、合法、科学、及时的原则，准确认定价格，为司法、政府部门办理相关刑事、行政案件提供详实可靠的价格依据。全年受理价格认定案件74件，价格认定总金额164万元。

（蒙勇君）

工商行政管理·质量技术监督工作

【概况】 据龙胜各族自治县人民政府办公室2015年12月31日印发的文件，设立龙胜各族自治县工商行政管理和质量技术监督局（简称县工商质监局），为自治县人民政府工作部门，不再保留龙胜各族自治县工商行政管理局、龙胜各族自治县质量技术监督局（简称县工商质监局）。2017年，县工商质监局内设办公室、法规与行政执法督察股、特种设备安全监察股、反不正当竞争执法与商标广告监督管理股、消费者权益保护股、市场与合同规范管理股、企业与个体私营经济监督管理股、人事股、财务股、产品质量监督管理股、标准计量管理股、“12315”消费者申诉举报中心、行政审批办公室13个机构。另设立经济检查大队和机关党支部。下辖计量检定测试所，产品质量检验所，城区、龙脊、泗水、江底、马堤、三门、瓢里、平等、乐江9个工商所，全局在编在职人员48人（含工勤人员2人），其中党员30人。

【商事制度改革工作】 2017年，县工商质监局优化窗口登记流程，大力支持市场主体的发展。截至年底，全县新增企业127户，期末实有注册登记企业1362户，新增注册资金13.7亿元，期末实有注册资金47.7亿元，新增从业人员381人，期末实有从业人员7564人；新增农民专业合作社57户，期末实有农民专业合作社340户，新增注册资金5761.72万元，期末实有注册资金3.24亿元，新增从业人数447人，期末实有从业人员2729人；新增个体工商户897户，期末实有个体工商户6739户，新增注册资金1.44亿元，期末实有注册资金5.87亿元，新增从业人数1881人，期末实有从业人员13656人。

截至6月28日，企业年报1123户，年报率86.92%；农民专业合作社已报249户，年报率86.76%；个体工商户已报4319户，年报率71.22%，均超额完成工作目标。

【行政执法】 2017年，县工商质监局严格规范行政执法机制，不断提高依法行政能力，严厉查处各类案件，进一步推动商标保护和广告监管，努力营造公平竞争的市场环境。共办结案件34件，分别为简易程序案件19件，一般程序案件15件。其中：销售不符合强制性标准的产品案2件，商标侵权案1件，产品质量不合格案件1件，不正当竞争案2件，违反《特种设备安全法》案1件。上缴财政罚没款共计15.12万元。

加强农资市场监管。深入开展“2017年度红盾护农”行动工作。紧紧围绕稳粮、增收、强基础、重民生，落实各项强农惠农政策。创新红盾护农机制，服务农村改革发展，严厉查处制售假冒伪劣农资等坑农害农行为，确保农民用上放心农资，维护农民的合法权益，为全县农业生产做好保驾护航工作，共出动执法人员22人次，车辆8台次，检查农资经营户42户，开展农资抽检两个批次，16个品种，其中2个品种不合格，该局依法进行处罚，处罚金2.1万元。

加强定期检验工作。全年共出动执法人员186人次、执法车辆65台次、检查各类型企业54户、共抽检产品22批次，抽取样品45个。分别为车用柴油4批次，车用润滑油1批次，建材11批次，石油液化气2批次，农资4批次。

加强专项执法监督。开展各项专项监督检查，坚决查处无照经营行为。通过专项整治与日常监管相结合，保持执法监督高压态势；通过法规宣传与行政指导相结合，强化经营者诚信经营理念；通过主动出击与部门联动相结合，形成齐抓共管的监督执法工作格局；通过组织开展商场、超市、重点市场以及城乡结合部重点检查、重点消费领域专项行动、儿童用品市场专项检查、服装市场专项检查等行动，坚决查处无照经营行为，规范市场经营秩序，保障消费安全。共出动执法人员248人次，出动执法车辆65台次，检查各类市场店铺610户次。

加强商标广告合同监管。办理商标查询14件，引导申请注册商标3件，为企业办理动产抵押登记20件，抵押物价值2.23亿元，担保债权额8046万元。

积极应对突发事件。在县委、县人民政府领导下积极应对突发事件，维护市场稳定和人民群众生命财产安全。做好了H7N9禽流感疫情防控工作，该局主要从思想重视、加强宣传力度、责任分工明确、监管制度化4个方面开展工作，取得了良好的效果。共进行了3轮H7N9专项市场大检查，出动执法人员57人次、车辆21台次，张贴宣传海报50张，发放宣传资料650余份、进销货台账41本、预防告知书57份。

开展了校外午托机构安全隐患问题专项治理工作。通过摸查掌握了全县10个校外午托机构的基本情况，联合教育局、消防大队、食药监局等部门，加强了对校外午托机构的整治工作。

【特种设备安全监察】 2017年，县工商质监局及时更新、完善特种设备数据库，认真履行特种设备安全监察工作的各项职责，较好地完成了年初制定的各项指标任务，实现了全年特种设备零事故的工作目标。全年，辖区内特种设备使用单位175家，设备总数345台，其中，在用锅炉12台、压力容器70台、电梯159台、起重设备96台、厂机6台、索道2台。全年共出动执法人员437人次，车辆61台次，共检查特种设备使用单位102家，检查特种设备189台，发现安全隐患48处，下达《监察指令书》57份，督促全部完成整改。

【质量兴县工作】 2017年，县工商质监局继续深入实施“质量兴县”战略，制定2017年质量兴县工作计划，明确各成员单位年度工作任务。

对辖区内规模以上企业进行调研，摸清其采用国际标准和国外先进标准情况，向企业宣传采用先进标准的重要性。帮扶指导龙胜各族自治县滑石矿有限公司开展广西名牌产品申报工作。

加强认证认可监督管理。对辖区内规模以上工业企业进行调查，完善企业档案，摸清获得质量管理体系认证企业底数，辖区内通过质量管理体系认证的企业共2家,通过计量认证企事单位共5家。

【诚信计量工作】 2017年,县工商质监局全年共计检定计量器具21473台件,完成全年的强制检定任务。当年共检定加油机136台次,加油机调修68台;检定衡器305台;检定天平24台;电能表检定2.1万个;检定混凝土搅拌站6台;检定砝码2套。

【消费者权益保护】 2017年,县工商质监局组织开展2017年度"3·15"国际消费者权益日活动。3.15期间,该局组织开展形式多样的宣传,联合县公安局、县食药监局等8个部门在龙胜县民族广场开展2017年度"国际消费者权益日"纪念活动,活动紧紧围绕"网络诚信,消费无忧"主题有序进行。同时举办假冒伪劣商品销毁启动仪式,组织各成员单位将查获的一批假冒伪劣商品于活动当日集中销毁。共出动宣传车8台次,出动宣传人员38人次,制作法律法规有奖问答题700题,发放宣传材料2000多份,接待消费者咨询380人次,展出宣传板报18块,参观群众达1300人。

解决投诉纠纷。充分发挥"12315"申诉举报电话的职能作用,认真受理消费者投诉,共接到投诉电话和书面投诉材料12起,均成功调节,为消费者挽回经济损失14136元。把消费纠纷化解在萌芽状态,依法维权,构建和谐消费环境。

将"12315""五进"功能拓展到景区。该局执法人员走进龙脊景区,向景区居民、景区个体户、来往游客发放和宣讲《中华人民共和国消费者权益保护法》。执法人员紧紧围绕"网络诚信,消费无忧"这一主题并结合近年来景区内出现的各种消费纠纷案例,提醒游客在外游玩的同时要提高自身消费维权意识,注意各类消费陷阱,在发生纠纷后要懂得运用合理、有效的维权途径维护自身合法权益。共咨询讲解300余人次,发放各类材料1000余份。

【党建工作】 2017年,县工商质监局组织开展中共十八届六中全会暨自治区第十一次党代会精神专题学习活动;完成全面落实中共十九大精神的宣传、学习、贯彻任务;完成龙胜县工商质监局党支部换届选举工作;完成推选2017年入党积极分子工作;核查在职、离退休党员档案,完成党组织和党员信息采集工作,夯实党建工作基础。

【非公有制企业党建工作】 2017年,龙胜县非公有制企业党建工作,做到对辖区内"小个专"数量、分布摸清底数;对辖区内"小个专"党组织设置情况、党员数量及党组织作用发挥情况清楚;对"小个专"出资人对党建工作的态度和意见清楚。全县非公党建组织共有31个,单独组建18个,联合组建13个;正式党员有313人,流动党员92人;联合组建的13个非公党组织含有"小个专"党员68名;有非公党建工作联系点10个,其中小微企业5个,个体工商户4个,有限公司1个。

【党风廉政建设工作】 2017年,县工商质监局党组将党风廉政建设和反腐败工作纳入重要议事日程,开展党风廉政宣传教育,加大案件查办力度,纠正损害群众利益不正之风,开展执法监察,落实党风廉政建设责任制方面的任务。全年共开展各种检查5次,重点是检查执行中央"八项规定",上下班制度,着装制度等,对出现苗头问题或轻微违纪的,不纵容、不姑息、不迁就,把全面从严执纪体现在日常监督管理中,发现违纪苗头及时跟进、严肃处理。

【扶贫攻坚工作】 2017年,县工商质监局有龙胜镇上孟村、乐江乡石京村两个帮扶联系村,龙胜镇勒黄村有帮扶联系贫困户,全局共有48名干部职工与83户贫困户进行结对帮扶。全年共投入扶贫资金10.29万元,用于通组路道路硬化、村级文化楼建设、精准扶贫协理员工作经费、慰问联系村、慰问贫困户以及慰问上孟村大坪塘受火灾群众。同时,该局发挥纽带作用使企业积极参与扶贫工作,有县内外3家企业对乐江乡石京村3户贫困户捐赠9000元。 (白桂秀)

审计工作

【概况】 2017年末，龙胜各族自治县审计局(以下简称县审计局)人员编制13人(行政编制6人，后勤服务聘用人员编制1人，参照公务员管理事业编制6人)，实有14人(行政编制8人，后勤服务聘用人员编制1人，参照公务员管理事业编制5人)。局长1名，副局长2名，设有办公室、固定资产投资审计股、经济责任审计股、行政企事业审计股、政府投资审计办公室等二层机构。

全年县审计局查出问题金额7165.59万元，其中违规金额2774.37万元，管理不规范资金4391.22万元。完成非计划内的固定资产投资审计项目36个，送审计金额8954.39万元，核减金额919.33万元，核减率为10.27%。报送审计工作信息36篇，(桂林市审计网采用31篇、法治龙胜采用10篇、龙胜新闻采用1篇)，调研论文5篇(1篇获广西审计管理专题研讨论文评比优胜奖)。主动公开政务信息53条，并加大审计公告力度。审计工作在严肃财经法纪、推进依法行政、维护群众利益、促进廉政建设等方面发挥积极作用，向县纪律检查委员会移送3条线索，为党委、政府加强宏观经济调控提供决策依据等方面发挥了积极的作用。

当年，县审计局实施的龙广滑石开发股份有限公司2015年度资产负债损益审计项目获表彰项目、编写“巧用AO查问题——某股份有限公司审计AO应用实例”获桂林市审计系统计算机审计成果评比三等奖、2016年度县绩效考评一等奖、2016年度绩效考评综合进步单位。朱胜坚获桂林市审计机关“内部管理行家里手”、赖源峰获桂林市审计机关“计算机应用强手”。

【审计监督职责依法履行】 2017年，县审计局进一步规范审计行为，实行“阳光审计”，按时按质完成权责清单及行政权力事项实施清单工作，规范审计工作流程。

行政企事业类　全年县审计局完成行政企事业类审计项目6个(包括：稳增长促改革调结、惠民生防风险政策措施落实情况跟踪审计；对龙胜县本级2016年度预算执行及其他财政收支审计；对龙胜县2013年至2016年新型农村合作医疗(含大病保险资金)基金政策制度落实和改革措施推进情况以及基金筹集管理使用情况审计；配合市审计局完成永福县2016年保障性安居工程跟踪审计专项审计；2016年度种苗补助资金调查；龙胜县第二次全国地名普查工作资金使用情况专项审计调查)。查出主要问题金额资金2764.19万元，其中违规金额2717.23万元，管理不规范46.96万元，向县纪委移送线索1条，出具4份审计报告(调查报告)及4个季度的跟踪情况报告。

2017年10月，县审计局工作人员在平等镇开展审计工作

(县审计局　供稿)

领导干部经济责任审计类　全年，县审计局共完成了3个单位3位主要领导干部经济责任审计，共查出被审计对象任职期间单位主要问题金额4401.4万元。其中，违规金额57.14万元，管理不规范金额4344.26万元，向县纪委移送线索2条，提出整改意见和建议12条，上报审计结果报告3篇。

固定投资审计类　全年县审计局完成计划内固定资产投资审计项目2个（龙胜县委党校教学综合楼工程竣工决算审计、龙胜县龙胜中学教学综合楼工程竣工决算审计）；非计划内固定资产投资项目审计36个，送审计金额8954.39万元，核减金额919.33万元，核减率为10.27%。

自然资源环保审计类　2017年按照中共中央办公厅、国务院办公厅《开展领导干部自然资源资产离任审计试点方案》及自治区审计厅开展资源环境项目审计工作安排，县审计局对中共龙胜县三门镇党委、龙胜县三门镇人民政府2014年至2017年3月，书记、镇长关于土地方面自然资源资产审计，出具审计意见书。

【审计队伍建设】 2017年，县审计局注重抓好全体职工的学习培训，同时做好“老带新”工作：全年参加区审计厅及桂林市审计局举办各类培训班及学习26期次，培训审计人员59人次。

【其他工作】 2017年，县审计局发挥后盾单位的作用，自精准扶贫工作开展以来，审计局作为龙胜镇平野村的后盾单位，着力从产业、基础设施给予倾力帮扶，共投入12万元用于帮扶联系的平野村建设：基础设施4万元、产业扶持3万元、慰问2.45万元、村务党建经费2万元及其他0.55万元。全年，县审计局联系帮扶的贫困户均完成了脱贫任务。（陈晓珂）

统计工作

【概况】 2017年，龙胜各族自治县统计局（简称县统计局）内设办公室、综合核算股、工交能源统计股、服务业统计股（挂社会科技人口统计股牌子）、农村统计股、政策法规股（挂贸易外经统计股牌子）、固定资产投资统计股7个职能股室。下属事业单位2个，即龙胜县城乡社会经济调查队和龙胜县普查调查中心。有行政编制8名，参公事业编制6名，人员控制数1名，在职工作人员15名。

【农业普查】 2017年，统计局召开农业普查入户登记工作进度推进会，并联合县、林业局、水产畜牧兽医局、农业局和乡镇的有关人员对入户的情况进行分析，以及对以后的工作进行了安排部署，确保按时按量的完成好入户登记工作。截至2月底，对全县3万多户、1千多个单位进行普查，入

2017年2月，县统计局工作人员下乡开展农业普查

（县统计局　供稿）

户登记工作完成。从3月开始对审核错误进行核实及改正，对汇总数据也进行了审核，特别是一些异常值的审核，8月审核验收工作全部完成。

【统计业务培训】 2017年，县统计局组织全局干部职工分两批参加桂林市统计局在广西财经学院举办的全市统计系统业务技能提升培训班，同时，各专业分别参加区、市统计局举办的各种业务培训班。县统计局还在上半年和年底组织了两次对全县22家规模工业、20家限额以上贸易企业及大个体、10个乡镇统计人员的专业业务培训，并在年底组织全县180个单位进行劳动工资统计业务培训。培训主要针对联网直报企业的数据上报、平台操作、台帐建立、统计法律法规知识以及相关统计业务等内容进行讲解，对乡镇统计人员住户调查帐页审核、农业报表以及农村农业基层基础统计数据质量检查等业务进行培训。通过培训进一步加强与企业、乡镇统计人员的沟通，进一步加强基层统计人员业务能力，进一步掌握基层统计人员及统计数据状况，进一步加强基层统计数据衔接以及部门沟通。

【统计基层基础建设】 2017年，县统计局继续将统计工作列入对县直和乡镇绩效考核指标体系当中，结合《广西乡镇（街道）统计工作规范化考核办法（试行）》设置乡镇绩效考核指标，不断完善指标设置合理性。联合县工业和信息商贸局，按照《桂林市规模工业企业统计工作规范》要求对全县规模工业企业统计台账和归档管理工作进行检查。组织企业和乡镇统计人员报名参加统计初、中、高级专业技术职称考试，提高统计人员业务技能和水平。结合自治区开展的统计基层基础工作规范化建设考核工作，深入乡镇实地检查乡镇统计站规范化建设情况，并向桂林市统计局推荐统计工作达到“优秀”等次的乡镇。

【脱贫攻坚工作】 2017年，县统计局开展帮扶联系村贫困户脱贫攻坚工作。全年多次组织全局干部职工深入帮扶联系村一对一开展脱贫帮扶工作，宣传扶贫政策，积极扶持贫困户发展产业。按照“八有一超”脱贫标准开展脱贫“双认定”工作。联系村全村33户贫困户“一户一档”材料整理完整，全年共有25户贫困户脱贫。 （黄程颖）

食品药品监督管理

【概况】 2017年，龙胜各族自治县食品药品监督管理局（简称县食药监管局）内设机构11个，分别为办公室（新闻宣传股）、综合协调股（应急管理股）、行政审批股、政策法规股、食品生产监管股、食品流通监管股、食品餐饮监管股、药品综合监管股、药品流通监管股、保健食品化妆品监管股和财务股。下设二层机构4个，即县食品药品稽查大队、县食品检验检测中心、县食品药品投诉举报中心、以及县药品不良反应监测中心。在职人员53人。年内，结合日常监督检查与各类专项整治，确保了全县人民群众饮食用药安全，全年未发生重大食品药品安全事故。

【食品安全监管】 2017年，县食药监管局坚持对生产企业进行高频次巡查，对产品开展常态化抽检，全年共对全县15家企业、54家小作坊进行抽检，抽检产品160批次，经检验合格的127批次，不合格33批次，合格率为79.3%。检查生产企业及食品加工小作坊90家次，出动执法人员232人次，有力保障生产环节食品安全。当年，严把食品入市质量关，规范主体资格，加强对食品经营者自律制度落实情况的监督。开展食品销售质量安全“十百千万”示范工程建设工作。全县创建食品安全示范农贸市场1家，食品安全示范店30家。全年食品销售环节共快速检测食品及食用农产品958批次，其中3个批次不合格，检测合格率为99.6%，抽检食用农产品样品204批次，合格率为100%。重点开展餐饮服务单位后厨大检查大整治、春季学期学校食品安全专项检查、旅游景区餐饮服务食品安全专项整治三大专项。完成餐饮环节监督抽检、专项抽检、农产品抽检共47批次，合格率100%。

【药品、医疗器械安全监管】 2017年，县食药监管局共检查药品经营和使用单位325家次，监督车辆出动146车次，执法人员678人次。检查药品辅料生产企业17家次。检查医疗器械经营企业70家次，检查医疗器械使用单位167家次。此外，药品、医疗器械方面开展村卫生室药品安全专项整治、疫苗专项检查、处方药品管理专项、打击制售假劣壮阳药品专项、医用超声仪器专项、医疗器械使用质量监督检查等共10余项专项检查，进一步保障全县药械安全。

【保健食品与化妆品安全监管】 2017年，县食药监管局针对药店、百佳汇超市等保健食品零售、批发经营企业、专营店和个体户开展日常监督检查，共检查经营者85家次。重点开展保健食品经营"蓝健行动"专项整治行动。"蓝健行动"全面检查药店、保健食品专营店、超市及批发部共64家。化妆品方面则对超市、美容美发场所、化妆品专营店等化妆品经营使用单位开展日常监督检查，全年共检查化妆品经营使用单位36家次，出动执法人员105人次。还开展了化妆品"颜色行动"专项整治行动，出动执法人员105人次，执法车辆26车次，检查35家次。完成保健食品日常监督抽检5批次，其中1个批次抽检不合格。完成化妆品专项抽检1批次，化妆品日常抽检10批次，其中化妆品专项抽检1批次不合格。对于抽检不合格的食品，已依法对相关单位立案调查。

【食品药品稽查办案】 2017年，龙胜县共结案36件，办结案件货值金额4.34万元，罚没款合计32.29万元。下达行政处罚决定书的案件信息全部在网上公开。"四品一械"抽检不合格批次产品均及时完成后处置工作。此外，完成了14起投诉举报中心受理的投诉举报处置，并将调查处置结果交投诉举报中心反馈投诉举报人。

【重大活动食品安全保障】 2017年，县食药监管局先后开展了2017年龙胜县人大会议、县政协会议、第六届龙脊梯田文化节、全县2017年度中考和高考、2017年旅游安全生产现场会、2017年伟江跳香节等重大活动食品安全保障工作30余次，出动执法人员230人次，执法车辆88台次，保障人数15000余人次。

【食品检验检测中心建设】 2017年，县食药监管局推进食品检验检测中心项目建设。项目建设占地面积170平方米，建筑面积850平方米，共6层。截至年底，食品检验检测中心实验室装修货物采购公开招标采购项目在桂林市公共资源交易中心网公告，并已与公开招标代理机构签订仪器设备政府采购项目公开招标委托代理合同。

【食品药品安全宣传】 2017年，县食药监管局坚持将宣传培训贯穿于食品药品安全监管全过程，采取多种形式大力开展食品药品安全进农村、进社区、进学校、进企业，营造人人关心食品药品安全，个个重视食品药品安全的氛围。通过"3·15"消费者权益保护日、"12331主题宣传日""安全生产月咨询日""食品安全周"等宣传活动，开展食品药品安全法律法规及食品药品安全知识宣传活动，发放宣传资料15000余份，展示宣传展板19幅次。

（申亮红）

安全生产监督管理

【概况】 龙胜各族自治县安全生产监督管理局

（简称县安监局）内设办公室（同时负责县安全生产委员会和安全生产办公室日常工作）、综合安全生产监督管理股（职业卫生监督管理股）、矿山安全生产监督管理股、危险化学品安全生产监督管理股等4个股室，行政编制5名、后勤服务聘用人员控制数1名。领导职数3名，其中：局长1名，副局长2名；下设龙胜各族自治县安全生产执法监察大队，参公编制8名；2017年有在职在编干部职工10人。

2017年龙胜县发生一起工矿商贸生产安全死亡事故，死亡1人；未发生较大以上生产安全事故和引起重大社会影响的事故。

【建立健全安全生产监督管理制度】 2017年，龙胜印发了《龙胜县安全生产监督管理局2017年安全生产监管监察和行政执法工作计划》《龙胜县2017年安全生产工作要点》《关于印发龙胜各族自治县安全生产大检查实施方案的通知》《关于开展安全生产"打非治违"专项行动的通知》等工作方案，要求各乡镇、各部门、各单位认真贯彻落实。认真落实龙胜县安全生产"党政同责、一岗双责"暂行规定和安全生产监督管理责任暂行办法。认真学习贯彻落实党中央、国务院及区市县各级领导的重要批示指示精神和《中共中央国务院关于推进安全生产领域改革发展的意见》。及时组织召开龙胜县每个季度的预防重特大事故工作会议，总结上个季度安全生产工作落实情况及安排部署下个季度安全生产工作。

【事故隐患排查治理】 2017年，龙胜县内有市级重点监督整治隐患1项，县级重点监督隐患10项，乡镇、村重点监督隐患83项。市、县各级重点监督整治隐患整改任务已全部完成。

【矿山安全生产监管工作】 2017年，龙胜对全县生产、在建和探矿的非煤矿山企业开展节后复产复工安全检查验收工作，共有20家矿山顺利通过了节后复工验收。对全县已经取得《安全生产许可证》的18家矿山企业、龙胜铅锌矿尾矿库及在建7家矿山企业进行了安全监督检查全覆盖。印发《龙胜各族自治县非煤矿山集中开展安全生产大检查工作实施方案》文件，深入矿山企业开展大检查。共计出动人员190余人次，现场检查记录49份，发现隐患130余处，下达责令限期整改指令书4份，现场处理措施决定书4份，整改复查意见书2份，行政处罚告知书5份、行政处罚决定书（单位）1份、行政处罚决定书（个人）4份、《结案审批表》1份；加大矿山处罚力度，全年共处罚企业4家，共计罚款40余万元。

【危险化学品、烟花爆竹监管工作】 2017年，县安监局对全县9家汽油加油站实行重点管控、重点排查，督查企业切实落实企业主体责任，落实各项监控措施，加强隐患排查治理，消除事故隐患，有效遏制事故发生。全年危险化学品安全生产经营例行检查、专项检查共出动检查人员46人次，对加油站检查覆盖率100%，共排除、整改安全隐患17处。制作现场检查记录34份，下达限期整改指令书12份，复查意见书12份。联合工信局、公安局、安监局、住建局、国土局、工商质监局、消防大队等部门组成联合执法工作组，对全县危险化学品领域非法生产、经营行为进行集中排查整治，排查处理非法加油点（加油机）5处，储油桶、塑料瓶散装非法点107处，有效打击违规违法生产经营活动。当年，烟花爆竹安全生产经营执法检查共出动检查人员76人次，对全县烟花爆竹批发企业执法检查覆盖率达100%，对烟花爆竹零售经营单位（点）执法检查覆盖率达94%，共排除、整改安全隐患27处，制作现场检查记录92份，下达限期整改指令书15份，复查意见书15份。

【职业卫生监管工作】 2017年，该局对推进职业卫生安全监管执法一体化和工贸行业安全标准化工作进行了研究部署。先后印发了《关于统计企业职业危害因素底数的通知》《关于印发2017年度全县职业卫生监管工作要点的通知》和《关于进一步督促企业建立职业卫生管理制度的通知》。根据自治区、市各级领导指示批示对县内木材加工、石材加工企业粉尘危害治理工作专项检查，共检查企业17家，发现隐患13处，整改13处，制作现场检查记录17份，下达限期整改指令书3份，复查意见书3份。广泛开展职业卫生宣传培训工作：卫计部门联合开展职业病防治宣传周活动，制作板报展览38个和发放宣传资料4600多份，接受群众咨询700余人次；组织辖区用人单位、汽车维护保养企业负责人、管理人共103人进行《职业病防治法》及职业如何防护职业病进行专题培训，共有28家企业176人取得了企业职业健康管理人员资格证。引导做好职业病体检和职业危害检测和评价全覆盖。全县18家矿山企业职业危害检测和评价全覆盖；邀请自治区职业病防治研究院专家到龙胜为各企业职工进行职业危害体检活动，涉及矿山、木材厂、石材厂等涉及职业危害的16家企业来体检，检查人数1248人次。加强职业健康的执法检查，职业健康的执法处罚实现零的突破。

【工贸行业监管工作】 2017年，龙胜加强工贸行业监管工作，开展工贸行业安全生产大检查和工贸行业涉粉尘爆炸企业安全专项整治工作。该局牵头联合县工信局进行为期一周的冶炼企业专项督查，共检查了冶炼企业5家，其中在生产企业1家，停产停业企业4家，下达执法文书14份，排查隐患共26处，整改26处。

安委办综合监管方面：做好每个季度的遏制重特大安全生产会议的部署。做好7—10月的安全生产大检查工作。大检查中安委成员单位和乡镇全覆盖进行自查自纠，共组织332个督查组，参加人员1944人次，检查企事业单位和场所655个，排查出事故隐患1117个，责令暂时停产整顿7家。做好迎接国务院、自治区、桂林市安全生产工作的考评和考核工作。做好行业部门安全生产的协调和监督工作。印发给相关部门的函件6份，及时的处理了相关的安全隐患；组织安委办安全生产督查组对10个乡(镇)的安全生产大检查工作开展情况和重点行业领域企业落实安全生产主体责任情况进行督导。

【安全生产宣传教育】 2017年，县安监局制定印发了《龙胜各族自治县2017年“安全生产月”活动方案》，围绕“全面落实企业安全生产主体责任”活动主题，各乡、镇组织开展形式多样的安全生产咨询日活动，如发放宣传资料，解答群众问题咨询，开展安全生产应急救援演练等。县直21个部门单位参加安全生产月咨询日活动，参加现场板报展览21版，共计发放宣传资料22700多份，接受群众咨询7300余人(次)。

印发《龙胜各族自治县宣传贯彻〈中共中央国务院关于推进安全生产领域改革发展的意见〉工作方案》的通知，成立《意见》宣贯工作领导小组。组织全县副科级以上干部进行一次安全生产知训的专题培训。同时把《意见》宣传贯彻的落实纳入年终绩效考评。

【安全生产监管执法】 2017年，县安监局共下达安全生产行政执法文书286份，其中现场检查记录197份，下达责令限期整改指令书38份，现场处理措施决定书4份，整改复查意见书36份，行政处罚告知书5份、行政处罚决定书(单位)1份、行政处罚决定书(个人)4份、《结案审批表》1份。

(刘　军)

城乡建设·市容管理·环境保护

2017 年 6 月，县住建局在县城民族广场开展建筑法规宣传活动 （县住建局　供稿）

城乡建设

【概况】 2017年，龙胜各族自治县住房和城乡建设得到发展。县住房和城乡建设局(简称县住建局)围绕城乡一体化这一主线，突出项目建设这一重点，进一步完善城乡规划，狠抓城乡基础设施建设、项目开发、保障性住房建设及农村危旧房改造、扶贫稳固住房等重点工作，积极配合新型城镇化示范县相关项目建设，县城总体规模不断扩大，基础设施不断加强，人居环境不断改善，城乡建设工作取得新进展。总验收建筑面积96892.93平方米。

全年，完成农村改厕4800户、改厨4800户。全县农村危房改造完成872户。全县农村住房总数为3.49万户，稳固住房3.45万户，C、D级房屋为321户，稳固住房率达99.07%，非稳固住房率仅0.93%，稳固住房率达到有住房保障要求。全年共分配公共租赁住房116套，完成房屋变更登记6宗；商品房合同备案登记216宗，总面积1.59万平方米，签约金额5070.49万元；房屋抵押贷款748宗，其中房屋在建工程抵押贷款1宗，预售商品房抵押贷款53宗，司法协助111宗，公共物业维修资金的批复使用2宗。

2017年7月，县住建局开展重走红军长征路活动 （县住建局　供稿）

【城乡规划】 2017年，龙胜委托上海同济规划设计研究院进行县城总体规划、县城控规、县城城市设计及县城重点地段的景观规划。经过多次方案论证，已完成县城山体公园及迎宾路的城市设计，三江六岸城市设计方案也已完成。县城总体规划已完成规划草案并通过市人民政府审查，现正报自治区人民政府审批。县城控规已完成初步成果。

严把规划关。按照规划公示要求，审查规划方案公示图40余个，出具规划设计条件30多个。严格依照法定程序，全年受理建设项目“三证一书”115项，其中建设用地规划许可证46项，建设工程规划许可证59项，乡村建设工程规划许可证4项，选址意见书6项。建设工程竣工规划条件核实证明36户，总验收建筑面积9.69万平方米。

【传统村落入选】 2017年，龙脊镇江柳村旧屋屯，龙脊镇中六村中六屯；平等镇蒙洞村，泗水乡细门屯、三门屯、岩洲屯、毛寨屯、李家屯；江底乡泥塘村半界组、江底乡围子村牛头组；马堤乡百湾村百湾组、马堤乡东升村洞背组、东寨组、木林组、马堤乡东升村秧地组、落岩组、马堤乡里市村圳头组、马堤乡马堤村大寨屯、马堤乡牛头村大寨屯；伟江乡甘甲大寨村；乐江乡乐江村、独镜村16个村落成功入选第三批广西传统村落名单，村落历史价值受到广西传统村落评委的一致好评。

【“美丽龙胜·宜居乡村”建设工作开展】 2017年龙胜县根据自治区下达的改厕、改厨目标任务，合理调配、统筹规划，对建档立卡贫困户改厕、改厨资金予以适当倾斜，全年完成农村改厕 4800 户、改厨 4800 户，有效改善农村厨房、厕所基本生活设施，提升农村群众的生活品质。

【农村危房改造】 2017 年，龙胜全县农村危房改造完成 872 户（包括建档立卡户 153 户，低保户 18 户，五保户 9 户，贫困残疾人家庭 30 户，其它贫困户 662 户），拨付资金 1891 万元。危改政策惠及全县 119 个村，有效的解决全县农村贫困群众最基本的安全住房要求，让群众在规定的时间节点内住进安全房、放心房。

当年，开展农村住房调查摸底和安全评定。全县 10 个乡镇，共有 119 个村 1600 多个村民小组，农村人口数约为 14 万人。因龙胜地理条件特殊，多为高山半高山地段，房屋分布广，交通极为不便，经乡镇人民政府、住建局和第三方机构通过为期 2 个月的农村稳固住房实地勘察、评定，将全县 3.49 万多户农村住房走访完毕，逐户做出房屋评定，并完成《农村住房安全评定报告》《农村房屋危险性评定用表》评定资料汇编。经统计，全县农村住房总数为 3.49 万户，稳固住房 3.45 万户，C、D 级房屋为 321 户，稳固住房率达 99.07%，非稳固住房率仅 0.93%，稳固住房率达到有住房保障要求。

2017 年 3 月，县住建局工作人员审核农村危房 （县住建局 供稿）

【保障性安居工程】 2017 年，龙胜县庆新路公共租赁住房项目 80 套已竣工验收，完成金龙桥公租房 1 号、2 号楼基础设施配套建设，为金龙桥小区公租房安装高清摄像头，进一步提高公租房安全。

根据《龙胜各族自治县公共租赁住房保障办法》程序要求，经过入户复核、联席会议会审、社会公示等公平公正程序，分别于 6 月和 12 月举行两次公租住房分配仪式，全年共分配公共租赁住房 116 套，其中县城公租房 64 套，瓢里公租房 10 套，龙胜中学公租房 42 套。发放租赁住房补贴 48 户，保障人口 93 人，保障金额 6.89 万元。

2017 年，计划对县城盛园路、仰寨进行棚户区改造，已完成规划设计，制定棚改实施方案、补偿方案，及棚改工作流程。11 月对盛园路棚户区改造项目进行拆迁意向调查，发布征收预告书。

【工程监督管理】 2017 年，龙胜县城范围内办理报建工程项目 39 个，发放施工许可证 36 份，建筑面积 9.44 万平方米，工程总造价 2.10 亿元。实际收取建安劳保费 418.94 万元。按时上缴自治区建安劳保办 4.18 万元、县财政 377 万元，拨付施工企业基本部分 234.5 万元。

加强建筑文明施工管理，对监理企业和施工企业专职安全员实行安全生产动态扣分管理。全年开展工地文明施工和安全检查工作 87 次，大检查 12 次，规范整理工程项目档案 36 份，印发整改通知书 47 份，印发停工通知书 17 份，下发整改意见 93 余条，查处未办理报建工程项目 2 个。全年重伤、死亡安全事故率为 0。

【建筑节能减排】 2017 年，县住建局开展节能减排宣传活动，发展推广应用新墙材。当年，县内在建工程项目已经全

2017年6月,县住建局勘查滑坡施工现场 （县住建局 供稿）

部使用页岩多孔砖。全县范围内积极推广使用非粘土烧结多孔砖,包括页岩多孔砖、煤矸石多孔砖等。不定期到工地进行建筑节能减排检查15次。

保证墙改专项基金足额征收,严格监管全县墙改专项基金的征收、核退、使用和管理。根据财政部《关于取消、调整部分政府性基金有关政策的通知》要求,自4月1日起,取消新型墙体材料专项基金。截至2017年4月,全县共收取墙改基金项目6个,建筑面积8152.6平方米,征收墙改专项基金8.15万元,返还墙改基金项目20个,返还基金67.56万元。

【建筑设计】 2017年,县住建局严格遵守法律法规及设计规范规程,对设计方案、施工图纸都要进行比较,从技术、经济、环保、安全等方面进行优化和分析择优选取,力求图纸合理、美观、适用又能紧密结合建设单位实际情况。全年完成卫计局卫生院业务用房、龙脊大道安置房、各乡镇文化楼等10个项目设计,总建筑面积约1.8万平方米。

【建筑企业】 2017年,龙胜建筑企业以“增创优势,增产增收,稳健管理,稳步发展”为主题,严抓质量安全和文明施工,确保文明施工安全生产和施工创优,在工程施工管理中,在保证创优工作的同时,时刻紧紧把住“质量安全生命线”,毫不松懈地抓好项目施工管理工作,全年3家建筑公司共完成工程产值2498.78万元,无重大安全事故发生。

【控违打非】 2017年,县住建局进一步推进全县控违打非工作,对全县当前存在的违章建筑全面核实,分类登记,对于符合规划和安全设计条件,经处罚后,予以完善和补办相关手续,逐年消化理念存量的违章建筑,对于严重影响规划的违章建筑,走完法律程序后,坚决予以强制拆除。全年查处违法建设31起,立行政案件23起,办结行政案件20起,对不符合规划要求,达不到质量要求的,严格按规定整改合格后,方可予以验收,确保了规划的实施。全年联合水电、国土、市容局共查封违法建设施工工地(桂龙路2宗),对查封的施工现场采取停水停电,查封升降机,对兴龙南路一宗违法车库进行强制拆除,一系列的统一行动,震撼了所有违法建设户,达到了教育目的,有效控制了违法建设的蔓延。

（付佳佳）

市容管理工作

【概况】 龙胜各族自治县市容管理局(简称县市容管理局)下设二层机构3个和下属企业1个(保洁公司),有干部职工210余人。主要职责:负责县城市容和环境卫生管理方面的工作;负责县城道路、排水等市政设施的建设、养护、维修和管理工作;负责县城绿化建设、保护和管理工作;负责全县燃气安全管理工作;负责县城道路照明设施的建设、维护和管理工作以及其他工作。

【市容秩序整顿】 2017年，县市容管理局加强队伍建设：开展城市管理执法队伍“强基础、转作风、树形象”专项行动；推进“徒步巡查+随机督查”工作新模式；继续推进工作督查机制，不定期抽查各执法中队片区的执法效能、执法人员的出勤情况、作风纪律等情况，落实责任制度，增强责任意识，提高执法能力。

占道经营专项整治：针对流动摊点打游击占道经营的特点，整治工作采取错时出勤、徒步巡查、机动监察，严格控制和整治中午和傍晚时段的流动占道摊点；对沿街门店占道经营进行规范管理，及时查纠，逐一整治，规范座店经营，与县城主街道各临街门店签订《市容环卫“门前三包”责任书》，签订率达100%；规范临时摊点设置，及时清理取缔流动摊点，对流动水果商贩群、苗木流动商贩群、玉石商贩群、时令水果车商贩群等4种流动商贩施划部分临时摊点，规范管理；针对学校周边摊点食品安全问题对龙胜县城古龙街、龙胜小学路口至县幼儿园路口流动摊点乱象开展集中整治，共出动人员10次，下发整改通知书5份，口头警告60次；针对县城主次干道夜市流动摊点开展了专项集中整治，印发整改通知36份，劝导和教育占道经营摊点10户；规范展销促销活动，整治店外（占道）经营，对屡教不改、屡禁不止的出店、占道经营，不定期开展集中清理整治，整治不经审批占道促销、超门槛促销现象30余起。

县城交通秩序管理：规范人行道上车辆停放，对兴龙西路摩托车销售店展销新车的，规定摆放数量，确保一条线；引导沿街摩托车、非机动车辆到指定车位停放，针对机动车、非机动车和三轮摩托车乱停乱放问题每日开展2次专项整治，及时纠正乱停乱放，全年对乱停放的非机动车辆进行扣押、处理达1100余辆，暂扣违章停放摩托车1689辆，通过整治，县城交通秩序畅通，主街道摩托车、非机车停放规范有序；加强与交警部门的联合执法，全面整治不按规定停放的机动车辆、摩托车、电瓶车、三轮车以及闯红灯、逆向行驶、随意掉头等交通违法行为；抽调4名执法队员配合运管、交警对县城三轮摩托非法营运严重现象进行打击。

建筑渣土排放管理：加强对全县建筑工地和运渣车辆的监管，对拟建工地及时介入，加强宣传，做到预防为主，有效地防止车辆轮胎夹带泥土进入街道、撒漏污染；全年共发放排放许可证34份，督促清理占道建筑渣土35处，整理建筑材料占道堆放20处，清理无主建筑垃圾86车次，发放在建工地书面整改20份，完成建筑施工围挡整改9处，扬尘的工地治理3起，建筑工地管理进一步规范。

2017年6月，县市容管理局整治建筑乱象 （县市容管理局 供稿）

户外广告规范管理：为提升县城街道门店牌匾品质，进一步规范户外广告审批，按照“统一规划、统一尺寸、一街一型、一店一牌”的要求加强广告设置审批和设置的监督检查。严格取缔陈旧破损影响容貌的广告，严格要求制作材料，对城区内主要道路两侧不符合城市容貌标准的经营商铺广告牌、墙面广告、楼顶广告、小型招牌进行审查，对违规设置、审批过期、破损陈旧、锈蚀高危的各类户外广告和门头店招依法进行了强制拆除，其中在县城范围内共审批广告牌60块，督促更换沿街破旧的店招店牌2块。

2017年5月，县市容管理局开展市容管理执法

（县市容管理局　供稿）

违章搭盖实时监控：配合落实"控违打非"工作。认真履行本局职责，有效控制县城规划区域内新违章搭盖，积极配合住建等有关部门对违法搭盖进行查处措施，做到全程配合、全程参与全县的强拆行动，共出动人员约56人次。

做好节假日市容保障和迎检工作：做好春节、元宵节、清明节、农历"三月三"、五一节、端午节、龙脊梯田文化节等节假日和重大活动的市容保障工作。由于节日期间流动摊点多，人口密集、流动量大，节日的市容保障任务尤为繁重，为做好市容保障工作，大队加班加点做好各类违章摊点的劝解、疏导工作，努力为市民创造一个祥和、有序的节日氛围。积极做好迎接上级检查工作，根据工作部署，认真开展各项监察管理工作，较好地完成了各项工作任务。通过开展市容环境卫生综合整治，促进了县城市容整洁美观、道路交通畅通有序，不文明现象得到有效遏制。

【环境卫生】 2017年，县市容管理局加大环境清扫保洁力度和环卫设施投入，确保县城干净整洁。

确保县城生活垃圾日产日清。为了确保县城街道整洁干净，生活垃圾做到日产日清；全年年共无害化处理生活垃圾2.4万吨，接受上级各种卫生检查7次，未出现清扫、保洁和垃圾除运工作不到位的情况。

加大环卫基础设施建设的投入，深入推进"美丽龙胜，清洁城乡"环境卫生综合整治工作，为巩固广西"特色旅游名县"作出应有的贡献。加强清扫保洁力度，新增清扫保洁区域18万平方米，提高环卫工作效率，新招聘15名清扫保洁员充实了一线环卫工人队伍。

对沿街及城乡结合部破损的果皮箱和垃圾铁桶进行更换，街道更换果皮箱内胆220个，外壳250个，底座230个；取消人力垃圾板车，改变垃圾收集模式，投入机动三轮收集车17辆，电动收集车6辆；新增设收集大箱20套，更换垃圾铁桶85个；投入约7万元购置扫把等生产工具一批；投入8000余元购买新式环卫服装在保证环卫义工人员人身安全的同时也成为街道的另一亮点。

清理沿街及城乡结合部乱倒放的建筑垃圾、影响市容观瞻的废弃物、卫生死角300余车次，垃圾160余吨，每天安排专人清理沙发、床垫及小堆建筑垃圾，其中晚上加班清洗街道90人次，洒水车街道洒水800车次，确保街道整洁干净。

加强公厕管理，完善各项管理制度和日常检查工作，投入4万元完成对化粪池清渣和日常设施维修等工作。

加强县城河道保洁力度，安排专人定岗定时对河道白色污染物的打捞，迎检安排加班40人次，确保河道水域的整洁干净。

乡镇污水处理厂建设工程。根据自治区人民政府办公厅《2017年广西城镇污水垃圾处理设施建设工作计划》文件精神，龙胜县纳入2017年度镇级污水处理设施建设任务的项目有瓢里、三门、平等三个镇级污水处理工程，均要求在11月底竣工试水。截至12月，3个项目均完成试通水任务进入到工程扫尾阶段，完成项目总投资5000多万元。

加强管理，确保污水处理厂安全稳定运行，出水达标排放，并顺利通过了季度在线监控数据季度有效性审核；7月1日，龙胜全境持续暴雨引发山洪和山体滑坡，县城污水处理厂数段污水管道和观察井盖冲毁，厂区供电中断、进水在线监测房、水质在线监测设备、部分污水处理设施设备被山体滑坡填埋，县城污水处理被迫停运。经抢修后恢复运行。

【园林绿化管护】 2017年，县市容管理局加强园林绿化，根据市政公用事业管理站管理市政园林绿化养护27个标段的承包合同约定和监察职责，安排5人分标段负责养护督查管理，落实养护管理和养护督查责任到人。对市政排水设施养护加强日常维护和定期清理。每月根据养护督查审核情况发放养护工资，每月督查养护落实情况1~2次。保障广场1个、公园2个、涉水路6段、公厕9座、街道绿化、市政排水设施等养护到位、清渣清淤合格、景观效果良好、环境卫生达标、公厕卫生达标。投入10万元增设街道花圃围栏(1.3MM镀锌钢管套塑制作)1000米，基本上对县城中心区80%街道园林绿地进行护栏保护，有效防止了人为损坏花木、践踏绿地和随意乱扔垃圾到花圃内等行为发生，并且美化了县城园林景观，绿地护栏保护措施初见成效。投入约19万元对县城园林绿地补(新)种花草苗木约2700平方米，新(补)种树木46株等工作内容。

【市政设施管护】 2017年，龙胜逐步实现雨污分流目标及维护市政道路功能，全年共处理排水审批12份，道路挖掘审批12份，来信来访处理9份。

搞好县城路灯及景观灯维护和管理工作。全年共维护路灯及景观灯1100盏次，紧急处理路段路灯及景观灯供电断电问题28次，因车辆撞坏灯杆扶正维修灯杆15处，夜间巡查路灯景观灯运行状况350人次，路灯亮化率95%，节点景观灯亮灯率100%。

8月对县城民族广场、华业广场、建宝楼、县医院门诊楼、龙胜小学、民族中学、党校、庆新路旁、部分路段居民楼进行夜景亮化，投资约410万元。修复洪灾损坏县城沿江路灯50杆，景观灯850盏，维修经费约8万元。安装新增巷道路灯18盏，改造东园二路路灯40盏。

抓好市政设施零星维修改造项目工作和创特复核工作。按照县城市政设施的运转情况，共实施市政设施维修改造项目5个，投资约389万元。其中兴龙南路改造、百佳汇顶棚公厕工程已完工，尚有民族中学至龙胜小学段道路建设工程以及仰寨公厕工程未完工。具体情况如下：

完成龙胜县城兴龙南路(种子公司至滑石矿段)道路改造工程：铺设雨污管道、砖砌检查井、混凝土路面等工程。于3月动工，7月完工，投资约169万元。

完成龙胜县百佳汇顶棚公厕工程，此工程于2月份开工，6月份竣工，完成土石方、砌筑、混凝土及钢筋混凝土等主体及装饰装修等工程内容，投资69万元。

完成龙胜民族中学至龙胜小学段道路建设工程，此工程于2017年年初完成毛石混泥土挡土墙砌筑约300立方米，排出废土约200立方米，道路初步成形。

重点抓好创特复核工作，确保复检工作顺利通过。根据县委、县政府的统一部署，9月迎接自治区创特复检工作，为确保创特复检工作通过，巩固创特成果，根据县创特复核办公室初检意见，并经县人民政府同意，该局对县城市政道路路面、排水沟井盖、人行道青石板、特色街道(即美食街)、民族风雨桥和涉水路等的受损市政设施进行及时维修,对特色街区等必检区域进行环境卫生保洁,对县城街道建筑垃圾等进行彻底整治,确保创特复检工作顺利通过。期间共完成园林绿化苗木补种、街道花圃护栏安装、道路标线施划、滨江大道人行道钢管护栏安装、北岸滨江大道和美食街维修、桂龙路路面维修等项目10余项,经费开支123万元。

市政零星维修工程:维修受损井盖30余处;安全护栏维修20余米;硬化市政设施卫生死角2处;处理新老城区积水2个点;治理污水溢流6处;洪水后冲洗涉水路5次,投资60万元。

(杨鸿雁)

【燃气安全保管】 2017年,龙胜根据《中华人民共和国刑法》《中华人民共和国治安管理处罚法》《中华人民共和国安全生产法》《城镇燃气管理条例》(中华人民共和国国务院令583号)《广西壮族自治区燃气管理条例》等法律、法规及有关规定,结合龙胜实际,确保全县消除燃气行业安全事故隐患,市容管理局燃气综合执法中队联合县安全管理相关部门(县公安局、安监局、工商局、交通局、文新广体局、消防大队、物价局、各乡镇安全管理部门)。7月开展燃气行业综合执法集中整治行动,燃气综合执法工作组共对全县19个持有合法许可经营手续的液化气站供应点进行安全大检查(县城4处,全县10个乡镇15处),发现存在安全事故隐患3处,下发整改通知书3份,对存在违规现象的液化气站供应点已进行相关处理。

燃气综合执法工作组通过在全县范围内组织开展为期3个月的燃气行业无证照经营、非法运输、违法倒气、非法充装、违反明码标价规定的整治行动,消除燃气行业存在的安全事故隐患,规范燃气市场经营秩序,确保公共安全和公共利益,保障人民群众生命财产安全和社会稳定,加大综合执法集中整治力度,查处非法野气、野点、野运共7处,扣押违规液化气瓶138瓶(实瓶82瓶,空瓶56瓶),违规违法现场均已照相搜集相关证据证物,下发行政执法证据登记保存通知书,确保全县燃气行业安全规范有序运行。

(梁锋明)

环境保护

【概况】 2017年,龙胜各族自治县以环境质量改善为核心,扎实整改中央环保督察指出的问题为抓手,以确保环境安全为底线,以落实环境保护"党政同责、一岗双责"为保障,充分发挥好部门职能作用,围绕中心,服务大局,不断提高环境管理系统化、科学化、法制化、信息化水平,积极推进生态文明建设,各项工作稳步推进。辖区生态环境质量保持良好,寻江龙胜段水质良好,县城环境空气质量达到国家一级标准,噪声功能区达到国家标准。

2017年4月,龙胜召开中央环境保护督查反馈意见整改工作推进会

(县环保局 供稿)

【环境空气质量】 2017年，经监测龙胜县城环境空气质量达优良等级。2017年1月1日—12月31日总天数365天，有效天数360天，优良天数354天，优良率98.3%；6项监测因子年平均浓度值分别为：二氧化氮(NO_2)10.30微克/立方米、二氧化硫(SO_2)12.60微克/立方米、可吸入颗粒(PM10)50.70微克/立方米、细颗粒物(PM2.5)24.30微克/立方米、一氧化碳(CO)1.20微克/立方米、臭氧(O_3)107微克/立方米，均达到《环境质量空气标准》(GB3095-2012)中的二级标准限值，其中PM10年平均值浓度为50.70微克/立方米，低于市下达60微克/立方米控制指标9.30微克/立方米；PM2.5年平均值浓度为24.30微克/立方米，低于市下达30微克/立方米控制指标5.70/微克立方米。地表水监测断面水质达到《地表水环境质量标准》(GB3838-2002)中的Ⅲ类标准(环境功能区标准)限值，水质达标率100%。城镇集中式饮用水水源水质达到《地表水环境质量标准》(GB3838-2002)中的Ⅲ类标准限值，水质达标率100%。市与市之间河流国控交洲断面交付水质达到规定要求。县城区域环境噪声52.4分贝，低于上级部门要求的≤60.0分贝控制值。

2017年1月—12月，由空气自动监测系统按日对县城空气环境质量进行监测，监测点位为龙胜县环境监测执法大楼楼顶(北岸新区长田路)，监测频次为每天24小时连续监测，监测项目为二氧化硫(SO_2)、二氧化氮(NO_2)、可吸入颗粒物(PM10)、细颗粒物(PM2.5)、一氧化碳(CO)、臭氧(O_3)。2017年1月1日—12月31日，总天数365天，有效天数360天，优级天数205天，良级天数149天，轻度污染天数3天，中度污染天数2天，重度污染天数1天，优良率98.3%;监测结果表明，6项监测因子年平均浓度值均达到《环境质量空气标准》(GB3095-2012)中的二级标准限值，其中PM10年平均值浓度为51微克/立方米，低于60微克/立方米的桂林市考核控制指标9微克/立方米；PM2.5年平均值浓度为24微克/立方米，低于30微克/立方米的桂林市考核控制指标6微克/立方米。县城环境空气质量月均值、年均值见表3。

【地表水环境质量】 2017年，龙胜各族自治县环境保护局(简称县环保局)对寻江交州断面(国控断面)、平等河平岭桥底断面地表水实施监测，监测频率为每月一次，监测项目25项。交州断面、平等河平岭桥底断面各项指标均达到或优于《地表水环境质量标准》(GB3838-2002)Ⅱ类水质标准。地表水达标情况见表4。

2017年地表水水质达标率为100%，与上年相比，地表水环境质量进一步好转。

【饮用水源地环境质量】 2017年，县环保局对县城自来水厂棉花坪水源地和桑江水源地水质实施监测，监测频率为每季一次，监测项目61项。监测结果显示：全年4个季度各项指标均达到或优于《地表水环境质量标准》(GB3838-2002)Ⅱ类标准，2017年县城两个水源地水质符合饮用水水质标准。各季度监测达标情况详见表5。

与上年相比，2017年县城集中式饮用水源地水质保持稳中有升，属较好级别。

【声环境质量】 区域环境噪声。2017年县城区域环境噪声昼间监测统计测量结果见表6，达标区环境噪声声源分布比例见表7，达标区内达标和超标网格测点数及比例见表8。

表 3 **2017 年县城环境空气质量月均值、年均值**

监测时间	监测点位	月均浓度(μg/m3)		
1 月 1 日—1 月 31 日	龙胜县环境监测执法大楼楼顶	SO_2:12	NO_2:15	PM10:88
		CO:1.6mg/m^3	O_3:91	PM2.5:49
2 月 1 日—2 月 28 日	龙胜县环境监测执法大楼楼顶	SO_2:11	NO_2:11	PM10:49
		CO:1.2mg/m^3	O_3:84	PM2.5:28
3 月 1 日—3 月 31 日	龙胜县环境监测执法大楼楼顶	SO_2:16	NO_2:11	PM10:36
		CO:1.2mg/m^3	O_3:90	PM2.5:18
4 月 1 日—4 月 30 日	龙胜县环境监测执法大楼楼顶	SO_2:15	NO_2:10	PM10:47
		CO:1.0mg/m^3	O_3:113	PM2.5:22
5 月 1 日—5 月 31 日	龙胜县环境监测执法大楼楼顶	SO_2:13	NO_2:9	PM10:41
		CO:0.9mg/m^3	O_3:132	PM2.5:17
6 月 1 日—6 月 30 日	龙胜县环境监测执法大楼楼顶	SO_2:8	NO_2:8	PM10:37
		CO:0.7mg/m^3	O_3:67	PM2.5:14
7 月 1 日—7 月 31 日	龙胜县环境监测执法大楼楼顶	SO_2:5	NO_2:7	PM10:60
		CO:0.8mg/m^3	O_3:100	PM2.5:32
8 月 1 日—8 月 31 日	龙胜县环境监测执法大楼楼顶	SO_2:6	NO_2:6	PM10:28
		CO:0.8mg/m^3	O_3:84	PM2.5:9
9 月 1 日—9 月 30 日	龙胜县环境监测执法大楼楼顶	SO_2:9	NO_2:7	PM10:40
		CO:0.9mg/m^3	O_3:107	PM2.5:16
10 月 1 日—10 月 31 日	龙胜县环境监测执法大楼楼顶	SO_2:16	NO_2:9	PM10:46
		CO:1.0mg/m^3	O_3:113	PM2.5:19
11 月 1 日—11 月 30 日	龙胜县环境监测执法大楼楼顶	SO_2:18	NO_2:12	PM10:54
		CO:1.1mg/m^3	O_3:117	PM2.5:23
12 月 1 日—12 月 31 日	龙胜县环境监测执法大楼楼顶	SO_2:21	NO_2:17	PM10:82
		CO:1.2mg/m^3	O_3:104	PM2.5:44

2017 年六项指标年平均浓度:SO_2:13μg/m^3, NO_2:10μg/m^3, PM10:51μg/m^3 PM2.5:24μg/m^3, CO:1.2mg/m^3, O_3:107μg/m^3。

表 4 **地表水监测达标情况表**

监测时间	断面名称	监测项目	达标项目	达标类别	达标率
1 月 4 日	寻江交州断面	25	25	Ⅱ	100%
	平等河平岭桥底断面	25	25	Ⅱ	100%
2 月 7 日	寻江交州断面	25	25	Ⅱ	100%
	平等河平岭桥底断面	25	25	Ⅰ	100%
3 月 7 日	寻江交州断面	25	25	Ⅰ	100%
	平等河平岭桥底断面	25	25	Ⅰ	100%
4 月 6 日	寻江交州断面	25	25	Ⅱ	100%
	平等河平岭桥底断面	25	25	Ⅰ	100%
5 月 3 日	寻江交州断面	25	25	Ⅱ	100%
	平等河平岭桥底断面	25	25	Ⅱ	100%

续表

监测时间	断面名称	监测项目	达标项目	达标类别	达标率
6月6日	寻江交州断面	25	25	Ⅱ	100%
	平等河平岭桥底断面	25	25	Ⅱ	100%
7月11日	寻江交州断面	25	25	Ⅱ	100%
	平等河平岭桥底断面	25	25	Ⅱ	100%
8月2日	寻江交州断面	25	25	Ⅰ	100%
	平等河平岭桥底断面	25	25	Ⅰ	100%
9月5日	寻江交州断面	25	25	Ⅱ	100%
	平等河平岭桥底断面	25	25	Ⅱ	100%
10月10日	寻江交州断面	25	25	Ⅱ	100%
	平等河平岭桥底断面	25	25	Ⅱ	100%
11月7日	寻江交州断面	25	25	Ⅰ	100%
	平等河平岭桥底断面	25	25	Ⅰ	100%
12月4日	寻江交州断面	25	25	Ⅰ	100%
	平等河平岭桥底断面	25	25	Ⅰ	100%
备注	1. 执行标准:《地表水环境质量标准》(GB3838—2002)Ⅲ标准。 2. 评价项目25项,分别为:水温、pH值、溶解氧、电导率、氨氮、粪大肠菌群、氟化物、高锰酸盐指数、化学需氧量、挥发酚、硫化物、六价铬、氰化物、生化需氧量、石油类、硒、锌、阴离子表面活性剂、总氮、汞、镉、总磷、铜、砷、铅。 3. 寻江交洲断面、平等河平岭桥底断面为国家重点生态功能区县域环境质量监测断面。其中寻江交州断面为国控监测断面。 4. 根据《地表水环境质量评价办法》(试行),河流水总氮、粪大肠菌群不参与综合类别评价。				

表5　**2017年四个季度饮用水水源地监测达标情况表**

县城水源地	监测季度	监测项目	达标项目	超标项目	超标倍数	水质类别	达标率
棉花坪水源地	一	61	61	–	–	Ⅰ	100%
	二	61	61	–	–	Ⅰ	100%
	三	61	61	–	–	Ⅱ	100%
	四	61	61	–	–	Ⅱ	100%
桑江水源地	一	61	61	–	–	Ⅰ	100%
	二	61	61	–	–	Ⅱ	100%
	三	61	61	–	–	Ⅱ	100%
	四	61	61	–	–	Ⅱ	100%

备注:61项监测指标分别为:pH值、氨氮、氟化物、氰化物、高锰酸钾指数、硝酸盐、挥发酚、生化需氧量、石油类、六价铬、镉、汞、铅、砷、溶解氧、粪大肠菌群数、1,2—二氯苯、1,4二氯苯、阿特拉津、钡、苯、苯并[a]芘、苯乙烯、滴滴涕、二甲苯、二硝基苯、钒、钴、甲苯、甲醛、邻苯二甲酸二(1—乙基已基)酯、邻苯二甲酸二丁酯、林丹、硫化物、硫酸盐、氯苯、氯化物、钼、硼、铍、三氯苯、三氯甲烷、三氯乙烯、化学需氧量、四氯化碳、四氯乙烯、铊、锑、铁、硒、硝基苯、硝基氯苯、乙苯、异丙苯、阴离子表面活性剂、总氮、总磷、锰、镍、铜、锌。

表 6　县城区域环境噪声昼间监测统计测量结果表

达标区	昼间[dB (A)]				
	L10	L50	L90	Leq	SD
县城中心 2 类区	53.1	44.4	39.5	52.4	5.8

表 7　达标区环境噪声声源分布比例表

达标区	声源	生活	交通	施工	工业	其它	统计
		昼	昼	昼	昼	昼	
	个数	44	49	0	0	16	109
县城中心 2 类区	比例 %	40	45	0	0	15	100

表 8　达标区内达标和超标网格测点数及比例表

达标区	网格测点(个)	达标测点(个)	达标比例(%)	超标测点(个)	超标比例(%)
县城中心 2 类区	109	103	94.5	6	5.5

从表 6 看,县城区域环境噪声昼间的平均等效声级为 52.4dB (A),低于《声环境质量标准》(GB3096-2008) 2 类标准。

与上年相比,2017 年县城区域环境噪声昼间平均等效声级上升 4.2%。

功能区噪声。2017 年县城功能区噪声监测点 2 类区昼间、夜间均值分别为 46.3dB (A)、40.4dB (A),4 类区昼间、夜间均值分别为 45.9dB (A)、40.9dB (A),分别达到国家《声环境质量标准》(GB3096-2008) 2 类、4 类标准。

与上年同期相比,2 类区昼间均值上升 5.7%、夜间均值上升 6.6%,4 类区昼间均值下降 1.9%、夜间均值上升 4.6%。

交通噪声。县城交通噪声监测点位执行《声环境质量标准》(GB3096-2008) 4 类标准,监测 3 个路段,监测总路长 4.63 千米;兴龙北路路段段宽 9 米,路长 2 千米;兴龙南路路段段宽 10 米,路长 1.3 千米;兴龙西路路段段宽 9 米,路长 1.33 千米。昼间监测机动车辆总数 189 辆 /20 分钟(采用长度加权计算),县城交通噪声昼间的平均等效声级为 68.1dB (A)(采用长度加权计算),符合国家规定的《声环境质量标准》(GB3096-2008) 4 类标准。

与上年相比,县城交通噪声昼间平均等效声级上升 1.0%。

【建设项目环境管理】 2017 年,县环保局严格执行新修订的《中华人民共和国环境影响评价法》《建设项目环境保护管理条例》和国家产业政策,按照环境影响评价文件分级审批管理的有关规定,加强与相关部门沟通和联系,互相支持配合,共同把关,提高环评执行率,为经济健康发展做好服务。年内,辖区环境影响登记表网上备案 51 家,完成报告表类项目审批 25 家,环保竣工验收类项目 41 家。同时,做好重点重大建设项目的环评协调和指导服务工作,依法依规提升环评审批效率,主动公开项目环评审批,接受社会监督。

【环境执法与环境信访】 2017 年,县环保局开展环境安全大检查及饮用水源保护区、辖区内各小江小河专项执法检查。按全区“清废打假促达标”、全市环境联合执法检查等专项执法检查要求,对全县涉重金属、污水处理厂、铁合金、采石场、垃圾填埋场等重点行业进行全面检查,认真排查各类环境安全隐患和环境违法问题。共出动人员300人次,检查企业70余家,对2家企业进行约谈,对9家企业进行处罚。根据三江县环保局《关于恳请协查三江县浔江水体异常的函》,从4月12日—19日组织开展对辖区沿江工矿企业及水体进行拉网排查、监测,并将排查、监测情况上报县委、政府和市环保局。组织开展滑石行业污染专项执法检查,全面整治滑石行业对龙胜县三门河污染。出动人员180人次,检查企业79家次,检查滑石加工洗选小作坊60家处,对8家企业下发限期整改通知书。依法严肃查处群众反映的突出环境问题,调处环保投诉24件。扎实整改中央环保督察指出的问题。中央环保督察反馈意见完成整改销号问题5个,完成整改销号85%,中央环保督察群众举报问题完成整改9个,完成100%。严厉打击各类环境违法行为,立案查处环境违法案件12件,处罚金额共60.56万元,其中查封扣押案件2件,按日连续处罚案件1件,停产整治案件1件。

【污染减排】 2017年,县环保局强化监督,推进污染减排工作。加强县乡村污水处理厂(站)运行监管,确保处污及监控设施的正常稳定运转,积极推进瓢里镇、平等镇、三门镇污水处理站建设,增加减排量和减排空间。在线监控企业实现联网2家,年内共处理在线数据异常211条,企业联网率达100%、点位运转率达97.11%、数据传输有效率达97%。完成磷峰、福大两家砖厂企业在线监控建设工作任务。按桂林市人民政府要求,完成宏运木业、奔牛木业公司等8家企业的燃煤小锅炉整治工作任务,截至年底,全县21家燃煤小锅炉整治任务全面完成。加油站防渗治理完成44%。

【环保目标责任制】 2017年,县环保局推进环境保护"党政同责、一岗双责"制度建设,完善环保绩效考核体系。根据市人民政府与县人民政府签订的2017年度环境保护目标责任书和县委、政府确定的2017年主要工作任务,把环保工作任务和目标纳入全县绩效考核体系,实施"党政同责、一岗双责",建立奖惩机制,实行"一票否决",致力构建"政府为主体,环保部门统一监督管理,相关部门齐抓共管,企业守法经营,全社会共同参与"大环保格局。依据市县环保目标责任状考核办法及细则,牵头制定《龙胜各族自治县2017年度市县环保目标责任状目标任务分工方案》和本局《2017年度市县环境保护目标责任状目标任务分解分工清单》,开展日常督促指导,会同县人民政府督查室开展专项工作督查,确保年度目标任务全面落实完成。

【生态环境建设】 2017年,县环保局开展2016年国家重点生态功能区县域生态环境质量考核。在环保部开展的2016年县域生态环境质量的考核中,龙胜县环境质量为"基本稳定"(即 $-1 < \Delta EI < 1$)等次,ΔEI 值由2015年的-0.13上升到2016年的0.99,排在广西16个国家级国家重点生态功能区县域生态环境质量考核县的第三位。完成2017年国家重点生态功能区地表水、饮用水、环境空气质量及国控重点源监

2017年11月,县环保局召开全县滑石企业污染整治工作推进会

(县环保局　供稿)

宜居山村　　（县新闻中心　供稿）

测数据及2017年国重数据其他数据上报工作。完成交州国控断面界碑设立及桑江取水口、棉花坪取水口饮用水源61项指标采样、监测、数据上报及桂林环境保护网公示工作。继续开展生态创建，提高生态创建质量档次。制定2017年生态乡镇和生态村创建工作计划，乐江乡、伟江乡、马堤乡3个乡镇和马堤乡张家村、三门镇大地村2个村分别获得自治区级生态乡镇、自治区级生态村命名。督促农村环境综合整治和中国传统村落（龙脊村）环境保护项目建设。龙脊村生活污水处理项目已完工进入试运行阶段；中国传统村落（龙脊村）环境保护项目建设已完成建设并开展试运行；辖区9个乡镇集中式饮用水水源保护区划分方案获得自治区人民政府批复。完成《龙胜县土壤污染治理与修复规划》大纲的编制，《龙胜县土壤污染治理与修复规划》正在编制之中。

【环境监测】 2017年，县环保局组织开展环境监测，做好环境质量预测预警。按国家重点生态功能区县域生态环境质量考评要求，组织开展对辖区地表水、饮用水、空气环境质量、区域环境噪声监测工作。委托和配合广西科特环境监测有限公司完成2017年农村环境质量试点监测里茶村、交其村、金车村三个村屯的布点及饮用水、环境空气质量、土壤环境质量、农村生活污水处理设施及县域入境地表水全年的监测及数据上报工作。完成2016年、2017年龙胜环境质量监测报告年报编制并及时报送县委政府和上级部门，同时在政府门户网站和信息公开平台向社会公开环境监测周报、月报、季度、半年报、年报，保障公众环境知情权。

【监测监察能力体系建设】 2017年，县环保局环境监测、监察能力建设步伐加快。完成龙胜县饮用水水源水质自动监测站建设并投入运行；新进监测人员完成持证上岗能力测试；7人参加环境监察人员千人培训考试，监察大队标准化建设通过市局验收，为机构改革和职能转变打好基础。

【环境保护宣传教育】 2017年，县环保局加大对新《环境保护法》《大气污染防治法》《环境影响评价法》《建设项目环境保护条例》宣传力度。积极探索新形势下环境宣传教育方式方法，提高宣教深度和广度，不断提高公众环保意识。结合民族地区文化特点，利用科普宣传周、政务公开日、“六五”环境日及民间节庆、山歌村戏等传统文化，开展通俗易懂、寓教于乐的环境宣传工作。秉承“监管有限，民力无穷”的理念，充分运用龙胜群众崇尚自然爱护环境及村规民约等传统理念和社会管理方式，引导支持农村群众开展生态环境保护自治。积极推进环境监测执法信息公开，保障公众环境知情权，拓宽公众监督渠道，发挥社会公众监督和教育警示作用。（李得榛）

教育·科技

平等镇广南小学用一体机上课　　（县教育局　供稿）

教　育

【概况】 2017年，龙胜各族自治县有中小学、幼儿园33所（不含小学教学点），在校学生21497人。其中：幼儿园19所，在园幼儿4815人；小学10所，教学点53个，在校学生10059人；初中2所，学生4485人；普通高中1所，学生2145人；中等职业学校1所，在校学生39人。

教师数和师生比：专任教师1496人，其中幼儿园219人，小学796人，初中304人，普通高中150人，中等职业学校13人。师生比例：幼儿园1∶22；小学1∶12.6；初中1∶13.9；普通高中1∶14.8。

每万人口在校生为：幼儿园235人，小学565人，普通初中250人，普通高中121人。

基础教育普及程度：学前教育3年毛入园率87.8%，9年义务教育巩固率91.77%，高中阶段教育毛入学率90.2%。

基本办学条件：占地面积及生均情况：小学28.8万平方米，人均28.6平方米；普通初中8.09万平方米，人均18.11平方米；普通高中7.1万平方米，人均32.88平方米。校舍面积及生均情况：小学18.26万平方米，人均18.1平方米；初中7.14万平方米，人均16平方米，高中4.04万平方米，人均18.71平方米。

【教育经费收入与支出】 2017年，龙胜各族自治县教育经费总收入33213万元，比上年多2519万元，增长8.21%。其中财政拨款31268万元，比上年多3124万元，增长11.1%；预算外资金收入1249万元，比上年少551万元，减少30.63%。教育经费总支出33213万元，比上年多支出2519万元，增长8.21%.其中财政拨款支出31268元，比上年多支出3124万元，增长11.1%；预算外资金支出1249万元，比上年少支出551万元，减少30.63%。总支出中，人员经费支出13876万元，公用经费支出4565万元，基建支出6744万元，其他支出8082万元。

【学前教育】 2017年，龙胜县幼儿园承担瓢里镇等5个乡镇的结对帮扶任务，第二幼儿园承担泗水乡等5个乡镇的结对帮扶任务，通过组织送教下乡、师徒结对牵手、跟岗学习等对口支援活动，不断提高乡镇中心幼儿园的保教质量。规范民办幼儿园管理，组织对艺术幼儿园等7个民办幼儿园进行年度检查，对全县2014年认定的多元普惠幼儿园（艺术幼儿园、中英文幼儿园）重新认定评估。县幼儿园11月下旬顺利通过自治区示范性幼儿园复评工作自治区级复评。

放飞希望　　（瓢里小学　供稿）

【义务教育】 2017年，龙胜各族自治县教育局（简称县教育局）做好脱贫攻坚验收“有义务教育保障”的各项档案资料的归档工作。落实义务教育法，做好义务教育的招生入学工作，小升初严格按照自治区、桂林市的“就近免试入学”的原则进行，并注意做好精准扶贫贫困

2017年5月，桂林市2017年信息化建设与应用达标工作现场会在龙胜召开 （县教育局 供稿）

户子女、进城务工随迁子女、留守儿童、残疾儿童等特殊学生群体的入学工作，将控辍保学工作纳入招生工作内容，规范编班、规范学籍管理，小升初有序进行，新生学籍录入工作成功录入一年级新生学籍1614人，七年级学生1701人。建立留守儿童和建档立卡贫困户适龄儿童少年的教育帮扶档案，实行教师一对一帮扶关爱制度，有在校留守儿童1980人，为学校安装爱心电话，留守儿童免费使用。

【高中教育】 2017年，龙胜县仅有高中一所（龙胜中学）。当年该校教师参加桂林市教科所组织的“年普通高中课程改革学科教学与课堂教学”培训，举行了“第九届青年教师业务知识竞赛”“第十八届青年教师教学比武”活动和“第十九届青年教师教学比武”活动；开展教学科研，有集体课题6个。获得桂林市第九届校园文化艺术节诗朗诵一等奖、桂林市第九届校园文化艺术节群舞一等奖、桂林市第十九届重点中学篮球赛女子第四名、桂林市第十九届重点中学篮球赛男子第八名、桂林市第十九届重点中学篮球赛优秀组织奖。

【中等职业教育与成人教育】 2017年，县教育局组织两所初中学校毕业班班主任进行送生培训，实地考察桂林市职教中心等中职校，召开县职校校长参加的中职招生工作会议，布置中职全日制办学事项，县职校做好中职全日制教育的招生工作，完成龙胜各族自治县中职招生送生工作目标任务。积极探索县职教中心与乡镇成技校一体化办学的新途径，全面开展新的合作办学，建7个乡镇分校试点。全县成职教育与社区教育培训全年共举办民族传承民俗文化、“农民画”、竹编工艺、种养技术、民族歌舞、旅游服务、电商创业等农村实用技术和家长培训等各项培训班共570期，参加农村实用技术及社区教育等培训学习达5.77万人，免费发放农村实用技术等培训讲义及其他科普资料9250多份。泗水乡、龙胜镇城北社区学习中心被分别推荐参评国家级和自治区级农村继续教育品牌评选。

【民办教育】 2017年，龙胜县共有民办学校8所，其中民办幼儿园7所，有48个教学班，在校学生1350人，教职工140人；民办十二年一贯制学校（幼儿园至初中）1所，有9个教学班，在校学生207人，教职工57人；中小学学科培训民办学校1所。对艺术幼儿园等7所民办幼儿园进行年度检查。对无证园“懿行早教园”和“龙脊小镇早教园”进行实地调研与察看后终止其招生，在取得合法办学许可前不得开班办学。

【教师队伍建设】 2017年，龙胜公开招聘中小学教师69人，农村全科教师30人，农村特岗教师25名。开展支教走教工作，全年全县共派出51名教师到农村学校开展支教走教活动。认真开展中小学教师专业技术资格的评审工作，评审通过高级教师专业技术职务37人，一级教师专业技术职务9人，认定二级教师专业技术职务13人，评审通过二级教师专业技术职务38人。完成对全县教育系统2000多人教师信息管理系统填报工作，并对特岗教师信息进行审核、补充。不断加强师德师风建设，出台继续推进全县师德师风建设意见，开展学习师德讲话、践行“四有”老师演讲和寻找最美“四有”好老师活动。全年组织教师参加各类培训26个大项目74个小项目，参培人数达1800余人次。

【**教学教研**】 2017年，龙胜举办全县小学作文竞赛，组织参加全区、全市习作教学观摩1次，“国培计划(2017)校本研修和网络研修整合培训”22人。结合“一师一优课，一课一名师”活动，全县教师在国家晒课平台展出43节参与式教学课，在市、自治区“一师一优课、一课一名师”活动优课评选中获市级优课17节，省级优课12节。参加桂林市第九届校园文化艺术节，获得一等奖7次，二等奖9次，三等奖8次。组织学科教师参加市级以上教研活动496人次。教研员深入学校指导教研活动52人次。全年申报市级集体课题5个、个人课题44个，市级立项个人课题10个，结题集体课题4个。上送自治区级论文469篇，上送市级论文236篇。举办“2016—2017学年度书法教育暨学生书写比赛活动”，实验中学参加全桂林市汉字书写大赛获二等奖。

【**德育工作**】 2017年，县教育局举行全县中小学德育工作经验交流活动，推广龙胜小学“幸福储蓄所”、民族中学学生自主管理和龙胜镇小学家长学校等校切合实际、“接地气”的德育工作方式方法，为留守儿童和建档立卡贫困户等特殊群体学生进行“一对一”关爱帮扶，与县文明办联合开展中小学文明校园创建活动，推荐龙胜小学、民族中学参加自治区第一届文明校园评选，开展“百年追梦、全面小康”爱国主义读书教育活动，活动形式有讲故事、演讲、征文等，全县所有中小学生参加此活动。对初中学校毕业班的综合素质评价工作进行检查，查看了初中学校综合素质评价工作的程序、制度及原始材料进行仔细查看，抽查了非毕业年级的综合素质评价工作和毕业年级“A”“D”等级的学生材料。以主题活动为载体，丰富团队组织的文化生活，切实加强青少年思想道德建设，不断增强少年儿童的爱国思想、民族精神和实践能力，切实落实团县委关于特殊少年儿童群体快乐成长工作。特色活动有：在书香中幸福成长——龙胜镇小学一年级开展“书香班级”建设活动。做好市级、县级少队评优推优工作，配合团县委组织好龙胜“美德少年”评比及表彰活动。开展文明校园创建与评比活动，有两所学校申报自治区级文明校园，其中龙胜小学评上自治区级文明校园。

2017年4月，联合国世界粮食计划署官员到泗水小学参观

（县教育局 供稿）

【**体育工作**】 2017年，龙胜以校园广泛开展的体育项目为基础，面向全体学生，开展大课间跑操、跳绳、踢毽子、竹竿舞等具有民族特色的阳光体育运动。落实市教育局体育中考改革精神，首次使用电子仪器设备进行体育中考。龙胜县推荐

2017年，龙胜中学第十五届田径运动会　　（龙胜中学　供稿）

兰基生、向尧青两名体育教师参加桂林市小学体育“整体课堂管理合作研训项目”公开课比赛，兰基生获得第一名的好成绩，并由市级推荐参加自治区级比赛。举行2017年全县小学生篮球运动会，共有22支代表队，260余名运动员报名参加了比赛，龙胜小学男、女都获得本次篮球赛冠军，龙胜镇小、伟江小学、平等小学分别获得前三名的好成绩。举行第八届“园丁杯”体育运动会，并设立篮球、气排球、乒乓球等项目的活动，带动师生体育活动的开展。龙胜中学、民族中学、瓢里小学参加市级举办的各级赛事都成绩可喜，其中龙胜中学获市高中组篮球赛男子第八名，女子组第四名，田径队获得了团体第六名的优异的成绩；民族中学参加中小学生少数民族传统体育运动会获女子初中组高杆绣球团体第一名，男子初中组大象拔河第一名，初中组“8”字跳绳比赛第一名；瓢里小学参加桂林市举办的中小学生少数民族传统体育运动会获得团体第五名。

【高考中考】 2017年，龙胜高考报考人数为742人，比上年增加35人，其中理工类考生485人，比上年增加55人，文史类考生257人，比上年减少20人，全部在龙胜中学标准化考点进行考试，共设26个考场，文科9个，理科17个，参加考务的老师有130多人，实际参加考试的考生695人，47人缺考，零违纪作弊。在参加高考人数中龙胜中学有692人报考。

初中毕业暨升学考试报名参加人数996人，比上年减少146人，全县共设置2个考点，34个试场，民族中学考点15个试场、实验中学考点19个试场。成人高考共有445人报名参加全国统一考试，其中高升专199人，高升本1人，专升本245人，比上年增加193人，共分20个试场（其中高升本1人在桂林市参加考试）。高中学业水平考试有7695人科次报名，比上年增加538人次，全部在标准化考场进行。

【安全环境营造】 2017年，龙胜建立和完善校方责任保险制度，将幼儿园、小学、初中、高中纳入投保范围，实现了全县各级各类学校全覆盖，进一步加强了校园风险管理工作。开展交通、消防、防溺

2017年8月，县委副书记、县长吴永合（右），县委副书记黄健（左）给录取清华大学的泗水乡瑶族学生颁奖　　（县新闻中心　供稿）

水、食品安全、防毒品、防校园欺凌等安全入课堂教育活动，努力保障学生安全。开展安全教育月活动，覆盖全县所有学校、幼儿园，活动率100%。开展6.26禁毒宣传日活动，小学以上学生全部参加。全县组织开展2期食品安全培训，参训人员430人次。开展食品安全宣传周活动，各校出版宣传展板20期，配合食品药品监督管理局举行大型宣传活动，通过宣传展板，发放宣传资料，提高全民食品安全意识。开展2期安全教育管理队伍培训，全县学校安全稳定工作治理水平和能力不断提高。开展全县中小学幼儿园安全教育课“精彩一课”征集评选活动，有6人参加市级评选获奖。全县30所中小学幼儿园开展应急演练活动，其中，地震应急演练32次，防空演练12次，火灾逃生演练30次，师生处置和避险能力得到明显提升。加强校园安全文化建设，通过墙壁文化设置安全警示语、温馨提示语，设置永久性安全教育橱窗，营造浓厚的学校安全文化氛围，使学生时时刻刻都能潜移默化地接受安全教育。开展校园及周边环境整治，全面排查整治校园及周边的治安隐患，集中整治校园周边的治安秩序、文化环境、交通秩序和食品卫生安全，及时化解不安全因素，净化校园周边环境。注重运用法治手段研究解决平安校园建设面临的问题，进一步提高平安校园建设法治化水平。

【基础设施建设】 2017年，龙胜续建2015年各类项目建设：2015年中小学校舍维修改造项目和2015年中小学第二批校舍维修改造项目，2个项目合建平等小学教学综合楼2550平方米，于8月底竣工交付使用；龙胜镇中心幼儿园教学综合楼建设项目，建筑面积2408平方米，投资490万元，于7月底竣工验收交付。续建2016年各类项目建设：龙胜中学学生宿舍楼建筑面积2800平方米，主体投资560万元，附属工程投入200万元，于12月底竣工验收；瓢里镇中心幼儿园教学综合楼建筑面积1800平方米，主体计划投资326万元，附属工程53万元，合计379万元，于7月底竣工验收交付使用；龙胜县职业中心学校教学综合楼建筑面积1370平方米，土建计划投资270万元，设备购置计划投资60万元，于6月底竣工交付使用；龙胜县民族中学教学综合楼建筑面积4010平方米，计划投资850万元，已到位2016年第一批“全面改薄”资金525万元、2016年第二批“全面改薄”资金206万元，已于11月18日主体封顶；龙胜县扶贫移民小学(龙胜镇第二小学)教学楼，教学楼一、二、三期总面积为6420平方米，中标价1633万元，前期费用约104万元，总投资为1737万元，一期到位资金887万元，计划建筑面积3280平方米；二期投入资金440万元，计划建筑面积1626平方米；三期投入资金208万元，计划建筑面积1066平方米，目前主体建设已进入施工，于2017年12月中旬完成主体封顶，资金投入约1000万元。实施龙脊大道教育园区3所新建学校项目，3所新建学校规划用地近13.33公顷，计划投资2.2亿元，建设期限为2017—2020年，其中：新建龙胜县第二高中，为标准化寄宿制普通高级中学，办学规模为30个班1650名学生，教职工150人，校园占地面积5.83公顷，校舍总建筑面积3.9万平方米，总投资13000万元；新建龙胜镇初级中学，为标准化寄宿制初级中学，办学规模为18个班900名学生，教职工90人，校园占地面积3.91公顷，总建筑面积2.9万平方米，总投资7000万元人民币；新建龙胜县第三幼儿园，办学规模为12个班360名学生，教职工50人，校园占地面积5040平方米，建筑面积6500平方米，总投资2000万元人民币。

【仪器装备】 2017年，龙胜根据学校的需求编制《2017年度龙胜各族县“改薄”项目设备采购项目实施方案》，2017年度“改薄”项目设备采购项目资金总计为620万元，项目学校是：实验中学、民族中学、瓢里小学、龙脊小学、龙胜小学、马堤小学、平等小学、江底小学、三门小学、伟江小学、江底小学、乐江小学、泗水小学、西腰小学、地灵小学、保赠小学、芙蓉小学、蒙洞小学、小江小学等19个学校；建设网络云教室5间，功能室多媒体设备9间，教师备课用笔记本电脑18台，75寸多媒体教室设备39间，86寸多媒体教室设备45间，配备网络机房设备4间，阶梯教室音响设备1套，移动录播系统1套，中小学实验室成套设备4间，小学各科教学设备17套，初中各科教学仪器设备2套。参加桂林市中小学教师实验操作获得一等奖三名，获得二等奖一名。

【贫困生资助】 2017年，龙胜坚持教育优先发展的战略，以“不让一个学生因贫困而失学”为目标，认真贯彻落实国家资助政策，强抓教育精准资助，切实保障贫困家庭子女平等接受教育的权利，切实提升学生资助水平，助力于脱贫攻坚。发放学前免保教费补助1216人次，补助资金91.88万元；发放义务教育阶段学校寄宿生生活费补助2.06万人次，补助资金1132.81万元。发放营养改善计划资金1.62万人次，膳食补助648.92万元。发放中小学生交通补助费1.37万人次，资金295.78万元。发放中小学特困生补助1663人，资金72.93万元。发放普通高中国家助学金1913人次，资金230.1万元，普通高中免学费补助3168人次，补助资金171.07万元。对在普通高中就读的建档立卡贫困户子女、非建档立卡贫困户家庭经济困难残疾学生、农村低保家庭学生、农村特困救助供养学生实施免杂费补助1157人次，补助资金104.13万元。发放中等职业教育免学费项目补助资金52人次，共计3.9万元，发放国家助学金4.1万元。发放大学新生资助项目助学金316人，共116.72万元，还实施“泛海助学行动”项目，每人5000元，共49人享受，全部为建档立卡学生，获资助金24.5万元。完成2017年生源地助学贷款工作，全年发放贷款共1119人，贷款金额761.49万元。

（吴辉翰）

重点中小学

龙胜中学

【概况】 龙胜中学创建于1942年，办学层次为初级中学；1956年，开始招收高中生，办学层次为完全中学；2004年初中部完全剥离，办学层次为高级中学。学校是自治区示范性普通高中。曾获全国中小学“百佳校园网站”、自治区“文明庭院”、自治区“军训工作先进单位”、自治区“卫生优秀学校”、自治区“教育管理信息化标准”应用示范学校、桂林市文明校园等荣誉称号。2017年，学校占地面积7.11万平方米，建筑面积4.03万平方米。有39个教学班，学生2145人。学校专任教师150人，其中高级教师35人。研究生学历22人，21世纪“园丁工程”自治区培养对象6人，桂林市学科带头人1人，桂林市中小学骨干教师培养工程培养对象1人。

2017年8月，新生入学军训　（龙胜中学　供稿）

【理论学习】 2017年，龙胜中学组织召开支委会、党员大会、民主生活会、专题组织生活会；组织开展"七一"党员活动、重温入党誓词、"喜迎中共十九大"系列主题教育活动；通过出版中共十九大报告精神宣传板报、参加十九大报告精神宣讲会，组织全体党员进行十九大精神知识考试、组织老师参加全县学习十九大报告精神演讲比赛等活动，学习领会十九大报告精神。通过系列活动进一步增强党员政治意识、大局意识、核心意识和看齐意识，增强党员责任、使命和担当。

【教师队伍建设】 2017年，龙胜中学分别组织高一年级班主任的工作培训和全体班主任的培训活动，集中学习魏书生班主任的工作方法和理念，组织班主任参加市县各级各类培训学习，组织开好每周五早上的班主任晨会。组织召开青年教师座谈会，为青年班主任配备导师，从"热爱龙中、热爱教师职业、热爱教育事业"的高度勉励青年教师虚心学习、勤奋工作，引导青年教师积极向上，让青年教师明确个人的"教师职业生涯发展规划"，鼓励青年教师在专业上迅速成长。加强正面引导，组织青年教师参加黄大年、黄永腾等全国师德楷模先进事迹报告会。培树该校自己的师德典型，以市、县两级政府表彰2016—2017学年度教育系统先进个人和市、县教育系统表彰先进个人评选活动为契机，推出市级优秀班主任罗永雄、段太宗，市级优秀教师周恩元、梁春华等教师，推出张比高、吴达球、陆提剑、刘上榜等一大批县级优秀班主任、优秀教师、优秀教育工作者，推出文世英、罗美艳、张值武、蒙卫杰等一批高考成绩优秀教师，树身边的先进典型，营造良好的师德师风正能量氛围。

启动新学年度18对新老教师结对帮扶的导师制，继续做好各教研组公开课的听评课工作，成立了学校第三届学术委员会并给委员颁发聘书，组织了第九届青年教师业务知识考试，还组织了青年教师汇报课比赛，有效促进青年教师的成长。

【德育活动开展】 2017年，龙胜中学开展一月一个主题教育活动，主题鲜明、针对性强。坚持规范周一早上升旗仪式及国旗下讲话，举行了高考百日冲刺誓师大会、十八岁成人宣誓仪式。3月开展安全教育月活动、"传承雷锋精神做文明龙胜人做文明龙中人"青年志愿者协会第六次宣誓大会暨2017年学雷锋活动月活动（多次慰问幸福长寿院老人）。4月"文明礼仪教育月"活动、"学生资助政策宣传月"活动、清明祭英烈活动。5月"团结友爱、助人为乐、让真情温暖校园"的"5·25"心理健康活动周"活动、"征兵宣传进校园"活动。6月校园文化艺术节暨第二十一届个人特长赛、"2017·感动校园·十佳之星"人物评选、6·26禁毒宣传日宣传活动等等活动。举行了"喜迎十九大共筑中国梦"爱国主义歌曲合唱比赛、"中华经典朗诵大赛""不忘初心共创未来"。开展国防教育系列宣传活动，开展"12·4"国家宪法日暨法制宣传日的宣传教育活动，组织学生参加国家宪法日中小学宪法晨读活动增

2017年9月1日，龙胜中学召开新学年教师大会（龙胜中学　供稿）

强学生的法律意识和遵纪守法的自觉性。

【各种比赛】 2017年,龙胜中学组织学生参加桂林市第十九届重点中学学生篮球赛、2017年桂林市中小学田径运动会、参加桂林市第九届校园文化艺术节诗朗诵比赛,参加全国青少年学生法治知识网络大赛、参加全县“五四”庆祝晚会、参加由县委宣传部、文新广体局、教育局、语委办等单位主办的第二十二个“世界读书日”第四届民族语言演讲比赛、参加2017年桂林中小学科技创新大赛等活动,锻炼学生能力,拓宽学生视野,提高学生素质。

【精准扶贫工作推进】 2017年,龙胜中学继续做好贫困学生、留守学生、残疾学生的关心帮扶工作。做好贫困学生、留守学生情况统计,建立贫困学生、留守学生档案,建立贫困生档案人数为965人,建档率为档率44.7%;认真落实新学期普通高中学生免学费政策、普通高中建档立卡贫困户子女免学杂费政策、中考一等生就读龙胜中学的奖励政策,做好贫困学生助学金的评比、审核和发放,为成绩优秀的困难生提供学费保障。

【教学常规的督查考核】 2017年,龙胜中学开展教学常规“六关”(备课、上课、批改、辅导、检测、教研)督查考核,一学期进行两次教案、作业、检测的大检查,加强随堂听课,教务主任、副主任每学期听教研课、推门课20节以上。期末组织每个班级进行学生对科任教师评教工作。

【课改工作探索】 2017年,龙胜中学严格开设综合实践活动、技术、音乐、美术、体育与健康等课程,开设了部分选修课程,为所有学生奠定共同的发展基础。

组织教师积极参加各级各类课改培训学习,积极参加有效教学课堂培训、微课展示和培训、“学科核心素养”培训、全区信息技术与学科教学深度融合观摩、参与桂林市优质课上课和听评课等活动。一学期,据不完全统计参加培训学习近200人次。老师们积极参加北京相阳宏儒教育集团各学科专家、广西名师名校长的讲座;虚心听取相阳教育集团专家、广西名师名校长、教科所专家等外来专家的指导。一学期来,与融水中学、十八中、师大附中等学校开展教研交流学习活动。广东到龙胜中学支教教师黄永强为高三学生高考备考作了书面表达专题讲座。罗永雄老师给高三学生作了高考作文增分讲座等。

【高考情况】 2017年,龙胜中学692人参加高考,其中文科243人,理科449人。高考一本上线人数77人,一本上线率达11.13%;二本(相当于2014年三本)以上上线人数447人,上线率为64.60%;专科以上上线人数688人,上线率为99.42%。高考总分上600分共5人。理科状元是304班杨来香589分,文科状元是305班王升艳625分。1人录取北京大学、4人录取浙江大学,1人录取复旦大学;录取211学校的有29人。

(蓝　凌)

民族中学

【概况】 民族中学位于龙胜县城苗园路98号,创办于1975年,前身是龙胜小学附属初中,1983年从龙胜小学分离出来,命名为龙胜镇中学,1998年8月,经县人民政府批准,更名为龙胜各族自治县民族中学。学校曾获全国青少年艺术教育工作先进单位、全国校园文化系列活动先进单位、桂林市中小学德育工作先进集体、桂林市中小学安全工作先进单位、桂林市学校艺术教育工作先进单位、桂林市学校装备工作先进集体、桂林市体育工作先进单位等荣誉称号。学校占地面积3.33万平方米,校舍建筑面积2.88万平方米,教学及教学辅助用房建筑面积0.94万平方米,体育运动场地面积1.34万平方米。教学区、运动区、生活区等区域功能明显，布局科学合理。学校教育装备齐全，教学仪器821种，共16.96万件(套)；学生用计算机206台，配有多媒体教学设备的班级共39个；体卫艺器材98种，共2251件(套)；图书8.32万册。

2017年，设有40个班，在校学生1879人，其中少数民族学生1578人，占83.98%。学校师资雄厚，有教职工190人，专任教师137人，其中，研究生4人，本科105人，大专28人；高级教师21人，中级教师83人，专任教师学历合格率达100%。学校以德育为魂，抓实学生的教育和管理；以质量为本，实施有效教学，提升教学质量；实施广西中小学专业化发展项目，确立以“诚信求实”为校风，以“善教乐教”为教风，以“乐学善学”为学风，以“厚德、尚美、励志、乐学”为核心价值，以“快乐教育”为学校特色发展方向，通过构建快乐教师团队、快乐成长学生、快乐育人环境，培育合格健康、志存高远的少数民族人才，逐步走上了特色化建设道路。

【德育】 2017年，民族中学以德育为首位，深入开展了“全员育人和全方位育人”的德育工作；以质量为重点，强抓“1253”参与式教学课堂；以师德师风为突破口，深化教师队伍建设和教师专业化建设；以规范为准绳，逐步实现了学校内部扁平化管理；以大课间活动为载体，丰富师生校园文化活动。2017年，被教育厅授予“广西壮族自治区民族文化教育示范学校”称号；中考成绩显著，被县委县政府授予2016—2017年度教学质量奖先进单位。

(吴辉翰)

实验中学

【概况】 龙胜实验中学位于龙胜县城桑江北岸开发新区日新路30号，2007年12月动工兴建，2011年8月正式投入使用，总投资1.3亿元。学校原名为龙胜初级中学，2014年3月更名为龙胜实验中学。校园占地面积5公顷，总建筑面积42176平方米。学校规划科学，设计超前，环境优美，功能齐全，配备有教学大楼、食堂大楼、学生公寓楼、教师办公大楼、图书科技楼、实验楼、教师周转房、全塑胶足球草场、田径场、篮球场、体育馆，每个教学班均安装有“班班通”等现代教学设备，实现了办公自动化，备课网络化，教学多媒体化。

2017年有47个教学班，在校学生2306人，其中少数民族学生占92%；有教职工224人，其中专任教师167人。

【办学理念】 2017年，实验中学中考成绩又取得大面积丰收：龙胜唯一6A是来自实验中学82班的朱卫珂同学，5A1B有2人，一等生50人，超额完成任务17人，单科A等有107个，再创新高。学校获国家级国防教育特色学校、桂林市初中教育教学常规管理及教学质量管理先进单位、桂林市学校卫生工作先进单位、桂林市教育系统校园风险管理工作先进集体、桂林市中小学示范图书馆、桂林市学校国防教育工作先进单位称号，获桂林市第九届校园文化艺术节群舞比赛中学组二等奖、桂林市第九届校园文化艺术节课本剧地方戏剧比赛中学组二等奖、花坪杯全国青少年生态文明主题书画摄影征文邀请赛组织奖、龙胜县第八届园丁杯篮球赛男女冠军、气排球赛女子冠军、龙胜县2016-2017学年度教学质量先进单位、龙胜第一届体彩杯乒乓球团体赛冠军。

(吴辉翰)

龙胜小学

【概况】 龙胜小学位于龙胜县城东园路65号，前身为清光绪三十三年(1907年)创办的龙胜厅两等学堂。1976年迁至现址，改名为龙胜镇小学，1998年更名为龙胜小学，迄今已经具有百年历史。解放以来，共培养18个学前班，249个小学班，13个初中班，4个高中班。学校曾获得全国教育系统先进集体、广西教育系统先进集体、广西“校本教研”先进集体、桂林市艺术教育示范学校、桂林市中小学师德教育示范校、桂林市师德建设先进单位、桂林市科研示范校、桂林市科研先进单位、桂林市安全工作先进集体等荣誉称号，是中央教科所“珠心算课题”实验单位、全国“珠心算教育教学实验点”。学校占地1万余平方米，校舍建筑总面积1.1万平方米。校园布局合理，教学设施完善，建立了完善的校园网络系统，实现了办公自动化，备课网络化，教学多媒体化。拥有先进的录播室、多媒体云教室，是桂林市信息化建设与应用示范校；是桂林市示范性图书馆、标准化实验室达标校；拥有乒乓球馆以及较为完善的音乐室、形体室、美术室等专用功能室。

2017年，该校有36个教学班，在校学生1856人。有教职工114人，其中专任教师104人。专任教师中，中高级教师80人，全国科技优秀辅导员1人，自治区优秀班主任5人，桂林市科技拔尖人才3人，桂林市教学能手7人，桂林市优秀教师11人，桂林市优秀校长1人，龙胜县教坛名师2人，教坛新秀7人，十佳班主任7人，十佳教师6人，魅力教师2人。学校以“让你因我而幸福”的“幸福教育”为办学思想。延续“珠心算”“艺术教育”“民族文化”进校园等办学特色，通过“福源于德”“福源于智”“福源于爱”“福源于行”4个维度建设，培养具有“文明、智慧、责任、奉献”品质的新时期少年儿童，使学校成为师生健康成长、全面发展的幸福家园，为师生的幸福人生奠基，学校特色、内涵建设进一步提升。

【毕业典礼】 2017年7月3日，龙胜小学举行六年级毕业班毕业典礼，261名六年级的学生和老师、家长参加毕业典礼。

【桂林市信息化建设与应用达标工作现场会】 2017年7月6日，桂林市信息化建设与应用达标工作现场会在龙胜小学举办，桂林市县(区)教育局的分管、电教站站长及2017年申报项目学校的校长参加现场会。龙胜小学获“2016年桂林市信息化建设与应用达标学校——示范校”(全桂林市仅一所)。

【教育部督导局派员到龙胜巡视】 2017年10月26日，教育部督导局巡视员胡延品、主任科员谢日光在自治区教育厅基教处罗索处长、基建处陈标智处长；市教育局党组成员匡礼顺；龙胜县副县长曾瑞玉，县教育局局长梁昌群等领导的陪同下来到龙胜县龙胜小学进行调研，调研组对龙胜小学各项管理工作给予充分肯定。

【校庆活动】 2017年12月22日，龙胜小学举行以“传百年薪火·谱幸福新篇”为主题的建校110周年庆典活动。

(吴辉翰)

科学技术

【概况】 龙胜各族自治县科学技术知识产权局(简称县科技局)，在龙胜各族自治县教育局下挂牌，是全县科技、知识产权及地震防震减灾工作的行政主管职能部门，内设办公室、业务股(增挂行政审批股)，下设直属二层机构龙胜各族自治县科学技术情报研究所(简称龙胜县情报所)。2017年12月，县科技局行政编制4人，机关事业编制2人，实有10人，其中正副领导2人，主任科员3人，副主任科员3人，科员2人；2017年科技项目经费59万元，基本支出(工资、保险等)143.96万元。

县科学技术情报研究所属龙胜各族自治县科学技术知识产权局二层机构，事业编制6名，实有6人，其中，中级职称4人，初级职称2人。

2017年，向自治区科技厅网管中心、桂林科技网管中心、龙胜政府网、县科技信息网、今日龙胜、龙胜茶叶网等网站及媒体发布价格行情和供求信息40条；科技动态信息150篇；投稿80篇，采用60篇。

【科技特派员】 2017年，自治区科技厅从各科研院所、高校选派出17名专家及县农业局、林业局、畜牧局选派26名科技人员组成科技特派员服务团队，为龙胜59个贫困村农业企业、专业合作社开展新品种、新技术、新工艺、新成果的引进、试验示范和地方特色品种的选育、复壮等技术研究，技术指导，提供农业种植、畜牧养殖、农产品加工等技术信息服务。建科技示范基地重点研究龙胜农业主导产业发展方向。

年内共开展各类技术培训566期1.08万人次。其中县科技特派员举办各类技术培训380期，8492人次。累计开展实地科技服务656次，其中技术指导487次，试验示范169次，累计服务达1222天。引进推广新品种69个，其中自治区、桂林市专家引进29个，县科技人员引进40个。推广先进适用技术71项，其中区、市专家29项，村科技特派员42项。引进新设备、新装备2套。攻关解决关键技术问题102项。建立11个养殖示范基地，64个种植示范基地。为13个贫困村提供价值约26万元科技服务设备设施及价值60万元的肥料。

【乡镇科技进步目标考核管理】 2017年，乡镇科技进步目标管理绩效考核由县委、政府、绩效办和科技教育领导小组办公室牵头组织，参照绩效办下发的责任书要求逐条考评，总分100分，占绩效总分5分，各乡镇得分：龙胜镇4.53分，龙脊镇3.73分、泗水乡4.68分、江底乡4.65分、马堤乡4.30分、伟江乡5分、平等镇4.8分、乐江乡4分、瓢里镇4.18分、三门镇4.18分。

【科技计划项目申报、立项、结题及经费管理】 2017年申报桂林市科技计划项目2项，《面向中小企业的桂林市公共技术服务机构培育》获立项，专项资金2万元（合同编号20170118，计划类别创新平台与人才计划）。当年，项目结题市级《平等镇新农村建设科技示范》《油茶高产栽培示范基地建设》2项。按照项目合同书预算及财务制度规定，单独建账，专款专用，接受上级监督检查。

【扶贫包村与结对帮扶】 2017年，县科技局结对帮扶龙胜镇金车村贫困户17户，围绕责任目标，制定17个帮扶发展项目及详细脱贫措施。当年，县科学知识产权局拨款6.14万元资助金车村当年录取的大学生和扶持贫困户发展生产。

【茶叶生产概况】 在自治县“两茶一果+特色养殖”产业发展政策的鼓励引导下，2017年，龙胜县茶园总面积823.53公顷，可采茶青面积647.86公顷，产量1664.67吨。新建百亩茶叶示范基地10个；新建大小茶叶企业（加工厂）32个；茶叶专业合作社15个；通过QS认证的2家，拥有自己商标12家，有扬之水、山水道、龙脊十三寨、云鼎龙脊、龙脊等15个品牌。当年产干茶215.26吨，总产值达2391.42万元。

【茶叶验收与奖补政策兑现】 2017年，龙胜县茶叶产业验收由县农业产业办、茶叶办、林业局联合组成，验收工作于12月5日顺利结束。按照《龙胜各族自治县2017年“两茶一果加特色养殖”建设项目奖补政策》文件，县政府将对新种茶叶合格面积67.86公顷（连片种植达6.67公顷的基地有4个），新建茶叶加工厂4家，硬化厂房面积1124.93平方米，10个茶叶加工厂新增设备62.94万元。项目兑现补助款141.03万元。

【茶叶专业合作社】 2017年，龙胜县有茶叶专业合作社14个，社员1004户，其中贫困户社员290户。合作社多采取“企业+基地+农户”的运作模式，拥有茶叶基地320.60公顷，可采摘的茶113.60公顷，公顷产值45000~105000元。

【业务培训】 2017年8月9日—16日，县科学技术知识产权局组织茶叶办主管领导石怀忠参加“第五届茶业经营管理与产业升级”研修班培训。县茶叶办公室石凌广、杨启忠、石秋平参加“茶叶标准化生产与提质增效”研修班培训。

【茶文化展示与茶产品推介】 平等镇昌背村成功举办第二届春茶文化节。2017年3月25日，龙胜县平等镇昌背村成功举办第二届春茶文化节。活动包括茶园、茶厂观光，采茶竞赛，品饮新茶，观看赏茶戏，打糯粑等活动。

“三月三”春茶品鉴推介会。3月30日，龙胜县茶叶协会组织全县茶叶加工企业，在龙胜龙脊国际大酒店举办“龙脊茶”首届“三月三”春茶品鉴推介会。通过自治区、桂林市专家组成的评审委员会，对各参评茶样严格评审，分别评出红茶、绿茶等不同茶类的第1–3名及优胜者，并颁发牌匾奖励，同时对获奖优质茶叶当场公开拍卖。

“龙脊金秋·风情画廊”系列活动。2017年9月14日—24日，龙胜县委、县政府组织县内11家优秀茶叶加工企业（厂）参加在龙胜镇北岸步行街举办“龙脊茶品鉴展销一条街活动”，现场以展板宣传、茶艺展示、香茗品鉴、销售服务的形式挖掘龙胜茶文化。

古茶树祭祀大典。2017年4月22日，龙胜各族自治县龙脊镇中六村瑶族同依照传统习俗，举办古茶树谷雨祭祀大典，表达对大自然的感恩和尊重，祈求风调雨顺。

【专题考察学习茶产业】 2017年11月14日，龙胜县科学知识局茶叶办一行5人在原三江县人大常务会主任韦宗超的带领下参观三江县三椿科技有限公司茶叶加工厂。考察林溪镇“牙已古茶”，听取了牙已村支书对本地“牙已古茶”的保护开发利用，生产营销宣传、树品牌等方面的介绍。重点对三江县“牙已古茶”近几年的茶园管理、茶叶生产、市场营销等情况作交流讨论。

【林朝赐一行到龙胜考察指导茶叶生产】 2017年11月1日，广西特色作物研究院专家林朝赐一行5人应邀到龙胜县伟江乡考察指导茶叶生产。龙胜县茶叶办、伟江乡政府、乡农业推广站相关人员陪同。专家们现场听取乡农业技术推广站负责人对该乡近年茶业发展情况的汇报，先后实地查看崇林村、甘甲村茶叶生长情况。

【专利申请与授权】 2017年，龙胜完成发明专利申请量56件，发明专利授权6件，超额完成当年全年发明专利受理量绩效任务。各项有效发明专利授权量累计达17件。

【专利资助奖励】 2017年度，依据《龙各族自治县申请资助及奖励暂行办法》，各类资助和奖励43项共计兑现10.32万元。其中，发明专利授权6件奖励6000元。

高山茶园　（潘志祥　摄）

2017年11月1日，广西特色作物研究院专家林朝赐（左二）一行5人到伟江乡考察、指导茶叶生产　（县科技局　供稿）

【第七届广西发明创造成果展览交易会】2017年10月27日—30日，龙胜派员参加广西第七届发明创造成果展览交易会，对外推介龙胜科技创新项目和专利产品。

【专利知识培训宣传普及】2017年，龙胜利用传统会期、科技活动周、“4·26”知识产权日，举办知识产权政策法规、奖励办法、申请流程等知识的宣传活动5场次，发放《专利服务手册》《龙胜各族自治县专利申请资助及奖励暂行办法》等宣传资料1500份；深入相关企业开展企业专利“扫零”工程，帮助发现发明专利，引导发明专利申请，保护知识产权。“3·15”期间，与公安、工商、质监、文化等部门联合执法，开展打击侵犯知识产权专项活动，震慑侵害知识产权的违法行为。

【防震减灾概况】县地震局挂牌在县科学技术知识产权局内。负责地震监测预报、地震灾害预防、地震紧急救援等业务工作，局长由科技局局长兼任。2017年度工作经费5万元，自治区拨付地震背景墙维修2.15万元。

【地震预警系统台网建设】2016年12月28日，动工投建“三门镇同烈小学”“瓢里镇小学”两个地震烈度与预警系统台网（台站）建设，2017年3月土建全面完工，2017年6月22日完成验收，进入设备安装调试阶段。

【防震减灾宣传教育】2017年，龙胜开展形式多样的防震减灾知识宣传。组织县直相关部门在“5·12”防灾减灾日，“六一”国际儿童节深入基层一线，参加县里组织的四下乡宣传活动，宣传防震减灾知识12场次，发放资料6000余份，展出展板8块，悬挂防震减灾横幅8条。

【防灾减灾科普知识进校园】2017年，“六一”期间，市科协、县地震局、科技局、知识产权局、科协、教育局、团委、妇联等部门，在江底乡中心校开展防灾减灾科普知识进校园活动。通过活动，广大中小学生应对地震自然灾难的能力提高了。

【中小学地震应急疏散演练】2017年，龙胜先后在全县16所中小学校人员密集的场所分别开展2次地震应急救援演练，参与师生14110人次。通过防震减灾知识普及、地震应急避险和紧急疏散演练，提高学生的安全意识和自救互救能力。

（王荣清）

水文事业

【概况】2017年，县水文水资源局在职干部职工6人，工程师1人、助理工程师3人、合同工2人。县水文水资源局下辖勒黄水文站、三门水文站2个国家基本水文站；平等、乐江、江口、江底、张家、和平、瓢里、牙寨等8个中小河流自动监测水(文)位站,雨量自动监测站已基本覆盖各乡镇村屯,达46个站点。水文自动监测系统的科学布设,全面提升龙胜河流的山洪灾害防御应急预警预报能力,为地方主要党政领导及防汛有关部门提供灾害防御信息,给防汛减灾决策部署提供科学技术支撑。

【水文业务】 水文监测项目有:雨量、水位、流量、蒸发、水质等项目,并完成各项目的资料收集与整编。2017年为加强提高全民对水文测验设施保护的法制意识,加强《中华人民共和国水文条例》及《广西壮族自治区水文条例》颁布实施的宣传活动,不断完善中小河流雨量、水位自动监测系统站点的设立和预警工作方案,全面提升县域水文预测－预警－预报服务能力,不断拓展水情服务,切实做到精准预警、服务到民。2017年7月1日,龙胜县遭遇20年一遇的大洪水,龙胜水文积极应对,为地方党政领导、防汛指挥部门提供及时准确的水情服务信息,严把预警第一关,“6.28~7.1”强降雨期间,龙胜县中心水文站先后发布洪水蓝色预警13次、洪水黄色预警3次,编发水情快报27期、重要水情信息专报1期、发送水情短信6786条,给党委政府防汛减灾决策部署工作赢得先机。水文服务不断“提质增效”得到地方党委政府的肯定与表扬,并获得“2017年抗洪抢险先进集体”与“先进个人”荣誉。当年,水文部门认真贯彻落实“最严格的水资源管理制度”,助力龙胜县河长制工作的实施,加强县域流域的水质监测,开展省界平等河高弄断面、县界江底断面、水功能区乐江、里茶断面的水质理化全指标分析监测工作,并每月初完成县域“水情月报”“水资源状况报通报”的报送,为水生态环境治理服务工作提供技术保障。汛前及时与县防办举办召开年度防汛抗旱及水文工作会议,全力做好防汛备战工作,着力提高龙胜县重要防洪城镇的防汛预警能力。水文基础性、公益性、专业性发展定位日趋明显,确保水文转职能强服务管理改革工作思路顺利推入常态化。 (屈　锦)

气　　象

【概况】 2017年龙胜各族自治县气象局共有在编职工7人,外聘人员3名,其中:工程师3人,助工4人,技术员3名;本科7人,大专2人,高中1人。3月23日,气象局科技人员到中心街开展3.23气象日活动。

5月12日,气象局科技人员参加“5.12防灾减灾日”宣传活动。

10月20日,气象局科技人员参加十月科普大行动宣传活动。

年内,县气象局在龙胜镇平野村完成农田小气候观测站建设。

年内,完成三门镇洪寨标准化人工增雨防雹作业点建设并通过验收。在温泉景区安装大气负离子检测仪。

【气象业务】 2017,龙胜各族自治县气象局加强了灾害性天气的服务力度,全年共发布《气象服务信息》114期,《专项服务材料》14份,《重大气象专报》4期,发布灾害天气预警信号65次(包括更新不含解除)。在气象公共服务和气象防灾减灾工作加强了以下几个方面的工作:

加强气象防灾减灾方面的工作。继续强化和完善突发灾害性天气实时监测和短时临近预警工作,拓展定量降水估测和预报、精细化要素预报等业务。春季低温冷害、干旱、汛期暴雨洪涝、强对流等重大灾害性天气过程、突发公共事件应急气象保障服务仍是龙胜气象服务工作的重点,2017年共启动灾害性天气应急响应(内部)6次;启动重大气象信息报告党政主要负责人6次。每次灾害性天气的出现,龙胜县气象局都及时、主动、超前地向县领导、防汛办报告了灾害天气防御信息,

龙胜镇平野村气象观测站

（县气象局　供稿）

对于重大的灾害性天气，龙胜县气象局通过移动、联通、电信等通讯公司及时地全网发布灾害预警信息，最大限度地减低灾害带来的损失。

春节黄金周、春运期间、“五一”节、高考、中考期间和国庆长假期间均为公众提供及时准确的气象预报服务。

2017 年，龙胜开展的重大活动多，县气象局在每次活动前提前 3 天提供未来 3 天的滚动天气预报，为政府的工作安排提供气象服务保障，准确的预报和优质的服务得到了县领导和广大群众好评。

深化部门合作。县气象局与农业部门加强农业气象信息、灾害预警信息向农村传递；与有关部门联合组织开展突发性地质灾害应急演练和山洪灾害避险应急演练；与科技部门配合，面向重点人群，深入开展气象科普进农村、进社区、进学校、进企事业活动，大力提升社会公众的气象灾害风险防范意识和能力。

【气象宣传】 全年，龙胜县气象局共开展 4 场气象科普宣讲和气象法律法规宣传活动，完成了《中国气象报》《中国天气网广西站》《广西气象政务信息》等气象部门的重要媒体刊登龙胜气象新闻稿件，全面完成地方煤体和其他气象宣传工作任务。

（伍　钊）

文化·体育

2017 年 4 月 19 日，桂林百姓大舞台在瓢里镇专场演出　　（县新闻中心　供稿）

【综述】 2017年，龙胜重视精神文明建设，文化新闻出版广播电视体育事业得到发展。文化新闻出版广播电视体育的具体业务主要由文新广体局负责。《今日龙胜》出版由县新闻中心负责，《龙胜年鉴》由县档案史志局负责。

全县119个村已实现村级公共服务中心全覆盖。进一步规范文化市场的经营秩序。农村公益电影放映共放映1428场，观众约5万人次，完成了全年放映任务。

举办2017年春节联欢晚会、第38届农村业余文艺汇演等大型文艺演出，积极策划组织第六届梯田文化节开幕式、民族服饰巡游、非物质文化遗产展示、书画展、摄影展、独木龙舟表演等活动。

文　　化

【文化惠民】 村级公共服务中心建设是加强农村基础设施建设的重要举措，集文体娱乐、健康服务、文化学习、宣传教育等功能为一体的惠民工程。2011—2016年，全县已建成66个村级公共服务中心。2017年完成53个村点的村级公共服务中心建设任务，全县119个村已实现村级公共服务中心全覆盖。

【“两馆一站”免费开放】 2017年，龙胜县文新广体局继续实施“两馆一站”免费开放，图书馆、文化馆每周免费开放时间达到42小时以上，乡镇文化站、农家书屋免费开放时间达到30小时以上。强化对免开资金的管理、做到专款专用。在场地排练、上网、图书阅览等方面充分满足广大群众需要，保障了人们的精神文化权益。

继续实施“知识工程”和“文化信息资源共享工程”，全年共接待读者4万人次，外借图书约2.6万册，持证读者0.48万人，新增图书0.65万册，开展各种读者活动15次，约0.39万人参与。购置一台电子图书借阅机放馆外阅读点，方便广大读者不到馆即可用手机扫二维码把喜欢的电子图书带回家。利用流动图书车在传统会期县城三月三、三门、瓢里、泗水、马堤等，开展免费开放宣传推广活动，发放免费宣传资料近3000余份，宣传口袋1500个，展出图书近2000多册。在全县开展“4·23”世界读书日第四届少数民族语言讲故事比赛活动，联合龙胜小学开展“浸润童年、阅读点亮人生”朗诵·古诗词诵读比赛活动，传承民族文化。免费帮助读者利用网络信息查阅资料，解决信息咨询60条，提供文献近百余册，紧跟形势，服务读者。

【农家书屋出版物补充及更新完成】 2017年全县将更新和补充30个农家书屋的出版物。县文新广体局与县新华书店配合，严格按照农家书屋相关目录采购图书，于12月底前将更新出版物全部配送到位，并完成上架工作。

为了使农家书屋真正走进农村群众的文化生活，在拐江村农家书屋开展了“爱老敬老、共筑中国梦——学习中共十九大会议精神”阅读推广活动，在崇楼村开展“龙胜县农家书屋十九大读物配送及2017年出版物更新和农家书屋知识竞猜活动”，当地群众欢迎。

【民族文化、文艺】 非遗工作。在县第六届龙脊梯田文化节，红瑶服饰制作技艺(国家级)、草龙草狮制作技艺(自治区级)、疱颈龙舞(自治区级)等11个非遗项目引起广泛关注。组织龙胜各族优秀非遗传承项目盘瑶《挖地歌》、侗族《六甲歌》、壮族《弯歌》红瑶服饰刺绣技艺参加桂林东西巷“三月三”非遗展演。马堤、瓢里等乡镇传统会期都进行了非遗展板宣传。

完成龙胜第一个红瑶服饰制作技艺传习基地建设并投入使用。成功举办为期5天的第一届红瑶服饰蜡染技艺传承培训班，学员60人。初步完成非遗产项目《壮族豆腐的传统制作》的资料

胜，讴歌了龙胜经济社会建设取得的辉煌硕果。

龙脊镇小寨旅游开寨活动　　（县新闻中心　供稿）

收集整理和拍摄工作。许多珍贵的非遗项目逐步走入人们的视野，被更多人认识。

2017年，县文新广体局组织龙脊镇古壮寨文艺队参加全区2017年“三月三.民族体育炫”体育表演活动，代表桂林市参赛的壮族舞蹈节目《逗球》获体育类表演项目二等奖。

开展全县各乡镇及民族村文艺队的民族艺术辅导，培训30多场次1000多人。经培训、编排的民族文化艺术节目成为瓢里镇开街仪式、龙脊古树茶祭、马堤敬牛节、宝赠村祭萨节、盘坡关公磨刀节、大寨红瑶晒衣节等乡镇村屯节庆活动的重头戏。

充分发挥职能作用，组织“送春联下乡”“送文艺下乡”等一系列新春文化活动和新春足球对抗赛、新春篮球对抗赛、新春气排球对抗赛等新春体育活动，营造了浓厚的春节氛围。参与平等镇广南村“闹春牛”、龙坪村织布节以及龙脊古壮寨景区的开耕节、春社、庙会等民族节庆和民俗传统活动。

举办了2017年春节联欢晚会、第38届农村业余文艺汇演等大型文艺演出，积极策划组织第六届梯田文化节开幕式、民族服饰巡游、非物质文化遗产展示、书画展、摄影展、独木龙舟表演等活动，以不同的表现形式、多角度展示了美丽的龙胜，讴歌了龙胜经济社会建设取得的辉煌硕果。

【文物保护】 2017年1月—6月，龙胜县文物所先后对伟江红军桥、龙胜镇楚南会馆进行抢修。先后对龙脊三鱼共首石刻、红军楼、孟滩风雨桥、平等鼓楼群、红军军委旧址、红一军团政治部旧址、平等红军烈士塔、广南城巡检司古城门、福音堂、广南石硌、潘内碑碣等11处文物保护单位进行年度检查，收集各文物点的年度现状材料和图片。完成352件所藏文物藏品的拍摄和登记，所外的可移动文物拍摄和登记工作也在有序进行。

【文化市场整顿】 2017年，龙胜开展文化市场安全隐患大检查大整治、“清剿火患”、打击侵权假冒、“整顿和规范网吧　歌舞游戏娱乐场所　演出市场经营秩序专项行动”等一系列文化市场集中性专项整治活动。春季文化市场大检查专项行动，集中对出版物市场、演艺场所、娱乐场所违法违规行为的打击和查处。在“扫黄打非”活动中，陆续开展“护苗2017”“净网2017”等专项整治行动。同时根据上级行政主管部门的统一部署，开展网吧等互联上网服务营业场所的专项整治。假日期间和民族传统会期专门派出人员加大市场巡查力度，开展侵权盗版及非法出版物专项整治行动。结合广播电视“村村通”工作，联合公安、工商开展卫星地面接收设施专项整治，查处非法销售和安装卫星地面接收设施的违法行为。

强化全县文化市场稽查执法力度，坚持每周一查，每月一报，先后开展了“零点”“假日”“周日”“凌晨”等突击行动，对各类文化经营单位实行不定期检查、受理社会举报。同时，加强对校园周边的环境整治。截至6月底，出动检查人员70人次，检查经营单位60多家。

【歌咏大赛】 2017年，县文新广体局组织排练并参加"迎接十九大感恩祖国"桂林市庆祝中华人民共和国成立68周年歌咏大赛，取得了优秀成绩。

（赵春兰　蒋　森）

【群众文化】 2017年，龙胜县文联先后开展农历"三月三"全县书画展活动，龙胜第六届"梯田文化旅游节"摄影作品展、六一儿童节少儿书画现场赛，组织文艺家开展"生态立乡·醉美伟江"文学艺术作品采风和创作活动，开展系列的免费公益《耕读讲堂》，丰富人民的精神生活，聚集更多社会群体关注龙胜文化发展，丰富龙胜群众的文化生活。

【文艺创作】 2017年，龙胜作家及文学爱好者在国家级、省、市级报刊发表文艺作品60余篇（幅），编辑出版《龙脊》文学期刊2期。美术、书法会员有12件作品入选市级以上的美术展览，摄影家协会会员作品有18幅入选市级以上的摄影比赛。

瑶族舞蹈表演　（县新闻中心　供稿）

【文化下乡】 2017年，县文联开展"千村万户文艺惠民"文艺村文艺户评选指导工作。马堤乡张家村被评为自治区级文艺村，泗水乡周家村被评为桂林市级文艺村。同年开展助推精准扶贫文艺四下乡、"送万福进万家"、文艺志愿服务、文艺进民族村寨、戏曲进校园等活动，为群众书写春联2000多幅。

（石农兵）

广播电视

【乡镇无线发射基站建设】 2017年，龙胜县村村通广播电视乡镇无线覆盖发射台站项目共有2个：江底乡接龙组、三门镇腊寨组。项目总投资180万元，其中自治区投入148万元，桂林市财政投入16万元，县财政投16万元。自治区计划任务下达后，局领导高度重视，成立项目领导小组，细化项目实施方案、合理分工，逐项推进。截至11月底，项目资金全部到位，完成选址、征地、机房新建和外电接入工程。

【公益电影惠及农村】 2017年，龙胜农村公益电影放映工程要求每村每月免费放映一场公益电影，以满足农村群众基本文化需求。年初即结合龙胜地理及气候情况，拟定全县农村公益电影放映计划，并与放映队签订了目标管理责任状，明确了考核奖惩办法。全体放映队员克服了山高路远，道路崎岖，交通不便，部分放映点需要自己肩挑背驮运送设备等困难，每天下乡放映。到12月底共放映1428场，观众约5万人次，完成了全年放映任务。

新闻宣传

【概况】 2017年,龙胜充分发挥主流媒体作用,不断丰富广播电视节目,创新所道形式,提高宣传质量,营造了良好的舆论氛围。龙胜电视台全体新闻记者恪守"三贴近"原则,主动担当社会责任,深入苗岭侗乡瑶寨、下田头、进车间、访群众,推出一大批生动鲜活、文风朴实的宣传报道。开设《喜迎十九大龙胜看变化》《学习宣传贯彻十九大精神》《举全县之力打赢精准脱贫攻坚战》等新闻专栏。截至年底,共编播《龙胜新闻》240期,采写电视新闻稿件1100余条;编播《走进龙胜》《法治龙胜》20余期;制作专题片2部。在中央电视台上稿6篇(条),广西电视台各频道栏目上稿52条;桂林电视台上稿325条。县电视台上送的《龙胜:万人共庆梳秧节多彩活动惹人醉》《龙胜:各族干部群众坚决拥护新一届中央领导集体》《全国人大代表蒋锦坤:两会精神传苗寨脱贫攻坚增信心》《龙胜:打好"组合拳"健康扶贫惠民生》《桂三高速公路正式通车龙胜脱贫摘帽有了"新路子"》《龙胜:抢抓好时节西红柿嫁接忙》等新闻在《新闻联播》《广西新闻》《新闻在线》以及《桂林新闻》《身边》《希望的田野》等各级媒体栏目播出后产生强烈反响。在外宣用稿中传播了龙胜县的经济建设和社会发展成就。

年初举行的2016年度广西广播电视奖、桂林广播电视奖评选活动中《广西首张"农家饭票"在我县白石村售出》《红军长征过龙胜》系列报道、《龙胜非物质文化展播》获自治区、桂林市一等奖,《新闻直击:小小无人机救人帮大忙》获得自治区级三等奖、市级一等奖;《"老赖",真拿你没办法》《桂林龙胜健康养生经典之竹摆春天》获市级二等奖。

县新闻网络信息中心被采用稿件:中央级媒体上稿26篇、区级媒体上稿95篇、市级上稿285篇,被评为2017年度广西日报通讯报道甲等奖、桂林日报通讯报道先进县。

（县新闻中心）

【龙胜广播电台恢复重建】 龙胜县广播电台已经停播近20年,自2015年起,启动恢复重建龙胜广播电台工作。2017年6月6日,龙胜人民广播电台(93.7ZH)重新开播。龙胜人民广播电台共设有自办节目《龙胜新闻》《畅游龙胜》《悦听龙胜》《未来之声》《天气与科技》6个栏目以及定时转播中央和广西电台新闻,节目时间从早上8点开始至晚上22点结束。

出　版

【《今日龙胜》的采编、出版、发行】《今日龙胜》的采编、出版、发行由县新闻网络信息中心负责,为县委宣传部管理的二层事业单位(股级)主要负责全县重大会议、重大活动的采访、编辑工作及《今日龙胜》的采编发行,做好向外的宣传报道工作;负责政府门户网站建设、运行维护、技术支持、安全保护和管理服务,做好政府门户网站栏目的更新和管理,督促、指导、考核单位部门网站内容保障情况;负责电子政务内外网基础平台建设,做好内外网服务器管理和网络安全及各种网络数据、文件的备份等工作;监控网络舆情动态,处置网上突发事件和敏感舆情,开展网络传播秩序整治;负责新闻网站的相关审批监管业务,协调互联网行业相关主管部门加强互联网信息内容管理;负责互联网新闻宣传工作的宏观管理,组织和协调网上重大主题宣传活动;指导、协调新闻网站队伍建设,做好新闻通讯业务的指导和培训;协调开展网络评论和网络新闻宣传的调研、交流工作。

2017年,县新闻网络信息中心共发行《今日龙胜》刊物45期。 （县新闻中心）

【《龙胜年鉴(2017)》出版、发行】 2017年年底，《龙胜年鉴(2017)》公开出版、发行。此年鉴共87.9万字，设特载、大事记、龙胜概况、中国共产党龙胜各族自治县委员会、龙胜各族自治县人民代表大会、龙胜各族自治县人民政府、中国人民政治协商会议龙胜各族自治县委员会、人民团体、法制建设·国防建设、财政·税务、金融、经济行政管理与监督、农业·农业机械化·水利、林业·畜牧业·水产业、扶贫开发·水库移民·招商引资·国有资产投资、工业·旅游、商贸业·服务业、城建·市容·环保、公路管理·交通运输、邮政·信息传输和信息技术服务、教育·科技、文化·新闻出版·广播电视·体育、卫生·计生、社会生活、乡镇概览、先进表彰、附录、索引等28个类目，155个分目，26个次分目，1270个条目，表格17个，串文图片164帧，辑封图片29帧，彩页图片76帧。该书客观真实地记述龙胜县2017年自然、政治、经济、文化和社会等方面的基本情况以及年度大事、要事、新事。

（白明宣）

【《龙脊》编辑出版发行】 2017年，县文新广体局《龙脊》编辑出版《龙脊》文学期刊2期。

体　育

【第29届职工体育运动会、端午节龙舟赛举办】 2017年，龙胜举办第29届职工体育运动会、端午节龙舟赛等体育活动。在第六届梯田文化节中，邀请贵州省台江县到龙胜进行独木龙舟表演。

【体育比赛活动】 2017年春节后，龙胜就开始承办各类比赛活动。3月份，迎新春气排球、篮球、足球三大赛；4月，龙胜传统的全县职工运动会，这项运动会每年4月举行，包括篮球、足球、气排球、乒乓球、羽毛球、棋类等，至2017年已经举办了30年，堪称龙胜的职工奥运会；5月，篮球、足球县内联赛全面开展，联赛一般跨度在四个月左右，每周大约3个比赛日，一直到9月左右结束。9月份结束篮球联赛后，接着开展气排球联赛(需跟篮球联赛错开时间使用体育馆)，赛期大约两个月，每周大约三个比赛日。此外，日常周末白天会开展篮球青少年训练班，乒乓球训练班，自由搏击训练班。暑假、寒假举办一次体育局官方的篮球训练营，时间20天。

此外，每周一至周日晚上七点半至十点，室外篮球场、足球场、田径场都会开灯(下雨除外)供广大体育爱好者打球，散步，跑步，踢足球使用。

【精准扶贫】 2017年，县文新广体局开展文化扶贫工作。扶贫联点为平等镇太平村、泗水乡细门村、龙胜镇崇楼村3个点。90余名干部职工承担了3个乡镇3个村168户贫困户帮扶任务。围绕“经济发展，精准扶贫”主题，切实抓好精准扶贫包村工作，分别制定2017年度精准扶贫结对帮扶工作计划和实施方案，落实责任，精心组织，周密安排。投入2500万元新建53个村级综合文化服务中心，率先在全市实现村级综合文化服务中心全覆盖。逐步完善村级文化服务中心设施配备，投入100万元为25个村级公共服务中心配备开展文化活动的灯光、音响等相关设备。新建的三门镇、江底乡广播电视节目无线发射台站已完成选址和征地工作，正在进行外电架设设计。

向各级各部门争取资金为3个联系村进行村屯道路硬化、亮化，修建文化长廊、便民亭、风雨桥、人饮工程等基础设施建设；引导户贫困户外出务工近200人，务工年总收入400多万元；发动贫困户种植罗汉果、辣椒、西红柿33.33公顷，养牛、养猪400余头(只)，养鸡、鸭4万多只，养鱼1万多尾。严格按照国家“两不愁，三保障”及自治区“八有一超”贫困户退出标准，“十一有一低于”贫困村退出标准的要求，共完成贫困户脱贫摘帽“双认定”80户。

（赵春兰　蒋　森）

医疗卫生和计划生育

2017 年 6 月 9 日，龙胜召开创建国家健康扶贫示范县工作启动会　　（县卫计局　供稿）

医疗卫生

【概况】 2017年,龙胜各族自治县卫生和计划生育局(简称县卫计局)内设:局办公室、财务股、人事股、信息规划股、综合监督股、流动人口计生管理股、科教宣传股、妇幼健康服务股、基层卫生股、计生基层指导股、中医药民族医药管理股、医政医管股、疾病预防控制股、体制改革股、计生家庭发展股。全县公立医疗机构164个,非公医疗机构9个,其中医院2家,基层医疗卫生机构158个,专业公共卫生机构13个。纳入基本医保和新农合定点范围的村卫生室131家。全县医疗机构床位500张。全科医生47人,执业(助理)医师249人,注册护士349人,公共卫生人员211人。获"自治区诚信计生示范县""桂林市人口和计划生育工作先进单位""桂林市人口和计划生育工作创新奖"等称号。

【医药卫生体制改革】 2017年,县卫计局推进医联体建设。桂林市首家紧密型医联体—自治区南溪山医院与县人民医院医联体、桂林市中医医院与县中医医院医联体分别于2017年6月8日、11月6日挂牌运行,南溪山医院、桂林市中医医院共派驻近20名专家到县级医院,迅速提升了县级医院的管理水平和医疗服务能力。

探索建立县域医共体,县人民医院与龙脊镇、瓢里镇、泗水乡卫生院建成医共体,并增挂"龙胜县医院分院"的牌子,每个分院分别派驻执行院长和技术骨干,实现责任共担、技术共享、利益共享,更好地为乡镇群众提供优质、高效、便利、安全的医疗服务,方便群众就近就医治病。

开展药品带量采购,全面推行药品购销"两票制",各医疗机构与配送企业签定"两票制"承诺书,签定"两票制"承诺书的配送企业24家,落实"两票制"的药品品规数428种,占比90.10%。完成10个乡镇卫生监督和计划生育执法资源整合,抓好乡镇卫生计生监督站标准化建设,以龙胜镇、龙脊镇、泗水乡为试点,全面落实卫生计生综合监督执法工作。

【公共卫生服务】 2017年,龙胜全力推进基本公共卫生服务均等化。全县共筹措公共卫生项目资金793.46万元(其中中央财政补助635.46万元,自治区财政补助94.80万元,自治县财政配套63.20万元),人均基本公共卫生服务经费标准提高至50元;全县建立居民电子健康档案12.93万份,建档率81.83%;0~6岁儿童健康管理率94.21%;老年人健康管理率68.6%;高血压、Ⅱ型糖尿病患者和在册严重精神障碍患者规范管理率分别达93.57%、91.2%和92.85%。疾病预防控制工作有效开展。全县免疫规划各类疫苗报告接种率均在99%以上,未发生重大传染病疫情,

2017年,龙胜获桂林市2017年度人口与计生工作先进奖

(县卫计局 供稿)

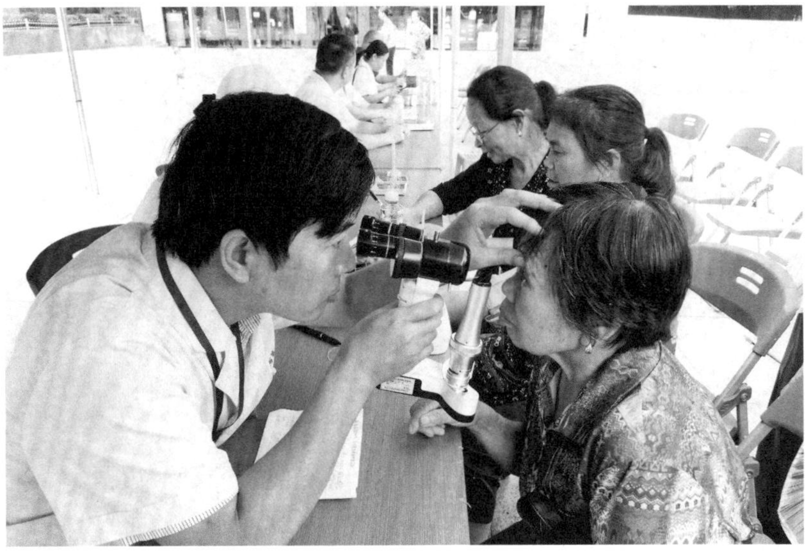

2017 年 5 月，县卫生部门下乡义诊　　（县卫计局　供稿）

慢性病、传染病、重症精神病等重点疾病防控得到增强，代表桂林市接受自治区消除疟疾考核评估，并位居前列。妇幼健康工作得到加强，完成妇幼保健与计划生育人、财、物资源整合，妇幼健康项目、计生技术服务工作有序开展，婚前检查率达 100%、孕前优生健康检查率 100%，争取爱茉莉太平洋基金 50 万元，完成农村妇女“两癌”筛查 11600 例。开展家庭医生签约服务，全县家庭医生签约率为 43.27%，建档立卡贫困人口签约率达 100%、重点人群签约率达 85%，抓好签约服务项目的落实。

【医疗卫生服务能力体系建设】 2017 年，龙胜加强医疗服务质量管理，提高医院管理水平和服务质量。深入开展“进一步改善医疗服务行动”“优质护理”服务，改善人民群众就医体验。基层医疗卫生机构服务能力不断增强。对口支援工作全面展开；投资 3000 多万的乡镇卫生院能力提升建设项目得到有效落实，完成 9 个乡镇卫生院 DR、彩超、自动生化仪、救护车的采购，9 个乡镇卫生院新扩建项目全面开工；完成县财政投资 440 万元实施的村卫生室标准化建设，新建 17 个村卫生室，维修、扩建 35 个村卫生室。继续推行“三好一满意”活动，不断优化服务流程，瓢里镇、龙脊镇中心卫生院获全国“群众满意乡镇卫生院”称号。

【中医民族医药发展】 2017 年，龙胜坚持“中西医并重、发挥民族医药特色”的卫生发展方针，开展民族医药传承和人才培养等工作，县中医医院肛肠科、壮医科为自治区重点建设专科，并通过审核验收；加大基层中医人才培训力度，组织实施“基层中医药民族医药适宜技术培训项目”，各乡镇、村卫生室中医药适宜技术推广覆盖率分别达到 100%、90% 以上。10 个乡镇卫生院均开设中医科，龙脊镇、瓢里镇、泗水乡、龙胜镇、三门镇、江底乡等卫生院完成“中医馆”项目建设并投入使用，不断提升中医药服务水平。

【防治艾滋病攻坚工程实施】 2017 年，龙胜防治艾滋病攻坚工程深入开展。当年龙胜在中央和自治区防艾经费保障的基础上，县级财政落实 2017 年防艾专项经费 17.8 万元。2017 年全县艾滋病新发现报告数 33 例与去年同期持平；在治病人病死率为 0.68 ／百人・年，低于 1 .5 ／百人・年的自治区指标，“两率”指标均达到区级要求。

【基层医技队伍建设】 2017 年，龙胜通过笔试、面试、体检、考核等方式，完成基层卫生医疗机构人才招聘 25 人，不断缓解基层医疗卫生机构人员紧缺的局面。组织全县村医相关业务知识培训达 2 次，乡镇卫生院、县直医疗单位医务人员各种业务培训达 20 次；乡镇卫计办相关人员业务培训 18 次。

【爱国卫生运动】 2017 年，龙胜完成春秋两季的全县爱国卫生运动的开展，发放灭“四害”药物：

灭鼠药510千克、灭蟑药5000多盒、其他消杀药剂500多千克，有效控制“四害”密度。开展清洁卫生活动，要求对全县所有辖区街道、公共场所、市场、交通要道、江河两岸的清理和清扫，通过各种形式的卫生活动，保持城乡的清洁卫生，杜绝了传染病的流行。

在4月7日的世界卫生日活动中开展爱国卫生运动，建设整洁、良好、健康的城乡环境，3月28日，统一组织开展一次环境卫生整治行动。

2017年3月，桂林市副市长何翔（前排右三）到龙脊镇金江村进行健康扶贫调研　（县卫计局　供稿）

【无烟工作】 在当年5月31日的世界无烟日活动中，龙胜在民族广场开展以“拒绝烟草的危害”主题系列世界无烟宣传服务活动，此次共发放控烟等健康知识宣传资料3100份，市民群众咨询550多人次，测量血压、测血糖670多人次，通过此次宣传烟草的危害，提倡健康生活方式。

【文明卫生示范村创建和自治区卫生村创建及卫生村复审工作】 2017年，龙胜文明卫生示范村创建任务共3个，分别是三门镇花桥村花桥屯、平等镇半河村里么屯、乐江乡独镜村上吉康屯，争取上级资金4万元。当年创建工作完成。新创自治区卫生村2个，分别是瓢里镇上塘村塘寨组，泗水乡里茶村排坊屯，等待自治区验收。

【健康教育工作】 2017年，县卫计局同时开展农村健康教育工作与农村文明卫生示范村、农村改厕及健康素养促进活动，教育群众改变陋习，树立良好的卫生习惯，利用传统的会期下乡活动，大力宣传卫生知识，倡导健康优先理念，普及健康素养基本知识技能，围绕重点卫生工作开展健康教育活动，开展戒烟服务，加强艾滋病、结核病等重点疾病以及科学就医、合理用药、烟草控制、食品安全等健康教育开展工作，使人民群众对健康知识有更进一步的了解和提高。

【健康素养巡讲】 2017年，县卫计局利用春节期间返乡农民工较为集中的有利时机，1月—3月，针对辖区返乡群众开展春节期间疾病预防控制集中宣传活动，分别在乐江乡、江底乡、泗水乡、龙脊镇、马堤乡、伟江乡、瓢里镇开展20场健康巡讲。宣传活动以“外出务工人群《预防艾滋病，健康每一天》”“健康中国行—全民健康素养促进活动”“走进基层、走进健康、健康知识进万家”等为主题，宣传内容有《致外出务工朋友的一封信》、麻风病防治知识、H7N9禽流感防控知识、结核病防治知识、居民健康素养66条、23价肺炎疫苗接种知识、老年人健康保健知识等与群众健康生活息息相关的知识。历时20天，累计出动工作人员40人次，发放宣传资料约14530份，安全套3.5万只，制作宣传展板12块，宣传横幅20条，宣传覆盖3119人。

4月16日，在伟江乡甘甲村村委举办了一期以“健康中国行—全民健康素养促进活动”为主题的知识讲座，内容有麻风病防治知识、H7N9禽流感防控知识等，共受教育人员 125 人；

5 月 2 日在马堤乡马堤街开展了一期以“健康中国行—全民健康素养促进活动”为主题的知识讲座，内容有艾滋病、结核病防治知识、H7N9 禽流感防控知识、居民健康素养 66 条，受教育 200 人；

6 月 17 日在马堤乡张家村开展以“我承诺・我做到・爱健康・防艾滋病”为主题的走进乡村宣讲活动及广场舞大型文艺演出，发放《走进基层走进健康健康知识进万家快乐来分享》手册 200 份、发放健康宣传围裙 120 条，共受教育人员 800 人。

【主题宣传活动】 2017 年，县卫计局利用各种卫生日、主题日等有利时机开展健康宣传，主要开展的主题宣传活动：

1 月 29 日，在龙胜县中心广场开展麻风病防治知识宣传活动，通过向群众发放宣传资料、开展面对面咨询、免费诊疗的形式，大力向群众宣传麻风病防控知识，提倡科学生活方式。在此次宣传教育活动中，累计展出展板 1 块，悬挂横幅 1 条，发放宣传资料 400 份，现场接受群众咨询 30 多人次，宣传覆盖 220 多人。

3 月 24 日，县卫计局、县疾控中心、县医院、县中医院、龙胜镇卫生院联合在龙胜县民族广场开展结核病防治知识宣传活动，宣传活动形式有结核病知晓率调查问卷、艾滋病知识调查问卷、结核病知识有奖答题、发放结核病防治知识资料，免费为咨询群众测血压、血糖等。社会各界群众积极参与，近 600 名群众参加当天活动，通过对 200 名群众开展结核病知晓率调查，知晓率达 90%。

4 月 25 日，卫计局、疾控中心在龙胜县中心广场联合开展预防接种、可免性疾病等相关知识宣传、咨询及有奖抢答活动，活动形式主要有悬挂横幅、宣传板报、发放预防接种、可免性疾病相关知识宣传小折页等。参加群众 1000 人，发放手足口病、预防接种知识宣传单各 500 份，礼品 200 份，健康教育知识环保袋 300 个。

4 月 26 日，县卫计局、县疾控中心联合在民族广场开展主题为“出国务工警惕疟疾”的宣传活动，活动现场以面对面咨询，向群众宣传疟疾防控知识与公众健康知识。在此次宣传活动中，制作宣传展板 2 块，悬挂横幅 1 条，发放宣传资料 1000 余份，宣传抽纸 200 份，面对面咨询 600 多人，使群众了解预防疟疾最有效的防治办法是防止蚊子叮咬，外出务工警惕疟疾等知识，增强了群众疟疾防护意识“出国务工警惕疟疾”的意识。

5 月 12 日，县卫计局、县疾控中心联合在县民族广场组织开展全国“防治碘缺乏病日”宣传宣传活动，发放《碘缺乏病防治知识》《坚持食用碘盐、预防出生缺陷》《5 月 15 日全国碘缺乏防治日宣传资料》各 500 多份，印有相关宣传内容的环保袋 500 余份。提高了公众对科学补碘的全面认识，合理食用碘盐，普及碘缺乏病防治知识，从而提高全社会对碘缺乏病工作的认识和支持。

5 月 31 日，县卫计局、疾控中心、县医院、龙

2017 年 6 月，龙胜召开健康扶贫公益基金募捐活动协调会

（县卫计局　供稿）

胜镇卫生院联合在民族广场开展以“无烟·健康·发展”为主题的第29个“世界无烟日宣传活动,围绕以“拒绝烟草”开展了各种形式的宣传、咨询活动。活动现场,免费为群众测量血压,专业人员向过往群众介绍烟草的危害、戒烟的方法,引导和鼓励广大市民积极参与控烟活动,创建无烟环境。活动形式主要有悬挂横幅、宣传板报、发放控烟宣传小折页、现场义诊等。在此次活动中,悬挂主题横幅1条,展示宣传板报2张,印发吸烟有害健康宣传单300余份、宣传环保袋100个,义诊人数60余人,切实唱响了“创建无烟环境,构建和谐龙胜”口号,收到了良好的效果。

12月1日,在龙胜县民族广场开展第30个世界艾滋病日的宣传活动。宣传形式有社区文艺队以“艾滋病预防控制”为主题进行健康知识宣传文艺演出、社区腰鼓队广场锣鼓表演、设立咨询台开展咨询活动、悬挂主题横幅、摆放宣传展板和宣传画、艾滋病知识有奖答题等。共1400多名群众参加活动,428名群众参加有奖知识问答活动。 （覃善疆）

疾病防控工作

【概况】 龙胜各族自治县疾病预防控制工作主要由县疾病预防控制中心负责,承担着全县突发公共卫生事件应急处理和重大及新发传染病防控、慢性非传染性疾病防控、食品安全风险监测与风险评估、膳食营养与健康、环境卫生与健康、学校卫生与健康和卫生监测检验与评价,以及健康体检服务等工作任务。

2017年5月,通过自治区质量监督局检验检测机构资质认定评审复审工作;7月代表龙胜县卫计系统组队参加桂林市卫计委、市总工会组织的卫生应急技能竞赛,获得团体二等奖,个人三等奖;代表桂林市通过自治区消除疟疾考核评估。

【传染病疫情】 2017年,根据龙胜14个疫情网络直报单位报告统计,1—12月份共报告乙、丙类传染病15种,共766例,报告发病率为469.88/10万,死亡8例,死亡率为4.91/10万,病死率为1.04%。其中乙类传染病10种,共260例,占总发病数的33.94%,报告发病率为159.46/10万,死亡8例,死亡率4.91/10万,病死率为3.08%;丙类传染病5种,共506例,占总发病数的66.05%,报告发病率为310.33/10万,无死亡病例。

与上年同期比,报告发病率上升34.07%、死亡下降0.81%,病死率下降26.24%,其中乙类传染病发病率上升20.92%,死亡率下降0.81%,病死率下降18.08%,丙类传染病发病率上升41.98%。

【突发公共卫生事件】 2017年7月,瓢里镇瓢里村桂三高速公路集体食堂发生一起“食源性疾病爆发事件”,发病人数27人,事件报告及处置率100%,无重症及死亡病例,事件等级未分级。

同年11—12月份县民族中学、龙胜镇小学、乐江乡小学发生3起学校聚集性水痘疫情,发病率分别为4.83%、8.35%、14.11%,无重症和死亡病例。

【卫生应急演练】 为加强应对突发公共卫生事件能力,2017年3月中心开展了应对人感染H7N9禽流感疫情应急演练;7月组队参加市卫计委、市总工会组织的卫生应急技能竞赛,获得团体二等奖、个人三等奖。

【重点传染病防控工作】 艾滋病 2017年,龙胜新报告现住址为龙胜县HIV/AIDS33例(HIV18例,AIDS15例),共计开展HIV血清检测11851人份。截至12月31日,已治疗272人。

结核病 2017年,龙胜县共报告新发结核病患者66例,比上年下降4.35%,登记报告发病率为38.82%,可疑就诊病人414人,就诊率为

2.71%，同比增长8.95%，治愈率95.65%，转诊总体到位率100%，对10个乡镇进行4次督导，年内举办县乡村培训2期，参加培训132人次。

疟疾防治 2017年完成常住人口发热病人血检130份，流动人口完成83份。4—11月共捕蚊30次总数3502只，其中中华按蚊1276只。代表桂林市通过自治区消除疟疾考核评估。

肝吸虫等寄生虫病防治根据上级文件要求，中心于10月份开展土源性、食源性寄生虫病检测，共检测1045人，检出肝吸虫606人，阳性率为57.99%；土源性寄生虫44人，阳性率4.21%。

地方病防治 2017年，完成居民碘盐监测300份，结果合格碘盐292份，不合格碘盐8份，碘盐合格食用率97.33%，开展生活饮用水水碘监测50份，结果50份水样均属低浓度水碘。

麻风病防治根据《消除麻风病危害规划（2011—2020年）》要求，对全县麻风疫源地病人家属和周围群众进行皮肤病免费检查146人，随访麻风现症病人1例，访视治愈存活麻风病人11例，筛查排除麻风可疑线索50条，没有发现新的麻风病人及复发征象。

手足口病防治 根据上级文件要求，中心认真落实各项预防控制措施，截止2017年12月31日止，全县共报告手足口病295例，散居儿童占总病例数77.63%，托幼儿童占17.97%，学生占2.03%；成人1.69%；聚集性病例3起；无重症、死亡病例。

人感染H7N9禽流感防控 为有效预防人感染H7N9禽流感在全县境内发生和流行，规范和指导突发疫情应急处理工作，保障人民身体健康和生命安全。中心采取了一系列防控措施，2017年全县无人感染H7N9禽流感病例。

其他传染病 根据自治区、桂林市卫生局工作部署，结合龙胜实际，制定切实可行的工作方案，健全和规范各项制度，加强学校饮用水、食堂、环境、粪便等卫生管理。做好肠道传染病卫生知识宣传，严把“病从口入”关。据疫情统计上半年没有霍乱（副霍乱）、伤寒（副霍乱）、痢疾、甲型肝炎等肠道传染病流行或暴发流行疫情。

【免疫规划】 2017年，累计儿童出生上卡2077人。卡介苗接种率99.44%、脊髓灰质炎糖丸疫苗服苗率99.94%、无细胞百白破疫苗接种率99.77%、白破疫苗接种率99.95%、含麻疫苗接种率99.83%、流脑A群疫苗接种率99.71%、流脑A+C疫苗接种率99.55%、乙脑疫苗接种率99.77%、甲肝疫苗接种率99.83%、乙肝疫苗接种率99.60%，乙肝首针及时率为89.58%。

【卫生监测与检验检测工作】 2017年，龙胜开展从业人员健康体检3321人，生活饮用水水质监测133份，食品监测175份，食用碘盐监测300份，HIV及梅毒血清抗体检测各454人份，公共场所监测47份。2017年5月份通过自治区质量监督局检验检测机构资质认定评审复审工作。

食源性疾病监测工作：2017年完成食源性疾病监测任务共251例。

【健康教育】 2017年，龙胜下乡举办健康知识讲座40堂，共悬挂横幅120条，展板宣传150块，发放健康宣传资料及宣传物品共20万份，使群众对各种传染病、慢性病的防治进一步得到了解。

【基本公共卫生管理】 2017年，龙胜对全县10个乡镇卫生院的基本公卫进行3次考核，2017年与广西脑科医院开展了一次精神障碍患者筛查、诊断、评估、救治及管理治疗工作。（戴桃梅）

【精准扶贫工作】 2017年，该中心在精准扶贫工作中资助贫困大学生学费5600元，资助龙胜镇都坪村水寒山组修建丛杉水库至水寒山公路3万元，资助瓢里镇上塘村开展疾病防控工作经费2万元。同年县疾控中心业务综合楼建设项目已竣工。

县人民医院

【概况】 2017年,龙胜县人民医院有在职职工367人,其中卫技人员309人(副高职称21人,中级职称87人,初级职称187人,暂未获专业技术职称14人)。当年总诊疗人数157779人次,比上年同期增长6.9%,其中门诊人数114568人次,比上年同期增长8.1%,急诊人数42702人次,比上年同期增长3.2%;入院10313人次,比上年同期增长6.2%;出院12175人次,比上年同期增长5.6%;病床使用率为83%,比上年同期增长5.1%,手术人数2472人,比上年同期增长15.7%。

【医疗服务改善】 2017年,县人民医院成立进一步改善医疗服务行动计划活动领导小组,制定活动实施方案,认真组织实施。优化诊区设施布局,营造温馨就诊环境。合理分布各专业诊室和医技检查室,有效引导和分流患者,挂号、划价、收费、取药等服务窗口等候时间原则上小于或等于10分钟。做好就诊区域环境卫生整治,加强卫生间等基础环境管理,保持干净、整洁、安全、舒适。为患者提供饮用水、应急电话、轮椅、纸、笔等便民设施;放射检查时为患者提供更衣条件和符合规范的放射防护。对患者进行持续生命监测的整体护理,实行无家属陪护管理,医护人员及时、准确掌握病情,减少并发症发生,提高抢救成功率,保证医疗护理安全。

推进预约诊疗服务,有效分流就诊患者。根据院实际情况,目前只开展口腔、产前检查复诊现场预约。双向转诊只开展与上级医院双向转诊,全年共转诊587例。

尽量做到合理安排检查设备和人力资源,缩短检查等候时间和出具检查报告时间。认真落实应急救助制度,对于需要紧急救治,但又无法查明身份或身份明确无缴费能力的患者,必须及时救治,不得以任何理由拒绝、推诿或拖延救治;对急性心脑血管疾病、严重创伤、急危重孕产妇、急危重老年患者、急危重儿科患者,开通绿色通道,先救治、后缴费。经过健康扶贫行动,该院成为先诊疗后付费就诊机构,至10月底,就诊达189例。

加强医院信息化建设,通过信息化手段改善医疗服务。医院远程医学中心建成开通,为全县患者提供高效、便捷的远程诊疗服务。推行电子病历、费用结算、在保障患者隐私的前提下,提供影像、检验结果自助打印服务。

完善入、出、转院服务流程;设立住院服务中心,为行动不便的住院患者提供陪检等服务;开展患者出院随访,利用电话和必要的面谈等多种形式开展随访,该院各临床科出院患者随访率大于或等于40%,妇产科、儿科出院患者随访率达60%。

落实患者安全措施,加强合理用药,推广临床路径,诚信诊疗收费,推进检查结果互认,2017年该院临床路径有病种36个,直报单病种10个;检查结果互认近7.5万人,一定程度上减轻了病人的经济负担。

实施以病人为中心的服务理念,落实护士床边护理服务,包床到人,动态评估患者,依据患者需求提供连续、安全的基础护理和专业技术服务,对出院患者进行电话回访,开展长期延续的健康教育指导。

推进三调解一保险机制建设,规范院内投诉管理;在显著位置公示投诉管理部门及其联系方式,在门诊部、住院部设置投诉举报箱,并同时开放多种渠道,收集患者意见,确保投诉举报途径畅通。全年处理医疗投诉(纠纷)例,无医疗事故赔偿。

注重保护患者隐私,执行"一室一医一患"诊查制度,多人病房设置帘子保护设施。

【医联体协议签订】 2017年6月广西壮族自治

区南溪山医院与龙胜各族自治县人民医院签订医联体协议，龙胜县人民医院正式挂牌成为“广西壮族自治区南溪山医院龙胜分院”，龙胜分院从优化医院管理和提高医疗服务能力两个方面着手，逐步深入开展工作，取得了初步成效。

【基层医院建设】 2017年10月，县人民医院与龙脊镇卫生院、瓢里卫生院、泗水卫生院建立医共体，分别成为龙胜县人民医院分院，6位管理和专业技术人员派驻，分别担任分院执行院长和临床科室护士长。派驻人员到位后，展开调研工作，提交调研报告，提出改进措施，制订工作规划；完善管理制度与流程，加强对医疗质量监管；提高技术人员的业务能力。

【对口支援工作】 2017年，县人民医院对口支援的乡镇卫生院是乐江乡卫生院，同时继续接受了区南溪山医院、中南大学湘雅二医院、广西医科大学第一附属医院、桂林市人民医院、桂林市第二人民医院对口支援和帮扶。

【药品比例及新农合住院病人费用严格控制】 2017年，县人民医院进行收入结构调整，严格控制药品比例，增加医院的可持续发展能力和抗风险能力，使患者以最低的费用享受到最优质的服务。全年，全面落实药品网上招标采购，实行零差率，严格坚持合理检查、合理用药、合理治疗，纠正滥开检查，开大处方的行为，制定以常用药物为主的《基本用药目录》，在用药结构和用药范围上，对临床用药进行指导控制，建立临床用药管理制度，严格控制贵重药品的使用，使药品比例逐渐下降，有效控制了药品费用的不合理增长。有效控制了新农合病人住院费用。

【人才梯队建设】 2017年，县人民医院继续采用“院内培养和院外引进”的方式不断充实人才队伍，提升专业技术人员的整体素质，1月—10月，外出进修6人，其中检验人员1人，护士5人，参加学术会议及学术交流67人次；院内业务讲课36次，其中护理12次、医疗10次、各类二甲复审培训14次。另外，招聘引进6名护理人员、临床人员4人。

【医院常规管理工作】 2017年，县人民医院一直坚持的质量管理工作是医院常规管理工作主线，其涵盖面非常广，有医疗质量管理、护理质量管理、感控质量管理、后勤财务工作质量管理、医疗设备质量管理、新农合工作质量管理等等，各职能部门都是围绕工作质量考核标准开展工作，基本涵盖了医院的日常工作，既包括工作环节质量管理，也有医疗纠纷防范、“三基三严”培训、人才培养、教学工作等等，每月都进行工作质量检查反馈，并对检查中发现的问题按照《龙胜县人民医院内部管理规定》进行奖惩。每次在质量反馈会后接着召开工作协调会，对检查中存在的问题提出整改措施并落实责任人，次月工作协调会上反馈整改措施落实情况。 （欧国能）

县中医医院

【概况】 2017年，龙胜县中医医院有在职职工130余人，床位120余张，开设有急诊科、老中医门诊、糖尿病专病门诊，普通外科、肛肠科、骨伤科、康复医学科、内儿科、脾胃病科、口腔科、妇科、皮肤科、民族医药科、麻醉科、医技科(放射科、检验科、B超心电图室)、药剂科等。医院诊疗设备配套齐全，拥有麻醉机，呼吸机，高频电刀，腹腔镜，全自动生化分析仪，全自动血、尿分析仪，数字化X线成像系统(DR)，西门子CT，电子纤维胃镜，骨科床边X光机、C臂机、彩超、阴道镜、妇科三氧治疗仪、熏蒸仪、电子中药煎药机等先进医疗设备。县中医医院坚持始终以突出中医特色，中西医结合该院坚持始终以突出中医特色，中西医结合，疗效确切为长期

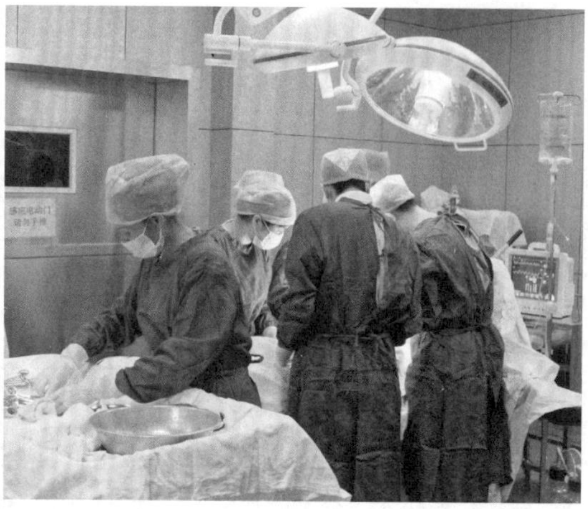

左图：县中医医院医大楼；　右图：县中医医院医务人员在工作　　（县中医医院　供稿）

追求的战略目标，狠抓中医专科专病建设，肛肠、骨伤、脾胃病及康复科、糖尿病专病是该院重点发展的特色专病、专科。同时，该院专家收集、挖掘、整理了一大批民族医药验方、秘方和特色诊疗技法，对于治疗各类常见病、疑难杂症等均具有显著的效果。充分发挥了中医药“简、便、验、廉”的特点与优势。全年，门诊40282人，住院治疗2718人。

【与桂林市中医医院建立紧密型医联体】 2017年11月，该院与桂林市中医医院建立紧密型医联体，该院的医疗水平和服务水平得到提升。（伍海春）

妇幼保健服务工作

【妇幼健康主要指标】 2017年1月—10月，龙胜县孕产妇死亡率为0，婴儿死亡率为5.48‰，同比(3.40‰)上升2.08‰；5岁以下儿童死亡率为6.09‰，同比(6.50‰)下降0.41‰；出生缺陷发生率为96.91/万，同比(54.84/万)上升42.07/万；住院分娩率为99.94%、孕产妇系统管理率为71.52%、5岁以下儿童健康管理为6986人。

【出生缺陷防治工作】 2017年1月—10月，全县婚检率达到100%，较去年同期提高14.49%；国家免费孕前优生健康检查1562人、为1639名育龄妇女免费补服叶酸，产前筛查率为82.93%、新生儿疾病筛查率达97.93%、新生儿听力筛查率达97.50%，出生缺陷的三级预防措施进一步得到夯实。

【母婴“三病”阻断工作】 2017年，龙胜为1428名孕产妇提供HIV筛查检测服务，孕产妇艾滋病检测率达到100%，筛查出阳性孕妇1人，阳性孕妇抗病毒药物应用率100%，阳性孕妇所生婴儿抗病毒药物应用率为100%；孕产妇梅毒和乙肝检测率均达到100%，为84名乙肝表面抗原阳性孕产妇所生新生儿免费注射乙肝免疫球蛋白，乙肝免疫球蛋白注射率达到98.82%，有效保护了儿童身体健康。

【妇幼健康服务】 2017年，龙胜贫困地区儿童营养改善项目共发放儿童营养包721440包。落实免费计划生育技术服务政策，完成免费技术服务496人次，免费发放避孕药具11种，受益群众达47872人，药具使用率95%，有效率99.8%；完成妇幼保健与计划生育人、财、物资源整合，妇幼计生健康服务工作已经有序开展。

【贫困地区妇女“两癌”免费筛查】 2017年1月—10月，县妇幼保健院完成宫颈癌筛查人数4711人，任务数5800人，完成率81.22%。乳腺癌筛查

2017 年 6 月，龙胜举行“两癌”筛查项目启动仪式

（县卫计局　供稿）

人数 4890 人，任务数 5800 人，完成率 84.31%。“两癌”确诊个案治疗随访率 100%。

【全国妇幼健康优质服务示范县创建】 根据《国家卫生计生委关于实施妇幼健康优质服务示范工程的通知》要求，2017 年，龙胜县妇幼保健院完善基础设施建设，优化服务流程和美化就诊环境，加人才培养、提高危重孕产妇救治能力等方面努力打造健康优质服务的品牌，5 月、10 月分别通过桂林市、自治区的督导检查。

【对口支援工作】 2017 年，县妇幼保健院与桂林市妇幼保健院建立妇女儿童健康医联体，在市妇幼的传、帮、带等多种形式的帮扶下，产、儿科的专业技术水平有了进一步提高。特别是在麻醉医师紧缺的情况，多次得到了市妇幼麻醉专家的对口援助，先后派 2 名麻醉专家到县妇幼保健院参加手术麻醉工作，为孕产妇急救抢救工作保驾护航。桂林市妇幼保健院领导、专家分批到院进行指导工作，开展产科、儿科、两癌普查、妇科内分泌等专题讲座 5 期，妇幼人员在院内就可以接受上级专家的亲自指导和授课。

同时，县妇幼保健院开展对口支援马堤卫生院工作，院领导班子 4 次到该院进行座谈调研，拟定帮扶计划，安排产科、儿科、护理专业技术人员轮流到卫生院开展诊疗帮扶工作，为该院解决了一批急需的办公桌、候诊椅、档案柜、电脑、打印机等总价值 4 万余元。

【妇幼项目培训】 2017 年，县妇幼保健院围绕妇幼健康服务项目，全年组织举办 5 期项目培训班，共培训 540 人次的妇幼保健与计划生育、妇产科、儿科、地贫防治、信息管理、“两癌”筛查、母婴阻断等技术骨干。选派 6 名专业技术骨干到桂林医学院附属医院、桂林市妇女儿童医院进修培训，派产科、儿科医生、护理、医技等专业技术人员参加区、市妇幼健康服务业务短期培训 86 期，培训 169 人次。

【基础设施建设】 2017 年，县妇幼保健院投入 200 万元更新医院管理信息化软件和硬件，努力优化新农合、医保报帐流程，为群众创造方便快捷的健康服务。与此同时，利用自治区县级妇幼保健院能力建设项目资金，公开招标采购了三维彩色 B 超、全自动生化以及产儿科必备设备一批。

（廖江涛）

计划生育

【人口自然变动情况】 2017 年，龙胜县年初总人口为 183316 人，年末总人口为 183744 人（不含外出打工半年以上人口），出生总人数 2009 人，人口出生率为 10.93‰；死亡人数为 1360 人，死亡率

7.40‰；人口自然增长率3.54‰。

【政策生育率及人口出生政策外生育构成符合】2017年，龙胜人口出生2009人中符合政策生育1907人，符合政策生育率为94.92%，其中：一孩出生718人；二孩出生1163人，符合政策生育1156人，二孩符合政策生育率为99.40%；三孩出生128人，政策外29人，政策外多孩率1.44%。

政策外生育构成：全县政策外生育102人，其中：一孩非婚、早婚生育66人；二孩非婚生育7人；三孩超生、非婚生育29人。

【人口出生性别比、孩次构成】2017年，龙胜人口出生孩次构成：根据年报数据显示，当前统计年内全县出生人口数2009人，其中：男婴1006人，女婴1003人，人口出生性别比为100.3。

【全员人口管理信息系统完成情况】2017年，龙胜全员人口数据库信息准确率达到95%以上；全员人口数据库信息变更及时率达到95%以上。

【家庭发展、计生奖励扶助工作】2017年，龙胜认真抓好国家、自治区、市、县各项计生奖励扶助工作。当年，年满60岁的农村部分计划生育家庭奖励对象395人，退出奖励对象36人，累计上报奖励对象2650人，共计发放奖励对象1640人，资金380.16万元。

新增国家农村部分计划生育家庭特别扶助对象8人，累计上报特别扶助对象24人，发放资金24.768万元。

新增区（年满55~59岁）农村部分计划生育家庭奖励对象422人，变更退出奖励对象392人，累计上报奖励对象1438人，共计发放1436人，资金103.206万元。

新增（年满49~54岁）农村部分独生子女计生家庭贡献奖对象454人，变更退出奖励对象75人，累计上报奖励对象1142人，发放资金34.26万元。

2017年第一季度和第二季度农村部分计划生育家庭一次性奖励82户，总计发放奖励金8.62万元，兑现率100%。

【诚信计生工作】2017年，全县落实79.30万元诚信计生工作经费，坚持实行人口计生工作“一票否决”制度，坚持合并不减编不减员的原则，保持原有的编制，巩固原有的计生队伍，10个乡（镇）设立了卫计办，全县乡（镇）共有计生编制55人，有干部职工64人，实际在岗人员64人。配强配齐村级计生专干124人，村级计生专干为村民委副主任待遇，每人每月工资1100元；县财政每年发放村民小组人口管理服务员及诚信计生小组长报酬56.38万元，开展计生专干、大嫂子队长、诚信计生小组长的培训9期。做好实行计划生育政策待遇的落实，2017年兑现非财政拨款企事业单位计划生育家庭职工退休增加5%、10%退休金，659人退休，共68.66万元。

2017年5月，桂林市卫计委领导到龙脊镇金江村进行健康扶贫调研

（县卫计局 供稿）

【依法行政,文明执法】 2017年,龙胜组织县、乡(镇)两级全县开展下达社会抚养费征收任务,减轻农民负担专项自查自纠工作。通过自查自纠全县在下达社会抚养费征收方面不存在下达社会抚养费征收任务。严格遵守自治区关于行政执法“六个制度”或“七个不准”的规定,开展行政执法工作。全县违法生育102件,立案102件,全县违法生育立案100%。

【流动人口服务管理工作】 2017年,龙胜县流动人口5647人。育龄人数3893人,已婚育龄妇女1703人,持有婚育证明1552人。流向外省70人,省内市外341人,市内县外590人。已录入数据库人数4625人。在开展流动人口计划生育公共服务均等化示范点工作中,充分发挥流动人口服务管理职能,不断拓展工作思路,扩大服务范围,提升服务水平。全县10个乡镇全部将流动人口纳入到户籍人口同宣传、同服务,同时针对流动人口的特点,开展“爱心送温暖”等关爱流动人口主题宣传服务活动,扩大了流动人口知晓自身权利和义务的覆盖面。发放流动人口宣传资料6000多份。开展生殖健康咨询指导,定期为流动育龄人员提供与户籍人口同等的生殖健康检查、随访服务。建立流动育龄妇女生殖健康档案。落实住院分娩、B超检查、计划生育手术等实名登记制度,及时更新相关信息,并实行网络化动态管理。优生促进服务均等化。为流动人口免费提供孕前优生健康检查和出生缺陷干预服务,免费增补叶酸营养素。流动人口免费孕前优生咨询、出生缺陷干预服务率达到95%以上。将困难流动人口计生家庭纳入全县计生关怀项目、特殊家庭扶助计划,每年帮扶流动人口独生子女困难家庭解决实际困难。

【卫生计生监督执法】 2017年,龙胜县完成公共场所许可79件;医师注册10件、医师变更11件、护士注册5件(扁平化收5件);医疗机构许可:诊所5家、卫生室1家、其他医疗机构3家;医疗机构效验:诊所12家、卫生室100家、其他医疗机构17家;放射诊疗单位许可(含换证)2家。重点加强对县直医疗单位、乡镇卫生院、个体诊所及部分村卫生室依法执业情况的日常监督检查。完成国家监督抽检“双随机”下发的医疗卫生、传染病防治任务清单14家,重点监督抽检工作完成率100%。加强县、乡两级联动打击“两非”工作,按规定进行水质消毒,监督覆盖率100%。全面落实卫生计生综合监督执法工作,做好乡镇卫生计生监督站建设,以龙胜镇、龙脊镇、泗水乡为试点开展标准化建设。加强医疗服务质量管理,强化医疗质量监管和医疗安全核心制度,把医疗核心制度纳入医务人员“三基”训练和考核内容,逐级落实医疗安全管理责任制,提高医院管理水平和服务质量。按规定进行水质消毒,监督覆盖率达100%。

【计生家庭关爱保险】 2017年,县卫计局结合“生育关怀行动”、精准扶贫工作,积极探索资助投保与个人投保相结合的方法,拓宽保费渠道和来源。全年县卫计局向县政府申请争取27.5万元资金为独生子、双女户进行投保。全县共有13929人参保,超额完成桂林市计生协会下达的工作任务(桂林市下达任务数为6000人)。

【健康扶贫】 2017年,龙胜县共筹集资金达6740多万元,用于贫困人口医疗保障、实施基本公卫项目、农村妇女“两癌”筛查及基层医疗机构标准化建设等:共投入600多万元为全县贫困人口全额代缴基本医保、大病保险、商业医疗保险参保费;投入300多万元用于贫困患者医疗救助;投入500多万元建立健康扶贫公益基金兜底保障机制;投入20多万元为贫困患者免费送医送药1200多人次;投入440万元进行村卫生室达标建设;投入3700万元进行乡镇卫生院能力提升建设、中医馆建设及医疗设备配置。建立了

“五重医疗保障”机制。构筑了建档立卡贫困人口基本医保、大病保险、医疗救助、商业医疗补充保险、健康扶贫公益基金专项补助政策五道医疗保障线，确保贫困患者住院治疗费用报销比例达90%以上。建立贫困人口“康福保险”抗风险能力机制。由县财政出资为每位贫困人口购买一份“商业医疗补充保险”(康福保险)，投保率达100%。创新“五级四员”帮扶联动机制。全县广大计生协会会员与2443户因病致贫、因病返贫户结对帮扶。去年8月15日在《广西日报》头版头条上以“邻里守望、互帮互助”进行专题报道；在桂林市健康扶贫龙胜现场推进会、自治区计生协会助力健康扶贫龙胜现场推进会上作了经验交流发言。全面落实健康扶贫惠民政策。抓好“三个一批行动计划”，专题部署了大病分类救治工作，对全县82名儿童先天性心脏病、食管癌等9种大病实行集中救治，慢病管理服务达到99%以上；实施好“健康快车”“光明行动”医疗救治计划，对189例贫困患者实施免费白内障手术；建档立卡贫困家庭签约率达100%、贫困慢性病患者签约服务率达98.57%。全县全面启动“先诊疗后付费”服务模式，最大程度方便农村贫困群众就医。自上年11月起取消建档立卡贫困人口基本医保起付标准，基本医保住院费报销比例提高10%，大病保险补偿起付线降至3500元，报销比例提高10%，对农村贫困人口实行医疗保障倾斜。实行医疗兜底保障政策。全县贫困患者住院治疗费用在相关医疗保障救助政策报销后，个人自付费用超过总费用10%的部分由县医疗救助公益基金进行兜底保障。全年共救助贫困人口医疗费用约500万元，发放居民健康卡9878张。

【农村留守儿童健康关爱工作】 2017年，龙胜县农村人口约15.1万人，其中流出人口5029人，占总人口的2.9%。0~16周岁农村儿童总数有24597人，其中农村留守儿童2163人，占总数的8.6%。龙胜强化农村留守儿童健康教育工作。加强对留守儿童的健康管理和服务。落实计划生育家庭奖励扶助政策。为外出务工人员及其家属提供妇幼保健、生殖健康、计划生育服务。将农村留守儿童及其家庭作为重点服务对象，开展多种形式的农村留守儿童关爱服务和互助活动。将农村留守儿童作为健康教育和健康促进的重点人群，开展有针对性地健康教育活动。教师结对帮扶、入户探访、亲情电话等；团县委运用西部计划志愿者、三支一扶工作队等人力对留守儿童开展宝杯计划、暑假“七色光”等志愿服务活动。开展的农村留守儿童健康需求调查，开展营养健康、疾病预防、救助“三优先”活动：营养促进项目落实优先。通过县计生协会落实儿童营养奶粉免费发放80箱，价值约10多万元，发放原则为农村留守儿童优先领取；疾病预防疫苗接种优先。对2100名农村留守儿童开展疾病预防疫苗优先接种；落实部门救助优先。对精准扶贫联系村的农村留守儿童实施优先救助帮扶，对留守儿童特困户、贫困留守女孩优先给予必要的扶持和救济，元旦、春节期间开展“送温暖、献爱心”活动，共走访慰问了290人。选定龙胜镇、龙脊镇为留守儿童健康教育项目试点乡镇，在试点乡镇的中心小学建立两所留守儿童活动之家及心理咨询室，安装视频可视电话，并已投入使用。在龙胜小学、伟江乡民小、龙脊镇小学开展3次生理卫生健康知识辅导课，为留守儿童健康体检260人次。

国家卫生计生委流动人口司委托中国人口福利基金会在全县开展留守儿童健康关爱活动：“‘爱的赋能’——留守儿童远程心理定期帮扶”试点。留守儿童“筝福营”行动在龙胜镇小学和龙脊镇小学开启，拨付启动资金2万元。为两所试点小学各拨付了3万元用于留守儿童活动之家建设，留守儿童活动之家已投入使用。

（覃善疆）

社会生活

2017 年，县城老年人在练太极操　　（县新闻中心　供稿）

婚姻家庭

【婚姻登记】 2017年，龙胜县民政局依法开展婚姻登记工作。截至年底，全县共登记结婚1169例，离婚398例，补发结婚证277例，补发离婚证25例，无一例违法登记事件发生，无有效投诉，登记合格率100%。 （罗春婷）

【“桂林市文明家庭”】 2017年，龙胜杨海英家庭、侯日孟家庭获第一届“桂林市文明家庭”称号。

妇女儿童

【妇女来信来访工作】 2017年，县妇联积极探索职能部门联合接访模式，认真做好妇女来信来访工作，全年共接待处理来信来访案件35起，处结率达90%以上。

【儿童思想道德实践活动】 2017年，县妇联开展家风家教宣传展示活动。在全县举办“好家风好家训好家教”书画、摄影作品征集比赛、“亲子相伴快乐成长”亲子阅读等活动。举办“放飞中国梦·喜迎十九大”“六一”国际儿童节暨表彰“龙胜美德少年”文艺晚会。全县评出了15名“龙胜美德少年”和10名“十佳美德少年”。开展送温暖和关爱活动。县四家班子领导分别带头深入县城各学校及各自联系乡镇、贫困村等19所学校看望慰问儿童特别是留守儿童以及进城务工人员子女，了解情况，鼓励他们努力学习，并送慰问金4.9万元。

【妇女儿童合法权益维护】 2017年，县妇联开展“送温暖”关爱慰问活动。举行“两癌基金”发放仪式，并亲自走访贫困妇女和贫困“两癌母亲”家庭。开展2017爱茉莉太平洋“妆典生命”两癌筛查公益项目，对平等镇、龙脊镇、泗水乡，江底乡29~64周岁的已婚育龄妇女（贫困家庭妇女、留守妇女、流动妇女优先）进行“两癌”免费筛查，惠及妇女1万多人。积极探索职能部门联合接访模式，认真做好妇女来信来访工作，参与妇女儿童案件的陪审，不断畅通诉求渠道，帮助化解矛盾纠纷。成立了由县妇联牵头，县综治办、县法院、县公安局、县民政局、县司法局组成的婚姻家庭纠纷人民调解委员会，并在县法院设立惜缘婚姻家庭辅导室。全年共接待处理来信来访案件35起，处结率达90%以上。

【“儿童家园”建设】 2017年，县妇联共投入46万元为全县小朋友搭建了23所“儿童家园”，顺利完成“儿童家园”建设任务。 （钟秀珍）

2017年11月，县妇联验收“儿童家园” （县妇联　供稿）

青　　年

【志愿者组织体系完善】 2017年，团县委完善志愿者组织体系健全组织网络，全县10个乡镇均建立志愿者组织，团员青年均成为“八桂青年”网络注册志愿者。规范运行体系，全面深化志愿服务团队、志愿服务项目、志愿者实名注册和志愿服务计时工作，全年共有1000多名志愿者参与志愿服务，实名注册志愿者2217名。强化队伍建设，进一步完善西部计划志愿者、大学生联合会、脱贫攻坚志愿者的志愿者队伍组织建设，涵盖基础教育、医疗卫生、农业科技、文化宣讲、基层社会管理、基层青年工作、普法宣传等领域。7月份，举行2016—2017年西部计划志愿者总结、表彰暨欢送会，做好2017—2018届大学生西部计划志愿者的上岗工作，做好组织培训工作，同时修订《志愿者自管委员会管理条例》《志愿者年度考核制度》，通过完善、细化志愿者的管理要求和标准，使志愿者的管理更加科学合理，客观全面。

【青少年组织交流】 2017年，团县委推进其他青少年组织交流，加强青少年组织交流，广泛开展学雷锋活动。全县共青团及青年志愿者组织共结对全县6所中小学学生以“一对一”“多对一”的形式提供志愿服务，包括学业辅导、心理辅导等。注重发挥青少年典型的示范作用，在“五四”“六一”期间评选表彰一批优秀团干、优秀团员、优秀少先队辅导员、优秀少先队员等。在全县少先队中开展“喜迎十九大——我向习爷爷说句心里话”主题活动；港澳台艺术家到瓢里小学开展“彩虹路快乐美术”活动；“大手拉小手，我为创城做贡献”主题活动。组织动员全县青年组织开展“相约三月三·牵手好情缘”单身青年交友联谊、五四青年节“青春同行”交友联谊等活动。

【青年创业就业指导】 2017年，团县委着眼青年创业和就业服务需求，加强对龙胜青年创业就业指导，邀请团市委农青部部长与创业青年开展座谈会；开展创业青年赴桂林市电商节展示产品，与全市创业青年进行多方面交流。在团县委微信公众号“龙胜青年之声”发布就业信息、就业政策、工作岗位等信息。

【青年就业创业见习、大学生暑期实习工作开展】 2017年，团县委坚持开展“1+1”基层培养计划、返乡大学生到机关单位进行暑期实践，共组织返乡大学生50多名，让返乡大学生步入社会进行社会接触，提高个人能力，触发创作灵感，完成课题研究，发挥自己的聪明才智以求和社会有更大的接触，对社会做出贡献的活动。

构建龙胜共青团与人大代表、政协委员“面对面”长效机制，积极组织开展代表、委员调研和倾听等活动，推动针对流动青年、特殊青少年、问题青少年等重点群体的服务工作；西部计划志愿者利用周末和工作下乡的机会到全县10个乡镇的各个村屯对收集到的21名贫困学生家庭情况进行走访、核实，同时为98名贫困学生共送去4.82万元资助

2017年8月23日，团县委组织青年文艺演出　　（团县委　供稿）

2017 年 11 月，团县委召开基层团干部培训班　　（团县委　供稿）

款。此外，联合自治区、桂林市青年企业家协会到蒙洞小学、地灵小学开展“一个阅览室·一只小牙刷”捐赠图书和一套牙刷活动，到马堤小学捐赠校服 300 多套；联合广西区团区委希望办、上海磐古实业有限责任公司到龙脊镇小寨小学捐赠 10 万元改善学校环境；与桂林市团市委、桂林理工大学团委组织带领伟江乡 29 名贫困留守儿童到桂林市体验两天一夜的城市、大学生活，并捐赠 1 万元的学习用品；携手卫计局给龙胜镇爱心教室捐赠约 4 万元进行物资添置与翻新；在重要节庆日在龙胜镇爱心教室与留守儿童开展“庆元旦”“香囊传承，粽子飘香”端午节活动、携手广东省爱心人士举行“情暖四月·江底中心校移动舞台捐赠”活动；联合社会爱心人士，捐赠平等小学价值 14572 元餐桌椅，改善学生就餐环境。各类志愿活动惠及全县五所中心校、10 余所村小，3000 多名学生。

【“青年之家”建设】 2017 年，团县委将“青年之家”纳入年终绩效考核体系。完善活动体系，丰富活动载体，初步形成由团县委统一活动、基层团组织层面活动、“青年之家”特色活动组成的“青年之家”活动体系，围绕学习培训、志愿公益、参观实践、创业就业、普法维权、婚恋交友、文艺娱乐等 7 个方面开展工作。乐江乡“青年之家”是全县唯一一个自治区级示范性青少年综合服务平台，全年服务基层团组织青年 320 人、留守儿童 800 人、返乡农民工 150 人。根据龙胜青年构成、分布、聚集的新特征，建成龙胜镇、马堤乡“青年之家”2 家服务 1193 人。其中团县委组织 17 名大学生西部计划志愿者到龙胜镇“青年之家”开展志愿服务活动，并制定管理制度和值班制度，为青少年提供一个成长平台。

（黄　颖）

老　年

【老龄工作】 2017 年，龙胜高龄津贴有所提高，

2017 年，县老年协会举办“九九”敬老爱老山歌会

（县民政局　供稿）

2017 年 11 月 9 日，全国老龄办领导到龙胜调研老龄工作

（县民政局　供稿）

标准为：百岁老人每人每月高龄津贴 400 元，90~99 岁每人每月高龄津贴 150 元，80~89 岁每人每月高龄津贴 50 元。1—12 月为全县 3900 多名 80 岁以上老人发放高龄补贴 299.49 万元。1—12 月为 1020 名 60 岁以上老年人办理并发放广西壮族自治区老年优待证，为老年人外出、乘车、就诊提供便利。同时，2017 年继续在城南社区开展政府购买基层老年协会养老互助服务试点工作。（罗春婷）

【养老保险基金征缴及待遇发放】 2017 年，全县参加城镇企业职工基本养老保险 8033 人，机关事业单位职工参保人数 4687 人；企业职工基本养老保险基金征缴收入 7661.42 万元，完成全年目标任务 7600 万元的 100.8%。机关养老保险基金征缴收入 5249.05 万元。全年全县城乡居民基本养老保险应参保人数为 8.58 万人，实际参保人数为 84025，参保率达 97.9%；应续保缴费人数为 5.86 万人，实际续保缴费人数为 5.77 万人，续保率达 98.56%，筹集到位城乡居民基本养老保险基金 3591.9 万元，其中：中央、自治区下拨基础养老金分别 2132 万元、513 万元，自治区、县财政对个人缴费补贴资金分别为 162 万元、78.35 万元，丧葬费补助 39 万，征缴参保人养老保险费 667.55 万元。

【企业职工养老待遇发放】 2017 年，龙胜县共有 5098 人领取养老待遇金，1—12 月新增退休人员 199 人，其中特殊工种 3 人、退职 1 人，累计支出 1.38 亿元。办理离退休死亡共 82 人，离退休死亡待遇、丧葬补助费、困难补助费合计 304 万余元；在职死亡 15 人，支付在职死亡退保、本人缴纳养老保险费本息、个人账户计存储额、个人账户累计存储额个人缴费本息、一次性死亡待遇，合计 117 万余元。2017 年 11 月待遇重算，2017 年 7 月—10 月前办理退休的有 116 人。2017 年 7 月根据文件年度调资 2016 年 12 月以前办理退休人员，符合调资 4981 人，月人均

2017 年 4 月，瓢里镇举办老人斗鸟会　（县新闻中心　供稿）

领取养老金 2293.36 元。

【机关事业人员养老待遇】 2017 年 6 月—12 月办理机关养老保险待遇新增人数 75 人，截至年底全县领取机关养老保险总人数 2117 人，累计发放 6129.78 万元。9 月针对 2017 年 1 月 1 日前退休人员进行调资，符合调资条件人员 2015 人，调资后退休人员月人均增资 185.95 元。

【城乡居民养老保险】 2017 年，龙胜县实际发放养老金人数 2.55 万人，截至年底累计发放总金额 2800 万元，发放率为 100%。办理丧葬费人数 663 人，支付丧葬金额 26.52 万元。（肖　儒）

残疾人

【概况】 2017 年，龙胜县持二代证残疾人 8298 人，其中：视力残疾 830 人，听力残疾 1158 人，言语残疾 96 人，肢体残疾 5083 人，智力残疾 341 人，精神残疾 383 人，多重残疾 407 人。

【康复工作】 2017 年，县残联为残疾人适配各类辅助器具 232 件，其中：轮椅 72 张、拐杖 54 支、坐便器 37 个、助听器 46 个、其他辅助 23 件，共投入资金 13 万元，其中中央财政资金 13 万元。给予 20 名在县外康复的儿童提供每人 2000—3000 元的康复训练补助，共补助 4.50 万元，与县中医医院等七家医院签订康复协议，为残疾人康复每人每年提供康复补助 190 元，共计 20 多万元。

【残疾人培训与就业】 2017 年，县残联全年举办培训班 3 期，培训残疾人 133 人（次）；继续打造残疾人就业服务平台与载体，组织参加就业招聘会、扶持自主创业等多种形式的就业援助活动，年内扶持 6 名城镇残疾人自主创业、居家就业，全年新增残疾人就业 5 人以上。对城镇贫困残疾人个体户、灵活就业残疾人的基本养老保险进行补贴，共补贴 25 人金额 3 万元。

对有就业愿望和一技之长的残疾人个体创业就业继续按照《龙胜各族自治县贫困残疾人就业扶持暂行办法》给予扶持。年内全县对 100 名自主创业的残疾人人均扶持 2000 元，完成项目资金 20 万元。项目已全部通过验收。

【残疾人教育】 2017 年，县残联做好交通银行青少年助学计划项目经费发放工作，发放项目经费 1.05 万元，资助高中以上残疾学生 5 人。抓好全县中高等（含特校）学校残疾学生和学前残疾学生的教育资助工作，共发放补助资金 1.65 万元，资助学前残疾学生 9 人、高中（含中专）残疾学生 6 人、特教残疾学生 4 人，大专以上残疾学生 7 人。（吴春玲）

劳动就业

【就业再就业工作】 2017 年，龙胜县城镇新增就业 3354 人，完成年度目标任务 2600 人的 129%，城镇失业人员再就业 663 人，完成年度任务的 104%，就业困难人员再就业 258 人，完成年度任务的 101.2%，农村劳动力转移就业新增人数 4963 人，完成年度任务的 103.3%，全年职业培训 412 人（建档立卡贫困户 114 人），其中：职业技能培训 262 人，创业培训 150 人。职业技能鉴定 296 人，完成年度任务的 59.2%，预计年底完成 100%，城镇登记失业率 2.39%，低于 4.50% 的控制目标。（肖　儒）

【就业平台搭建】 2017 年，县人社局开展“春风行动”等公共就业服务专项活动，搭建就业平台，

2017年6月，县人社局举办就业培训班　　（县人社局　供稿）

促进农村富余劳动力转移就业，在招聘会活动中，有41家企业进场，提供就业岗位4200多个，有3560人求职者进场求职，521名求职人员达成就业意向。还为贫困村、建档立卡贫困户到乡（镇）召开专场招聘会3场，有市内和区外共8家企业到场招聘，提供岗位6000多个，有400多人进场求职，达成就业意向153人。（肖　儒）

居民生活

【城乡居民最低生活保障】 2017年，龙胜县城乡低保月均发放5846户1.8万人次，其中城镇低保649户1202人，农村低保5197户17158人，共筹集低保资金5195万元（含上年结余），其中上级下拨城乡低保资金3575万元；县级配套城乡低保救助资金140万元；累计发放城乡低保救助资金4041万元，其中城镇低保资金489万元，农村低保资金3553万元。全县累计新增城乡低保对象1130户3860人，其中农村低保1090户3784人（含贫困对象524户1861人）；累计停保城乡低保对象1343户4404人，其中农村低保停保1160户4089人（含贫困对象652户2398人）。享受城乡低保对象5656户17623人，其中城镇低保603户1117人，农村低保5053户16506人（含贫困户3052户10348人），低保与扶贫对象重合率为63%。

（罗春婷）

【五保老人生活】 2017年，县民政局严格执行特困人员申请审核审批程序，遵循五保供养标准自然增长机制，落实供养责任和待遇。当年再次提标。城镇特困对象基本生活救助标准每人每月达676元，农村特困对象基本生活救助标准每人每月达371元，同时分别发放全护理、半自理供养对象护理标准至桂林市当年最低工资标准的60%和30%，即分别为每人每月600元和300元的护理标准。1—12月月均发放五保供养对象868人，发放五保供养金额31万元；年累计发放10411人次，发放375万元，使困难群体的基本生活得到保障。（罗春婷）

【城镇居民人均现金收支情况】 2017年，龙胜县城镇居民人均可支配收入31172元，较上年增加2574元，增长9.0%。人均可支配收入中工资性收入人均18203元，占可支配收入的58.4%；经营净收入人均4850元，占可支配收入比重15.6%；财产净收入人均1903元，占可支配收入比重6.1%；人均转移净收入6216元，占可支配收入的19.9%，收入结构与上年基本相当。全年城镇居民人均生活消费支出为17868元，较上年增加1366元，增长9.9%。生活消费支出中，食品烟酒支出6703元，占生活消费支出的37.5%；衣着支出1394元，占生活消费支出的7.8%；居住支出3046元，占生活消费支出的17.0%；生活用品及服务支出1048元，占生活消费支出的5.9%；交通通信支出1893元，占生活消费支出的10.6%；教育文

2017 年,龙脊镇黄洛屯村民出售旅游产品　（县新闻中心　供稿）

化娱乐支出 2155 元,占生活消费支出的 12.1%；医疗保健支出 1275 元,占生活消费支出的 7.1%；其他用品和服务支出 354 元,占生活消费支出的 2.0%。

【农村住户调查收支情况】 2017 年,全县农村居民人均可支配收入 10572 元,较上年增加 996 元,增长 10.4%；其中工资性收入 3540 元,同比增长 10.0%,占可支配收入比重 33.5%；经营净收入 5379 元,同比增长 12.0%,占可支配收入比重 50.9%；财产净收入 290 元,同比增长 15.5%,占可支配收入比重 2.7%；转移净收入 1363 元,同比增长 4.7%,占可支配收入比重 12.9%。农村居民人均可支配收入中,经营净收入占较大比重,其中:第一产业经营净收入 3956 元,占经营净收入比重达 73.5%；第二产业经营净收入 259 元,占经营净收入比重 4.8%；第三产业经营净收入 1164 元,占经营净收入比重 21.7%。2017 年农村居民人均生活消费支出为 6819 元,同比增长 7.7%,其中食品烟酒支出 2703 元,占生活消费支出的 39.6%；衣着支出 225 元,占生活消费支出的 3.3%；居住支出 1419 元,占生活消费支出的 20.8%；生活用品及服务支出 434 元,占生活消费支出的 6.4%;交通通信支出 722 元,占生活消费支出的 10.6%；教育文化娱乐支出 625 元,占生活消费支出的 9.2%;医疗保健支出 589 元,占生活消费支出的 8.6%;其他用品和服务支出 102 元,占生活消费支出的 1.5%。

（黄程颖）

乡镇概览

2017 年 5 月 30 日，县委书记周卉（右一）到龙脊小学看望少年儿童　　（龙脊镇　供稿）

龙 胜 镇

【概况】 2017年,龙胜镇党委、政府贯彻落实中共十九大精神及自治区、桂林市的决策部署,落实“生态立县·绿色崛起”战略,以重大项目建设为支撑,突出抓好稳定增长、改善民生、脱贫攻坚等重点工作,新引进招商引资项目5个并完成落户,总投资额2.7亿元;全镇全社会固定资产投资完成18.95亿元,同比增长77.25%;完成财政总收入5127.5万元,其中:国税收入2618万元,地税收入2458.5万元,财政组织收入51万元。

【精准扶贫工作】 2017年,龙胜镇落实扶贫政策,开展精准扶贫工作。全年,全镇共有374户1425人签订脱贫双认定,尚剩余贫困人口143户499人。年初上报的易地扶贫搬迁规划目标任务数为163户771人,截至年底,有32户157人得县城老乡家园安置房,129户610人的自建房主体工程全面完工并已通过验收领取了补助款,尚有2户4人的搬迁房屋主体工程完工并已上报材料待上级验收,基本完成了年初上报的目标任务数。全镇全年共有56名学生获得雨露计划政策补助,其中本科生13名,补助金额6.5万元,职业学历教育43名,补助金额11.55万元。

完成434户贫困户的产业验收,其中罗汉果产业项目验收79公顷,百香果30.33公顷,辣椒5.53公顷,特色产业蓝莓验收0.87公顷,黑老虎3.07公顷,凤鸡4950只,猕猴桃4.20公顷;共发放建档立卡户产业补助80万元,发放2015年退出户75户的产业补助14.30万元;发放贫困户小额信贷250户872万元,办理贷款贴息36万元。

建立健康扶贫“五级四员”生产生活帮扶联动机制,13个村建有计生协会“五级四员”生产生活帮扶组织176个,567名计生协会会员分别与全镇176户因病致贫、因病返贫的家庭结成帮扶对子。

2017年12月和2018年1月,扶贫工作分别通过了自治区精准扶贫考核组和国家第三方考核组的现场复核验收检查工作。

【农业生产】 2017年,龙胜镇继续推进“两茶一果加特色养殖”的农业生产模式。全镇共完成水稻种植面积746.67公顷,完成柑橘扩种面积23.33公顷,猕猴桃4.67公顷,百香果266.67公顷,完成罗汉果种植426.67公顷,完成凤鸡养殖25万只。动物防疫工作免疫率为100%,全年无重大动物疫病发生。全年完成造林104.47公顷,完成率120.5%。

【农村基础设施建设】 2017年,龙胜镇实施公路及基础设施建设项目53项1679万元,其中:道路硬化及修复项目26项

龙胜镇白岩屯 （龙胜镇 供稿）

2017年12月，县委书记周卉（右一）到龙胜镇白岩屯调研

（龙胜镇　供稿）

年47人次申报临时救助金，全年发放临时救助约11.20万元，发放医疗救助金79.8万元；为65名五保户发放救济救灾款17.3万元，发放救济救灾粮食8.9吨。“7·31”（7月31日）上孟大坪塘火灾的灾后安置妥善，重建工作有保障。

【文体教、计生等工作】 2017年，龙胜镇加大教育投入力度，全面提升教育、教学质量。全面落实“两免一补”政策，学生享受免费营养餐165万元，享受生活补助126.3万元，乘车补助9.34万元，学前困难补助0.41万元，本级财政另行安排教育发展基金10万元。实施“全面二孩”政策；开展全民健身运动，组织参与上级举办的各类传统体育项目。

780万元，水毁项目8项181万元，桥梁涵管项目3项130万元，立面改造工程2项152万元，挡土墙项目5项91万元，村级综合服务中心综合楼及戏台工程等服务项目7项300万元，清理塌方工程4项45万元，累计清理土方4.50万立方米；危房改造工程完成122户，发放补助200.40万元；改厕改厨广泛开展，群众的生产生活和居住条件得到进一步改善。

【重大项目建设】 2017年，龙胜落户该镇的县级以上重大项目22个，项目建设平稳推进。桂三高速已于10月26日全线通车。县城迎宾路完成征地面积88公顷，发放征地补偿费5610万元，当年主道开挖及路面工程进展顺利。

【民生社会事业】 2017年，龙胜镇以基本医疗、基本养老、最低生活保障为重点的社会保障体系不断健全，确保老有所养，病有所医。全年完成城乡养老保险参保9372人；共办理领取养老金2704人，达全年任务的100%。全镇优抚对象165人，共为其发放优抚金65.73万余元；全镇农村低保601户1978人，发放低保金364.82万元，城镇低保497户938人，发放低保金377.69万元；全

【社会治安】 2017年，龙胜镇坚持“打防结合、预防为主、依靠群众”的方针，深入开展“平安龙胜镇”创建活动，继续加大社会治安综合治理力度，发挥综治信访维稳中心和村级综治信访维稳工作站作用，落实领导包案责任制，坚决扫除“黄、赌、毒”等社会丑恶现象。全年共排查出各类矛盾纠纷38起，调处26起，其中“三大纠纷”13起，环境生态破坏3起、民事纠纷5起、其他纠纷5起。拉麻组房屋整体搬迁、县城北岸二期开发、龙脊大道、桂三高速、双洞旅游综合服务区等项目建设纠纷16起；突出信访问题7件，缠访件2件。

【党风廉政建设】 2017年，龙胜镇组织全镇干部认真学习中共中央总书记习近平系列重要讲话、中共十八届四中、五中、六中全会和十九大精神，深刻领悟依法治国和从严治党的内涵及要求，扎实开展“两学一做”专题教育活动。切实加强党风廉政建设和反腐败斗争，以贯彻党风廉政建设

责任制为重点，把镇党委落实党风廉政建设主体责任与全镇经济社会发展各项工作同部署、同落实、同检查、同考核，突出党委书记履行一把手职责和领导班子其他成员的一岗双责。建立正风肃纪廉政约谈制度，进一步健全监督制约机制，畅通监督渠道，深化惠农富农政策资金的督查力度，严查违纪案件，严肃党的纪律，严肃查处发生在群众身边的“四风”和腐败问题。全年共收到群众举报4件，办结4件。查处“四风”和腐败问题案件1起，扶贫领域案件2起，8人受到党纪处分，2人受到政纪处分。（沈修恒）

龙脊镇

【概况】 龙脊镇位于龙胜各族自治县东南部，东北与江底乡接壤，西邻龙胜镇，东南与灵川县青狮潭镇为邻，南连临桂宛田乡，北接泗水乡。行政区域面积237.34平方千米，镇人民政府所驻地在和平村，距龙胜县城13千米。

清乾隆六年(1641年)前，今龙脊镇属地由义宁县桑江巡检司辖，清乾隆六年设龙胜厅后属于龙胜厅南团辖，民国5年(1916年)属南区。民国22年(1933年)属镇南乡。中华人民共和国成立初期，属南区，1952年5月起属第二区，为官衙乡；同年12月26日更名为和平乡；1958年8月30日成立公社；1984年8月，改公社为乡。2014年1月2日，广西壮族自治区人民政府批复同意和平乡由乡建制改为镇建制，并更名为龙脊镇。

2017年末，辖15个村，1个居委会、185个村民小组，4170户15885人，人口以瑶族、壮族为主。

龙脊镇地势呈东北——西南走向，大部为山体陡坡，山岭连绵，地面海拔在238~1916.4米之间，最高点福平包海拔为1916.40米，最低点里排海拔为238米。辖区内主要河流：和平河，属浔江水系。境内矿产资源主要为黄金矿，矿点主要集中分布在大寨金坑一带。2017年全镇工业总产值完成17490万元，财政税收完成816万元，全社会固定资产投资完成63737.1万元。

【脱贫攻坚】 2017年，龙脊镇有贫困户798户3129人(其中2017年动态调整31户128人)，2017年脱贫出列481户1901人，贫困发生率是2.44%。全镇贫困户共有616户发展产业，发放补贴109.6万元。2016年至2017年实施易地扶贫搬迁农户194户899人，其中分散安置173户793人，已全部搬迁入住；集中安置21户106人，已达到入住条件并领到钥匙。完成易地扶贫搬迁154户，完成农村危房改造46户，发放危改款88.20万元。完成全镇贫困户授信737户，全镇有486户已经贷款成功，共发放贷款1448.20万元。全镇享受低保625户2117人，发放资金63.86万元，其中享受低保的建档立卡贫困户有420户1266人。全年843个义务教育在校生享受寄宿生生活补助和营养餐补助款项95.42万元；27个本科、职教学历在校生正在申请“雨露计划”教育补助，金额共18.9万元。创新

龙脊镇政府驻地——和平村　（龙脊镇　供稿）

2017年冬，县委常委、县委办主任郑明旺（左二）在龙脊镇贫困户家中进行调研　（县委办　供稿）

组建家庭责任医师团队、开展“五级四员”互帮互助联动机制，对2017年因病致贫、因病返贫人员270户落实帮扶员810人，其中患九类重大疾病人员10人。全年发放健康扶贫公益金60.21万元。截至年底，因病致贫因病返贫103户。

【阳光选举，和谐换届】 2017年，龙脊镇通过领导到位，宣传到位，培训到位，排查到位，监督到位“五个到位”建立起职责明晰的责任体系，确保每个村都有领导干部联系帮靠，都有机关干部指导督促，每个步骤、每个环节都有明确要求，都有人抓、有人管。依靠这种环环相扣、衔接紧密的工作机制，全镇村（居）“两委”换届选举工作顺利完成。龙脊镇共选举产生村（居）“两委”委员140名，其中村（居）党支部书记16名，村（居）主任16名，村（居）副主任17名，妇女干部31名，占比22.1%。新当选“两委”成员平均年龄45.3岁，比上届降低了1.7岁，大专以上学历人员8人，高中以上文化33人，高中以上文化程度占比29.20%。新一届村（居）两委班子年龄、文化、性别结构明显优化。

【特色农业发展】 2017年，龙脊镇按照“扩规模、提品质、创特色、树品牌”的思路，紧紧围绕“促进农业稳定发展、保持农民持续增收”这一目标，狠抓种养产业优化升级，大力发展“两茶一果+特色养殖”，提升“龙脊”品牌效应。全年全镇种植罗汉果400公顷，种植龙脊辣椒200公顷，种植弥猴桃25.37公顷，百香果233.33公顷，养殖凤鸡、翠鸭17255只，肉类总产量1192.96吨，禽蛋总产量60吨，鱼类总产量112.3吨。

【林业发展】 2017年，龙脊镇紧紧围绕打造美丽龙脊，建设生态文明以及“绿满八桂”造林绿化工程，完成造林91.6公顷，其中杉木85.47公顷，油茶造林4.76公顷，摆竹造林1.34公顷，任务完成率105%。完成发放公益林补助1.01万公顷，2923户，219.5万元；完成古树名木审定163株，其中一级古树3株，二级古树33株，三级古树127株，待审定9株；完成疑似点调查34个有证

2017年，金秋龙脊景区　（龙脊镇　供稿）

2017 年龙脊镇马海村辣椒节辣酱加工演示　（龙脊镇　供稿）

采伐点、30 个林地征占用点、16 个地类误判点；做好 153 名护林员工资发放服装领取工作。

【特色旅游进步发展】 2017 年，龙脊镇以龙脊景区创建国家 AAAAA 景区为契机，抓住桂林国际旅游胜地建设机遇，加大景区的基础设施建设和环境综合整治力度，高标准建设龙脊“国际旅游小镇”。大力支持村组办好各项民族节庆活动，年内成功举办龙脊古壮寨开耕节、平安村梳秧节、大寨村晒衣节等系列民俗节日。加大旅游宣传力度，加大梯田保护力度。依托龙脊梯田的名景效应，积极盘活旅游文化资源家底，增强旅游文化氛围，不断提升整个大景区的旅游质量和效益。截至 2017 年底龙脊景区共接待游客 120.83 万人次，旅游营业收入达 8165.81 万元。

【基础设施建设】 2017 年，龙脊镇投入 231.9 万元落实“一事一议”项目 7 个，其中投入 46.8 万元进行和平村彭家组通组道路硬化，已完成等待验收；投入 48.1 万元完成小寨村下坳田至界上组道路硬化工程；投入 48 万元完成大柳村文化楼工程；投入 39 万元完成黄江村坪岭组道路硬化工程；投入 25 万元完成摆岭村摆岭停车场工程和摆岭村马才屯文化楼工程。全年投资 18.9 万元完成白水村九龙桥头至九龙三组 0.25 千米公路扩宽硬化工程；投资 37 万元完成和平至赵家组 1 千米道路硬化；投资 36.2 万元完成白水村大洞至大竹山 1 千米道路硬化；投资 43.6 万元完成黄江村麻岭至冲壕 1.2 千米道路硬化；投资 26.2 万元完成中六卫生室建设工程；投资 46.1 万元完成龙脊村七星组至岩背 1.2 千米道路硬化工程；投资 88.9 万元完成龙脊村七星组至岩湾 2 千米道路硬化工程；投资 11.2 万元完成金江村金竹至毛坡 0.33 千米道路硬化；投资 81.4 万元完成中六村综合服务中心建设工程；投资 92.1 万元完成白石村综合服务中心建设工程；投入 84.2 万元，完成水毁项目 39 个，并通过验收。

【社会稳定】 2017 年，龙脊镇坚持“预防为主、打防结合、重点打击、标本兼治”的方针，确保了全镇社会经济和谐稳定。全年共调处各类矛盾纠 15 起，信访 36 件，办结率 100%，有效预防越级上访和平稳处置群体性事件；采取有力措施开展反邪教警示教育活动，组织全镇 20 个党支部 573 人观看反邪教警示教育电教片。

【社会事业协调发展】 2017 年，龙脊镇完成新型农村社会养老保险参保任务 8084 人，参保率达 96.65%，系统已签约人数为 5257 人，签约率为 100%，养老保险缴费人数为 5257 人，缴费率达 95.67%，其中银行代扣代缴人数为 5257 人，代扣率达 100%。60 岁以上人员待遇发放人数为 2556 人，发放率为 100%；实现农村劳动力转移就业 542 人，完成全年工作目标 111%；进行农村劳动力技能培训 30 人。全年全镇城乡居民基本医疗保险参保人数 15167 人，参保率为 97.06%。

（曹永光）

泗水乡

【概况】 泗水乡位于龙胜各族自治县中部偏东地区，地处北纬25° 46′ 55″ ~25° 56′ 46″，东经110° 00′ 08″ ~110° 12′ 01″之间，东与江底乡接壤，东南与龙脊镇为邻，南连龙胜镇，西邻乐江乡，北接马堤乡、伟江乡，距龙胜县城12千米，距江底温泉景区20千米，全乡土地总面积167.80平方千米。泗水乡地处山区，全境山高坡陡，海拔高差1690米，境内海拔最高处1916米，最低处225米，由于境内山地高差相对悬殊，局部地区小气候比较明显，形成植物垂直分布地带性与复杂性，海拔1700米以上地区，以北亚热带的常绿、落叶阔叶混交林为主，海拔1700米至1300米以木兰科、杜鹃花科阔叶树种为主，1300米至1000米以木兰科、樟科及壳斗科种的常绿树种为主，海拔1000米以下的低山地带，多以杉木、马尾松、油茶、桐油、毛竹等次生林为主。泗水乡气候温和，雨量充沛，年均气温18℃，年降雨量1500~1600毫米，无霜期300~330天。

清代，泗水属东团。民国二十二年设泗水乡(1933年)，泗水地处寨陇溪、岩底溪、潘内溪、沂潭溪4条小河(溪)汇合处，故名)。中华人民共和国成立后，始属东区(驻地马堤，泗水属东区)，1952年10月改属一区(一区政府设在县城)，1955年9月起属日新区，1957年12月属日新乡，1958年8月30日起属日新人民公社。1961年5月分设泗水公社。1962年7月改称泗水乡，属日新区。1969年2月，从日新区(公社)划出里骆、泗水、潘内，从马堤区(公社)划出河口、水银(细门、周家)5个乡(大队)成立泗水人民公社，1984年8月改称泗水乡人民政府至今。2017年，泗水乡辖周家、细门、三舍、龙甸、泗水、潘内、马骆、里茶、里才9个村，134个村民小组。全乡总人口1.32万人，居住着苗、瑶、壮、汉等民族，其中瑶族占47.60%。

2017年，泗水乡固定资产投资额完成2.62亿；工业总产值达32688万元，同比增长6.18%，其中规模以上工业总产值30492万元，同比增长6.07%。招商引资到位资金5720万元；财政总收入880.41万元，其中国税完成605.49万元，地税完成271.56万元，财政组织收入3.36万元。

【脱贫攻坚】 2017年，泗水乡成立乡脱贫攻坚指挥部，并设立综合协调、宣传、产业发展、基础设施建设、易地扶贫搬迁、公共服务、贫困监测、组织保障、督查共9个专责小组，配齐脱贫指挥部办公室9名工作人员，聘请扶贫信息员11名，共组织9个工作组508人开展贫困户结对帮扶工作。当年，全乡先后召开脱贫动员会、培训会、推进会等大型会议16次。完成易地扶贫搬迁374户，1871人。全年全乡脱贫679户2860人，其中：里才村57户226人，里茶村39户155人，龙甸村(原八滩村)89户388人，泗水村70户270人，周家村71户292人，细

2017年6月，泗水乡召开第十三届人民代表大会第二次会议

(泗水乡　供稿)

2017年11月，县委书记周卉（右三）到泗水乡三舍村进行扶贫工作调研　　（泗水乡　供稿）

门村120户525人，三舍村49户211人，潘内村150户655人，马骆村34户138人。全乡的贫困率从25.30%降至3.80%。

【产业发展】 2017年，泗水乡因地制宜在潘内村、龙温公路一线创建乡村旅游、高产油茶和四季水果种植带，在周家村、细门村、龙甸村、三舍村一线创建凤鸡养殖和罗汉果种植带，在泗水村、马骆村、里茶村、里才村一线创建韩国辣、罗汉果、百香果和四季蔬菜种植带，沿河生态乡村旅游区为主的产业发展雏形。并依托地处龙胜百里旅游长廊和交通便利优势建立了百香果、菊花、猕猴桃、凤鸡等多个特色产业示范基地，辐射带动当地800多户农户发展特色产业。同时引导贫困户发展周期短、资金少、见效快、销路好的种养项目，全年，全乡贫困户发展的“短、平、快”种养项目有罗汉果、辣椒、百香果、黑老虎种植和凤鸡、泥鳅、冷水鱼、土猪养殖等，养殖量达22万多只，油茶11.06公顷，罗汉果240公顷，辣椒153.33公顷，贫困群众脱贫的基础得到不断夯实，发展的动力不断增强。同时，高山半高山一带依托龙胜后花园的优势，大力发展“两茶一果加特色养殖”产业，促进贫困群众多渠道增收。龙胜勇爱油茶基地在各级党委政府的大力支持下积极带领贫困群众增收致富，油茶基地通过技术支持帮扶的方式引导周边群众种植高产油茶166.67公顷。2017年，泗水乡被评为县级“生态林业核心示范区”。

【旅游扶贫】 2017年，泗水乡通过以旅助农的方式，引导和扶持群众发展生态乡村旅游，拓宽群众增收渠道，走一条以生态乡村旅游产业引领其他产业共同发展的道路。完善全乡旅游软硬件设施，旅游活动和从业人员素质的进行全面提升，促进泗水乡村旅游全面升级，不断提高生态乡村旅游对脱贫攻坚的贡献率。在原有乡村旅游开发的基础上，加大了对龙甸村、里茶村、周家村、潘内村等旅游扶贫村的扶持力度，引入企业投入1396万元实施周家村民族风情园和龙甸村里排生态休闲农家乐建设项目，同时积极完善潘内村“龙脊大循环线”的旅游基础设施建设，大力推介里茶村排坊屯农家乐产业，以“公司＋农户”“旅游合作组织＋农户”的方式促进贫困群众增收，积极打造公路沿线乡村旅游黄金通道。如白面瑶寨以“公司＋农户”的方式发展乡村旅游，旅游接待十分火爆，全组14户贫困户可以直接在乡村旅游中受益，人年均可增收近1000元；细门村细门组、里茶村排坊组以“旅游合作组织＋农户”的方式使40多户贫困户直接或间接吃上了“旅游饭”。

【基础建设】 2017年，泗水乡加大基础设施建设力度，大力开展农村道路硬化，安全饮水等基础性设施建设，打破瓶颈制约，加快贫困户脱贫致富的步伐。全年，新增债券671万元及自治区、桂林市财政下拨专项扶贫资金 279.80 万元用于该乡基础设施建设。9 个村标准化卫生室建设全部完成。

【纪委工作】 2017 年，乡纪委认真履行执纪监督问责职责，坚持监督、查处、问责、曝光“四管”齐下，组织开展明察暗访 10 次，立案 5 个，党纪处分 4 人，通过坚持监督执纪问责，把纪律挺在前面，为泗水乡经济社会发展清障护航。

【其他工作】 2017 年，全乡危房改造 150 户。加快通村网络建设，使宽带网络通达每个行政村。新农保缴费超额完成全年任务。计生工作继续保持全县先进行列，计划生育率为 93.60%，出生率为 12.41‰。为加强矛盾纠纷化解和安全生产隐患排查，维护社会和谐稳定，2017 年全乡安全隐患排查 50 余次，矛盾纠纷化解 28 起，没有发生一起安全生产事故。（蒙曾荣）

江底乡

【概况】 江底乡位于东经 110° 14′，北纬 25° 55′ 龙胜各族自治县东北部，与兴安、灵川、资源、湖南的城步四县毗邻，处于两省五县八乡交界之地。乡政府所在地距县城 38 千米，距桂林市 118 千米，省道、三县联网公路穿乡而过，行政区域 251.17 平方千米，辖泥塘、江底、建新、围子、李江、城岭、龙塘、地灵（原地林头）8 个村，108 个村民小组，截至年底全乡总人口 9300 人。境内居住着瑶（盘瑶、红瑶）、苗等少数民族 5100 多人，占总人口 54.5%。

全乡公路里程 185.50 千米，其中省道 16 千米，县道 14 千米。全乡 100% 的村开通移动电话，71% 的村开通程控电话，全乡无线电视覆盖率为 100%，有线电视覆盖率为 60%。

【主要经济指标】 2017 年，江底乡固定资产投资目标任务 2 亿，比上年任务目标增加 7000 万，截止 12 月，全年固定资产投资完成 2.23 亿元，同比增长 63.64%，农民人均可支配收入 12025 元，同比增长 16%。各项主要经济指标基本完成预期目标。

【旅游景点】 境内有素有“华南第一泉”美誉的龙胜温泉景区，距桂林市区 110 千米，距县城 32 千米，位于国家级森林公园内，是国家首批 AAA 级景区，2008 年龙胜温泉景区被评为 AAAA 级景区。景区自然生态良好，森林茂密，峰峦叠嶂，林中泉涌、溪流和瀑布密布，负氧离子丰富，如同天然氧吧，年平均气温在 17 度左右，泉水是从地下 1200 米深的岩层崖缝中涌出，水温在 53℃—58℃之间，含有多种矿物质及微量元素，对各种疾病均有良好的疗效。此外龙胜温泉与岩门峡相邻，该峡谷河水湍急，周边风景优美，是漂流娱乐休闲的理想场所。

“彭祖坪养生康寿大道”位于龙胜各族自治

江底乡政府驻地——江底村　（江底乡　供稿）

县江底乡境内，全长 19 千米，该大道通往彭祖坪生态旅游区，距县城 48 千米，距桂林市 137 千米。该景区属于山前梯地，被“彭祖大梁”和“龙家大梁”在东西两方分割而自然形成高耸的“屋背大梁”和中间盆地。区内地形地貌复杂，山峦起伏，沟壑纵横，谷深坡陡，峰峦层叠连绵，沟谷纵横深切，相对高差悬殊。景区内著名景点有彭祖圣像、彭祖峡谷、千仞山、彭祖瀑布、彭祖飞丝、红头瀑布、彭祖彩溪等。整体资源特色以“奇、险、幽、秀、古”著称。

【特色产业】 江底乡 700 米海拔以上的山地占全乡土地面积的五分之三，加之特殊的地理、气候条件，具备多元化的林下经济作物种植的环境。2017 年，乡党委政府大力发展特色农业产业，念好助农增收“五字经”，积极探索扶持特色产业。充分利用上级惠农政策，持续推进“两茶一果 + 特色养殖”产业。发展种植百香果 53.33 公顷，罗汉果 133.33 公顷，核桃 23.33 公顷，猕猴桃 16.67 公顷，茂谷柑 890 株，蓝莓 4 公顷，努力打响江底特色产业品牌。结合江底山高林密、气候湿润的特点，围绕“靠山吃山”和“物以稀为贵”市场规律，发展种植大叶百合 73.33 公顷、高杆茶 40 公顷，探索打造高端生态产业品牌，走“生态 +”的特色发展之路。依托资源优势，启动地灵村现代体验观光农业核心示范区建设，打造围子牛头片、建新村黄家寨生态农业示范点，组织宣传城岭土坪、建新矮岭、李江金竹等生态休闲养生营地，重点扶持开发建新、围子、泥塘、李江、地灵旅游扶贫，计划培育 100 户旅游扶贫示范户，带动全乡贫困村旅游扶贫产业发展。在全乡大力发展产业的带动下，全乡 145 户贫困户有 103 户发展一种以上产业，可通过生产扶持实现脱贫。

【资源优势】 江底乡山地面积占 72%，是一个典型的“九山半水半分田”的山乡，桑江水系流经乡境，水资源丰富。植被保存完好，境内植物种类中珍惜树种有银杏、长包铁杉、银杉、广东五针松、长柄山毛榉、竹柏、罗汉松、黄杨、红豆杉等数十种。其他珍贵速生优良用材树种还包括兴安楠、栲树、木察、木连、福建柏、杉松樟、泡桐、荷木、杜英、喜树、猴欢喜、枫香、马尾松、椎类、楠竹等百余种树。杉木储积量达 250 万立方米，毛竹储备 2333.33 公顷，森林面积 2.27 万公顷，森林覆盖率为 90%。珍稀动物有娃娃鱼、果子狸、白颈长尾雉、岩羊、狗熊等；矿藏蕴含量丰饶，有钨矿、金矿、铜矿等；风景秀丽怡人，有烟雾飘渺的竹海城岭、南方呼伦贝尔的三十六坡、大坪江一线天草场、矮岭穿岩、观音岩和宋、明、清朝时期的石刻景观等。

江底乡城岭村江口古村落　　（江底乡　供稿）

【精准扶贫工作】 2017 年，江底乡全力打赢脱贫攻坚战，实现农村深度贫困人口脱贫，江底乡加大健康扶贫服务力度，创新举措落实了健康扶贫政策。成立江底乡健康扶贫工作服务站，通过“4+4”结对帮扶服务举措：服务站的党员结对全乡因大病、重病导致的深度贫困户；服务站的积极分子、优秀职工结对帮扶慢性病困难户；服务站的村医，负责各村残疾人贫困户和一般疾病贫困户；服务站每个成员结对帮扶3户“因病致贫，因病返贫”贫困户。通过结队扶贫，贫困人口减少。

【募集健康扶贫爱心公益基金】 2017年，江底乡积极募集健康扶贫爱心公益基金，对服务区内生活困难党员、建档立卡贫困户除享受国家基本药物零差价销售外，补助一切诊疗挂号费。服务站成立以来帮扶贫困户86人、生活困难党员12人，为他们节省共计5.02万元医疗开支。让贫困户真正“看得起病、看得上病、看得好病”，筑牢脱贫攻坚的健康防线。当年8月和10月国家卫计委、桂来市卫计委先后到江底乡调研健康扶贫工作。

【为民办实事】 2017年，江底乡以交通、集镇、通讯、村级阵地等为主的基础设施建设促进生态乡村建设发展。全乡4个贫困村通村道路施工项目全部完成。正在实施贫困村通组道路12千米，计划实施的贫困村通组道路17.90千米，通组桥梁110米。对围子村村级公共服务中心进行进一步完善，建新村、李江村村级公共服务中心建设已基本完成，城岭村村级公共服务中心建设已接近竣工，龙塘村水毁宣传栏的重建工作也在稳步推进。投资70多万元，完成垃圾处理站项目建设。投资2380多万元，完成灌溉渠道2500多米和3个村共9个组农村安全饮水解困工程。投入1877万元，完成江底乡生态乡村美化建设工程项目，对围子村、建新村及江底村的太阳能路灯安置、群众住房立面改造、原有通组路硬化等进行建设。投入2878万元，完成李江村田坳组、建新村黄家寨组的红色旅游工程项目，包含烈士纪念陵园、修复抗战堡垒遗址等建设内容。投入3525万元，完成江底乡2017年道路及沿途绿化便民设施建设项目，对泥塘村、建新村、李江村、城岭村、龙塘村、围子的32千米通组道路实施硬化工程、设置沿途相应安全护栏5千米、新开挖通组道路22千米、设立等车便民亭3座、安装太阳能路灯20盏以及进行部分路基的挡墙建设。

【农村贫困人口救济优抚】 从2016年12月起到2017年11月底止，江底乡民政部门为全乡的336户农户（其中五保户56户56人，其他困难户280户）发放被子258套、毛毯38床、棉衣200件、保暖衣200件、单衣150套、大米8965千克。全乡8个村均进行了在享受低保户和新申请户的入户调查工作，并进行评议、公示。重点对建档立卡贫困家庭和大学生家庭实施救助。截至11月底全乡共有在享受低保户281户，1005人。做好全乡22人农村籍60周岁退役士兵老年生活补贴动态管理，2017年新增1人。

做好参战军人思想工作，预防上访现象的发生。全乡现有重点优抚对象21人，分别为：老复员军人1人（抗美援朝的赵德兴），抗美援越的3人：杨盛辉、赵福田、赵才云（不包括机关、事业上班退休人员），其他参战退役的17人。春节和建军节按照上级的部署有计划的对全乡重点优抚对象进行慰问，让他们充分感到党和政府的关心。

【高龄老人补贴】 2017年，江底乡做好80周岁高龄老人的补贴发放申报工作，包括新增与死亡的动态管理，11月底全乡有80周岁以上老人181位（其中90岁以上21人）。补贴标准有所提高，从2017年1月起提高了补贴标准（即80~89岁的每人每月50元，90岁以上的每人每月150元）。

【社保惠民工程】 2017年，江底乡加强就业服务指导和就业援助，鼓励引导自主创业，为农民工免费提供职业介绍、职业指导、政策咨询、农民工维权等就业服务，发放700余份宣传资料，完成农村劳动力转移输出509人。

全面落实城乡低保、养老等社会保障政策，

要求每个村今年完成参保、续保不少于上年人数。截至10月，全乡已经完成参保4918人，参保率100%，养老金发放人数1473人，发放率120%。

【卫生计生工作】 2017年，江底乡在县卫计局的指导下，紧紧围绕“强基础、升质量、抓落实、上台阶”的工作思路，卫生计生各项工作取得了一定的成绩。截至10月，全乡总人口为9300人，已婚育龄妇女总数1622人，一孩出生人37人，计划外出生2人，属非婚生育，政策符合率为94.5%。二孩出生52人，其中计划内52人，二孩符合政策生育率为100%。三孩出生4人，计划内4人，三孩符合政策生育率为100%。

【特色民族文化】 江底乡保留着完整、原生态古朴、浓郁的瑶寨等民族风情和民族文化，其中盘王节“跳盘王”是当地瑶胞最盛大最隆重的庆祝盛典，活动内容丰富，民族气息浓郁，对当地民族文化的展示和传承具有深远的意义。每年的农历“三月三”传统会期，全乡的少数民族同胞自发聚集在一起，开展民族语言讲故事比赛，弘扬民俗文化，传播社会正能量。另外，龙胜温泉森林公园、九江漂流、楼平界高山草场风光、大山口、黄泥坳、渡江、矮岭、江口农家乐旅游开展形式多样的活动，活动内容有：漂流、江底油茶、竹筒饭、农家饭、贺郎歌、盘瑶歌舞、山歌、杀过年猪、盘瑶庞桶浴、温泉浴。

【党建政务工作】 2017年，江底乡深入开展“打造精品党建，建设宜居乡村”活动，在机关深入开展“服务标兵”活动，不断提升机关工作执行力、落实力、创新力；在农村，努力打造一村一品，努力创建2个党建示范点为示范。以生态民族休闲旅游为主的建新村黄家寨组示范点已完成整体规划及道路建设，花化绿化、房屋改造逐步推进。以产业发展为支撑的围子村牛头组党建示范点，罗汉果、百香果、蓝莓等种植产业已初具规模。

发挥服务型党组织的作用，壮大产业，使党建与产业、与扶贫深度融合发展。结合“七一”表彰，开展推选“扶贫攻坚好支书”活动，树立和宣传优秀村党组织书记典型，展示新时期共产党人的先锋形象，凝聚脱贫攻坚正能量。全乡8个村党支部班子中有2名支部书记带头发展特色产业，种植罗汉果、核桃、大叶百合等，带动39户贫困户脱贫致富。

发挥各村党员、创业致富能人的先锋带头作用，把各村能人资源优势有效地融入到产业发展中，挖掘培养了周小钞、何婵、李祥荣等一批典型人物，通过表彰激励、政策支持、实业培训、招商引资等为各村致富带头人提供各方面帮扶，增强了全乡众多“能人”引领群众摘穷帽的归属感和责任感，做好“传、帮、带”，影响一批、带动一片、产生合力、形成氛围，传递正能量，激发贫困群众自身发展产业的动力。

江底乡村民办旅游　　（县新闻中心　供稿）

【干部队伍建设】 2017年，江

民族占98%，主要以苗、瑶族为主。全境地处山区地带，平均海拔达600米，146省道由龙胜县至城步县穿境而过，交通、通讯便利。

2017年经济质量显著提升，全乡全年完成财政收入119.78万元。其中：国税征收入库71万元，地税征收入库48.18万元，财政部门组织征收0.6万元。全乡完成固定资产总投资1.5亿元，占全年完成计划的100%。

2017年10月，江底乡召开学习中共十九大精神宣讲报告会

（江底乡　供稿）

底乡利用各种会议，抓好党员和乡、村两级干部政治理论学习，切实学习贯彻中共十八大、十九大和习近平总书记系列重要讲话精神，乡机关干部每月集中辅导一次，做到有笔记，有材料，有心得体会。

坚持对农村党员干部进行党的理论、市场经济知识和科技实用技术方面的教育和培训，坚持每季度组织党员和干部收看一次远程教育片。全年，由乡党委牵头，分别以乡、村为单位，培训党员干部职工400人次，组织参加市、县的学习培训4次，中心组理论学习14次。（张　怡）

马堤乡

【概况】 马堤乡位于龙胜县东北部，东与江底乡相连，南与泗水乡接壤，西与伟江乡相连，北与湖南省城步苗族自治县五团镇交界，距县城23千米。全乡辖马堤、牛头、百湾、张家、龙家、芙蓉、里市、东升8个村委会，111个村民小组。2017年，全乡人口1.18万人，其中农业人口1.11万人，占94%，居住着苗、瑶、壮、汉等民族，少数

【脱贫攻坚】 2017年马堤乡坚持把脱贫攻坚作为最大的政治责任、最大的民生工程和最大的发展机遇，定向施策、精准发力，全力打好脱贫攻坚战，确保脱贫攻坚取得实效。全年完成了726户2852人脱贫双认定和马堤村摘帽工作。当年自治区、桂林市及县、乡共选派448名干部结对帮扶1095户建档立卡贫困户，实现驻村扶贫工作队派驻和贫困户结对帮扶全覆盖。推进贫困户产业发展，共验收828户，发放产业补助资金126.66万元。全年扶贫小额信贷累计发放贷款533户83.28万元。完成224户1008人易地扶贫搬迁，共发放补助资金2250.86万元。全年实施农村贫困人口产业培训共38人，贫困家庭学生共105名享受2017年雨露计划学历教育补助资金合计21万元。

【特色农业】 2017年，马堤乡围绕全县“两茶一果＋特色养殖”农业发展规划，立足乡情，推动特色农业新发展。全年完成粮食播种面积731公顷，总产量完成435万千克。共出栏生猪6560头，牛1400头，羊1680只，家禽1.28万只，肉类总产量为866吨。全面完成2017年油茶新造林、2016年油茶抚育、茶叶、营造林等验收工作。罗汉果

2017 年 10 月 8 日，中央电视台在马堤乡张家村拍摄苗族婚礼

（马堤乡　供稿）

种植面积 42.20 公顷，经验收平均公顷产 12.30 万个，总产量达 510 万个，公顷产值 6~7.5 万元。加大对新型农业经营主体的培育和扶持力度。芙蓉村四组 60 户集体注册成立的龙胜青衣苗乡村旅游开发有限公司，在芙蓉种植 10 公顷的油葵，挖掘观光农业潜能。马堤村民合组哈密瓜种植基地共流转 45 户村民共 6.67 公顷的土地，新建 80 个大棚，解决了当地群众就近就业。以马堤乡佳乐食品厂牵头成立的龙胜红生农产品农民专业合作社，发展红薯、罗汉果、杨梅等生产加工、收购销售。食用菌示范基地以旺桂食品有限责任公司为龙头发展马堤乡食用菌种植发展项目，引进云耳、香菇生产和加工，在马堤村杀猪江组建食用菌标准化栽培实施面积 4 公顷，同时在东升村洞背组建一个冷冻库和香菇生产基地 0.67 公顷，当年已在东升、芙蓉、百湾村种植香菇 9 万多棒，全乡食用菌面积达 5 万多平方米。里市村圳头组里盛果蔬专业合作社抓辣椒种植综合示范一个，面积 3.33 公顷，引进指天椒新品种 3 个，并建设 3 个育苗大棚，早春为农户育辣椒苗 30 多万苗。龙胜高山绿园生态农业核心示范区建设初显成效，全年示范区基础设施进一步得到完善，整个示范点的蔬菜复种达 86.67 公顷。

【基础设施建设】 2017 年，硬化道路 35 千米，桥梁 5 座，新开挖砂石路 3 千米，修复水毁路 20 多条，总投资达 1600 万元。新建东升、里市、龙家 3 个村级综合文化服务中心；新建东升木林、马堤大寨等屯级活动设施；在农田灌溉、农村饮水安全巩固提升工程方面投入 38.20 万元，新建污水管道 1 千米，投资 18.83 万元；新建里市村欧子组、东升村洞背、秧地农村饮水安全巩固提升工程；新修张家村洛阳冲、马堤大坪界、牛头村高山组等灌溉水渠。医疗服务设施进一步完善，投资 48 万元，新建东升、牛头标准化村卫生室，维修百湾卫生室，马堤乡卫生院综合楼也破土动工。

【“宜居乡村”建设】 2017 年，马堤乡全面深入开展“宜居乡村”建设。当年建设东升、芙蓉村级垃圾处理中心 2 个，村屯生活垃圾得到有效治理，马堤乡被自治区授予生态乡镇称号，张家村被自

马堤乡芙蓉村油葵基地　　（马堤乡　供稿）

治区评为生态乡村;新建百湾新农村示范点;百湾村百湾组,东升村洞背组、东寨组、木林组、秧地组、落岩组,里市村圳头组,马堤村大寨屯,牛头村大寨屯的被列入第三批广西传统村落名录。全年,全乡完成农村改厨400户,改厕400户的任务数,确保马堤乡“宜居乡村”建设各项工作有序开展。

【社会事业】 2017年,马堤乡城乡居民基本养老保险完成参(续)保人数4299人,参保率完成目标任务的121.69%;发放养老金人数1569人,发放养老金额169.452万元,养老金发放率为100%。全年累计发放农村低保户低保金312.54万元;发放城镇低保对象12户22人,累计发放低保金8.77万元。医疗救助人数111人,医疗救助金额39.27万元,临时救助63人,临时救助金额16.82万元,有效地缓解了城乡贫困人口“因病致贫、因病返贫”的现象。全面提升“诚信计生”工作,按照全县工作要求,全乡8个村100%开展诚信计生工作,诚信计生承诺书协议签订率达98.5%。2017年马堤学子又夺取龙胜高考理科状元。加强农村业余文艺队伍组织和山歌协会的建设。积极组织参加县举办的第六届龙脊梯田文化节活动,进行了苗族婚庆习俗展示。组织了马堤乡马堤村首届“敬牛节”及东升村首届“姑娘节”,提升了马堤乡的知名度。积极探索发展周末乡村休闲旅游。张家塘苗寨已经接待游客3万多人次。芙蓉村青衣苗合作社利用冬闲田种植油葵,吸收游客3万余人。 (韦冬璇)

伟江乡

【概况】 伟江乡位于龙胜各族自治县北部,处于东109°57′49″~110°07′07″,北纬25°52′22″~26°10′25″之间。地处越城岭南麓湘桂两省交界的八十里大南山下,东与马堤乡接壤,东南接泗水乡,西南连乐江乡,西北邻平等镇,北接湖南城步苗族自治县五团镇、南山镇。乡政府所在地距县城52千米。

民国二十二年(1933年),其境属马堤乡。1949年11月设伟江乡,属东区。1953年5月改称布弄乡,属第三区。1961年5月为伟江公社。1963年5月又改为伟江乡,属马堤区。1987年析马堤乡置伟江乡,是龙胜各族自治县建乡时间最晚的乡镇之一。全年,全乡辖8个村,111个村民小组,全乡2536户,9619人。世居民族有苗、瑶、汉族,其中苗族占90%以上。居民操桂林官话及本地话。

伟江乡总面积150.7平方千米,其中陆地135.7平方千米,占91.20%;水域15平方千米,占8.80%。境内大部为高山地带,山岭纵横交错,地势东西北高而南部低,地面高程一般在海拔630~1480米,最高点在甘甲小南山,海拔1480米,最低点在崇林村下碧林,海拔630米。境内有主要河流伟江河,源于湖南省城步苗族自治县南山牧场,自甘甲村入境,由北向南,经布弄、中洞、崇林村,在乐江乡石京村汇入平等河,境内河道长48千米,伟江乡也因伟江河流通全境而得名。境内森林资源丰富,全森林覆盖率70%以上,有红豆杉、银杏等一大批珍贵树种。有铁矿、大理石、花岗岩等丰富矿产资源。河流落差大,水力资源丰富,发展水电潜力大,经勘测统计,乡内有大小17处可建水电站,总装机容量可达10万千瓦时。

【主要经济指标】 2017年,伟江乡完成财政收入369.99万元,其中国税完成217.69万元,地税完成98.3万元;企业总产值2230万元,其中工业总产值1397万元。招商引资1.1亿元。固定资产投资完成2.01亿元,完成全年目标任务的153%。

【农业生产】 2017年,伟江乡共完成粮食播种面积521公顷,其中水稻播种面积198公顷,杂交玉

2017年9月12日，伟江乡举办苗瑶一家亲民族团结活动

（伟江乡　供稿）

米面积140公顷，其它杂粮183公顷；推广水稻水汽平衡40公顷，水稻“三控技术”13.33公顷，玉米“一增三改”技术33.33公顷，水稻集中育秧插大田20公顷；种植西红柿153.33公顷，辣椒253.33公顷，南山萝卜37.33公顷，水果改、扩种面积30.67公顷；继续实施番茄、辣椒营养基质育苗技术示范点建设，全乡推广该技术66.67公顷，穴盘营养基质育苗技术覆盖率争取达到40%；实施高山蔬菜品种引种试验示范点1个，实施西红柿水肥一体化高产优质标准化栽培示范8公顷；利用气候条件发展冷水鱼养殖、黄牛养殖和泥鳅养殖等特色养殖，生猪、肉牛、凤鸡和翠鸭养殖稳固发展。

【脱贫攻坚工作】 2017年初，伟江乡有贫困户616户2430人。当年，贫困户以发展特色产业为脱贫主渠道，其中种植西红柿23.09公顷，辣椒107.83公顷，罗汉果1.53公顷，油茶0.17公顷，百香果0.47公顷，西瓜0.5公顷，萝卜1.33公顷，芭蕉芋0.3公顷；33户发展特色养殖，包括养殖鸡、鸭、禾花鱼、牛、羊、泥鳅、蜜蜂等特色养殖。发放产业补助共96.2万元。发放扶贫小额信贷269户929万元；完成评级授信发放贷款证446户，1145万元。

易地扶贫搬迁户共193户892人，其中包括已验收自建房86户377人、自购房58户278人、未验收自建房1户6人、集中安置老乡家园25户120人及新寨村坪腊组地质灾害点整屯易地扶贫搬迁23户111人。获得雨露计划中职34人，补助5.10万元，本科11人，补助5.50万元，高职55人，补助8.30万元。全年开展种植技术培训，共培训贫困户140人，发放补助7000元。全乡8个村均成立了村民合作社，共20个。

当年完成贫困户“双认定”脱贫368户1410人；其中洞村实现整村脱贫摘帽。完成贫困户产业验收589户。

【基础设施建设】 2017年，伟江乡共清理水毁塌方约2.3万立方米，疏通公路涵洞10余处，疏通排水沟15千米，修复水毁路基墙43处。全年完成伟江潘寨至平等河口（南山牧场至野牛拗）项目建设征地工作，伟江段9千米发放征地补偿款230万元；完成甘甲双坪至小南山宾馆沥青公路提级改造建设，全长3千米路面宽6.50米；实施了洋湾小河至五团巡头新建公路1.70千米、布弄顶林冲吹风坳至高山、布弄四组新界头至夜路、布弄木洋田至木厂、里木江口、中洞大田包至蒙家界、凉亭至雷塘、大湾老寨－岩头、甘甲大寨－寨顶、长滩至小南山等28条通组路硬化提级改造工程；完成公路养护52千米。

由扶贫办、发改局、财政局立项并下计划实施的基础设施建设项目77个，总投入1837.21万元，其中农村饮水安全巩固提升工程2个，投入24.90万元；村级综合文化服务中心3个，投入30万元；村级标准化卫生室新建2个，维修4个，共投入53万元；亮化项目1个，投入20.16万元；新建桥梁3座，投入59.80万元；新建砂石路3条4.03千米，投入71.5万元；道路升级硬化项目31个31.64千米，投入1117.85万元；道路水毁修复项目31个，投入460万元。

【项目建设】 2017年，伟江乡以30年庆典活动为契机，精心策划和落实迎庆项目建设工作。投资3000万元抓交通基础设施建设，包含通大环线、龙胜南山至玉河公路、洋湾小河至湖南五团跨省连乡公路等15个项目；投资600万元抓水利基础设施，包含河沙坪河堤建设、冬修水利项目、人饮项目、河道清理项目等15个项目建设；投资3000万元抓集镇基础设施改造建设，包含旧住宅区综合整治项目、民族广场建设、苗乡寨门建设、集镇亮化绿化工程、风雨桥加固维修等15个项目。投资3000万元抓宜居乡村建设，包括民族文化室建设、垃圾处理设施建设、太阳能路灯建设、村级公共服务中心建设等13个项目。建乡30周年庆典活动形式丰富多样，包含首届农民民族运动会、大型文艺演出、民族风情巡游、祥龙醒狮大汇演、书画摄影展、农产品展销会、展板展示、传统美食展示、乡庆座谈会等一系列活动，向社会各界人士全方位展示多彩的民族民俗文化、旅游文化和建乡30周年经济社会的发展成就。

【第三届“跳香节”暨建乡三十周年乡庆活动】 2017年11月16日，伟江乡举办了“跳香节”民族文化活动，桂林电视台对文艺汇演节目全程直播，新华网、人民网、中国青年报、广西日报、广西新闻网、龙胜电视台、今日龙胜等媒体集中宣传报道伟江30周年乡庆活动，并被桂林龙胜、龙胜旅游等微信公众号大量转载报道。

伟江乡第三届“跳香节”民族文化活动暨建乡30周年乡庆活动之际，得到社会各界的大力支持和鼎力捐助，企业捐款40余万元、路灯40盏。其中桂林万达集团捐赠30万元；鑫辉石材捐赠5.50万元、小学生校服300套、园丁杯运动会举办资金5000元；大唐南山风电捐赠1万元。

【党建工作】 2017年，伟江乡党委结合伟江实际出台了《伟江乡党风廉政建设约谈制度》等廉政制度，努力发扬党的优良传统，认真落实中央“八项规定”，集中解决“四风”问题和“不严不实”问题。全年完成1个软弱涣散党组织整顿工作。乡党委严把工作程序，规范操作流程，严肃组织要求，完成村“两委”换届工作。全乡发展入党积极分子20名，预备党员10名，党员转正9名，为党员队伍注入新力量。

全年重抓党建示范，印发了《伟江乡甘甲村上片区党员联建实施方案》，以打造甘甲村上片区党员联建促脱贫示范点，以“党建+”为抓手，以点带面，促进全乡打赢脱贫攻坚战。以“党建+组织建设”，将甘甲村新屋组、决支组、双坪组、玉河组党小组17名党员联合起来，实行党小组联建。“党建+农业发展”，通过发展联议，将双坪

2017年11月15日，伟江乡举办第三届苗族“跳香节”节庆

（伟江乡　供稿）

组266.66公顷集体土地整合流转用于企业发展蓝莓种植，当年建成53.33公顷蓝莓基地。“党建+旅游扶贫”，积极发挥党员带头及村干“鸿雁”带头作用，在村党支部书记李鸿建的带领下，甘甲村上片区已有15户农户开办农家乐。“党建+新农村建设”，通过党员带头、群众参与，乡党委、政府支持，完成决支组房屋立面改造工程、组内石板路、村屯绿化、美化、亮化工程及新建文化宣传长廊30米。“党建+思想帮扶”，乡政府党员干部每人联系帮扶2户，村两委干部分片区联系贫困户，积极发挥基层党组织作用，除贫困党员外，每个党员帮扶1户，通过转变贫困户思想学习技术，做到思想脱贫带动实际脱贫。

【综治维稳工作】 2017年，伟江乡突出社会管理创新，大力推进平安创建工作，扎实开展大排查大整治工作，切实做好社区矫正工作，进一步贯彻执行《关于进一步健全完善矛盾纠纷排查调处工作机制的意见》，通过乡村两级人民调解委员会共排查矛盾纠纷9起，化解调处9起，处理治安案件12件；积极开展禁毒宣传、普法教育、“平安校园”等整治工作，营造了良好的社会环境；利用特殊节日及传统圩日，在街道进行法制教育和安全生产宣传，共发放宣传资料2000份，为全乡各项社会事业发展提供了良好环境。

【传承民族文化】 2017年，伟江乡民族文化挖掘和传承协会成立，以更好地挖掘和传承伟江民族文化，推介全乡民族文化创新。新增里木村、中洞村村级公共服务中心建设和崇林、大湾、洋湾村潘寨屯综合文化楼建设，新设立民族文化石7处。全年，精心组织苗瑶一家亲、首届农民运动会、首届农村文艺汇演、广场舞比赛、新寨辣椒节等民族文化活动，丰富了群众精神文化生活。

【民生保障工程】 2017年，伟江乡农村养老保险参保人数5197人，参保率97.50%；发放养老金人数1443人，发放农村养老金16.14万元，发放率100%。全乡享受农村低保358户，共1288人，其中2017年新申请的低保有67户，全年共发放低保金268.38万元。全乡在册五保户61户，共发放五保供养金18.12万元，发放大米1.07万千克。全年，下拨救济大米6000千克、彩条布20捆、帐篷20顶、被子15套、毛毯12床、遮阴网10张、衣服8套。按政策发放军人优抚定补金15.53万元。发放残疾人规模种养补贴、重度残疾人护理补贴、残疾家庭障碍改造资金共计26万元。

2017年7月18日，中国红十字会在伟江乡发放赈灾物资

（伟江乡　供稿）

【卫生计生惠民工程】 2017年，伟江乡新型合作医疗参合人数9222人，参合率98.81%。为全乡居民建立健康电子档6875份，建档率78.28%；高血压患者建档603人，糖尿病患者建档215人，老年人建档572人，重性精神疾病患者检出人数35人。在关怀建档立

卡贫困家庭因病致贫的基础上，针对建档立卡贫困户所有成员，将康福保险落实到位，参保率达到100%。全乡建立诚信计生小组121个，已完成承诺书签订及系统录入，其中参加诚信计生小组的依法生育育龄妇女1629人，参与率达到99.8%。全年全乡共出生107人，男孩50人，女孩57人。

【"宜居乡村"建设】 2017年，新寨村老寨组、甘甲村决支组、布弄村大屯，通过"以奖代补"形式新修石板路6900平方米。新建垃圾处理站，全面落实新一轮改厨、改厕、改圈项目实施。全年投资250万元新建乡级垃圾处理中心1个；投资160万元新建村级垃圾处理中心2个；投资6万元新建小型焚烧炉5个。落实危房改造政策，新建、维修房屋30座，发放资金28万元。

【气候灾害】 2017年7月1日，伟江乡境内遭受大暴雨袭击。全乡8个村交通、通讯瘫痪，新寨村甫上、甘甲村玉河等13个台区断电，通往伟江的八伟线、乐伟线、甘南线完全中断。辖区内县、乡道路塌方72处，塌方量约10725立方米，其中路基坍塌21处，重点是里新线、潘甘线；伟江集镇、中洞村银广组等2500余人断水。粮食作物受灾59.07公顷，成灾23.47公顷，绝收7.60公顷。经济林损毁7.60公顷。房屋受损达73户249人，其中有1户房屋完全倒塌，5户无法居住。新寨村平腊组地质灾害点，平腊组屋背裂缝增大，新增裂缝300余处，最长的500余米，最宽的达20多厘米，错层达50余厘米，后山多处自然山水，最大的约0.5个流量。（袁　娟）

平等镇

【概况】 平等镇位于龙胜各族自治县西北部，介于北纬25° 56′ 03″ ~26° 12′ 03″之间，东经100° 51′ 55″ ~110° 04′ 38″。东北与湖南省城步苗族自治县为邻，西南与乐江乡毗邻，西与湖南省通道侗族自治县的传素瑶族乡、马龙乡、木脚乡、下乡乡、临口镇相邻。东南和伟江乡接壤，镇政府所在地平等街距县城65千米，距桂林市155千米。行政区域面积349.12平方千米。耕地面积3993公顷，林地面积22946公顷。2017年，平等镇辖庖田、广南、平等、龙坪、半河、新元、固洞、蒙洞、寨枕、平定、硬州、罗汉、小江、城田、太平、平熬、甲河、琉璃、东社、昌背、隆江21个村，282个村民小组。总人口28271人。境内居住有侗、苗、瑶、壮、汉等民族，其中侗族人口占85%以上。

【脱贫攻坚工作】 2017年，平等镇坚持把脱贫攻坚作为最大的政治责任、最大的民生工程和最大的发展机遇，定向施策、精准发力，全镇上下一心、全力以赴，全力打好精准脱贫攻坚战。当年，平等镇创新工作机制，推行"一个片区一名主要领导，一个贫困村一支扶贫队伍，一户一名帮扶人员"的扶贫工作责任制，为如期完成当年的计划提供坚强的领导保障。措施完善，实施有力。依据上级各项扶贫惠农政策，因地制宜，指定符合该镇实际的发展措施。实施产业扶贫，以有机茶叶、西红柿、高山蔬菜、新品种柑桔、油茶、辣椒为主要产业。特色产业覆盖933户贫困户，覆盖率达68.20%。推进旅游扶贫，利用少数民族特色节庆为契机，推进广南、龙坪、新元、昌背等少数民族聚居地的旅游发展，带动贫困户脱贫致富。实施金融扶贫，累计发放扶贫小额贷款769.26万元，惠及247户贫困户。实施基础设施建设工作，完成通组道路硬化50千米，基本实现贫困村道路硬化全覆盖；完成9个村级文化服务中心建设，实现全镇所有村服务中心全覆盖；集镇过境公路（滨江路一期）基本贯通。实施易地扶贫搬迁工作，移民搬迁基本完成。平等镇2017年完成易地搬

2017 年 10 月，平等镇召开学习中共十九大精神宣讲报告会

（平等镇　供稿）

迁验收入住（含县城老乡家园中号户）的贫困户有 303 户 1436 人，搬迁项目各项事宜严格按照上级要求推进。截至年底蒙洞、龙坪、平等、庖田共 4 个贫困村完成摘帽任务，共有 1332 户 5206 人的贫困群众脱贫。贫困发生率从年初的 20.30% 降到了 3.04%。

【主要经济指标】 2017 年，平等镇完成固定资产投资 3.74 亿元，同比增长 7%；组织财政收入完成 747.53 万元，其中：国税完成 668.97 万元，地税完成 75.89 万元，非税收入完成 2.67 万元；完成工业总产值3.5亿元，其中规模以上工业总产值2.13 亿元；农民人均可支配收入达 8860 元，同比增长 9.5%。

【“三农”工作】 2017 年，平等镇大力发展特色生态农业。以调整农业种植结构为总抓手，继续巩固“两翼一路一环两基地”建设，强力推进以“两茶一果＋特色养殖”为主的产业发展。广西乡级现代特色农业示范区——广昌茶叶示范区形成了规模化和专业化的茶叶种植，茶叶新种面积达 33.33 公顷；固洞村“美名扬”千亩有机茶场的茶叶获得有机产品认证；小江、城田的西红柿种植、龙坪村的香芋种植、隆江村的猕猴桃产业、庖田的新品种柑橘以及辣椒种植、油茶产业都得到新的推进和提升。扎实推进农村土地承包经营权确权颁证工作，全年土地确权面积 3200 公顷已经基本完成外业的全部工作，进入颁证阶段，确保了农民的土地承包经营权。

【新农村建设】 2017 年，平等镇按照新农村建设的“二十字”方针，切实改善农民群众的居住、生活环境，提高生活质量，提升和加快平等镇新农村建设上水平、出规模，从区位环境、组织管理、经济基础、群众状况等多方面考虑，初步确定了以综合条件相对较好的庖田、广南、平等、龙坪和小江等村为试点村。当年，继续开展保护镇村河流专项整治，落实“河长制”工作，成立了平等镇“河长制”工作领导小组。明确责任人，主动作为，对镇村河流实行“三清”大整治，清查污染源头，清拆河流周边的养殖场，清理水中的垃圾和污染物。扎实

平等镇南山风光　　（县新闻中心　供稿）

2017 年，平等镇广南村“鼓楼节”节庆　（县新闻中心　供稿）

【民生保障工作】 2017 年，平等镇坚持全面协调推进各项改革，重点加快民生实事等重点领域的深度改革，社会事业发展不断加快。2017 年，平等镇共有农村低保 1046 户 3283 人，城镇低保 27 户 43 人，为 772 名重度残疾人办理护理补贴，为 203 名残疾人办理了困难补贴。全年共办理医疗救助 256 户、临时救助 111 户，发放民政救助资金 121.51 万元。全年累计发放农村低保金 584.71 万元、城镇低保金 18.16 万元，优抚金 139.31 万元、五保金 55.04 万元。

推进“美丽龙胜 · 生态乡村”建设，全力开展农村清洁工程，每个村都配备垃圾桶，实施农村生活垃圾定点定时清运，加大了垃圾车下村清运垃圾的密度。

【重点项目工程】 2017 年，平等镇加大项目建设，重点谋划、着力推进，年度综合实力明显提升。大项目建设有：龙胜南山风电场二期项目（市级层面重大项目）；集镇过境公路（滨江路一期）；集镇污垃项目建设（平等垃圾处理中心，污水处理厂厂区工程）；广昌茶叶核心示范区提质；新型城镇化示范乡镇项目（平等镇少数民族特色小镇项目，已完成立项、设计、可研等前期工作）。

【村“两委”换届】 2017 年，平等镇村级“两委”换届选举于 2017 年 7 月结束，共完成了村级党组织和第八届村民委员会班子换届选举工作。选举产生新一届村党组织委员会成员共 107 人，其中书记 21 人，副书记 21 人，委员 65 人。新一届村委会成员 110 人，其中主任 21 人，副主任 27 人（妇女副主任 20 人），委员 62 人。该镇的基层组织建设又注入力量。

深入推进新农保工作。2017 年度采取与农村商业银行合作通过第三方扣款方式续保，全镇参保率达 96.34%；共发放养老金 5027 人；贯彻落实广西农村计划生育家庭奖励救助政策、广西计划生育爱心保险政策、爱心保险政策等。上报享受国家奖励 60 岁扶助对象 481 人，上报区级 55~59 岁奖励 193 人，上报县级 49 岁奖励 99 人；上报爱心保险 2798 人；上报关爱保险 1734 人；上报康福保险 8011 人。走访慰问特殊群体、部分困难优抚对象家庭、义务兵家属、烈士子女三属、原国民党抗战老兵 41 人次，总共发放慰问金 8200 元。广泛开展“生育关怀行动”，在巩固人口计生定点帮扶工作的基础上，继续推行小额贷款贴息项目，帮扶效果明显。确定庖田村为“五级四员”互帮互助示范点，并开展工作。继续实施农村义务教育阶段学生营养餐补助工程，学生每人每学期 400 元。

【民族文化】 平等镇是龙胜少数民族大镇，少数民族文化多姿多彩，侗族文化尤为丰富，有闹春牛、赶圩、舞草龙草狮、萨堂节、侗族刺绣、百家宴等特色的民俗活动，有风雨桥、鼓楼、石板街、侗

平等镇龙坪村红军楼　　（县新闻中心　供稿）

族吊脚楼、侗族寨子等独具特色的侗族建筑，有侗族大歌、琵琶歌、岩坪调等少数民族艺术形式；有酸肉、酸鱼、酸鸭肉等侗家传统美食。独具一格的民俗、民族文化得到较好的传承和发扬，其中庖颈龙、岩平调、闹春牛被列为桂林市级非物质文化遗产，草龙草狮制作技艺被列为广西壮族自治区级非物质文化遗产，平等鼓楼群、蒙洞风雨桥、孟滩风雨桥被列为广西壮族自治区重点文物保护单位。一年一度的鼓楼文化节影响不断扩大。

【红色文化】 平等镇是革命老区，1934 年 12 月，毛泽东、朱德、周恩来带领中央红军长征经过龙胜，在龙坪、平等、广南等地宿营，留下了红军救火保侗寨、审判放火敌特、给受灾群众发放银圆、当地群众给红军当向导等动人的故事，至今仍广为传颂。为纪念红军在平等镇留下的动人故事，平等镇至今还完好保存着红军楼、红军桥、审敌堂等建筑。其中，红军楼、红军桥被列为广西壮族自治区重点文物保护单位。平等镇还是桂北游击队在龙胜开展革命活动的主要根据地，至今还有多处保存完好的革命遗址。革命遗址和革命文物的保存构成平等的红色文化，成为开展红色旅游的重要资源。 （杨秦川）

乐 江 乡

【概况】 位于龙胜各族自治县西北部，地处北纬 109° 52′，东经 25° 54′，东北与伟江乡、平等镇交界，南与瓢里镇接壤，西北与湖南省通道侗族自治县相邻。乡政府所在地距离县城 37 千米。

1949 年 12 月至 1987 年 9 月，乐江隶属北区瓢里乡。1987 年 9 月 17 日，瓢里乡的金坪、乐江、江口、凉坪、石京、石甲、光明、独镜、地灵、大雄、宝赠、同乐、西腰 13 个村设乐江乡。乐江乡居住着苗、瑶、侗、壮、汉等 5 个民族，80% 以上是侗族群众。2017 年，全乡设 203 个村民小组，5022 户，19133 人。乐江乡总面积 227.88 平方千米。辖区内有丰富的森林资源、旅游资源、矿产资源、水资源。林地面积 145800 公顷，全乡森林植被覆盖率达 75%。瓢平公路穿境而过，公路通村率达 100%，通组率达 100%。当年，全乡组织财政收入 75.28 万元；实施固定资产投资 3.13 亿元；完成工业总产值 1.67 亿元；完成招商引资 4500 万元；农民人均纯收入 9564 元。

【脱贫攻坚工作】 2017 年，乐江乡以党委书记和乡长任双指挥长、一名分管领导专抓的脱贫攻坚指挥部工作格局，充实指挥部办公室工作力量，进一步完善督查、调度、考核和责任捆绑机制，落实“村为主”，实行全乡网格化管理，确保全乡整体脱贫目标完成。整合工作力量。继续安排 414 名区、市、县、乡干部对 1071 户建档立卡贫困户进行帮扶全覆盖，实行帮扶联络员制度，建立帮扶活动日制度，定期开展帮扶走访活动，确保已

2017年11月8日，乐江乡召开学习中共十九大精神宣讲报告会

（乐江乡　供稿）

任务，独镜、凉坪村实现整村脱贫，全乡贫困发生率低于3%。

脱贫户“脱贫不脱政策”“脱贫不脱帮扶”。全乡共计完成全乡625户产业验收，发放补助资金129.8万元；实施农业产业扶贫小额贷款奖补工作，发放小额贷款贴息24.5万元。积极落实易地搬迁政策。全乡有255户1096人建档立卡贫困户实施易地搬迁，占比27.32%。其中龙胜县城集中安置59户278人，本村自建房127户517人，乡集中安置35户129人，自购房34户170人。年末已完成建档立卡贫困户易地搬迁161户687人验收工作，共发放补助资金1735.70万元。全年发放贫困家庭在校生义务教育寄宿生活补贴44.80万元，营养午餐22.64万元，普通高中免学费1.86万元，职校“雨露计划”资助95人13.95万元，大学生“雨露计划”资助10人5万元。实行贫困人口“家庭医生”签约服务全覆盖，开展贫困妇女“两癌”筛查活动。完成1071名贫困人口健康卡的发放，申请健康扶贫公益基金并审核通过28人。全年，全乡贫困人口3910人。通过精准扶贫年底完成2370人脱贫

【特色农业产业发展】 2017年，乐江乡坚持打造“地灵红糯”品牌，完成地灵红糯种植面积56.66公顷，稻田禾花鱼养殖面积26公顷；种植茶叶41.13公顷；积极引导农户优化或改良柑桔品种，扩种砂糖桔、马水桔、沃柑等新品种，全乡共种植柑橘690.73公顷，创建了乐江村W.默科特柑橘种植示范基地。全乡共有存栏生猪6685头，家禽4.40万只，种植油茶72.60公顷，韩国辣椒种植94.60公顷，生姜种植面积45.33公顷，百香果种植面积8公顷，罗汉果种植面积73.47公顷，药材勾藤53.27公顷。

【重大项目建设】 2017年，乐江乡重大项目建设有：民族广场及周边房屋立面改造工程建设、乡集中安置点建设、乐江至宝赠上飞冲公路建设。投资1000万元的乐江民族广场地面平整已完成。

地灵村红糯丰收

（乐江乡　供稿）

对乐江民族广场周边32座房屋进行立面改造，广场中心新建鼓楼戏台、篮球场、停车场及美化绿化。乐江至宝赠上飞冲9.20千米铺设4.50米宽水泥路面；上飞冲至上寨10千米铺设3.50米宽水泥路面。

【基础设施建设】 2017年，乐江乡实施凉坪村、石京村、独镜村、同乐村、宝赠村、大雄村共6个村的村级公共服务中心建设项目。筹集上级扶贫道路建设资金1500余万元，新建乐西路口至八洞组、地灵六组至大雄等26条通组公路，总长39千米。

【安居惠民工程】 2017年，乐江乡当年完成乐江村三所组的宜居乡村示范点建设。2017年该乡共申报一事一议财政奖补项目14个，财政奖补资金216.92万元。其中：道路硬化2个点，硬化道路长1.60千米，财政奖补资金37万元；建设村屯文化活动中心7个，财政奖补资金122万元；球场硬化1个，财政奖补资金6万元；路灯亮化工程4个，路灯134盏，财政奖补资金51.92万元。群众自筹及其他资金3.85万元，受益4100人。

【教育文化惠民工程】 2017年，乐江乡当年新建综合楼设有少年宫、实验室、图书室、室内气排球场等设施，选优配齐铺导员队伍，丰富学生业余文化生活；新建操场、塑胶运动场及篮球场地，对所有校舍内外墙进行了维护修缮，进一步改善学校基础设施条件。

【村“两委”换届选举工作】 2017年，是乐江乡村支部、村委会换届选举之年，经选举产生村“两委”班子成员112人，其中35岁以下26人，高中学历以上45人，实现了村“两委”班子年轻化，文化结构进一步优化，村干素质明显提高。

【党风廉政建设】 2017年，乐江乡以深入学习中共十九大精神为契机，实现“两学一做”教育实践活动常态化，认真落实党支部“三会一课”制度，深入学习中共中央总书记习近平系列重要讲话精神和中央、省、市、县最新决策部署。全面落实党建政治责任，扎实推进“廉洁型、学习型、实干型、规范型”党组织建设。

加强党风廉政建设，开展“转作风、提效能”活动和党风廉政教育，积极开展廉政风险防控，继续实施村务监督、民主管理，全年共立案7卷，结案7卷。

【特色民族文化】 2017年，乐江乡打造“四季”民族节庆，弘扬优秀传统文化。遵循“全域一区一线”的发展思路，依托生态旅游扶贫大环线的建设，走“生态+旅游+扶贫”的发展路子。乐江已形成“春季有宝赠“祭萨节”，夏季有地灵“百家宴”和宝赠“传歌节”，秋季有地灵“红糯节”，冬季有西腰“冬节”等节庆活动，形成独特的民族文化。（刘佑怡）

瓢里镇

【概况】 瓢里镇位于龙胜各族自治县西北部，距县城23千米，东与龙胜镇交界，南与三门镇相邻，西与三江县和湖南通道县接壤，西北和湖南通道侗族自治县接壤。全镇总面积207.82平方千米。2017年，该镇辖10个村和1个居委会，149个村民小组，4833户，16061人（少数民族人口占多数）。镇驻地面积1.2平方千米，常住人口为2730人。居民房屋228座，门面商铺103个。镇区交通便利，国道321线穿境而过。全镇通村水泥公路达100%。电力资源丰富，是全县电网中心枢纽，110千伏的全县中心变电站落户瓢里。矿产资源丰富，有大量的锰矿和石英矿，其中石英矿储藏量达500万吨以上。自然资源条件优越，全年降水量1800毫米以上，土壤肥沃，全镇森林覆盖率达80%,农产品丰富,是龙胜县重要的椪柑生产基地,年产量达15000吨。瓢里镇是桂林市第二批新型城镇化示范乡镇,也是桂林市30个重点建设的小城镇之一,2015年,自治区环保厅授予瓢里镇自治区级生态乡镇荣誉称号。

【经济指标建设】 2017年,瓢里镇财政收入完成2019.95万元,占全年任务的74.81%,其中国税完成1345.99万,地税完成669.56万;全镇社会固定资产投资已完成52779万元,完成全年任务100%。全年人均纯收入达14926.66元,农民人均纯收入完成6134.26元。

【农林基础建设】 2017年,瓢里镇以特色促种养,现代农业迈出新步伐。积极探索扶持特色种植,粮食作物喜获丰收。全镇完成粮食播种总面积1107公顷,其中:水稻种植面积524公顷,全年实现粮食总产量6599吨;充分利用上级惠农政策,大力扶持"两茶一果"和"特色养殖"、新品种柑橘等特色产业。全年罗汉果种植面积达157.33公顷,实现总产值933万元。百香果种植188公顷,实现产值140万元。柑橘扩种102公顷,其中:砂糖桔78.67公顷、茂谷柑1.33公顷,马水3.33公顷等,在界泉村官泉片连片种植新品种柑橘达66.67公顷。全镇共有三大柑橘种植合作社,即"龙胜富群柑橘种植专业合作社",在界泉村发展种植沃柑新品种26.67公顷;"龙胜德林农产品开发合作社"在界泉村保江开发柑橘产业示范果场10.67公顷,"邦良柑橘种植合作社"在上塘村开发种植柑橘新品种6.67公顷。多元发展,培植特色产业,培育本地优良品种。当年,上塘六安红心猕猴桃示范基地成功引进新品种种10.67公顷;已成功在交州村示范种植火龙果2公顷,长势良好。在六漫村林下示范种植草珊瑚面积13.33公顷;不断探索香菇、辣椒、罗汉果、土榨茶油等地方特色农产品的深加工。"一强多优,短中长并举"的农业发展模式进一步完善。

因地制宜发展特色养殖,试点带动逐显成效。特色养殖逐渐上规模,瓢里镇优越的地理环境,给发展特色畜牧业提供了条件,2017年,先后建立了凤鸡养殖、泥鳅养殖、竹鼠养殖、山羊养殖等各类特色牲畜养殖示范点共20户。养殖泥鳅21万尾、养殖凤鸡7万只、养殖山羊2975只、养殖竹鼠2000只,通过以点带面的形式,辐射周边的畜牧业发展,以提升品质,打开高端消费市场为契机,力争实现优产高销,全面提高效益,让养殖项目能够稳步发展。

【工业产业建设】 2017年,瓢里镇依托"区位、交通、供电、资源"等优势,加大开放合作和招商引资力度,坚持以项目建设为核心,主动服务企业,及时深入各厂区、企业了解其存在的困难,并认真听取各企业业主提出的意见和建议。全年新上项目7项,计划总投资20094万元;续建项目2项,完成建设投资8149万元。全镇规模企业和各中

瓢里镇驻地——瓢里村　　（县新闻中心　供稿）

小企业运行良好，技改项目4个，投入技改资金8232万元，特别是加大对木材、滑石加工企业技改的力度，使产品的质量和附加值都得到了一定的提高，已超额完成全年的技改工作任务，实现工业总产值5.27亿元。

【重点项目建设】 2017年，瓢里镇依托"区位、交通、供电、资源"等优势，加大开放合作和招商引资力度，坚持以项目建设为核心，主动服务企业。加强投资运行和项目建设进度的跟踪检查管理，以商招商效果明显。全年新上项目5项，总投资15704万元，续建项目6项，完成建设投资9467万元；招商引资实际到位资金48235万元，新开工建设投资1千万元以上项目3个，新建投资5百万元以上项目1个。技改项目18个，投入技改资金4503万元。

【脱贫攻坚工作】 2017年，瓢里镇对精准扶贫作动态调整，全镇共计新纳入67户259人。当年，全镇扶贫基础设施道路硬化总共14.65千米，总共使用资金475.60万元；积极争取上级财政资金300多万元建设六漫村龙头桥、梅洞四组桥梁建设；完成286户有发展新种植产业贫困户（包含2016年脱贫户、2017年人口动态调调整户、2015年退出户）的产业验收工作，其中罗汉果、新品种柑橘、茶叶等品种占大多数，县级发放产业补助49.65万元，镇级发放补助资金37.6万元。全镇申请易地扶贫搬迁170户735人（其中：自建房112户471人；自购房12户59人；县、镇集中安置46户，205人），已验收100户，425人，已获补助55户233人，奖补资金达606.30万元，已入住140户603人。全镇累计享受雨露计划人数为76人，共计补助资金14.2万元，发放"惠民扶贫贴息小额担保贷款"473万元，贷款贴息19.95万元。做好全镇"一帮一联一卡一册"工作，切实做好结对帮扶工作，顺利完成脱贫户的双认定签订，确保年度脱贫计划数100%完成，完成镇档案室及10个村村级档案室建设，全镇档案整理工作已基本完成。瓢里镇易地扶贫搬迁集中安置点现已全部落实搬迁对象28户，已交付使用。全年实现脱贫村上塘村脱贫。

经过扶贫攻坚，当年全镇共有324户1223人脱贫摘帽，其中2016年脱贫142户545人；2017年脱贫182户678人，贫困发生率下降至0.46%，剩余深度贫困人口23户80人。

【社保惠民工程】 2017年，瓢里镇落实好城乡居民养老保险政策，做好参保宣传和年满60周岁人员养老金发放工作。全镇居民参加新农保人数7092人，60岁以下参保率96.61%，2510人享受养老金领取待遇，发放率100%，基本实现制度全覆盖。加强城乡低保核查工作，全镇享受城乡低保共289户、987人，发放城镇低保资金10.20万元、农村低保资金150万元，城乡低保群众的基本生活得到了有效保障。全镇在册农村五保户48人，共发放五保供养金54.90万元；城乡医疗共救助97人次，

2017年瓢里镇上塘村六安屯猕猴桃种植基地　　（瓢里镇　供稿）

发放医疗救助金 21.42 万元;救济困难群众 12 户,42 人。

【农补惠民工程】 2017 年,瓢里镇共发放财政补贴农民资金 194.99 万元,其中发放农业支持保护资金 105.02 万元;粮食购销 2709 吨,发放补助资金 65.02 万元;退耕还林 100.73 公顷,发放补助资金 24.95 万元;抓好农机购置补贴政策落实,补助资金 6.02 万元,共补贴耕田机械及配套农具 73 套。

【卫生计生惠民工程】 2017 年,瓢里镇全面落实计划生育奖励扶助政策,抓好开放二孩生育政策的宣传和计生贫困户的扶助,积极创建计划生育"两无一提高"活动,完成计划生育工作指标。2017 年全镇区间内共出生婴儿 166 人,符合政策生育率为 91.56%,女孩 90 人,男孩 76 人,全年向计生户 407 户发放奖扶资金 49.26 万元,征收历年社会抚养费 3.62 万元。

构建公共卫生服务体系,实行规范化管理,全年为全镇居民建立健康电子档案 11500 人份,健康档案项目内容完整、真实,电子建档率达 79.50%,纸质建档率达到了 81.58%。实施了乡村卫生服务一体化管理,为村卫生室统一配置办公设备,建成达标的卫生室 9 个。根据健康扶贫档案病种管理要求,开展长期性、针对性的免费随访、康复指导、免费送医送药服务,并开展了家庭医生签约服务,成立了 4 个家庭医生签约服务团队,全镇常住人口签约 11808 人,签约率 83%,贫困户 348 户,580 人,已全部签约,贫困户签约率达 100%。及时宣传督促 35~64 岁农村妇女到县妇幼保健院进行"两癌"筛查,并做好记录及追踪随访工作。

【教育惠民工程】 2017 年,瓢里镇适龄少年儿童入学率 88%。在校生 621 人,辍学率为零。实行"两免一补",对全体义务教育阶段内宿生给予生活补助;实施农村义务教育阶段学生营养餐补助工程,开设营养午餐;对家庭贫困的大学新生给予资助,确保每一个孩子不因家庭困难而失学;进一步加强校园文化建设,优化育人环境。2017 年成职教育成果显著,在"小考"成绩中获教育质量先进集体。

【强基惠民工程】 2017 年,瓢里镇积极开展农村公路建设大会战,充分利用"一事一议"优惠政策,安排财政奖补资金 268.7 万元,完成 9 个公益事业项目,完善全镇交通网络及其它基础设施建设,其中:村屯道路混泥土硬化建设项目 6 个(孟化村保合组 1 千米、平岭村冲口组 1 千米、上塘村塘口组 800 米、上塘村塘寨组 420 米、大云村高排组 1.60 千米、六漫村六漫屯 1.3 千米);路灯亮化 3 处(界泉村同社、江坪、坪寨 37 盏,梅洞村梅洞片 40 盏、思陇村三寨中、下组 51 盏)。整合扶贫资金 120 万元修复"7·1"洪灾通组路水毁工程 15 处,发放 30 万元的水泥补助给农户用于房屋、道路等修建;多方筹资 11.7 万元用于公路日常养护,打通村屯"行路难"的障碍。加大对小型农田水利建设投入,继续投建渠道防渗工程等项目,做好深化小型水利工程管理体制改革及河长制各项工作。逐步解决农村居民饮水安全问题,完成了瓢里村谭家组、上塘村塘冲组的人畜饮水工程,现已投入使用。全年共发放冬修水利水泥 20 余吨,水管 1500 余米,发放农田抗旱管材 3700 米,发放救灾管材 2100 米,较大改善了农田灌溉条件,提高了灌溉标准。积极配合做好瓢里镇右岸防洪治理工程,完成六漫村田寨组、六漫组的渠道建设,完成了平岭水圳组渠道 1800 米的维修工程。工程的实施为全镇的水利设施建设打下坚实基础。

【"宜居乡村"建设工作】 2017 年,瓢里镇通过整合资金投入上塘村塘寨组宜居乡村示范点建设。完成 2016 年危房改造指标 234 户,完成率

2017 年 3 月 23 日，瓢里镇瓢里街开街仪式　　（瓢里镇　供稿）

111.43%，补助资金 382.3 万元。全年，危改任务数 115 户，当年已完工 54 户。全镇共有 739 户申请实施“改圈”项目、540 户申请“改厨”项目、438 户申请“改厕”项目，“三改”工作正在有序开展。扎实推进“宜居乡村”基础设施建设。从生态建设上谋化发展，投入 250 万元完成片区垃圾处理中心建设，投资 50 万元加大对集镇的绿化工程，栽植绿化乔木 200 余株，其他盆景、花草 3000 余株，美化了瓢里街道环境，以点带面推动特色生态乡镇发展。投入 2 万元添置 200 余个垃圾桶分配到户，集镇街道新配备各种垃圾桶 90 余个，新建街道公共厕所两处、大型停车场，集镇街道路灯、标志标识设施等；配备保洁员 72 人，完成由“生态乡村”向“宜居乡村”的转型。

【文化体育广播惠民工程】 2017 年，瓢里镇 10 个农家书屋和文化站图书室正常免费开放，争取 196 万元资金建设上塘村、交州村、六漫村、孟化村 4 个村级文化服务中心。积极配合上级有关部门做好文化遗产和非物质文化遗产的保护工作。全镇有文艺队伍 15 支、山歌协会 1 个、诗词协会 1 个，全年，全镇举办 3 次大型文化体育活动，全年演出达到 20 多场次。镇文艺队在参加龙胜县 37 届农村业余文艺会演中，戏曲类剧《丢垃圾》、声乐《祖国万岁》、舞蹈《绣红旗》分别获得二等奖。

【综治维稳工作】 2017 年，瓢里镇每个季度定期召开安全生产会议，健全安全监管体系，深入开展安全生产专项整治，重点加大了对食品生产经营、交通运输、建筑施工等行业和领域的安全监督，对检查中发现的隐患提出整改意见并限其整改，年内无重大安全事故发生。把社会稳定工作摆在更加突出的位置，始终坚持“排查得早、控制得住、解决得好”的总要求，对全镇的矛盾纠纷进行排查摸底，确保“小事不出村，大事不出镇”。各种矛盾纠纷得到及时化解，解决在萌芽状态，全年，全镇共受理群众来信来访 27 件，接待群众 60 人次；其中领导接待 15 件，接待群众 33 人次，受理问题 15 件，处理答复 15 件，处理答复率为 100%。

同时，深化巩固网格化管理，以点辐射面，让问题解决在一线；加大法治宣传力度，当年全镇共出动宣传车 11 次，悬挂横幅 12 条，书写标语 100 余条，举办各种法制讲座、培训班等 6 期。在各村各组开展“反邪教”“七五”普法宣传，共发放宣传资料 1000 多份，张贴标语 100 多条，制作板报 10 期，接受宣传的人数达 3000 人。深入开展严打整治专项行动，扎实开展了“打盗抢保民安”等专项行动，严厉打击各项违规违法犯罪，全年共立刑事案件 16 起，破案 6 起，受理治安案件 9 起，行政拘留 10 人，打击了辖区内的违法犯罪活动，维护了瓢里镇的治安稳定。全年，辖区内未发生非正常上访事件、群体性事件及涉边案事件，群众安全感和满意率稳步提升。

【党建工作建设】 2017 年，瓢里镇共发展党员 10 名，预备党员转正 9 名。切实落实党员活动日和党员关怀制度，慰问帮扶困难党员、老党员 71 人次，慰问帮扶经费 2.50 万多元。

严肃纪律，抓好“两委”换届，配齐村（社区）“两委”班子。充分发扬民主和严格依法办事相统一，选拔出农村优秀人才进入村（社区）“两委”班子。全镇在2017年7月顺利完成11个村（社区）“两委”换届选举工作，通过换届，进一步优化了基层组织力量，配齐了村级各配套组织。据统计，全镇“两委”班子成员男性 74 名、女性 23 名，有 13 人在两委中交叉任职，换届后村（社区）“两委”成员平均年龄 45 岁，35 岁以下委员 15 人，占 15.5%，高中以上学历 38 人，占 39%，新一届村干部结构较上届得到优化，为村级组织注入了新活力。

突出党组织服务功能，扎实做好“党建 +”文章，引领脱贫攻坚。镇党委坚持“加强党建谋发展，精准脱贫勇攻坚”的工作思路，“严”字当头，狠抓落实，扎实做好“党建 +”文章，高效引领着全镇脱贫攻坚和经济社会发展。抓理论宣传工作，提升瓢里良好形象。切实加强对外宣传工作，在广西、桂林的党报党刊上稿量有了明显的提高，2017 年，瓢里镇分别在中央级新华每日电讯上稿 2 篇，在《广西日报》（南国早报）等区级报刊媒体上稿 14 篇，《桂林日报》《桂林晚报》上稿 71 篇、《今日龙胜》和龙胜电视台上稿 103 篇（条），桂林电视台上稿 10 条，其他网站共上稿 100 余篇，成功举办“三月二十三”会期、第六届“鱼宴节”等民族节庆活动，提高了瓢里镇知名度。

【干部队伍建设】 2017 年，瓢里镇机关在职干部职工 55 人，公务员 23 人，事业单位 18 人，非在编 14 人。在职村干 44 人，在村任职第一书记 3 人。11 月建设标准化信访室 1 个，通过了自治区纪委验收。（石梅兰）

三门镇

【概况】 三门镇位于龙胜各族自治县西南部，清代属西团。民国二十二年（1933 年）设三门乡，民国三十六年（1947 年）三门乡属广福乡。中华人民共和国成立后，始同瓢里为西区，1952 年改设第六区，自此，三门成为第六区，第六区人民政府成立于 1952 年 5 月，驻双朗寨，1953 年冬迁驻三门街，1955 年 9 月更名为三门区公所，1957 年 12 月改为三门乡人民委员会，1958 年改为三门公社，1961 年调整为三门、大罗两个公社管委会，1962 年撤销公社管委会，设立三门区公所沿至 1967 年 3 月，1968 年 3 月经中共桂林军分区委员会批示，成立三门区革命委员会，1969 年 1 月改称三门人民公社革委会，当年 12 月撤销，同时建立三门公社管理委员会，1984 年实行政社分开，同年 10 月建立三门乡人民政府。1994 年 12 月撤乡设镇，建立三门镇人民政府至今。

三门镇西接柳州三江侗族自治县，东邻临桂县和龙胜县瓢里镇，南接柳州融安县，北接瓢

2017 月 11 月 3 日，三门镇党委召开学习贯彻中共十九大精神报告宣讲会

（县新闻中心 供稿）

里镇、龙胜镇。距离321国道18千米，距龙胜县城47千米，距临桂县132千米，距融安县113千米，距三江侗族自治县50千米，距离最近的动车站为35千米，贵阳至广州高速铁路途经辖区的双江、同烈、大罗3个村，距离桂三高速公路瓢里站出入口20千米。境内居住着苗、瑶、侗、壮、汉等民族，全镇辖13个村、1个居委会，188个村民小组，总面积310平方千米，总人口15125人，其中镇驻地三门街常住人口6560人。集镇规划用地总面积为280.55公顷，城镇建设用地为192.26公顷。主要河流有三门河，主要公路有交洲至大罗、三门至花坪公路。有三门小学1所，教学点5个；中心卫生院一所、村卫生室13个。

【经济指标建设】 2017年，三门镇完成企业工业产值13.59亿元，同比增长13.03%；完成固定资产投入4630万元。1—12月份，全镇完成财政收入3760.67万元。其中，国税2979.86万元，地税776.5万元，财政组织收入4.30万元。

【扶贫攻坚工作】 2017年，三门镇加强组织领导，成立扶贫攻坚指挥部，党委书记担任总指挥长，镇长和人大主席担任副指挥长，副镇长担任成员。形成党政"一把手"负总责，分管领导专门抓，扶贫干部具体抓的工作机制。各村成立由镇领导、后援单位、镇干部职工、镇直单位、村两委成员组成的工作队，贫困村第一书记为第一责任人，对扶贫工作负总责，将结对帮扶工作纳入重要议事日程。扶贫攻坚的主要措施是：

以产业发展为动力，促进群众脱贫致富。通过扶贫帮扶和扶贫开发，结合各村土地、林地特性和地理位置优势，大力发展罗汉果种植、柑橘种植、油茶种植等特色农业产业，采取"贫困户＋非贫困户"的模式，即由非贫困户牵头，成立专业合作社或发展相关产业，贫困户以土地、贫困帮扶资金及政策入股，获得收益后，按股份占比进行实物（或折成现金）分红，使贫困村能形成带动面广、效益明显、增收稳定、持续增收的特色产业。全年全镇发展产业共243户899人，贫困户发展产业覆盖率达67.31%，其中发展种植191户713人，种植面积75.21公顷，其中：罗汉果47.28公顷，百香果7.33公顷，柑橘4.59公顷，钩藤8.23公顷，辣椒3.67公顷；发展养殖业52户180人。村民自行组织成立合作社6个，其中贫困户参与共26户。

以夯实基础为牵引力，提升服务能力。加强道路交通修建，方便群众出行。基础设施建设投入资金906.97万元，其中组屯道路硬化21条，建设里程26.92千米，投入资金778.97万元；桥梁两座，59延米，建设资金88.8万元。大力实施民生工程，提升贫困户生活质量。

推进村级卫生室建设，解决贫困人口看病就医难，缺医少药现象。

加快易地扶贫搬迁项目进展，2017年该镇进

三门镇红玉广扬　　（三门镇　供稿）

行易地搬迁项目的贫困户共113户452人，其中自购18户75人(已获补助8户31人，已办理房产证并验收8户33人，已办理房产证待验收1户6人，办理不动产登记证明待验收1户5人)，自建46户181人(已获补助7户26人，竣工并验收16户68人，竣工待验收4户14人，在建19户73人)。鼓励支持未进行危房改造的贫困户进行危房改造。全年有90户危房进行改造，已发放补助资金135.60万元。其中贫困户为39户，补助金额63.50万元。

关心贫困学生的生产生活。2017年享受春季学期“雨露计划”第一批补助高职专科学历10人，中职教育学历9人，获得教育补助共计2.85万。享受2017年秋季学期“雨露计划”第三批补助4人，获得教育补助共计4500元。

【城镇化示范乡镇建设工作】 三门镇新型城镇化示范乡镇建设项目至2016年6月启动以来，按照政府主导、群众参与、市场运作、多元投资的思路，突出滑石产业、玉石文化、康寿养生三大特色，精心组织、周密部署、狠抓落实。以项目建设为抓手，加快构建新型城镇体系。在城镇12个基础项目基础上，又新实施了9个项目，共投入建设资金1.3亿元，实施并全面完成了红玉文化广场、街道立面综合整治、易地扶贫搬迁安置综合楼、集镇市场改造、影剧院改造、教育卫生基础设施建设、腊寨大桥、云盘大桥、绿化亮化、污水处理厂等21个建设项目，城镇功能日趋完善，集镇品味和形象全面提升。

在推进项目建设过程中，共完成征地2.8公顷，拆迁房屋2000多平方米，征地拆迁人员入户做工作达400多人次。经过上下努力，全面完成了21个项目建设任务。

【农林基础建设】 2017年，三门镇林业用地面积2.8万公顷，森林覆盖率为87%，共有水田581.2公顷，耕地1733.26公顷。全年完成造林120.17公顷，其中杉木造林面积为85.87公顷，珍贵树种秃杉造林2.53公顷，青钱柳造林0.67公顷，油茶新造林26.36公顷。义务植树5万株，完成植树任务的125%。茶叶种植1.66公顷，罗汉果种植250公顷。全镇全年凤鸡养殖3.5万只；大鲵1000尾；生态野猪200多头；养殖野山鸡600多羽；肉猪700多头；山羊生态规模场3个，共存栏山羊1000只。全镇完成水果种植327.80公顷，蔬菜种植572.67公顷。

【工业产业建设】 2017年，三门镇实施“工业强镇”战略，强化“矿业经济”在全镇经济发展中的主导作用，以滑石工业为主体，加强企业经营管理和服务，深度研发新产品，延伸产业链，提升产品质量和附加值。加强鸡血玉、辉绿石等矿产资源的开发利用，进一步规范宝玉石市场的综合治理和流通管理，以多种形式推动宝玉石交易市场的繁荣；加强水电、竹木等企业服务工作。

【社保惠民工程】 2017年，三门镇农村养老保险应参保人数7645人，参保率为92.82%；应发放养老金人数2122人，发放农村养老金245.27万元，发放率为100%。新农合参保人数12453人，参保率为101.18%。1—12月份共发放各项保障救助资金及物资价值251.38万元。

【卫生计生惠民工程】 2017年，三门镇在每个村成立了“五级四员”工作小组，在生产生活中对贫困户给予帮助，同时帮每一位贫困户购买康福保险，让贫困户的身体健康得到保障，大病保险的起报金额降低，减轻了大病给贫困户带来的经济压力，继续实施艾滋病攻坚工程，对0~6周岁儿童进行免费体检并建立健康档案；对慢性病人群进行跟踪管理；对结核病患者进行防控和管理；实施保护母婴安全的“降消”工程，对孕产妇进行跟踪管理，降低孕产妇死亡率，消除新生儿破伤风；实施母婴健康“一免两补”、地中海贫血防治等。贯彻国家人口与计划生育政策，区间内全镇出生人口166人，其中男性81人，女性85人；男女出生性别比100∶104，自然增长率为3.86‰，符合政策生育率为95.78%。

【强基惠民工程】 2017年，三门镇完成农村“一事一议”财政奖补项目4个：为安康村安康一、二组安装太阳能路灯8盏，共投入3.36万元；古坪村雨帽至桥边道路硬化1515米，共投资57.24万元；鸡爪村凉亭坳至中鸡爪道路硬化1.09千米，共投资52.25万元；同烈村桥头至石盘组道路硬化1004米，共投资38万元。四个项目总投入150.85万元。

【安居惠民工程】 2017年，三门镇有90户危房进行改造，补助资金149.7万元。其中贫困户39户，补助金额63.50万元。

【农补惠民工程】 2017年，三门镇农业支持保护补贴面积575.79公顷，3161户收益，补贴金额97.16万元；巩固退耕还林成果，对该镇184.59公顷退耕还林1563个小班进行验收，积极兑现退耕还林补助29.07万元。兑现8200公顷生态公益林补助款155.98万元。

【文化惠民工程】 2017年，三门镇有农村业余文艺队14支，演员330人，有镇文化综合办公楼1座，影剧院1座，村级文化活动中心12个，有专业老年协会7个，为全镇群众展示丰富多彩的文艺演出。

【养老惠民工程】 2017年，三门镇建立镇中心养老院和7个农村五保院及村级养老院；建立老年活动中心、老年协会14个，幸福院3个，有老年文艺队8个、腰鼓队9个、鼓号队1个。

【换届选举工作】 2017年，三门镇的第八届村“两委”会换届选举工作根据上级有关村级“两委”换届选举工作的文件精神和桂林市的统一部署进行。至8月5日，完成13个村民委员会和1个居委会的换届选举工作。

全镇13个村党支部、1个街道党支部，选出村党支部委员65人，居委委员3人，其中女性13人，村党支部书记13人，街道党支部书记1人，一般委员41人。

全镇13个村委会、1个居委会，选出村委会委员65人，居委委员5人，其中女性14人，村主任13人，居委主任1人，一般委员42人，新当选村委主任5人；村委会成员35岁以下的有5人，36~45岁的有26人，46~55岁的有32人，56岁以上的有7人；文化程度：初中文化48人，高中及中专文化14人，大专以上文化3人。

全镇13个村的监委会全部通过民主选举产生，共产生监委会委员42名，其中主任14名，委员26名。监委会主任中党员6名。初中文化程度9人，高中及中专文化5人。

【综治维稳安全工作】 2017年，三门镇严格落实安全生产责任制，健全安全监管体系，深入开展安全生产专项整治，杜绝安全责任事故的发生；健全突发事件应急管理机制，认真执行应急总体预案；完善社会矛盾纠纷排查调处机制，强化联席会议制度，认真贯彻执行领导干部下访制度和领导干部包案负责制，切实抓好“大排查、大接访、大调解、大防控”工作，做到“小事不出村、大事不出镇、矛盾不上交”。

【干部队伍建设】 2017年，三门镇机关在职干部职工70人，退休干部职工19人，在职村干42人。全镇致力于进一步转变政府职能，建设服务型政府。强化公仆意识，严格落实“一线工作法”，做到常规工作雷厉风行马上办，突出问题迎难而上主动办，企业和群众反映的困难深入实际上门办，多为群众办实事、办好事。（李玲丽）

先进表彰

2017 年 2 月，县委、县人民政府召开表彰大会　　（县新闻中心　供稿）

2017 年，龙胜各族自治县各行各业涌现不少先进集体和先进个人，受到各级党委、政府的表彰。本年鉴仅收录受县四家班子、桂林市四家班子及其他厅级以上单位表彰的先进集体和先进个人。

先进集体

2017 年，有龙胜镇等单位被评为先进集体，受到相关单位表彰。

表 9

2017 年受表彰的先进集体一览表

（排名不分先后，未提供资料的恕不补录）

受表彰单位	授予单位	授予时间	授予称号
龙胜镇	自治区党委、自治区政府	2017 年	2016 年度建设平安广西先进乡镇
龙胜镇都坪村党支部	县委、县政府	2017 年	抗洪救灾先进集体
龙胜镇派出所	县委、县政府	2017 年	抗洪救灾先进集体
龙脊镇派出所	县委、县政府	2017 年	抗洪救灾先进集体
中共泗水乡委员会	县委、县政府	2017 年	抗洪救灾先进集体
江底乡泥塘村党支部	县委、县政府	2017 年	抗洪救灾先进集体
马堤乡里市村党支部	县委、县政府	2017 年	抗洪救灾先进集体
中共伟江乡委员会	县委、县政府	2017 年	抗洪救灾先进集体
伟江乡派出所	县委、县政府	2017 年	抗洪救灾先进集体
中共平等镇派出所	县委、县政府	2017 年	抗洪救灾先进集体
平等供电营业所	县委、县政府	2017 年	抗洪救灾先进集体
乐江乡人民政府	县委、县政府	2017 年	抗洪救灾先进集体
瓢里镇孟化村村民委员会	县委、县政府	2017 年	抗洪救灾先进集体
三门镇人民政府	县委、县政府	2017 年	抗洪救灾先进集体
县公安消防大队	县委、县政府	2017 年	抗洪救灾先进集体
县武警中队二班	县委、县政府	2017 年	抗洪救灾先进集体
县水利电力局	县委、县政府	2017 年	抗洪救灾先进集体
县民政局	县委、县政府	2017 年	抗洪救灾先进集体
县广播电视台	县委、县政府	2017 年	抗洪救灾先进集体
县新闻中心	县委、县政府	2017 年	抗洪救灾先进集体
县妇幼保健院	县委、县政府	2017 年	抗洪救灾先进集体
县市容环卫监察大队	县委、县政府	2017 年	抗洪救灾先进集体
县交通运输局公路管理所	县委、县政府	2017 年	抗洪救灾先进集体
县气象局	县委、县政府	2017 年	抗洪救灾先进集体
县水文水资源局	县委、县政府	2017 年	抗洪救灾先进集体

续表

受表彰单位	授予单位	授予时间	授予称号
县市场开发中心城区物业管理所	县委、县政府	2017 年	抗洪救灾先进集体
龙胜公路局	县委、县政府	2017 年	抗洪救灾先进集体
县水利电业有限公司	县委、县政府	2017 年	抗洪救灾先进集体
广西桂水电力股份有限公司龙胜发电分公司	县委、县政府	2017 年	抗洪救灾先进集体
中国移动通信集团广西有限公司龙胜分公司	县委、县政府	2017 年	抗洪救灾先进集体
中国电信股份有限公司龙胜分公司	县委、县政府	2017 年	抗洪救灾先进集体
中国联合网络通信股份有限公司龙胜分公司	县委、县政府	2017 年	抗洪救灾先进集体
县人民政府办公室	县委、县政府	2017 年	抗洪救灾先进集体
县防汛抗旱指挥部办公室	县委、县政府	2017 年	抗洪救灾先进集体
县公安局交通警察大队	县委、县政府	2017 年	抗洪救灾先进集体
桂林龙脊旅游开发有限公司	县委、县政府	2017 年	抗洪救灾先进集体
三门镇	自治区环保局	2017 年	自治区级生态镇
三门镇花桥村	自治区环保局	2017 年	自治区级生态村
县公安局	自治区公安厅	2017 年	2016 年度全区优秀公安局
龙脊派出所	自治区公安厅	2017 年	2016 年度全区优秀派出所
龙胜镇法律服务所	自治区司法厅	2017 年	基层优秀法律服务所
县精神文明建设委员会办公室	自治区精神文明建设委员会	2017 年	自治区未成年人思想道德建设工作先进单位称号。
县国家保密局	自治区国家保密局	2017 年	2012—2016 年度保密工作集体二等功。
龙脊镇龙脊村古壮寨	自治区党委宣传部、自治区党委统战部、自治区民宗委	2017 年	第二批全区民族团结进步创建活动示范村(屯)
县实验中学	自治区党委宣传部、自治区党委统战部、自治区民宗委	2017 年	第二批全区民族团结进步创建活动示范学校
县科协	自治区科协	2017 年	2016 年度广西“十月科普大行动”先进单位； 2016 年广西实施“五个一”农村适用技术培训工程先进单位

先进个人

2017年,有吴曼琼等人被评为先进个人,受到相关单位表彰。

表10

2017年受表彰的先进个人一览表

(排名不分先后,未提供资料的恕不补录)

受表彰个人	工作单位	授予单位	授予时间	授予称号
吴曼琼	县人民检察院	自治区人民检察院	2017年	优秀通讯员
邓美秀	县人民检察院	自治区人民检察院	2017年	个人嘉奖
唐新锰	县人民武装部	桂林警备区	2017年	个人嘉奖
邓　权	县公安局	自治区公安厅	2017年	优秀所长
韦兆松	县人民检察院	自治区人民检察院	2017年	个人三等奖
梁国伟	县司法局	自治区司法厅	2017年	宣传教育先进个人
王明荣	县人民法院	自治区人民法院	2017年	专项活动先进个人
赖锦鱼	县人民法院	自治区人民法院	2017年	专项活动先进个人
曾令胜	县人民法院	自治区人民法院	2017年	专项活动先进个人
苏桂笙	县人民法院	自治区人民法院	2017年	专项活动先进个人
杨孝明	龙胜镇	县委、县政府	2017年	抗洪救灾先进个人
杨基层	龙胜镇	县委、县政府	2017年	抗洪救灾先进个人
唐宗权	龙脊镇	县委、县政府	2017年	抗洪救灾先进个人
潘忠友	龙脊镇	县委、县政府	2017年	抗洪救灾先进个人
粟军贵	泗水乡	县委、县政府	2017年	抗洪救灾先进个人
陈兴华	泗水乡	县委、县政府	2017年	抗洪救灾先进个人
刘心平	江底乡	县委、县政府	2017年	抗洪救灾先进个人
赵福军		县委、县政府	2017年	抗洪救灾先进个人
杨根姬	马堤乡	县委、县政府	2017年	抗洪救灾先进个人
杨文清	马堤乡	县委、县政府	2017年	抗洪救灾先进个人
蒙　辉	伟江乡	县委、县政府	2017年	抗洪救灾先进个人
蒙金凤	伟江乡	县委、县政府	2017年	抗洪救灾先进个人
姚友兵	平等镇	县委、县政府	2017年	抗洪救灾先进个人
罗焘卓	县公安局平等派出所	县委、县政府	2017年	抗洪救灾先进个人
李　曦	县水利电力公司	县委、县政府	2017年	抗洪救灾先进个人
蒙胜军	乐江乡	县委、县政府	2017年	抗洪救灾先进个人
刘　华	乐江乡	县委、县政府	2017年	抗洪救灾先进个人
黄尚付	乐江乡	县委、县政府	2017年	抗洪救灾先进个人
石凯辉	瓢里镇	县委、县政府	2017年	抗洪救灾先进个人
杨志学	瓢里镇	县委、县政府	2017年	抗洪救灾先进个人

续表

受表彰个人	工作单位	授予单位	授予时间	授予称号
陆雄飞	三门镇	县委、县政府	2017年	抗洪救灾先进个人
张克英	三门镇	县委、县政府	2017年	抗洪救灾先进个人
黄传政	县委办公室	县委、县政府	2017年	抗洪救灾先进个人
范议蔓	县政府办公室	县委、县政府	2017年	抗洪救灾先进个人
黄勇丹	县新闻中心	县委、县政府	2017年	抗洪救灾先进个人
吴生斌	县新闻中心	县委、县政府	2017年	抗洪救灾先进个人
潘志祥	县新闻中心	县委、县政府	2017年	抗洪救灾先进个人
侯明军	县人民检察院	县委、县政府	2017年	抗洪救灾先进个人
贲永华	县公安局	县委、县政府	2017年	抗洪救灾先进个人
潘永明		县委、县政府	2017年	抗洪救灾先进个人
王首立	县消防大队	县委、县政府	2017年	抗洪救灾先进个人
唐新栋	县消防大队	县委、县政府	2017年	抗洪救灾先进个人
陈旭鹏		县委、县政府	2017年	抗洪救灾先进个人
范承武	县水利电力局	县委、县政府	2017年	抗洪救灾先进个人
唐荣达	县水利电力局	县委、县政府	2017年	抗洪救灾先进个人
唐更生	县气象局	县委、县政府	2017年	抗洪救灾先进个人
韦　明	县水文水资源局	县委、县政府	2017年	抗洪救灾先进个人
石腾龙	县农业局	县委、县政府	2017年	抗洪救灾先进个人
刘凯锋	县民政局	县委、县政府	2017年	抗洪救灾先进个人
蒋　森	文新广体局	县委、县政府	2017年	抗洪救灾先进个人
李　莫	文新广体局	县委、县政府	2017年	抗洪救灾先进个人
刘　胜	县交通局	县委、县政府	2017年	抗洪救灾先进个人
杨胜甲	县交通局	县委、县政府	2017年	抗洪救灾先进个人
石建革	县卫计局	县委、县政府	2017年	抗洪救灾先进个人
荣兰芝	县妇幼保健院	县委、县政府	2017年	抗洪救灾先进个人
荣梦谊		县委、县政府	2017年	抗洪救灾先进个人
唐源军	泗水	县委、县政府	2017年	抗洪救灾先进个人
柳映昭	龙胜公路局	县委、县政府	2017年	抗洪救灾先进个人
陆居庭	龙胜公路局	县委、县政府	2017年	抗洪救灾先进个人
廖吉泽	龙胜公路局	县委、县政府	2017年	抗洪救灾先进个人
罗长发	龙胜公路局	县委、县政府	2017年	抗洪救灾先进个人
贲吕延	县水利电业有限公司	县委、县政府	2017年	抗洪救灾先进个人
冯　宁		县委、县政府	2017年	抗洪救灾先进个人
陈孝红		县委、县政府	2017年	抗洪救灾先进个人
陈仁书	县市容局	县委、县政府	2017年	抗洪救灾先进个人
梁艳平	县科协	中国科协	2017年	全国科协系统先进工作者

2017年度绩效考评及表彰

2017年，龙胜各族自治县继续推行年度绩效考评制度，2018年2月12日，县委、县政府对2017年度绩效考评结果进行通报表彰。

一、乡(镇)绩效考评结果

(一)评为优秀等次的乡(镇)

龙胜镇、伟江乡、龙脊镇、三门镇、江底乡、乐江乡、平等镇、瓢里镇、泗水乡。

(二)评为良好等次的乡(镇)

马堤乡。

二、县直单位绩效考评结果

(一)评为优秀等次的单位

县委办公室、县人大常委会办公室、县政府办公室、县政协办公室、县人民武装部、县纪委监察局、县委组织部、县委宣传部、县委统战部、县委政法委。

(二)评为一等次的单位

1.经济调节与经济管理单位

县发改局、县财政局、县水利局、县农业局、县旅游局、县林业局、县交通运输局。

2.社会管理与政务管理单位

县卫计局、县人社局、县教育局、县文新广体局、县扶贫办公室、县民政局。

3.党、政群团综合单位

县科协、县总工会、县档案史志局、县机关事务管理局、县残联、团县委。

4.市场管理与执法单位

县人民检察院、县人民法院、县司法局、县审计局、县公安局、县住建局、县国税局。

(三)评为二等次的单位

县工信局、县统计局、县投资促进局、县农机局、县市容局、县科技局、县民宗局、县水库移民管理局、县直属工委、县妇联、县编办、县委老干局、县工商质监局、县地税局、县食品药品监督局、县环保局。

(四)评为三等次的单位

县粮食局、县水产畜牧兽医局、县供销社、县委党校、龙胜公路局、县市场开发服务中心、县安监局、县气象局、县国土资源局、龙脊梯田国家湿地公园风景名胜区管理局、南山自然保护区管理处、县文联、龙胜温泉国家森林公园管理处。

附　　录

2017 年 7 月 27 日，龙胜召开全县贫困人口动态调整工作会　　（县扶贫办公室　供稿）

龙胜各族自治县开展贯彻落实
中央八项规定精神“回头看”工作方案

为深入贯彻落实党的十八届六中全会、十八届中央纪委七次全会、自治区第十一次党代会、市第五次党代会和县十四次党代会精神，根据自治区党委统一部署，不折不扣抓好中央巡视“回头看”反馈意见整改，把纠正“四风”往深里抓、实里做，防止“四风”问题反弹回潮，以优良作风建设成果迎接党的十九大胜利召开，县委决定，2017年3月至7月在全县组织开展贯彻落实中央八项规定精神“回头看”工作，现制定本方案。

一、总体要求

通过对党的十八大以来全县贯彻落实中央八项规定精神情况进行自查、检查，全面系统梳理全县贯彻执行中央八项规定精神、纠正“四风”工作情况，总结经验成效，坚持成功做法，创新监督执纪方法，紧盯老问题，深挖隐形、变异“四风”问题，健全完善制度机制，深化标本兼治，持之以恒、锲而不舍纠正“四风”，在坚持中深化，在深化中坚持，推动中央八项规定精神在龙胜落地生根。

二、工作内容

（一）查安排部署，看主体责任是否落实到位

1. 检查各级党委（党组、党总支、党支部）是否将贯彻落实中央八项规定精神、纠正“四风”作为加强党风廉政建设的重要内容，常抓常议，长抓长管；

2. 检查各级党委（党组、党总支、党支部）是否结合党的群众路线教育实践活动、“三严三实”专题教育和“两学一做”学习教育，持续开展贯彻落实中央八项规定精神宣传教育，严格干部队伍教育管理；

3. 检查各级党委（党组、党总支、党支部）是否重视对中央巡视组、自治区党委巡视组、市委巡察组和县委巡察组巡视（巡察）反馈意见的整改，及时研究巡视（巡察）整改重大事项，部署推动巡视（巡察）整改落实；

4. 检查各级党委（党组、党总支、党支部）书记是否重视对中央八项规定精神、自治区党委、市委和县委《关于进一步贯彻落实中央八项规定精神实施办法》（简称《实施办法》）以及县委、县纪委纠正“四风”问题系列工作的部署落实，在具体工作中是否将整治“四风”问题作为全面加强纪律和作风建设的重要抓手。

（二）查制度建设，看纪律要求是否从严从紧

1. 是否结合本乡镇本部门本单位实际，出台细化贯彻落实中央八项规定精神和自治区党委、市委和县委《实施办法》的具体措施；

2. 是否结合本乡镇本部门本单位实际，抓好中央、自治区、市、县有关制度承接配套，就规范“三公”经费管理、职务消费、接待工作和办公用房管理等方面出台配套制度；

3. 是否结合近几年工作实践和形势变化，对本乡镇本部门本单位出台的相关政策和配套制度及时进行修订完善；

4. 是否严格执行中央八项规定精神各项制度规定，本乡镇本部门本单位有无以形式主义、官僚主义方式对待党中央和自治区党委决策部署，把同党中央保持一致仅仅当作口号等突出问题；有无违反自治区纪委提出的“十个严禁”，特别是违规公款吃喝、公款旅游、私车公养、私设“小金库”、滥发津补贴或福利、隐秘场所聚会、大操大办婚丧喜庆等突出问题。

（三）查监督检查，看“四风”整治是否严谨有效

1. 是否建立健全监督渠道，充分利用来访、

来电、邮件、网页留言、微信平台“一键通”等举报方式，引导群众参与监督；

2. 是否将遵守政治纪律和政治规矩、落实历次巡视（巡察）整改意见、学习贯彻《关于新形势下党内政治生活的若干准则》（简称《若干准则》）《中国共产党问责条例》（简称《问责条例》）等党内法规列入日常监督检查内容，强化纪律规矩意识；

3. 是否紧盯年节假期，在重要时间节点、重要工作推进阶段，综合运用明察暗访、专项检查、信访核查等方式加大监督检查力度；

4. 是否对监督检查发现的突出、倾向性问题，有针对性地开展集中整治，措施是否有力，成效是否明显。

（四）查纪律审查，看执纪监督是否持续有力

1. 是否将违反中央八项规定精神和自治区党委、市委、县委《实施办法》的问题列入纪律审查重要内容，成效如何，本乡镇本部门本单位是否存在违反中央八项规定精神问题纪律审查空白点；

2. 是否及时查处违反中央八项规定精神问题，有无压案不查、隐瞒不报等情形；

3. 是否及时查处对中央巡视组、自治区党委巡视组和市委巡察组和县委巡察组巡视（巡察）意见整改落实不重视、不及时、不到位等问题，有无不查处、不纠正、不问责等情形；

4. 是否重视对重点问题线索的督办和曝光，对上级纪委转办、督办问题线索是否及时核实查处，对查处的典型案例是否定期点名道姓通报曝光。

（五）查工作效果，看“一案三查”是否贯彻执行

1. 检查各级党委（党组、党总支、党支部）开展专项治理的工作成效，突出问题是否得到切实整改，监管责任是否得到有效落实，防止“四风”问题反弹回潮；

2. 检查各级党委（党组、党总支、党支部）是否严格贯彻《问责条例》，对落实中央八项规定精神不力，作风建设流于形式，导致不正之风得不到有效治理的单位和部门主要领导、纪委（纪检组）和党的领导干部进行严格问责，有无有责不问、问责不严的问题。

三、工作步骤

“回头看”工作为期四个月，2017年3月下旬召开全县动员会部署启动，2017年7月上旬结束。分自查自纠、重点检查、健全机制三个阶段进行，各阶段工作可以交叉进行，统筹推进。

（一）动员部署，自查自纠阶段(3月下旬至4月中旬）

1. 层层动员部署，压实工作责任。各乡镇各部门各单位要认真对照中央八项规定精神和自治区党委、市委、县委《实施办法》以及市贯彻落实中央八项规定精神“回头看”工作部署要求，做好本乡镇本部门本单位“回头看”的学习动员和安排部署，结合自身实际，成立领导小组，制定工作方案，明确目标任务、工作重点、责任分工、推进措施、完成时限等，确保活动取得实效。

2. 全面自查自纠，形成自查报告。要紧紧围绕“回头看”工作主要内容，认真开展自查自纠，逐项梳理分析，查准、查实本乡镇本部门本单位突出问题，列出问题负面清单，形成自查报告。自查报告要报上一级党委（党组）和上一级纪检监察机关，其中各乡镇各部门各单位的自查报告（纸质版和电子版，附问题清单）经党委（党组）书记、纪委书记（纪检组长）签字，未设纪检组的由分管党风廉政建设领导签字后于4月7日前报县纪委（径送党风政风监督室）。

3. 开展系统检查，落实监管责任。结合今年中央巡视组对广西巡视“回头看”反馈意见，以及监督检查、执纪审查、巡察发现的突出问题，在全县范围内重点对违规发放津贴补贴，县领导干部工作经费，违规私设“小金库”，公款支付由个人承担的物业费、水电费、房屋租赁费，违规取酬，领导干部办公用房，违规使用会议费和培训费，违规使用公车和私车公养，单位内部食堂公款消费，违规公务考察等开展系统检查，进一步巩固专项治

理成效。各牵头单位要严格落实监管责任，于4月8日前部署开展全面系统检查，并将检查方案报县纪委。系统检查要求在1个月内完成，要明确责任，细分任务，采取有效的方法和手段，从严、从实、从细开展检查，树立“有问题没有发现是失职，发现问题不报告就是渎职”理念，做到不发现问题不收兵；对发现的问题要及时整改，对重要问题线索及时移送纪检监察机关。要形成检查综合分析报告，开列问题清单，提出处理意见，及时整改存在问题并按时上报。

（二）问题导向，重点检查阶段(4月中旬至5月下旬）

1. 交叉检查。针对重点领域、突出问题开展专项检查活动，4月中旬起县纪委、县委督查室、县政府督查室将组织检查整顿形式主义和官僚主义情况，重点整治文山会海、照抄照转，上有政策、下有对策，工作不实、弄虚作假，不担当、不干事，玩风盛行、纵酒闹事等突出问题。配合做好市委组织的县区开展落实中央八项规定精神和纠正“四风”交叉检查活动。参照市级做法组织开展我县各单位交叉检查。交叉检查对各乡镇实现全覆盖，县直单位覆盖面不低于30%。重点检查各乡镇各部门各单位党委（党组、党总支、党支部）、纪委（纪检组）履行全面从严治党主体责任、监督责任情况和党员干部执行廉洁自律纪律规定情况；开展贯彻落实中央八项规定精神“回头看”工作情况和隐形“四风”问题。严肃查处以形式主义、官僚主义方式对待党中央和自治区党委决策部署，对中央巡视组和自治区党委巡视组、市委巡察组和县委巡察组巡视（巡察）意见整改落实不重视、不及时、不到位和无视中央八项规定精神，我行我素、顶风违纪，违规公款吃喝、公款旅游、私车公养、违规发放津补贴或福利、大办婚丧喜庆等突出问题，对维护党的政治纪律和政治规矩失责、贯彻中央八项规定精神不力、推进“回头看”工作走过场、执行党内法规变形走样以及巡视（巡察）整改落实不到位的，严肃追究主体责任、监督责任和领导责任。除上述重点检查内容外，要对近几年来查处违反中央八项规定精神问题“零查处、零通报、零问责”的单位上门督查，切实发现并查处一批问题，实现监督检查全覆盖。

2. 迎接桂林市检查。各乡镇各部门各单位务必高度重视，及时整改存在问题，认真整理有关工作台账，做好迎接桂林市检查的准备工作。

（三）整改落实，健全机制阶段(6月上旬至7月上旬）

1. 建立问题清单。各乡镇各部门各单位对本次“回头看”自查自纠、重点检查和专项治理中发现的问题，要及时进行梳理，建立问题清单，提出整改方案，明确责任，限期整改，问题集中的要进行专项整治。

2. 健全长效机制。重点检查阶段结束后，贯彻落实中央八项规定精神“回头看”工作转入常态化治理，要在健全长效机制上下功夫，对存在的薄弱环节查漏补缺，及时修订完善制度规定，编密制度笼子。要注重“回头看”成果的运用，牢固树立抓常、抓细、抓长的意识和习惯，强化制度刚性约束，做到令行禁止、不搞例外，推进中央八项规定精神落实常态化、长效化。

3. 定期通报曝光。要加大通报曝光力度，用身边事教育身边人，有效发挥震慑和警示教育作用，定期点名道姓通报曝光违反中央八项规定精神问题典型案件。

4. 认真总结落实。及时将“回头看”工作开展和整改落实情况书面报告（含电子版）上一级党组织和上一级纪检监察机关，其中各乡镇各部门各单位经党委（党组、党总支、党支部）书记、纪委书记（纪检组长）签字，未设纪检组的由分管党风廉政建设领导签字后于7月3日前报县纪委（径送党风政风监督室，联系电话：7510418，传真：7512103）。

四、工作要求

（一）加强领导

各级党委（党组、党总支、党支部）要切实

提高政治站位，进一步增强“四个意识”，强化责任担当，充分认识开展“回头看”工作的重要意义，扛实抓牢主体责任，加强组织领导，明确工作任务、落实工作责任、细化工作措施，扎实开展“回头看”工作。主要领导要带头抓落实，对督查中发现的问题要签字背书带头整改，层层压实责任。

（二）明确分工

各乡镇各部门各单位要认真履行职责，各司其职、密切配合，形成工作合力，确保“回头看”工作各项任务要求落到实处。县委办公室牵头部署贯彻落实县委《实施办法》监督检查；县纪委、县委督查室、县政府督查室牵头开展贯彻落实中央八项规定精神“回头看”监督检查；县委组织部要加大对“为官不为”的组织处理力度，对不担当、不干事的领导干部进行问责；县委宣传部要加大对贯彻落实中央八项规定精神的宣传报道力度，加强舆论引导，积极营造良好的社会氛围；县审计局要加大审计力度，扩大审计覆盖面，紧盯违反中央八项规定精神问题开展审计监督检查；县发改、财政、人社等业务主管部门要切实履行监管责任，抓好职责范围内的系统检查，解决突出问题，规范制度要求，建立长效机制。

（三）突出重点

要突出问题导向，把工作重点放在发现问题、处理问题、督促整改问题上，紧盯老问题，注意发现“四风”新动向、新情况。紧盯任务，倒排工期，不得避重就轻、敷衍应付，坚决防止走过场。对自查和督查中发现的问题要即知即改、立行立改、全面彻底整改，做到问题不查清坚决不放过、责任不追究坚决不放过、整改不彻底坚决不放过，确保检查实效。

（四）严肃问责

各纪委（纪检组）要聚焦主责主业，坚持把纪律挺在前面，严格按照自治区纪委《关于进一步加强监督执纪问责持续推动中央八项规定精神落实的通知》要求，进一步畅通举报渠道，全方位、多渠道接受群众投诉举报，让群众积极参与进来。加大执纪问责力度，对“回头看”期间发现的“四风”问题线索，集中力量、限定时间、快查快结、重点督办，对不收手不知止、顶风违纪的，坚持“零容忍”的态度，发现一起、查处一起。要强化责任追究，对本乡镇本部门本单位存在的突出“四风”问题，开展“一案三查”，既要从严处理直接责任人，还要追究失职失责党委（党组、党总支、党支部）和党的领导干部的主体责任、监督责任和领导责任。

注：此件以龙发〔2017〕5号文件印发，附件略

龙胜各族自治县关于认真学习宣传贯彻党的十九大精神的工作方案

中国共产党第十九次全国代表大会于10月18日至24日在北京举行。这是在全面建成小康社会决胜阶段、中国特色社会主义进入新时代的关键时期召开的一次重要会议。会议科学总结了十八大以来取得的历史性变革,深入分析了中国特色社会主义新时代的科学内涵,深刻阐述了习近平新时代中国特色社会主义思想的精神实质,明确了新时代坚持和发展中国特色社会主义的目标任务,为实现中华民族伟大复兴中国梦提供了根本遵循。

学习宣传贯彻好党的十九大精神是当前和今后一段时期的首要政治任务。通过全面深入系统地学习宣传贯彻党的十九大精神,进一步统一思想、武装头脑、凝聚人心、明确方向,不断增强"四个意识",坚定"四个自信",把全县广大党员干部职工和各族群众的思想和行动统一到十九大精神上来,把智慧和力量凝聚到落实党的十九大提出的重大战略部署和重大任务上来,对我县完成打赢脱贫摘帽攻坚战目标,加快实现建设中国生态旅游强县具有重大现实意义和深远历史意义。为切实把党的十九大精神学习好、领会好、贯彻好,结合我县实际,特制定本工作方案。

一、认真学习文件,全面准确领会党的十九大精神

学习领会党的十九大精神,必须坚持全面准确,坚持读原著、学原文、悟原理,做到学深悟透。要认真研读党的十九大报告和党章,学习习近平总书记在党的十九届一中全会上的重要讲话精神,着重把握以下几个方面:

(一)要深刻领会党的十九大的主题

不忘初心,牢记使命,高举中国特色社会主义伟大旗帜,决胜全面建成小康社会,夺取新时代中国特色社会主义伟大胜利,为实现中华民族伟大复兴的中国梦不懈奋斗。这是党的十九大的主题,明确回答了我们党在新时代举什么旗、走什么路、以什么样的精神状态、担负什么样的历史使命、实现什么样的奋斗目标的重大问题。中国共产党人的初心和使命,就是为中国人民谋幸福,为中华民族谋复兴。这个初心和使命是激励中国共产党人不断前进的根本动力。中国特色社会主义是改革开放以来党的全部理论和实践的主题,在未来的征程上,要高举中国特色社会主义伟大旗帜,更加自觉地增强道路自信、理论自信、制度自信、文化自信,确保党和国家事业始终沿着正确方向胜利前进。决胜全面建成小康社会是到2020年必须完成的奋斗目标,要举全党全国之力,为实现第一个百年奋斗目标而奋斗。全面建成小康社会是党和国家事业发展的一个阶段性目标,这个目标实现后,我们要在新的历史起点上夺取新时代中国特色社会主义伟大胜利,为实现中华民族伟大复兴的中国梦不懈奋斗。

(二)要深刻领会习近平新时代中国特色社会主义思想的历史地位和丰富内涵

党的十八大以来,以习近平同志为核心的党中央,坚持解放思想、实事求是、与时俱进、求真务实,坚持辩证唯物主义和历史唯物主义,紧密结合新的时代条件和实践要求,以全新的视野深化对共产党执政规律、社会主义建设规律、人类社会发展规律的认识,进行艰辛理论探索,取得重大理论创新成果,创立了习近平新时代中国特色社会主义思想。习近平新时代中国特色社会主义思想,是对马克思列宁主义、毛泽东思想、

邓小平理论、“三个代表”重要思想、科学发展观的继承和发展,是马克思主义中国化最新成果,是党和人民实践经验和集体智慧的结晶,是中国特色社会主义理论体系的重要组成部分,是全党全国人民为实现中华民族伟大复兴而奋斗的行动指南,必须长期坚持并不断发展。习近平新时代中国特色社会主义思想,从理论和实践结合上系统回答了新时代坚持和发展什么样的中国特色社会主义、怎样坚持和发展中国特色社会主义这个重大时代课题,回答了新时代坚持和发展中国特色社会主义的总目标、总任务、总体布局、战略布局和发展方向、发展方式、发展动力、战略步骤、外部条件、政治保证等基本问题,并且根据新的实践对经济、政治、法治、科技、文化、教育、民生、民族、宗教、社会、生态文明、国家安全、国防和军队、“一国两制”和祖国统一、统一战线、外交、党的建设等各方面作出理论分析和政策指导。党的十九大报告用“8个明确”概括了这一思想的主要内容。为贯彻落实习近平新时代中国特色社会主义思想,党的十九大报告提出新时代坚持和发展中国特色社会主义的基本方略,并概括为“14个坚持”。习近平新时代中国特色社会主义思想,是指导思想层面的表述,在行动纲领层面称之为中国特色社会主义基本方略。要全面贯彻党的基本理论、基本路线、基本方略,更好引领党和人民事业发展。

(三)要深刻领会党的十八大以来党和国家事业发生的历史性变革

党的十八大以来的5年,是党和国家发展进程中极不平凡的5年。5年来,以习近平同志为核心的党中央科学把握当今世界和当代中国发展大势,顺应实践要求和人民愿望,举旗定向、运筹帷幄,统揽伟大斗争、伟大工程、伟大事业、伟大梦想,统筹推进“五位一体”总体布局、协调推进“四个全面”战略布局,以巨大的政治勇气和强烈的责任担当,提出一系列新理念新思想新战略,出台一系列重大方针政策,推出一系列重大举措,推进一系列重大工作,解决了许多长期想解决而没有解决的难题,办成了许多过去想办而没有办成的大事,推动党和国家事业发生历史性变革。5年来的成就是全方位的、开创性的,5年来的变革是深层次的、根本性的。这些历史性变革,对党和国家事业发展具有重大而深远的影响。

(四)要深刻领会中国特色社会主义进入了新时代的历史方位深刻领会。经过长期努力,中国特色社会主义进入了新时代

这是我国发展新的历史方位。这个新时代,是承前启后、继往开来、在新的历史条件下继续夺取中国特色社会主义伟大胜利的时代,是决胜全面建成小康社会、进而全面建设社会主义现代化强国的时代,是全国各族人民团结奋斗、不断创造美好生活、逐步实现全体人民共同富裕的时代,是全体中华儿女勠力同心、奋力实现中华民族伟大复兴中国梦的时代,是我国日益走近世界舞台中央、不断为人类作出更大贡献的时代。中国特色社会主义进入新时代,在中华人民共和国发展史上、中华民族发展史上具有重大意义,在世界社会主义发展史上、人类社会发展史上也具有重大意义。这意味着近代以来久经磨难的中华民族迎来了从站起来、富起来到强起来的伟大飞跃,迎来了实现中华民族伟大复兴的光明前景;意味着科学社会主义在21世纪的中国焕发出强大生机活力,在世界上高高举起了中国特色社会主义伟大旗帜;意味着中国特色社会主义道路、理论、制度、文化不断发展,拓展了发展中国家走向现代化的途径,给世界上那些既希望加快发展又希望保持自身独立性的国家和民族提供了全新选择,为解决人类问题贡献了中国智慧和中国方案。

(五)要深刻领会我国社会主要矛盾的变化

中国特色社会主义进入新时代,我国社会主要矛盾已经转化为人民日益增长的美好生活需要和不平衡不充分的发展之间的矛盾。我国稳定解决了十几亿人的温饱问题,总体上实现

小康，不久将全面建成小康社会，人民美好生活需要日益广泛，不仅对物质文化生活提出了更高要求，而且在民主、法治、公平、正义、安全、环境等方面的要求日益增长。同时，我国社会生产力水平总体上显著提高，社会生产能力在很多方面进入世界前列，更加突出的问题是发展不平衡不充分，这已经成为满足人民日益增长的美好生活需要的主要制约因素。我国社会主要矛盾的变化是关系全局的历史性变化，对党和国家工作提出了许多新要求。要在继续推动发展的基础上，着力解决好发展不平衡不充分问题，大力提升发展质量和效益，更好满足人民在经济、政治、文化、社会、生态等方面日益增长的需要，更好推动人的全面发展、社会全面进步。我国社会主要矛盾的变化，没有改变我们对我国社会主义所处历史阶段的判断，我国仍处于并将长期处于社会主义初级阶段的基本国情没有变，我国是世界最大发展中国家的国际地位没有变。我们要牢牢把握社会主义初级阶段这个基本国情，牢牢立足社会主义初级阶段这个最大实际，牢牢坚持党的基本路线这个党和国家的生命线、人民的幸福线。

（六）要深刻领会新时代中国共产党的历史使命

实现中华民族伟大复兴是近代以来中华民族最伟大的梦想。中国共产党一经成立，就把实现共产主义作为党的最高理想和最终目标，义无反顾肩负起实现中华民族伟大复兴的历史使命，团结带领人民进行了艰苦卓绝的斗争，谱写了气吞山河的壮丽史诗。今天，我们比历史上任何时期都更接近、更有信心和能力实现中华民族伟大复兴的目标。行百里者半九十。中华民族伟大复兴，绝不是轻轻松松、敲锣打鼓就能实现的，必须准备付出更为艰巨、更为艰苦的努力。实现伟大梦想，必须进行伟大斗争。这个伟大斗争就是具有许多新的历史特点的伟大斗争。要充分认识这场伟大斗争的长期性、复杂性、艰巨性，发扬斗争精神，提高斗争本领，不断夺取伟大斗争新胜利。实现伟大梦想，必须建设伟大工程。这个伟大工程就是我们党正在深入推进的党的建设新的伟大工程。要不断增强党的政治领导力、思想引领力、群众组织力、社会号召力，确保我们党永葆旺盛生命力和强大战斗力。实现伟大梦想，必须推进伟大事业。这个伟大事业就是中国特色社会主义伟大事业。要更加自觉地增强“四个自信”，既不走封闭僵化的老路，也不走改旗易帜的邪路，始终坚持和发展中国特色社会主义。伟大斗争，伟大工程，伟大事业，伟大梦想，紧密联系、相互贯通、相互作用，其中起决定性作用的是党的建设新的伟大工程。建设伟大工程，要结合伟大斗争、伟大事业、伟大梦想的实践来进行，确保党始终走在时代前列、始终成为全国人民的主心骨、始终成为坚强领导核心。

（七）要深刻领会实现第一个百年奋斗目标和向第二个百年奋斗目标进军的战略规划

改革开放之后，我们党对我国社会主义现代化建设作出战略安排，提出“三步走”战略目标和“两个一百年”奋斗目标。从现在到2020年，是全面建成小康社会决胜期。要按照全面建成小康社会各项要求，紧扣我国社会主要矛盾变化，突出抓重点、补短板、强弱项，特别是要坚决打好防范化解重大风险、精准脱贫、污染防治的攻坚战，使全面建成小康社会得到人民认可、经得起历史检验。党的十九大对第二个百年奋斗目标进行了战略规划，将全面建设社会主义现代化国家的新征程分为两个阶段来安排。第一个阶段，从2020年到2035年，在全面建成小康社会的基础上，再奋斗15年，基本实现社会主义现代化。第二个阶段，从2035年到本世纪中叶，在基本实现现代化的基础上，再奋斗15年，把我国建成富强民主文明和谐美丽的社会主义现代化强国。从全面建成小康社会到基本实现现代化，再到全面建成社会主义现代化强国，是新时代中国特色社会主义发展的战略安排。

（八）要深刻领会社会主义经济建设、政治建设、文化建设、社会建设、生态文明建设等方面的重大部署

在经济建设上，要贯彻新发展理念，建设现代化经济体系，以供给侧结构性改革为主线，推动经济发展质量变革、效率变革、动力变革，不断增强我国经济创新力和竞争力。在政治建设上，要坚持党的领导、人民当家作主、依法治国有机统一，健全人民当家作主制度体系，发展社会主义民主政治，推进社会主义民主政治制度化、规范化、程序化。在文化建设上，要坚定文化自信，推动社会主义文化繁荣兴盛，牢牢掌握意识形态工作领导权，培育和践行社会主义核心价值观，加强思想道德建设，繁荣发展社会主义文艺，推动文化事业和文化产业发展。在社会建设上，要提高保障和改善民生水平，加强和创新社会治理，不断满足人民日益增长的美好生活需要，让改革发展成果更多更公平惠及全体人民。在生态文明建设上，要践行绿水青山就是金山银山的理念，加快生态文明体制改革，形成节约资源和保护环境的空间格局、产业结构、生产方式、生活方式，建设美丽中国。

（九）要深刻领会国防和军队建设、港澳台工作、外交工作的重大部署

面对国家安全环境的深刻变化，面对强国强军的时代要求，必须坚持走中国特色强军之路，全面贯彻习近平强军思想，贯彻新形势下军事战略方针，建设强大的现代化陆军、海军、空军、火箭军和战略支援部队，打造坚强高效的战区联合作战指挥机构，构建中国特色现代作战体系，全面推进国防和军队现代化，把人民军队建设成为世界一流军队。保持香港、澳门长期繁荣稳定，必须全面准确贯彻“一国两制”“港人治港”“澳人治澳”、高度自治的方针，严格依照宪法和基本法办事，让香港、澳门同胞同祖国人民共担民族复兴的历史责任、共享祖国繁荣富强的伟大荣光。必须继续坚持“和平统一、一国两制”方针，扩大两岸经济文化交流合作，推动两岸同胞共同弘扬中华文化，推动两岸关系和平发展，推进祖国和平统一进程，绝不允许任何人、任何组织、任何政党、在任何时候、以任何形式、把任何一块中国领土从中国分裂出去。中国将坚持和平发展道路，高举和平、发展、合作、共赢的旗帜，恪守维护世界和平、促进共同发展的外交政策宗旨，坚定不移在和平共处五项原则基础上发展同各国的友好合作，积极促进“一带一路”国际合作，继续积极参与全球治理体系改革和建设，推动建设相互尊重、公平正义、合作共赢的新型国际关系，推动构建人类命运共同体，同世界各国人民一道建设持久和平、普遍安全、共同繁荣、开放包容、清洁美丽的世界。

（十）要深刻领会坚定不移全面从严治党的重大部署

党要团结带领人民进行伟大斗争、推进伟大事业、实现伟大梦想，必须毫不动摇坚持和完善党的领导，毫不动摇把党建设得更加坚强有力。要坚持和加强党的全面领导，坚持党要管党、全面从严治党，以加强党的长期执政能力建设、先进性和纯洁性建设为主线，以党的政治建设为统领，以坚定理想信念宗旨为根基，以调动全党积极性、主动性、创造性为着力点，全面推进党的政治建设、思想建设、组织建设、作风建设、纪律建设，把制度建设贯穿其中，深入推进反腐败斗争，不断提高党的建设质量，把党建设成为始终走在时代前列、人民衷心拥护、勇于自我革命、经得起各种风浪考验、朝气蓬勃的马克思主义执政党。

二、营造学习宣传贯彻党的十九大精神的浓厚氛围

掀起学习贯彻十九大精神热潮，必须大造宣传声势，营造浓厚氛围。

一要利用新闻媒体重点宣传。《今日龙胜》报刊、龙胜电台及电视台等新闻媒体，要安排黄金时段、重要版面，设置专题专栏，全面准确阐释党的十九大精神，及时报道各乡（镇）、各部门学习动态，充分反映各乡（镇）各部门在贯彻党的十九大

精神中解决实际问题的新进展、新成效。要组织记者深入基层，充分挖掘、反映基层学习党的十九大精神的情况，及落实十九大精神情况的成效，集中推出“学习宣传贯彻十九大精神”“基层心声”等专栏。

二要发挥宣传阵地广泛宣传。要充分利用一切社会宣传阵地，采用丰富多样的形式，宣传党的十九大精神，营造浓厚学习氛围。县委宣传部要用好户外高炮广告牌，利用工会、民族广场电子显示屏等宣传党的十九大精神。同时，要在县城大街小巷、公路沿线、广场、十字路口等公共区域悬挂、设置、张贴横幅、图片解读，营造县城学习宣传党的十九大精神的浓厚氛围。各乡（镇）要在各大街小巷及人流密集场所开展图文并茂的宣传，各社区和各行政村要在本辖区及村屯沿线、村（社区）公共服务中心悬挂、张贴横幅，各乡（镇）、各单位、各部门、各企业和各中小学幼儿园学校要在本单位内部开辟学习专栏，利用电子显示屏、张贴横幅的方式，推动党的十九大精神进机关、进学校、进企业、进社区、进乡村，真正使党的十九大精神家喻户晓、人人皆知。

三要利用新兴媒体创新宣传。龙胜政府门户网站，桂林龙胜、梯田云党建微信公众号要发挥自身优势，强化与传统媒体开展学习宣传十九大精神的融合传播，开辟具有网络特点的网络宣传报道，积极引导网上舆论，有效回应网民关切，形成网上正面宣传强势。县网信办要注重运用微博客、社交网络和移动多媒体等新技术新手段，调动网民参与积极性，增强网络宣传的实效性和影响力。各乡（镇）、各单位要充分利用各自的官方微信、今日头条等手段进行宣传。

四要注重深入宣传。县委宣传部要组织领导干部、专家学者通过开展讲座、微课堂，在龙胜电视台、电台在线解读等方式，深入阐释、深入解读重大理论和实践问题，深入回答广大干部群众关心的热点难点问题。《今日龙胜》、龙胜电台、电视台要积极转载、转播人民日报、新华社等中央刊物的专家解读、评论文章，帮助广大干部群众深入学习、领会十九大精神，真正使十九大精神为广大党员干部群众所理解、所掌握、所运用。

三、学习方法

（一）领导干部带头学习率先讲

紧密结合党中央即将开展的“不忘初心、牢记使命”主题教育，面向全体党员开展多形式、分层次、全覆盖的全员培训，组织广大党员干部认真学习党的十九大精神。要采取集中宣讲、集中轮训、组织研讨班、举办报告会等多种形式，把集中学习与个人自学、通读文件与专题研讨结合起来，不断把学习引向深入。县委要举办领导干部学习培训班，把学习党的十九大精神同研讨我县贯彻落实的意见结合起来，县委组织部要集中一段时间分期分批把全县领导干部及各村党组织书记轮训，要组织好老干部、离退休人员、农村、非公经济组织、社会组织中党员的学习，使学习教育覆盖到每个党员。领导干部要率先垂范，带头学习，先学一步、学深学透，进而带动所在单位和部门的学习；要满怀政治热情带头宣传，带头上党课、带头赴各地宣讲、带头撰写体会文章，采取分级负责宣讲的方式，县四家班子领导要带头到各自联系乡（镇）或分管部门上党课，县直单位主要领导要给本单位干部职工上党课，各乡（镇）主要领导带头到所辖行政村（社区）上党课；要求副科级以上领导干部撰写学习体会文章4篇以上。要带头结合工作实际贯彻落实，自觉用十九大精神来审视、考量和改进自己的工作，把十九大精神贯彻到工作中、融会到思想中、体现到行动中，努力使自己成为坚定理想信念的表率、认真学习实践的表率、坚持民主集中制的表率、弘扬优良作风的表率。

（二）开展专题学习活动

一是纳入学习计划。全县各级党组织要制定系统学习计划，认认真真、原原本本学习原文，开展专题集中学习研讨。二是列入基层党组织学习要点。全县各基层党组织要召开党员干部会议，利用“三会一课”，认真传达学习十九大精神。三是全县各级各部门各单位要将十九大精神的学习采用举办机关讲坛，举行主题报告会、座谈讨论、主题征文、演讲与知识竞赛等多种形式，组织广大党员干部开展深入浅出、生动活泼的十九精神专题学习活动，各级党员干部要做好学习笔记，每年至少撰写学习体会文章2篇以上。四要学习好相关学习书籍和专题片。中央近期将编辑出版《习近平谈治国理政》第二卷、《习近平新时代中国特色社会主义思想学习纲要》《党的十九大报告辅导读本》和《党的十九大报告学习辅导百问》等书籍，为广大干部群众深入学习领会习近平新时代中国特色社会主义思想和党的十九大精神提供了权威教材，同时中央宣传部在十九大前后也组织拍摄了《将改革进行到底》《法治中国》《大国外交》《巡视利剑》《辉煌中国》《强军》《不忘初心、继续前进》等电视专题片，各级党委（党组）要运用好这些等辅导材料，切实领会十九大精神实质。

（三）集中开展宣讲活动

邀请专家专题辅导讲。全县要积极组织、邀请自治区、市宣讲团和著名专家到我县解读十九大报告的精神内涵。县委宣传部要成立自治县学习宣传贯彻党的十九大精神宣讲团，宣讲团团长由县委书记兼任，副团长由县委副书记、自治县县长兼任，宣讲骨干由县领导和县委宣传部、县委组织部、县纪委、县委党校等单位理论骨干组成，切实做好宣讲骨干的培训，组织宣讲骨干11月开始分赴10个乡（镇）巡回宣讲，宣讲团成员要根据安排的内容认真备课，排列好宣讲课题“菜单”，由各乡（镇）、各单位、各部门、各村党支部采取“点菜”的方式进行宣讲活动。各乡（镇）要成立理论宣讲团，负责本辖区各行政村（社区）的宣讲，确保宣讲面积全覆盖。要善于用群众视觉、群众语言解读十九大精神，要充分发挥各乡（镇）“理论小广场”的作用，集中宣讲与小分队宣讲相结合，让全县各族群众深入学习十九大精神。

文艺搭台生动活泼大宣讲。一是组建党的十九大精神文艺宣传队，组织创作一台以宣传党的十九大精神为主要内容的文艺演出，在今年年底深入十个乡（镇）进行巡回演出。同时指导村级文艺队编排关于党的十九大精神的文艺节目，在2018年春节期间掀起宣演十九大精神的高潮。二是组建党的十九大精神山歌宣传队，组织编写一册以宣传党的十九大精神为主要内容且通俗易懂的民族山歌集，从12月起在全县乡村巡回宣唱。积极发挥行政村老年人协会和村文艺队的作用，有组织有计划有成效地宣唱党的十九大精神，形成各民族、全方位的山歌大宣唱盛况。

四、弘扬理论联系实际的学风，提高解决问题、推动发展的能力

学习宣传贯彻党的十九大精神，要紧密联系龙胜实际，深入调查研究，坚持学以致用、用以促学，把党的十九大精神落实到推动龙胜科学发展、加快脱贫攻坚步伐和加快转变经济发展方式上来，落实到促进社会和谐、保障和改善民生上来，落实到全面推进党的建设新的伟大工程上来，落实到解放思想、深化改革、凝聚力量、攻坚克难上来，注重实效，不做表面文章，不搞形式主义，切实把学习成效体现到建设中国生态旅游强县的各项工作中去。

一是要联系思想实际。通学习宣传贯彻党的十九大精神，要推动全县党员干部牢固树立政治意识、大局意识、核心意识、看齐意识，严格遵守政治纪律和政治规矩，在政治立场、政治方向、政治原则、政治道路上同以习近平同志为核心的党中央保持高度一致，自觉维护以习近平同志为核心的党中央权威和集中统一领导，坚定自觉地把以习近平同志为核心的党中央决策部署落到实处。

二是要联系工作实际。把学习贯彻党的十九大精神同推进本地本部门的各项具体工作紧密结合起来。各乡（镇）、县直局级以上单位党委（党组、党总支、党支部）要结合各自部门开展的党建品牌建设工作找准学习载体，要深入研究和分析新时期新阶段本单位本部门面临的新形势新任务，积极探索实现新发展的思路和举措，抓住机遇，以学习促创新，以学习促进步，努力做到各项工作实现新突破，取得新成绩。

三是要以学习贯彻党的十九大精神为动力，奋力完成今年各项目标任务。全县各级各单位各部门要以学习贯彻党的十九大精神为动力，按照今年县委、县政府的决策部署，逐一对照检查，逐项落实到位，加大力度、加快进度，乘势而上、一鼓作气，扎实做好改革发展稳定各项工作，确保全面超额完成今年各项目标任务。同时，要按照十九大提出的新要求、新部署，提早调研和谋划好明年的工作，牢牢掌握工作主动权。

四是要切实推动改革发展。要把党的十九大精神转化为深化改革、促进发展的强大动力，统筹推进“五位一体”总体布局、协调推进“四个全面”战略布局，坚持稳中求进工作总基调，全面做好稳增长、促改革、调结构、惠民生、防风险各项工作，推动经济社会持续健康发展。要着力做好保障和改善民生各项工作，精心做好维护社会和谐稳定工作，及时解决好群众合理利益诉求，妥善化解社会矛盾，及时消除影响社会稳定的重大隐患。

五是要坚定不移全面从严治党。要推动全面从严治党向纵深发展，保持战略定力，始终绷紧从严从紧这根弦，把党的政治建设放在首位，落实好管党治党责任，不断解决党内存在的突出矛盾和深层次问题。要坚持用习近平新时代中国特色社会主义思想武装全党，在全县开展“不忘初心、牢记使命”主题教育，推动全县各单位干部群众深入理解和把握习近平新时代中国特色社会主义思想的科学体系、精神实质、实践要求，更加自觉地为实现党的历史使命而不懈奋斗。要全面增强执政本领，着力增强学习本领、政治领导本领、改革创新本领、科学发展本领、依法执政本领、群众工作本领、狠抓落实本领、驾驭风险本领，勇于战胜前进道路上的各种艰难险阻，牢牢把握工作主动权。

六是要落实好脱贫摘帽工作。要牢牢把握十九大报告脱贫攻坚的“新号令”。继续坚持把脱贫攻坚作为当前最大的政治任务、最大的民生工程、最大的发展机遇，卯足干劲、全力冲刺。要做足“绣花功夫”，做细做实信息系统录入和帮扶手册登记、档案整理、政策宣传落实等工作，要解决好脱贫攻坚难点问题，特别是要抓好扶贫产业和内生动力这个关键因素，以打赢脱贫攻坚战作为贯彻落实党的十九大精神的具体行动。

五、切实加强领导，确保学习成效

学习宣传贯彻党的十九大精神，是当前和今后一个时期首要的政治任务。为切实组织好我县学习宣传贯彻落实党的十九大精神，抓紧抓实抓出成效，经研究决定，成立自治县学习宣传贯彻党的十九大精神工作领导小组。领导小组成员名单如下：

组　长：周　卉　县委书记
副组长：吴永合　县委副书记、自治县县长
　　　　黄　健　县委副书记
成　员：石修雄　县委常委、常务副县长
　　　　潘德辉　县委常委、副县长、宣传部部长
　　　　粟海英　县委常委、统战部部长
　　　　李文涛　县委常委、组织部部长
　　　　郑明旺　县委常委、县委办主任
　　　　李桥胜　县委常委、纪委书记
　　　　梁德锋　县委常委、政法委书记、县政府党组成员
　　　　余龙想　县委常委、挂职副县长
　　　　敖孔华　县委常委、挂职副县长
　　　　伍永强　县委常委(挂职)

领导小组下设办公室，办公室人员名单如下：

主　任：黄　健(兼)
副主任：潘德辉(兼)
成　员：王永飞　县委办副主任、县委政研室主任
　　　　范是亮　县委办副主任(挂任)
　　　　曾学强　县纪委副书记、监察局局长
　　　　舒华钰　县委组织部副部长
　　　　王珺珩　县委宣传部常务副部长

蒲庆锋　县委宣传部副部长、文明办主任、社科联主席

杨吕娟　县委组织部副部长、县委老干局局长

蒙昌伟　县委统战部副部长

赵丽明　县委党校常务副校长

黄　琴　县直属工委书记

蒙永军　县总工会常务副主席

杨　赛　团县委书记

周艳红　县妇联主席

吴连伟　县文新广体局局长

梁昌群　县教育局局长

石农兵　县文联主席

办公室其他工作人员由县委组织部、县委宣传部、县委党校等部门临时抽调,合署办公,办公室地点设在县委县政府四楼,负责日常事务的处理。

办公室职责:按照中共中央、自治区党委、桂林市委和县委的统一部署,制定切实可行的计划,精心组织实施,做到任务明确,职责清楚,一级抓一级、层层抓落实。要加强督促检查,认真总结经验,确保取得成效。组织部门要把学习宣传贯彻党的十九大精神与干部教育培训工作、加强领导班子建设和基层党组织建设结合起来。宣传部门要扎实做好党的十九大精神宣传工作,营造学习宣传贯彻党的十九大精神的浓厚氛围。各乡(镇)、县直各部门要及时行动,切实做好以下几方面工作:

(一)及时悬挂横幅及开辟专栏。县直各单位,各乡(镇)党委、政府所在地,各行政村需出版1期学习宣传贯彻十九大学习板报(墙报)专栏,需悬挂1条以上横幅,有条件的单位要利用本单位LED屏幕对十九大精神进行滚动宣传。

(二)及时制定和上报方案。方案下发后,各乡(镇)、各单位要成立相应的学习宣传贯彻党的十九大精神工作领导小组,制定相应工作方案,要相应成立学习办,要安排专人负责,安排好学习和档案的整理等工作。各乡(镇)要组建本辖区的宣讲队,组织好本乡(镇)、本单位学习宣传贯彻落实党的十九大精神。文字资料于11月20日前上报至自治县学习宣传贯彻十九大精神办公室。

(三)组织专题学习或带头上党课。县四家班子领导需在11月17日前完成上党课活动;各乡(镇)、各部门领导需在11月20日前完成。

(四)各乡(镇)各单位各部门开展学习宣传贯彻党的十九大精神的情况要列入本年度绩效考核范围,确保学习宣传贯彻十九大精神活动取得实效。县委将及时派出督查组,对各乡(镇)、各部门在营造学习宣传氛围、成立领导机构、制定学习活动方案、带头上党课等学习宣传贯彻十九大精神活动的情况进行专项督查、随机抽查,对组织不力、学习效果不好的乡(镇)和单位严肃批评,对搞形式、走过场的严肃问责,防止学习活动流于形式。

各乡(镇)各单位各部门要及时将学习宣传贯彻党的十九大精神的情况报告、学习图片、体会文章、落实工作的成效及时报送至自治县学习办。

注:此件以龙发〔2017〕25号文件印发

索　　引

平等镇广南村鼓楼节节庆活动　　（县新闻中心　供稿）

说　明

一、本索引采用主题分析索引方法。正文(包括条码、文献、资料、图片和表格)中凡具有独立检索意义的完整资料,均可通过本索引进行检索。少数条目名因语言环境需要,在名称前或者名称后酌加修饰词;有的条目名称动词置后;有的条目名称重复的动词作省略;有的条目名称作简化。为突出图片主题,有的图片文字说明作简略处理。

二、索引按汉语拼音字母(同声字按声调)升序排列。类目、分目、次分目作索引款目用黑体字排印,其余均用宋体字排印。表格、图片在其款目后分别注明“表”“图”。

三、索引款目后的阿拉伯数字和拉丁字母(a,b)分别表示内容所在的页码和栏别(即左、右栏)。

四、索引空两字位起排的款目为上一主题的“附见”。同一主题的“参见”只标页码。为便于读者检索,内容有交叉的款目,在本索引中重复出现。

五、“编辑说明”“大事记”等栏目不作索引,阿拉伯数字开头的款目排在索引的前面。

D

E

F

G

H

J

K

L

M

N

P

Q

R

S

T

W

X

Y

Z

岳普湖年鉴

岳普湖县档案史志馆　编

（2020）

方志出版社
Publishing House of Local Records

图书在版编目（CIP）数据

岳普湖年鉴. 2020 / 岳普湖县档案史志馆编. — 北京：方志出版社，2020.10

ISBN 978-7-5144-4581-7

Ⅰ.①岳… Ⅱ.①岳… Ⅲ.①岳普湖县—2020—年鉴 Ⅳ. ①Z524.54

中国版本图书馆CIP数据核字（2020）第224427号

岳普湖年鉴（2020）

编　　者：岳普湖县档案史志馆

责任编辑：王海荣

出 版 者：方志出版社

地址　北京市朝阳区潘家园东里9号（国家方志馆4层）

邮编　100021

网址　http://www.zgfzcb.cn

发　　行：方志出版社发行中心

电话（010）67110500

经　　销：各地新华书店

印　　刷：山东黄氏印务有限公司

开　　本：889×1194　　1/16

印　　张：16.75

字　　数：339千字

版　　次：2020年10月第1版　　2020年10月第1次印刷

印　　数：001～500册

ISBN 978-7-5144-4581-7　　定价：220.00元

《岳普湖年鉴（2020）》编纂委员会

主　　任　曲连东

副 主 任　克衣色尔·克尤木　麦尔比亚·玉素甫　孔　丽

依明古丽·亚森　顾　宁　李　峰　严需宁

委　　员　王万湖　如孜·阿卜杜热合曼　胡军选　杨晓兰

黄常国　尚　赟　周　勇　薄阴江　阮小兰

喻志斌　李宏保　游　龙

《岳普湖年鉴（2020）》编纂人员

编　　审　严需宁

主　　编　喻志斌

执行主编　罗新梅

编　　辑　王龙帮　加卡·布鲁根

摄　　影　县委办　政府办　组织部　纪委监委　扶贫办

教育局　民政局　农业农村局　卫健委

融媒体中心　档案史志馆等单位

2019 年 1 月 11 日，中共岳普湖县委十三届五次全委（扩大）会议召开

2019 年 6 月 30 日，岳普湖县召开庆祝中国共产党成立 98 周年暨表彰大会

2019 年 4 月 5 日，岳普湖县组织全县优秀青年干部到“姜英教育基地”缅怀先烈

2019 年 5 月 2 日，岳普湖县岳之梦广场举行岳普湖县纪念五四运动胜利 100 周年青年联谊暨表彰大会

2019 年 10 月 1 日，喀什地区第一人民医院驻岳普湖县钢花村工作队组织全体村民庆祝中华人民共和国成立 70 周年

岳普湖县阿洪鲁库木乡老党员庆祝中华人民共和国成立 70 周年

2019 年 3 月 1 日，岳普湖县纪委召开第十三届四次全会暨扶贫领域警示教育会议

岳普湖县处级领导干部开展党纪法规和德廉知识测试

2019 年 8 月 17 日，也克先拜巴扎镇钢花村村委会办公楼投入使用

新提拔的领导干部开展任前集体廉政谈话

2019 年 3 月 2 日，岳普湖县召开党政机构改革动员会议

2019 年 3 月 26 日，岳普湖县召开为烈属、军属、退役军人等家庭集中悬挂光荣牌启动仪式

岳普湖县消防救援大队挂牌成立

建设法治文化广场

2019 年 10 月 26 日，岳普湖县四套班子领导进行“革命传统教育”集中学习

2019 年 11 月 29—31 日，岳普湖县组织全县干部观看“不忘初心、牢记使命”主题教育图片展

2020 年 1 月 16 日，岳普湖县召开“不忘初心、牢记使命”主题教育总结大会

组织全县党员干部到“姜英教育基地”开展“不忘初心、牢记使命”主题教育学习活动

岳普湖县西城区夜景

2019 年 9 月 16 日，岳普湖县美食广场开业

2019 年 10 月 26 日，岳普湖县活畜交易市场开业

2019 年岳普湖县公租房项目一角

岳之梦广场夜景

乡村振兴建设

岳普湖县巴依阿瓦提乡盐碱海水稻试验基地

丰收的金银花

农村公路建设

金银花基地建设

南瓜

定植的西梅

丰收的无花果

岳普湖县特产小茴香

红枣深加工

2019 年 11 月 19 日，喀什众恒新型建材有限公司举行开业仪式

棉纺企业车间生产线

2019 年 4 月 1 日，岳普湖县 2019 年春季企业用工招聘暨中职校毕业生供需见面会举行

工业大型设备

举行岳普湖县与泰安市产业合作项目签约仪式

2019 年 2 月 17 日，岳普湖县第十次妇女代表大会第一次全体会议召开

岳普湖县举办“三本白皮书”冬季大宣讲专题培训会

2019 年 9 月 10 日，岳普湖县召开教育工作暨庆祝第三十五个教师节表彰大会

2019年10月，岳普湖县第二小学新建教学楼“志远楼”投入使用

2019年10月19日，岳普湖县第一小学举办“教学能手大赛”

达瓦昆举办集体婚礼

乡镇体检中心投入使用

2019年11月，色也克乡敬老院投入使用

2019 年 2 月 17 日，岳普湖县召开“冬季攻势”现场推进会暨脱贫攻坚誓师大会

扶贫干部核查贫困户档案

发展庭院经济，种植蔬菜

岳普湖县岳普湖乡尤库日提埂村富民安居小区举行入住仪式

岳普湖县举办“决战脱贫　决胜小康”知识竞赛

岳普湖县举行“百企帮百村”助力脱贫攻坚捐赠仪式

岳普湖县肉羊良种繁育中心

发展林下养殖

托养的羊群

2019年10月20日，中国新疆喀什丝路文化胡杨节岳普湖县分会场开幕式举行

达瓦昆景区水上乐园

摔跤比赛

达瓦昆景区一角

达瓦昆景区的沙漠

达瓦昆景区的骆驼队

2019 年 7 月 1 日，自治区交通运输厅驻岳普湖县岳普湖乡喀拉玉吉买村工作队组织全村村民庆祝中华人民共和国成立 70 周年

自治区交通运输厅“访惠聚”工作队举行冬季攻势暨无花果栽培技术培训

2019 年 2 月 18 日，自治区商务厅驻岳普湖县色也克乡阿克提坎村工作队举办元宵节舞狮表演

2019 年 5 月 2 日，自治区交通运输厅驻岳普湖县岳普湖乡喀拉玉吉买村工作队与喀什地区第一人民医院驻岳普湖县岳普湖乡英买力村工作队组织村党员、团员、青年开展趣味文体活动

2019 年 12 月 27 日，岳普湖县召开第九批援疆工作总结表彰大会

援疆医生开展远程会诊

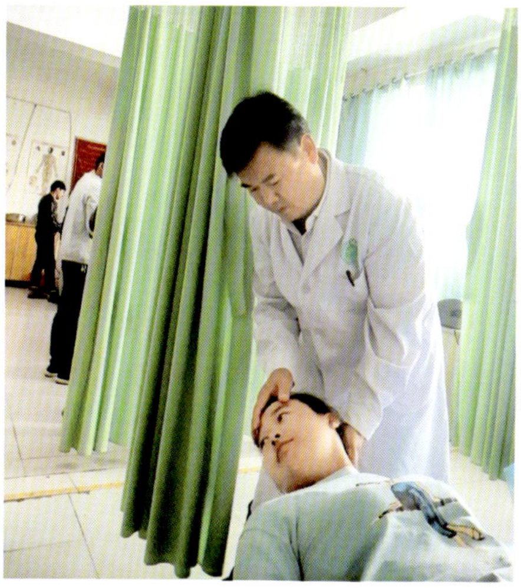

援疆医生为病人做康复训练

干部群众为第九批援疆干部送行

援疆干部与群众依依惜别

编辑说明

一、《岳普湖年鉴（2020）》以马克思列宁主义、毛泽东思想、邓小平理论、“三个代表”重要思想、科学发展观、习近平新时代中国特色社会主义思想为指导，坚持辩证唯物主义和历史唯物主义的立场、观点和方法，力求反映2019年岳普湖县政治、经济、文化、社会等方面的基本情况，旨在为社会各界提供翔实可靠的信息、资料，为岳普湖县的经济发展、民族团结、社会稳定、文化繁荣、援疆工作服务，为构建和谐岳普湖、全面建设小康社会服务，为广大读者服务。

二、《岳普湖年鉴（2020）》共设个30个类目，分别为特载、概况、大事记、专记、中国共产党岳普湖县委员会、岳普湖县人大常委会、岳普湖县人民政府、政协岳普湖县委员会、纪委·监委、扶贫攻坚、对口援疆、群众团体、法治、军事、农业、电力·工业园、交通·邮政·通信、城乡建设、商务、经济监督管理、财政·税收、金融、自然资源、生态环境保护、科技·气象、教育、文化·体育·广播电视·旅游、卫生健康、社会民生、乡镇场概况。

三、《岳普湖年鉴（2020）》采用分类编辑法，以条目为基本表现形式，条目标题均为黑体字加【 】。

四、《岳普湖年鉴（2020）》是岳普湖县第七部年鉴，它是一部集权威性、综合性、科学性、实用性于一体的信息资料工具书。它真实地反映2019年岳普湖县各行各业在县委、县政府的正确领导下，认真贯彻落实中共十九大精神，变化变革、敢于担当、务求实效，展现社会稳定、长治久安总目标的新举措和所取得的新进展、新成就。

五、《岳普湖年鉴（2020）》所采用的稿件是由县直各单位、各乡镇场及各垂管单位组织专门人员负责撰写，所使用的国民经济和社会发展统计数据、资料由县统计局和各撰稿单位提供，并经撰稿单位领导审核。

目　录

特　载

概　况

大事记

专　记

中国共产党岳普湖县委员会

岳普湖县人大常委会

岳普湖县人民政府

政协岳普湖县委员会

纪委·监委

扶贫攻坚

对口援疆

群众团体

法 治

军　事

农　业

电力·工业园

交通·邮政·通信

城乡建设

商　务

经济监督管理

财政·税收

金 融

自然资源

生态环境保护

科技·气象

教 育

文化·体育·广播电视·旅游

卫生健康

社会民生

乡镇场概况

特 载

以习近平新时代中国特色社会主义思想为指导 为实现岳普湖县社会稳定和长治久安 全面建成小康社会而努力奋斗

——在县委十三届六次全委（扩大）会议上的报告（摘要）

岳普湖县委书记 曲连东

（2020年1月7日）

一、回顾2019年工作，令人欣慰，备受鼓舞

2019年是负重奋进、重振信心、整装前行的一年，也是重温初心、践行使命、真抓实干的一年。一年来，全县各级党政认真贯彻落实新时代党的治疆方略、自治区党委“1+3+3+改革开放”工作部署和地委工作要求，秉承“说了算、定了干、干就干好”的作风，扎实做好各项工作，社会大局持续稳定，经济发展不断向好，社会事业明显进步，群众生活福祉显著提高。

主题教育取得实效。把开展“不忘初心、牢记使命”主题教育作为重大政治任务，把学习贯彻习近平新时代中国特色社会主义思想作为根本任务，精心抓好学习，深入调查研究，不断检视问题，全程贯穿整改。全县510个党组织、13243名党员干部虚心听取群众意见，深刻检视自身问题，自觉接受群众监督，紧抓热难点问题，深入推进“8+2”问题整改和“1+3+3”为民办实事，累计解决问题15552条，为民办实事好事6200余件，群众满意度达90.36%，主题教育取得了明显成效。

社会文化事业蓬勃发展。投资1.2亿元加快中小学校建设，新建学校2所，改扩建13所，办学条件有效改善。改扩建9所敬老院和儿童福利院，建设脑瘫儿童康复中心，72名脑瘫儿童得到托管和治疗。实施文化强县战略，打造集歌曲、文学作品、文艺秀和歌舞剧于一体的“四个一”文化融合工程，文化向心力不断凝聚。以庆祝新中国成立70周年为主线，广泛开展“壮丽七十年、奋斗新时代”系列主题宣传活动，各族干部群众爱党爱国热情和国家自豪感空前高涨。

民族宗教和睦和谐。把民族团结作为生命线，开展“两个宣讲”，讲好“三个故事”，抓实“四个教育”，推进“五项活动”，常态化组织“民族团结一家亲”和“民族团结联谊活动”1230余场，参与群众24.2万余人次，民族团结氛围日渐浓厚。所有学校实行各民族学生混合编班、混合住宿。发挥红白理事会在婚丧嫁娶活动中的组织作用。

脱贫攻坚成效显著。围绕决战决胜脱贫攻坚目标，各级党员干部担当作为、苦干实干，15748名贫困人口实现稳定就业，16609名贫困人口实现综合保障兜底。大力实施“五个全覆盖”工程，实现了住房安全、饮水安全、庭院改造、村容村貌整治和重大疾病、地方病、传染病救助全覆盖；全面落实15年免费教育和贫困大学生资助政策，基本养老和基本医疗保险实现全覆盖，实现“两不愁三保障”。2019年，全县脱贫2903户11162人，退出贫困村38个，贫困发生率降至0.80%，顺利通过自治区脱贫攻坚成效考核和第三方验收。

经济工作稳中有进。坚持新发展理念，实现了经济工作稳中向好。全县生产总值增长9%，固定资产投资增长26%，一般公共财政预算收入增长4.9%，全社会消费品零售总额增长9%，旅游人次增长46%，招商引资到位资金增长41%，工业增加值增长3%，工业用电量增长28.6%，城乡居民和农民人均可支配收入分别增长6%、9.5%。深入推进产业结构调整，“三果一花”和“四轮驱动”农业主导产业发展格局初步形成；“一区四园”功能和基础设施逐步完善，企业实力逐步增强，招商引资新落户达35家，园区集聚能力进一步增强，产城融合发展进一步显现。依托“三类电商”营销平台，累计销售农产品3.6万吨；新建美食广场、中辉建材市场等商业集聚区，经济发展活力不断增强。

民生工作持续改善。投入27亿元实施民生项目75个，占公共预算支出的84%。新改建中心水厂7座，新建城乡道路265公里，完成电网改造349.28公里，实施煤改电1.43万户，建成安居房5270套，幸福院、托幼所174所。城区供热改造效果明显。推进“万人大就业工程”，开展技能培训9995人，城镇新增就业5493人，全县转移就业3.3万人次。实施校舍“薄改”142所，新招录国家通用语言教师835人，国家通用语言教学实现全覆盖；狠抓学前教育和职业教育，做到应入尽入。建成村（社区）标准化卫生室107个，配齐乡村医生，医疗卫生服务网络进一步完善，探索传染病“三位一体”“四早”防治疗法，在自治区得到推广。

援疆和兵团工作成果丰硕。山东泰安援疆坚持资金向脱贫攻坚、教育医疗、文化旅游等领域倾斜，投资2.3亿元实施援疆项目19个；深入开展“组团式”援疆，积极推动泰安、岳普湖两地乡村结对帮扶、大学生国家通用语言实习支教、盐碱地海水稻试种，并在泰安市成立岳普湖农产品展销中心、开设新疆特产专卖店，为推进我县社会稳定、脱贫攻坚、经济发展、民生改善注入了强大动力，赢得了全县各族干部群众的高度赞誉。有效地推进了42团与我县经济、文化、干部人才等交流融合。

党的建设得到全面加强。全面履行从严治党，一手抓党风廉政建设，一手抓反腐败斗争，推进乡村干部“十大顽疾”整治，开展“担当作为、真抓实干、突出重点、打造精品”比学赶超大竞赛活动。深入开展“一抓双促”，建立乡镇“五办一中心”、规范村级“两站一中心”，配齐配强“两委”班子。大力整顿软弱涣散基层党组织，基层组织带动群众脱贫致富能力明显增强。751名“访惠聚”驻村工作队员奋战在一线，在脱贫攻坚实践中展现了忠诚干净担当的良好形象；聚焦基层减负，持续精文简会、改进调查研究，力戒形式主义和官僚主义，基层有感明显。

“事非经过不知难”。一年来，人大、政协围绕全县工作大局，做了大量卓有成效的工作，在推进我县社会稳定和长治久安，助力脱贫攻坚、扎实做好群众工作和加强民族团结等工作中发挥了重要作用。这些成绩的取得，是习近平新时代中国特色社会主义思想科学指导的结果，是自治区党委、地委正确领导的结果，是援疆省市无私援助和各级“访惠聚”驻村工作队大力支持的结果，是全县各级党政军警兵民共同奋斗的结果。在此，我代表县委、县人民政府，向为岳普湖县稳定、脱贫、民生、发展各项工作付出艰辛努力的各族干部群众、援疆干部表示衷心感谢！向所有支持岳普湖经济社会发展的社会各界人士致以崇高敬意！

“凡是过往，皆为序章。”一年来我们打了一个翻身仗，一年来我们树立了新形象。一年来的奋斗努力和显著成效告诉我们：必须始终强化党的理论武装，把政治建设摆在首位。通过深入学习习近平新时代中国特色社会主义思想以及新时代党的治疆方略，开展“不忘初心、牢记使命”主题教育，全县各级党员干部进一步严明了政治纪律和政治规矩，促进了思想自觉和行动自觉，增强了“四个意识”，坚定了“四个自信”，做到了“两个维护”；必须始终坚定不移地聚焦和落实总目标。必须始终坚持以人民为中心的发展思想。以脱贫攻坚为抓手，坚持把增进民生福祉、维护群众利益作为处理稳定、改革和发展关系的重要结合点，打牢了稳定发展的基石，实现了以稳定促改革、以改革谋发展、以发展强民生、以民生固稳定的良性循环；必须树立决战决胜的信心和决心。通过学习“九间棚”精神，开展“担当作为、真抓实干、突出重点、打造精品”比学赶超大竞赛活动，引导各级党员干部群众树立“信心比黄金还要重要”的理念，振奋精神，摆脱阴霾，重整行装，奋力前行；必须践行求真务实、狠抓落实的工作作风。以干部作风转变月活动开启作风整顿新举措，通过基层干部“十大顽疾”整治，运用执纪监督“四种形态”，侵占群众利益、不作为、慢作为、乱作为等问题得到有效根治，党群干群关系更加融洽、基层干部的组织力、执行力和落实力得到明显加强。

在看到成绩的同时，我们也要清醒地认识到，与当前面临的新形势、新任务和人民群众的新要求、新期盼相比，我们的工作还有不小的差距，许多制约脱贫攻坚、经济发展的问题还亟待破解。巩固脱贫成效的任务依然艰巨繁重。“两不愁三保障”还存在一些薄弱环节，

一、二、三产业有机融合还不够，农民与新型经营主体之间利益联结还有待加强，农产品转化商品的市场路径尚待开拓；边缘户和脱贫监测户返贫致贫风险较高，扶志扶智力度还需加大。经济可持续发展的后劲依然不足。“一区四园”、产城融合、主导产业初步定位，企业活力刚刚显现，新落户企业尚未投产，产业集群尚未形成；财政重节流、轻开源，“放水养鱼”措施办法不多，“三保”压力逐步加大；金融机构少，供给总量不足，支持经济发展的输血能力仍需加强；“放管服”改革初步实施，服务企业规范高效机制还没有形成。民生保障的整体水平依然偏低。就业质量不高，稳定性不强，就业内生动力不足，就业渠道还需进一步拓宽；教师队伍整体素质和教学质量有待提升，学校思政教育载体还需进一步丰富；乡村医疗力量比较匮乏，业务水平还需进一步提高，群众预防传染病、地方病的卫生健康习惯还没养成。加强党的建设依然任重道远。党建主体责任压得不实，党内政治生活制度落实不够规范；以党建促稳定促脱贫工作力度不够；基层组织依然薄弱，传帮带力度不够，重使用轻培养，干部本领恐慌的问题不同程度的存在；干部不敢担当作为，作风不实，不作为、慢作为的问题依然存在。全面从严治党的压力向下传导还不够，党风廉政建设和反腐败工作仍需要加强。以上问题必须认真研究解决。

二、明确目标任务，坚定必胜信心和决心

2020年是巩固脱贫攻坚成效和全面建成小康社会决胜之年，是“两个一百年”奋斗目标的历史交汇点，也是保持社会持续稳定、加速经济社会发展的重要一年。我们既要正视风险挑战，更要看到千载难逢的机遇：一是上级党政高度重视的机遇，党中央明确提出了新疆工作“四个事关”，自治区党委高度重视喀什“一带一路”门户节点建设，地委对岳普湖稳定发展各项事业给予及时指导和资金支持，为岳普湖决胜全面小康提供有力保障。二是稳定红利加速释放的机遇，人心思进、人心思富的氛围逐步形成；其他省区市赴疆投资兴业和旅游人数逐年攀升，大力开展招商引资，建强文化旅游产业，为经济发展增添新动力的时机已经成熟。三是各种优惠政策叠加的机遇，今年中央将继续实施积极的财政政策和稳健的货币政策，国家和自治区对南疆的特殊政策优势更加凸显，扶贫项目、援疆资源、土地增减挂和债券项目等为我县“一区四园”建设和城乡基础设施建设提供强有力的资金和政策保障。四是发展方向和思路明确、人心高度凝聚的机遇，新时代党的治疆方略激发了各族干部群众对维护社会稳定和长治久安的信心，党群、干群关系进一步密切，我县经济、社会、民生发展的方向和思路已十分明确，全县党政干事创业的氛围已经形成。面对新形势、新任务，我们一定要准确把握、充分利用好这些机遇，不断完善工作思路，创新工作方法，强化各项措施，进一步激发各族党员干部干事创业的昂扬斗志，进一步凝聚全县各族群众团结奋进的磅礴力量，努力开创岳普湖社会稳定和长治久安新局面。

2020年我县经济社会发展的思路和奋斗目标是：以习近平新时代中国特色社会主义思想为指导，全面深入贯彻党的十九届四中全会、自治区党委九届八次全委扩大会议和地委扩大会议精神，落实新时代党的治疆方略和总目标，坚持新发展理念和稳中求进总基调，以“稳定、脱贫、经济、民生、民族团结”为重点，大力实施“稳定治县、脱贫兴县、文化强县、教育立县、产业富县”战略，不忘初心、牢记使命、勇于担当、锐意进取，加快推进农业产业化、工业集群化、新型城镇化、社会治理现代化，扎实推进社会稳定和长治久安，确保全面建成小康社会。力争实现生产总值增长8%；一般公共财政预算收入增长6%；全社会固定资产投资增长16%；工业增加值增长6%；工业用电量增长30%；社会消费品零售总额增长9%；外贸进出口总额增长8%；招商引资到位资金增长30%；城乡居民人均可支配收入分别增长7.5%和8.5%。

实现上述目标，我们必须要坚定坚决贯彻落实新时代党的治疆方略，特别是维护社会稳定和长治久安总目标，以总目标统领脱贫等各项工作；必须要坚决扛起脱贫攻坚、高质量发展和保障改善民生的政治责任。必须要努力把机遇优势转化为发展优势，在变化中捕捉机遇、在挑战中寻找机遇、在发展中创造机遇；必须要坚定坚决贯彻落实县委和县政府的部署要求，树立争创一流、打造精品的思想，以肩负重任的光荣感、为民造福的使命感、时不我待的紧迫感，担当作为，真抓实干，攻坚克难，再创佳绩。

三、聚焦总目标，坚定不移维护社会大局稳定

加强社会管理和创新。以党的十九届四中全会精神指引我县推进社会治理体系和社会治理能力现代化。一是开展“制度规范年”活动。规范和完善县直、乡镇所有运行、管理的机制和制度，以推进乡村“四个五”工程、加强社区党建为重点，进一步在运行机制、规范制度上下功夫，形成系统完备、科学规范、务实管用的制度体系。二是坚持和发展新时代“枫桥经验”，发挥好乡镇司法调解工作站和村（社区）人民调解委员会作用，畅通和规范群众诉求表达、利益协调、权益保障通道；完善信访联席会议、领导包案、督办、回访等制度，努力将矛盾纠纷化解在基层，做到“小事不出村、大事不出乡、矛盾不上交”。三是推进依法治县进程。扎实开展普法宣传教育，加强干部队伍尤其是执法队伍政策法规培训，营造严格执法、公正司法、全民守法的浓厚氛围。

纵深推进扫黑除恶专项斗争。进一步提高政治站位，在推进“治本”上用力。一是营造浓厚宣传氛围，充分发动群众参与、检举揭发，营造扫黑除恶专项斗争的强大声势。二是突出深挖彻查，把涉黑涉恶重大案件、黑恶势力背后关系网、保护伞作为重点，深入推进“一案三查”“打伞毁网”“打财断血”，让黑恶势力无处可藏。三是推进综合治理，围绕“长效常治”目标，紧盯治安复杂区域、重点行业领域，持续开展打击整治涉爆物品违法犯罪、电信网络诈骗、涉众型经济犯罪等专项行动，营造风清气正、安全有序的

社会环境。

四、巩固发展民族团结，促进各民族交往交流交融

坚持把民族团结作为长治久安的治本之策和最大的群众工作，全面贯彻党的民族政策，推动各族群众守望相助、深度融合，持续巩固平等、团结、互助、和谐的社会主义民族关系。

（一）持续抓好党的民族政策落实。一是坚定不移贯彻执行党的民族政策，坚持各民族一律平等，依法全面保障各民族的合法权益，充分尊重各民族文化和风俗习惯，依法严厉打击破坏民族团结的行为，坚决杜绝在工作生活中以民族划线、选择性服务、差别化对待的现象。二是引导各族干部群众互相尊重、互相信任、互相关心、互相爱护、互相理解、互相支持，进一步巩固各民族共同团结奋斗、共同繁荣发展的思想基础。引导各族干部群众多层次多方式多形式走动互动，相互帮助、学习借鉴、取长补短，形成各民族和衷共济、融合发展的良好局面。

（二）持续深化民族团结宣传教育。一是建立健全民族团结教育常态化机制，把民族团结教育纳入国民教育、干部教育、社会教育全过程，实现民族团结宣传教育全覆盖。持续加大“三本白皮书”、《新疆维吾尔自治区民族团结进步条例》的宣传力度，教育引导各族干部群众树牢“三个离不开”思想，形成人人讲民族团结、人人维护民族团结的浓厚氛围。二是加快建设爱国主义和民族团结教育基地建设，确保今年建成投用，使之成为宣传党的民族政策、弘扬民族优秀文化、促进民族团结进步、展示我县良好形象的重要窗口。

（三）持续推进各民族深度融合。推进各民族之间交往交流交融，必须不断丰富发展和完善民族团结进步的活动载体。一是坚持完善“民族团结一家亲”机制，常态化开展“民族团结故事我来讲”“夸夸我的好亲戚”等活动，在潜移默化中增进民族团结。二是积极推进民族团结进步创建“十进”活动，做到县、乡、村（社区）三级联创、同步推进。深入挖掘民族团结先进人物、典型事迹，通过开展民族团结先进集体、先进个人评选表彰，举办先进事迹报告会，树立榜样标杆，做到用身边事教育身边人，推动民族团结创建往深里走、往实里走、往心里走。三是推进各民族互动交流，依托援疆平台，搭建各种交流沟通桥梁，常态化开展与援疆省市的青少年融情实践、互访往来，做好“引客入岳”工作，加强各民族在生产、生活、语言、人文和艺术方面的交往交流。

五、巩固脱贫攻坚成效，夯实全面小康基础

脱贫攻坚越是到了全面收官的关键阶段，越要保持一往无前的奋斗精神和坚定顽强的担当意志，强化攻坚责任，细化攻坚措施，靶心不散、尽锐出战，不获全胜决不收兵。

（一）强化“三落实”，做到“四个不摘”。聚焦“两不愁三保障”，保持政策的稳定性、连续性，提升脱贫攻坚质量，巩固脱贫攻坚成效。一是严格落实“双组长”制，持续压实强化各级党政主体责任、纪委监委监督责任、行业部

门监管责任和帮扶单位帮扶责任，三级书记一起抓，形成上下衔接、条块结合、各负其责、各尽其力的强大合力。继续落实“领导包乡、单位包村、干部包户”的帮扶机制，坚持三级书记遍访贫困对象制度；稳定扶贫干部队伍，加强培训，进一步提升帮扶能力。二是对退出村、脱贫户继续强化帮扶，研究制订《脱贫村和脱贫人口巩固提升计划》，明确重点任务完成的“时间表”、“路线图”和“任务书”，确保贫困群众脱贫不返贫。坚持问题导向，查短板、补弱项、强整改，确保5月中旬前把所有排查和反馈的问题整改到位。三是抓好8大类51个扶贫项目实施，确保项目和资金及时发挥效益。深化专项扶贫、行业扶贫、援疆扶贫、定点扶贫、社会扶贫、金融扶贫、消费扶贫和东西部和区内协作扶贫，进一步凝聚攻坚合力，坚决做到“责任、政策、帮扶、监管”四不摘。

（二）*以产业发展为依托，巩固扩大就业。*提升产业和就业“造血”功能，为实现长效稳定脱贫提供根本支撑。一是突出抓好产业扶贫，优化传统产业，培育“三果一花”产业，以良繁、育肥、活畜交易、饲草种植“四轮”驱动畜牧业，强力推进优势产业扩量提质。完善产业带贫益贫机制，壮大带贫益贫龙头企业、合作社发展，年内再申报自治区龙头扶贫企业5家、扶贫专业合作社6家以上，投入1800万元培育30家有发展潜力的扶贫合作社，规范和壮大各乡镇农业发展公司发展，成为带贫益贫主力军。二是突出抓好就业扶贫，健全精准扶贫培训机制，鼓励企业、合作社吸纳贫困劳动力就业，开发公益性岗位就业，依托园区、乡村车间、种植大户、电商物流等载体就业，确保新增就业岗位5000个以上，实现有劳动能力的贫困人口全部稳定就业。

（三）*做好“三保障”，落实“五个全覆盖”。*统筹推进脱贫攻坚与乡村振兴有机衔接，进一步提升民生保障和基础设施建设水平，全面补齐“三保障”短板，做到“五个全覆盖”。一是加强教育扶贫，全面落实教育惠民政策，持续改善农村义务教育学校办学条件，强化控辍保学，确保贫困家庭适龄儿童应入尽入；大力推进职业教育扩容提质，实现初高中未升学、未就业毕业生职业教育全覆盖。二是加强医疗扶贫，健全县乡村三级卫生服务体系，加大乡村医生培养，积极为乡镇卫生院配备全科医生，推动医疗技术人才“组团式”向乡镇倾斜；落实基本医疗和养老保险参保两个100％硬要求，确保贫困人口政策范围内住院报销比例达到95%以上。三是加强住房保障，进一步梳理农户遗漏危房，5月底前全部改造完成。加快推进农村饮水安全巩固提升工程建设进度，着力解决好水源保障问题。做好易地扶贫搬迁后续产业、就业发展扶持，确保贫困户“搬得出、稳得住、有就业、能致富”。四是强化兜底保障，坚持乡不漏村、村不漏户、户不漏人，做到应保尽保、应退尽退；聚焦特困人员、病残孤老人员、困境儿童等，建立健全低保发放、护理补贴、委托照料、集中供养等保障制度，做好防止返贫和临时救助有效衔接，解决临时因病、因灾、因意外致贫返贫的家庭困难问题。

（四）突出攻坚重点，集中用力补齐短板。突出未脱贫户、边缘户和脱贫监测户，集中用力、巩固提升，确保高质量完成脱贫攻坚任务。一是持续抓好“六个精准”“七个一批”“三个加大力度”“十大工程”，确保剩余贫困人口305户1094人全部脱贫；加强对边缘户、脱贫监测户帮扶力度，细化“一户一策”，采取解决就业岗位、扶持发展生产、提高保障标准等综合性措施，力争边缘户、脱贫监测户2815户11241人人均收入达到5000元以上。二是建立解决相对贫困的长效机制，突出返贫监测预警，对脱贫户、退出村定期跟踪监测、综合研判，对脱贫户定期回访，检测跟踪脱贫成效；突出改善和保障民生，统筹完善社会救助、社会福利等制度，坚持资金政策向贫困家庭、贫困人口倾斜；突出激发内生动力，坚持扶贫和扶志扶智相结合，加强国家通用语言、技能培训和资金支持，增强贫困户的发展信心和发展能力；突出综合施策，坚持产业扶贫、就业扶贫、教育扶贫、医疗扶贫、金融扶贫、科技扶贫等多层次资源支撑和保障。

六、持续深化供给侧改革，推动经济高质量发展

坚持稳中求进总基调，深入贯彻新发展理念，全面落实自治区党委“1+3+3+改革开放”工作部署，坚持一套班子抓稳定、一套班子抓发展，以供给侧结构性改革为重点，推动经济高质量发展。

（一）狠抓招商选资，以工业总量的壮大推动经济高质量发展。坚持“抓招商就是抓产业、抓产业就是抓就业、抓就业就是抓稳定”的思路，紧紧围绕我县独特的农业资源禀赋和区位优势，集中力量建园区、抓招商、扶企业、促产业，全力推进新型工业化进程。一是坚持不懈抓主导产业。大力发展农副产品加工业，发挥泰岳工业园农产品加工的聚集优势，确保农产品深加工企业达到30家以上，扶持组建和规范提升一批农机、畜牧、林果合作社，引导农业企业与农民合作社、农户联合建设原料基地、加工车间、卫星工厂。大力发展劳动密集型产业，重点围绕纺织服装、电子组装和轻工建材，确保年内园区企业解决就业2500人以上。大力发展商贸物流、电子商务、文化体育、农业生态观光等现代服务业，发展夜间经济，培育消费增长点。二是坚持不懈抓园区建设。坚持科学谋划、重点突破，投资8000万元，以路网建设为牵引，完善园区水电讯等基础建设配套和泰岳工业园绿化全覆盖；投入资金5000万元，加快规划建设喀什经济开发区岳普湖产业园，用好用足喀什经济开发区优惠政策，打造岳普湖企业“总部经济”基地。投入资金5500万元，完成农产品加工孵化园建设。三是坚持不懈抓招商引资。坚持把招商引资作为“一号工程”，按照“洽谈一批、安置一批、建设一批、投产一批”的要求，重点围绕主导产业赴东南沿海和对口援疆省市主动招商、驻点招商、择优招商，加快引进20万锭纺纱、京东云仓、鸿达新业、欢乐岛开发等一批项目落地投产，力争全年引进企业

40家，到位资金10亿元，增长30%。四是坚持不懈抓企业扶持。按照“促引、促建、促产、促强”的要求，对重大项目和重点企业，做到“一套班子、一抓到底”，确保正伦纺织、罗伊斯科技、九间棚日化、天仁饮料、远大小茴香、卡士达电子等14家企业在上半年全部投产运营；充分发挥政策资金“四两拨千斤”的作用，用好援疆产业发展扶持资金，深化政银企合作，确保金融对企业贷款突破3亿元。新培育正伦纺织、罗伊斯科技等8家企业升规入统，全县规上企业总数达到15家以上。力争完成规上工业总产值9.78亿元，增长5%，规上工业增加值1.12亿元，增长5%。五是坚持不懈抓环境优化。深入推进“放管服”改革，行政审批事项实现“一门集中、一窗受理、一网通办”，最大限度为企业“松绑”，做到“最多跑一次”。实行投资审批“一口受理”“代办服务”等制度，建立项目审批绿色通道和项目落地快速协调跟进机制，将工程建设项目审批时间压减至100个工作日以内，企业开办时间压缩至2个工作日内。全方位做好企业服务，实行新落户企业领导盯办制，帮助解决制约发展和建设的“瓶颈”问题，切实营造出“招商、安商、优商、稳商”的优良环境。

（二）狠抓富民产业，以农村经济的提质增效引领乡村振兴。以农业增效、农民增收为目标，以实施乡村振兴为总抓手，推进“稳粮、优棉、增菜、促经、兴果、强牧”，促进农业产业结构优化升级。一是调优种植业。着力抓好小麦、棉花优良品种推广工程，力争小麦总产突破8万吨，棉花统一良种面积50%以上，打造优势长绒棉产区，确保长绒棉种植面积15万亩，棉花主产区控制在60万亩以内；继续实施蔬菜种植补贴政策，确保露地及保护地蔬菜正复播种植2万亩；示范引领带动种植西甜瓜、小茴香、板栗南瓜等特色经济作物13万亩。二是狠抓林果主导产业。投资4600万元，推进20.7万亩的“三果一花”补植补造提质增效，新培育发展新梅5.3万亩、无花果3万亩、金银花1.5万亩，确保特色林果业面积超过31万亩。实施林果技术“千百”工程，建立健全1000人的林果技术服务队和生态护林员队伍，重点培养100名高级技术人员。依托“旅游+”和农业龙头企业，实施产供销对接，打造特色林果精品示范园，带动提高全县林果管理水平，力争全县林果产量达到4.5万吨以上。三是壮大畜牧业发展。进一步完善和巩固良繁中心、育肥中心、活畜交易市场的管理和运营，再投资9800万元分别建设肉羊及疆岳驴良种繁育中心各1座，奶牛养殖投产达效，建实畜牧业“顶天立地”基础；投入9380万元分片区建设18个标准化养殖小区，投资1000万元鼓励养殖合作扩规增效。利用林地资源及胡杨牧鸡品牌，积极引导农民发展鸡、鸽子、蜜蜂等短平快产业，力争全县牲畜存栏数达到31.5万头（只），出栏数达到28万头（只），家禽存栏数70万只（羽），出笼达到120万只（羽），形成畜牧业“铺天盖地”态势。利用退耕还草政策，推广种植构树、巨菌草、苜蓿等优质饲草料2万亩，建设大型综合饲料加工厂1座。投入4000万元，实施有机肥替代化肥行动，利用固体、液体沤制和工业方式大力制造有机肥，确保有机肥使用占比达到75%。加大防疫设备和仪器投入，完善动物防疫体系。四是坚持推进农业产业化经营，把泰岳工业园区建成农副产品精深加工区，确保投产落户“农”字牌加工企业30家以上，依托扶贫项目，投资1.24亿元建立“三果一花”、小茴香、蔬菜等农副产品精深加工生产线，带动农业产业链全面升级，倒逼农业机械化的提高。培育壮大30家农民专业合作社，采取“合作社+农户+基地+企业”的运行模式，提高农民抗风险能力和农业竞争力。依托农业生态观光园和京东云仓，投资6000万元建设冷藏、保鲜库，新建、改造农产品交易市场，拓宽农产品销售渠道。五是坚持把产业发展与土地归并整理、土地流转相结合，力争全年完成土地归并整理10万亩，新建防渗渠22公里，新建高标准基本农田1万亩，高效节水农田4万亩，全部实现统一上图入库。巩固和完善农村基本经营制度，力争年底完成30年耕地确权颁证工作。严格落实中央环保督察“井电双控”措施，完成2941眼机井“井电双控”平台信息化建设，从严管理水资源“三条红线”，确保地下水资源开发利用的有效监管。

（三）狠抓旅游开发，以三产的快速提升拉动经济发展。坚持“政府主导、企业主体、市场运作”的方针，把旅游作为支柱产业发展培育，在“精”字上下功夫，在“活”字上作文章，全局谋划，重点突破。一是优化旅游规划布局。按照“一线为主优化布局、两点突出龙头带动、夯实基础久久为功、产业联动拓展空间”的发展路径，开发“一路、两区、三线、四点、五树”的全域旅游线路，构建全域旅游格局。二是大力实施“旅游+”战略。推动“旅游+农业、文化、生态、城市、电商”融合发展。投入资金3.4亿元，抓好以无花果为主的6000亩农业生态观光采摘园、达瓦昆景区升级改造等26个旅游及配套项目。压实项目分工责任，加快推进项目实施，确保3月底全部开工建设，10月底全部投产运营。三是完善旅游服务配套。完善文旅公司运营机制，发挥龙头带动作用。建设景区游客服务中心、达瓦昆景区文化旅游演艺中心、达瓦昆民宿、餐饮一条街，提升“吃、住、行、游、购、娱”服务保障水平。强化人才支撑，培训100名行业服务人员、30名导游。全方位开拓客源市场，通过“旅游包机”“引客入岳”，举办“达瓦昆旅游节”等活动，打响“达瓦昆”旅游品牌，扩大知名度，力争全年旅游接待人数达30万人次，旅游综合收入达1.3亿元，解决就业1000人以上。四是促进商贸物流发展。推进农产品区域性闭环产销、大宗农产品供销和品牌农产品营销“三类电商”平台建设，提升我县电商示范基地水平，依托“大仓东移”和京东云仓，建立岳普湖独具特色的农产品营销平台，倒逼农业提质增效，保障农民利益。

（四）狠抓城乡统筹，以公共服务水平的提升承载经济发展。按照“提升城市品位、完善服务功能、创造优美环境、体现特色活力”的思路，加强城乡统筹。一是加快新城区保障性住房建设，建设干部团购房、公租房、达瓦昆花苑小区、领秀嘉园一期等20.83万平方米保障住房。二是加快棚户区和老城区改造，完成岳普湖镇858户棚户区拆迁改造、老城供热改造、污水处理提标改造和县城生活垃圾处理二期工程、老旧小区配套改造，提升城市承载和服务功能，实现东城和西城呼应发展。三是加快乡村道路建设，新建村组道路50.5公里，完成农村公路养护200公里；新建泰岳工业园区—也克先拜巴扎镇—阿其克乡，艾西曼镇—也克先拜巴扎镇11村，县农场—铁热木镇乡村道路建设，完善交通路网。四是加快城乡生态环境建设，继续加大城区道路、公共区域、城乡接合部、居民小区环境卫生整治力度，积极争创自治区级“卫生县城”；完成9个乡镇总体规划和93个村庄规划编制，加快小城镇建设步伐，不断提升城镇化水平；持续改善农村人居环境，全面实施并完成村庄环境土地整治，以无花果、桃子为主，实施应种尽种、见缝插绿，每个乡镇至少打造1个美丽宜居示范村。

（五）狠抓项目申报实施，做好财税征管和开源节流。坚持“抓项目就是抓发展、抓项目就是抓重点”，抢抓中央加大对“三区三州”深度贫困地区投资力度和启动“十四五”规划编制前期工作的机遇，准确把握投资政策和投资方向，完善财税征收管理，提高资金使用成效。一是积极申报项目。按照“谋划一批、储备一批、申报一批、开工一批”的要求，围绕产业、就业、教育医疗和设施配套等重点领域，超前谋划，科学论证，想方设法跑办，全力以赴争取，力争204个、65.49亿元项目资金全部落地到位。二是推进项目规范运作。完善项目储备、签约、落地、开工、建设、投产“六位一体”推进机制，建立每月项目推进督办会制度，落实项目建设分阶段目标和保障措施，建立项目推进动态管理台账，逐个跟踪推进，逐个挂号销号，加快审批、核准和备案，高效推进项目建设。强化项目事前、事中、事后监管，压实业主、部门、乡镇村的责任，确保项目管理责任到人、时间到点、任务到量。三是完善税收征管的长效机制。坚持依法征税，落实减税降费，每月开展1次调查分析研判会。强化纳税评估，风险应对，进一步增强对重点税源的掌控力，全面开展税收征管，做到清欠评估两手抓；密切关注企业的生产经营和资金动向，依法加强欠税清理力度，集中力量追缴陈欠，遏制新欠。四是注重绩效管理。坚持财政资金优先用于保证干部工资、机构运转、基本民生正常支出；规范债券资金使用，努力实现财政资金和债券资金协同精准发力，力争民生投入占一般公共预算的80%以上。将绩效管理贯穿资金使用全过程，做到事前有目标，事中有监管，事后有评价，切实做到“花钱必问效，无效必问责”。五是引导开源节流。时刻保持“过紧日子”思想，大力压减一般性支出，“三公”经费只减不增；建立结余结转资金动态监控机制，及时清理盘活财政存量资金；规范财政资金支付，将所有资金全部纳入财政信息系统管理，实现资金支付各个环节之间有效制衡；编制政府采购和招投标预算，规范运作，提高效率，构建规范透明、公平竞争、监督到位、严格问责的采购和招投标工作机制。

（六）狠抓五个聚焦，促进援疆工作迈上新台阶。紧紧围绕“五个聚焦”，编制援疆“十四五”规划，确保全年投入援疆资金2.3亿元、20个援疆项目主要助力民生和脱贫。一是坚持聚焦人才支撑。推进“组团式”教育、医疗援疆，积极开展两地支教、支医活动，促进管理人才、专业技术人才双向挂职和交流培训。二是坚持聚焦民生保障。优先把人力、物力、财力集中到民生领域，高标准、高效益、高质量推进住房、教育、就业、托幼养老等重点民生项目建设，让群众得到更多实惠。三是坚持聚焦脱贫攻坚。突出产业、就业和消费扶贫，积极培养林果、畜牧、手工、刺绣等各类专业管理经营和技术人员，聚焦监测户和边缘户，发展庭院经济和畜牧良繁，促进增产增收。四是坚持聚焦产业发展。勇当招商引资的急先锋，积极引进项目，壮大产业规模；积极推进园区建设和企业扶持，促进农业产业提质增效和贸易平台建设；对6000余名就业人员落实就业补助政策，保用工、稳就业、促增收。五是坚持聚焦交往交流。建立常态化交流机制，定期在重要节日、旅游旺季组织泰岳两地人员互访交流，吸引更多的人到岳普湖县旅游、创业；加大泰岳共建成果宣传展示力度，以文化为媒介、夜市为平台，促进两地人文和经济交往交流交融，把援疆工作打造成为民族团结示范工程。

七、着力保障和改善民生，加快文化和社会事业发展

牢固树立以人民为中心的发展思想，坚持民生优先，着力解决群众最关心、最直接、最现实的利益问题，让全县各族群众有更多、更直接、更实在的获得感、幸福感。

（一）大力推进文化宣传事业。一是加强宣传思想工作，坚持以现代文化为引领，深入学习贯彻党的十九届四中全会精神，大力宣传党和国家的各项惠民利民政策，大力宣传全县各级党政抢抓机遇、谋划发展的精神面貌和具体行动，大力宣传岳普湖县一年来发生的巨大变化，把各族干部群众的心气和精力凝聚到助力脱贫攻坚、促进经济发展上来。二是深入推进“文化强县”战略，继续深化“四个一”工程（一台歌舞剧、一批歌曲、一台文艺秀、一部文学作品），努力把优秀民族文化融入中华传统文化，展现岳普湖的神奇和美丽，歌唱岳普湖人民的和谐和幸福。三是深入开展文化下乡和“百日文化广场”活动，继续深化“东风工程”和电影放映等文化惠民工程，规范完善村、社区文化室，用好乡村文化大院，确保每村每月一次演出、一场电影，不断丰富群众精神文化生活。四是开展争做“文明幸福自豪岳普湖人”活动，充分利用广播、电视、公众号等媒体平台宣传造势，采取宣传教育、树立典型、反面曝光、文艺演出、比赛活动等丰富多彩的形式推

进活动扎实开展。继续深化“岳普湖人游岳普湖”活动，进一步增强全县各族群众对家乡的认同感、归属感和自豪感。

（二）大力发展社会事业。一是利用“科技之冬”“科技下乡”培训群众12万人次以上，年内完成50个农业示范园、示范田和400户科技示范户建设，争取各类科技项目3项以上。二是推进中小学配套学校建设，确保15所中小学于3月份全部完工并投入使用。以争创一流为目标，推进实施“教师梯级发展培育工程”和“百名教师能力提升工程”，配齐配强思政教师，优化队伍结构，提升教师素质。全面推行“生本教育”和“122”课堂教学改革，提高职业高中“产教融合”比例，加强校企联合、健全实训基地。深入开展“三进两联一交友”，切实增强师生“五个认同”。三是推进全县“医共体”建设，加快形成“基层首诊、双向转诊、急慢分治、上下联动”的分级诊疗模式，力争县域内就诊率提高到90％以上。实施“健康岳普湖”行动，持续抓好全民免费健康体检，巩固重大传染病、地方病救治全覆盖成果。加快东城医院配套建设，力争5月搬迁启用。构建远程医疗体系，做到地、县、乡三级医疗单位远程诊疗90％覆盖。认真落实计划生育政策，全县出生率控制7.44‰以内。

（三）大力推进民生工程。一是深挖一、二、三产就业潜力，紧盯用工需求，依托技工学校、中职校等平台，实施“菜单式”选学、“订单式”点训，突出抓好重点群体就业培训。综合运用各项就业补贴政策，落实最低工资标准和社会保险政策，实现职业培训6000人以上，城镇新增就业4500人，高校毕业生当年就业率达到90％以上，农村富余劳动力就业输出2.2万人次。二是落实好城乡居民基本医疗保险、大病保险、商业保险、医疗救助4种保障政策；规范和提升119个村级幸福养老院和托幼所建设，做到应养尽养、应托尽托。三是实施水利惠民工程，进一步完善“从源头到龙头”的农村安全饮水工程建设和运行管护体系，确保年底实现农村自来水集中供水率100％，供水保证率达到95％以上。四是全面启动实施9个电网升级改造建设项目，完善城区和园区电网配套，加快农村电网改造，实施完成4065户“煤改电”工程。新建6万平方米公共停车场，实现9个乡镇客运和公交通车率100％。五是严格落实安全生产党政领导责任，加强应急救援能力建设、应急救援物资储备和关键装备配置，完善应急管理信息平台，严查交通、建筑、消防等重点领域安全隐患，强化食品药品监管，严防发生重大公共安全事件，最大程度保障群众的生命财产安全。

（四）大力改善生态环境。突出精准治污、科学治污、依法治污，重点打好蓝天碧水净土保卫战，持续改善生态环境质量，建设美丽岳普湖。一是严禁“三高”项目落地，落实节能减排措施，加强工业污染联防联控；推进城乡垃圾分类回收工作，城区垃圾填埋和片区垃圾填埋确保投用，规范城乡环卫管理市场化运行方式，强化土壤和农业面源污染防治，减少化肥农药投入。二是落实河（湖）长制，强化饮用水源地保护，落实“井电双控”措施，加大水政水资源执法力度，抓好地下水超采治理。三是抓好生态林建设，坚持村庄见缝插绿全覆盖，突出抓好铁热木镇、巴依阿瓦提乡、阿洪鲁库木乡沙漠化严重区植树造林、退耕还林还草工作，完成9.5万亩退耕还林、2000亩防护林建设，探索防护林和经济林间作模式，实现筑牢生态安全屏障与促进林果业发展的双赢。

八、加强党的全面领导，发挥制度优势提升治理效能

实现既定奋斗目标，核心在党、关键在人，必须坚持和加强党的全面领导，贯彻新时代党的建设总要求，始终聚焦总目标抓基层组织建设，真正将制度优势转化为治理效能，为岳普湖县稳定发展改革提供坚强组织保证。

（一）扎实推进理论武装和思想政治建设。一是坚持用习近平新时代中国特色社会主义思想武装头脑、指导实践、推动工作，聚焦抓党建促稳定、促脱贫、促群众工作，确保党中央、自治区党委、地委决策部署在岳普湖县落地生根、落实见效。二是切实增强“四个意识”，坚定“四个自信”，始终把“两个维护”作为最大的政治、最重要的政治纪律和政治规矩，做到事事处处向核心看齐，绝对忠于核心、坚定拥护核心、时刻紧跟核心、坚决捍卫核心，做到党中央提倡的坚决响应、党中央决定的坚决照办、党中央禁止的坚决杜绝。三是把“不忘初心、牢记使命”主题教育作为加强党的建设的永恒课题，作为党员干部的终身课题，建立“不忘初心、牢记使命”主题教育制度，把学习教育、调查研究、检视问题、整改落实作为增强党员干部政治能力的常态化措施，进一步坚定党员干部理想信念，树立为人民服务的宗旨意识，在心中永远筑牢初心和使命。

（二）扎实推进领导班子和干部队伍建设。一是坚持好干部标准和民族地区干部政治标准，把政治立场坚定、维护祖国统一、反对民族分裂的思想认识和实际表现放在首位。发挥绩效考核的导向作用，用足用活政策，根据干部岗位职责和目标任务，分类设置绩效考核评价指标，坚持季度考核为主，突出实践、实干、实绩导向，奖优罚劣、奖勤罚懒，大力选拔政治可靠、敢于担当、作风过硬的优秀干部，让肯干事的有机会、能干事的有舞台、干成事的有激励，对政治上有问题、工作不在状态、效率低下、不作为慢作为甚至假作为的干部要坚决撤下来、调下去，配出结构优、功能强的好班子。二是立足2021年换届需要，实施“雏鹰计划”，建立优秀年轻干部库，强化干部队伍建设，突出梯次培养，注重在脱贫、驻村一线培养锻炼选拔优秀年轻干部。继续做好少数民族干部、妇女干部和非党干部的选拔工作，加大干部交流轮岗力度，增强干部队伍活力。三是坚持严管与厚爱并重，按照“三个区分开来”要求，健全激励机制和容错纠错机制，决不允许用问责代替管理、以问责推卸责任。健全干部关心关爱机制，关心干部身心健康、家庭困难，

增强干部的荣誉感和归属感。四是加强县委对人大、政协工作的领导，坚持党管人才，做好教育、卫生、经济、城市建设、农业技术等专业人才的引进和使用，用心做好老干部工作。

（三）扎实推进基层组织建设。一是加强基层力量配备，选优配强乡村党组织书记，加强村级后备干部队伍建设，发展壮大党员队伍，力争年底发展党员600名以上，积极选配新招录大学生、留疆战士进村两委班子，确保每村有2名年轻干部。选优配强“访惠聚”驻村力量，推进“访惠聚”驻村工作常态化，建立驻村干部与村两委干部结对帮扶常态长效机制，不断夯实基层组织基础，真正留下一支“永不走的工作队”。二是实施“四个五工程”完善乡村运行机制，进一步规范乡（镇）“五办一中心”、村（社区）“两站一中心”运行机制，突出配强乡村振兴工作办公室力量。强化经费保障，足额拨付村级运转经费和群众工作经费，用好扶持壮大村集体经济项目资金，力争7个经济薄弱村集体经济收入达到10万元以上。三是提升城市基层党建质量，深化社区“大党委”建设，创新“条块协同”机制，建立部门和基层联建联创机制，把部门资源优势转化为基层发展优势，完善镇党委“吹哨”派单，职能部门报到机制，重点解决城市基层党建“十项问题”，打造1个社区党建示范点，提升社区治理能力。四是抓实机关党建，推进政治生活、政治文化、政治生态一体化建设，做好“三个表率”，努力建设2个模范机关。抓好园区企业、乡村车间、乡镇劳务站、农民合作社等党组织建设和规范，实现党的组织全覆盖。

（四）扎实推进作风建设。大力开展“效率提升年”活动，落实服务承诺制、首问负责制、限时办结制，广泛开展优质窗口服务活动，推动全县各级党政和党员干部转作风、提效率、促落实。一是继续推进“8+2”专项整治，对个人整改、班子整改和专项整改进行“清账行动”，真正做到有诺必践、对账销号，确保整改落实到底。二是持续开展“担当作为、真抓实干、突出重点、打造精品”比学赶超大竞赛活动，深化乡村干部“十大顽疾”整治，始终做到力度不减、标准不降、常抓不懈，对出现问题的，该通报的通报，该问责的问责，对屡教不改的从严从重处理。三是大兴调查研究之风，用好“一线工作法”，全面推行“精细化管理”，做到“一切工作具体化、具体工作项目化、项目管理责任化、责任落实高效化”，努力实现“政策”和“落地”之间“零距离”。四是严格落实中央“八项规定”，完善公车管理长效机制，加强公务接待管理，严格控制接待标准，对铺张浪费、奢靡享受、挥霍公款的行为严肃处理。巩固基层减负年成效，力戒形式主义、官僚主义，让干部真正从“文山会海”“报表材料”中解脱出来，腾出更多精力抓工作落实。

（五）扎实推进党风廉政和反腐败建设。一是坚持一手抓反分裂斗争，一手抓党风廉政建设和反腐败斗争，强化对党员干部遵守政治纪律的监督，尤其是遵守反分裂斗争纪律的监督，严肃惩治“两面人”。二是严格落实全面从严治党“主体责任”和“一岗双责”责任，加强对党员干部的经常性监督和全方位管理，用好监督执纪“第一种形态”，对苗头性、倾向性以及轻微违纪问题及时提醒谈话，引导党员干部自觉养成遵规守纪、转变作风的思想自觉。三是深化党风党纪教育，扎实开展党风廉政建设教育月活动，召开“以案促改”警示教育大会，组织公职人员开展季度纪法知识测试，围绕重要领域开展廉政教育，促使广大党员干部知纪明纪、遵纪守纪，营造既干事、又干净的清风正气。四是坚持用制度管权、管事、管人，加强服务窗口、建筑领域、工程招标、政府采购等重点领域机制制度创新，强化纪律监督、监察监督、派驻监督、巡察监督、社会监督、舆论监督，建立健全权力运行制约和监督机制。五是保持惩治腐败的高压态势，坚持无禁区、全覆盖、零容忍，重点查处政治腐败和经济腐败相互交织、落实重大决策部署打折扣、搞变通，甚至不收敛不收手、群众反映强烈的党员干部；严惩侵害群众利益、向扶贫民生款物伸黑手的行为。六是按照“打铁必须自身硬”的要求，强化纪检监察队伍建设，严格执行监督执纪工作规则和监督执法规定，认真履行《中国共产党章程》和《中华人民共和国宪法》赋予的职责，当好党和人民的忠诚卫士。

同志们，同心兴伟业，团结创辉煌。过去一年，我们携手同心、乘风破浪、激流勇进，岳普湖稳定扶贫经济社会发展的成效有目共睹。新的一年，我们要坚持以习近平新时代中国特色社会主义思想为指导，学习践行党的十九届四中全会精神和新时代党的治疆方略，全力推进依法治县，逐步实现社会治理体系和治理能力现代化。要加强党对人大、政府、政协、法检两院的领导，支持他们依法履行职责；加强对工会、共青团、妇联、工商联等群团组织的领导，增进与群众的血肉联系。

政府工作报告

——在岳普湖县第十六届人民代表大会第五次会议上的报告（摘要）

岳普湖县人民政府县长　克衣色尔·克尤木

（2020年1月14日）

一、2019年工作回顾

刚刚过去的一年，在地委、行署和县委的坚强领导下，在县人大、县政协的监督支持下，县人民政府团结带领全县人民，以习近平新时代中国特色社会主义思想为指导，认真贯彻党的十九大和十九届二中、三中、四中全会精神，坚定坚决贯彻落实新时代党的治疆方略，特别是社会稳定和长治久安总目标，按照自治区党委“1+3+3+改革开放”工作部署，不忘初心、牢记使命，圆满完成了年度各项目标任务。全县实现生产总值增长9%，固定资产投资增长26%，一般公共财政预算收入增长4.9%，全社会消费品零售总额增长9%，旅游人次增长46%，招商引资到位资金增长41%，工业增加值增长3%，工业用电量增长28.6%，城乡居民和农民人均可支配收入分别增长6%、9.5%。

一年来，我们聚焦精准扶贫，脱贫摘帽成效显著。全县脱贫2903户11162人，退出贫困村38个，贫困发生率降至0.8%，顺利通过自治区脱贫攻坚成效考核和第三方评估验收。

——“两不愁三保障”落实到位。强化“四个责任”，精准落实扶贫措施，大力发展“三果一花”“两大一中两小”等主导致富产业，引进农产品深加工和劳动密集型企业32家、发展专业合作社153家、种植大户2835户、乡村车间46座，多渠道促进增收，农村居民人均可支配收入达到9790元。全面落实15年免费教育和贫困大学生资助政策，基本养老和基本医疗保险实现全覆盖。狠抓总投资7.18亿元的7大类42个扶贫项目建设，按照“拆种建换美”五步法，大力实施“五个全覆盖”工程，补齐基础设施短板，实现了“两不愁三保障”“五通七有”全达标、全覆盖。

——贫困群众内生动力明显增强。用好土地政策，清理土地52.15万亩，收益1.4亿元，用于产业发展、就业补助、政府购买服务等，惠及2.85万人，增加了群众收入。坚持在推动贫困群众“拔穷根”“树正信”上下功夫，实施优化载体扶志向、技能培训扶智力、净化思想扶正信“三扶结合”，大力开展“三新”活动，有效激发了群众脱贫致富奔小康的内生动力和感恩党的向心力。

——问题整改扎实有效。扎实做好各级各类巡视反馈问题整改“后半篇文章”。县乡村均成立整改机构，组建整改工作办公室。各级党委、政府充分发挥主体责任，主要领导亲自挂帅，专题研究整改工作，推进中央、自治区党委巡视和成效考核反馈的突出问题和共性问题，动真碰硬改、举一反三改、标本兼治改，各级各类反馈的342条问题已全部整改完毕。

一年来，我们狠抓三产融合，经济发展稳中有进。

——农业产业调优增效。按照“稳粮、优棉、增菜、促经、兴果、强畜”的产业发展思路，调整优化农业主导产业。17万亩小麦喜获丰收，发放耕地地力保护补助资金2678.48万元；种植棉花76万亩，其中机采棉30万亩，落实棉花目标价格补贴2.58亿元；发展小茴香、西甜瓜等特色种植27.2万亩，实施“菜篮子”工程1.43万亩，带动贫困家庭增产增收。特色林果业提质增效，发展“三果一花”20万亩，林果总产量达到4.15万吨。加快畜牧业“四轮驱动”发展，建成喀什地区规模最大的活畜交易市场和良种繁育中心、育肥区、隔离区，积极发展林下养殖，全县牲畜存栏达到31.5万头（只）。新建农民合作社15家，扶持38家合作社壮大规模，核实30年耕地确权面积24.38万亩，落实农机购置补贴1000万元，农业机械总动力增长10.6%，农业综合保障能力进一步增强。

——工业经济提质扩量。规划“一区四园”18.33平方公里，投资2.5亿元建成园区标准厂房等基础设施15.8万平方米，完善道路、供排水、绿化等配套设施，工业发展潜力进一步增强。秉承“说了算、定了干、干就干好”的招商服务理念，成立招商小分队，在山东、河北、东莞等地建立5个招商引资服务站，接待客商150批581人次，签订招商引资合同35个，实现到位资金8.3亿元，新增落户企业35家，工业企业总数达到93家。大力扶持外向型经济，完成进出口总额376万美元。建立“五促法”，实行“包干式”跟踪服务，协助34家企业办理证照136件，帮助企业解决用工1957人，落实减税降费2500万元，营商环境得到明显优化。注重防范重大风险，积极清偿政府债务，化解隐性债务4687万元。深化政银企合作，年末金融机构各项贷款余额增长12%，有力地支持了企业发展。

——旅游三产提档升级。大力推进“旅游+”战略，深挖旅游潜力，规划“一路两区三线四点五树”旅游布局，投资1930万元实施达瓦昆旅游公共服务设施等项目建设，建成精品景区景点6个、星级农家乐6家，全年接待游客19万人次，实现旅游综合收入6000万元，达瓦昆文旅投资公司荣获2019新疆旅游扶贫年度大奖。推进文化和旅游融合发展，打造集歌曲、文学作品、文艺秀和歌舞剧于一体的“四个一”文化融合工程。大力发展商贸物流业，构建三类电商平台，拓宽农副产品销售，累计销售农产品3.6万吨，收入4.6亿元，受到自治区党委领导肯定。市场活力增强，新增市场主体2370户，实现社会消费品零售总额4.91亿元。

——城乡一体统筹推进。投资4.86亿元，实施城建项目15个，建设公租房2640套，改造棚户区1157户，实施房产开发6.99万平方米；铺设供排水和绿化管网73.2公里；新增100吨热源锅炉1台，新建换热站3座，铺设供热管网12.7公里、改造1.2公里，城市功能更加健全。坚持抓项目就是抓发展的理念，80个重点项目100%开工。投资2.9亿元，建设防渗干渠27.82公里，安装“井电双控”2941眼，完成21处险工险段除险加固，解决7801户31786人饮水不安全问题。投资4.15亿元，建设220、110千伏变电站、10千伏配网工程等电力项目8个，创下岳普湖历年电网投资之最。投资1.45亿元，建设高速公路入城连接线延伸段、国道219入城连接线、科技南路、重要农村公路、村组道路等城乡道路265.4公里，修补养护农村公路147.5公里，自然村公路硬化率达92%，基本实现“村村通”目标。坚持“绿水青山就是金山银山”的发展理念，持续推进退耕还林、污水处理、荒漠化治理等生态工程，建设生态防护林14.2万亩，防沙治沙3.5万亩，退耕还林6.87万亩，建立沙化土地封禁保护区22.5万亩，高标准完成8项中央环保督察反馈问题整改工作，推动生态环境持续改善，全县呈现出“产业兴、人气旺、乡村美”的新面貌。

一年来，我们着力改善民生，社会事业齐头并进。树牢以人民为中心的发展思想，坚持稳定、发展、民生三位一体，投入27亿元实施民生项目75个，占公共预算支出的84%，满足人民群众日益增长的美好生活需要。

——就业形势更加向好。以“万人大就业工程”为抓手，紧盯企业用工需求，依托各类培训机构，实施订单培养，累计培训9995人。通过“劳务派遣+贫困群众+项目工地”模式、劳务密集型企业、开发公益性岗位、乡村车间、种植大户等转移就业，实现贫困户一户一人或多人稳定就业15242人，户均创收1.3万元。

——教育条件更加完善。坚持为党育人、为国育才导向，不断夯实“教育立县”的基础。新招聘其他省区市大中专毕业生835人，极大地解决了国家通用语言教师短缺问题。新建、改建寄宿制中小学15所，实施中小学、幼儿园校舍“薄改”142所，解决农村学校供暖7.4万平方米，城乡办学条件显著提升，县一中成功创建自治区级节约型公共机构示范单位。狠抓“控辍保学”，确保贫困家庭身体正常适龄儿童、少年全部入学。

——医疗服务更加便民。抓好医疗扶贫，全面落实贫困人口和困难群体“两升一降”政策，全民健康体检达到100%。筹资1.6亿元，实施县乡医院全面改造提升工程，每千人拥有床位数达5.2张；建成村标准化卫生室107个，配备31种基本医疗设备和86种基本药物；全面推行“先诊疗后付费”“一站式联合结算”制度，对贫困群众、患大病群众和自付费用困难群众实行“四重”医疗保障政策、“顶梁柱”项目和医疗救助，住院报销比例达95%以上；探索传染病“三位一体”“三早”防治疗法，有效控制了结核病、艾滋病等新发感染，该做法在全自治区予以推广。

——社会保障更加全面。推进农村低保制度与扶贫开发政策有效衔接，对符合条件的贫困户、低保户和特困户32061人，代缴养老保险175.5万元；落实农村低保、特困供养救助、临时救助等资金1.2亿元；发放残疾人“两项补贴”257.88万元，受益23905人次。建成儿童康复中心1座，托管治疗脑瘫儿童72名。

——民生实事更加务实。集中力量办好“十件民生实事”，各族群众获得感、幸福感进一步增强。①推进就业惠民，完成转移就业3.3万人次；②投资4.79亿元，建设寄宿制学校项目17.7万平方米；③推进安居惠民，新建农村安居房5270户，提升人居环境；④完善城市服务功能，建成夜市美食广场5700平方米、中辉市场2600平方米；⑤新改建中心水厂7座，保障37749户农户饮水安全；⑥投资3533万元高标准完成“十小工程”，投资9085万元完成全县所有村庄环境整治；⑦完成电网改造349.28公里，实施煤改电1.43万户；⑧投资1260万元，持续推进东城医院、中医院建设，改善群众就医环境；⑨新建城乡道路265.4公里，方便各族群众出行；⑩保障特殊困难群众基本生活，建成幸福院、托幼所174所。

——安全红线更加牢固。以防风险、除隐患、遏事故为目标，开展不间断、常态化安全执法检查，依法从严整治道路交通、建筑消防、食品药品等领域安全隐患2281处，停业整顿112家，查处道路交通违章4812起，及时清除了漏洞和隐患，完善监测预警、应急处置机制，坚决防范和遏制重特大事故发生。全力防控非洲猪瘟疫情，严防发生重大公共安全事件，最大限度保障群众的生命财产安全。

一年来，我们深化对口帮扶，援疆援助成果丰硕。

——对口援疆成果喜人。坚持把援疆资金的80%以上用于保障和改善民生，实施了19个援疆项目，总投资2.3亿元，在教育、医疗和改善各族群众生产生活条件等方面发挥了重要作用。“海水稻盐碱地种植”取得成功，搭建统销统购平台，累计采购和销售岳普湖县农特产品1500多吨，助力4000多户贫困家庭脱贫增收。深入开展教育、医疗“组团式”援疆，发挥教育“传帮带”作用，开展人才带教、援疆医生专家讲座等活动，培养了一批带不走的医疗人才队伍，为全县稳定发展各项事业作出了突出贡献。

——定点帮扶再立新功。中石化投入1262万元，实施帮扶项目4个，搭建推介会、电商团购、便利店代销等平台，拓宽了我县农产品销售渠道，在村级新建商铺349间，解决了贫困户在家门口就业、增收的难题。

一年来，我们加强自身建设，服务效能明显提升。

——党的政治建设不断强化。以“不忘初心、牢记使命”主题教育为契机，深入学习习近平新时代中国特色社会主义思想和党的十九大和十九届二中、三中、四中全会精神，不断树牢“四个意识”、坚定“四个自信”、坚决做到“两个维护”，始终在政治立场、政治方向、政治原则、政治道路上同以习近平同志为核心的党中央保持高度一致，确保党中央、自治区党委、地委和县委各项决策部署贯彻迅速、落实有力。

——权力运行更加规范。严格按照法定权限和程序行使权力、履行职责，自觉接受人大依法监督、政协民主监督和社会各界监督，坚持重大事项向人大报告、与政协协商制度，办理县人大代表议案建议、政协委员提案102件，除不符合政策的2件外，办结率100%。规范项目招投标、政府采购、审计等程序，节约财政资金1.4亿元。“三公”经费实现逐年下降目标。

——“放管服”改革取得突破性进展。行政服务中心建成投入使用，审批事项入驻率达到100%，日均办件260余件，当即办理事项达100%，实现了“数据多跑路、群众少跑腿”。大力推进一体化政务服务平台建设，组织协调各部门完成认领行政权力事项清单目录529个，发布事项数529个，可申报事项数529个，网上可办事项数529个，网上可办率达到100%。

——作风建设持续加强。严格落实基层减负年要求，落实自治区党委加强和改进作风20条具体措施，在政府系统深入开展“八比八看”活动，坚决整治形式主义、官僚主义等突出问题，解决了一批群众反映强烈的问题，在政府系统营造了新时代风清气正、心齐劲足、干事创业的良好环境。

此外，统计、科技、气象、供销、工会、红十字、国防动员、退役军人、双拥共建、档案史志、外事侨务等工作不断加强。慈善、老龄、妇女儿童等各项事业全面发展，金融、保险、烟草、公路、运管、路政、邮政、通信等单位也为县域经济社会发展作出了新贡献。

各位代表，回顾2019年，全县上下在应对挑战、锐意进取中探索实践、厚积薄发，奠定了“天时、地利、人和”的坚实基础，积累了攻坚克难的宝贵经验。这些成绩的取得：得益于我们坚定坚决贯彻落实习近平新时代中国特色社会主义思想和新时代党的治疆方略，地委、行署和县委的坚强领导，援疆省市和对口帮扶单位的无私援助，县人大、县政协和社会各界的有效监督和大力支持，合力形成全县上下同心同德、群策群力的工作局面；得益于我们聚焦问题导向，破解制约瓶颈，坚持调度机制，全力推动“三果一花”“一区四园”等主导产业和发展布局落实，夯实社会稳定、精准脱贫的保障基础；得益于我们坚持抓细抓实，凡事求实不虚浮、干事求精不泛骛，努力树立“说了算、定了干、干就干好”“八比八看”的务实作风；得益于我们注重调动各级党政和社会各界的积极性、创造性，通过开展“担当作为、真抓实干、突出重点、打造精品”比学赶超大竞赛活动，着力营造争先创优、干事创业的政治生态；得益于我们始终依法依规、规范制度、高效服务、提高效能，倾力构建竞争有序、公平公正的发展环境。

概　况

概　貌

【位置面积】　岳普湖县位于塔里木盆地西缘，喀什地区东部，地处北纬38°46′～39°22′，东经76°25′～77°25′。东邻巴楚县，东南靠莎车县，西南与西部跟英吉沙县、疏勒县毗邻，北接伽师县。县城距乌鲁木齐市1560千米，距喀什市72千米。东西最长93千米，南北最宽56千米，总面积3327平方千米。

【政区沿革】　自汉代开始，新疆地区正式成为中国领土的一部分，县境汉代为西域都护府下辖领地。

民国29年（1940）4月，由疏勒县析出岳普湖、阿其克庄及叶尔羌县（今莎车）部分地区，共54个自然村，成立岳普湖设治局。民国31年（1942）9月，根据省政府指令，疏勒县拨交下罕庄18村归岳普湖设治局。民国32年（1943）4月1日，设治局升格为县，5月，莎车县木华里4庄60户农民连地划归岳普湖县。民国35年（1946）7月，莎车县铁里木华地区7保划归岳普湖，民国36年（1947）1月，莎车县木华里一带荒地及15户居民划归岳普湖，隶属新疆第三行政督察专员公署（喀什区）。

1949年解放后，岳普湖县隶属喀什专员公署。1953年调整区划，岳普湖县与疏勒县边界地区作调整，岳普湖县阿其克地区划给疏勒县408户，耕地310公顷，疏勒县划给岳普湖县707户，耕地533.2公顷（也克先拜巴扎西面）。

1956年11月，莎车县铁里木华乡680户农民划归岳普湖县。2000年2月25日，喀什地委下发《关于塔什库尔干县下坂地库区移民扶贫搬迁会议纪要》，岳普湖县巴依阿瓦提乡划给塔什库尔干县0.33万公顷土地，新成立塔什库尔干县阿巴提镇，莎车县、巴楚县各给岳普湖县划地0.11万公顷，以作补偿。

【政区划分】　2019年，岳普湖县辖4个镇、5个乡、1个农垦集团，分别为岳普湖镇、艾西曼镇、也克先拜巴扎镇、铁热木镇、岳普湖乡、色也克乡、阿其克乡、巴依阿瓦提乡、阿洪鲁库木乡、农垦岳达集团有限公司；有14个居民委员会、93个村民委员会、538个村民小组。

【人口结构】　2019年，全县地方总户数46067户，总人口173975人（不含42团）。总人口中：男性87576人，女性86399人；维吾尔族人口168589人，占总人口的96.9%；汉族5249人，占总人口的3.02%；其他少数民族137人，占总人口的0.08%。非农业人口27778人，农业人口146197人。全县自然增长人口数为97人，人口自然增长率为0.05‰；全年出生1255人，人口出生率0.7‰；死亡1158人，人口死亡率0.65‰。

【地形地貌】 岳普湖县地处喀什噶尔平原东端，塔克拉玛干大沙漠的西缘，盖孜河的最下游，属于喀什平原岳普湖干三角洲冲积扇的前端。地势四周稍高，中间平坦，宛如一口平底锅。地形南北起伏较大，坡降较小，东西向坡降较大。全县按地貌可细分为干三角洲上部（县境西南部）、干三角洲中部（县境中部）、干三角洲下部（县境中东部）及风成沙丘、雅丹地貌五个地形地貌类型。

【气候】 岳普湖县属暖温带大陆性干旱气候。特点：因位于塔克拉玛干大沙漠西缘，自然条件恶劣，浮尘天气多，蒸发量大，气候干旱；四季分明，春秋季温度变化大，夏冬季气温相对稳定，县境内自然光照条件充足，降水历年差异较大，年降水量季节分布不均；冰雹、干旱、大风、沙尘为主要气象灾害。多年平均气温为11.8℃，1月平均气温-5.5℃，极端最低气温-25.9℃（2008年2月2日）；7月平均气温25.5℃，极端最高气温41.6℃（2013年7月30日）。最低月均气温-11.3℃（1月），最高月均气温33.4℃（7月）。平均气温年较差31℃，最大日较差27.1℃（1988年4月28日）。无霜期年均232天，最长266天，最短为194天。年平均日照时数2773.3.小时，年平均降水量75.8毫米，年均降雨日数28.7天。极端年最大雨量236.7毫米（2010年），极端年最小雨量7.2毫米（1997年）。降雨集中在6—8月，7月最多。

【水文】 岳普湖县境内地表水来源于盖孜河、叶尔羌河、克孜河，分属喀什噶尔水系和叶尔羌水系。发源于帕米尔高原的盖孜河，是高山雪水补给型河流，流经疏附、疏勒县后，由疏勒县东南进入县境，三道桥以下称岳普湖河。该河县境内全长39.5千米，年总径流量4.2亿立方米，来水量占全县地表水总量的85%。叶尔羌河水由卡那渠从莎车县流入县境东部，年均径流量为5000万立方米。1989年建成“引克济岳”水渠后，克孜河水由岳普湖县西北面进入也克先拜巴扎乡3村，年均径流量约700万立方米。

县境地处盖孜河下游，地势低洼，地下水较丰富，动储量在3.2亿～3.5亿立方米。地下水分为深层和中浅层两类，深层埋深在120～250米，来源于上游地下径流，动储量约1亿立方米；中浅层埋深为2～80米，动储量约2.43亿立方米。

【全县社会事业发展】 2019年，完成生产总值321663万元。其中第一产业增加值82194万元，同比增长5.8%；第二产业增加值48816万元，同比增长0.3%；第三产业增加值190653万元，同比增长5.5%。

耕地面积7.04万公顷，农作物播种面积6.4万公顷，粮食1.84万公顷，棉花2.57万公顷，瓜类播种面积957.4公顷，蔬菜播种面积958.93公顷。

农林牧渔及其服务业总产值226141.55万元，比上年增长7.45%。其中农业产值98009.78万元，增长16.16%；林业68072.45万元，增长3.08%；牧业60049.27万元，增长0.0012%；渔业10.05万元，增长5%。主要农产品产量：粮食121460吨，棉花46112吨，蔬菜52330吨，瓜类35714吨，苜蓿5695吨。主要特色农作物产量：小茴香11822吨。水果产量：葡萄417吨，无花果1393吨，杏475.65吨，红枣38579吨。核桃108吨。年末牲畜存栏30万头（只），全年牲畜出栏27.78万头（只），出栏率92.6%。肉类总产10871吨，羊毛489吨，奶类4305吨，禽蛋3497吨，水产品100吨。年末农业机械总动力226371千瓦。

规模以上工业企业9家，实现工业总产值108000万元；工业增加值23577万元。主要工业产品产量：面粉3万吨，棉纱1.5万吨。建筑业生产总值159439.29万元，建筑企业施工房屋建筑面积78.45万平方米，竣工面积46.64万平方米。

全社会固定资产投资148322万元，比上年增长26%，其中第一产业15494万元、第二产业37485万元、第三产业95343万元。社会消费品零售总额5亿元。进出口贸易总额144.34万美元，其中出口额144.34万美元。完成邮政业务总量610万元，电信业务总量8165万元。移动电话用户74935户。接待旅游者23万人次，旅游收入5700万元。地方财政收入23314万元（一般公共预算收入17842万元），地方财政支出347536万元（一般公共预算支出337559万元）。年末城乡居民储蓄存款余额205493万元。

有各类专业技术人员4070人，其中中级以上992人。

有中等职业教育学校1所，在校学生1972人（少数民族1970人）；完全中学2所，在校学生3109人（少数民族2987人）；初级中学6所，在校学生6787人（少数民族6622人）；小学71所，在校学生20049人（少数民族19512人）；幼儿园97所，在园幼儿16529人（少数民族16136人）。各类教师4774人（少数民族3260人）。全年教育经费投入1.69亿元。

有医疗卫生机构145个，其中医院5个、基层医疗卫生机构136个［包括乡镇卫生院9个、门诊部（所）19个、村卫生室108个］，专业公共卫生机构4个（包括疾病预防控制中心、专科疾病防治院、妇幼保健站、卫生监督所），卫生技术人员613人，卫生机构床位804张。

全年，城镇居民家庭人均可支配收入27085元，同比增长6.1%；农村居民家庭人均纯收入9806元，同比增长9.7%。在职职工年均货币工资85399元。

2019年年末，就业人员59815人，比上年增长2.22%。当年实现城镇就业再就业人员354人。年末城镇登记失业率2.89%。

截至年底，参加机关养老保险6685人，参加企业养老保险4549人，参加城乡居民基本养老保险73658人；参加职工基本医疗保险14228人，参加城镇居民基本医疗保险158030人；参加工伤保险11489人；参加失业保险8831人，参加生育保险11502人。

年末，城镇居民最低生活保障人数3403人，同比下降30.9%；农村居民最低生活保障人数32618人，同比下降17.3%。

大事记

1月

3日　喀什地委书记李宁平到岳普湖县宣布调整县委领导班子，曲连东任县委书记。

4日　县委召开岳普湖县扶贫开发领导小组第一次会议。会议就《关于〈岳普湖县2018年脱贫攻坚政策贯彻落实、扶贫资金分配管理使用及效益情况专项审计报告（征求意见稿）〉反馈意见的函》进行研究讨论。会议强调三点意见：一要突出重点。对反馈意见函中的问题要理顺关系进行分类，同时进一步规范内容。二要表述准确。涉及土地收益资金使用、易地扶贫搬迁项目、涉农资金整合及援疆资金的问题要准确，实事求是。三要站准位置。要主动承认错误，加强整改，防微杜渐，举一反三，确保类似的情况不再发生。

7日　岳普湖县消防救援大队举行授衔换装仪式。此次授衔换装仪式，切实增强了岳普湖县消防指战员职业荣誉感、归属感和队伍凝聚力、向心力，推动消防队伍正规化、专业化、职业化建设。

11日　中共岳普湖县委十三届五次全委（扩大）会议召开。县委书记曲连东做了题为《聚焦总目标　坚持常态化　奋力开创岳普湖社会稳定发展新局面》的工作报告。

会议提出，2019年工作思路和目标任务是：坚持以习近平新时代中国特色社会主义思想为指引，坚决贯彻落实党中央治疆方略，聚焦总目标，贯彻新发展理念，按照自治区党委“4+1”“2+1”“1+3+3+改革开放”工作部署，大力实施脱贫兴县、文化强县战略，加大工作力度，明确工作措施，压实工作责任，推进经济高质量发展、人民生活不断改善、生态环境保持良好，实现“三稳定”，脱贫攻坚如期摘帽。

15日　召开岳普湖县宣传文化工作座谈会。会议强调：今后岳普湖县要将宣传思想文化工作作为岳普湖县维护稳定、脱贫攻坚的大事去抓。

2月

1日　由县委、县政府主办，县委宣传部、县文化体育广播影视局承办的“展翅新时代　腾飞岳普湖”2019年春节联欢晚会上演。这是岳普湖县举办的首届迎新春文艺晚会。此次春晚围绕县委扩大会议精神“稳定治县、脱贫兴县、文化强县”的战略目标，分为三个篇章，歌颂了改革开放取得的丰硕成果，各级党员干部奋战在基层一线，各级“访惠聚”驻村工作队、各级党员干部在脱贫攻坚工作中，深入开展“四同四送”“民族团结一家亲”活动、干部作风建设等作出了积极的贡献，既有优秀中华文化与民族文化的融合，又有鼓舞士气的作品，还向社会各界人士发出号召。在县委的领导下，全县上下齐心，努力奋斗，以优异成绩向中华人民共和国成立70周年献礼。晚会节目立意新颖、创意十足，展现新时代基层干部群众的新担当、新使命。

14日 自治区人大常委会副主任董新光到岳普湖县进行调研，并召开脱贫攻坚调研座谈会，县委书记曲连东就岳普湖县脱贫攻坚工作及产业发展思路做交流发言。

17日 县委召开岳普湖县“冬季攻势”现场推进会暨脱贫攻坚誓师大会。会议提出十点要求：一要围绕总目标，统筹好稳定与脱贫工作的关系，精准掌握扶贫标准；二要培育发展产业，夯实脱贫基础；三要多措并举解决就业问题；四要补齐短板，全力做到“五个全覆盖”；五要以项目为支撑，推进地区“十大工程”建设；六要完善扶贫档案，用好信息平台；七要以整改为契机，扎实推进脱贫攻坚工作；八要强化扶志扶智，激发内生动力；九要抓整治、严执纪、强作风；十要加强领导，压实责任。

同日 岳普湖妇女第十次代表大会召开。大会全面回顾了过去五年岳普湖县妇联工作发展历程，谋划部署了今后五年妇女工作的发展目标和奋斗任务，选举产生了新一届县妇联领导机构，审议并通过了岳普湖县妇联工作报告，选举产生岳普湖县妇联第十次执行委员会。

21日 县委召开旅游工作会议。

23日 县委召开产业发展交流会议，县委书记曲连东与江苏南通鑫马国际贸易公司就岳普湖县服装家纺产业园合作相关事宜进行讨论研究。

28日 县委召开中共岳普湖县纪律检查委员会第十三届四次全会暨扶贫领域警示教育大会。县委常委、纪委书记、监委主任周生通报了扶贫领域违纪典型案例。

3月

2日 县委召开党政机构改革动员会议，全县机构改革工作拉开帷幕。

同日 县委召开岳普湖县关于全国两会期间安保工作动员部署会议。

同日 县委召开中共岳普湖县十三届委员会第147次（2019年第9次）县委常委会，对县委组织部提交的机构改革方案及人事工作方案进行讨论研究。

同日 县委书记曲连东在县委五楼大会议室以视频会议形式召开全县党政机构改革动员会议。会议传达了地委、行署印发的《岳普湖县机构改革实施方案》。会议指出，各级党政主要负责人要把机构改革摆到突出位置，履行好第一责任人职责、当好改革的“施工队长”，确保各项改革工作有条不紊。

16日 在县服装家纺产业园举办2019年岳普湖县首批32个项目集中开工仪式。这次集中开工项目有32个，总投资15.23亿元，按行业划分为四大类，脱贫攻坚项目16个，招商引资项目10个，重点援疆项目3个，其他重点民生项目3个。新开工的项目主要涉及扶贫车间、农村饮水安全、良种繁育中心、活畜交易市场、畜牧养殖育肥及村组道路等一批扶贫项目。

26日 岳普湖县举行为烈属、军属和退役军人等家庭集中悬挂光荣牌启动仪式，在全社会营造拥军优属、关爱退役军人、让军人成为全社会尊崇职业的良好社会氛围。

31日 县委召开岳普湖县2019年种植大户助力脱贫攻坚动员大会。会议对2018年社会责任强、助力脱贫攻坚的15名种植大户进行颁奖。

4月

5日 县委、县政府、县人大、县政协四套班子领导及选调生、军转生等前往色也克乡姜英纪念馆重温入党誓词，并强调，全县各级干部要铭记英烈为国、为党、为人民作出的卓越贡献，在新时期要敢于担当、勇于作为。

14日 地委书记李宁平、地委副书记陈志江、地区人大工委副主任王湫斌赴铁热木镇3村土地归并示范基地、10村红枣提质增效示范点及良种活畜交易市场、轻工建材工业示范园、农业生态示范园进行调研。

15日 县委举行国家安全保密日全民升国旗仪式，并听取保密安全宣讲。

18日 自治区党委副书记、政府主席雪克来提•扎克尔赴岳普湖乡6村、7村实地入户调研。

19日 县委书记曲连东前往也克先拜巴扎镇、艾西曼镇、色也克乡进行调研，在调研时指出各乡镇要强化“五办一中心”的职能建设，合理配备办公室人员，明确分工、压实责任，做好管理，切实形成工作合力。

20日 地委副书记、山东省援疆指挥部总指挥杨国强赴铁热木镇8村、金银花示范基地、玉昆仑驴奶加工有限公司、色也克乡3村进行调研。

同日 地委副书记、政法委副书记、东部片区指挥长马健赴县公安局就岳普湖县“扫黑除恶”工作进行指导。随后，前往百姓家园、轻工建材示范园、“三果一花”生态农业示范园进行调研。

5月

2日 县委召开工业园区规划会议。

6日 为进一步完善岳普湖县青年发展政策体系和工作机制，贯彻落实好《新疆维吾尔自治区青年发展规划（2017—2020年）》（以下简称《规划》），推动青年工作发展，经县委、县人民政府研究同意，建立岳普湖县青年工作联席会议（以下简称联席会议）制度。拟订关于落实《规划》重要措施和重点项目的年度工作计划，统筹推进《规划》中的重点问题；推动建立各项工作有效衔接、相互促进的青年发展政策体系和工作机制；健全岳普湖县青年发展监测数据库。

8日 为进一步加强和推进县委决策部署及重点工作落实，经县委、县人民政府研究同意，专门印发《关于做好对重点工作进行月评估的通知》。决定采取一月一评估、一月一排名、一月一通报的方式，每月对各乡镇、村（社区），县直机关各单位部门推进落实重点工作情况进行评估，并于每月10日前以两办名义下发评估通报。

16日 中央统战部调研组在岳普湖乡2村居麻寺及晨礼寺进行实地调研。

19日 县委在也克先拜巴扎镇召开全县警示教育大会。县委常委、组织部部长严需宁通报也克先拜巴扎镇相关问题；县委常委、纪委书记、监委主任周生对相关人员违纪案件进行通报；县委书记曲连东作重要讲话；乡（镇）党委书记杨勇作表态发言。

31日 县委召开岳普湖县贯彻落实自治区教育大会座谈会，就岳普湖县教育工作进行安排部署，并提出“教育立县”发展方向。

6月

2日 县委召开“担当作为、真抓实干、突出重点、打造精品”比学赶超大竞赛活动动员会。

7日 地委书记李宁平前往金粮公司、电商物流园调研。

13日 县委召开解决“两不愁三保障”突出问题会议。

22日 自治区党委书记陈全国赴县金粮实业有限公司进行调研。

7月

1日 县委组织县四套班子领导及全体机关干部，举行庆祝中国共产党成立98周年暨县委机关升国旗仪式，为新入党人员佩戴党徽。随后，前往政府，主持召开全县青年干部代表“不忘初心、共圆梦想”座谈会。

14日 县委召开达瓦昆风景区、柳树王、胡杨王、枣博园、沙枣林全境旅游规划会议。

同日 县委召开中共岳普湖县第十三届委员会第165次（2019年第27次）县委常委会议，会议就基层减负工作开展情况进行汇报，研究讨论《2019年岳普湖县公开遴选工作人员简章》。

31日 县委召开岳普湖县脱贫攻坚、群众工作警示教育暨现场推进会议，对全县脱贫攻坚工作、群众工作、民族团结工作进行安排部署。会议强调，要更加紧密团结在以习近平为核心的党中央周围，咬定脱贫摘帽目标，扎实推进群众工作和民族团结工作，为打好打赢脱贫攻坚战凝聚起磅礴力量，以敢打必胜的使命担当、一往无前的信心勇气、攻坚拔寨的硬招实招，勠力同心、尽锐出战，全力以赴啃下脱贫攻坚最硬骨头、打好群众工作硬仗、筑牢民族团结的铜墙铁壁。

8月

10日 中科院社会研究所党委书记王立胜赴岳普湖县开展调研。

18日 泰安市委副书记、市长张涛一行赴岳普湖乡8村乡村振兴示范基地、包联帮扶深度贫困示范村、“三果一花”农业示范基地、新岳轻工建材园、新岳纺织服装园、电商物流园、人民医院等援疆项目建设情况进行调研，并慰问了援疆干部人才。

同日 泰安市委副书记、市长张涛一行召集岳普湖县相关县领导召开对口支援工作座谈会。

29日 自治区党委副书记、教育工委书记李鹏新赴县“三果一花”示范基地进行调研。

30日 自治区党委书记陈全国赴县金粮实业有限公司进行调研。

9月

16日 岳普湖县重大民生工程——岳普湖美食广场举行开业仪式。

18日 自治区赴喀什地区“不忘初心、牢记使命”主题教育指导组组长刘颂东赴岳普湖县调研，并就岳普湖县主题教育工作进行指导。

25日 地委书记李宁平赴岳普湖乡1村、岳普湖镇2村开展调研。

同日 县委召开岳普湖县“不忘初心、牢记使命”主题教育集中学习。

28日 县委书记曲连东前往也克先拜巴扎镇5村、铁热木镇8村慰问驻村工作队，并召开脱贫攻坚座谈会。

同日 县四套班子领导在美食广场参加民族团结活联谊动。

10月

9日 县委召开自治区党委第一巡视组巡视“回头看”工作动员会议。会议从提高政治站位，切实增强配合自治区党委巡视“回头看”的政治自觉、思想自觉和行动自觉，全力做好配合，确保巡视“回头看”工作顺利开展，强化问题整改，巩固拓展巡视反馈意见整改成果等方面提出要求。

20日 2019年中国新疆喀什（岳普湖）丝路文化胡杨节在达瓦昆沙漠旅游风景区隆重开幕。

26日 县委召开四套班子领导主题教育学习，集中观看《焦裕禄》电教片。

同日 岳普湖县举行活畜交易中心开业仪式。

11月

2日 自治区主题教育指导组组长刘颂东赴铁热木镇、巴依阿瓦提乡进行调研，并对岳普湖县主题教育工作进行指导。

16日 自治区脱贫攻坚成效考核组到岳普湖县，就落实“六个精准、七个一批、三个加大力度和两不愁三保障”脱贫成效进行全面核查。

12月

10日 新疆艺术学院与岳普湖县签订实践教学与创作基地合作协议，县委主要领导参加基地揭牌仪式。

27日 岳普湖县召开第九批援疆工作总结表彰大会，全面总结第九批援疆工作，表彰30名优秀援疆干部人才。

月内，按照农业、经济、教育等10个行业领域，建立优秀年轻干部数据库，制订促进年轻干部成长的雏鹰计划。

专 记

“访惠聚”工作综述

2019年，岳普湖县认真贯彻落实习近平新时代中国特色社会主义思想，按照自治区党委、地委的部署要求，始终贯穿“一条主线”聚焦“一个总目标”，用维护社会稳定、做好群众工作、推进脱贫攻坚、建强基层组织“四项重点工作”统领“1+2+5”八项任务，进一步加强组织领导、强化责任担当、精心组织实施、狠抓工作落实，持续推动“访惠聚”驻村工作常态化，为推进岳普湖县社会稳定和长治久安作出了重要贡献。

一、基本情况

岳普湖县有93个行政村、14个社区（含4个国营农林牧场改制社区）。2019年共选派自治区“访惠聚”驻村工作队107个，实现村、社区全覆盖。其中区直单位选派31个，兵团选派3个，地直单位选派10个，县直单位选派63个工作队。按照自治区党委要求，选派工作队员702名（其中：自治区选派220名、兵团选派19名，地区选派62名，县选派401名），自治区为县派工作队的24个深度贫困村选派第一书记和高校骨干48名，累计选派“访惠聚”驻村干部750名。全县深度贫困村49个，自治区派驻工作队21个，兵团派驻工作队1个，地区派驻工作队3个，县市派驻工作队24个。按照自治区关于“保持队伍稳定，坚持保留骨干，压茬轮换”的要求，结合2019年全县脱贫摘帽实际，调整优化队员149名，县派401名工作队员中，2018年驻村工作队成员留任284名，占2019年总数的70.8%。

二、主要成绩和做法

（一）以强弱项补短板抓落实为手段，持续推进脱贫攻坚。强化各级驻村干部的脱贫责任。按照《岳普湖县关于进一步压实脱贫攻坚责任的实施意见》，横向组建产业扶贫、就业扶贫、住房安全等25个专项行动工作组，纵向设立9个乡镇扶贫办、87个村级扶贫站和538个网格小组，抽派37名县级领导包联指导68个贫困村，精选654名干部组建县乡村扶贫办（站）“第一方阵”，3000余名乡村组干部和“访惠聚”工作队成员坚守一线，做到精锐出战，不获全胜决不收兵，形成三级书记抓扶贫、全县动员促攻坚的强大合力。

拓宽致富门路。按照“七个一批”要求，发挥当地资源优势，以贫困户为重点，实现户均一人（多人）就业为目标，推行“工业园区＋卫星工厂＋扶贫车间”就业模式，基本实现深度贫困村卫星工厂全覆盖。2019年，发展引进中小微企业、专业合作社、农村电子商务263家。协助落实政府购买服务帮助贫困户解决就业岗位，在保安、保洁员等岗位均向贫困人口倾斜，提高贫困人口岗位占比，全县生态补偿100户443人，聘用845名贫困群众为护林员和护草员，保障稳定就业。实施“万人大就业工程”“百企帮百村工程”，出台稳定就业措施，促进稳岗稳工。围绕三类产业发展，全县转移就业3.3万人，实现贫困户稳定就业15242人。深入挖掘一产就业潜力，探索建立种植大户带贫益贫机制，全县种植大户吸纳稳定就业4199人，其中贫困户1079人，该做法在全地区起到示范引领作用。

落实惠民政策。抓实周一升国旗活动，坚持领导干部带头，广泛开展自治区惠民政策明白册宣讲工作。以建设美丽乡村为目标，依照“拆种建换美”五字诀，完成村容村貌整治，实现了农村绿化、净化、美化，农村脏乱差现象有效改善。坚持“一乡一品、一村一特”，发展庭院经济2.38万户，实现人均庭院增收500元。采取统规统建模式，累计建成集中连片居民点23个、标准安居房21756套，实现了安全住房全覆盖。规划搬迁安置点12个，重点向城镇、产业园区、景区景点等区域搬迁安置群众965户3982人。全力配合开展自治区文化、医疗、农业科技巡回服务活动，主动与自治区相关单位沟通，研究制定专项服务方案，统筹解决巡回服务工作中遇到的困难和问题，严格落实责任，推动巡回服务落地见效。

全面开展帮扶工作。认真落实单位定点帮扶，“4321”工作机制，自治区、地区、县164家单位帮扶9个乡镇、93个行政村，7186名干部职工结对帮扶13922户贫困户，做到“单位包村、干部包户”全覆盖。坚持“不脱贫不调整、不脱贫不脱钩”，各级党员干部利用“周末集中帮扶日”“结对扶贫”等活动载体，开展思想、生产、生活等帮扶，帮扶资金400余万元，协调项目37个；深入推进“百企帮百村”扶贫行动，引进项目14个，帮扶资金600余万元，解决贫困户就业624人；深化推进中石化、新源县对口协作帮扶，落实帮扶项目5个1250万元；积极对接山东省泰安市援疆帮扶，落实帮扶项目20个2.43亿元，形成专业扶贫、社会扶贫、行业扶贫、援疆扶贫的联动格局。自治区商务厅驻岳普湖县色也克乡阿克提坎村工作队发挥商务工作的优势，规划建设阿克提坎村微创业产业园，涵盖卫星工厂、便民巴扎、保鲜库等，培育电商服务站、惠民超市、美容美发店、餐饮广场、饲料加工、服装制作、五金店等多种经营业态，成为村中的中央商务区。自治区交通运输厅驻岳普湖乡尤库日提埂村工作队结合乡村振兴战略，注重统筹社会力量扶贫，购置车用尿素生产设备，产品可在全疆1300多个高速公路加油站销售；打造温湿自控食用菌栽培示范基地，已建设2处1000平方米、1.6万个黑平菇菌包；开办面点美食研发配送中心，打造交通运输厅工作队产业引导项目平台，实现农户可持续性稳定就业。喀什地区第一人民医院驻岳普湖县岳普湖乡英买力村工作队发挥行业优势，大力实施医疗惠民，减轻贫困群众看病负担，有效解决部分村民因病致贫、因病返贫的问题。依靠单位的强大后盾支持，建立“白衣天使”志愿者服务队，组织大型义诊活动，为群众送医送药、送健康科普，助力健康脱贫，开展健康宣讲35次，受益群众2249人。岳普湖县市场监督管理局驻色也克乡布力曼村工作队为巩固脱贫攻坚成果，带动村民持续增产增收，多方探索，形成“1+1+2”产业脱贫模式。确立一个核心目标，以增加贫困户收入为核心目标；成立1家公司，成立布力曼村产业发展有限公司；发展2个产业，大力发展特色养殖业和特色林果业，让养殖业和特色林果业在脱贫攻坚主战场上持续发力。

（二）以抓班子带队伍强保障为重点，不断建强基层组织。压实驻村工作队帮带责任。充分发挥“访惠聚”传帮带作用，研究制定《岳普湖县驻村干部与村干部结对帮带方案》，按照“一对一”结对帮扶模式，750名驻村干部与746名村两委干部结对帮扶，明确帮带责任人责任，做到能力素质不提升、帮带责任不脱钩，倒逼工作落实。

配合做好村干部政治审查。坚持政治审查与扫黑除恶相结合，会同纪委监委、民政、公安、各乡镇党委逐村对两委干部进行联审，坚决把存在涉黑涉恶问题的村干部清理出去，净化村干部队伍。全县联审不合格村干部51名，同步补齐村干部51名。按照每个村不少于3～5名的要求，梯次建立403名村级储备年轻干部人才库。同时，采取培训一批、结对帮扶一批、实践锻炼一批的方式提升储备干部能力素质，确保村两委干部后继有人。

抓实软弱涣散基层党组织巩固提升。在县委、乡镇党委的领导下，统筹推进10个软弱涣散基层党组织巩固提升工作，高位推动，突出建班子建机制、规范组织生活、强化培训提升能力素质，研究制定切实可行的整顿措施，进一步巩固整顿成果，做到不摘帽、不脱钩。

抓好村级党组织规范运行。根据脱贫工作需要，成立93个村党总支部，由“访惠聚”工作队第一书记担任村党总书记统领各支力量，统筹落实脱贫各项工作，规范落实“三会一课”“四议两公开”等民主议事决策制度，切实提升制度的执行力；统筹推进综治中心、扶贫工作站、群众服务站规范化运行管理。

壮大党员队伍。引导村党支部，坚持政治标准，严把质量关，按照发展党员5个阶段25个步骤，落实“25154”要求，做到成熟一个、发展一个，不断优化党员结构，提高质量，突出在致富能手、想干事的年轻人中发展党员，严把党员入口关，切实保障党员质量。2019年，全县计划发展党员600名，已发展455名，其中农民党员311名。

强化组织保障。加大阵地建设力度，积极争取1142.26万元项目资金，对4个贫困村、5个深度贫困村党组织办公阵地进行提升改造，确保基层党组织阵地设备齐全、功能完善、服务到位，已全部竣工验收，陆续投入使用。配合落实村两委正职3100元／月、副职2100元／月、村民小组长1000元/月的标准，足额保障村两委干部报酬，并逐步提高村干部岗位吸引力，激发村两委班子干事创业积极性；按照大、中、小村15万元、10万元、5万元的标准，足额拨付为民办实事专项经费，着力增强村级党组织办实事好事的能力，最大程度地争取人心、凝聚民心。宝武集团新疆八一钢铁有限公司驻岳普湖县也克先拜巴扎镇墩艾日克村工作队通过“点餐+派餐”的模式，把培养帮带村干部的“大锅饭”变成各取所需的“营养餐”。通过夜校、远程教育、“三会一课”等多渠道为村干部提供“深造”平台，增强业务能力和服务群众本领。岳普湖县农机局驻岳普湖县阿其克乡贝勒克其村工作队紧盯“四界村”，合理调配干部力量，打好作风整治“组合拳”，工作队与村两委班子成员分工协作，教思路、教方法，压担子，与村干部“捆绑式”考核考评，促进共同进步。稳步实现从“大小事包办人”—“传帮带教练员”—“评效果裁判员”的角色转变，扭转干部不在状态的局面。

民族团结教育

【民族团结一家亲联谊活动】 2019年，结合春节、元宵节、中秋节等中华民族传统佳节，组织干部职工下沉到村慰问群众，深入田间地头帮助群众干农活，与群众一起开展丰富多彩的民族团结联谊活动。古尔邦节期间走访慰问19783户群众，送去米、面、油、肉等节日慰问品，广大群众深刻感受到党的关怀和关爱，夯实了群众基础，加强了各民族交往交流交融。

【民族团结创建】 2019年，大力开展“双拥共建”活动。同驻岳普湖部队、三师42团开展走访、联谊、慰问等活动，周边乡镇干部群众与42团形成了发展互助、邻里守望的共赢模式，民族团结交往交流交融更加融洽。

以“十进”为抓手，把民族团结创建活动与平安创建、精神文明创建有机结合起来，培育了一批活动示范乡镇、示范单位。全县命名民族团结进步创建模范单位225个，地区命名民族团结进步创建模范单位42个。先后获“自治区文明县城”“自治区优秀平安县”的称号。民族团结先进典型阿依谢姆姑·图热克一家被评为“自治区文明家庭”；李震、赵素青等先后获“自治区民族团结先进个人”称号。

（徐红莲）

脱贫攻坚工作

一、基本情况

2019年，岳普湖县辖9个乡（镇），87个行政村（不包含6个拆分村）、10个社区（不包含4个场社区）、538个村民小组。2019年，全县总人口174710人，其中农村户籍人口3.4万户134401人。共有68个贫困村，建档立卡贫困户13719户55046人。2019年脱贫2903户11162人，返贫13户47人，贫困发生率0.8%。

二、主要工作

（一）强化责任落实，增强脱贫攻坚整体合力。

1. 严格落实党委政府

主体责任。统筹谋划、聚合力量。坚持县乡村三级书记一起抓，县委、县政府坚决扛起脱贫攻坚政治责任，牵头抓总、整体谋划、统筹协调，成立由县委书记、县长任双组长的扶贫开发领导小组，在县扶贫办原有3名班子成员基础上，增配6名领导干部，班子成员达到9人，工作力量进一步增强；横向组建产业扶贫、就业扶贫、住房安全等25个专项行动工作组，纵向设立9个乡镇扶贫办、87个村级扶贫站和538个网格小组，抽派37名县级领导包联指导68个贫困村，择优选派49名县处级领导干部任深度贫困村第一书记、87名领导干部任村党总支书记，精选654名干部组建县乡村扶贫办（站）“第一方阵”，3000余名乡镇村组干部和“访惠聚”工作队成员奋战一线，凝聚起强大的攻坚合力。

建好机制，协调推进。实行月例会、周调度、日研判运行管理机制，形成上下联动、立体高效的指挥体系和推进实施机制。始终把脱贫攻坚作为县委、县政府主要议事内容，县委常委会每周一次、县政府每月2次专题研究脱贫攻坚，2019年，县委常委会25次、书记办公会65次、县政府24次专题研究脱贫攻坚工作，县扶贫开发领导小组10次召开会议安排部署脱贫攻坚工作，先后召开脱贫攻坚推进会8次，召开行业部门、帮扶单位和落后乡镇、村等各类推进会议25次，推进各项脱贫攻坚举措的落实。认真履行“书记抓、抓书记”职责，用好“一线工作法”，县委书记、县长和扶贫书记遍访68个建档立卡贫困村，一线发现问题，一线解决问题，推动脱贫攻坚责任全面落实。

压实责任，强化部署。坚持现行标准和因地制宜相结合，按照“定人、定事、定标、定时、定责”的原则，编制实施了“一超过两不愁三保障”、“五通七有”、重点工作推进图、查短板补弱项“回头看”、中央六巡反馈问题整改等攻坚方案，统一推进业务工作，做到全县上下一盘棋、一个调。

2\. 强化纪委监委监督责任。坚持全面从严治党，深入开展扶贫领域腐败和作风问题专项整治，制定印发《岳普湖县脱贫攻坚常态化约谈方案》，常态化、高频率开展指导调研，切实由“事后处理”变“事前预防”；建立线索管理处置办法，加强对扶贫资金项目的监督管理，对工作不力、作风不实、推进缓慢、效果较差的单位和个人，进行严格问责，督促问题整改到位。狠抓扶贫战线作风建设，深入开展“不忘初心、牢记使命”主题教育活动和基层干部作风“十大顽疾”整治、“担当作为、真抓实干、突出重点、打造精品”比学赶超大竞赛活动，全县上下兴起“说了算、定了干、干就干好”之风。

3\. 压实行业部门监管责任。围绕脱贫攻坚目标任务，按照尽锐出战的要求，强化部门一把手责任。25个专项行动组组长均由县分管领导担任，就重点项目推进、目标责任分解、扶贫政策落实等进行安排部署，持续传导压力，连续推动工作。县直各行业部门立足大局，紧扣贫困村提升和贫困户“两不愁、三保障”，相继制定各行业工作方案，出台教育资助、残疾人两项补贴、医疗救助、“三果一花”产业、良种繁育、牲畜托养、电子商务等激励性政策文件，将职能和资源向脱贫攻坚倾斜，做到项目、资金、工作、措施“四个优先”。

4. 从严从实抓好问题整改。县委、县政府始终把抓好各级巡视反馈问题整改作为重大的政治任务，将问题整改贯穿脱贫攻坚全过程，坚持上级反馈的各类问题一体整改、彻底整改。按照“县负总责、部门和乡镇抓落实”要求，成立以县委书记和县长任双组长，相关分管领导为成员的整改工作领导小组，抽调18人组建整改工作办公室，县直相关行业部门单位和各乡村均成立整改工作机构，制定贯彻落实中央第六巡视组、自治区党委第八巡视组反馈意见整改方案，建立“一周一汇总、一周一调度、一周一指导”工作机制，采取专项整治、举一反三、每月评估等方式，以整改补短板，以整改促提升，2019年，县委常委会4次、书记办公会3次专题研究整改工作。年内，中央第六巡视组反馈的65条问题，自治区党委第八巡视组脱贫攻坚专项巡视反馈的37条问题，自治区扶贫开发成效工作方面存在的33条问题，均已整改到位。

（二）强化政策落实，确保脱贫攻坚惠民取得实效。紧紧围绕“六个精准”“七个一批”“三个加大力度”，进一步实化细化政策措施，因村因户因人精准施策，确保真扶贫、真脱贫。

1. 牢牢把住三个关键，夯实脱贫致富根基。坚持把产业、就业、土地作为扶贫致富的关键支撑，推进三产融合发展，促进稳定就业，盘活土地资源，保障脱贫成效。

全力推动产业发展。扭住特色产业不动摇。以现代高效农业为方向，深化农业结构调整，加强产销对接，2019年，整合投入产业发展资金3.5亿元，培育发展红枣、新梅、无花果和金银花“三果一花”特色主导产业1.33万公顷，全面提质小茴香、西甜瓜、棉花、特色蔬菜等作物，全县创建农业示范园。坚持“强畜”发展思路，大力发展畜牧业，投资1.6亿元，积极实施良种繁育工程，建成良繁中心2座，育肥中心和隔离区各1座，喀什地区最大的活畜交易市场1座，繁育湖羊2万余只，托养商品羊2.8万只，“一乡一品”特色养殖初具规模，创响“中国毛驴之乡”“中国小尾寒羊之乡”品牌，形成龙头牵引、集约发展的畜牧产业格局。贫困户通过发展生产、土地流转、入股分红、基地务工等方式增加收入，形成“村村有实体经济、户户有增收项目、人人有致富门路”的产业扶贫格局。紧盯工业做文章。完善农业生产加工体系，打造升级“一区四园”，同步建成乡镇民生产业园3个。2019年，重点围绕就业带动脱贫，引进新兴际华、正伦纺织等农副产品深加工和劳动密集型企业32家，到位资金6.75亿元，同比增长80.2%。带动发展专业合作社153家、种植大户2835户、乡村车间46座，形成“公司+基地+合作社+农户”利益联结、抱团发展模式，拓宽就业渠道。依托旅游和电商求突破。实施文化旅游“四个一”精品工程，构建以大漠自然景观、乡村田园景观、“非遗”技艺传承为主线的旅游体系，打造升级达瓦昆国家AAAA级沙漠旅游景区、千年柳树王等景区景点6个，带动发展特色农家乐、农家院、旅游民宿245家，实现旅游就业2000余人，2019年实现旅游收入0.6亿元。依托“国家级电子商务进农村综合示范县”产业和服务集聚优势，构建庭院农产品区域性闭环产销、大宗农副产品供销和品牌产品营销三类电商平台，借助平台举办“土豆熟了”“天赐岳礼”品牌营销、第一书记代言等系列营销活动，带动实现就业1207人，2019年销售农产品3.6万吨，金额4.6亿元。

全面推进就业扶贫。围绕三类产业发展，实施“万人大就业工程”“百企帮百村”行动，落实“培训一人、转移一人、就业一人、脱贫一户”要求，实施“员工关爱”工程和“三托一转”服务措施，补贴稳定就业，稳岗稳工，全县转移就业3.3万人，实现贫困户一户一人或多人稳定就业15242人。深入挖掘一产就业的潜力，结合全县种植大户多的实际，探索建立了种植大户带贫益贫机制，全县种植大户吸纳就业4199人，其中贫困户1079人，该做法在全地区起到示范引领作用。

大力实施土地清理再分配。按照“资源变资产、资金变股金、农民变股东”的思路，聚焦人、地、钱、市场等要素整合，用好土地资源，破解发展难题。全县清理土地3.48万公顷，清理发包收益1.4亿元，全部用于六项资金，惠及2.85万人；归并整理土地1.78万公顷，整理后新增土地2986.67公顷；流转土地6066.67公顷，全县8105户贫困户获取流转分红750万元。通过土地清理、归并流转，加快农业适度规模发展，催生合作社、种植大户等一批新型经营主体，贫困户通过发展生产、土地流转、入股分红、基地务工等实现多元增收。组建达瓦昆公司、农垦集团等城投、农投公司，提升脱贫保障能力。

2.全面提升三个空间，铺就生态文明之路。按照“自然环境优美，生产生活生态空间融合发展”的理念，着力推进基础设施向乡村延伸。

全面拓展生产空间。以扶贫路、产业路、互联互通、改造提升工程为重点，推进“四好农村路”和村组巷道建设，实现100%的行政村通柏油路、水泥路，解决群众出行难问题。大力实施饮水、骨干水源、农田水利建设项目28个，新建饮用水厂3座，巩固提升现有供水管网，实现家家用上自来水。夯实农田水利基础设施。实施农村电网改造升级工程28个，彻底消除无电村、无电户，实现用电保障全覆盖。精准排查通信信号盲点24个，建设通信基站39个，实现村村通网络、村村有信号。

以建设美丽乡村为目标，出台《十村示范、百村整治》工作方案，依照“拆、种、建、换、美”五字诀，整县推进村容村貌整治，完成村庄整治87个，实现农村绿化、净化、美化，彻底消除农村脏、乱、差现象。坚持“一乡一品、一村一特”，发展庭院经济2.38万户，实现人均庭院增收500元。新建标准安居房5270套，实现了农村户籍人口安全住房全覆盖。采取统规统建模式，重点向城镇、美丽乡村、产业园区等区域搬迁安置，规划搬迁安置点12个，搬迁群众965户3982人，确保贫困群众“搬得出、稳得住、能致富”。

以“增绿添彩”“清新空气”“清溪活水”为着力点，坚持推进绿化造林、退耕还林、污水处理、沙漠化治理和国家水利风景区生态建设。完成防沙治沙2333.33公顷，建设生态防护林9466.67公顷，建立沙化土地封禁保护区1.5万公顷，复垦定植林带1840公顷，退耕还林4580公顷，用于发展“三果一花”等树种。全县生态补偿100户443人，聘用845名贫困群众为护林员和护草员，保障稳定就业。

3. 扎实抓好三项保障，持续增进民生福祉。坚持民生优先，落实教育、医疗、民生保障政策，织牢民生“防护网”，实现惠民利民。

全面实施教育立县战略，2019年，新（改）建学校15所，完成79所学校“三通两平台”建设，新招录国家通用语言教师835人，实现国家通用语言教学全覆盖；全面落实“两免一补”政策，利用教育专项资金和援疆资金229.8万元，资助贫困大学生514名，确保不因贫失学。狠抓“控辍保学”，全县384名学龄残疾儿童全部妥善安置。发挥职业教育“两兜底”作用，开辟建档立卡家庭贫困学生绿色通道。

深入开展医疗扶贫。持续提升医疗保障能力，每个行政村配套建设1个标准化卫生室，每千人拥有床位数达5.1张，实现“三个一”合格职业医师全覆盖，贫困户家庭医生签约率100%。全面推行“先诊疗后付费”“一站式联合结算”制度，对贫困人口实现“四重”医疗保障，患大病群众补充实施“顶梁柱”项目，贫困人口住院报销比例达95%以上，贫困人口参保率100%。结合全民健康体检工程，累计诊疗大病、慢性病、地方病、传染病12767人次，有效控制了结核病和艾滋病新发感染等。

精准发力民生扶贫。推进农村低保制度与扶贫开发政策有效衔接，年内全县贫困低保对象16609名。落实农村低保、特困供养救助、临时救助、医疗救助等资金1.2亿元。建成8所敬老院，设置床位292张，对有意愿的126名特困老人集中供养；建成1所儿童福利院，集中供养困境儿童449名；成立脑瘫儿童康复中心，年内接收治疗脑瘫儿童74名；发放残疾人“两项补贴”共计211.8万元，受益26481人次。

（三）强化工作落实，提升脱贫攻坚质量水平。突出抓好“四项重点”，聚焦靶向精准、稳定长效、群众满意，推动脱贫攻坚工作向高质量发展。

1. 精准抓好动态管理。始终注重精准识别，严格把好入口关、动态调整关和退出关，做到应进则进、应退则退，确保过程规范、群众认可，不漏一户、不漏一人。围绕贫困村退出和贫困户脱贫的年度目标，建立常态化筛查比对和动态管理机制，严把“识别退出、核查验收、数据质量、工作程序”四个关口，确保脱贫工作绩效真实可信。加强县、乡、村三级专职扶贫信息员队伍，确保信息录入“人、卡、机”准确无误。2019年，新识别贫困户7户21人，返贫人口5户17人。

2. 全面落实帮扶责任。认真开展以工作队驻村、企业进村、帮扶干部入户，帮助群众转变思想观念、发展生产、实现脱贫致富，帮扶力量覆盖所有贫困村组户。搭建“4321”“周末集中帮扶日”“结对扶贫”等活动载体，自治区、地区、县164家单位帮扶9个乡镇、87个行政村，7186名干部职工结对帮扶贫困户，做到“单位包村、干部包户”“不脱贫不调整、不脱贫不脱钩”，干部帮扶资金2780余万元；深入推进“百企帮百村”扶贫行动，引进项目27个，帮扶资金1290余万元，解决贫困户就业624人；深化推进中石化、新源县对口协作帮扶，落实帮扶项目5个1362万元；积极对接山东省泰安市援疆帮扶，落实援疆项目资金2.3亿元，形成专业扶贫、社会扶贫、行业扶贫、援疆扶贫的联动格局。

3. 着力提升项目效益。科学确定项目。坚持“抓项目就是抓发展，抓项目就是抓脱贫攻坚”的理念，以壮大集体经济、促进产业增收、提升基础设施水平和巩固提升脱贫成效为主向，充分征求群众意见，通过“两上两下”，精准确定项目，确保扶到点上、扶到根上。2019年，共整合扶贫资金7.17亿元，确定7大类扶贫项目42个，在产业培育上抓点带面，着力打造区域性广、带动力强的现代农业扶贫示范园，安排智能温室、联栋拱棚等设施农业项目，以及“三果一花”主导产业的新品种引进、新技术推广项目，有效增强乡村“造血功能”。

强化项目监管。制定实施《岳普湖县财政扶贫资金管理办法》《岳普湖县统筹整合使用财政涉农资金管理办法》等办法，建立资金使用、统筹、监管既分工又协作机制，采取联合审计、委托第三方监管等，确保资金安全高效。成立十二个项目指挥部，建立周汇总、月调度和项目落实倒逼机制，解决资金“趴账”问题。

提升项目效益。研究制定《岳普湖县扶贫项目资产收益分配方案》，加大对扶贫项目实施、资金使用管理情况进行跟踪问效，确保扶贫资金保值增值。2019年，共整合扶贫资金4.5亿元，实施设施农业、乡村车间、保鲜库、乡村旅游业、光伏扶贫等资产收益项目19个。

4. 全力抓实扶志扶智。用好各类群众活动载体，从观念更新、技能培训、法治扶贫、行为规范入手，让贫困群众既富“口袋”，更富“脑袋”。

优化载体扶志向。坚持群众主体，用好周一升国旗、农民夜校、走访入户，选树致富典型等载体，把强农惠农政策传送到千家万户，培育新风、推动发展，教育引导群众摒弃“靠着墙根晒太阳、等着别人送小康”等靠要思想，靠双手致富。技能培训扶智力。依托县中职校、农民夜校、园区企业等平台，按照订单、定向、定岗培训模式，大力开展缝纫加工、餐饮服务、种植养殖、家政服务等培训。实施贫困村致富带头人培训行动和“土专家”“田秀才”服务计划，培养农村致富带头人425名。

大力开展感恩教育，在建档立卡、开展帮扶、落实项目的同时，向群众宣讲党的方针政策，教育引导群众树立正信，树牢“五个认同”，感恩于党的真切关怀。深入开展“三新活动”，制定完善村规民约，破除陈规陋习，树立新风正气，逐步形成了户户“比整洁、谋发展、思稳定、盼富裕”的氛围。

“不忘初心、牢记使命”主题教育活动

2019年9月16日，岳普湖县第二批“不忘初心、牢记使命”主题教育正式启动，全县党政机关领导班子，521个党组织、13243名党员干部落实学习教育、调查研究、检视问题、整改落实“四步骤”，突出抓好“8+2”专项整治和“1+3+3”为民办实事好事，全面准确把握“守初心、担使命，找差距、抓落实”的总要求，确保主题教育学习人员、时间、内容、效果“四落实”、全覆盖，努力实现“理论学习有收获、思想政治受洗礼、干事创业敢担当、为民服务解难题、清正廉洁作表率”的目标。

中国共产党岳普湖县委员会

【岳普湖县委书记、副书记、常委名单】

县委书记：曲连东

县委副书记：克衣色尔•克尤木
张生熙
赵国强

县委常委：侯军治
依明姑丽·亚森
阿布来提•斯迪克
王建中
努尔艾合买
提·买买提依力
周　生
顾　宁
苏海彦
程孝忠
丁国定
李　峰
严需宁
何　涛

重要会议

【中共岳普湖县委十三届五次全委（扩大）会议】 1月11日，中共岳普湖县委十三届五次全委（扩大）会议召开，县委书记曲连东做题为《聚焦总目标　坚持常态化　奋力开创岳普湖社会稳定发展新局面》的工作报告。

报告对2018年工作进行全面总结。2018年，在自治区党委、人民政府和地委、行署的坚强领导下，县委、县政府团结带领全县各族干部群众聚焦总目标，狠抓自治区党委系列组合拳和地委部署要求的贯彻落实，社会大局持续稳定，群众工作不断加强，脱贫攻坚扎实推进，城乡发展稳步推进，人民生活有效改善，援疆工作持续深化，党的建设持续加强，各项工作取得新的成绩。

会议提出，2019年工作思路和目标任务是坚持以习近平新时代中国特色社会主义思想为指引，坚决贯彻落实党中央治疆方略特别是社会稳定和长治久安总目标，聚焦总目标、贯彻新发展理念，按照自治区党委“4+1”、“2+1”和“1+3+3+改革开放”工作部署，大力实施脱贫兴县、文化强县战略，加大工作力度，明确工作措施，压实工作责任，努力实现经济高质量发展、人民生活不断改善、生态环境保持良好，实现“三稳定”，确保“三不出”，脱贫攻坚如期摘帽。

【岳普湖县宣传文化工作座谈会】 2019年1月5日，县委召开宣传文化工作座谈会。与会人员就加强和改进宣传文化工作发表意见建议。会议指出，由县委宣传部牵头，结合与会人员提出的意见建议深入思考、系统归纳总结、进一步提炼，提升战略高度，制定《岳普湖县文化强县战略实施意见》；根据全国及自治区宣传文化工作会议的精神，倡导社会主义核心价值观、突出“五个认同”、增强民族团结等一系列要义，归纳出岳普湖县宣传文化的宗旨和主要任务，将之系统化、具体化，把理论性的东西和全县工作实际有机结合，在文件中形成有活力、鲜明、有纲领性的内容。各部门在抓好总体、做好本职工作、突出工作重点的同时，要根据教育系统、农村基层、机关干部队伍、农村广大妇女等群体宣传文化的主题内容和实施工作对象做好针对性的宣传工作。要将宣传文化工作重点实化、细化、具体化。要以弘扬主旋律、植根基层为主，健全一套旗帜鲜明、规范有效的新闻宣传平台。要以热爱祖国、歌唱美好生活、弘扬中华文化、传承民族艺术、倡导文明新风等内容为主。

【岳普湖县巡视整改工作会议】 2月20日，岳普湖县召开巡视整改工作会议，就做好中央第六巡视组反馈问题整改工作和当前的农业农村重点工作进行了安排部署。会议指出，认真制定反馈问题整改方案。县直部门主要针对各自部门在脱贫中存在的问题，结合2019年脱贫攻坚整体工作制定方案，对于共性问题都要整改，对于个性问题要对号入座，县乡两级脱贫攻坚领导小组要及时筛选各自涉及问题中最重要、最难的问题，突出重点，在整改问题过程中，从乡（镇）村角度提出整改建议，县扶贫开发领导小组要把县上最主要的问题列出来，尽最大努力整改；围绕“1+5”，抓住突出问题，强化落实。各乡（镇）要紧紧围绕“1+5”，找出薄弱点，分条梳理，加大力度，精准施策，由包联乡（镇）的县分管领导牵头，与乡（镇）党委书记利用十天时间解剖麻雀，按照档案、信息化平台、就业、产业和村容村貌五类，在贫困村和非贫困村范围内找出各乡（镇）最差的村，抓住典型，突出重点，瞄准短板和弱项，精准施策；进一步强化劳动力培训和就业。随着全县招商引资环境的逐步优化，招商引资的成效逐渐显现，下一步将进一步加大招商引资的力度和巩固完善园区功能。以乡村扶贫车间招商为方向引进外来的企业，发展民营企业，为合作社提供一个平台和载体，提供资金帮扶，注入活力；制定好“五个全覆盖”和“四个一”工程方案。凡是牵头“五个全覆盖”和“四个一”工程的行业部门，抓紧制定实施方案；乡（镇）要针对“五个全覆盖”和“四个一”工程制定总体方案；做好“冬季攻势”重点工作；抓好庭院经济建设。农垦党委负责承建蔬菜批发市场，有保鲜库、蔬菜批发点，承担对各乡（镇）农业合作社中蔬菜的收购，进行加工整理，对外销售。各乡（镇）做好技术管理和收购，不必担心销售等环节的问题，要按照“一村一品”“一乡一品”模式，提前谋划，避免耽误种植时间；成立农业合作组织。农业合作社负责庭院经济蔬菜的收购、土地的归并整理、农机的租赁等。鼓励引导发展木业合作社，鼓励合作社进入乡（镇）车间，发展民营企业，给合作社提供发展的空间和平台。各乡（镇）启动土地合作社的建设，要以积极吸收农村剩余劳动力，提供技术指导和帮助，提高种植技术以及土地流转工作；抓好扶贫信息平台建设。各乡（镇）党委书记、各村第一书记、扶贫书记和扶贫工作站人员必须要学会熟练操作使用平台，让平台发挥应有的作用。

【岳普湖县扫黑除恶会议】 2019年4月3日，县委召开专项会议，就扫黑除恶工作提出具体工作要求。建立好机制；准备好汇报；把握好内容；整理好台账；完善好档案；宣传好政策；组织好谈话；接受好检查。

【岳普湖县党风廉政建设会议】 2019年8月16日，县委召开党风廉政建设会议，就做好党风廉政建设工作进行安排部署。会议指出，一要汲取教训，强化管理；二要聚焦中心，挂图作战；三要开展一对一帮扶工作。

【岳普湖县“不忘初心、牢记使命”主题教育工作会议】 2019年9月12日，县委召开“不忘初心、牢记使命”主题教育部署工作会议，并就抓好全县主题教育活动提出具体要求。会议指出，一开展“不忘初心、牢记使命”主题教育活动是党中央用习近平新时代中国特色社会主义思想武装全党的重大决策，全县各级党政干部要深刻认识到开展主题教育活动的重大意义，必须深入学习领会习近平新时代中国特色社会主义思想内涵，内化于心、外化于行。二抓好主题教育活动是新时代加强党的建设的重要途径，是全面从严治党的迫切需要。全县各级党政干部必须在思想上、行动上同以习近平同志为核心的党中央保持高度一致，通过主题教育活动不断加强党的思想建设、组织建设和作风建设。三抓好主题教育活动是贯彻落实新时代治疆方略特别是总目标的迫切需要。全县各级党政必须将主题教育活动与新疆当前的特殊时期相结合，全面贯彻落实党中央治疆方略和社会稳定长治久安的工作部署和措施。四抓好主题教育活动是打好打赢脱贫攻坚战的重要保障。全县脱贫攻坚工作已到了爬坡过坎、攻城拔寨的关键时期，年底即将迎接脱贫验收的大考，打赢脱贫攻坚战尤为紧迫重要，要利用好主题教育活动这一载体，认真学习贯彻总书记关于扶贫工作的重要论述，检视扶贫工作中存在的问题，补齐短板弱项，为取得脱贫攻坚全面胜利提供重要保障。五抓好主题教育活动是践行以人民为中心的发展思想的生动实践，重点解决好群众思想认识问题，以及群众困难诉求。六抓好主题教育活动是加强基层基础工作的迫切要求。要结合这次主题教育活动，进一步加强基层组织建设，把抓基层、打基础工作做深、做细、做实。

【岳普湖县宣传教育工作座谈会】 2019年10月14日，县委召开会议，就做好当前宣传教育工作进行安排部署。会议指出，近期，从自治区、地区对宣传教育工作的安排部署来看，群众宣传教育工作已逐步向精细化、条理化、系统化方向发展。特别是《新疆的若干历史问题》白皮书、《新疆的职业技能教育培训工作》白皮书、《新疆的反恐、去极端化斗争与人权保障》白皮书（以下简称“三个白皮书”）

的出版，更是为今后的宣传教育工作指明了方向，提供了内容。组织部、宣传部、统战部等部门要结合全县工作实际，按照“三定”（定载体、定思路、定形式）的方式，提前谋划、积极准备，切实做好全县基层群众、青少年的宣传教育工作。会议要求，一要定载体；二要定思路；三要定形式；四要分工明确。

【岳普湖县扶贫开发领导小组第十四次会议】 2019年10月16日，县委召开岳普湖县2019年扶贫开发领导小组第十四次会议。就地区脱贫攻坚初审组反馈问题整改工作和近期脱贫攻坚重点工作进行安排部署。会议指出，一要抓整改；二要抓台账；三要抓项目；四要抓村容；五要抓帮扶；六要抓氛围；七要抓谋划；八要抓领导。

【岳普湖县召开迎接自治区贫困县退出专项评估、脱贫攻坚成效考核工作动员大会】 2019年10月23日，县委召开迎接自治区贫困县退出专项评估、脱贫攻坚成效考核工作动员大会，主要是安排和部署自治区层面的两个考核验收工作。会议指出，一提高政治站位，增强对脱贫摘帽考核验收工作重要性的认识；二聚焦问题短板，全力做好脱贫摘帽冲刺阶段的各项工作；三聚焦脱贫验收评估标准，全力抓好迎检工作；四加强组织领导，进一步压实脱贫摘帽的工作责任。

重要文件

【2019年县委作出的决定、通报、意见（部分）】

1月2日　印发《岳普湖县落实自治区党委第八巡视组专项巡视反馈意见的整改方案》（岳党发〔2019〕1号）

1月19日　印发《中共岳普湖县常委会议事规则》（岳党发〔2019〕6号）

2月9日　印发《岳普湖县关于中央第六巡视组对新疆开展脱贫攻坚巡视反馈问题整改方案》（岳党发〔2019〕9号）

3月3日　印发《岳普湖县贯彻落实中央第六巡视组开展脱贫攻坚专项巡视反馈意见整改方案》（岳党发〔2019〕13号）

3月19日　上报《岳普湖县委落实自治区党委第八巡视组专项巡视反馈意见整改情况报告》（岳党发〔2019〕18号）

3月19日　上报《关于岳普湖县委落实自治区党委第八巡视组专项巡视反馈意见整改情况的通报》（岳党发〔2019〕19号）

3月31日　印发《关于表彰岳普湖县2018年度种植大户助力脱贫攻坚先进个人的决定》（岳党发〔2019〕20号）

4月17日　印发《岳普湖县关于实施“文化强县”战略的意见》（岳党发〔2019〕22号）

4月24日　印发《关于表彰岳普湖县2018年“百企帮百村”助力脱贫攻坚先进集体和先进个人的决定》（岳党发〔2019〕26号）

6月2日　印发《关于深入开展“担当作为、真抓实干、突出重点、打造精品”比学赶超大竞赛活动的实施方案》（岳党发〔2019〕29号）

6月30日　印发《关于表彰先进基层党组织、

优秀党务工作者、优秀共产党员的决定》（岳党发〔2019〕30号）

9月8日　印发《岳普湖县推进“教育立县”战略实施意见》（岳党发〔2019〕31号）

9月20日　印发《关于在全县开展“不忘初心、牢记使命”主题教育实施方案的通知》（岳党发〔2019〕32号）

12月27日　印发《关于表彰第九批泰安市对口支援岳普湖县先进个人的决定》（岳党发〔2019〕38号）

县委办公室工作

【公文处理】　2019年，县委办公室全年共下发各类文件176份，其中岳党发37份、岳党办发76份、岳党复38份、岳党办通报25份。

2019年，县委办公室严格按照中央、自治区党委、地委、县委基层减负要求，起草下发了《关于进一步精简会议的通知》，实行全县发文、开会的审批报备制度，坚决做到不该发的文件坚决不发，没有实质性的会议坚决不开。截至年内，文件同比减少66.9%，会议同比减少63.8%，真正达到为基层减负的目的。

【综合协调】　2019年，县委办公室紧扣县委中心工作，寓谋于文，寓谋于会，寓谋于事，认真负责地为县委决策的形成、制定、实施做好各项协调服务工作。平时注重与县委各部门、政府各部门以及人大、政协办公室等部门和县级四大班子领导的沟通联系，确保县委各项安排部署得到及时、全面落实。

【信息上报】　2019年，县委办公室及时发现带有倾向性、典型性、规律性的问题，总结出信息及时向上级党委上报，为领导科学决策提供信息服务。全年，共撰写信息专报60余篇，调研报告10余篇，对全县工作起到促进作用。

【保密教育】　2019年，县委办公室牢固树立“保密就是保命”的意识，建立闭环式的文件管理制度，制作文件领取证，压实文件保管员责任，坚决堵塞涉密文件在办理、传阅、销毁等各个环节的漏洞隐患，保证涉密文件的绝对安全。常态化对干部职工开展保密教育，签订保密责任书，不断强化干部职工的保密意识。加强对保密工作的硬件配备。多渠道筹措8万余元，给各办公室配备了保密柜、碎纸机、保密U盘等设备，为办公室所有涉密计算机配备“三合一”。加强县级专职保密人员队伍建设，配备县委保密委员会专职副主任1名，专职保密工作人员5名，定期开展保密工作监督检查，下大力气解决保密工作中的短板、漏项，坚决做到不失密、不泄密。

【2019年县委办公室作出的决定、通报、意见（部分）】

1月19日　印发《关于岳普湖县党政领导班子联席会议制度的通知》（岳党办发〔2019〕3号）

1月19日　印发《关于岳普湖县各级党委（党组）理论学习中心组学习制度的通知》（岳党办发〔2019〕4号）

1月19日　印发《关

于岳普湖县财经领导小组会议议事规则的通知》（岳党办发〔2019〕5号）

1月19日　印发《岳普湖县人事领导小组会议议事规则的通知》（岳党办发〔2019〕6号）

1月22日　印发《岳普湖县贯彻落实党的十九大报告重要改革举措实施规划（2018—2022年）的通知》（岳党办发〔2019〕7号）

1月28日　印发《关于成立岳普湖县脱贫攻坚各级各类反馈问题整改领导小组的通知》（岳党办发〔2019〕8号）

2月11日　印发《关于调整“专项工作组”工作分工的通知》（岳党办发〔2019〕10号）

2月13日　印发《岳普湖县绩效奖发放管理办法（试行）的通知》（岳党办发〔2019〕11号）

2月17日　印发《岳普湖县“十村示范、百村整治”实施方案的通知》（岳党办发〔2019〕12号）

2月26日　印发《关于全县村级党组织“星级化”创建“授”星的决定的通知》（岳党办发〔2019〕14号）

3月4日　印发《关于〈岳普湖县机构改革机构改革方案〉的实施意见的通知》（岳党办发〔2019〕15号）

3月9日　印发《岳普湖县2019年脱贫摘帽实施方案的通知》（岳党办发〔2019〕17号）

3月19日　印发《中共岳普湖县委员会机构编制委员会办公室职能配置、内设机构和人员编制规定的通知》（岳党办发〔2019〕20号）

3月19日　印发《岳普湖县教育局职能配置、内设机构和人员编制规定的通知》（岳党办发〔2019〕21号）

3月19日　印发《中共岳普湖县委员会宣传部职能配置、内设机构和人员编制规定的通知》（岳党办发〔2019〕22号）

3月19日　印发《中共岳普湖县委员会统一战线工作部职能配置、内设机构和人员编制规定的通知》（岳党办发〔2019〕23号）

3月19日　印发《中共岳普湖县委员会办公室职能配置、内设机构和人员编制规定的通知》（岳党办发〔2019〕24号）

3月19日　印发《中共岳普湖县委员会组织部职能配置、内设机构和人员编制规定的通知》（岳党办发〔2019〕25号）

3月19日　印发《岳普湖县水利局职能配置、内设机构和人员编制规定的通知》（岳党办发〔2019〕26号）

3月19日　印发《中共岳普湖县委员会直属机关工作委员会职能配置、内设机构和人员编制规定的通知》（岳党办发〔2019〕27号）

3月19日　印发《岳普湖县财政局职能配置、内设机构和人员编制规定的通知》（岳党办发〔2019〕28号）

3月19日　印发《岳普湖县应急管理局职能配置、内设机构和人员编制规定的通知》（岳党办发〔2019〕29号）

3月19日　印发《岳普湖县农业农村局职能配置、内设机构和人员编制规定的通知》（岳党办发〔2019〕30号）

3月19日　印发《岳普湖县人民政府办公室职

能配置、内设机构和人员编制规定的通知》（岳党办发〔2019〕31 号）

3 月 19 日　印发《岳普湖县司法局职能配置、内设机构和人员编制规定的通知》（岳党办发〔2019〕32 号）

3 月 19 日　印发《岳普湖县人力资源和社会保障局职能配置、内设机构和人员编制规定的通知》（岳党办发〔2019〕33 号）

3 月 19 日　印发《岳普湖县审计局职能配置、内设机构和人员编制规定的通知》（岳党办发〔2019〕34 号）

3 月 19 日　印发《中共岳普湖县委员会网络安全和信息化委员会办公室职能配置、内设机构和人员编制规定的通知》（岳党办发〔2019〕35 号）

3 月 19 日　印发《中共岳普湖县委员会巡察工作领导小组办公室职能配置、内设机构和人员编制规定的通知》（岳党办发〔2019〕36 号）

3 月 19 日　印发《中共岳普湖县委员会政法委员会职能配置、内设机构和人员编制规定的通知》（岳党办发〔2019〕37 号）

3 月 19 日　印发《岳普湖县文化体育广播电视和旅游局职能配置、内设机构和人员编制规定的通知》（岳党办发〔2019〕38 号）

3 月 19 日　印发《岳普湖县统计局职能配置、内设机构和人员编制规定的通知》（岳党办发〔2019〕39 号）

3 月 19 日　印发《岳普湖县交通运输局职能配置、内设机构和人员编制规定的通知》（岳党办发〔2019〕40 号）

3 月 19 日　印发《岳普湖县卫生健康委员会职能配置、内设机构和人员编制规定的通知》（岳党办发〔2019〕41 号）

3 月 19 日　印发《岳普湖县医疗保障局职能配置、内设机构和人员编制规定的通知》（岳党办发〔2019〕42 号）

3 月 19 日　印发《岳普湖县住房和城乡建设局职能配置、内设机构和人员编制规定的通知》（岳党办发〔2019〕43 号）

3 月 19 日　印发《岳普湖县商务和工业信息化局职能配置、内设机构和人员编制规定的通知》（岳党办发〔2019〕44 号）

3 月 19 日　印发《岳普湖县民政局职能配置、内设机构和人员编制规定的通知》（岳党办发〔2019〕45 号）

3 月 19 日　印发《中共岳普湖县委纪律检查委员会、岳普湖县检查委员会机关职能配置、内设机和人员编制规定的通知》（岳党办发〔2019〕46 号）

3 月 19 日　印发《岳普湖县自然资源局职能配置、内设机构和人员编制规定的通知》（岳党办发〔2019〕47 号）

3 月 19 日　印发《岳普湖县市场监督管理局职能配置、内设机构和人员编制规定的通知》（岳党办发〔2019〕48 号）

3 月 19 日　印发《岳普湖县扶贫开发办公室职能配置、内设机构和人员编制规定的通知》（岳党办发〔2019〕49 号）

3 月 19 日　印发《岳普湖县退役军人事务局职能配置、内设机构和人员编制规定的通知》（岳党办发〔2019〕50 号）

3 月 19 日　印发《中共岳普湖县委员会机要保密

局（县密码管理局、县国家保密局）职能配置、内设机构和人员编制规定的通知》（岳党办发〔2019〕51号）

3月19日　印发《岳普湖县科学技术局职能配置、内设机构和人员编制规定的通知》（岳党办发〔2019〕52号）

3月19日　印发《岳普湖县发展和改革委员会职能配置、内设机构和人员编制规定的通知》（岳党办发〔2019〕53号）

3月31日　印发《岳普湖县种植大户助力脱贫攻坚实施意见的通知》（岳党办发〔2019〕55号）

3月31日　印发《岳普湖县河（库）长巡河巡库工作实施方案的通知》（岳党办发〔2019〕56号）

4月1日　印发《〈县委全面深化改革委员会工作细则〉、〈县委全面深化改革委员会专项小组细则〉和〈县委全面深化改革委员会办公室工作细则〉的通知》（岳党办发〔2019〕57号）

4月13日　印发《关于进一步深化“三进两联谊交友”活动实施方案的通知》（岳党办发〔2019〕60号）

4月24日　印发《岳普湖县“百企帮百村”助力脱贫攻坚实施意见的通知》（岳党办发〔2019〕63号）

4月24日　印发《岳普湖县关于建立健全退役军人服务保障体系的工作方案的通知》（岳党办发〔2019〕64号）

5月6日　印发《县委全面深化改革委员会2019年工作要点的通知》（岳党办发〔2019〕67号）

6月19日　印发《岳普湖县2018年国家脱贫攻坚成效考核反馈问题的整改方案的通知》（岳党办发〔2019〕71号）

6月30日　印发《关于调整岳普湖县委政法委员会成员的通知》（岳党办发〔2019〕72号）

9月8日　印发《关于表彰2019年教育工作先进集体、先进个人的决定》（岳党办发〔2019〕73号）

9月23日　印发《岳普湖县派驻（派出）机构改革工作方案的通知》（岳党办发〔2019〕75号）

10月5日　印发《岳普湖县公务员职务与职级并行制度实施工作方案的通知》（岳党办发〔2019〕76号）

10月20日　印发《岳普湖县关于进一步提高全县自然灾害防治能力切实加强自然灾害防治工作的实施方案的通知》（岳党办发〔2019〕77号）

12月12日　印发《关于做好2019年度领导班子和领导干部考核（绩效考核）工作的通知》（岳党办发〔2019〕78号）

（石子轩）

组织工作

【概况】　2019年，岳普湖县结合党政机构改革进行换届，换届后全县有党工委3个，党委16个（其中政府工作部门5个），党组28个，党总支123个，党支部478个，做到了党的组织全覆盖。

全县共有党员9857名，其中预备党员600名，少数民族党员8235名，妇女党员3561名，35岁以下党员2689名，在职党员4168名（其中机关干部党员1677名、企事业干部党员2374名、工人党员117名）。农牧民党员4588名，离退休党员908名。

【发展党员】 2019年，重点向农村一线倾斜，严格落实发展党员工作机制和标准，严格发展党员规章制度和程序，开展党务干部培训班，讲清发展党员5个阶段25个步骤，发放发展党员程序、党员档案管理及缴纳党费等学习教材；组织各乡镇发展党员交叉自查，全面了解基层发展党员工作漏洞，补齐短板。全县共发展600名党员，其中发展农牧民党员379人，女性278人，少数民族561人，35岁以下484人，大专及以上226人，培养入党申请人4064人，入党积极分子1678人。

【新兴组织】 2019年，全县共有非公企业267家，个体工商户4937户，社会组织221个（农民专业合作社213个，社会团体5个，社会服务机构3个）；建立党支部11个，其中单独组建党支部10个，联合组建党支部1个(覆盖3家企业)；选派党建指导员244人，其中，非公企业选派党建指导员15人，社会组织选派党建指导员118人，小个专企业选派党建指导员111人；其余小微企业全部按照属地管理原则，纳入各乡镇村（社区）党组织统一进行管理，组织党员正常开展组织生活，覆盖率达到100%。

【干部选拔任用】 2019年，调整干部13批次334人，提职、提拔109人，交流84人，安置11人，更名重任62人，兼任3人，免职43人，免兼职15人，退休7人。

【干部监督】 2019年，强化干部管理监督，树牢纪律规矩意识。严格执行干部选拔任用全程纪实和任前事项报告、“一报告两评议”、“带病提拔”、专项考核等制度，印发《岳普湖县后进干部召回集中培训实施方案》，对各乡镇、县直机关各单位党组织研究确定的42名召回对象，集中在县委党校进行为期两个月封闭式“回炉”培训，培训期满后联合培训学校、召回干部所在单位、组织、纪检四个部门，采取综合考评和社会实践等方式进行结业评估，包容激励干部担当作为。加大提醒函询诫勉力度，全年谈话提醒、约谈函询党员领导干部71名。

【基层组织建设】 2019年，落实党建责任，下发《岳普湖县关于落实党建工作责任制五项机制的意见（试行）》，推动基层党建工作落实规范基层党组织运行。健全统筹机构，整合乡村两级力量，设立乡镇“五办一中心”，优化村级“两站一中心”，确保基层各项工作有人抓、有人管。加强村干部队伍建设，统筹安排近三年招录的119名选派生、留疆战士等优秀年轻干部到村工作。落实村干部县级联审和村支部书记县委组织部备案管理举措，净化村干部队伍，强化村级组织力量。按照每个村不少于3～5名的要求，梯次建立411名村级储备年轻干部人才库。坚持以“星级化”创建统领村级各项事务，村两委班子成员、驻村各支力量逐一对应分工，确定岗位职责，建立责任清单。抓实软弱涣散基层党组织巩固提升，由县领导包联10个软弱涣散基层党组织，做到不摘帽不脱钩。按照标准足额拨付村（社区）运转经费，确保村党组织有钱办事、有能力办事；按照大、中、小村分别拨付15万元、10万元、5万元的标准，足额拨付服务群众专项经费，着力增强村级党组织办实事好事的能力；按照村两委正职4064.8元/月、副职3090.3元/月、村民小组长1000元/月的标准，足额保障村两委干部报酬。大力实施“暖民心”工程，为去世“四老”人员、村干部、村民小组长发放200元～1.8万元不等丧葬费及家属关心关爱费用；招聘192名村级保洁员，每人每月发放1250元补贴，推进村级环境整治工作，净化村级环境。

【村干部待遇、考核】 2019年，岳普湖县村两委干部746名，村民小组长1103名，村委会主任生活补贴4064.8元/人/月，村治保主任生活补贴3239.3元/人/月，其他村两委副职生活补贴3090.3元/人/月，村民小组长生活补贴1000元/人/月。

【“天池计划”人员】 2019年，全县共有“天池计划”人员21名，本科学历6名，大专学历15名，生活补贴4589.6元/人/月；积极做好选聘的9名“天池计划”及18名服务期满人员招录工作，充实乡镇干部力量，为决战脱贫攻坚提供保障。

【落实“四老”人员待遇】 2019年，岳普湖县共有“四老”人员723人，其中老模范4人、老干部164人、老党员555人。老模范生活补贴1095元/人/月，老干部生活补贴1065～1465元/人/月，老党员生活补贴1045元/人/月，每月以打卡形式足额发放，有力保障“四老”人员待遇，激励充分发挥模范带头作用。

【村级阵地建设】 按照“五通七有”要求，推进村办公议事场所、文化广场、警务室、卫生室、便民服务中心等基础设施建设。2019年投资1142.26万元改造提升9个村级党组织办公阵地，投入276.87万元完成6个新拆分村采暖和附属设施建设。

【干部教育培训】 2019年，在县委党校举办主体培训班15期，培训学员1629人，完成地委组织部调训250人次。

3月19日，开设岳普湖县村两委干部国家通用语言文字强化班1期，培训学员122人。5月13—15日，举办2019年党员发展对象培训班1期，培训学员43人。3—5月举办岳普湖县统战民宗系统干部、驻村管寺干部培训班2期，培训学员215人。7月，举办加强党的建设暨深入贯彻执行《党政领导干部选拔任用工作条例》培训班1期，培训学员49人。9月4日，前3期参训村干部及储备干部332人全部结业。9月，举办召回干部培训班1期，培训学员42人。10月9—20日，举办岳普湖县“不忘初心、牢记使命”主题教育党支部书记培训班，集中轮训4期，培训学员343人。10

月15日，开设岳普湖县村两委干部国家通用语言文字强化班1期，培训学员95人。12月，开设岳普湖县冬季大培训农牧民党员培训班、小组长培训班各2期，培训学员720名。

【农民夜校】 2019年，全县107个行政村（社区）开办夜校106个，共有学员25171人，开设339个教学班，其中初级班112个8673人，中级班111个8444人，高级班116个8054人；配备夜校教师410名，其中专职教师（学校教师）183名，兼职教师227名。投入200万元（援疆资金100万元，财政自筹资金100万元），保障夜校学员学习教材、字典、教学设备、积分奖励、教师授课费、学习用品等费用。

【老干部工作】 2019年，根据岳普湖县机构改革方案，3月原县委老干局职责及人员转隶至县委组织部。落实好老干部政治生活待遇，组织30余名离退休老干部参加县委、县政府各类重大重要会议10次，组织全县老年党支部书记集中学习24次。走访慰问老干部57人，发放慰问金8.5万元。落实好特殊困难离退休干部帮扶政策，发放特殊困难帮扶金2.5万元。发挥老干部余热，累计组织老干部9人开展去极端化各类宣讲12场次。在七一建党节和中华人民共和国成立70周年之际，开展离退休干部专题座谈会过政治生日，参观县城新发展。全年，岳普湖县有副县级以上离休干部2人，享受特殊津贴的退休研究员1人。正县级退休干部7人，副县级退休干部21人，离休老干部遗孀和老工人遗孀15人，县级退休老干部遗孀8人。

【远程教育】 2019年，全县106个站点累计集中学习10752场次、322690人、314966小时，106个站点累计开机使用天数8902天，100%完成自治区、地区党员服务管理平台推送的所有教育学习计划，集中培训逐步走向常态，日常教育更加规范。派专人下基层进行站点设备维修50余次，累计投入7.5万元为村级站点配备网络机箱，投入网费38.88万元解决站点电路网络故障的问题。组织全县106个站点业务骨干集中培训3次，累计参训人员340人，学时56小时。完成《青春是用来奋斗的》《短暂生命　无限青春》《绣娘的美丽奋斗人生》《群众贴心人》《实干凝聚民心》《保护环境　你我做起》《岳普湖乡欧吐拉提埂村汇报片》《土豆书记》《“舍小家　顾大家”的单大姐》8部专题党课、微视频教学资源制作任务。

【援疆工作】 2019年，全力支持援疆干部放手主抓园区经济和产业发展，实现援疆干部到园区任党政正职全覆盖。落实援疆干部担任县脱贫攻坚领导小组成员，协管全县脱贫攻坚工作机制，加强对援疆扶贫组织领导。协调落实30名长期援疆干部艰边补贴及南疆补贴，做好援疆干部人才考核、表彰奖励工作，引导援疆干部人才开展民族团结“一家亲”联谊活动；推进职业教育东西协作，由援派单位专技人才担任县中等职业技术学校副校长，实现东西部职业院校结对帮扶；设立援疆助学金，给予贫困大学生每年6000元救助；扩大试种海水稻规模，推进岳普湖县产业结构调整，有效改善盐碱地土壤。

（王　慧）

宣传工作

【机构改革】 2019年，完善宣传部职能配置、内设机构和人员编制规定。内设机构：办公室（干部股）、理论文教股（新闻出版股、电影股）、宣传新闻股（县新闻办）、文明建设股。编制：行政编制9名，设部长1名，由县委领导兼任；副部长3名，其中1名为正科。机关工勤事业编制2名。

【岳普湖县融媒体中心建设】 2019年，岳普湖县融媒体中心为县委直属公益二类事业单位，归口县委宣传部领导，机构规格相当正科级，核定领导职数3名（二正一副）。岳普湖县融媒体中心装饰改造工程总面积1600平方米，12月完工。机构整合以岳普湖县电视台为基础，将岳普湖县广播站、岳普湖县有线电视台、岳普湖县对外宣传工作办公室和新兴媒体的有关职责整合，全额拨款事业编制32名，内设办公室、总编室、新闻采集部、编辑制作部、技术保障部、运营部。

【新闻宣传】 2019年，岳普湖县融媒体中心在中央、自治区级媒体、地级新闻单位共发稿462条（其中中央电视台《新闻联播》播出稿件4条，《新疆新闻联播》《午间新闻》《今日聚焦》中播出稿件41条，《喀什新闻》播出稿件131条；在中央媒体发稿81条，自治区级媒体发稿115条，地级新闻单位发稿220条，主要商业网站发稿46条），播发自采新闻近800条，下属“岳普湖零距离”微信公众号新媒体累计制作播（编）发稿件近2000条，制作《新疆的若干历史问题》白皮书、《壮丽70年·感恩伟大祖国　建设美好家园》《岳普湖县脱贫攻坚汇报片》《岳普湖县扫黑除恶专题片》等8部专题片；完成152期学国家通用语言广播节目《空中小课堂》；为营造庆祝中华人民共和国成立70周年浓厚氛围拍摄制作5部快闪短视频。

【电影放映】 2019年，按照“一月一场一放映”的要求，开展全县93个行政村农村数字电影放映工作，开展庆祝中华人民共和国成立70周年“我和我的祖国”公益主题放映活动，全年放映1116场次，其中放映故事片1012场，科技片放映104场，观影人数29万人次。

【大宣讲活动】 2019年，持续推进周一升国旗、惠农政策大宣讲、惠民资金发放“三结合”活动3000余场次。截至年内，参加升国旗人数、大宣讲受教育群众人数累计达1.8亿人次，各级领导干部为群众宣讲人数达10余万人次，累计发放各项惠农补贴资金达30亿余元。

【民族团结】 2019年，开展“学习先进典型争做民族团结模范”系列活动，组织开展15场国家通用语言、106场民语（少数民族语言）民族团结事迹报告会，累计受教育群众达5.8万余人次。各单位定期组织开展“我带亲戚逛新城看变化”活动100余场次，推动全县民族团结进步事业的发展。

【“感动喀什”十大人物推选】 2019年，县委宣传部精心组织各单位推选，评选推荐出6名“感动喀什”十大人物候选人，其中阿依谢姆·图热克被喀什地区评为第三届“感动喀什”十大人物。

【文明单位创建】 2019年，按照自治区文明单位、文明村镇“零基启动”要求，全县完成申创自治区文明单位22个，文明村镇3个；申创地区文明单位41个，文明村24个，文明乡镇4个；申创县文明单位24个，文明村35个，文明乡镇2个。

【“三非”治理】 2019年，建立“扫黄打非”基层站点103个。深入开展“扫黄打非·固边、护苗、净网、清源、秋风2019”系列五大专项行动。

【扫黑除恶专项斗争宣传】 2019年，利用广播电视、岳普湖零距离开设宣传栏4个，开展广播电视宣传1174期，刊播动态新闻稿件94篇，播放音视频1080条，制作专题片1部；开展“扫黑除恶”专题宣讲活动1832场次，受教育群众达15万余人次，做到全覆盖。

【冬季大宣讲】 2019年，持续开展冬季大宣讲活动。地区宣讲团开展示范性宣讲3683场，听讲人数达到149.2万余人次；县级宣讲团开展宣讲3565场，听讲人数达到142.7万余人次。

围绕“脱贫致富能手”的脱贫故事、精准扶贫十大工程、就业增收，全国两会精神、健康扶贫、脱贫攻坚等多个专题内容，累计在全县各乡镇、村（社区）开展巡回宣讲4234场次，参加人数22万余人次。

【文化产品发放】 2019年，组织开展“送福字、送春联、送挂图”进万家活动，发放春联、福袋各5.4万余幅（个），年历1.9万余张，为全县634户无电视机的农户配发电视机，维修接收设备600余套，累计发放电视机5000余台。组织开展“文化七进”活动实现全覆盖，在共享稳定红利的前提下，持续开展文化、科技、卫生、法律“四下乡”100余场次，各级“访惠聚”驻村工作队组织开展全民性文化活动5000余场次，受惠群众达25万余人次，实现文化惠民演出全覆盖目标。

【专题业务培训】 2019年，选派10余名宣传文化战线和乡村干部参加在上海、乌鲁木齐等地举办的宣传文化及意识形态工作专题培训；选派50余名宣讲骨干、50余名文艺骨干参加地区以上的专题业务培训。

网信工作

【机构改革】 2019年，按照自治区党委、地委要求，严格实施“一个机制、三块牌子、合署办公”工作要求；同时根据《中共岳普湖县委员会网络安全和信息委员会办公室职能配置、内设机构和人员编制规定》的通知，中共岳普湖县委员会网络安全和信息化工作委员会办公室（以下简称县委网信办）是县委工作机关，为正科级，加挂岳普湖县互联网信息管理办公室牌子，与中共岳普湖县委员会网络安全和信息化工作委员会（以下简称网信工委），一个机制、三块牌子。

【舆论宣传】 2019年，在岳普湖县零距离上共发布、推送正向传播引导稿件2710篇，其中国家通用语言稿件2315篇，民语（少数民族语言）稿件395篇。重点宣传：有关“不忘初心、牢记使命”宣传稿件150余篇，中华人民共和国峥嵘岁月100余篇、脱贫攻坚1200余篇、壮丽70年·奋斗新时代大型主题宣传报道130余篇、“扫黑除恶”700余篇、我和我的祖国专题报道10篇、我是一颗石榴籽1000余篇，民族团结一家亲1000余篇。利用会议、标语横幅、宣传栏、电子屏幕等多种形式，开展网络安全宣传周活动，向全县广大群众、学生群体介绍有关网络谣言、侵犯公民个人隐私、虚假信息诈骗等与老百姓生产生活密切相关的网络违法犯罪典型案例。共下发宣传册1300余份，张贴海报500余份，受教育群众、学生达3000余人次。

【网络安全】 2019年1月，组织召开网络传播纪律工作会议，组织学习地委网信办相关文件精神，进一步加强网络安全管理，就落实网站和新媒体监督管理责任等进行工作安排。

【互联网领域党建工作】 2019年，对8家网站负责人沟通了解，各乡镇和社区党支部都能以《互联网领域党建工作指导制度》作为指导，对党建指导员工作作具体安排部署。各党建指导员对自身的工作职责明确、重点工作清晰，都能按照的要求开展日常党建指导工作。

（李文华）

统战工作

【机构改革】 2019年3月，根据岳普湖县机构改革相关要求，将县政府民族宗教事务委员会职能纳入岳普湖县委统一战线工作部，将县伊斯兰教协会与县委统一战线工作部合并办公。

【宗教服务】 2019年，选派7名宗教教职人员到自治区进行本科、大专培养，18人到自治区社会主义学院进行培训，全县举办宗教教职人员集中培训2期，培训宗教教职人员91人次，组织宗教教职人员37人分3批赴其他省区市参观考察，树立宗教教职人员勤劳致富典型17人，全方位发挥新时代宗教教职人员的积极作用。宗教活动场所环境不断改善。全县宗教活动场所制定完善各类应急处突预案，新植、补种各类树种1.6621万棵，宗教活动场所环境逐步改善。“四项活动”慰问金和服务费纳入县财政预算，为群众做好服务。全年，共发放“四项活动”慰问金44.9166万元，发放“四项活动”服务费8.2291万元，驻村管寺干部服务“四项活动”2407人次。按照自治区标准，由自治区财政拨付宗教教职人员生活补贴（在职1000元/月，正常退职555元/月）。

【伊协换届】 2019年，开展伊协换届，推进宗教工作法治化、规范化水平，制定《岳普湖县伊协换届实施方案》。4月1日，召开岳普湖县伊斯兰教协会第三届代表大会，会议推选出17名伊协委员，9名伊协常委，2名副会长和1名会长。

【民族团结进步教育活动】 2019年，利用一月一主题方式，和社区共同举办“民族团结一家亲”联谊活动，通过共吃一顿饭、共唱一首歌、共跳一支舞等增进干群鱼水情谊。制定《岳普湖县学习民族团结先进典型争做民族团结先进模范实施方案》，搞好“两个宣讲”，讲好“三个故事”，开展好“五个活动”，引导全县干部群众做民族团结的事、讲民族团结的话，形成民族团结的浓厚氛围，共推荐上报民族团结一家亲和联谊活动先进集体4个、先进个人14人。

【少数民族发展项目资金】 2019年，少数民族发展项目资金共872万元，在铁热木镇1村和巴依阿瓦提乡7村以良繁中心（扩繁场）建设和奶牛养殖项目分步实施，经资金整合使用收益农户15527人。

（陈　洁）

机构编制管理

【机构改革】 2019年，中共岳普湖县委员会机构编制委员会办公室（简称县委编办）是中共岳普湖县委机构编制委员会的常设办事机构，承担县委机构编制委员会日常工作。在2019年党政机构改革中，县委编办作为县委工作机关，归口县委组织部管理，正科级建制，核定机关行政编制6名，其中领导职数3名，实有干部3人（其中领导干部2人）；核定机关工勤事业编制1名，无在编工勤人员，县内自聘工人1名。县委编办下设事业单位登记管理局，为参照公务员法管理事业单位，机构规格为副科级，核定全额事业编制3名，实有2人。主要负责全县事业单位的法人登记、变更、注销、管理、年度报告及信息统计及机关群团统一社会信用代码赋码、变更等工作。

【机构编制管理】 2019年，县委编办牢固树立编制就是法的“红线”意识，严格执行“五不准”规定，严格落实机构编制部门“一支笔”审批制度，共召开两次编委会，重点对纪委监委派驻（派出）机构的设置及编制调配以及全县科级、股级事业单位调整改革方案等事项进行研究确定，进一步按照“控制总量、盘活存量、有减有增、分级负责”的原则，严控机构限额、编制总额，向改革要编制、在内部挖潜编制，盘活存量保障需要，推进机构编制工作更好地适应和服务新常态。

2019年与上年年底相比，各类编制总数由5263名增加至5280名，政策性增加政法专项编制17名。各类编制中：行政编制851名无变化、政法专项编制由367名增加至384名、事业编制3931名无变化、工勤编制114名无变化。

全年，岳普湖县党政机构改革后，共有党政群机构116个［其中机关65个（含10个议事协调机构）、下设机关51个］；全县共有事业机构269个（其中全额事业机构258个、差额事业机构5个、自收自支事业机构6个）。与上年年底相比，机构数由392个减少至385个，政策性减少机构7个。

【机构编制实名制管理】 2019年9月，机构编制统计与实名制综合管理系统由“三级联网”版本升级为全国通用系统。县委编办结合各机关事业单位每月机构编制人员审核之机，按照工资审核表对各单位财政供养人员与实名制综合管理平台进行详细核对，确保人员信息准确无误；及时办理出入编手续，始终做到实有人员与实名制综合管理系统中人员保持一致。对各机关、事业单位因考录、调配、退休、辞职辞退、开除等原因出现人员变动的，通过招录招聘文件、组织任命、调入、调出、亡故、退休、辞职、辞退等相关手续依据，及时提交实名制平台进行人员落编、调转、减员等变更，对不能提供组织、人事介绍信或退休文件等材料的，不予以办理。在日常的实名制综合管理平台维护中，对平台内的文件、机构台账基本信息、补账管理、人员信息等相关业务工作不断进一步更新、完善，确保各类数据准确无误，为领导决策提供保障依据。

【机构编制统计】 2019年，县委编办严格执行机构编制统计年报、月报制度。在日常工作中，将编制变动和人员调整情况及时登记入册，每月进行一次人员编制核算，力求做到年报、月报数据底数清晰，使增人有依据，减人有去向。在年度统计工作中，根据统计数据的变动并结合日常工作中发现的问题，写出详细的统计分析，为组织决策提供翔实的资料依据。

【党政机构改革】 2019年，按照上级改革任务各项要求，根据喀什地委办公室、行署办公室《关于印发〈岳普湖县党政机构改革方案〉的通知》及县委、县人民政府《关于印发〈岳普湖县党政机构改革方案的实施意见〉的通知》精神，严要求、高标准地完成34个（不含公安局）党政部门“三定”规定的审核与印发。按照精简、统一、效能的原则，严格控制人员编制、领导职数和内设机构总数，推行大股室制改革，确保改革后各级编制总额、内设机构和领导职数只减不增。此轮党政机构改革中，岳普湖县党政机构共设置35个，其中县委工作机关11个，与改革前12个工作机关相比减少1个机构，精减8.3%；政府工作部门24个，与改革前25个相比，减少1个机构，精减4%。地区派出机构1个（生态环境保护局）。建立健全和优化县委对重大工作的领导体制机制，共设置10个议事协调机构，均设在党政有关部门，不计入机构限额。机构设置不存在超限额设置机构和违规设置机构情况，没有擅自提高机构规格。此次改革，各党政部门职能进一步得到优化，在转变政府职能的基础上，进一步理顺了部门职责关系。对职能交叉的问题，坚持一件事情由一个部门负责的原则，做到部门职责分工明确，管理范围边界清楚，管理权限集中统一，便于充分发挥部门的积极性；确需由多个部门管理的事项，在“三定”规定中进一步明确牵头部门，分清谁主办、谁协办，相互之间如何衔接，并做到权责一致，有利于一级抓一级、层层抓落实，有利于工作的密切配合和相互监督。

【推进和规范事业单位调整】 2019年，县委编办结合党政机构改革、地区推进和规范事业单位调整相关指导性意见和要求，重点对职能相近、职能弱化、无地区批复、名称含“局”“委”“办”等字样的事业机构进行清理规范，同时根据工作需要和倾斜重点以及上级编办明确需设立的机构，按照“撤一建一”“撤多建一”的原则撤销、整合组建或新组建机构。经过详细摸底梳理，分步、分阶段、分层级对全县科级、股级事业单位拿出了具体调整方案，提交县编委会研讨确定后，将全县科级事业单位调整方案提交地委编办进行审核，经地委编委《关于岳普湖县部分科级事业单位调整的批复》及县委2019年第二次编委会确定后，岳普湖县科级事业单位新设立（整合组建）14个、撤销14个、调整隶属关系或更名26个、清理规范10个；股级事业单位新设立（整合组建）11个、撤销19个、调整隶属关系或更名18个。

【事业单位登记管理】 2019年，县委编办按照《事业单位登记管理暂行条例》及《事业单位登记管理暂行条例实施细则》，做好事业单位登记管理工作。年内，新增法人登记事业单位4家，变更登记事业单位53家、注销登记事业单位5家、法人证书补领2家。按照《事业单位法人年度报告的公示办法》指导具体工作，认真做好2018年度事业单位法人年度报告公示工作，及时下发年度报告公示通知，明确年度报告公示的对象、内容、时限、方法和步骤，对年度报告公示工作中需要注意和把握的具体问题做了规范统一。在年度报告公示过程中，严格按照规定的程序，突出重点，把好审查关并及时在网上公布事业单位年度报告、登记、变更情况。全县应参与申报年度报告事业法人单位192家，实际申报年度报告事业单位184家，年度报告合格事业单位184家，申报率95.8%。

【责权清单梳理】 2019年，制定印发《关于对岳普湖县本级党政部门行政权力清单和责任清单进一步规范和完善的通知》，对县本级党政部门权责清单进一步规范和完善。此次涉及梳理权责清单部门共28个，共梳理行政职权2689项，其中行政许可220项、行政处罚1945项行政、行政强制100项、行政检查163项、行政征收10项、行政给付29项、行政裁决7项、行政奖励54项、行政确认82项、其他行政权力79项。做好“三级四同”（自治区、地区、县级，同一事项的事项名称、类型、依据、编码相同）工作提供基础发掘保障。

（许　瑞）

机关工委工作

【机构改革】 2019年，根据地委、行署批准的《岳普湖县机构改革方案》和《关于印发〈岳普湖县机构改革方案实施意见〉的通知》，制定《中共岳普湖县委员会直属机关工作委员会职能配置、内设机构和人员编制规定》并开展人员转隶工作。县委直属机关工委行政编制4名，其中领导职数3名，机关工勤事业编制1名。机关工委实有行政在职人员5名，其中领导3名，干部2名。

【党组织情况】 2019年，机关工委有2个税务局机关党委、13个党总支、73个党支部，1263名党员。年内，新增卫生系统党委。规范党组织设置、理顺党组织关系，根据换届工作的实施方案，6月按期完成各级党组织的换届工作，配齐配强党支部班子。

【党员情况】 2019年，1263名党员中有女党员472名，占党员总数的37.37%，有男党员791名，占党员总数的62.63%。35岁以下党员205名，占党员总数的16.23%。退休党员207名，占党员总数的16.39%。少数民族党员730名，占党员总数的57.8%。大专以上党员919名，占党员总数的72.76%。

【党统工作】 2019年，选派专人按照全国党员管理信息系统的要求和规范做好信息采集、录入工作，并实行动态管理，及时更新、维护。按时高质量完成2019年党内统计年报工作任务，对新转入卫生系统党委、新建、合并、更名及撤销的党组织信息及相关党员信息在全国党员管理系统中进行了更新完善。

【基层组织建设】 2019年，严格党员发展程序，发展党员15名，预备党员转正19名，加强队伍培训，举办为期3天的党务工作者培训班和入党积极分子培训班，25名党务工作者和45名新列入培养的积极分子参加培训并进行结业考试，25名党务工作者和45人参加自治区关于《中国共产党支部工作条例（试行）》等日常党务知识视频培训，组织17人参加县委组织部党务工作者培训。从严从实抓好党费收缴，全年收缴党费16万余元。

【评选表彰】 2019年七一建党节期间，机关工委研究上报的6个先进基层党组织、8名优秀共产党员受到全县表彰。

（韩　凤）

党校工作

【教学培训】 2019年，县委党校共举办各级各类培训班21期1854人。其中举办村级干部及后备干部国家通用语言强化班80人，村干部国家通用语言文字集中培训班252人。村干部国家通用语言文字集中培训班427人，分4期进行培训。农牧民党员培训班358人，共培训2期。村民小组长培训班358人，共培训2期。

举办1期2019年发展对象培训班43人；举办1期加强党的建设暨深入贯彻执行《中国共产党支部工作条例（试行）》培训班49人；举办2期岳普湖县统战民宗系统干部、驻村干部培训班215人。举办4期“不忘初心、牢记使命”主题教育党支部书记集中培训班298人。举办能力提升班42人。针对各级组织和党员干部扶贫、群众工作压力大的实际，适当减少县委党校集中培训期数、人数，加大“送课下乡”“送课进校园、进社区（村组）、进企业”等培训力度，开展流动党校活动，安排两名骨干教师到职业技能教育培训中心进行宣讲90场次，听课人数达8000人次。县直单位及9个乡镇宣讲“三个白皮书”的内容达23场次，听课人数3900人次。

【科研工作】 2019年，县委党校在教学攻关上，注重开展调查研究，深入学习领会、全面贯彻落实全国党校工作会议、新疆党校工作会议精神，结合岳普湖县实际，以社会稳定和长治久安总目标统筹全盘工作，聚焦服务县委、县政府重大决策部署，鼓励教师开展科研活动，制定相应的奖惩措施，教师积极在各类教育刊物上发表论文。

【队伍建设】 2019年，县委党校加大对青年教师的培训力度，落实“派出去、请进来”的制度，外请优秀党政干部、专家到党校授课。派出3人次到自治区、地区及其他部门培训学习。在“请进来”方面，聘请县领导、地委党校的高级教师、县直机关单位领导及其他各行业的专业技术人员为学员授课。

（杨丽琼）

档案史志

【档案工作】 2019年，开展档案宣传工作，在档案网站、档案微信公众号分别被访问146次和148次，并且举办档案展览，参观人数153次，提升了档案部门形象。

进行档案业务指导，强化档案业务培训。按照县涉改办印发的《关于做好岳普湖县深化党政机构改革有关档案工作的实施细则的通知》，邀请地区档案专家授课，于11月22日举办全县档案业务工作培训班，参加培训人员105名。开展机构改革33个单位和部门档案的指导工作。在整理各涉改单位档案工作中，采取集中培训与单独培训相结合的办法，1月18日，由县党政机构改革档案工作领导小组牵头，在县水利局、国土局等33个开展机构改革的单位和部门召开文书档案、会计档案、科技档案、声像档案整理推进及培训会。全县各涉改单位共归档文书档案4.8万件、业务档案2.3万卷、会计档案1.2万册。按照《岳普湖县机构改革方案》修订完善《岳普湖县关于深化党政机构改革中档案处置移交工作方案》，并要求涉改单位中11个需要移交档案的单位严格按照此工作方案执行，其余涉改单位封存各门类档案。

加强档案执法。按照县委机构改革方案要求，将档案的行政执法职能移交县委办公室，相关资产也一并进行移交。结合“6·9”国际档案日对财政局、卫健委、司法局等15个单位进行档案执法检查，维护档案安全，增强档案法治意识。

档案统计年报工作。年内，全县共上报43个档案室情况，室存纸质档案13.7万卷、11万件。

【年鉴工作】 2019年，对全县所有单位下发征稿通知，并对征集的稿件进行编辑，统稿，校对，并对彩页进行编辑，对2017—2019年年鉴资料进行收集、编稿、整理、核对工作，相关编辑人员重点从体例、特色、数据、语法、国际单位等方面进行认真审核把关，做到所征稿件完整、规范、真实，使年鉴规范化。年内，共收集全县各部门各单位3年年鉴资料345份105万字，共进行9次统稿，核对稿件6次以上，补充资料3次以上。年内，2017—2019年年鉴已审核、校对完毕，3部年鉴共有26个部类、820个条目，全文共87万字。

（罗新梅）

机要保密

【机构改革】 机构核定编制15名(其中行政编制6名，事业编制8名，工勤事业编制1名）。内设2个职能科室，分别是综合业务股、保密监督检查股。下设事业单位：县委信息中心、县委专用通信局。县委机要保密局在编人员15名，其中领导干部2名，机要保密局6名，信息中心6名，专用通信局1名。

【保密工作】 2019年，开展保密应知应会知识、防失泄密常识、失泄密案例分析、涉密文件专题培训5次，全县9个乡镇、103个村、78个县直单位的领导参加培训，累计参训人数1600人次。

5月，开展全县保密联合大检查6次，下发整改通知书170余份；牵头开展为期一周的保密交叉检查2次，现场指导整改190余次，收缴计算机11台，笔记本3台，硬盘268块，移动存储介质32个。

10月，县委机要保密局经过严格审查、筛选，确定235名专职保密员，签订保密责任书、保密承诺书、涉密人员审查表，经保密业务知识培训合格后上岗。

全年，全县各单位共建设保密室93个并全部加装“三铁一器”，安装387套“三合一”系统。保密柜、监控、系统实现全面覆盖，门禁系统、红外报警系统实现基本覆盖。

【信息化工作】 2019年5月，根据中央及自治区关于实施涉密领域国产化替代工程要求，组织技术人员开展安可替代工作项目编制方案、立项方案，按照自治区验收标准，整改完善立项方案。按照分期分批的原则，编制2020—2022年国产替代化立项方案。

12月，完成县纪委、县委编办、县委组织部等3个单位的涉密政令传输系统改造，为做好涉密网络分保测评工作奠定基础。

【专用通信】 2019年11月，县委机要保密局争取财政资金43万元，对政府五楼大会议室、政府五楼小会议室等 2 个会场进行全面升级改造，完成县委五楼大会议室视频网接入工作。年内，完成中央、自治区、地区、县乡召开的各类加密视频会议、视联网会议服务保障 406 场次，没有出现一次重大事故，最大程度地保障中央、自治区、地区、县、乡信息互通互联和政令畅通。

（李宏保）

岳普湖县人大常委会

【岳普湖县人大常委会主任、副主任名单】

主　任：麦尔比亚·玉素甫

副主任：王进功

　　　　翟田霖

　　　　艾斯卡尔·玉苏甫

　　　　孙　林

重要会议

【县第十六届人民代表大会第四次会议】　2019年1月29—31日，岳普湖县第十六届人民代表大会第四次会议召开，会期3天，应出席代表142名，实际出席代表136名，会议听取和审议县人民政府工作报告、县人大常委会工作报告、县人民法院工作报告、县人民检察院工作报告，审议和批准县2018年国民经济和社会发展计划执行情况及2019年国民经济和社会发展计划，审查和批准县2018年财政预算执行情况和2019年财政预算。选举麦尔比亚·玉素甫（维吾尔族，女）为岳普湖县第十六届人大常委会主任；孙林为岳普湖县第十六届人大常委会副主任；甫拉提·托乎提（维吾尔族）、阿不都热依木·卡德尔（维吾尔族）、努尔买买提·艾则孜（维吾尔族）为岳普湖县第十六届人大常委会委员。

【人大常委会会议】　2019年，县第十六届人大常委会举行会议6次。

1月27日，举行县第十六届人大常委会第十四次会议，会议审议代表资格审查委员会关于县第十六届人民代表大会第四次会议代表资格审查的报告，讨论通过关于召开县第十六届人民代表大会第四次会议有关事项和县人大常委会工作报告。

3月21日，举行县第十六届人大常委会第十五次会议，表决通过任命县人民法院人民陪审员65名。会议听取县人民政府关于县2018年调整财政预算收支的报告。听取县人民政府关于岳普湖县2019年财政预算收支的报告。会议讨论通过县人大常委会2019年工作要点。讨论通过关于地方人大设立常委会40周年有关纪念活动方案。

5月27日，举行县第十六届人大常委会第十六次会议，会议听取和审议县人民政府2018年度环境状况和环境保护目标完成情况专题报告。听取和审议县人民政府关于提升教育质量的专题报告。

8月7日，举行县第十六届人大常委会第十七次会议，会议听取和审议县人民政府关于2019年上半年国民经济和社会发展计划预算执行情况的报告。听取和审议县人民法院关于2019年上半年工作的报告。听取和审议县人民检察院关于2019年上半年工作的报告。听取和审议县人民政府关于脱贫攻坚“五个全覆盖”和“四个一”工程措施落实专题工作报告。会议讨论通过县人民政府关于提请审批《岳普湖县产业集聚区总体规划》《岳普湖乡科技产业园总体规划》的报告。

10月11日，举行县第十六届人大常委会第十八次会议，会议听取县人民政府关于人大常委会对环境保护状况和环境保护目标完成情况调研存在问题整改情况的答复。听取县人民政府关于人大常委会对教育工作调研存在问题整改情况的答复。听取和审议县人民政府关于2018年度县级财政预算执行和其他财政收支及管理情况的审计报告。

12月24日，举行县第十六届人大常委会第十九次会议，听取和审议县人民政府关于医保基金使用情况的报告。会议听取和审议通过县人民政府关于县第十六届人民代表大会第四次会议代表议案、建议办理情况的汇报。听取代表人事工委关于对县第十六届人民代表大会第四次会议代表议案办理情况的视察报告。

重要工作

【执法检查】 2019年，围绕社会稳定、改革发展和人民群众普遍关注的重点工作，听取和审议专项工作报告8项，开展执法检查4次，组织代表视察和专题调研14次。就《中华人民共和国环境保护法》《中华人民共和国教育法》《新疆维吾尔自治区民族团结进步工作条例》等法律法规在岳普湖县实施情况开展4次执法检查。

【人大代表】 2019年，引导各级人大代表积极参与维护社会稳定、脱贫攻坚等重点工作，切实发挥了人大代表在推动社会稳定和长治久安中的模范带头作用。

把人大代表履职培训作为重中之重，坚持理论培训与实地观摩相结合，以习近平新时代中国特色社会主义思想、中共十九大精神、《中华人民共和国宪法》、《中华人民共和国全国人民代表大会和地方各级人民代表大会代表法》、《中华人民共和国各级人民代表大会常务委员会监督法》等为主要培训内容，对全县584名三级人大代表进行了全员培训。组织17名人大代表和人大干部赴兄弟县市观摩学习，11名人大代表和人大干部赴乌鲁木齐市、部分援疆省市学习培训，进一步提升了人大代表和人大工作人员的履职能力和水平。

规范和完善人大常委会组成人员联系代表、代表联系群众的“双联系”制度，人大常委会组成人员直接联系74名代表，形成了了解民意、听取意见的“直通车”。扩大代表对人大常委会的参与，邀请代表列席人大常委会会议、参加执法检查和调研活动，进一步推动代表深入基层、了解实际、联系群众。规范9个乡镇“人大代表之家”建设，提升代表活动效能，利用每月25日“代表活动日”，广泛听取并解决群众热点难点问题，充分发挥代表在调解纠纷、化解矛盾等方面的桥梁纽带作用。年内，县、乡两级人大代表通过代表活动日提出意见建议76条，已经办结76条，办结率100%。

组织代表开展“代表看家乡变化”活动，拓宽代表视野、开阔代表思路，进一步坚定代表脱贫摘帽的信心和决心。组织30余名驻县自治区人大代表和县乡两级人大代表，深入乡镇、村开展以“转变思想观念，助力脱贫攻坚”为主题的宣讲活动，发挥代表在脱贫攻坚中的示范引领作用。全年，共宣讲210场次，受教育群众5万人次；选树典型、表彰先进，对在带头带领群众脱贫致富中作出突出贡献的28名代表进行表彰，激励代表发挥好带头示范作用。

加大议案建议督办力度，组织代表视察并听取县人民政府对县第十六届人大四次会议期间，代表提出的议案、建议办理情况汇报，确保了议案建议办结的时效和质量。全年，议案建议37件，规定期限内答复37件，答复率100%，办结36件，办结率97.3%，因政策和客观条件所限需要说明的1件。协助自治区人大代表，对“一府一委两院”（县人民政府、县监察委员会、县人民法院、县人民检察院）依法行政、公正司法情况以及民生领域相关工作进行集中视察调研，向自治区第十三届人民代表大会第三次会议提交高质量议案4件，建议2件。

【重大事项决定决议】 2019年，对政府开展防范和化解债务风险工作情况进行及时监督，专题审议预算执行、国民经济运行、预算执行审计等有关经济发展方面的报告，认真研究讨论政府提请的各项融资贷款事宜，认真分析经济运行和社会发展中存在的问题，听取和审议县人民政府提出的《关于政府性基金调入公共财政预算收入的报告》《关于动用2018年预算稳定调节基金的报告》《关于申请2019年新增及使用地方政府债券情况批复的报告》等12项请示及报告，并依法做出批准决定，确保县域经济社会发展规划的有效落实。

（王芳鸽）

岳普湖县人民政府

【岳普湖县人民政府县长、副县长名单】

县　长：克衣色尔·克尤木

副县长：程孝忠

丁国定

李　峰

何　涛

玉山江·卡斯木

达　强

马占民

岳普湖县第十六届人民政府常务会议纪要

【第二十九次会议】 2019年1月13日，召开岳普湖县第十六届人民政府第二十九次常务会议。

一、研究县国土局提交的《关于岳普湖县实施产业聚集区规划第一批建设用地供地的请示》《关于岳普湖县无基层党组织阵地及危旧阵地建设项目用地供地的请示》《关于岳普湖县拆分村阵地建设项目用地供地的请示》《国有土地使用权租赁承包合同》。

二、研究县农垦岳达集团提交的《关于成立岳普湖县农垦水利工程有限公司的报告》。

三、研究县人社局提交的《关于做好职业技能培训相关工作的报告》《岳普湖县农民工工资治欠保支管理办法》《岳普湖县政府购买岗位管理暂行办法》《岳普湖县参照事业编自聘干部管理办法》。

四、研究县水利局提交的《岳普湖县水资源管理“计量智控”建设项目计划方案》。

五、研究县文体广电局提交的《关于招聘文工团演职人员的请示》。

六、研究县环保局提交的《岳普湖县进一步贯彻落实生态环境保护工作方案》《岳普湖县进一步贯彻落实自然保护区和矿区生态环境综合整治的工作方案》《岳普湖县生态环境损害赔偿制度改革方案》《关于岳普湖县土壤污染治理与修复规划的请示》。

【第三十次会议】 2019年2月19日，召开岳普湖县第十六届人民政府第三十次常务会议。

一、研究县国土局提交的《关于岳普湖县小微企业孵化园区建设项目用地供地的请示》《关于岳普湖县企业服务中心建设项目用地供地的请示》《关于岳普湖县生产力促进中心建设项目用地供地的请示》《关于岳普湖县新城区（G2019-01号）一宗商住用地挂牌出让的请示》《关于岳普湖县新城区（G2019-02号）一宗商业用地挂牌出让的请示》《关于也克先拜巴扎镇13村100亩采沙用地的请示》《关于岳普湖县阿其克3村设施农用地（阿其克乡热西提农牧业农民专业合作社）供地的请示》《关于岳普湖县色也克乡中心敬老院建设项目用地供地的请示》《关于岳普湖县阿洪鲁库木公安检查站建设项目用地供地的请示》。

二、研究县教育局、县发改委提交的《关于上报研究易地扶贫搬迁幼儿园规划方案的请示》。

三、研究县人社局提交的《岳普湖县劳务输出带队干部管理办法（试行）》。

四、研究县审计局提交的《岳普湖县审计局关于山东省对口支援岳普湖县2018年发展资金和项目跟踪审计结果的公告》。会议研究决定，同意《岳普湖县审计局关于山东省对口支援岳普湖县2018年发展资金和项目跟踪审计结果》在政府网站公开，并提出以下工作要求：督促人社等部门对未及时清理的往来款问题抓紧整改到位。泰安援疆指挥部要围绕意见建议，加强对援疆资金的监督，做到项目资金安全。

五、研究县人民政府办公室提交的《岳普湖县政府系统深入开展“八比八看”的实施方案》。

六、研究县招商局提交的《关于进一步优化投资发展环境的意见》《岳普湖县招商引资优惠政策》《岳普湖县招商引资考核办法》《关于岳普湖县电子商务进农村综合示范项目后续资金使用方案的请示》《岳普湖县电商物流补贴办法（暂行）》。

【第三十一次会议】 2019年2月27日，召开岳普湖县第十六届人民政府第三十一次常务会议。

一、研究县教育局提交的《关于上报研究异地搬迁幼儿园规划方案的请示》《关于上报研究改善普通高中办学条件（综合报告厅）规划方案的请示》。

二、研究县人社局提交的《关于为村、社区配备劳动保障公益性岗位工作人员的请示》《关于为疆内外工作站工作人员发放交通补助的申请》《岳普湖县建立务工人员服务管理工作站的实施方案》。

三、研究县司法局提交的《关于依法完善岳普湖县法律公共服务体系建设的工作请示报告》。

【第三十二次会议】 2019年3月8日，召开岳普湖县第十六届人民政府第三十二次常务会议。

一、研究县水利局提交的关于确定《岳普湖县水资源管理“计量智控”建设项目计划方案》的请示。

二、研究县泰岳工业园区管委会提交的《关于更换泰岳工业园区管委会法人的报告》《关于将纺织服装园区工业污水处理厂移交供排水公司的报告》《江苏鑫马国际商贸公司服装家纺产业合同书》《江苏三六石墨烯科技有限公司发热器产业项目合同书》《新疆天仁和伊生物科技有限公司干果、饮料精深加工项目合同书》《喀什中泰电力设备工程有限公司高档节能碳晶板生产项目合同书》《中国能源工程集团有限公司土地综合整治项目战略合作协议书》。

三、研究县统计局提交的《关于岳普湖县住户调查工作相关事项的报告》。会议研究决定，原则上同意县统计局提交的《关于岳普湖县住户调查工作相关事项的报告》。并提出要求：一是由岳普湖县负责的50户补助经费共4.8万元由县财政负担，补助标准为：50（户）×80（元/户/月）×12（月）。

二是由各乡镇选派一名工作人员与县统计局干部共同完成此项工作。

四、研究县人民政府办公室提交的《岳普湖县人民政府工作规则》《岳普湖县人民政府常务会议规则》。

【第三十三次会议】 2019年3月15日，召开岳普湖县第十六届人民政府第三十三次常务会议。

一、研究县卫生健康委员会提交的《关于巴依阿瓦提乡卫生院房屋拆迁的请示》。

二、研究县发改委提交的《易地搬迁就业厂房选址及施工图方案》《易地搬迁配套公共服务设施施工图方案》。

三、研究县财政局（国资局）提交的《关于选取国有资产清查中介机构的报告》《关于做好岳普湖县深化党政机构改革涉及行政事业单位资产划转接收工作有关事项的通知》。会议研究决定，原则上同意《关于做好岳普湖县深化党政机构改革涉及行政事业单位资产划转接收工作有关事项的通知》，财政局对涉改部门的分类要重新核实清楚，修改完后下发各单位，提前做好资产划转接收的各项准备工作。对《关于选取国有资产清查中介机构的报告》提出以下工作要求：一是如果地区有明确的文件规定，要求各县市在地区评审入围的会计事务所选定承接机构，县财政局要本着勤俭、节约资金的原则，认真研究，把基础工作做扎实，根据会计事务所的报价，选择有一定业务能力、实力较强的中介机构；同时，为确保岳普湖县工作进度，对已经跟其余几个县（2个县以上）签订协议的中介机构，不再考虑。二是如果地区没有明确的文件规定，县财政局要按照招投标的方式选定承接机构，公开透明，确保符合法律程序，不违规操作。

四、研究县人民政府办公室提交的《关于岳普湖县本级党政机构改革涉改单位办公用房调配保障工作的报告》《岳普湖县机构改革公务用车调配方案》《岳普湖县人民政府县长、副县长工作分工》。

【第三十四次会议】 2019年3月21日，召开岳普湖县第十六届人民政府第三十四次常务会议。

一、研究县文化体育广播电视和旅游局提交的《关于申请法人变更的报告》。

二、研究县水利局提交的《岳普湖县实施井电双控取用地下水管理办法（实行）》。

三、研究县泰岳工业园区管委会（招商办）提交的《新疆祖奇睿城智能科技有限公司服装机械零配件及服务项目合同书》《喀什众恒新型建材有限公司加气块项目合同书》《山东客商姚和平涂料项目合同书》《新疆唐裕牧业有限公司草料项目合同书》《新疆西美木业有限公司关于扩展行业上游产业链的申请报告》《岳普湖县鑫源房产开发公司商住楼开发项目规划方案》。

四、研究县发改委提交的《关于岳普湖县2018年援疆产业扶持资金分配方案》。

五、研究县自然资源局提交的《岳普湖县城区土地定级与基准地价更新方案》。

【第三十五次会议】 2019年4月3日，召开岳普湖县第十六届人民政府第三十五次常务会议。

一、原则上通过巴依阿瓦提乡人民政府提交的《关于变更巴依阿瓦提乡总体规划图纸的报告》。同意变更取消巴依阿瓦提乡信用社右边公园路至柳树王村4组路段，由政府办负责下发批复。

二、原则上通过县泰岳工业园区管委会（招商办）提交的《山东宏基建设集团有限公司纺纱项目合同书》《喀什怡麟服饰实业有限公司服装生产加工项目合同书》《江苏常州东恒服饰有限公司服装生产加工项目合同书》《西部大漠兔业有限公司兔子养殖及深加工项目合同书》《喀什舒暖科技有限公司电采暖系列产业项目合同书》。

三、原则上通过县农业农村局提交的《岳普湖县贫困户毛驴托养协议》。

四、研究县文化体育广播电视和旅游局提交的《关于申请旅游公司名称变更、增加注册资本金及变更经营范围的报告》。

五、原则上通过了县医疗保障局提交的《岳普湖县2019年度基本医疗保险基金总额控制方案》。

六、研究县发改委提交的《岳普湖县村级光伏扶贫项目实施方案》《阿其克乡5村扶贫养殖区设计图方案》。会议原则上通过《岳普湖县村级光伏扶贫项目实施方案》。

七、研究县住建局提交的《岳普湖县城区数字化公共停车场建设实施方案》。

八、研究县自然资源局提交的《关于岳普湖县阿其克公安检查站建设用地供地的请示》《关于泰岳工业园区一宗工业用地（岳工用2019-04号）挂牌出让的请示》《关于岳普湖县2019年卫星工厂建设项目用地的请示》《关于岳普湖县2019年卫星工厂配套附属设施建设项目用地的请示》《关于收回园区国有土地使用权（第一批）的请示》《关于调整岳普湖县第三次全国国土调查领导小组的请示》《关于印发岳普湖县第三次全国国土调查实施方案的请示》《关于四十二团修建中干渠、拉勒玛渠征占县种畜场、巴依阿瓦提乡7村农用地补偿方案的请示》《关于印发岳普湖县园区土地使用管理办法的请示》《关于印发岳普湖县园区规划建设管理办法的请示》《关于岳普湖县金晨公寓小区不动产登记有关问题的请示》《关于修改“岳普湖县恒昌棉业艾西曼轧花厂项目”的请示报告》。

九、原则上通过了县人民政府办公室提交的《关于认真做好人大代表议案和政协委员提案办理工作的通知》。由政府办负责，按照县领导的分工修改完善后下发执行。

【第三十六次会议】 2019年4月8日，召开岳普湖县第十六届人民政府第三十六次常务会议。

一、研究县财政局提交的《岳普湖县财政扶贫资金管理办法（试行）》《岳普湖县2019年脱贫攻坚项目资金支付计划及支出情况表》。会议原则上通过县财政局提交的两项议题。

二、原则上通过了县农业农村局提交的《关于上报各乡镇危旧温室撤除复垦情况的报告》。

三、研究《甘肃中天羊业股份有限公司与新疆南疆贫困地区合作发展羊肉产业的建议》。

四、原则上通过了县文化体育广播电视和旅游局提交的《关于申请收回达瓦昆景区自主运营景区的报告》。

五、原则上通过县教育局提交的《关于放宽自聘教师学籍档案归档期限的请示》《关于适当放宽自聘教师招聘条件的请示》。由县教育局按照会议要求执行。

六、原则上通过县统计局提交的《关于提升研究岳普湖县第四次全国经济普查数据质量相关事项的报告》。

七、原则上通过岳普湖镇提交的《关于消除岳普湖县木材市场安全隐患的报告》。原则上同意对县木材市场予以取缔。共同做好各项工作。

八、研究县人民政府办公室提交的《岳普湖县人民政府办公室定人定岗定责分工方案》《岳普湖县政府办公室信息工作目标任务考核奖惩方案》。

九、研究《岳普湖县中辉综合市场规划设计方案》。会议决定，原则上同意该方案。规划办要对中辉综合市场规划设计方案严格把关，确保与岳普湖县整体布局相协调。

【第三十七次会议】 2019年4月25日，召开岳普湖县第十六届人民政府第三十七次常务会议。

一、原则上通过了县自然资源局提交的《关于岳普湖县西城区（G2019-07）一宗商业用地挂牌出让的请示》会议要求，由县政府办负责下发批复，县自然资源局负责挂网招拍挂，受让人摘牌后，及时办理供地手续。

二、研究县文化体育广播电视和旅游局提交的《关于申请启用达瓦昆景区水上娱乐区的报告》和新疆天山乐吾文化传媒有限公司合作协议书。会议研究，原则上同意县文广旅局提交的两项议题。

三、研究县医保局提交的《关于明确账号设置的请示》。

四、原则上通过县泰岳工业园区管委会（招商办）提交的《岳普湖县中辉置业有限公司农贸市场、就业基地（餐饮、夜市）、综合建材市场建设项目合作书》《喀什昊坤置业有限公司房地产开发项目合同书》《广州依唛讴服装有限公司服装生产加工项目合同书》《岳普湖县东华家具进出口有限公司家具加工项目合作书》《山东桂氏鞋业有限公司布鞋鞋帮加工项目合作书》《山东新润泰智能电气股份有限公司综合电气加工项目合作书》。

五、研究县政府采购中心提交的《关于调整政府采购项目综合评比评分比重的报告》。

六、原则上通过县发改委提交的《关于岳普湖2019年以工代赈示范建设项目上报政府常务会研究的请示》。

七、研究县教育局提交的《关于为岳普湖县第二小学增加校园用地面积的申请》《关于解决全县寄宿制中小学医务人员的报告》。

八、原则上通过县财政局提交的《关于征集扩充岳普湖县政府采购专家库的报告》《关于岳普湖县2019年度预算绩效评价管理工作聘请第三方中介机构的报告》。

【第三十八次会议】 2019年5月6日，召开岳普湖县第十六届人民政府第三十八次常务会议。

一、原则上通过岳普湖镇人民政府提交的《关于岳普湖镇打造文化站的请示》。

二、研究县自然资源局提交的《关于岳普湖县2019年畜牧养殖育肥区建设项目供地的请示》《关于岳普湖县2019年牲畜活畜交易市场建设项目供地的请示》《关于岳普湖县2019年良种繁育中心（扩繁场）建设项目供地的请示》《关于岳普湖县2019年畜牧养殖隔离区建设项目供地的请示》。

三、研究县民政局提交的《关于变更岳普湖县色也克乡中心敬老院项目用地面积申请》《岳普湖县村（社区）民政协理员管理办法（试行）》。

四、原则上通过县泰岳工业园区管委会（招商办）提交的《新疆蜜心果业有限公司投资1500万元的果品深加工项目合同书》《喀什众兴实业有限公司投资6200万元獭兔养殖项目合同书》《河南郑州鑫浩纺织有限公司投资3860万元纺织、服装、鞋业生产加工项目合同书》《喀什罗伊斯科技有限公司投资1.2亿元年产3500吨环保型高吸收率还原染料产业项目合同书》。

五、原则上通过县农业农村局提交的《岳普湖县农户毛驴资产托管协议》《岳普湖县农户毛驴资产托管三方协议》。

六、研究县农发行提交的《关于岳普湖县粮食局73万元新增粮食财务挂账贷款债务承接的请示》。

七、研究县住建局提交的《岳普湖县2019年城市棚户区改造建设项目房屋征收补偿方案》。

八、研究县财政局提交的《关于调整政府采购项目综合评分法评分比重的报告》《关于建立岳普湖县财会人才储备库的请示》《岳普湖县2019年预算执行工作方案》《岳普湖县乡镇委派会计工作专题报告》。

九、研究县文化体育广播电视和旅游局提交的《关于申请对岳普湖县文化旅游资产评估后划拨国有独资企业所有的报告》《关于申请重新开启原工商局餐厅的报告》。会议原则上通过县文广旅局提交的两项议题。

十、研究县气象局提交的《关于对岳普湖县人影作业车辆进行移交所在乡镇的请示》《关于对岳普湖县人影固定作业点进行移交的报告》《关于加强岳普湖县人影工作防灾减灾体系建设组建人工影防雹分队的初步方案》。

十一、原则上通过县消防大队提交的《岳普湖县消防工作“十四五”发展专项规划》。

十二、原则上通过县人民政府办公室提交的《岳普湖县2019年政务信息工作目标任务考核奖惩方案》。

【第三十九次会议】 2019年5月19日，召开岳普湖县第十六届人民政府第三十九次常务会议。

一、研究县自然资源局

提交的《关于岳普湖县乡村“十小”工程建设项目用地的请示》《关于岳普湖县阿其克乡红星村规模化畜禽养殖用地（岳普湖红五星养殖专业合作社）供地的请示》《关于岳普湖县2019年乡村“十小”工程建设项目用地供地的请示》《关于上报岳普湖县2019年富民安居工程建设项目用地的请示》《关于岳普湖县2019年卫星工厂建设项目用地的请示》《关于岳普湖县2019年卫星工厂配套附属设施建设项目用地的请示》《关于上报岳普湖县实施城镇规划2019年度第一批次建设项目用地的请示》《关于岳普湖县岳普湖乡欧吐拉提埂村等3个村基本农田整理项目》《岳普湖县岳普湖乡尤库日提埂村等3个村基本农田整理项目》补充资料的报告。会议原则上通过了县自然资源局提交的八项议题。

二、原则上通过县园区管委会（招商办）提交的《喀什银创工贸有限公司投资的各类路灯、金属件加工项目合同书》《深圳市德派森科技发展有限公司投资的生产组装智慧消防设备项目合同书》。

三、研究县教育局提交的《关于寄宿制第四中学、实验小学建设换热站的请示》《关于确定农村寄宿制学校采暖方式的请示》。

四、原则上通过县农垦岳达集团提交的《关于成立岳普湖县农垦振岳农业科技发展有限公司面粉加工厂的请示》《关于成立岳普湖县农垦盛岳源生态农业科技发展有限公司饲料加工厂的请示》。

五、原则上通过县退役军人事务局提交的《关于建立健全退役军人服务保障体系建设的实施方案》。

六、研究《达瓦昆宾馆投资意向书》。

【第四十次会议】 2019年6月2日，召开岳普湖县第十六届人民政府第四十次常务会议。

一、研究县自然资源局提交的《关于上报岳普湖县实施城镇规划2019年度第二批建设项目用地的请示》《关于岳普湖县铁热木镇阔纳吾斯塘村养殖小区建设项目供地的请示》《关于岳普湖县团结中路一宗（G2019-10号）商业用地补交出让金的请示》《关于岳普湖县艾吾再力库木东路（G2019-09号）一宗商业用地挂牌出让的请示》《岳普湖县城区6条道路用地保障专题汇报》《关于将两个矿山企业地质环境治理恢复保证金划入国库的请示》。

二、研究县农业农村局提交的《关于申请小茴香收购财政贴息贷款的报告》。

三、研究县卫生健康委员会提交的《岳普湖县维吾尔医院住院楼年内完工方案》。

四、原则上通过县交通局提交的《关于岳普湖县海天精锐驾校开业的申请报告》。

五、研究县住建局提交的《岳普湖县农村自建房检测鉴定认定处理方案》《农村安居房安全性认定方案》。

六、研究县司法局提交的《岳普湖县贯彻落实自治区加强行政规范性文件制定和监督管理工作的实施意见的工作方案》《岳普湖县贯彻落实自治区全面推行行政规范性文件合法性审核机制的实施意见的工作方案》。

七、研究县教育局提交的《关于寄宿制附属工程施工三标段确定招标方式的请示》。

【第四十一次会议】 2019年6月26日，召开岳普湖县第十六届人民政府第四十一次常务会议。

一、原则上通过县自然资源局提交的《关于泰岳工业园区一宗（岳工用2019-04号）工业用地挂牌出让的请示》《关于上报喀什罗伊斯科技有限公司产业项目用地的请示》《关于上报岳普湖县科技南路项目用地的请示》《关于喀什至莎车750千伏输变电工程建设项目用地供地的请示》《关于上报岳普湖县巴依阿瓦提乡机采棉轧花厂建设项目用地的请示》《关于上报岳普湖县巴依阿瓦提乡滴灌厂建设项目用地的请示》《关于上报岳普湖县也克先拜巴扎镇喀岳面粉加工厂农民专业合作社建设项目用地的请示》《关于上报岳普湖县实施产业聚集区规划2019年第一批次建设项目用地的请示》《关于岳普湖县2019年乡村“十小”工程等3个建设项目补充耕地缴纳耕地开垦费的请示》《关于变更2019年金银花种植种苗采购项目牵头单位的请示》。

二、原则上通过县泰岳工业园区管委会（招商办）提交的《中山市八霖照明有限公司喀什分公司投资合同书》《岳普湖泰岳粮油有限公司投资合同书》《关于确定工业园区落户企业围墙及大门样式的报告》。

三、原则上通过县商信局提交的《国家级电子商务进农村综合示范项目补充合同书》。

四、研究县发改委提交的《关于审查岳普湖县光伏扶贫项目设计方案的请示》。

五、研究县卫健委提交的《关于提高村医报酬的请示》。

六、研究县政法委提交的《关于岳普湖县视频监控建设维护工作方案》。

七、原则上通过县水利局提交的《关于岳普湖县农村饮水水价改革的报告》。

八、原则上通过县消防大队提交的《关于协调解决消防员保障性住房问题的函》。

九、原则上通过县住建局提交的《关于解决2019年岳普湖县城冬季采暖相关问题的请示》《关于2017年喀什地区岳普湖县城市棚户区改造外配套基础设施二期建设项目（2017年保障性住房配套）实施方案的报告》。

十、原则上通过县农业农村局提交的《岳普湖县生产技能培训项目实施方案》。

【第四十二次会议】 2019年7月18日，召开岳普湖县第十六届人民政府第四十二次常务会议。

一、研究县自然资源局提交的《关于岳普湖县西城区一宗（G2019-17号）商业用地挂牌出让的请示》《关于岳普湖县绿洲华府小区不动产登记有关问题的请示》《关于阿尔祖小区不动产登记有关问题的请示》《关于希望大厦规划调整（因容积率改变）补交土地出让金及其他问题请示》《关于收回岳普湖泰岳工业园区管理委员会岳普湖县就业孵化基地建设项目用地使用权的请示》《关于岳普湖县西城区一宗（G2019-20号）商住用地挂牌出让的请示》《关于岳普湖县色也克乡农村信用合作联社一宗商业用地补交出让金的请示》《关于岳普湖县也克先拜巴扎镇农村信用合作联社一宗商业用地补交出让金的请示》《关于泰岳工业园区一宗（岳工用2019-13号）工业用地挂牌出让的请示》《关于收回新疆阿里果果农副产品加工有限公司部分土地及有关问题的请示》《关于达瓦昆景区西侧4020亩未成林造林地调整部分地类及有关问题的请示》。

二、原则上通过铁热木镇人民政府提交的《关于解决铁热木镇中学寄宿制学校改扩建教师周转房宿舍用地的请示》。

三、原则上通过县卫生健康委员会提交的《关于评选表彰山东省第九批援疆干部援助岳普湖医疗卫生优秀工作者的请示》。

四、研究县水利局提交的《关于维修岳普湖县水利局阿其克乡水管站的报告》《关于岳普湖县水利局合理闸站建设的请示》《关于建设岳普湖县水利局水利服务大厅的请示》。

五、研究县民政局提交的《关于对不规范地名进行审读的请示》。

六、原则上通过县文化体育广播电视和旅游局提交的《关于组织开展旅游援疆包机专列活动的请示》。

七、研究县司法局提交的《关于在达瓦昆广场建设法治小广场的请示》《关于修缮基层司法业务用房的请示》。

八、原则上通过县人社局提交的《关于岳普湖县解决“五·七工”自查清理工作实施方案》。

【第四十三次会议】 2019年8月4日，召开岳普湖县第十六届人民政府第四十三次常务会议。

一、原则上通过县民政局提交的《关于对不规范地名进行审读的请示》。

二、研究县农垦岳达集团提交的《关于岳普湖县农垦岳达集团自行购买饲草料的请示》《关于新建岳普湖县农业科技研究站的请示》。

三、研究县文广旅局提交的《关于当前旅游工作相关事宜的报告》。

四、研究县自然资源局提交的《关于岳普湖光明北路和迎宾大道交叉口东南角局部居住用地调整为商业服务设施用地的请示》《关于公开挂牌出让岳普湖县色也克乡两宗工业用地使用权的请示》《关于岳普湖县东方红商住楼不动产登记有关问题的请示》《关于库木萨热依路商住楼（原残联）因规划条件变更补交土地出让金的请示》《关于岳普湖县新城区（G2019-19号）一宗商住用地挂牌出让的请示》。

五、研究县自然资源局、园区管委会（招商办）提交的《关于泰岳工业园区一宗（岳工用2019-10号）工业用地挂牌出让的请示》《关于2019年新落户企业办理不动产证土地出让金费用收取的报告》《关于申请批准岳普湖乡新岳科技产业园总体规划的请示》《关于申请岳普湖县产业集聚区总体规划及岳普湖乡新岳科技产业园总体规划编制研究的报告》。

六、研究县泰岳工业园区管委会（招商办）提交的《岳普湖县鑫源房地产有限公司合同书》《岳普湖沙舟供应链管理有限公司合同书》《关于在岳普湖县新建小型机动车驾驶员考场及培训学校选址的请示报告》《关于阿力拜国际贸易有限公司、岳普湖泰岳粮油有限公司买断小微企业孵化园厂房及附属物的报告》。

七、原则上通过县农业农村局提交的《岳普湖县农产品地标登记保护工程实施项目》方案。

八、研究县人社局提交的《岳普湖县2019年就业补贴和救助专项资金实施方案》《岳普湖县有组织转移就业人员管理办法》《岳普湖县有组织转移就业带队干部管理办法（试行）和岳普湖县建立务工人员服务管理工作站实施方案》的补充细则。会议研究《岳普湖县2019年就业补贴和救助专项资金实施方案》。

【第四十四次会议】 2019年8月19日，召开岳普湖县第十六届人民政府第四十四次常务会议。

一、原则上通过县泰岳工业园区管委会（招商办）提交的《岳普湖县麦香园汉堡西饼屋合同书》《岳普湖县三环机动车驾驶培训有限公司合同书》《岳普湖县宝地机动车驾驶员培训有限公司合同书》。

二、研究县农垦集团提交的《岳普湖县饲草料加工基地建设可行性报告》、喀什小草草叶有限公司的《申请报告》。

三、原则上通过县供销社提交的《岳普湖县沙舟供应链管理有限公司合同书》。

四、原则上通过县农业农村局提交的《岳普湖县农业科技扶贫推广体系建设项目实施方案》。

五、研究县自然资源局提交的《关于将原岳普湖县人民医院一宗国有土地调整给岳普湖镇人民政府使用的请示》《关于岳普湖县就业基地纺织产业园标准厂房及配套公共服务设施附属建设项目用地供地的请示》《关于岳普湖县扶贫车间（金银花加工基地）建设用地供地的请示》《关于岳普湖县扶贫车间（轻工建材园）建设用地供地的请示》《关于岳普湖县扶贫车间（纺织厂）建设项目用地供地的请示》《关于上报岳普湖县2018年富民安居工程（一）建设项目用地的请示》《关于上报岳普湖县2018年富民安居工程（二）建设项目用地的请示》《关于上报岳普湖县2019年一般户及3类对象安居富民房建设项目用地的请示》《关于上报岳普湖县2019年农村贫困户安居富民房建设项目用地的请示》《关于上报岳普湖县实施城镇规划2019年第三批次建设项目用地的请示》《关于解决中石化用地方案》《新疆金璟房地产开发有限公司投资协议书》。

六、研究县住建局提交的《岳普湖县全面开展工程建设项目审批制度改革实施方案》《岳普湖县工程建设项目审批制度改革领导小组》《岳普湖县工程建设项目审批制度改革任务分解表》《岳普湖县工程建设项目审批流程图流程示范文本（试行）》《关于住建局申请工业园区小区住宅楼建设项目空置的10套住房进行回购的请示报告》。会议原则上通过了县住建局提交的议题。

七、原则上通过县教育局提交的《岳普湖县教育系统开展“五个认同”教育活动实施方案》。

八、研究县民政局提交的《关于巴依阿瓦提乡敬老院结余资金使用方案的请示》。

九、原则上通过县人民政府办公室提交的《岳普湖县人民政府2019年度重大行政决策事项目录》《岳普湖县人民政府重大行政决策事项范围和量化标准》。

【第四十五次会议】 2019年9月12日，召开岳普湖县第十六届人民政府第四十五次常务会议。

一、研究县自然资源局提交的《关于上报岳普湖县色也克乡新建加油站项目建设用地的请示》《关于上报岳普湖县巴依阿瓦提乡新建1号加油站项目建设用地的请示》《关于上报岳普湖县巴依阿瓦提乡新建2号加油站项目建设用地的请示》《关于上报岳普湖县阿其克乡新建加油站项目建设用地的请示》《关于上报岳普湖县巴依阿瓦提乡机采棉轧花厂二期建设项目用地的请示》《关于上报岳普湖县阿洪鲁库木乡敬老院建设项目用地的请示》《关于上报喀什岳普湖35千伏输变电工程建设项目用地的请示》《关于上报喀什铁热木（达瓦昆变）110千伏输变电工程建设项目用地的请示》《关于上报喀什岳普湖220千伏输变电工程建设项目用地的请示》《关于上报岳普湖县实施城镇规划2019年度第四批建设项目用地的请示》《关于上报岳普湖县拆分村党组织阵地建设项目用地的请示》《关于上报岳普湖县铁热木镇中学新建操场项目建设用地的请示》。

二、原则上通过县泰岳园区管委会（招商办）提交的《疆郑枣业公司合同书》《喀什中博永晟餐饮配送有限公司合同书》《喀什地区小草草业科技有限公司合同书》《济南纳禾稼食品有限公司合同书》。

三、原则上通过县泰岳园区管委会（招商办）、教育局共同提交的《喀什众链森炜能源科技有限公司合同书》。

四、原则上通过县教育局提交的《关于撤并变更新建部分中小学、教学点的请示》《关于岳普湖县新建育才幼儿园成立机构的报告》。

五、原则上通过县园区公司提交的《关于园区公司与宏远商砼进行合作的请示》。

六、研究县水利局提交的《关于申请购买防洪应急车辆的报告》《岳普湖县全面整治河湖突出问题的报告》。

七、研究县文旅局提交的《关于研究当前旅游工作相关事宜的报告》。

【第四十六次会议】 2019年9月29日，召开岳普湖县第十六届人民政府第四十六次常务会议。

一、研究县自然资源局提交的《关于岳普湖县奶牛养殖建设项目供地的请示》《关于岳普湖县实施城镇规划2011年第五批建设用地的请示》《关于岳普湖县实施城镇规划2012年第一批次建设用地的请示》

《关于岳普湖县实施城镇规划2012年第二批次建设用地的请示》《关于岳普湖县实施城镇规划2013年第一批次建设用地的请示》《关于岳普湖县实施城镇规划2013年第二批次建设用地的请示》《关于岳普湖县实施泰岳工业园区规划2013年第一批次建设用地供地的请示》《关于岳普湖县实施泰岳工业园区规划2013年第二批次建设用地供地的请示》《关于岳普湖县实施泰岳工业园区规划2013年第三批次建设用地供地的请示》《关于岳普湖县实施泰岳工业园区规划2014年第一批次建设用地供地的请示》《关于岳普湖县2019年老城棚户区改造安置小区建设项目用地供地的请示》《关于上报岳普湖县实施产业聚集区规划2019年度第二批次建设项目用地的请示》《关于上报岳普湖县3500吨环保型高吸收率还原染料项目建设用地的请示》《关于上报岳普湖县也克先拜巴扎镇食品加工厂建设项目用地的请示》《关于上报岳普湖县农家乐建设项目用地的请示》《关于支付金银花苗木采购项目尾款的报告》《关于岳普湖县中辉综合市场项目先行办理不动产权证的报告》《关于兴岳中路居民改建房屋的请示》《关于喀什兴业物业服务有限公司规划申请建设沿街商铺的请示》《关于岳普湖县也克先拜巴扎镇一宗（G2019-25号）商业用地挂牌出让的请示》《关于岳普湖县老城区（G2019-24号）一宗商住用地挂牌出让的请示》《关于岳普湖县艾吾再力库木东路（G2019-09-02号）一宗商业用地挂牌出让的请示》《关于泰岳工业园区一宗（岳工用2019-15号）工业用地挂牌出让的请示》。

二、原则上通过县泰岳园区管委会（招商办）提交的研究县泰岳园区管委会（招商办）提交的《新疆金璟房地产开发有限公司合同书》。

三、原则上通过县园区公司（宝润市政科技有限责任公司）提交的《关于加强商砼市场监管和外县准入执法检查的请示》。

四、原则上通过县农业农村局提交的《岳普湖县奶牛养殖合作经营合同》。

五、原则上通过县文化广播和旅游局提交的《足球俱乐部合作协议》。

六、原则上通过县民政局提交的《关于直接签订2019年困难群众冬季取暖用煤合同及资金来源的请示》。

七、原则上通过县人社局提交的《关于“五·七工”人员核查问题的请示报告》。

八、原则上通过《岳普湖县国庆节期间安全生产责任分解方案》。

【第四十七次会议】 2019年10月6日，召开岳普湖县第十六届人民政府第四十七次常务会议。

一、研究县交通局提交的《岳普湖县新能源公交项目合作方案》。

二、研究县住建局提交的《为岳普湖县中辉综合市场项目减免征收城市配套费的请示》。

三、原则上通过县住建局提交的《关于对审计整改公租房烂尾工程资金损失追回项目资金的报告》《关于喀什地区岳普湖县公共租赁住房外配套基础设施建设项目调整建设内容的请示》。

四、原则上通过县司法局提交的《关于在“岳之梦”广场营造法治氛围建设法治文化长廊的请示》。

【第四十八次会议】 2019年11月11日，召开岳普湖县第十六届人民政府第四十八次常务会议。

一、研究县泰岳工业园区管委会（招商办）提交的《乌鲁木齐国际机场岳普湖县特色扶贫体验馆三方合作协议》《贵州迪乐实业有限公司合同书》《上海梦帆家具有限公司合同书》《浙江行之然手套有限公司合同书》。

二、原则上通过县电商领导小组办公室提交的《岳普湖县2019年电子商务进农村综合示范项目实施细化方案》。

三、研究县卫健委提交的《关于解决社会抚养费征收等问题的请示》。

四、原则上通过县自然资源局提交的《关于岳普湖县2018年寄宿制中小学建设项目用地供地的请示》《关于岳普湖县也克先拜巴扎镇一宗（G2019-25号）商业用地挂牌出让的请示》《关于上报岳普湖县城生活垃圾处理二期建设项目用地请示》《关于上报〈申请释放已使用补充耕地指标的请示〉的报告》《关于收回喀什宏豫纺织有限责任公司五万锭气流纺及配套建设项目用地使用权的请示》《关于申请岳普湖县2020年金银花种植种苗采用“单一来源采购方式”采购的报告》《关于上报岳普湖县皖岳农牧科技有限公司养殖建设项目用地的请示》《关于对赵成军违建别墅问题的整改建议》。

五、研究县农垦岳达集团提交的《关于解决林场国有土地确权争议面积的请示》。

六、原则上通过县退役军人事务局提交的《关于停发部分优抚对象优抚补助金的报告》。

七、原则上通过县文旅局提交的《关于申请拆除达瓦昆景区危旧餐厅和厕所的报告》。

八、原则上通过县住建局提交的《关于采购农用三轮吸粪车的报告》。

九、研究县应急管理局提交的《岳普湖县安全生产常态化隐患排查体系建设实施方案》《岳普湖县安全生产责任体系建设实施办法》《岳普湖县安全生产督查巡查考核体系建设实施方案》《岳普湖县应急救援体系建设方案》《岳普湖县安全生产宣传教育体系建设实施方案》《关于审议解决岳普湖县新农贸市场内二楼业主居住问题的报告》。

十、原则上通过《关于合理规划使用原木材交易市场的报告》。

十一、原则上通过县援疆办提交的《关于岳普湖县援疆资金结余情况及分配使用计划的报告》。

【第四十九次会议】 2019年12月17日，召开岳普湖县第十六届人民政府第四十九次常务会议。

一、研究县泰岳工业园区管委会（招商办）提交的《岳普湖新矿工业产业援疆合作协议》《新疆南方路桥工程有限责任公司合同书》《关于提请研究盘活僵尸企业有关手续办理的请示》。

二、研究县退役军人事务局提交的《关于确定义务兵家庭优待金发放标准的报告》《关于取消部分优抚对象优抚待遇的报告》。

三、原则上通过县发改委提交的《岳普湖县2019年对口援疆产业扶持资金分配方案》《岳普湖县2015—2019年对口援疆项目结余资金情况及使用调整计划》。

四、原则上通过县卫健委提交的《关于提高岳普湖县村医基本公共卫生服务补助标准的请示》。

五、研究县残联提交的《岳普湖县残疾儿童康复救助实施办法》。

六、原则上通过县医疗保障局提交的《关于对非贫困低保人员医疗救助参照地区模式进行商业投保的报告》。

七、研究县自然资源局提交的《关于上报皖岳农牧科技有限公司养殖用地的请示》《关于上报岳普湖县G2019-30用地红线和规划条件的请示》《关于上报岳普湖县G2019-35用地红线和规划条件的请示》《关于上报岳普湖县G2019-37用地红线和规划条件的请示》《关于上报岳普湖县G2019-38用地红线和规划条件的请示》《关于上报岳普湖县G2019-39用地红线和规划条件的请示》《关于岳普湖县实施泰岳工业园区规划2015年第一批建设用地供地的请示》《关于岳普湖县2019年卫星工厂建设项目用地的请示》《关于岳普湖县阿其克公安检查站建设项目用地供地的请示》《关于岳普湖县铁热木镇9村设施农用地（萨依木·巴拉提畜牧养殖用地）供地的请示》《关于泰岳工业园一宗（岳工用2019-16号）工业用地挂牌出让的请示》《关于泰岳工业园一宗（岳工用2019-18号）工业用地挂牌出让的请示》《关于中国农业发展银行岳普湖县支行一宗商业用地补交出让金的请示》《岳普湖县特色林果技术服务购买合同》。

1. 原则上通过《关于上报皖岳农牧科技有限公司养殖用地的请示》。

2. 原则上通过《关于上报岳普湖县G2019-30用地红线和规划条件的请示》《关于上报岳普湖县G2019-35用地红线和规划条件的请示》《关于上报岳普湖县G2019-37用地红线和规划条件的请示》《关于上报岳普湖县G2019-38用地红线和规划条件的请示》《关于上报岳普湖县G2019-39用地红线和规划条件的请示》。

【第五十次会议】 2019年12月28日，召开岳普湖县第十六届人民政府第五十次常务会议。

一、研究县政府办提交的《2019年政府工作报告》。

二、原则上通过县教育局提交的《岳普湖县争创一流教育实施方案》。

三、原则上通过县泰岳工作园区管委会（招商办）提交的《威海鸿润环保设备有限公司合同书》。

四、研究县自然资源局提交的《关于岳普湖县光明路和省道西北角处（G2019-29号）一宗商住用地挂牌出让的请示》《关于岳普湖县西城区（G2019-37号）一宗商业用地挂牌出让的请示》《关于岳普湖县东城区市政大道南侧（G2019-38号）一宗商业用地挂牌出让的请示》《关于岳普湖县东城区（G2019-39号）一宗商业用地挂牌出让的请示》《关于将原岳普湖县农技中心（观测场）一宗国有土地调整给岳普湖县农产品质量安全检验检测中心使用的请示》《关于岳普湖县生态保护红线评估调整的请示》。

五、研究县水利局提交的《关于冬季渠道清淤资金的请示报告》《关于对叶尔羌河老卡纳渠进行岁修养护的请示》。

重要文件

【2019年岳普湖县人民政府发出的批复（部分）】

1月4日　《关于岳普湖县拆分村阵地建设项目用地供地的请示》

1月23日　《关于岳普湖县2019年新增地方政府债务限额批复的报告》

2月13日　《关于岳普湖县新城区（G2019-01号）一宗商住用地挂牌出让的批复》

2月15日　《关于岳普湖县新城区（G2019-02号）一宗商业用地挂牌出让的批复》

2月18日　《关于同意岳普湖县新建第三小学成立机构报告的批复》

2月19日　《关于岳普湖县小微企业孵化园区建设项目用地供地的批复》

2月19日　《关于岳普湖县阿洪鲁库木公安检查站建设项目用地供地的批复》

3月1日　《关于延长岳普湖县新城区（G2019-01号）商住用地挂牌出让报名时间的批复》

3月22日　《关于县文化体育广播电视和旅游局法人变更的批复》

4月7日　《关于同意岳普湖县金晨公寓小区不动产登记有关问题的批复》

4月7日　《关于同意四十二团修建中干渠、拉勒玛干渠征占县种畜场、巴依阿瓦提乡7村农用地补偿方案的批复》

4月7日　《关于同意收回园区国有土地使用权（第一批）的批复》

4月10日　《关于同意收回达瓦昆景区运营权的批复》

4月10日　《关于同意变更旅游公司名称、增加注册资金及变更经营范围的批复》

5月5日　《关于同意岳普湖县2019年良种繁育中心（扩繁场）建设项目供地的批复》

5月5日　《关于同意岳普湖县2019年牲畜活畜交易市场建设项目供地的批复》

5月5日　《关于同意岳普湖县2019年畜牧养殖育肥区建设项目供地的批复》

5月22日　《关于岳普湖县2019年乡村“十小”工程建设项目用地供地的批复》

6月3日　《关于同意岳普湖县团结中路一宗（G2019-10号）商业用补交出让金的批复》

6月4日　《关于同意岳普湖县铁热木镇阔纳吾斯塘村养殖小区建设项目供地的批复》

6月27日　《关于同意泰岳工业园区一宗工业用地挂牌出让的批复》

6月29日　《关于同意新疆喀什至莎车750千伏

输变电工程建设项目用地供地的批复》

6月29日 《关于同意变更2019年金银花种植种苗采购项目业主单位的批复》

7月21日 《关于同意收回岳普湖泰岳工业园区管理委员会就业孵化基地建设项目用地使用权的批复》

7月21日 《关于同意岳普湖县西城区（G2019-20号）一宗商住用地挂牌出让的批复》

7月21日 《关于岳普湖县也克先拜巴扎镇农村信用合作联社一宗商业用地补交出让金的批复》

7月31日 《关于同意泰岳工业园区一宗（岳工用2019-13号）工业用地挂牌出让的批复》

8月16日 《关于同意公开挂牌出让岳普湖县色也克乡两宗工业用地使用权的批复》

8月16日 《关于同意岳普湖光明北路和迎宾大道交叉口东南角局部居住用地调整为商业服务设施用地的批复》

8月23日 《关于同意将原岳普湖县人民医院一宗国有土地调整给岳普湖镇人民政府使用的批复》

8月23日 《关于同意岳普湖县扶贫车间（轻工建材园）建设用地供地的批复》

8月23日 《关于同意岳普湖县就业基地纺织产业园标准厂房及配套公共服务设施附属建设项目用地供地的批复》

8月23日 《关于同意岳普湖县扶贫车间（纺织厂）建设项目用地供地的批复》

9月16日 《关于同意岳普湖县部分中小学撤并更名搬迁及教学点变更的批复》

9月16日 《关于同意岳普湖县新建育才幼儿园成立机构的批复》

9月16日 《关于岳普湖县巴依阿瓦提乡乡林场城乡建设用地增减挂钩项目权属调整方案的批复》

9月16日 《关于岳普湖县铁热木镇良种场和英吾斯塘村（11村）城乡建设用地增减挂钩项目权属调整方案的批复》

9月16日 《关于岳普湖县色也克乡库木什艾日克村2村和尤库日色也克村5村城乡建设用地增减挂钩项目权属调整方案的批复》

10月8日 《关于同意岳普湖县实施城镇规划2011年第五批建设用地供地的批复》

10月8日 《关于同意岳普湖县实施泰岳工业园区规划2014年第一批次建设用地供地的批复》

10月8日 《关于同意岳普湖县实施城镇规划2013年第二批次建设用地供地的批复》

10月8日 《关于同意岳普湖县实施城镇规划2012年第一批次建设用地供地的批复》

11月19日 《关于同意岳普湖县2020年金银花种植种苗采用“单一来源采购方式”采购的批复》

11月19日 《关于同意岳普湖县也克先拜巴扎镇一宗（G2019-25号）商业用地挂牌出让的批复》

12月12日 《关于同意成立岳普湖县融媒体中心的批复》

12月12日 《关于同

意泰岳工业园区一宗（岳工用2019-16号）工业用地挂牌出让的批复》

12月19日　《关于同意岳普湖县铁热木镇9村设施农用地（萨依木·巴拉提畜牧养殖用地）供地的批复》

12月19日　《关于同意中国农业发展银行岳普湖县支行一宗商业用地补交出让金的批复》

12月21日　《关于同意原岳普湖县农技中心（观测场）一宗国有土地调整给岳普湖县农产品质量安全检验检测中心使用的批复》

12月28日　《关于同意岳普湖县宝地机动车驾驶员培训有限公司使用泰岳工业园区部分道路的批复》

人民政府办公室工作

【2019年岳普湖县人民政府办公室发出的通知（部分）】

1月3日　《关于组织开展2019年第一批国家免费孕前优生健康检查项目工作的通知》

2月27日　《关于印发〈岳普湖县关于开展春季学校及周边安全生产检查的通知〉的通知》

3月4日　《关于岳普湖县各乡（镇）、村认真做好社会经济基本情况统计工作的通知》

3月8日　《关于印发〈岳普湖县两会期间安全生产领域存在的风险及应对措施方案〉的通知》

4月12日　《关于开展岳普湖县政策性粮食库存数量和质量大清查工作的通知》

4月19日　《关于印发〈岳普湖县财政扶贫资金动态监控工作实施方案〉的通知》

7月30日　《关于印发〈岳普湖县林下养殖建设项目实施方案〉的通知》

8月12日　《关于转发〈关于进一步做好一体化在线政务服务平台上线运行有关工作的通知〉的通知》

8月29日　《关于岳普湖县本级“互联网+监管”网络应用保障工作的紧急通知》

9月5日　《关于印发〈岳普湖县“百名医生下沉帮扶百村”工作实施方案〉的通知》

9月19日　《关于印发〈岳普湖县2020年城乡居民基本医疗保险参保缴费工作实施方案〉的通知》

9月29日　《关于上报岳普湖县党政机关事业单位公务用车配备使用情况的通知》

11月25日　《关于印发〈岳普湖县“四方案一办法”安全生产体系〉的通知》

11月28日　《关于转发〈自治区打假办关于开展2019年度打击侵犯知识产权和制售假冒伪劣商品工作绩效考核的通知〉的通知》

11月29日　《关于印发〈岳普湖县良种繁育中心运营模式〉的通知》

11月29日　《关于进一步规范政府党组会议和常务会议相关事项的通知》

11月30日　《关于印发〈岳普湖县2020年政策性农业保险工作实施方案〉的通知》

12月2日　《关于印发〈岳普湖县开展安全生产集中整治工作方案〉的通知》

12月15日 《岳普湖县特色林果政策性保险奖补试点工作实施方案》

12月15日 《岳普湖县特色林果政策性保险奖补试点工作实施方案》

12月30日 《关于岳普湖县人民政府贯彻落实〈自治区贯彻落实对省级人民政府履行教育职责的评价办法〉实施方案的实施意见》

12月30日 《关于成立岳普湖县人民政府教育督导团及聘任县人民政府督学的通知》

【公文处理】 2019年，县人民政府办公室围绕县委、县人民政府中心工作，抓好电报、报告、请示、批复等各类公文处理。全年，共处理各类公文540份，涵盖城乡经济、文化教育、社会稳定等各方面。组织撰写政府工作报告、会议讲话、汇报材料等重要文稿180余篇。

【综合协调】 2019年，坚持从早、从严、从细筹划方案和安排会务活动。全年协调组织上级各类电视电话会议190余次，筹办县政府党组会议、常务会议、专题研究脱贫攻坚会议70次，政府主要领导和分管领导现场办公会议、调研活动40余次，迎接自治区、地区领导调研13次。牢固树立大局意识，积极协调好与县委、县人大、县政协等四大班子办公室以及政府各部门、各乡镇的关系，有效保障各项工作的开展。

【依法行政】 2019年，牵头制定《岳普湖县人民政府重大行政决策事项范围和量化标准》，举办各类听证会2次，审查重大决策、合同42项、常务会研究事项380余项。推进政府法律顾问工作，聘请政府法律顾问1名，出具法律审查意见6份，做好前期把关，确保政府各项决策的合法、科学、有效。

【强化督查】 2019年，强化中央环保督察、深化“放管服”改革等全县重点工作督查力度，及时汇总反馈，确保上情下达、政令畅通，保证县委、县政府决策的有效落实。全年，共开展各类督办20余次，编发督办通知、通报9件；办理县人大代表议案建议、政协委员提案102件，除不符合政策的2件外，办结率100%，代表委员的满意率达到98.3%。

【政务公开】 2019年，岳普湖县严格按照国家、自治区人民政府网站发展评估指标体系要求，协调县财政、环保、民政、安监、食药、发改等相关职能部门，通过培训指导、明确责任、督促考评等方式，力推行政权力运行、财政资金使用、公共资源配置、公共服务、公共监管等重点领域信息公开，及时发布人民政府文件、公务员考录、统计数据、招标采购、人事任免等信息。累计编报《政务信息》140余篇，被行署采用10多篇。主动公开政府信息780条，回应政策解读咨询900余条。

【优化平台】 2019年，推进“放管服”改革，牵头建成行政服务中心，审批事项入驻率达到100%，日均办件260余件，当即办理事项达100%，实现“数据多跑路、群众少跑腿”。推进一体化政务服务平台建设，组织协调各部门完成认领行政权力事项清单目录529个，发布事项数529个，可申报事项数529个，网上可办事项数529个，网上可办率达到100%。

【信访工作】 2019年，共接待受理群众来信来访273批次451人次。其中个体访131件次212人次；集体访16件次113人次，网上受理及处理信访126件次126人次［其中受理国家信访局转送信访事项21件次，受理自治区转送6件次，受理地区转送交办10件次（含地区交办四重信访件3件次），办理岳普湖县信访网站接收信访事项89件次（各乡镇部门录入办理24件次）］。同比批次上升58.5%，人次上升30%，办结化解259件次，办结化解率95%。

（田江昆）

政协岳普湖县委员会

【岳普湖县政协主席、副主席名单】

主　席：玛木提•阿布都热依木

副主席：孔　丽

王祥忠

任恒日

克依木·吐逊

重要会议

【中国人民政治协商会议岳普湖县第十六届委员会第四次会议】 2019年1月28—30日，召开政协岳普湖县十六届四次全委会议，会议听取并讨论县委副书记、县长克衣色尔·克尤木作的政府工作报告，讨论县人民法院工作报告、县人民检察院工作报告以及计划、财政报告，对上述报告表示赞同，针对上述报告提出一些建设性意见、建议。会议审议批准县政协主席玛木提·阿布都热依木代表岳普湖县十六届政协常务委员会所作的工作报告、政协副主席任恒日所作的提案工作情况的报告，增补选举王祥忠为岳普湖县十六届政协副主席，选举阿布力孜•达吾提、吾不力阿西木·艾买提、阿布来提·阿布都吉力利为岳普湖县十六届政协常务委员。

【政协常务委员会议】 2019年1月16日，召开政协岳普湖县十六届委员会第六次常务委员会议。会议通报暂停吾舒尔·阿卜杜拉履行政协常委、政协委员资格的决定；表决通过撤销委员资格名单；表决通过新增补政协委员建议名单；审议关于召开政协岳普湖县委员会第十六届第四次会议相关材料。

4月11日，召开政协岳普湖县十六届委员会第七次常务委员会议。会议表决通过有关人事事宜。协商讨论《岳普湖县政协党组2019年工作要点》；学习全国政协会议精神和自治区政协主席努尔兰·阿不都满金在自治区政协传达学习全国两会精神会议上的讲话精神。

【政协主席会议】 2019年1月16日，政协召开党组、主席会议。协商讨论暂停吾舒尔·阿卜杜拉履行政协常委、政协委员资格；协商讨论撤销委员资格名单；协商讨论新增补政协委员建议名单；协商讨论关于召开政协岳普湖县委员会第十六届第四次会议相关材料；确定政协常委会召开时间及议程。

7月9日，政协召开党组、主席会议。协商讨论有关人事事宜。协商讨论《岳普湖县政协党组2019年工作要点》；学习全国政协会议精神和自治区政协主席努尔兰·阿不都满金在自治区政协传达学习全国两会精神会议上的讲话精神。

5月15日，政协召开党组、主席会议。协商讨论面向全县征集政协文史资料事宜；协商讨论开展政协委员培训工作事宜；协商讨论开展庆祝人民政协成立70周年活动事宜；协商讨论《岳普湖县政协机关党支部2019年党建工作计划及要点》并指导机关开展党支部换届工作；协商讨论委员增补事宜；协商讨论保密室设置及保密办公设备购置事宜。

重要工作

【提案办理】 2019年，政协岳普湖县十六届四次会议，共收到提案79件，经提案审查委员会审查立案65件，占提案总数的82.3%。其中委员联名提案24件、委员个人提案41件，参与提案人数达137人次。这些提案，按照“分级负责归口办理”的原则，交由28个部门办理。9月底，所有提案均已办结答复，办复率达100%。从反馈情况看，政协委员对提案办复满意率达到90%以上。

【调研活动】 2019年，岳普湖县政协围绕新时代党的治疆方略，自治区党委“1+3+3+改革开放”工作部署和群众关心的热点难点问题深入开展调查研究，4名班子成员与15名常委共形成20篇观点鲜明、分析透彻、措施对路的资政建言报告，做到建言建到需要时、议政议在点子上。结合“不忘初心、牢记使命”主题教育，认真贯彻中国共产党的群众路线，深入实际开展调查研究，了解民情、掌握实情，如实反映情况，坦诚提出意见建议。围绕各自分管工作和领域在团结各族各界人士最大限度凝聚人心、充分发挥维稳指挥平台作用、开展脱贫攻坚工作，深入调查研究、广泛建言议政，形成一批有力度、有分量的调研成果。

纪委·监委

【岳普湖县纪委书记、监委主任名单】

书记、主任：周　生

副书记、副主任：

黄常国

阿加汗·巴拉提

李帅旗

【基本情况】 2019年，县纪委监委共有干部职工29人，其中男18人，女11人；维吾尔族14人，汉族15人；副县级1人，正科级5人，副科级7人，科员13人，工人3人。6月，县纪委监委机关党支部被县委授予“先进基层党组织”称号；12月，县纪委监委被地区纪委监委授予“2019年度纪检监察工作全员培训先进集体”称号。

【岳普湖县纪委十三届四次全会】 2019年2月28日，中共岳普湖县第十三届纪律检查委员会第四次全体会议暨扶贫领域警示教育会议召开。县委书记曲连东围绕“切实增强全面从严治党的政治责任”等四个方面做讲话，总结过去一年全县党风廉政建设和反腐败工作取得的成绩，对深入学习领会习近平总书记重要指示批示精神，持续推进全面从严治党，营造风清气正政治生态，巩固维护反分裂斗争纪律重要阶段性成果和反腐败斗争压倒性胜利作出全面部署。县委常委、纪委书记、监委主任周生做《聚焦监督执纪问责推进全面从严治党，为实现社会稳定和如期脱贫提供坚强纪律保障》的工作报告，回顾2018年工作，从8个方面对2019年纪检监察工作做出安排部署。通报《近年来查处扶贫领域违纪违法案件教训警示的通报》，对近年来查处的扶贫领域腐败和作风问题的17种表现形式、27起典型案例进行实名曝光。

【党风廉政建设责任制落实】 2019年，围绕“不忘初心、牢记使命”主题教育，狠抓各级组织党员干部的教育管理，始终把从严治党作为全体党员、干部的终身课题。针对乡镇管党治党存在的突出问题召开2次全县从严治党反面现场会。强化“一岗双责”责任，对党员干部存在的苗头性倾向性以及轻微违纪问题，6名县处级、94名乡科级、358名党员干部受到约谈，1名县处领导干部、9名科级干部在大会上公开反思发言。县委针对中央第六巡视组、自治区党委第八巡视组脱贫攻坚专项巡视反馈问题进行安排部署，召开2次专题民主生活会，认真开展批评与自我批评，切实达到红脸出汗、咬耳扯袖的效果。

【廉政教育】 2019年，成立以县委书记为组长的警示教育工作领导小组，常态化开展纪律教育和警示教育，坚持把反腐倡廉教育作为不敢腐、不想腐的有力抓手，强化教育的针对性、实效性。县委中心组及时跟进，强化理论武装，第一时间组织学习各类典型案例通报和《忏悔录》，带动全县干部利用撰写对照反思材料、专题组织生活会等方式强化以案促改。强化纪律规矩教育，利用“岳普湖零距离”微信平台、公共场所电子屏幕持续播放“学条例微视频”及解读漫画，督促做好“学习强国”平台运用，组织全县8939名党员干部参加党纪法规和德廉知识测试、“三个白皮书”考试以及参加地区“党纪铭我行•纪法伴我行”知识竞赛活动，引导各级党员干部知纪明纪、遵纪守纪。编印《2018年党员干部违纪违法典型案例汇编》，组织党员干部观看《蜕变》《教科书里的阴谋》《逐利的代价》等警示教育片73场1.5万余人次，教育引导全县党员干部守规矩、存戒惧、知敬畏，确保反腐惩恶震慑效应得到充分彰显。

【巡视巡察】 2019年，强化巡察监督，认真落实《县委巡察工作规划（2017—2021年）》，提高政治站位，把握政治定位，查找政治偏差，扎实推进巡察工作，加大对乡镇的巡察力度，适时开展“回头看”，杀“回马枪”，强化成果运用，确保利剑高悬、震慑常在。县委巡察办持续跟踪问责，组织开展第六、七轮巡察工作，对72个党组织开展巡察，反馈整改问题1216条，对整改不重视、进度缓慢、不彻底的9个县直单位和4个村进行通报批评，约谈和批评教育71人；移交问题线索64条，谈话函询39件，予以了结7件，直接转单位组织处理9件，初步核实9件。坚持问题导向，对自治区党委第八巡视组专项巡视反馈的37条问题、自治区党委第一巡视组巡视地委反馈的48条问题督促限期全面整改，给予3人党纪政务处分。

【党风政风】 2019年，强化政治担当，突出重点，紧盯关键少数、关键环节、关键岗位，围绕重要节点和重大活动，对社会面防控、值班备勤、偏远散易受伤害群体管理等措施落实情况监督检查，查处担当意识不强、聚焦总目标不力5件5人。坚持扫黑除恶专项斗争同反分裂、反腐败斗争紧密结合起来，共收集各类涉黑涉恶问题线索61条，深挖4个涉黑涉恶团伙，处置负有主体责任和监管责任的党员干部23人。持续深化扶贫领域腐败和作风问题专项治理，制定《关于进一步贯彻落实扶贫领域监督执纪工作方案》，组织549名各级领导干部对利用名贵特产类特殊资源牟取私利问题进行全面自查，制定《扶贫领域问题线索移交、处置和考核办法》《脱贫攻坚党委主体责任、纪委监督责任、部门监管责任清单》，坚持每季度召开一次专项治理联席会议，查处扶贫领域腐败和作风问题案件63件86人，下发扶贫领域案件通报4期，持续释放扶贫领域监督执纪问责强烈信号。加强对民生资金监督，下发关于加强对各乡镇扶贫资金进行监管的提醒函，制定《岳普湖县开展民生领域专项整治工作任务分解及责任分工方案》，运用监督执纪“四种形态”抓好问题处置。查处损害群众利益案件111人。强化干部作风建设，制定《岳普湖县乡村干部“十大顽疾”整治实施方案》，收集问题线索1144条（其中乡村干部自首问题231条），收缴退回资金252.2万元，运用“第一种形态”处理284人，给予党纪政务处分8人。激励干部担当作为，制定《关于党员干部容错纠错机制实施办法》，梳理近年来需要回访人员806人，为受处分干部卸下思想包袱。严格落实“基层减负年”工作要求，扎实开展不少于2个月的自查自纠，发文比上年同期下降71%，梳理微信群225个，清理解散160个。围绕重要节点，开展明察暗访11次，查阅发票359张，检查车辆886辆次，查处违反中央“八项规定”精神4人，有力纠治各类“四风”“四气”问题。

【纪律审查】 2019年，投入53万元修建纪委监委信访接待大厅，高标准完善纪检监察办案中心和乡镇纪委安全谈话点场所建设。组织各级纪检监察干部深入学习《中华人民共和国监察法》《纪律监察机关监督执纪工作规则》《监察机关监督执法工作规定》，充分发挥反腐败工作领导小组、纪委监委合署办公和政法部门配合反腐败工作的制度优势，制定案件线索管理办法、与政法各部门办理职务犯罪案件工作衔接办法，完善函询、诫勉谈话、组织谈话、审查调查、案件审理等工作流程和案卷模板，全力打造“铁案工程”，采取留置措施1人。全年，共受理登记问题线索566件，召开问题线索排查领导小组研判会议29次。处置问题线索559件，运用监督执纪“四种形态”处置734人次，其中第一种形态404人次，占比55%；第二种形态181人次，占比24.7%；第三种形态132人次，占比18%；第四种形态17人次，占比2.3%。

【纪检监察自身建设】 2019年，按照自治区纪委监委《关于加快推进地州市、县市区纪委监委派驻机构改革的通知》要求，加大与上级纪委和县委组织部、县委编办的沟通协调，制定《岳普湖县派驻（派出）机构改革方案》，稳步推进纪检监察体制改革，组建6个派驻纪检监察组、1个派出纪检监察工委，核定编制62个，推动县纪委监委、巡察机关、乡镇监察办公室和派驻纪检监察机构工作融合、相互协作、同向发力。重新调整纪委监委编制文件，增设1名纪委副书记、监委副主任。制定纪检监察干部全员培训方案，落实基础业务知识授课、“以干代训”、领导干部“导师带徒”等制度，开展集中培训班3次，累计视频培训、以干代训县乡纪检监察干部1068人次，外出培训127人次，努力提升全县纪检监察干部日常监督、执纪审查、依法调查等工作程序意识。坚持严管与厚爱并重，督促9个乡镇纪委设立党支部，组织纪检监察干部观看《鉴史问廉》《清官之念》《傲骨铮铮》等先进典型警示教育片7场次；召开纪检监察系统干部表彰大会，对32名优秀纪检监察干部、2个专案组进行表彰，并将先进典型事迹通报全县，在全县纪检监察系统营造良好的比学赶超氛围。处理纪检监察干部问题线索5条，立案审查2人，提醒谈话3人，促进树牢“忠诚、干净、担当”的意识。

（陈　兵）

扶贫攻坚

【概况】 2019年，岳普湖始终聚焦“一超过两不愁三保障”标准，围绕县“摘帽”、38个贫困村退出、综合贫困发生率降至3%以下三大目标，扎实推进“六个精准”“七个一批”“十大工程”脱贫措施，脱贫攻坚取得明显成效。全年，脱贫2903户11162人，退出贫困村38个，贫困发生率下降至0.80%，贫困县“摘帽”已顺利通过地区初审，自治区评估验收。

【扶贫对象动态调整】 2019年，按照实事求是和分户甄别、分类处理的原则，成立动态调整专项小组，把握时间节点，倒排工期，统筹安排动态调整工作。建立常态化筛查比对和动态管理机制，严把“识别退出、核查验收、数据质量、工作程序”四个关口，确保过程规范、群众认可，不漏一户、不漏一人。共新识别贫困户42户171人、返贫13户47人，确定边缘户1863户7272人、脱贫监测户952户3969人，自然增加578人、自然减少1580人。

【行业帮扶】 2019年，25个脱贫攻坚专项行动组就重点项目推进、扶贫政策落实等加大工作安排，持续传导压力、推动工作落实。县直各行业部门坚持现行标准和因地制宜相结合，按照“定人、定事、定标、定时、定责”的原则，编制实施“一超过两不愁三保障”、“五通七有”、中央六巡反馈问题整改等攻坚方案，统一推进工作。坚持项目、资金、工作、措施“四个优先”，采取一系列措施，鼓励发展“三果一花”产业、良种繁育、电子商务等，切实将职能和资源向脱贫攻坚倾斜。

【驻村帮扶】 2019年，按照“队员当代表、单位做后盾、一把手负总责”的要求，“访惠聚”驻村工作队在脱贫攻坚战中打头阵、当先锋，紧盯打赢脱贫攻坚战目标任务，发挥单位和个人优势，积极引进项目资金，因地制宜发展产业，教育群众转变观念，不断拓宽增收渠道，持续改善群众生产生活条件。坚持党建统领，大力整顿软弱涣散党组织15个，不断壮大村级集体经济，68个贫困村集体经济收入全部达到5万元以上，基层组织维护稳定和带动群众脱贫致富能力有效提高；实施村干部素质能力提升工程，驻村工作队员和村干部“一对一”结对帮扶，强化对村干部国家通用语言、脱贫政策等方面培训，大力实施“土专家”“田秀才”培养计划，培养农村致富带头人347人（党员296人）。

【产业扶贫】 2019年，按照“稳粮、优棉、增菜、促经、兴果、强畜”思路，突出优良品种、特色规模。

2019年，整合资金1.3亿元，培育发展红枣、新梅、无花果和金银花“三果一花”主导产业1.33万公顷，全面提质小茴香、棉花、西甜瓜等作物。坚持“强畜”发展思路，投入资金1.6亿元，打造良种繁育、牛羊育肥、活畜交易、饲草种植“四轮驱动”，发展“一乡一品”林下养殖短平快项目，繁育肉羊2.8万只。按照政府引导、公司运作、集约发展的模式，完善农业生产加工体系，打造升级“一区四园”。2019年，引进正伦纺织、罗伊斯科技等企业35家，到位资金8.3亿元，同比增长41.9%。带动发展专业合作社153家、种植大户1451户、乡村车间46座，形成“公司+基地+合作社+农户”利益联结、抱团发展模式，拓宽就业渠道。实施“旅游+”战略，以大漠自然景观、乡村田园景观、“非遗”技艺传承为主线，构建“一路两区三线四点五树”的全域旅游体系，打造升级达瓦昆国家AAAA级沙漠旅游景区、千年柳树王等景区景点6个，带动特色农家乐、农家院、旅游民宿发展，解决就业2000余人，实现旅游收入0.6亿元。形成“村村有主导产业、户户有增收项目、人人有致富门路”的产业扶贫格局。

【就业扶贫】 2019年，坚持把就业作为脱贫攻坚、改善民生的最佳结合点，紧盯园区企业、乡村车间用工需求，依托中职校、民办机构等平台，实施“菜单式”选学、“订单式”点训。全年，累计培训9995人，其中贫困户5097人。深挖一、二、三产业就业潜力，实施“万人大就业工程”，探索就业“七个路径”，重点依托林果畜牧、园区企业、合作社、旅游业、乡村市场等载体，增加就业岗位。立足产业匹配，全力扶持乡村车间，对低效企业腾笼换鸟，帮助群众实现家门口就业；利用土地清理“六项资金”，政府购买岗位1388个；大力开展劳务派遣，通过“劳务派遣+贫困群众+项目工地”模式，推动就业困难群众转移就业4000余人。2019年，全县转移就业3.3万人，实现贫困户一户一人或多人稳定就业15748人。探索种植大户带贫益贫机制，全县种植大户吸纳稳定就业4860人，其中贫困户699人。大力实施“三托一转”和“员工关爱”工程，设立乡镇劳务派遣站、园区就业服务站、直通公交车等措施，解决就业后顾之忧，实现以业稳人。

【土地清理归并流转】 2019年，岳普湖以发挥土地资源作用，破解发展难题为目标，按照“三确四定”原则，全县清理土地3.48万公顷，发包收益9815万元，扶持贫困户2.85万人；归并整理土地7493.33公顷，流转土地5206.67公顷，其中贫困户8105户获取流转分红750万元。通过土地清理归并流转，加快适度规模化发展，催生合作社、种植大户等一批新型经营主体，带动贫困户多元增收。组建农垦、城投、劳务派遣、生态开发、昆仑土地开发等公司，提升脱贫保障能力。

【金融扶贫】 2019年，发挥金融扶贫推力，构建金融服务、信用评价、风险防控、产业支撑四项体系，坚持“户贷户用”，发展扶贫产业。年内累计拨付贴息资金2052.62万元，已收回小额信贷5312户1.5亿元，对剩余2089户0.35亿元信贷采取展期、续贷等措施，继续巩固脱贫成效。

【教育扶贫】 2019年，新（改）建学校15所，完成79所学校“三通两平台”建设；新招录国家通用语言教师835人，实现国家通用语言教学全覆盖。全面落实中、小学“两免一补”，实施“营养改善计划”，普通高中、中等职业学校“三免一补”政策，落实助学金帮困，521名贫困大学生享受助学金234万元。全年，下发8287名困难学生关爱资金294.43万元。狠抓“控辍保学”，确保贫困家庭身体正常适龄儿童、少年全部入学，对403名学龄残疾儿童中符合就学条件的，采取随班就读、送教上门、送特教学校等方式，全部妥善安置。

【健康扶贫】 2019年，筹资1.6亿元，实施县乡医院全面改造提升工程，每千人拥有床位数达5.2张；建成村标准化卫生室97个，配备31种基本医疗设备和80种基本药物；全县拥有卫生技术从业资格人员1256名，其中村医271名，全面达到“三个一”“三合格”“三条线”标准。贫困户家庭医生签约率100%；贫困人口参保率100%。全面推行“先诊疗后付费”“一站式联合结算”制度，对贫困群众实现“四重”医疗保障，对患大病群众或自付费用困难群众补充实施“顶梁柱”项目和医疗救助，住院报销比例达95%以上，全年累计医疗救助贫困人口2766人次、382.01万元；结合全民健康体检工程，累计诊疗大病、慢性病、地方病、传染病11631人次。探索传染病“三位一体”“三早”防治疗法，有效控制了结核病、艾滋病等新发感染，该做法在全疆借鉴推广。

【综合社会保障扶贫】 2019年，推进农村低保制度与扶贫开发政策有效衔接，落实农村低保线与脱贫线“两线合一”。全年，全县贫困户中的低保对象17297名。对符合条件贫困户、低保户和特困户32061人，代缴养老保险154.53万元；落实农村低保、特困供养救助、临时救助等资金1.2亿元；发放残疾人“两项补贴”265万元，受益23905人次。改扩建8所敬老院，对有意愿的129名特困老人集中供养；改扩建儿童福利院1所，集中供养困境儿童449名；建成儿童康复中心1座，托管治疗脑瘫儿童74名。

【基础设施建设】 2019年，实施安全饮水、骨干水源、小型农田水利建设，改造供水管网1070千米，全面解决农村饮水安全保障问题，实现家家用上干净安全自来水。推进“四好农村路”和村组巷道建设，全年新建道路264.4千米，全县道路交通总里程达1554.5千米，实现行政村100%通柏油路，组组通水泥路。实施农村电网改造升级工程4个，彻底消除无电村、无电户，煤改电工程已全部完工。精准排查信号盲点50个，新建设通信基站17个，实现村村通网络、有信号。

【农村人居环境整治】 2019年，以建设美丽乡村为目标，按照村庄规划建设“一图一案一说明”和庭院改造“五个一”基本要求，开展以“拆种建换美”为主的农村人居环境整治，完成村庄整治87个，有效消除脏乱差现象。

【住房安全保障】 2019年，按照“面积够用、查漏补缺”原则，建成标准安居房5270套；全面推进房屋除险加固工程，对36915户住房进行了安全认定，对5262户自建房完成鉴定，全面拆除D级危房，做到安全住房全覆盖；坚持“一乡一品、一村一特”，发展庭院经济2.68万户，实现了庭院增收。

【易地搬迁扶贫】 2019年，针对965户3980人异地扶贫搬迁群众，做好后续产业、就业发展扶持，配套建成幼儿园、便民服务中心、卫生室等。在前期产业就业基础上，进一步完善服务保障机制，实现搬迁户“一户一人稳定就业”，确保“搬得出、稳得住、有就业、能致富”。

【生态扶贫】 2019年，累计享受生态补偿贫困人口10016人次，完成防沙治沙2333.33公顷，建设生态防护林9466.67公顷，建立沙化土地封禁保护区1.5万公顷，复垦定植林带1840公顷，利用退耕还林土地6233.33公顷发展“三果一花”林果产业。

【“两不愁三保障”大排查】 2019年，开展三轮“回头看”暨“查短板、补弱项”行动，严格运用“一进二看三算四核五评”排查法，逐村逐户逐项核查。聚焦发现问题，按照建立台账、分类分级、制定方案、集中整改、逐一销号5个环节，同步开展问题整改。全县“两不愁三保障”突出问题已全部整改到位。开展“冬季攻势”大排查，重点排查梳理“三落实、三精准、三保障”情况，共排查9个乡镇、87个行政村（其中贫困村68个）、34837户137503人（其中贫困户13719户55046人），县、乡、村三级共1689人直接参与，访谈干部1111人，查阅档案资料11660份，查阅系统数据37997条。对人均纯收入，“三保障”，60周岁以上失能、失智、重病、重残老年人等方面开展排查，确保不漏一户、不漏一人。

【扶贫项目实施】 2019年，树立“抓项目就是抓发展，抓项目就是抓脱贫攻坚”的理念，聚焦“两不愁三保障”和特色产业发展，通过“两上两下”、联席论证，因村因户因人精准滴灌，确保扶贫资金花在刀刃上。全年，确定七大类扶贫项目42个，在产业培育上突出“三果一花”特色林果和畜牧良种、育肥、交易市场产业链条，引进新品种、推广新技术，大力实施智能温室、联栋拱棚等设施农业项目，打造区域性广、带动力强的现代农业扶贫示范园，增强乡村“造血功能”。成立12个项目指挥部，建立周汇总、月调度项目倒逼机制，加快项目建设。年内，项目开工率达到100%，已竣工验收41个，累计拨付资金7.06亿元，资金拨付率98.35%。出台《岳普湖县扶贫项目资产收益分配方案》，对资产折股量化到村，实行收益二次分配，分红到村、帮扶到户，按照村统村用、扶危济困原则，主要用于大病救治、鳏寡孤独、特困家庭、意外变故等群众，年底受益类项目实现收益分红680.2万元。

【问题整改】 2019年，县委、县政府始终把中央、自治区党委巡视、成效考核等各级各类反馈问题整改作为重大政治任务，做好巡视整改“后半篇文章”。成立整改工作领导小组，抽调18人组建整改工作办公室，县直部门和各乡镇、村均成立整改工作机构。年内，多次召开县委常委会、书记办公会、政府常务会，专题研究整改工作，推进中央、自治区党委巡视和成效考核反馈的突出问题和共性问题，对症下药改、动真碰硬改、举一反三改、标本兼治改。年内，中央第六巡视组反馈的65条问题，中央专项巡视指出的突出问题和共性问题102条，国家成效考核反馈的69条问题，均已整改完成。

【结对和对口帮扶】 2019年，认真落实“4321”工作机制，区地县乡164家单位7186名干部职工结对帮扶13719户贫困户全覆盖。各级党员干部利用“集中帮扶日”“结对扶贫”等载体，为群众出谋划策，指导发展产业，积极解决就业，避免给钱给物简单帮扶；推进“百企帮百村”扶贫行动，引进项目13个，帮扶资金248万余元，解决贫困户就业756人；推进对口协作，中石化实施帮扶项目5个1262万元，搭建起推介会、电商团购、便利店代销等平台，拓宽农产品销售渠道；新源县通过教育扶贫、产业扶贫等方式，助力岳普湖县脱贫攻坚；对接山东泰安援疆对口帮扶，落实帮扶项目20个2.3亿元。

【扶志扶智】 2019年，深入开展贫困群众扶志扶智工作，用好各类载体，从观念更新、技能培训、法治教育、行为规范入手，让贫困群众既富“口袋”，更富“脑袋”。开展感恩教育，用好周一升国旗、农民夜校、走访入户、“四同四送”、选树致富典型等载体，把强农惠农政策传送到千家万户，教育引导群众树立正信，树牢“五个认同”。开展“三新活动”，完善村规民约，破除陈规陋习，树立新风正气，逐步形成户户“比整洁、谋发展、思稳定、盼富裕”的氛围。

对口援疆

【援疆资金】 2019年，累计投入援疆资金6.5亿元，实施7个大类64个项目；招商引资落地项目37个，到位资金11亿元，吸纳就业6800人；人才交流交往1298人次。

【产业援疆】 2019年落地项目34个，到位资金5.6亿元，在喀什地区12个县市区中名列前茅。大项目实现突破，引进正伦服装等投资过亿元的项目4个，中国能源等央企上市公司首次签约重大项目。储备项目实现突破，签约项目11个，在谈项目27个，泰安市工商联、各县市区都有一批项目对接。

补齐消费扶贫短板。对口援疆山东省泰安市委、市政府高度重视市场化援疆工作，主要安排部署，提出要求。指挥部多次协调前方乡镇村和贫困户货源，及时向发改、财政、供销社、新矿等后方部门单位汇报沟通。市供销社明确经营主体，采取市场化方式组建专业营销团队，搭建起统销统购平台。年内，已有6家门店投入运营，采购农产品580余吨，年内已达到10家。新矿集团积极参与市场化援疆、精准式扶贫，到岳普湖县采购大枣350吨，面粉500吨。已累计采购和销售岳普湖县农特产品1500余吨，金额达到2760余万元，助力4000余户贫困家庭脱贫增收。“喀什好味道”品牌已打造成为鲁喀两地民族团结的一道亮丽风景线。

补齐平台载体短板。在原来大量援疆资金投入转化教育中心的基础上，支持园区功能调整建设纺织家纺园区、轻工建材园区，配套建设了职工公寓、食堂等公用设施，园区均具备“拎包入住，即时投产”的能力，年内可用厂房面积10万平方米以上，已进驻企业8家，其中5家是山东企业，吸纳就业1500人，为承载全县产业发展和吸纳就业发挥了良好作用。打造电商物流园区，助推通过全国电子商务示范县验收。完善提升泰岳工业园区，打造农副产品加工和纺织基地，初步形成“一区四园”产城一体化融合发展的新格局。

【援疆项目】 2019年，岳普湖县援疆项目19个，计划援助资金23133万元，其中新建16个，续建3个；项目分为7类，其中援疆扶贫项目14个，投资18844万元，占总盘子资金的81.5%；民生项目15个，投资18959万元，占总盘子资金的81.96%；用于基层的项目19个，投资20982万元，占总盘子资金的90.7%。年内，援疆资金到位率95.23%，投资完成率92.78%。

【人才援疆】 2019年，累计24名援疆支教教师到岳普湖县第二中学工作，对岳普湖县第二中学教育教学和管理任务进行全方位“托管”，针对在课题研究、校本教研、青年教师培养、课堂教学改革等突出性问题，集中力量攻克难关，注重发挥传帮带的“造血”功能，“组团式”教育援疆取得明显成效。

群众团体

岳普湖县总工会

【基层工会组建】 2019年，全县共有157家机关、企事业单位入会，会员16757人，全县职工入会率达到95%；工会组织网络覆盖面达到87%；全县各级工会委员会、女职工委员会组织机构配套率达61%。年内，新组建工会8家，会员1130人。

按照地区要求对地税代扣系统中有缴费记录但未建立工会的214家25人以下规模企业，通过清理，确定所在社区，以社区为单位建立工会联合会。

根据地区工会文件要求，为各乡镇及园区拨付2018年度乡镇、园区工会建设补助资金，为9个乡镇及园区拨付合计7.6万元。山东泰安工会援建职工阅览室的10万元资金，已拨付县一中建设阅览室。

【落实困难职工帮扶政策措施】 2019年，按照全国总工会、自治区总工会以及地区总工会的要求，组织乡镇、社区等基层工会干部认真开展困难职工建档立卡信息再复核工作，对2016年以来系统录入的1160余名困难职工情况进行逐一复核，确保对象确定精准，脱困解困精准。

【扶持对象】 2019年11月，共新增困难职工24名，系统内返困困难职工92名。确保精准识别建档立卡困难职工，做到“乡不漏村、村不漏户、户不漏人”，夯实困难职工脱困解困基础工作。

【资金使用】 2019年11月，全县共结余困难职工帮扶资金130.4万元。组织各社区、农林牧场对各自辖区困难职工再摸排，再复核，新增困难职工96名。依照困难职工实际情况，补发往年未发资金。全年，共发放资金112.4536万元，化解资金额度和比例，均居全地区首位。

【劳模评选】 2019年，做好岳普湖县地区劳动模范和先进工作者评选表彰工作，初审上报材料11份。认真做好劳模慰问金发放工作，经核查2019年符合劳模慰问金发放的劳模3人，发放补助金1.7万元，并在节日期间、中华人民共和国成立70周年走访慰问劳模，做好劳模生活状况调查工作及关怀工作。

共青团岳普湖县委员会

【概况】 2019年，中国共产主义青年团岳普湖县委员会（简称县团委），是中国共产主义青年团岳普湖县委员会的常设办事机构，在县委、县政府的领导下具体负责全县共青团工作以及全县团的组织建设，协助党组织管理、选拔和培训团的干部，列入党委机构序列，正科级建制，核定机关行政编制3个，其中领导职数2个，核定工勤人员事业编制1个，实有2人，无工勤人员。县团委下设中国少年先锋队岳普湖县委员会，为参照公务员法管理事业单位，核定全额事业编制2个，实有1人。主要负责全县少先队工作委员会常务性工作。

【团支部志愿服务队】 2019年，各乡镇、村都已建立志愿者服务队，人数达到2032人。组织“美丽庭院”建设青年志愿者服务队开展“3·5”学雷锋志愿服务活动。围绕春耕生产开展志愿服务。每支志愿者服务队至少帮助3～5户困难群众，切实解决缺乏劳动力的贫困户做好春季备耕生产工作。围绕“美丽庭院”建设开展志愿服务。以“四美三好一卫生”为建设标准，组织开展乡村环境整治、庭院卫生整洁志愿服务，围绕“3·5”学雷锋日开展志愿服务。

【美丽庭院整治活动】 2019年，以“建立新风尚 树立新气象 建立新秩序”活动为载体，动员广大团员青年投身到“美丽庭院”创建行动中，助力美丽乡村建设。按照“一乡一规划，一村一特色，一户一方案”的要求，合理布局庭院空间，规划种植区、养殖区和生活区，实行“三区分离”，发展“户均一座大拱棚、一片果园、一架葡萄”等致富产业。积极开展“美丽庭院”评优活动，建立“青年志愿服务队”“美丽庭院监督队”“美丽庭院评审队”，设立“四好三美一卫生”流动红旗，每周入户开展一次“美丽庭院”评优活动，对“美丽庭院”和“美丽片区”发放流动红旗进行表彰。各村团支部大力推进“包门前环境卫生清洁、包门前绿化管护、包门前秩序良好”制度落实，组织团员青年参与“公益日”活动，定期对全村进行清扫，并划定卫生责任片区，对村主要路段实施“路长制”，做好沿线道路日常保洁、绿化维护等工作。县团委每月申报和开展脱贫攻坚美丽庭院整治活动。

【资助贫困学生】 2019年，县团委继续加大教育惠民政策实施力度，为实现“资助对象”精准，资金分配方案改变过去严格按照比例“一刀切”的做法，对贫困学生比例高、基数大的村和学校，在资助比例上进行适当倾斜，实现“预算分配”精准。县团委每年为100名贫困家庭初高中生每人1000元资助。每年为5～10名新考入大学的贫困家庭大学生资助5000元。

【贫困家庭青年人自助创业】 2019年，县团委在2018年和2019年共提供8名大学生西部计划志愿者在扶贫办工作动员和组织各乡镇青年参加商经委开展的电子商务进农村培训，成为乡村电子商务进农村主力。组织107名优秀小学、初中学生参加“泰山天山手拉手，鲁新少年心连心”活动。开展扶贫扶智活动，组织优秀中学生参加全国各民族大中学生暑期同心营活动。

【从严治团】 2019年，对全县进行摸排，摸清组织底数并录入智慧团建。整顿软弱涣散团组织，改进团员发展和教育管理。制定团员发展规划，强化乡镇统筹，注重在基层和学校发展团员，注重发展少数民族团员。做好共青团、少先队的组织衔接，改进推优入团工作。加强团前教育、团员意识教育、仪式教育，抓好入团积极分子培养教育，建立集中教育和日常培训考察相结合的培养教育机制，创新团课教育，确保少先队活动课课时。严把团员入口关，严格发展团员制度，新团员接收必须经过团支部大会讨论并采用无记名投票方式进行表决。加强基础团务，严格工作程序，规范确定入团积极分子、发展团员、“三会两制一课”、团组织关系转接、推优、超龄离团等工作，防止“团、青不分”现象。组织各乡镇团委、学校团组织学习网上主题团课，学习习近平新时代中国特色社会主义思想，完成青年大学习网上主题团课，引导激励青年学习新思想，争做新青年。

（任欢欢）

岳普湖县妇女联合会

【基层组织建设】 2019年2月，召开岳普湖第十届县妇女代表大会，选举产生主席1名，副主席4名，执委15名。已完成全县村、乡、县三级妇联改革工作。

【“美丽庭院”创建活动】 2019年，推选上报自治区级“美丽庭院”示范村3个（也克先拜巴扎镇6村、色也克乡8村、阿其克乡11村），示范户228个（49个深度贫困村，每村3～6户）。

【“巾帼心向党”系列活动】 2019年，围绕庆祝中华人民共和国成立70周年，广泛开展“我和我的祖国”等主题教育活动75场。

【各类表彰活动】 2019年，对2018年为促进社会和谐稳定、推进脱贫攻坚作出重要贡献的22个“三八红旗集体”、25名“三八红旗手”、13名“巾帼建功标兵”、6名岳普湖县农村致富女能手，10个“最美家庭”，14名“好婆婆好媳妇”进行表彰。

【关心关爱妇女】 2019年，为6名农村贫困“两癌”妇女发放“贫困母亲‘两癌’救助金”6万元。六一儿童节期间，为希望学校的儿童送去价值1万元的学习用品。10月1日，在岳普湖镇2村为41户特困家庭发放了衣柜及鞋柜，鼓励他们克服困难，参与到社会生活的就业创业中去，健康阳光快乐地生活。

（安凌云）

岳普湖县残疾人联合会

【助残活动】 2019年5月，开展助残日活动，集中在花园路社区举行发放残疾人辅助器具和慰问物资。活动当日邀请县级分管领导发言并慰问残疾人及其家属，发放慰问品（清油150桶、面粉150袋及诸多辅助器具）。

【残疾人教育就业】 2019年，严格按照残疾人就业保障金征收要求，做好全县行政事业单位、企业缴纳残保金审核工作。年内，已审核2018—2019年残保金单位49个，其中达到按比例就业要求的单位35个，未达到按比例安排残疾人就业的单位14个（按比例就业40人），缴纳残保金金额为137992.1元。注重收集统计残疾人就业需求信息，加大与县人事部门的对接，在做好宣传工作的前提下鼓励残疾人参加各类培训，改善自身及生活条件。结合残疾人就业及生产生活需求共培训410人［残疾人实用技术培训300人、残疾青壮年文盲扫盲（国家通用语言）培训110人］。

【康复工作】 2019年5月，委托县维吾尔医院对79名脑瘫儿童实施康复项目，安排免费康复治疗服务，并对患儿的运动能力、认知能力、生活自理能力以及社会适应能力进行评估和动态追踪。为减轻脑瘫儿童家庭负担，为患儿和家长们适当提供免费午餐，为成年残疾人提供免费的康复治疗及训练。以入户的方式对全县范围内的脑瘫儿童家长一个不漏的宣传脑瘫儿童康复服务及优惠政策。加强家属教育培训，组织81名患儿家长及单位相关工作人员参加培训，为广大患儿营造较好的康复教育环境。开展节日慰问、临时救助。

【残疾人维权】 2019年，接待残疾人及其家属，对来访提出的问题，能解决的立即解决，不能解决的，做好宣传解释工作，减少来访率，极大程度提供方便，加大残疾人法律援助服务，引导残疾人依法表达诉求，依法维护自身利益。

（张　力）

岳普湖县红十字会

【基本情况】 2019年，有编制2个，在编2人，其中副会长1人，一般干部1人，属全额事业单位。办公室1间（18平方米），有电脑、打印机、复印机等相关办公设备。

【宣传工作】 2019年，将《中华人民共和国红十字会法》纳入自治区“宪法、法律宣传月”、“5·8”世界红十字日宣传重要内容，按照重点宣传和经常性宣传相结合的原则，经常性宣传无偿献血、捐献造血干细胞等知识。在“6·14”世界无偿献血日，通过发放宣传资料、宣传手册、板报等形式宣传无偿献血，营造良好的社会氛围。组织专项宣传活动。组织基层红十字志愿者，赴农户家进行艾滋病预防自救互救知识的宣讲，健康咨询、传染病防治、造血干细胞捐献、无偿献血等知识宣传，进行初级救护技能现场模拟演练，社区利用展牌、宣传栏等宣传《中华人民共和国红十字会法》、世界红十字日的由来、红十字会的基本原则等相关知识。全年，共组织各级各类宣传活动15次，发放宣传资料1500余份，扩大了红十字会的影响。

【无偿献血】 通过每年“6·14”世界无偿献血日宣传活动，县红十字会深入社区和农村，广泛宣传发动群众自愿参与无偿献血。年内，全县每年有1000余人自愿无偿献血。开展捐献造血干细胞的宣传和参与活动。动员（18～45周岁）符合对象的志愿者参加捐献造血干细胞志愿者，全县已有607名捐献造血干细胞志愿者加入中华骨髓库。

【项目工作】 2019年，根据地区红十字会的安排，在也克先拜巴扎镇钢花村开展VCA调查，结合该村实际和群众反馈，确定实施总投资40万元的“博爱家园”项目，其中硬件15万元用于铺设抗旱管道（7.5万元）、建设小型运动场1座（7.5万元），生计建设15万元用于帮助2个养殖户和1个餐饮店发展（各5万元），其余10万元用于组织建设和软件建设。实施博爱家园项目，改善项目村生产生活条件，村民卫生健康水平、防灾减灾意识和技能得到显著提高、卫生习惯、卫生健康知识、逃生避险和应对突发自然灾害处置能力得到提升。

（依力木古丽·阿布都克热木）

法 治

政法工作

【机构设置】 2019年3月，根据县机构改革方案，政法委机构进行改革，下设办公室、维稳研究指导室、综治督导室、执法监督室。设立岳普湖县法学会，核定编制2个。

【职业技能教育培训】 2019年，探索“一张脉络图、一套PPT、一部音诗画、一堂教育课、一场暴恐展”“五个一”的教育模式，并逐步向乡村、学校、单位全面推进。将“三个白皮书”制作成PPT，在每个村播放。

【困难家庭帮扶】 2019年，坚持思想教育、释法宣讲、解决困难“三位一体”推进，在落实自治区党委“六句话”要求上下真功夫、下苦功夫、下硬功夫，团结争取人心。3589名干部按照职务逐级递减原则，分别包联特困、困难户、次困难户、一般户，做到有人帮扶、一户一册、解决问题、不贴标签、团结关爱、建立机制“六个”全覆盖。抽调95名干部成立47个释法宣讲小组，逐户开展释法宣讲，解决思想疑惑、加强法治宣传。成立县方案指导、审定、执行、考核验收4个专班和18个走访小组，在走访小组形成一户一策的基础上，4个专班依次推进、高位推动工作开展，确保方案制定精准、解决问题到位。

【扫黑除恶专项斗争】 2019年，坚持站在巩固基层政权、为与全国同步进入小康社会营造良好环境的高度，有黑扫黑、有恶除恶、有乱治乱，实现治根目标。采取发放宣传单、开展大宣讲以及新闻媒体、文艺节目、典型案例宣传等形式，营造扫黑除恶专项斗争的强大声势。累计张贴通告公告11万余张，发放口袋书、挂历、宣传单、宣传册15.5份（册），开展宣传活动1822场次。落实线索奖励、月排名制度，完善“上报、汇总、推送核查、甄别、分析研判、移交处置、反馈结果”七步工作法，规范线索处置工作，共收集线索400条，线索成案57件，依法打击、处理106人；“打财断血”判处罚金113.1万元，没收非法所得22.2万元；追究主体责任和行业监管责任28人，其中2名副县级以上领导移送地区纪委监委处理。开展行业整治活动937场次，整治行业（治安）乱点369个；查处“黄赌毒”案件60起，其中治安案件48件199人，刑事案件12件24人。针对中央督导组反馈新疆的6个方面22条问题和喀什地区6个方面15条问题，坚持全部认领对照整改，已全部整改到位。

【综合治理】 坚持以全国

两会、“一带一路”国际合作高峰论坛、五一、斋月、国庆70周年安保等重大活动、重要节日安保为重点，成立社会面防控指导组常态化督促指导。强化企事业单位、重点场所、重点部位安全防范，严格落实危爆物品“产、运、销、储、用”流向管控，发现问题305处，下发整改通知书157份，停业整顿31家次。坚持管住社会面，坚持以“两站三警”为依托，强化实战演练，提升1～3分钟行动圈快速处置能力。

（谢　勇）

公　安

【队伍建设】　2019年，岳普湖县公安局以党建工作为抓手，扎实落实“一岗双责”“三会一课”制度，定期开展党委中心组政治理论学习，不断推动各项公安工作有效开展。开展党委中心组政治理论学习40次、机关“夜校”32次，累计培训1485人次；开展入党积极分子、发展对象培训班3期，培训65人；开展各党支部书记培训班、组织委员培训班3期，培训68人；开展各类学习研讨130余次，观看典型、警示电教片12次，累计参与人数超过3000人次，撰写心得体会3580篇，支部书记上党课68场。

【出入境管理】　2019年，县公安局共接待群众咨询2100余人次，受理各类出入境材料37份，其中申请普通护照18人（旅游16人，朝觐2人），申请港澳通行证12人，台湾通行证7人。

【治安管理】　2019年，县公安局共受理各类治安案件295起，办结213起，处罚人员471人。

【交通安全管理】　2019年，全面加强道路交通整治，集中开展各项道路交通安全集中整治、专项宣传工作，安全提醒、教育2.5万人，纠违警告9300人。岳普湖县辖区共发生交通事故796起，其中简易事故703起，一般道路交通事故93起，直接经济损失220002元，受伤人数114人，死亡14人。与上年同期相比下降2.11％，死亡人员上升55.56％，受伤人员下降16.15％，损失上升52.63％，全年未发生重特大交通事故。

【安保工作】　2019年，县公安局树立“万无一失、一失万无”工作理念，认真落实各项安保措施，圆满完成中华人民共和国成立70周年系列庆典、五四运动100周年、第二届“一带一路”国际合作高峰论坛、第二届进博会、北京世界园艺博览会、斋月、高考、中考等各时间节点安保任务，实现安保任务零差错。

【放管服工作】　2019年，县公安局推进旅馆业、印章业等六大审批下放项目的落实，危爆物品类安全管理实现网上审批；取消户籍证明、违法犯罪证明等15类证明材料，8项户籍业务在派出所户籍窗口一次性办结；全面落实公安部交管“放管服”20项改革措施，推广“交管12123”手机APP处理业务，方便群众足不出户办理机动车牌证、违法处理、事故快处快赔业务，将交管业务办理前移至 9 号便民警务站：落实公安部八项出入境便利措施，简化出入境程序，最大限度方便群众办事办证。开展入户走访群众 51423 户次，慰问困难家庭 727 户，开展送证上门服务 1964 次，解答群众疑难问题 6213 条，排查各类矛盾纠纷 952 起，化解 922 起，移交相关部门 30 起。

【110 接处警】 2019 年，县公安局 110 报警服务中心共接报警 10112 起，与上年度同比下降 515 起。其中有效警情 2878 起，与上年度同比下降 111 起；无效警情 7234 起，与上年度同比下降 404 起。

（吴田彬）

检　察

【基本情况】 2019 年，岳普湖县人民检察院在县人大及其常委会的监督下，在县政府、县政协及社会各界的支持下，深入贯彻中共十九大和中共十九届二中、三中、四中全会精神，紧紧围绕社会稳定和长治久安总目标，坚持严打高压态势不动摇，忠实履行法律监督职责，较好地完成各项工作任务。

【民事行政公益诉讼监督】 2019 年，县人民检察院不断提高公益诉讼工作的思想认识和政治站位，在线索摸排和案件办理等方面积极探索，依法履职，共摸排公益诉讼线索 40 条，立案办理诉前程序案件 20 件，发出诉前检察建议 19 份，终止审查 1 件；向法院提起刑事附带民事公益诉讼案件 1 件，以实际行动促进公益保护。

【控告申诉和司法救助】 2019 年，县人民检察院继续加强落实首办责任制，做好控告申诉各项检察工作，受理控申案件 3 件，其中受理刑事控告案件 1 件，受理非民行类申诉信访案件 1 件，上级交办 1 件，均已办结。落实 12309 检察服务热线电话接访，做到专人接听，为群众提供开放、动态、阳光的检察服务。开展司法救助工作，助力脱贫攻坚，办理司法救助案件 3 件 3 人，发放司法救助金 9.5 万元，及时解决困难群众所盼所急。

【未成年人检察】 2019 年，县人民检察院强化未成年人保护，共办理未成年人刑事案件 8 件 9 人，其中侵害未成年人权益案件 5 件 5 人。充分发挥法制副校长的作用，助力学校法治教育，6 名法制副校长开展法制进校园活动 12 场次，受教育师生 1.4 万余人次，为营造校园浓郁的法治氛围，保障青少年健康成长起到积极的促进作用。

【检务公开和检委会】 2019 年，县人民检察院认真开展案件信息公开工作，法律文书公开 193 份，重要案件信息公开 128 件，接待律师 10 人次，有效规范执法行为，促进公正执法。发挥检委会职能作用，召开检委会 6 次，讨论案件议题 5 次，事项议题 1 次，检察长列席人民法院审判委员会会议 2 次，不断推进检委会规范化建设，推动检察工作整体发展。

【自身建设】 2019 年，

县人民检察院深刻认识检察机关必须旗帜鲜明讲政治，自觉接受党的绝对领导，认真落实党内请示报告制度，凡检察工作重要部署、重大案件和重要改革措施，都及时主动向县委请示报告，认真执行县委对检察工作提出的新要求新任务，将党对检察工作的领导落到实处。充分发挥“两微两端”平台作用宣传检察工作，撰写上报信息简报59期；开展以“我将无我奋斗•不负人民重托”检察开放日活动，依法保障和服务民营企业健康发展检察开放日活动，增进检察机关与社会民众联系，提升检察工作影响力。

2019年，县人民检察院坚持每周中心组的学习和全院干警的政治学习，做好“三个白皮书”的学习宣传，利用学习强国、中检网等学习平台，有针对性地开展理论学习。认真开展“不忘初心、牢记使命”主题教育活动，坚持警示教育常态化，加强干警理想信念教育和党性党风党纪教育，加强对全院干警检风检纪的监督制约。开展“违纪案件大反思”警示教育活动，从严对标找差距，从实补差促整改，严明政治纪律、政治规矩。推进内设机构改革，做好检察官调离、岗位调整、退出员额等相关工作。落实司法责任制，严格执行检察官办案责任制和办案情况通报制度，提升办案专业化水平。

（赵 静）

法 院

【基本概况】 2019年，岳普湖县人民法院强化创新理论武装，坚持司法为民、公正司法为主线，忠实履行宪法和法律赋予的职责，开展审判、执行等工作。

2019年，共审执结各类案件1900件，结案1883件，未结17件，结案率99.11%，法定审限内结案率100%。

【刑事审判】 2019年，县人民法院以开展“严打”专项行动和“扫黑除恶”专项行动为契机，发挥刑事审判职能作用，严厉打击危害社会治安的刑事犯罪，完成“严打”和“扫黑除恶”重任。全年共受理刑事案件1072件，审结1071件，未结1件，审结率99.91%。

【民事审判】 2019年，县人民法院审理婚姻家庭、交通事故、劳动争议等涉民生案件，切实保护当事人合法权益。年内，共受理民商事案件489件（其中受理非诉保全案件7件，受理司法辅助案件53件），结案486件，未结3件，结案率99.39%。以调解、撤诉方式结案332件，调解、撤诉率68.31%。

【执行工作】 2019年，县人民法院把“基本解决执行难”作为重要政治任务，打好“基本解决执行难”攻坚战。组织集中执行2次，出动干警500余人次，发布失信被执行人名单217人，发布限制高消费令237人，使用强制措施6人，执行到位款项1221.61万元；办理司法救助案件6件，基本达到最高人民法院确定的核心指标。

【信访工作】 2019年，县人民法院重视和加强信访工作，接待来访群众9人，所反映问题均得到妥善解决；参与县信访局处理3起较大涉农民工劳资纠纷案件；妥善处理县群众办转办案件22件。

【社会监督】 2019年，县人民法院坚持主动接受人大和政协监督、依法接受检察机关监督、全面接受社会各界监督，法院办案质量和效率明显提升，群众满意度不断提高，司法公信力显著提升。自觉接受人大监督。向县人大常委会专题报告宪法、政法工作条例贯彻落实等工作情况。邀请代表、委员参加座谈、视察法院工作6人次，观摩庭审18人次，召开委员、代表会2次，主动走访代表、委员2次，广泛听取代表、委员的意见建议，不断改进法院工作，自觉接受政协民主监督，完善联系沟通机制，主动向政协通报工作，认真研究采纳有关意见建议。自觉接受检察机关法律监督，认真办理检察建议，邀请检察机关参与法院审委会等履职活动。自觉接受社会监督。利用新媒体广泛接受各界监督。召开新闻发布会4次，开展“法院公众开放日”活动6次，邀请300余名群众代表走进法院，观摩庭审、与法官座谈；通过“两微一端”等媒体平台公布法院重点工作消息163件次；通过网络视频直播案件87件，在中国裁判文书网公布各类裁判文书632份。访问量36.24万次，开放、动态、透明、便民的阳光司法机制受到群众广泛关注。

【司法为民】 2019年，县人民法院深化立案登记制改革，切实做到有案必立、有诉必理，确保当事人依法“无障碍”行使诉权。年内，共受理各类案件1848件，同比增长294.12%。其中民事案件同比增长141.28%，刑事案件同比增长883.27%；深化以审判为中心的刑事诉讼制度改革，完善出庭作证机制，强化庭审功能。积极稳妥实施刑事案件认罪认罚从宽制度，提高司法效率。推进案件繁简分流，适用速裁程序、简易程序审结案件4件；持续推进案件繁简分流，实现多元解纷、简案快审、繁案精审，全面提高审判质效；加大智慧法院建设力度，实行网上立案、跨区立案延伸服务网络，开通12368语音及短信平台、微法院平台；加强诉讼服务中心建设，在服务中心增加服务设施，为当事人提供各类文书样本，通过公示板、宣传册、电子大屏幕宣传立案登记制；在等候区配备座椅、长桌、饮水机等设备，在诉讼自助服务区域增设长桌、条椅、电脑、打印机、复印机等设备，严格执行“法官释明”和“一次性告知”制度，杜绝“三不”现象。年内，县人民法院诉讼服务中心共调解成功案件17件，其中录入系统10件；开展送法进校园20次，使2万余名师生受教育。重视司法救助工作，严格落实“党委领导、法院主办、整合资源、联合救助”执行救助工作机制。加大对困难群众的司法救助力度，依法为困难群众缓减免诉讼费1.7万元，让困难群众的诉讼权利实现“零障碍”，全年共发放司法救助金32万元，依法维护6件案件当事人的合法权益。

【审判管理】 2019年，

县人民法院推进司法责任制改革，建立健全审判权监督机制，坚持有序放权和依法监督有机统一，依托案件信息管理系统，建立健全适应新型审判权力运行机制的内部监督机制，从规范合议庭、审委会讨论案件程序和权力入手，由独任法官、合议庭审判长签发法律文书；细化专业法官会议运行规则，强化院长、庭长审判管理监督职责，助力院长、庭长监督管理，注重发挥审委会在法律适用上的集体把关作用，实现放权不放任、监督不缺位，放不乱、管有序的良性循环，有效推进审判权高效运行。全年，将案件审理的质量、效率和裁判文书制作的情况向全院通报 24 期，整改问题 31 个，召开审委会议 25 次 88 件；召开专业法官会议 18 次 35 件，采纳意见 32 件。

【司法公开】 2019 年，依照“公开为原则、不公开为例外”的要求，积极构建“开放、动态、透明、便民”的阳光司法机制，主动接受监督，强化对司法权的监督和制约，形成倒逼机制，切实提高法官责任意识和司法能力，有效促进审判质效，不断提升司法公信力，让司法审判的公平正义以人民群众看得见的方式实现。年内，召开新闻发布会 4 次、开展法院公众开放日 6 次；依托中国裁判文书网，共上网公开裁判文书 632 篇，裁判文书上网公开率达到 100%；依托中国审判信息网，公开案件动态 677 条，公开率达到 98.4%，发布开庭公告 677 条，电子送达 130 次，网上立案 2 件，当事人查询案件进展情况 244 次；依托中国庭审公开网，累计直播 87 次，群众访问观看庭审直播 36.24 万余人次；先后公布失信被执行人名单 217 人次，限制高消费 237 人次，促使 136 名失信被执行人主动配合法院履行债务 338 万元。

【自身建设】 2019 年，根据中央机构编制委员会办公室和最高人民法院联合下发的《省以下人民法院内设机构改革试点方案》文件要求，在理顺职能、优化分工的基础上，精干设置内设机构，严格控制内设机构规模，杜绝 1 人或 2 人庭（科）室现象，岳普湖县人民法院严格按照文件要求，由原来的 12 个内设机构精简为 8 个内设机构，分别是立案庭（诉讼服务中心）、刑事审判庭、民事审判庭、行政审判庭（综合审判庭）、执行局、政治部、综合办公室（司法警察大队）、审判管理办公室（研究室）。结合“不忘初心、牢记使命”主题教育活动要求共查摆出各类问题 22 条。全年以党建促队建、促审判，开展“三项技能”竞赛活动 4 次，参赛人数 150 余人次。选派干警参加自治区、地区和县委的各类培训 9 人次。开展院领导带头办案制度，院领导率先垂范，带头办案，为法官做表率，让法官从庭审中找差距，补短板，引领审判工作。

【设施建设】 2019 年，完善诉讼服务大厅基础设施，新建 2 个调解室，新增 10 个摄像头，保障诉讼服务中心监控无死角，实时上传至新疆高级人民法院监控平台；加大智慧法院建设力度，实行网上立案、跨区立案延伸服务网络，开通

“12368”语音及短信平台、微法院平台；在刑事审判法庭和民事审判法庭各安装1套语音转换系统，实现语音实时转化成文字，减少庭审笔录录入错误，提高审判效率，全力打造3.0版本智慧法院，实现科技强院。

【社会治安综合治理】2019年，县人民法院将综治工作纳入全年工作重点。认真贯彻落实中央、自治区、地委、县委关于维护社会稳定的一系列工作部署和要求，工作落实中坚持落小、落细、落实，夯实“危险就在眼前，暴恐就在身边”的维稳观念；成立应急分队、护院队，不定期开展处突演练；加强“人防、物防、技防”建设，全力做到“无缝隙、无盲区、无空白点”，坚持24小时值班制度、领导带班制度，落实“定人、定岗、定责”机制，抓早、抓小、抓苗头，全力确保法院机关安全，确保大事不出、中事不出、小事也不出；按照喀什地区、岳普湖县委统一安排部署，岳普湖县人民法院先后抽调70余人次业务骨干组成宣讲组，按照县委安排分别在岳普湖县6个乡镇深入开展释法宣讲工作。

（杨　勇）

司法行政

【队伍建设】2019年5月，党支部换届选举，选举出党支部委员5人，其中局党支部书记由党组副书记、局长担任，其他委员由班子成员和其他党员担任，明确班子分工，落实领导责任制。根据行政单位机构改革总体部署，原政府法制办的职能划转到司法局，根据自治区司法厅和地区司法局职能机构设置情况，依法设有综合办公室、依法治县与普法室（政策法规室）、行政复议与应诉室（行政执法协调监督室）、公共法律服务管理室（律师工作管理室）、社区矫正和安置帮教室（安置教育工作室）等5个内设机构；9个派出机构（即9个乡镇司法所）；1个下属事业单位（具有行政管理职能）岳普湖县法律援助中心，原公证处由原来的职能科室改革为公益二类事业单位，实行自收自支。实现职能清晰、人员定岗定责。

【普法依法治县】2019年11月，召开全面依法治县推进会，并借此契机召开全县普法依法治理、法治政府建设示范创建两个会议，开启全面依法治县进程。及时制定下发《岳普湖县2019年普法依法治理工作要点》，按照“谁执法、谁普法”普法责任制的原则，开展普法主题活动。组织全县干部职工开展“全民国家安全教育日”法治答题和“全疆党规党纪法律法规”答题等活动。开展形式多样的普法宣传活动。全年，投入55.8万元用于法治文化宣传活动。建成法治文化广场1个，法治长廊1座，宪法标识1处。印制分发《中华人民共和国宪法》解读、扫黑除恶应知应会等宣传资料3.5万余份、普法宣传品3.15万个、营造全县普法宣传浓厚氛围。举办行政执法证考试培训4场（地区级2场、县级2场），培训人员1800余人次。开展“宪法法律宣传月”主题活动。举办各类普法宣传活动600余场次，受教育群众5

万余人。大力推进行政规范性文件合法性审核和行政执法“三项制度”工作。在全县范围内编制印发《岳普湖县贯彻落实〈自治区加强行政规范性文件制定和监督管理工作的实施意见〉的工作方案》《岳普湖县贯彻落实〈自治区全面推行行政规范性文件合法性审核机制实施意见〉的工作方案》《岳普湖县全面推行行政执法公示制度、执法全过程记录制度、重大执法决定法制审核制度的实施意见》3个文件，为全县依宪执政、依法行政、依法办事和依法维权奠定坚实的法治基础。对4份行政规范性文件通过合法性审核，应急管理局已率先落实行政执法“三项制度”工作。

【司法救助】 2019年，处理县群众办转办案件（群众困难诉求）158件，已解决127件（视频会见7件，办理公证过户8件）。解决非转办的群众困难诉求。主要包括财产、车辆、银行业务等公证委托诉求，年内办理公证类困难诉求80余件，解决困难诉求率达到95%，做好人民调解工作方面。践行“枫桥经验”，创新人民调解“六步工作法”（宣、访、化、调、建、培），开展矛盾纠纷排查化解工作。全县有各级人民调解组织121个，人民调解员649名，实施“人民调解三级联动联调”和“人民调解六步工作法”。其中：乡镇调委会9个、村（社区）调委会105个，行业性、专业性调委会6个，县级调解中心1个。年内，共排查矛盾纠纷523起，调解成功518起，调解成功率为99%，涉及当事人1046人，涉及金额532万元。岳普湖县有县级公共法律服务中心1个，乡级公共法律服务工作站9个，村（社区）公共法律服务工作室103个，年内，共受理法律援助案件102件，涉及356人，涉及金额161.8万余元；通过电话热线、网络、来访咨询和解答各类咨询4000余人次；代写各类起诉书和法律文书共计115份；开展公证法律服务495起，涉及630人。

（李　霞）

军 事

岳普湖县人武部

【概况】 2019年，深入推进“两学一做”学习教育常态化制度化，扎实开展“传承红色基因、担当强军重任”和“不忘初心、牢记使命”两大主题教育。全年，开展法纪教育、四反教育、战斗精神教育、内部关系教育、保密教育、战备教育、风气教育等43课。对照“和平积弊”8类46个问题，层层自查，深入纠治，结合实战化训练清楚和平思想，查改和平积弊，推进战斗力提升。全年，投入10万余元，为官兵更换俱乐部设施，安装可视系统、维修整治澡堂等设施，制作悬挂路灯宣传牌和宣传橱窗，营造政治氛围。全年，在中央级报纸发表文章125篇，省部级媒体发表文章158篇。紧紧围绕驻地稳定、改革和发展的大局，搞好军政军民团结，严守群众纪律。严格按照习主席训令指示要求，狠抓部队军事训练。坚持每月分析练兵备战形势，学习上级有关文件指示，总结军事训练落实情况，查找问题，分析原因，制定措施，训练秩序进一步正规。狠抓军官等级考评，根据上级通知要求，3月，首次全员额、全要素组织定级考评，组织部机关和独立营官兵参加分区首长机关进行的兵种专业等级考评，通过率84.1%。广泛开展岗位练兵活动。4月，指导独立营训练尖子参加分区“创破”纪录比武竞赛活动，2人分别在步枪精度射击、轻机枪点射项目中取得第二、三名的好成绩；6月底，参加分区半年军事训练考核，在分区部队排名中取得人武部机关第二名，独立营三个连分别排名第十二、八、五名的好成绩。

【国防动员】 2019年6月10—11日，由分区带县国防动员委员会成员单位共14人全程、全员、全时参加西部战区国防动员指挥要素训练，副县长到场担任指挥员，整个要素训练领导重视、场地设置规范、组织正规有序、文书回复及时，确保训练高起点、高标准。认真抓好国防动员潜力调查，3次组织各单位主管国防动员工作的专武干部和负责人对民兵管理系统、国防动员潜力调查系统进行业务培训，促进国防动员工作落到实处。

【征兵工作】 2019年，根据地区征兵办公室工作安排，1月10日至9月20日，区分宣传报名、目测初审、体检政审、复查定兵和新兵交接5个阶段，征集新兵。大学生应征青年入伍，大学生新兵征集率达到100%。

【国防教育】 2019年，组织国防教育宣传辅导4课次，发放教育光盘200余张，电视宣传6次，利用乡镇广播站宣传23次。协调库木萨热依路和幸福路社区返乡大学生授国防知识共8场，制作维吾尔语、国家通用语言宣传国防知识手册共3000余份，张贴国防宣传标语4000余张（条）；开展双拥共建活动，举办军民联谊晚会6台次。结合民族团结教育月、“军民共建美好精神家园”等活动，扎实开展军民共建、扶贫帮困、走访慰问、军训和军事日等活动，打牢官兵、民兵“三个离不开”的思想，进一步增强民族团结。

【民兵工作】 2019年，着眼增强平时服务、急时应急、战时应战能力，完成基干民兵和普通民兵的组织整顿工作，5月，军事科对乡镇基层武装部整组和全面建设情况进行检查调研，形成专题报告全县通报，督促抓好问题整改。紧密结合年度工作，拟制下发年度民兵和专武干部训练计划，5月、8月分别选派巴依阿瓦提乡武装部部长、阿洪鲁库木乡武装部部长参加新疆军区专武干部集训。6月组织县民兵应急连；12月组织基干民兵，分别进行为期12天的集训，并在分区半年考核、新疆军区年终考核中接受上级的点验及考核，有效提升县民兵队伍遂行应急任务的能力。

【军民共建】 2019年，人武部党委与县党委积极协调，组织官兵与驻地学校、社区和共建单位的100余名党员干部，开展“学总书记讲话”、党的理论知识竞赛等群众性理论活动。7月1日，组织军地党员同过党日、向党报告，强化党员干部的党章意识、党员意识和党性观念。利用节假日等时机与县委宣传部和县文工团合作举办革命传统晚会，邀请离休老党员讲述加入组织后的心路历程，组织官兵参观岳普湖县色也克乡姜英教育基地和庆祝中华人民共和国成立70周年成就展，了解驻地经济社会发展历史，引领官兵忠贞不渝听党话、跟党走的纯粹品质。利用中华人民共和国成立70周年契机，协力拍摄《我和我的祖国》快闪，借助手机、网络等媒介启发官兵热爱第二故乡、建设第二故乡的情怀。部党委联合县团委、妇联和街道、社区组织地方优秀女青年与官兵联谊交友为大龄未婚官兵婚恋创造条件。

农 业

农业农村工作

【机构改革】 2019年，根据地委、行署批准的《岳普湖县机构改革方案》和《关于印发〈岳普湖县机构改革方案实施意见〉的通知》文件精神，岳普湖县将县委农村工作领导小组办公室、县农业局、县畜牧兽医局、县农牧机械局4个正科级单位及相关部门整合组建成立岳普湖县农业农村局，并于3月3日宣布成立。将县农业综合开发办公室、县农牧机械管理局、县农机安全监理站、县农村经济经营管理局、县种子管理站、县农业技术推广中心、农产品检验检测中心、县动物卫生监督所、县畜牧兽医站承担的行政职能划归县农业农村局。

县委农村工作领导小组办公室设在县农业农村局，接受县委农村工作领导小组的直接领导，承担县委农村工作领导小组具体工作。县农业农村局内设综合办公室、农产品质量安全与种植业管理办公室、农村经济发展改革与项目管理办公室、畜牧兽医办公室、科教法规办公室、农业机械化管理办公室等6个机构。12月，全局干部职工245人，其中局机关99人。

种植业

【粮食生产】 2019年，按照“人均一亩口粮田”的要求，补足粮食短板。围绕“稳定面积、主攻单产、确保总产”的目标，开展小麦高产创建活动，突出抓好小麦关键技术落实，扩大平播面积，压减套种面积，提高小麦单产。全年，全县收割小麦面积1.13万公顷，产量超过单产450千克，总产量达到7.48万吨以上，相比上年增长1.764万吨，每亩增收4.4千克。

【玉米种植】 2019年，种植666.67公顷正播玉米，产量达到6000吨以上。种植6513.33公顷复播玉米，实现亩产量达到511千克，总产量4.99万吨以上，比上年每亩504千克产量增收7千克，复播玉米种植为全县良繁中心的正常运营和畜牧业饲草料提供可靠保障。

【棉花种植】 2019年，全县种植棉花5.09万公顷，其中机采棉2万公顷，高效节水面积达到2.87万公顷，亩均产量较常规棉增加50千克以上；因地制宜推进棉花主栽品种区域化、规模化生产，有效解决棉花品种多乱杂等问题，重点种植推广高产、品质好、抗病性强的品种为主，确定棉花品种3～4个。

【蔬菜种植】 2019年，加快推进“菜篮子”工程建设助力脱贫攻坚，在充分论证和调研的基础上，确定为贫困户每户补助600株蔬菜苗，助力发展庭院蔬菜产业。全县计划实施补助10003户，实际完成发放10537户，有效确保“一村一品”蔬菜产业带动贫困户增收的目标。为提高农民种植蔬菜的积极性，专门制定蔬菜种植补助政策，利用项目扶持投资100万元作为奖补资金，按照茄果类300元/亩、叶菜类200元/亩，其他类100元/亩的标准，激发农民种植蔬菜的积极性。依托项目实施，采购9辆冷藏车、17400个周转箱、87个电子屏、87个电子秤、87个冷藏柜在全县93个行政村设立蔬菜销售收购点，收购农户庭院种植的蔬菜，由金粮实业有限公司商业化运行收购蔬菜，年内全县种植蔬菜933.33公顷，总产量达到32200吨，其中正播蔬菜面积527.33公顷，复播蔬菜面积431.6公顷，庭院蔬菜583.6公顷，陆地蔬菜375.4公顷，有效解决蔬菜销售难的问题，带动农户通过发展庭院经济实现增收。

【特色作物种植】 2019年，争取小茴香地理标志项目575万元，引导种植小茴香1.7万公顷，其中平播1600公顷，套种1.54万公顷，平播亩均产量达到70千克左右，套种亩产30千克左右。依托伽师甜瓜的品牌优势，种植西甜瓜960公顷。

【农作物高产创建项目】 2019年，根据自治区、地区有关要求，种植业科高度重视落实农业项目，指定专人、压实责任，总投入资金200万元，建设棉花高产核心示范区和示范区，带动面积达733.33公顷，结合病虫害物理防控和化学防控，实现皮棉亩产达到137千克。

【地力保护补贴发放】 2019年，发放耕地地力保护补贴农作物总面积为18980.3公顷，其中冬小麦8152.09公顷、春小麦567.69公顷、正播籽粒玉米517.71公顷、正播青储玉米176.69公顷、苜蓿591.37公顷、茴香8291.82公顷、正播西瓜424.08公顷、正播甜瓜212.25公顷、马铃薯46.6公顷。按照实际种植面积及补贴标准，全年农作物应发补贴资金2678.4821万元。9月，2678.4821万元耕地地力保护补贴资金已全部发放完成。

【棉花价格补贴发放】 2019年，发放2018年棉花目标价格改革补贴资金257877226.49元。按照实施方案细绒棉（陆地棉）交售量补贴0.918元/千克，特种棉交售量补贴1.194元/千克，基本农户面积补贴86.268元/亩要求，基本农户棉花发放补贴34408178.13元，产量发放补贴223469048.35元；正常交售量89591099.9千克，发放补贴82363343.16元，超产可发产量5101139千克，发放补贴4682845.60元，超产不可发产量1788875千克，资金1642187.24元。

畜牧业

【概况】 2019年，实现畜牧业总收入53621.91万元，比上年畜牧业总收入60048.54万元减少6426.63万元。畜牧业纯收入25254.53万元，比上年畜牧业纯收入17388万元增加7866.53万元。人均纯收入1727.16元，比上年人均纯收入1278.3元增加448.86元。年末，牲畜存栏29.99万头（只），肉产量7825吨，奶产量6216吨，蛋产量3497吨，毛产量489吨，改良畜27.106万头（只），改良畜占牲畜总数的92%。

【动物疫病防控】 2019年，对“非洲猪瘟”等重大牲畜疫情进行严格防控，完成各类牲畜防疫201.3082万头（只）次，其中牲畜口蹄疫防疫计划为60.6万头（只）次，完成60.6万头（只）次，完成率100%，防疫密度达到100%；禽流感、新城疫防疫计划为220.495万羽，完成220.495万羽；禽流感防疫计划为220.495万羽，免疫220.495万羽，完成率100%，防疫密度达到100%。

【动物检疫监督】 2019年，完成活畜检疫15.6066万只（羽），其中牛1.3089万头、羊10.3719万只、猪596头、禽3.2580万羽、其他6082头。切实做好产地检疫工作，保障上市交易畜禽安全无疫。严厉查处违规行为。严厉查处未经检疫审批与备案、手续不齐、未经检查站签章和拒绝隔离观察等行为。调出县境的畜禽11254头（羽），其中禽11027羽，驴227头。其他肉类2.101吨，脏器20.8吨，全年全县完成黄牛冷配12120头，完成计划100%。

【畜产品】 2019年，肉类、牛奶、禽蛋等主要畜产品同比快速增长，实现供求基本平衡、丰年有余。生产总值逐年稳步增加，畜牧业在农牧民增收中的比重连续多年保持在20%以上。年末，共存栏牲畜为30.0011万头（只），肉产量达7929吨，奶产量达5000吨，蛋产量达3600吨，毛产量达495吨，改良畜27.106万头（只），改良畜占牲畜总数的92%。

【畜牧养殖标准化建设】 2019年，按照“两大、一中、两小”畜牧产业发展规划要求，投资4196万元，新建1000头奥系荷斯坦奶牛养殖场1座，总投资16085.13万元，新建畜牧良种繁育中心1座，采购种羊15150只，新建育肥区、隔离区各1座，新建活畜交易市场1座。

【农业机械化作业】 2019年，全县农业机械总动力304855千瓦，比上年同期（275613千瓦），增加29242千瓦，增长10.6%；农机化作业水平稳步提高：机械化程度100%，小麦机收率达99.6%（农作物总机收率达36%），机播率98%，主要农作物（粮、棉）综合机械化水平80.4%，比上年同期提高4.6%（包括机耕、机播、机收的机械化水平）。

农牧业机械

【机械化装备】 2019年，全年除引进推广常规农机具外，新引进推广4LZ-8自走轮式谷物联合收割机32台、小茴香大型收割机9台、9QZ-2100A青饲料收获机7台、4MZ-3A自走式棉花收获机4台、玉米茎穗兼收收割机9台、大疆无人值班机T16型4台、残膜回收机和粮食清选机各9台。

【农机安全监理】 2019年，参加检验的拖拉机7912台，检验率达87.08%；比上年同期（87.9%）检验率减少0.82%；粘贴3M983D型反光标识粘贴率100%；共开展田间路检查235天，出动执法人员692人/次，出动车辆256辆/次，共检查拖拉机2887台次，发现隐患586台次，下发农机安全隐患整改通知书283份，发放宣传材料1891份，已整改完毕586台次，罚款261台，共计4.11万元。批评教育586人。

【农机购置补贴】 2019年，强化政策补贴完成农机购置补贴411台（架），补助资金1000万元，涉及316户农户。开展深松260公顷，补贴资金11.68万元，涉及农户1071户。

【农机培训】 2019年，结合科技之冬培训、春耕、春播、三夏等期间举办各种农机化新技术培训班25期，共培训人员10652名，培训工作完成率达100%。其中新拖拉机和联合收割机驾驶员培训班4期，共培训人数501名；其中免费培训人数150名、自费培训人数351名。各乡镇举办农机技术管理人员培训班及复训农机操作手培训班21期，共培训人数10151名，其中各乡镇培训农机管理人员32名、农机技术人员85名、农机操作手10034名。

合作社

【农民合作社】 2019年，投资228万元，扶持38家合作社壮大运行规模，全县合作社累计达到439家，已清理“空壳社”105家，培养乡土能人89名，培育新型职业农民320人，结合冬季大培训开展农民实用技术培训6期，培训6154人次。

【土地确权】 2019年，完成土地确权面积核实1.625万公顷，试点示范已发放确权证书587本。完成93个行政村清产核资资料上报工作。

【庭院经济建设】 2019年，以改善人居环境，增加经济收入，促进文明住行，美化农村环境为出发点和落脚点，完成庭院经济建设23459户，其中贫困户11913户，边缘户2767户，一般户4844户，其他户3935户。建成小拱棚1630座，小菜园14392户269.18公顷；小果园19285户，定制果树297419株397.83公顷；建成葡萄架20553户，定制葡萄110064株；实施家具进屋16491户，完成改厨9532户，改厕18287户，拆除危房23134户，拆土炕8858户。

【农资执法】 2019年，共出动执法人员931人次，共开展田间路查出动车辆412辆次，共检查拖拉机2887台次，发现隐患586台次，下发农机安全隐患整改通知书283份，发放宣传材料1891份，已整改完毕583台次，正在整改3台次，罚款261台，共4.11万元。批评教育586人。共检查全县农药、农资店65家次，没收过期套牌棉花种子1630千克，无证经营的玉米种子450千克，过期蔬菜、西甜瓜种子266袋，假农药、过期标签不规范农药1264千克，立案查处经营店13家，已办结案件9件，正在办理案件4件。年内，处罚9家农药农资店，总罚款金额为12.4万元，通过严格执法净化全县农资市场，确保农民放心用种、放心用肥、放心用药，维护农民的合法权益。

【项目推进】　2019年，脱贫攻坚项目18个。涉及资金23831.94万元。其中特色产业发展项目3个，分别为岳普湖县薄膜智能连栋拱棚建设项目、林果业深加工设备购置项目、木材粉碎加工利用项目，涉及金额670万元；畜牧业项目8个，分别为良种繁育中心（扩繁场）建设项目、畜牧业防疫体系建设项目、育肥区隔离区建设项目、活畜交易市场建设项目、奶牛养殖项目、流动配种站建设项目、畜牧养殖育肥区（二期）建设项目和良繁中心建设项目（二期）建设项目等，涉及金额20561.13万元；补助类项目5个，分别为2019年蔬菜种植补贴项目、庭院蔬菜种苗补助项目、庭院经济建设项目、贫困户生产生活巩固提升项目和林下养殖项目，涉及金额1400.81万元，设备采购类项目2个，分别为农业农机合作社项目和小茴香种植机械购买项目，涉及金额1200万元。

（祁彩虹）

水　利

【概况】　2019年，水利局坚持以“节水优先、空间均衡、系统治理、两手发力”的重要治水理念为指导，以改善农民生产生活条件，促进农民增收，保障农村经济平稳较快发展为目标，以推进水利工程建设进度，推行河（湖）长制，实施最严格水资源管理“三条红线”制度和用水总量控制定额管理制度、落实井电双控智能计量设施安装、加强水利安全生产监管、推进农业水价综合改革、健全完善基层水利服务体系为重点，有效提升水利管理服务水平，着力实施农村饮水安全巩固提升工程，确保饮水安全四项达标，从保障“两不愁三保障”中通水的具体要求为切入点，坚定不移地完成脱贫攻坚水利行业的任务。为实现全县社会稳定和长治久安总目标和助推县脱贫攻坚提供有力的水利支撑和保障。

【机构改革】　2019年，依据《自治区党委办公厅自治区政府办公厅〈关于做好自治区深化党政机构改革有关国有资产管理工作的意见〉和〈关于做好自治区深化党政机构改革有关档案工作的意见〉的通知》，中共岳普湖县委办公室、岳普湖县人民政府办公室印发《关于印发〈岳普湖县机构改革方案〉的实施意见》的通知和行政事业单位资产管理有关规定，3月8日将水利局的水资源调查和确权登记管理职责划出至县自然资源局；将水利局的水旱灾害防治、防汛抗旱指挥工作职责（负责对全县沟道、水库、堤坝、和水利工程的安全监督管理，组织制定全县防洪工程的规划和监察，负责紧急泄洪，水旱供水的调配）划出至县应急管理局，对应划出1名行政编制，同时将防汛抗旱办公室编制2个，人员2

名转划至县应急管理局；将水利局的农田水利建设项目管理、渔业监督管理职责划出至县农业农村局，同时将渔业行政执法大队编制4个，3名人员转划至县农业农村局。

【水政监察】 2019年，实施岳普湖县“井电双控”智能计量设施安装及远程控制平台建设项目，批复总投资3049万元（招标价2609万元），为全县2941眼机电井安装“井电双控”智能计量设备及远程控制平台。做好水资源费的征收工作。年内，征收水资源费1900万元。

年内，全县用水总量均未超出控制指标，退地减水面积720公顷。全年，出动执法车辆350车次，执法人员1400人次。共查处违法机电井3眼、违法盗采水资源365起、违法河道采砂5起。对违法凿井予以联合执法进行填埋；对违法盗采水资源予以警告，批评教育；对违法河道采砂进行警告制止。同时进行《中华人民共和国水法》《新疆维吾尔自治区地下水管理条例》《岳普湖县“井电双控”计量设施安装的意义》等相关水利法规知识的宣传，印发宣传单2.5万份，覆盖各个乡镇，提高全县广大农牧民遵纪守法的自觉性。

【重点水利工程】 2019年，完成庭院供水保障项目，项目总投资448.3万元，主要对全县8个乡镇69个行政村，由业主水管总站发放水泵，共计发放水泵5582台，消防水带5582卷，该项目解决了全县10340户贫困户的庭院用水困难问题，有效保障庭院经济灌溉。

全年，完成农村饮水安全巩固提升工程3项，总投资9042万元，资金来源为涉农整合资金及地方配套资金；大型灌区节水改造工程2项（岳普湖县骨干工程巴依阿瓦提乡分干渠节水改造工程，岳普湖县骨干工程阿洪鲁库木乡分干渠节水改造工程），总投资5700万元，资金来源为中央预算内及地方配套资金，防渗渠道总长度27.818千米，改建重建渠系建筑物共88座。

【水资源管理】 2019年，严格按照国务院《取水许可和水资源费征收管理条例》、自治区《取水许可制度实施细则》《取水许可管理办法》要求，推进水资源论证工作，特别是机电井取水许可，建立和完善机井“一井一档”档案资料，完成2941眼机井水资源论证表。出台《岳普湖县地下水资源管理暂行办法》，制定地下水资源用水指标分解表，将地下水用水指标分解到每一眼机井，通过建立机制和制定办法，进一步规范和加强地下水资源的管理工作。严格按照国务院《取水许可和水资源费征收使用管理条例》（国务院460号令）、《自治区取水许可管理办法》（自治区人民政府第89号令）、《建设项目水资源论证管理办法》相关规定，进一步规范取水许可管理工作，下发《关于进一步加强取水许可管理有关事项的通知》《关于切实加强水资源论证工作的通知》，要求开展取水许可审批自查清理工作，对已经审批但资料不齐全的取水许可审批进行完善，补做机井取水水资源论证表。在水资源论证、取水许可等方面严格执行用水定额管理，根据全县用水总量控制指标，合理编制各行业配水计划，做到配水有计划，分水有比例，量水有记载。在“世界水日”、“中国水周”、宪法宣传日（12月4日）期间围绕“节约用水，留住点滴”的主题，认真开展节水宣传教育工作。采取电子显示屏滚动播放、悬挂横幅、设置展板、发放宣传单等方式大力宣传《中华人民共和国水法》《中华人民共和国水土保持法》等法律法规。年内，全县实际用水总量为7.989亿立方米，其中农业用水利用地表水，水量为4.189亿立方米，用地下水取水量为3.8亿立方米，实际退减灌溉面积为720公顷。全年，全县用水总量、地下水用水量、农业用水量均未超指标，用水强度控制落实较好。

【农田水利建设】 2019年，完成农田水利基本建设投资5700万元，完成2项国家及自治区立项水利建设项目的建设任务。新增渠系防渗长度27.818千米。岳普湖县骨干工程阿洪鲁库木乡分干渠（0+000-21+853）节水改造工程：工程总投资3977.99万元。岳普湖县骨干工程阿洪鲁库木乡分干渠0+000-21+853段防渗工程控制灌溉面积为2546.67公顷，基本同意设计流量为2.2～3.7立方米/秒。新建、改建、重建渠系建筑物共55座，其中节制分水闸5座、分水闸8座、渡槽17座、农桥21座、涵洞2座、倒虹吸1座、测流桥1座。

岳普湖县骨干工程巴依阿瓦提乡分干渠（0+000-5+965）节水改造工程：工程总投资1721.97万元。岳普湖县骨干工程巴依阿瓦提乡分干渠0+000-5+965段防渗工程控制灌溉面积为3040公顷，设计流量为2.7立方米/秒。此次改建渠道长度为5.965千米。新建、改建、重建渠系建筑物共43座，其中节制分水闸2座、分水闸24座、渡槽5座、农桥11座、涵洞1座。

【防汛抗旱】 2019年，县财政筹措防洪资金220万余元，完成全县三道桥渠道上游防洪堤、尾克力克防洪堤、合理闸渠道上游防洪堤吐逊木闸渠道等县内县外21处险工险段维修加固点施工任务，做好各级闸口启闭机、电器，闸板、钢丝绳等设备检修保养和更换工作，储备铁丝50吨、钢丝绳480米、防洪编织袋17万条、防洪条、桩木240根、梢捆320个，全自动应急电源15台以及帐篷，雨衣、水鞋等后勤保障物资。

【农村饮水安全】 2019年，岳普湖县艾西曼中心水厂饮水安全巩固提升工程，总投资3157万元，该项目资金来源为涉农整合资金3157万元。新建清水池1座（600立方米），水处理车间1座（372.24平方米）；配套离心泵3台、变频控制柜3套、变压器1台（型号为S11-400）、水处理设备1套（日处理能力4000立方米）、电解盐型次氯酸钠发生器1套、安防设备1套、自动化设备1套；新建PE100级配水管网166.49千米，其中0.6Mpa管道长30.47千米（DN160～110），0.8Mpa管道长18.21千米（DN90），1.0Mpa管道长

21.32千米（DN75），1.25Mpa管道长13.76千米（DN63），1.60Mpa管道长82.74千米（DN50）；新建阀门井332座，穿渠穿路220处，水表井8730座，入户773户，配套智能IC卡水表8893套。解决艾西曼镇全镇、也克先拜巴扎镇的10个行政村（9、10、11村除外）等19个行政村（其中深度贫困村14个）的饮水安全问题，为项目区内3.691万人的安全饮水，提供有力的保障。

岳普湖县阿其克中心水厂饮水安全巩固提升工程，总投资3216万元，该项目资金来源为涉农整合资金3216万元，新建井房2座（14.35平方米／座）；水处理设备厂房1座（299平方米），锅炉房1座（27平方米），蓄水池1座（500平方米）；配套离心泵4台，变频控制柜4套，水质净化设备1套（处理能力为4000立方米／天），自动化及安防设备1套，电锅炉1台，变压器1台（型号S11-200）；新建PE100级配水管网177.975千米，其中0.8Mpa管道长51.143千米（DN400～75），1.0Mpa管道长126.832千米（DN75～50）；新建闸阀井183座，各类阀井共计26座，交叉建筑物232处；自来水入户782户，配套水表井3435座，安装智能IC卡水表6688个。解决了阿其克乡15个行政村（其中深度贫困村7个）的饮水安全问题，为项目区内2.6337万人的安全饮水，提供了有力的保障。

岳普湖县公道牙中心水厂饮水安全巩固提升工程，项目总投资2669万元，更新改造2眼供水管井；新建井房2座（13.41平方米／座），配套离心泵1台，变频控制柜1套；安防设备1套、自动化控制系统1套；新建PE100级管网289.597千米，其中0.6Mpa管道长89.48千米（DN315～110），0.8Mpa管道长35.62千米（DN90），1.0Mpa管道长40.84千米（DN75），1.25Mpa管道长50.55千米（DN63），1.60Mpa管道长73.11千米（DN50）。新建各类阀门井550座，穿渠穿路317处；入户542户，配套智能IC卡水表542套，更新改造户表井4000座。解决了岳普湖镇全镇，岳普湖乡全乡，色也克乡全乡，铁热木镇3、4、5村，也克先拜巴扎镇9、10、11村，县农二场、县林场等共计35个行政村（其中深度贫困村13个）的饮水安全问题，为项目区内5.5226万人的安全饮水，提供了有力的保障。

【灌溉管理】 2019年，用水总量8.357亿立方米，其中农业灌溉用水量7.87亿立方米，工业用水量0.01亿立方米，生活用水量0.101亿立方米，城镇环境用水量0.376亿立方米。全年，地表水供水量4.557亿立方米，地下水源地供水量3.800亿立方米。

全年，累计完成灌溉面积23.34万公顷次，较上年21.807万公顷次增加1.54万公顷次（棉花三次灌水、小麦四次灌水、玉米三次灌水、蔬菜八次灌水，防护林三次灌水、果园五次灌水、苜蓿四次灌水退耕还林五次灌水等）；亩均灌溉定额较上年减少24立方米。

全年，实际灌溉面积7.09万公顷，其中耕地灌溉面积5.41万公顷，林地灌溉面积1.19万公顷，园地灌溉面积4953.33公顷。退减灌溉面积700公顷。

【河（湖）长巡河】 2019年，加强河（库）执法监管，严厉打击涉河库水体污染及违法行为。年内，发布关于开展河湖突出问题整治行动1号令，县、乡、村三级河长严格按照要求进行巡河。全年，县级河长巡河累计182次，乡（镇）级河长巡河240次，村级河长巡河768次，完成全县巡河任务。对侵占河道、围垦湖泊，乱倒垃圾等行为进行执法检查，清理垃圾4处，拆除河道管理范围内房屋1处，促进了水环境的治理。

（卢凤琴）

电力·工业园

供电

【概况】 2019年，国网岳普湖县供电公司累计安全天数365天，连续安全纪录5412天。城网供电可靠率完成99.6504%，农网供电可靠率完成99.2296%，综合供电可靠率99.2888%。

2019年，累计完成售电量4.396亿千瓦时，同比增长33.38%；完成10千伏综合线损率7.84%；电费回收率100%，同比持平；超前完成公司反窃查违工作任务，合计追缴违约使用电费20.71万元，完成国网喀什供电公司设定指标值的104%，同比上年提升92%。

【安全生产】 2019年，开展作业现场督查203次、各供电所12次，共监察215次。共发现问题192项，考核19次，共考核41人次，总计考核2.07万元，加强作业现场管控，逐步规范现场作业安全要求。组织开展春、秋季安全大检查、安全性评价、安全大整顿等专项检查工作。对发现的问题制订整改计划，按照倒排计划逐一整改销号。对于未能整改的问题做好相关防范措施并列入下一年度项目进行处理。组织开展地震逃生、触电急救、重要用户停电等应急演练工作共25次，与岳普湖县政府、英吉沙县供电公司、伽师县供电公司及其他单位联动开展应急处置演练。以实战促演练提升全员应对突发事件的处置能力，有效地提高全员对应急工作的思想认识，提升公司整体应急管理。领导班子成员下班组开展安全大讲堂专题活动4次，各班组自行组织开展安全技能及知识培训工作59次。有效提升全体员工的安全生产意识及能力。推进配网自动化项目实施，新装及更换断路器共84台，新装故障指示器286组，新装信号源11台，提升供电可靠性，缩短故障范围和时间，配网运行水平有效提升。开展10千伏线损治理工作，10千伏线路线损治理成效显著，公司运维的43条配网线路线损合格43条，合格率100%，线路线损合格率明显提升。

【电网建设】 2019年，优质高效完成岳普湖县“煤改电”、三区两州和光伏扶贫电站配套电网工程，总计增换高压线路131千米，增换低压线路234.26千米，增换变压器204台，容量44.7兆伏安。总投资11290.7万元。光伏扶贫电站配套电网工程提前完工，岳普湖煤改电配套电网工程第一个通过验收。

【营销工作】 2019年，电费催缴和日清日结，一般工商业调价工作完成率

100%。梳理系统内所有电价码并对调价后新版电价确认，积极推广线上缴费工作。业扩报装方面：高压新装用户为113户、高压增容用户为44户、低压居民新装用户为928户、其他流程为14262户。高压供用电合同共计157份，低压供用电合同共计1735份。用电检查方面：完成168块煤改电台区考核表安装及更换工作、安装村民服务中心电采暖表计23套计量装置。按月度计划对用户开展用电检查工作、开展高压用户隐患排查治理工作，完成公司反窃查违工作任务，合计追缴违约使用电费20.71万元。完成89个幼儿园电采暖变压器送电前的计量检查工作。加强对乡镇营业厅监控不规范行为的巡查力度，通过督办、通报等形式规范乡镇营业厅业务办理，减少投诉风险，年度无投诉周累计37周。督促各所长在班前会组织人员学习典型案例，已形成常态机制，实现整体高效协同。加强线上缴费宣传力度，全年累计签约远程购电客户600户，全年累计完成线上缴费6523笔；进行高损台区和异常台区的普查工作。对台区低压用户和线路进行梳理，调整挂接关系，核对电量。对一终端多台区错误进行整改。

【综合管理】 2019年，完善“十三五”规划滚动修编。开展职工家属区“两供一业”移交工作，规范食堂经费、车辆维修及油料费管理。完成公司年度业绩考核责任书和年度绩效合约的签订。做好迎峰度夏、迎峰度冬电网安全稳定运行工作。加大对电网施工现场、检修现场的安全检查工作，做好反违章、隐患排查治理工作；全面开展安全生产月活动工作；做好春、秋季安全大检查和各类专项检查的整改落实工作。做好配网薄弱环节治理，认真分析2019年线路跳闸原因，加强缺陷和树障治理，提升配网运行水平。做好配网基础数据治理，全面梳理正确线路设备系统和现场的一致性，确保营配贯通工作取得实效，提升线路线损合格率，为实现配网自动化提供保障。

（刘　欢）

泰岳工业园区

【园区概况】 2019年，岳普湖泰岳工业园区位于县城北部，坐落在喀什—岳普湖—麦盖提高速公路和S310、S213交会处，交通便利，区位优势明显。2011年4月13日，正式升格为自治区级工业园区。

全年，园区入驻企业共计75家，总投资60余亿元。投资产业涉及纺织服装、农副产品精深加工、轻工、光伏发电、建筑建材、机械组装制造、商贸流通等领域，特别是新岳服装家纺产业园，新疆正伦实业有限公司，服装生产加工项目，填补全县织布产业空白。

【经济指标】 2019年，园区实现工业生产总值8.7亿元，同比下降11.7%；完成工业增加值1.41亿元，同比增加3.67%。园区规模以上企业8家，完成产值6.56亿元，同比下降22.74%，占园区工业总产值的75%；实现工业增加值0.87亿元，同比下降14%，占园区工业增加值的62%。年内，新升规企业2家，新疆美爱良农产品深加工有限责任公司和岳普湖新新岳制粉有限责任公司，于12月底，纳入规上企业数据库，并通过审核。

【园区规划】 2019年，结合已有园区和特色产业“三果一花”，聘请新疆市政建筑设计研究院有限公司重新规划四大产业园区，明确泰岳工业园区以农副产品加工和纺纱为主，新岳服装家纺产业园以服装织布家纺为主，新岳轻工建材产业园以轻工建材为主，新岳高新产业园以新材料为主的产业承载平台，全县四大园区面积达到19平方千米。

【园区建设】 2019年，经多方筹措资金不断完善园区基础设施建设和厂房、道路、燃气管网建设。完成5.3千米园区道路提升改造和3.08千米道路基础施工、16千米供水管网、3千米排水管网、7千米中水回用管网建设；新建园区固废设施建设项目；新建标准厂房18.4万余平方米。

【招商引资】 2019年，先后在河北沧州、山东济南、浙江义乌等地建立招商服务站驻外招商，派出干部蹲点辐射招商，寻求产业对接，加强交流与合作，先后7次派出招商小分队赴其他省市回访、招商。

全年，共接待区内外客商625人次，同比增长近7倍。累计签约招商引资合同项目43个，合同总金额25.2亿元，实际落地项目35个，占以往全部招商引资总数的三分之一，合同总金额20.9亿元。其中农副产品加工项目11个、纺织服装项目4个、轻工建材项目7个、电子加工组装项目3个、房地产开发项目6个、服务类项目4个。实现招商引资到位资金8.3亿元，同比增长141.88%，新增就业1244人，其中贫困人员340人。完成全年招商引资到位资金6.44亿元的128.8%。

【服务建设】 2019年，按照“只要你来投资，一切手续我来办”的工作要求，新企业落户后，安排专人提供“一站式”领办服务，年内，共为34家企业完成工商注册、刻章、税务登记、开户许可等各类证照136个，为24家企业完成项目选址、立项等。共为园区70多家企业完成180余个党政机关车辆通行证办理。与电信、联通、移动公司对接，完成落户企业负责人4G网络的开通。做好企业用工培训、推荐工作。年内，协同人事部门，举办大型招聘会2次，为园区企业解决就业人员1957人，其中建档立卡贫困户566人。制定园区《项目服务联系制度》，执行“包干”式跟踪服务，对园区签约、在建、投产项目，明确联系科室和联系人，挂钩帮办，跟踪服务，促使在建项目早建成、早投产，投产企业早达效、扩规模。每月定期向企业征求服务工作的意见和建议，针对企业反映的服务方面的问题和需求，及时进行梳理，搭建县委、县政府与企业沟通的“桥梁”，促进企业发展。严格落实“首问责任制”“限时办结制”“一次性告知制度”，做到有求必应、限期办结、逾期不结、责任追究，切实高效服务企业。

（张　勇）

交通·邮政·通信

交通运输

【续建项目】

1. S310K95 处木头巴扎—色也克乡政府公路，建设规模 10.4 千米，公路等级三级，中央车辆购置税投资 1849 万元。

2. 巴依阿瓦提乡库孜吕克村—阿洪鲁库木乡政府公路，建设规模 35 千米，公路等级三级，中央车辆购置税投资 2975 万元。

【新建项目】

1. 2019 年脱贫攻坚村组或巷道道路建设项目，建设规模 209.9 千米，投资 7507.6 万元。直接受益人群为艾西曼镇、也克先拜巴扎镇、色也克乡、阿其克乡、岳普湖镇、岳普湖乡、铁热木镇、巴依阿瓦提乡、阿洪鲁库木乡等 68 个行政村的群众。

2. 2019 年岳普湖县以工代振示范农村公路建设项目，建设规模 5.1 千米，投资 420 万元。直接受益人群为铁热木镇 8 村、9 村群众。

3. 高速公路入城连接线延伸段，建设规模 3.427 千米，投资 2295 万元。

4. 岳普湖县 2019 年国道 G219 入城连接线道路工程，建设规模 1.9 千米，投资规模 1600 万元。

5. 岳普湖县产业园道路（科技南路）工程，建设规模 3.1 千米，投资规模 897 万元。

【农村公路管理和养护】

2019 年，岳普湖县农村公路共 1690 千米，其中县道 6 条 130 千米；乡道 54 条 489.6 千米；村道 392 条 995.8 千米；农林牧场专用公路 74.6 千米。等级公路 1554.8 千米（其中沥青路面 1197.9 千米、混凝土路 356.9 千米），占到农村公路总里程的 92%；等外公路 135.2 千米，占到总里程的 8%。全县 4 个镇、5 个乡、5 个国营农林牧场都通不同等级的沥青路，93 个行政村的通畅率为 100%。

各乡镇成立农村公路养护管理站，配备 2～3 名路管员对各自乡镇所辖农村公路加强养护管理，提升养护质量。同时，进一步完善农村公路管理养护工作机制，强化农村公路的安全管理，充分发挥农村“两站两员”的作用，改进提升运输服务水平，审核并确定各乡镇（村）建档立卡贫困户农村公路路管员、护路员、消防网格员 264 名，每人每月 1250 元，纳入政府购买服务，组织开展农村“两站两员”培训班 2 期，培训人次达 528 人次，提升了 264 名农村公路路管员、护路员、消防网格员的业务水平和工作能力，加大对岳普湖县农村公路的养护管理和交通安全管理等劝导服务工作，按照“建有所养、养有所护”的原则，确保农村公路养护管理水平的稳步提高。

农村公路修补路面：铁热木镇至岳普湖乡重要农村公路28千米，投入100万元，岳普湖乡和铁热木镇6个行政村和岳普湖县良种场的群众直接受益。

【城市公共交通管理】 2019年，岳普湖政府投资525万元，购买纯电动新能源公交车7辆，县城新能源电动公交车数量达到26辆，为县城旅客运输和安全提供有力的保障。240辆城市出租车营运证全部进行审验。

【路政管理】 2019年，组建道路交通安全联合执法组，提高出勤率、见警率，全面排查交通运输系统运输车辆交通安全，共出动执法人员1527人次，执法车辆763辆次，检查车辆21487辆，查处违章车辆252辆，其中无从业资格证95辆，未携带道路运输证的72辆，查扣非法营运车辆19辆，站外揽客5辆，未年审车辆28辆，未检测车辆28辆，超范围经营车辆1辆，取得经营许可无道路运输证车辆4辆；检查维修、驾培企业80家次，共处罚金额45.79万元。

（王同博）

道路运输管理

【概况】 2019年，岳普湖县拥有道路运输相关经营业户21家，其中道路旅客运输经营业户2家、货物运输经营业户7家、机动车维修业户8家（二类维修业户1家，三类维修业户7家）、机动车驾驶员培训学校3家、客运站1家。拥有营运客车430辆，其中县际客运班线13条，县内客运班线38条。拥有营运货车34辆，其中普通货车16辆、罐式货车16辆、国际道路普通货车2辆。道路运输经营从业人员3159人，其中旅客运输经营从业人员1480人、货物运输经营从业人员1679人。机动车维修经营从业人员16人、机动车驾驶员培训学校教练员85人，教学车辆94辆。

岳普湖县道路运输管理局干部6名，其中领导1名，干部3名，工勤人员2名。

【扫黑除恶专项斗争】 2019年，在客运站、客货运企业、驾校等地张贴《进一步深化道路运输领域扫黑除恶专项斗争的公告》《关于在全区交通运输行业开展扫黑除恶专项斗争的公告》等，在客运站、客货运企业、驾校等地制作宣传版面6块、张贴横幅6条，在客运车辆、教练车张贴宣传标语360余份。全年，召开扫黑除恶专项斗争研判会13次，上报线索15条。根据《关于开展非营运车辆非法载客、营运车辆跨区域集中整治的通知》文件精神，年末，出动执法人员676人次，检查车辆3712辆次，处理黑出租车19辆，净化了全县道路运输市场环境。

【行政许可及质量信誉考核】 2019年，共受理行政许可事项2件，许可2件。开展道路运输企业及驾培学校质量信誉考核工作，2家客运企业，其中AAA级0家、AA级2家，驾校AA级1所。

【油料补贴发放】 2019年，按照《喀什地区农村客运2018年度油价补贴资金发放实施办法》文件精神，按照发放标准经认真审核实发农村客运车291辆、2370座位、发放金额7181160元，其中一级网路5辆、16.36万元，二级网络284辆、6962540元，三级网路2辆、55020元。

【ETC安装推广宣传】 2019年，为大力宣传取消高速公路省界收费站等重要决策，普及ETC使用范围，实现不停车快捷收费，提高高速公路通行效率，为司乘提供便捷舒适的行车环境。大力做好ETC安装推广宣传工作。年末，共完成安装ETC车547辆，其中教练车82辆、客车415辆、货车50辆。

【道路运输行政执法及安全生产监管】 2019年，开展“道路运输平安年”“打非治违”“安全生产月”“关于开展非营运车辆非法载客、营运车辆跨区域集中整治”“百日安全大行动”等活动，确保全县道路运输行业安全稳定。以“两客一危”为重点，深入开展“打非治违”专项行动。全年，安排执法人员676人次，检查车辆3712辆次，查处违章252件，罚款45.79万元，处理12328投诉案件15件，回访率100%，满意率100%。

（古丽阿依谢姆）

公路管理

【概况】 2019年12月，岳普湖分局有在职干部职工和离退休干部职工131人，其中在职干部32人、在职职工35人，离退休干部职工64人。

【管养路段】 2019年，分局管养里程323.8千米，具体路线：省道16线（高速公路）K50+000-K110+000、国道219线K2293+000-K2358、省道213线K65+000-K114+000、省道310线K62+000-K151+000、省道311线K0+000-K63+000、Z698线K0+000-K5+800段、高速公路30座桥，175道涵洞、G219线15座桥，183道涵洞、省道311线4座桥，72道涵洞、省道310线9座桥，130道涵洞、省道213线6座桥，82道涵洞，辖线内共养护桥梁64座（大桥2座、中桥10座、小桥52座），其中一类桥590.2延米/18座，二类桥1218.9延米/42座，三类桥26.5延米/2座，四类桥49延米/2座。

【技术指标】 2019年，岳普湖分局根据区段划养护的要求对分局管辖路段划分了三个区段。

1. 根据区段路况评定结果和划分原则进行区段试划。根据省道16线K50+000-K110+000、G219线K2293+000-K2358+000、省道213线K65+000-K114+000、省道310线K62+000-K95+000、K103+000-K151+000、省道311线K0+000-K63+000、Z698线K0+000-K5+800段建设质量及沿线的区域特点、气候特点、地质特点、公路技术状况结果等对公路进行合理的区域路段划分和路区段划分。

2. 分析各区段的养护方案与养护资金的匹配性，在不突破养护资金的前提下，最终确定区段划分结果。

【公路养护小修重点作业项目】 2019年，根据岳普湖分局迎国检阶段性养护任务和工作目标和实施方案。岳普湖分局对路面病害进行养护修复并加强桥涵养护工作，保证桥涵排水通畅，桥下无杂物，通道干净，整洁。支座周边清洁，无杂物，伸缩缝完好，无破损，缝内无杂物，桥栏杆、防撞墙清洁。维修桥涵防护工程、排水设施保持完好，功能正常。修补梁板、拱、墩台的微小损坏。并且对沿线设施里程碑、界牌、百米桩、示警桩、标志牌、标线、护栏、防眩板、隔离栅等沿线设施的定期清洁、刷新。全年，整修路肩342700平方米，整修边坡1146760平方米，修剪路肩杂草225000平方米，路基零星土方5662.72立方米，机械土方3710立方米，清理中央分割带的碱土308立方米，小型维修拦水带400米，更换及维修泄水槽（波纹管）1014米，机械清扫路面12539690平方米，冷补料修补坑槽180平方米，处置沥青路面沉陷599平方米，处置沥青路面松散453平方米，处置沥青路面推移86平方米，处置沥青路面拥包1357.64平方米，修补路面啃边74.97平方米，处理沥青路面龟裂（快速贴）939平方米，压缝带15千米，横向裂缝（沥青路面）40千米，处理桥涵跳车面层29.25平方米，清除桥梁淤泥139立方米，涵洞帽石涂刷700平方米，桥面伸缩缝橡胶条（止水带）46米，更换伸缩缝36米，钢筋混凝土护栏（桥栏杆）、钢筋砼墙式护栏涂刷932.35平方米，路侧普通型护栏清洁4205640米，单柱式交通标志清洁维护1451块，双柱式交通标志清洁维护859块，单悬式交通标志清洁维护145块，更换防眩板串丝129米，铁丝编织网隔离栅维修222米，焊接网隔离栅维修120米，井盖子（光缆）6个，更换波形护栏255米，更换护栏立柱30块、护栏立柱盖帽43个，更换防阻块72个，更换自发光多向警示标83个，新增交通标志184块，百米桩刷漆722.1平方米，标志牌立柱刷新4663.2平方米，示警桩刷新2954.2平方米，更换太阳能设施（爆闪灯）5处，路两侧波形护栏立柱及端头已经贴反光膜完毕，在8000余处立柱及端头粘贴265平方米三级反光膜。

【预防性养护】 2019年，根据新疆维吾尔自治区公路管理局《公路小修保养管理办法》和《公路日常养护示范路指导意见》要求，为构建“畅、安、舒、美”的公路交通环境，体现“安全、环保、自然、生态”理念，喀什公路管理局岳普湖分局通过精心安排，周密部署过程控制方针，围绕公路养护为中心，以三区段公路管理养护为模式，实施预防性养护和精细化养护，推广应用新技术、新工艺、新材料，精心组织实施系列专项工程处理路面、桥梁。

1. 省道16线K71-K85（上行），K87-K95（下行）路面裂缝灌封处置工程。该路段路面主要病害纵横向裂缝。年末，完成小修工程量清单灌封处治40千米，完成费用44万元，完成率达到100%，裂缝灌封处置，裂缝灌封按照“有缝必灌、灌早灌好”的原则，严格施工工艺，大力实施预防性养护和精细化养护，积极推广应用新技术、新工艺、新材料，提高灌封质量，做到开槽准确、清缝彻底、灌封饱满、路面整洁、线条美观，使路面 PCI 值提高，防止地表水进入，减缓路面损坏速度，达成延长路面使用寿命的目的，保障道路的安全畅通。

2. 分局管养路段麦塔省道 310 线桥梁伸缩缝止水带因常年风吹日晒而导致其加速老化破裂，为了加固和改善保持桥梁完好状态，对省道 310 的桥梁伸缩缝进行修复，因桥梁更换止水带工艺比较复杂，无能力来完成这项工程，转包与外单位进行修复，桥面伸缩缝橡胶条（止水带）46 米，更换伸缩缝 36 米，预算费用 37840 元，有效阻止桥梁病害进一步扩大，预防性养护效果良好。

3. 省道 16（麦喀高速）K80+000 至 K96+000 段清理中央分割带的碱土 308 立方米，省道 16（麦喀高速）K50+000 至 K110+000 段上下行路段共 120 千米路两侧波形护栏立柱及端头已经贴反光膜完毕，在 8000 余处立柱及端头粘贴 265 平方米三级反光膜。省道 310 线 69 处平交道口缺失 184 块标志标牌，为此分局组织相关人员进行安装标志标牌，已整改完毕。

4. 省道 310、省道 213 路面病害贴缝带和快速贴处置工程。分局管养的省道 310、省道 213 部分路段路面主要病害为龟裂、网裂、纵横向裂缝、麻面，为有效处治路面网裂，防止因网裂产生次生病害，分局探索处置路面网裂最佳方案，岳普湖分局大力引进新材料、新工艺，采用无损伤网裂修补技术处置沥青路面网裂，从中寻求更适用、更经济、更有效的解决方案，通过给予喀什公路管理局上报专项费用，首次采用沥青快速贴处置对省道 310、省道 213 路面网裂、龟裂、麻面等病害 120 平方米，国道 219、省道 310 纵横向裂缝病害 15 千米，通过对使用效果观测以及对施工工艺、经济效益比对，沥青路面快速贴新型养护产品，处置网裂、龟裂、纵横向裂缝、麻面效果好，简单快捷，施工简便，无须大型机械设备，经济实效，环保低碳，随贴随走，即时开放交通。

【小修保养投入】 2019 年，小修保养承包总费用为 2603703.04 元（包括材料费和机械费），累计支付 2235238.70 元。

【区段养护】 2019 年，以“区段管理”思路为基础，建立“好路精养、重点养护、维持养护”的三区段养护模式，根据路况调查数据绘制 PCI（路面状况指数）、IRI（平整度指数）点状图，以点状图为依据，将省道 16K50-K110 上行、K50-K110 下行、国道 219K2293-K2358 路段、省道 311K0-k63 划分为好路精养路段总共 188 千米，省道 310K62-k95、省道 213K65-K71、Z698 线 K0+000-K5+800 划分为重点养护路段总共 44.8 千米。省道 310K103-K151、省道 213K71-K114 划分为维持养护路段，总共 91 千米养护路段。

1. 加强计划指导，注重质量控制，规范日常养护。

年初根据区段养护管理理念对管辖路段进行划分，科学制定养护策略和养护目标。对早期病害采取预防性养护、中期病害采取功能性恢复，晚期病害采取专项整治。对重点养护路段集中实施路面坑槽处置，加强零星病害的修补，在春融期集中处理病害，开展及时、有效地维修工作；及时修复损坏的路基排水设施，保持其完整性；对维持养护路段，实施日常养护零星修补，春融路况恢复，主要解决影响行车安全通行的沉陷，坑槽等病害，保证路面无坑槽，桥涵无垮塌，及时修复沿线设施，保障车辆安全通行。

2. 安保工程保质保量，便民服务落实到位。

根据喀什公路管理局关于道路安全保障工作的要求及《公路安全保障工程实施办法（试行）》有关规定，岳普湖分局制定《岳普湖公路分局安全保障工程实施办法》《岳普湖分局养护作业区管理办法》，并广泛宣传和组织分局领导、技术人员学习。

【公路绿化】 2019 年，省道 213 线 49 千米，其中已公路绿化里程 42 千米，不可绿化里程 4 千米，可绿化里程 3 千米。全年，省道 213 的绿化率 85.7%，比上年提高了 10.7%，省道 310 的绿化率 94%，比上年提高 2%，省道 16 的绿化率 98.8%，比上年提高 68.8%，Z698 支线的绿化率 95%，比上年提高 2%，总共养护里程平均绿化率 93.4%，比上年提高 20.9%

【冬季养护】 2019 年，组建除雪保畅小分队、储备防滑料 500 立方米、摆放夏普吐勒立交桥江巴孜立交桥岳普湖立交桥，冷补料 30 吨，融雪剂 30 吨，工业盐 20 吨，装载机（带推雪板）1 台、平地机 1 台、5 吨自卸汽车 1 台、应急照明灯 1 台、江铃自卸汽车 3 台、工具车 2 台和劳动保护用品，包括反光衣、手套、安全帽等，一旦突发险情，立即投入使用，确保道路安全畅通。

1 月 31 日早晨 8 点开始，岳普湖县境内、岳普湖分局管辖的 S16、S310、S213 降雪厚度 5 厘米，岳普湖公路分局及时启动冬季防雪保交通应急预案，共投入 101 工日，投入 5 吨自卸车 2 辆（1 天）、除雪车 1 台班、指挥巡道车 1 辆、平地机 1 台班、融雪剂 5 吨、工业盐 3 吨。清理 1.1 万立方米的积雪。处置沥青路面拥抱、波浪 80 平方米，使用冷补料 10 吨。

【公路巡查】 2019 年，建立完善《喀什公路管理局岳普湖分局公路巡查制度》《巡道工岗位职责》《巡道工管理办法》，成立两个巡道组，一组巡道三级公路，另一组巡道高速公路，每组配备 1 辆车和 4 名巡道工。分局划清各巡道组的巡道路段，巡道组车辆专车专用，巡道组人员不安排其他任务，由分局计划员亲自安排巡道组车辆和人员，任何人不干涉，无特殊情况一般不作调整。巡道工严格履行职责，按照相关制度要求认真做好巡道记录，并及时完成填补零星路基缺口、清除路面杂物、清扫桥面、清理伸缩缝、清洗桥栏杆、清洗高速公路护栏、清洗高速公路轮廓标、校正标志牌、清洗标志牌、涂刷里程碑、更换或校正示警桩等养护生产任务。沿线设施的日常性养护与维修都是由巡道组完成。

拥有的养护机械设备有生产指挥车3台、道班交通车2台、生产车9台、机械3台、小型养护设备15台、依维柯2台、柳工平地机1台、同步碎石封层1台、车柳工装载机1台、压路机2台，共39辆（台）车辆。

【安全生产】 2019年，建立健全“党政同责、一岗双责、齐抓共管、失职追责”的责任体系，切实加强对安全生产工作的领导，牢固树立底线红线思维，不断完善安全生产相关制度。严格落实安全事故周报、日报统计上报，开展巡查督导工作，针对降温、沙尘、泥石流等自然灾害，做好应急处置工作，在开展安全生产自查自纠工作，查找薄弱环节，补短板、防风险、严防控，确保安全稳定各项措施落到实处。

建立健全应急处置体系，提高全体职工突发事件应急处置能力，根据喀什公路管理局岳普湖分局《2019年应急演练计划》，岳普湖分局组织消防应急演练2场，参加职工70人次；参加职工32人次；组织实战演练4场。

（阿依古丽·依斯拉木）

客运管理

【主要工作】 2019年，共发车32.3万次，运送旅客213.51万人次，售票金额3599.43万元，客运周转量11885.16万人/千米。对所有进站营运车辆进行全面的安全消防检查，对无防火设施的车辆更换和补配灭火器共100瓶，“三品”岗位共查验行李物品22万件、查获散装白酒75瓶、管制刀具77把、香水发胶280瓶、没收易燃易爆品7箱（打火机约9800个），安检车辆45883辆，发现存在车辆隐患的448辆。

邮　政

【业务情况】 2019年，实现业务收入626.7万元，完成预算的98.2%，同比增长4.1%，增长24万元。劳动生产率人均16.8万元。

【基础设备】 2019年7月，新建阿洪鲁库木乡邮政所，面积120平方米，土建工程已完工。10月，新建500平方米仓储物流处理中心。岳普湖县也克先拜巴扎镇、艾西曼镇、色也克乡、阿其克乡、铁热木镇、巴依阿瓦提乡、阿巴提镇、阿洪鲁库木乡8个乡镇邮政所各购置一台X光安检机。

【优化服务】 2019年，加强对营业、投递班组制度化、规范化、程序化的管理。完善投递管理平台系统，缩短邮件在途时间；加大业务视察、检查工作的力度。加强对储汇、机要关键岗位、关键环节的制度检查；及时处理用户各类投诉，加大服务质量的检查和考核力度，邮政服务质量和客户满意度有所提升。做好“民族一家亲”报刊投递服务工作；继续开展“使用十字服务用语”活动、“多说一句话”活动，加强落实首问责任制，提高了营业、投递人员综合服务能力。

规范服务质量监督检查机制，建立健全服务质量监督检查制度，开展平信收寄、封发、运输和投递各类专项整治活动，平信条码化率、在途邮件断点量实现双达标。大幅提升普遍服务水平。

【报刊发行】 2019年，实现业务收入90.6万元，完成年预算的100.14%，超预算进度10万元，同比增长12.42%。稳固政务市场、开发商务市场、拓展个人市场。挖掘报刊私费订阅市场，扩大私费订阅市场的占有率。

【代理业务】 2019年，坚决落实“一体两翼”经营战略，企业发展活力持续提升。“金融翼”发展稳中有升。以网点转型为核心，以项目营销为抓手，不断强化风险管控，推动代理金融业务稳健发展。全年实现业务收入350.07万元，同比下降0.1%，完成计划的98.91%、金融余额达1.92亿元。包裹快递业务完成130.49万元，同比增长21.3%。宣传包裹价格优势，加大“西域航配”新业务的宣传，积极与岳普湖县各乡镇“访惠聚”驻村工作组联系，协商红枣电商邮件从邮政渠道寄递。

【函件业务】 2019年，实现业务收入4.52万元，完成年计划的45.12%。加大传媒类业务开发，推进第十五届少儿书信活动。

【集邮业务】 2019年，实现业务收入16.9万元，完成年计划的99.1%。以“集邮文化季”和“生肖贺岁季”活动为抓手，积极开展邮展、集邮知识讲座和品鉴会等活动，利用“线上+线下”资源做好邮品宣传，抓住集邮品鉴会、业务联动契机。

【分销业务】 2019年，完成业务收入7.38万元，完成计划的41%，推进订货会营销，加强节日营销转型，精心组织好五节联送、端午、防暑用品营销活动。

（罗永强）

电　信

【概况】 2019年，中国电信股份有限公司喀什岳普湖分公司位于岳普湖县坎旦木加依路5号院。下设机构42团、巴衣阿瓦提乡、色也克乡、艾西曼镇、铁热木镇、阿洪鲁库乡、42团5连、也克先拜巴扎镇、塔吉克阿瓦提乡、阿其克乡等电信所及岳普湖县营业厅、文化南路社区店。12月，有在册员工21人，其中少数民族13人，汉族8人；男性15人，女性6人；党员12人。

【业务发展】 2019年，分公司全业务市场份额为29.37%，较年初增长2.51%，分公司全业务总用户数为48531户，其中移动用户数为27268户，有线宽带用户数为21263户；ITV19204户。

【服务质量】 2019年，开展“畅通网络，诚信服务”主题活动，加强网络建设和优化，网络通信质量稳步提升，电信业务接入和接通状况良好；营业服务窗口人员加强自身培训，提高综合素质和窗口服务水平，培养营业员处理各种用户投诉的技巧及现场应变能力，重视客户服务工作，加强营业厅人员服务意识，认真处理用户问题，做好引导员工作，户申诉持续下降。定期走访大客户，挖掘用户需求，按用户需求为大客户办理业务，提高客户感知。

【企业转型】 2019年，大力发展转型业务，农村支局、营业厅、渠道、装维分别进行划小承包，通过转型激发员工积极性，用业务带动收入，优化收入结构，降低企业经营风险。

年内，通过划小承包，企业员工及时把握市场动态，及时把握企业状况，提高执行效率。分公司采取每周组织召开一次例会的方式，对解决问题、加强沟通、协调解决疑难问题搭建平台，使企业能够对市场变化做出快速反应，提高企业对市场的应变能力，为企业的发展提供保障。

【通信能力】 2019年，围绕网络维护的各类指标，加强基础网络运维工作，定期对各类设备进行维护和检修工作，加强对“三线交越”的整治，将安全隐患消灭在萌芽状态。投入运行的通信基站累计127座，网络信号能全面覆盖，加强网络及通信信号，通话质量得到明显改善。

【运行维护工作】 2019年，进一步加强运行维护管理工作力度，本着“维护就是服务，维护就是经营”的原则，以市场为中心，提高设备维护质量和网络安全畅通，并将各项网络运行指标纳入月绩效考核中。公司运行维护工作主要对机房进行集中整治和对市场前端提供快速响应与支撑。政企客户电路开通与障碍修复及时率达到100%。公安其他网络种类也多种多样，覆盖面大，维护力度较重，安排专人负责公安网络的维护，做到立即响应、立即修复，保证全程全网畅通。

（郑　鹏）

移动通信

【业务经营】 2019年，岳普湖县移动公司业务总收入3890万元，同比增长16%；移动通信用户数4.2万户，同比净增8140户，增长24%；移动宽带用户数为7100户，同比净增3700户，增长109%；网络电视6780户，同比净增2660户，增长65%。

【实名制工作】 2019年，根据通管局对实名制工作要求，2019年实名制登记是一项常态化工作，梳理未实名客户资料，按区域按人头进行分解任务，组织员工及代理商开展外呼告知工作，同时要求自办厅及社会渠道厅对到厅客户100%开展实名登记宣传。

【网络建设】 2019年，着力提升网络运维能力。通过装简易支架、新增室分的方式，解决3个点位的信号问题，宽带共计新增74个点位。同时，加强代维、装维单位的管理，按要求完成弱光整治，提升装维效率，将能力优势转化为发展优势。

【渠道建设】 2019年，县城、乡镇、团场新增渠道网点4家，实现乡镇移动营业网点2家以上，使移动营业网点服务至最基层，方便基层广大用户业务的需求，为广大用户提供最优质的便捷服务。

【企业管理】 2019年，建立和完善具有岳普湖县移动公司特色的企业文化体系，推动社会主义核心价值观和中国移动“正德厚生臻于至善”核心价值观的有效落地；规范公司的经营管理理念和管理方式，开展形式多样的内部活动，营造良好的企业文化建设氛围。

（安玉霞）

联合网络通信

【概况】 2019年，中国联通岳普湖县分公司通过全体员工共同努力，在市场竞争激烈的情况下，通过激发社会渠道活力、存量维系提升用户价值、提高固网资源利用率，完成各项工作。

【经营指标】 2019年，岳普湖县分公司全业务累计主营收入2289万元，同比增长10.45%，完成全年预算收入目标的105.66%，预算收入完成率排名全地区第六名；年末出账用户为30222户，较上年末净增长2054户，同比增长15.6%，全地区排名第四。固网出账用户数944户，同比增长15.3%。

【团队建设】 2019年，中国联通岳普湖分公司有员工14人；其中正式职工7人，临聘人员5人，保安2人。县分公司岗位设置：县分公司经理1人，副经理1人、经理助理1人、办公室主任1人、渠道管理2人、营业厅3人、政企行业经理2人、账管1人、保安2人。

【营业网点建设】 2019年12月，中国联通岳普湖分公司有营业网点30个，覆盖全县所有乡镇及农林场，其中自有营业厅2个，分别位于新城区（县委大楼对面）和库木萨热中路，全县依托联通公司合作的人员56人。社会渠道建设，在乡、镇补盲网点的基础上，进一步向农村延伸，聚合产能增长点，实现全业务发展规模上量。通过向高价值套餐倾斜及异网率指标倾斜，牵引渠道发展重点，有效提高收入和新增用户；存量价值提升，合约转化齐并进；通过“提价值”“防携转”“高危保有”重点工作，在提升用户价值的基础上，聚焦合约、融合捆绑和高危用户保有，做好提前防御，采取灵活多样举措全力提升用户在网黏性，拉动用户价值增长。

【网络建设】 2019年12月，中国联通岳普湖分公司共有基站355个，其中2G基站70个，3G基站155个，4G基站130个，全县行政村覆盖率89.7%。

（张　能）

城乡建设

【机构】 2019年，岳普湖县住房和城乡建设局内设有城市管理监察大队及房管所、建设工程质量监督站、安居办、建设工程交易中心、城市综合管理服务中心、代建中心等6个事业部门，有行政编制5个，实有8名，参照公务员编制15个，实有14名，事业编制43个，实有43名，总编制数65个。

县住房和城乡建设局实有在岗人员44人，其中公务员6人、参照公务员10人、工勤10人、管理岗7人、专业技术岗11人。

住房保障

【棚户区改造】 2019年，根据《岳普湖县2019年城市棚户区改造建设项目房屋征收补偿方案》文件要求，成立岳普湖县棚户区改造领导小组，实施棚户区改造项目。

岳普湖县列入2019年棚户区改造的片区共有3个，评估总户数1157户，总占地面积56.27公顷。

岳普湖镇3村1组片区共有拆迁户429户（选择货币补偿316户，实物置换113户），共需资金7069.1万元（含林木补偿、土地补偿、搬迁费、临时安置补偿费、垃圾清运费、评估费、测绘费等费用）。年内，已拆除425户，已发放249户的3517万元拆迁费。

岳普湖县3村2组共有240户，经过2016年、2017年拆除已拆219户，未拆迁遗留的有21户，共需资金254.6万元（含拆迁补偿、搬迁费、土地补偿、林木补偿）。年内，已拆除20户，已发放拆迁费147.97万元。

【回迁房和团购房】 岳普湖县列入2019年棚户区改造计划3个片区的共1157户拆迁户中，选择房屋置换的户数有352户，回迁房的建设地点为岳普湖镇3村1组拆迁点。年内，回迁房的规划、设计等前期工作已完成，拟建16栋、352套住房，建筑面积3.13万平方米。

【农村安全住房】 2019年，为全力推进住建行业脱贫攻坚项目，实现岳普湖县2019年脱贫摘帽任务，“十二五”“十三五”期间共计建设安全住房33404户。年内，完成安居房建设5270户，其中四类人员742户（建档立卡贫困户94户、低保户645户，农村分散供养户3户），一般户4528户，已投入资金16037.6万元，从而保障了全县农村安全住房全覆盖。

根据住房城乡建设部、财政部、国务院扶贫办《关于加强和完善建档立卡贫困户等重点对象农村危房改造若干问题的通知》，住建局于3月18日起，抽调18名专业技术人员对全县农村住房开展鉴定、认定工作。全县共开展认定36915户，鉴定5262户，A、B级房36804户。

住房公积金管理

【住房公积金归集】 2019年，喀什地区住房公积金管理中心岳普湖县管理部公积金正常汇缴单位154家，实缴职工9472人，其中当年新增单位9个，当年新增开户职工1362人。当年归集17176.80万元，比上年增长8.33%。缴存余额54096.36万元。

【住房公积金提取】 2019年，喀什地区住房公积金管理中心岳普湖县管理部共办理提取住房公积金5587.32万元，比上年增长36.24%。全年，累计提取住房公积金12750.93万元，其中1048人用于职工购建住房和改善居住条件。

【住房公积金贷款】 2019年，喀什地区住房公积金管理中心岳普湖县管理部受理发放住房公积金贷款155笔，共3333.30万元，比上年增长249.18%；累计向3848户家庭发放住房贷款36846.72万元用于解决和改善住房条件，贷款余户3848户，贷款余额7956.31万元，个贷率44.47%。

【资金管理风险防控】 2019年，喀什地区住房公积金管理中心岳普湖县管理部从严规范人员岗位设置、业务操作，严格落实审查、审核双重把关流程、痕迹管理，对住房公积金收支的全过程进行监督、控制、稽核、检查，确保资金绝对安全。

【公积金从业人员规范服务】 2019年，喀什地区住房公积金管理中心岳普湖县管理部继续加大"放管服"改革，优化服务，强化监督，制定《喀什地区住房公积金管理中心绩效量化考核管理办法》《喀什地区住房公积金管理中心窗口从业人员行为规范》，实行阳光服务、靠前服务，进一步规范公积金从业人员服务行为，转变作风。

【"双贯标"正式上线】 2019年，喀什地区住房公积金管理中心岳普湖县管理部对住房公积金资金管理实现统一账户、统一调拨、统一结算，业务办理实现汇缴实时分解、提取实时入卡、贷款实时发放、资金实时调拨、账户实时监控、业务实施结账，大大提升岳普湖县住房公积金管理信息化水平和服务能力。

（顾雪花）

项目建设

【脱贫攻坚项目】

1. 十小店铺建设项目：计划投资4662.5万元，实际投资3512.5万元。年内，已将资产移交村委会，共解决751户贫困户、一般户创业增收。

2. 煤改电项目：投资4858.1万元，14300户已全部完工，资金支付3620.92万元。

3. 农贸市场配套设施建设项目：总投资265万元，工程已全部完工并投入使用，并为22个贫困户提供就业岗位。

【重点项目实施】 2019年，实施重点项目共5个，总投资3.05亿元。

1. 村容村貌整治项目：

总投资9085万元，其中68个贫困村6460万元，25个贫困村2125万元。路灯采购2739盏；为68个村采购垃圾桶5550个、560个垃圾船、136个垃圾车。按照县委制定的“拆、种、建、换、美”五步法，着力解决厕所、庭院整治、居住环境整治、污水入沟、定期清理垃圾、沟渠及时清淤“六件事”，打造生态宜居，和谐繁荣的农村人居环境。

2. 岳普湖县2019年轻工建材园区市政道路建设项目：总投资1870万元，道路总长2.78千米。已拨付220万元，已完成整个工程量的60%。

3. 2019年供热改造项目：投资1153.6万元，新建换热站1座，新建供热管网7.8千米，改造供热管网1.2千米。对新城区公安局小区22个点、卫生监督所17个点、法院小区11个点、花园小区12个点、人才公寓8个点、县委招待所4个点、县一小前1个点、交通家属院1个点、农贸市场1个点、粮食局1个点、幸福小区1个点、花苑小区3个点、锦绣庄园4个点、工业园区10个点、安居工程小区1个点，共98个点的暖气管进行维修。

协调岳普湖镇10个社区、供热公司负责人召开县城集中供热协调会，制定《岳普湖县住建局关于县城集中供热摸底排查工作方案》，划分5个供热摸底排查组，对县城机关、商铺、住宅等集中供热建筑进行全方位、无死角排查摸底并建立台账。共对49个小区、130余栋楼、361户居民室内温度进行抽查测温，针对室内温度低于18℃建筑，根据室内散热设施及建筑保温结构，制定合理措施全力解决暖气不热问题。

4. 岳普湖县垃圾填埋场二期建设项目：总投资5200万元，到位资金1500万元。该项目土建部分招标价2843.3万元，已基本完工。

5. 2019年公租房建设项目：计划任务2640套，计划投资1.6亿元，建设规模9.2万平方米，已全部开工建设，开工率100%。完成总工程量的70%。年内，公租房已到位中央财政专项资金1.2138亿元，公租房专项债券5700万元，已拨付资金1.15亿元。

【民生项目建设】

1. 投资150万元，实施公租房电表箱、线路改造，彻底解决群众反映强烈、易发生安全事故的重点难点问题。

2. 投资250万元，对老旧小区外墙提升改造（外墙粉刷）项目。

3. 投资1670万元，建设市政管网。其中排水管道9.8千米，投资480万元；中水回用管网54千米，投资670万元；供水管网9.4公里，投资520万元。

4. 由供热公司企业投资2296.4万元实施热源站改扩建项目，新建100吨锅炉及辅机设备，新建3台锅炉除尘及脱硫设备；新建一座900立方的脱硫池；配套锅炉房土建和电气设备；新建换热站2座；新建一次网2.9千米，二次网2千米，保障县城热源站供给能力。

房地产管理

【房地产开发建设】 2019年，房地产开发项目5个，总投资2.07亿元，总建筑面积6.99万平方米。岳普湖县中辉置业投资有限公司开发建设就业基地配套建设项目，农贸市场配套建设项目已竣工并投入使用，综合建材市场建设项目已封顶。喀什昊坤置业有限责任公司岳普湖县东部城区东方铭筑小区4栋楼已封顶。岳普湖县鑫源房地产有限责任公司鑫源商住楼建设项目共12层。年内，在主体施工阶段（二层封顶后停工）。以上房地产开发共计划开发商铺412套、住房190套。

建筑业

【工程在建项目】 2019年，全县在建项目共有91个，总投资17.85亿元，其中房建项目86个，建筑面积78.45万平方米，投资17.06亿元。市政项目3个，其中道路修建2.7千米，投资1900万元；管道安装项目1个，供水管道9.4千米，排水管道6.1千米，绿化管道62千米，投资1100万元；暖气管道施工1项，投资1100万元。

【治欠保支工作】 2019年，根据《岳普湖县治欠保支工作整治月活动实施方案》的要求，严格落实农民工工资欠薪的五项长效机制，住建局成立清理民营企业中小企业账款工作领导小组，根治住建领域农民工工资欠薪问题。年内，新开工工地48个，缴纳农民工工资保证金的项目48项、开设农民工工资账号项目48项、签订劳动合同项目48项，以上三项均达到100%，实名制录入1394人。

对拖欠账款逐项梳理、细化摸排、查漏补缺，确保拖欠账款数额真实准确，无漏报瞒报现象。建立拖欠民营企业中小企业明细台账，完善拖欠企业的“一企一策”档案。梳理拖欠民营企业项目工程款49个，拖欠欠款总额4450.78万元，已清偿18个项目工程款，清欠总额1198.05万元。

城市综合服务

【市容市貌整治】 2019年，针对县城私搭乱建现象严重，机动车、非机动任意停放等现象，严重影响区域业主经商及行人交通的问题。住建局结合主题教育，进一步加强城市管理，建立城管、公安、社区执法联动联勤工作机制，联手开展市容市貌和交通秩序整治工作。加大对县城人行道违规停车整治力度，安装6块警示牌，教育违规停放车辆人员1000余次，对300余辆违规停放车辆进行处罚；对损坏公共基础设施进行行政处罚17起，处罚罚金9万余元。规划出7处停车场，增划机动车停放泊位120余个，缓解城区停车矛盾；对县城私搭乱建整治，拆除违章建筑物凉棚面积200余平方米，彩钢房面积110平方米，拆除店外铁栅栏12处80余米；清理建筑垃圾点3处，共清理建筑垃圾9万余立方米。

【城市亮化】 2019年，春节前为营造浓厚的节日气氛，在老城区3条路，新城区2条路段共悬挂灯笼8250盏，国旗1000余面、彩旗300余条、中国结530个、小彩灯3500条；国庆70周年，在艾吾再力库木路、市政大道、新城大道，悬挂国旗750面、彩旗400余条、灯笼370盏、中国结370个，横幅12条、红旗320面。

【城市绿化】 2019年春、秋季义务植树造林工作，其中岳之梦广场B区东侧种植柳树500余株、白蜡1万余株，绿化面积14.13公顷；迎宾大道种植柳树7500余株、白蜡7500余株，绿化面积6.67公顷；绿化总面积达20.8公顷。

【环境卫生整治】 2019年，住建局每月联合社区开展一次小区环境专项整治行动，从环境卫生、硬化路面、绿化带及卫生秩序等多个方面进行自查和清整。根据环境卫生治理标准，要求各社区定期对小区垃圾桶及底盘等污染较大的地方进行冲刷，确保干净整洁；各小区内的环境卫生，要做到垃圾日产日清、垃圾收集和转运容器有盖、密闭，没有破损、外溢；要确保小区内路面硬化情况好，庭院绿化情况良好，草坪不见土，绿化带内无垃圾等。针对小区内的小餐饮店、小食品加工店、小美容美发店等行业的经营许可、卫生条件等开展集中检查，及时上报不合格问题，要求限期整改到位。实施环境卫生整治宣传，树立环境优美典型，形成人人讲卫生的良好氛围。

（王 健）

【供水概况】 2019年，供水总量为413万立方米，其中绿化用水157万立方米，比上年同期增长8%；实现营业收入606万元，与上年559万元相比增加9%；营业成本484万元，与上年447万元相比增加9%；销售税金及附加26万元，与上年20万元相比增加7%；管理费用267万元，与上年306万元相比减少1%。

【管网建设】 2019年，新建供排水管网21.9千米，其中供水15.9千米、排水6千米。

【水费收缴】 2019年，公司共收缴水费484万元。县城内安装、更换磁卡水表、普通水表754块。

（张晓花）

商 务

商务和工业信息化

【工业经济运行】 2019年，全县完成工业总产值109799.83万元，同比增长4.02%；实现工业增加值2.75亿元，同比增长4%。

【项目资金】 2019年，为企业申报各类专项资金。为新疆美爱良农产品深加工有限公司、喀什宏豫纺织有限责任公司、喀什穗丰生物科技有限公司3家企业申请援疆产业发展专项资金计200万元；为岳普湖县农帮农业有限责任公司申报自治区中小企业发展专项资金；为晨光生物公司、绿丹食品等7家企业申报2019年喀什地区民族特色食品产业发展资金和喀什地区民族特色手工艺品产业发展资金；为新疆阿里果果农产品有限公司、新疆绿丹食品有限公司等2家公司申请喀什地区外贸专项扶持资金30万元；为正伦实业、溢美达等10家企业申报特殊低电价项目；为正阳、新粤等7家纺织服装类企业发放电费补贴34万元，运费补贴526.89万元。

【行政服务】 2019年，组织县内新疆众诚服饰等16家服装纺织企业、10家服装生产企业参加1月20日举办的“2019年中国新疆喀什丝路文化服装展销节”，与17家企业与签订服装、手套等产品的协议；组织县内新鑫果业等10家农副产品参加地区旅游节，推介驴奶粉、红枣、酒、大米、地毯和手工艺品等特色产品。全力布展喀什地区、岳普湖县胡杨节推介岳普湖县农副产品，发掘现有企业潜能，鼓励规下企业升级为规模以上企业。培育美爱良农产品深加工、宏旭建材、新新岳制粉、新鑫果业和金阳热力等5家企业升规入统。

与地区煤改电办公室和相关成员单位做好对接，主动作为，保证全县1.14万户6.84万片的碳晶板、碳纤维的供货工作。

推进电子商务进农村工作。年内，根据需求新建村级站点27个，进行农产品上行和下行工作与北京一亩田、三颗松果文化传媒（北京）有限公司、新疆原始森林网络科技有限公司签订合同，线上销售棉胎、有机红枣、枸杞、达瓦昆系列酒、洗碗纸等农产品。“木琼瑶”系列红枣等农产品销售额35万元，“大漠枣哥”系列红枣等农产品销售额30万元，“冰天优果”系列红枣等农产品销售额110万元。

全年，商工局承接全县15920吨过冬煤、民生煤煤炭的统计、调运、协调工作，民政局、教育局、岳普湖乡等乡镇单位已按照政府计划全部拉运完毕。

【外贸出口】 2019年，实现出口总额144.34万美元，其中益华纸业出口金额1.1352万美元，岳普湖县进源商贸有限公司出口金额107万美元，新疆绿丹食品有限公司出口金额6万美元，岳普湖县农产品进出口有限公司出口30.2万元。

（图尔荪古丽·阿卜拉）

供销合作社商业

【农副产品收购】 2019年，为打赢脱贫攻坚战，供销社（达瓦昆土地扶贫开发有限公司）参股成立岳普湖县金粮实业有限公司，在93个村建立农产品收购点，收购点配备电子秤、周转筐、发布菜价电子显示屏，土地扶贫开发有限公司给金粮实业有限公司提供1000万元农产品收购贷款，支持其在93个村建立收购点，对乡镇生产的农副产品进行托底收购，向县域208个单位进行配送，在县域形成农产品销售的闭环，对富裕的农产品在县城各居民小区、喀什库克兰批发市场、曙光农博城设农产品直销点，解决农产品销售问题。

【土地清理收益再分配】 2019年，岳普湖县土地清理3.48万公顷，作为违法违规土地进行清理，其中：企业大户1.18万公顷，无偿清退5633.34公顷（机关、企事业单位726.67公顷，国家干部及亲属4906.67公顷），农户1.738万公顷。在土地属性上国有土地面积3.25万公顷，占93.5%，公司与县自然资源局签订土地承包合同；集体土地2260公顷，占6.5%，公司与87个村委会签订土地承包合同，代收返还村集体，地区昆仑公司下达岳普湖县达瓦昆土地扶贫开发有限公司土地收益资金计划9815万元，年内收回9972.79万元，除公司必要经营成本，其余用于脱贫攻坚。按照《岳普湖县国有土地经营收益资金管理办法（试行）》县达瓦昆土地扶贫开发有限公司土地经营收益资金按规定比例纳入国有资本经营预算管理。每年编制年度国有资本经营收支预算。县达瓦昆土地扶贫开发有限公司在县农业发展银行开设基本账户和扶贫专户。由县国资局、财政局进行监管，扶贫专户核算土地经营收益安排用于脱贫攻坚的项目资金，专户管理，分账核算。

全年，缴纳土地承包费2000万元；地区统筹1000万元，已支付200万元；设立“扶贫专项资金”计划发放7577.96万元，年内已发放7110.15545万元，完成年计划发放资金的93.48%。其中就业补助资金拨付2970.102万元，受益建档立卡贫困人口20334人；对当年考入疆内大学的贫困户子女223人，发放教育救助金计划81.90万元；完成一户一就业的村进行村集体奖补资金计划465万元，受益村93个；特殊群体关爱资金拨付335.75万元，受益人员9126人；设立产业引导资金1474万元，拨付600万元；设立人居环境整治资金2193万元，拨付资金2193万元；拨付乡村生产车间464.4万元，受益2012人。

【林果农副产品销售】 2019年，经上级部门协调，达瓦昆土地扶贫开发有限公司纳入农业发展银行支持范围，2019年按照基准利率在县农业发展银行贷款4000万元，引导支持在县落户的喀什新鑫果业有限公司、密心枣业有限公司、一派果业有限公司等7家红枣深加工企业对8000公顷红枣按照每千克7元进行托市收购，稳定红枣市场价格，增加农民收入，助力脱贫攻坚。与红枣深加工企业签订委托收购红枣资金借款协议，借款资金3600万元。

【民生煤供应】 2019年，供销社直销无烟煤到达喀什价格为每吨430元，公路运输指导价0.80元/吨/千米。通过摸底调查对接，供销社在全县各乡镇共设立5个煤炭直销店，全县共有33521户农业人口户，共有16353户（除去已购买或采用其他取暖方式及工作组发放的2998户）农户需求煤炭，社会供煤总需求量为5385.5吨，其中社会供煤户5051户，煤改电户14300户，普通户按照0.5吨每户、煤改电户按照0.2吨每户计算。11月28日，岳普湖县供销社累计供应社会民生煤炭3224.1吨。

（张玉玲）

烟草专卖管理

【业务管理】 2019年，严格落实内部监管制度。采取实地查验、数据调取、预警信息等方式开展卷烟经营行为全过程闭环自查专项行动，重点对大户、违规经营行为进行严格监管。

切实解决群众堵点问题。对偏远散地区的申请人采取“最多跑一趟”，能当场办结的一律在当场办结等便民措施。推进“互联网+政务服务”工作，已受理网上申请新办证3户。

维护市场秩序。进一步深化“网格化”管理与“专业化”稽查相结合工作模式，按月度开展市场主体评价工作，对重点对象进行巡查。强化专卖依法行政意识，提升依法办事水平。强化法律法规培训，全面提升案卷制作水平，落实“双随机、一公开”“放管服”等改革要求、运用APCD分析模块，提升办案的命中率。落实统一行政许可文书的使用，规范流程。重新摸排梳理辖区卖烟大户，形成重点监管名册；常态化打假，建立烟草与公安、交通、邮政四部门联合打假共同体，创新物流寄递环节打击涉烟违法犯罪协作机制，形成常态化打假态势。

突出法律宣传重点在中小学周边开展禁止向未成年人出售电子烟宣传。突出市场检查重点。采取联合执法的形式对物流寄递企业进行长效检查和监管。

做好零售客户法律法规宣传。面向广大卷烟零售客户、消费者继续做好烟草专卖规法工作的宣传和舆论引导，利用QQ群、微信群等多媒体平台，向卷烟零售户进行烟草法律法规宣传，通过定期不定期的《烟草专卖法及实施条例》、《烟草许可证管理办法》、烟草专卖执法和案件处理程序等相关内容的宣传，增强零售客户依法经营，守法经营、诚信经营的能力；每季度组织1～2批新办证客户进行法律法规集中培训，激励客户自觉提高守法意识和诚信意识，为提升终端建设质量提供坚强的法治保障。

截至12月10日，累计查获涉烟案件12起，其中一般案件10起，简易案件2起，真品卷烟558条，涉案总案值5.504976万元，已结案4起，因送检卷烟还未返还，还有8起案件未结案。全年，累计新办证26户，注销13户，停业16户，延续1户，变更4户。

【营销网建】 2019年，严抓工作规范。组织营销人员学习营销体系文件，确保客户分档、信息公开等制度落地执行，扎实开展“天价烟”自查工作。

加强信息采集工作，及时将各品牌各规格市场状态的突出问题上报营销管理中心。按照月度品类规划预警，有针对性地开展品牌培育工作。

巩固网建基础。扎实开展终端基础维护工作。提高标价签覆盖率、终端陈列标准化、经营服务手册填写质量。推进现代终端建设，对普通终端开展分层、梯次建设，对拟建终端进行软实力提升，开展客户培训5次，零售客户内训师讲课2次。对“丝路香韵”流通品牌进行全覆盖宣传。以现代终端建设标准为引领，发挥“烟草+”特色作用，并以点带面建成了2条示范街。

完成各小组四员的评选工作，拓展“微培训、微服务”工作，发挥四员作用，利用“线上+线下”丰富自律互助小组活动。年内开展小组交流、陈列观摩、品牌比拼、文艺会演等小组活动25次。

截至12月10日，卷烟累计销量2793.63箱，比上年同期2586.33箱，同比增长8%；单箱24467.02元，比上年同期23477.23元，同比增长4.2%；户均盈利41350.05元，比上年同期35835.65元，同比增长15.39%。各项数据相比上年都有所提升。

（汤秋月）

经济监督管理

宏观调控

【机构改革】 2019年，根据《岳普湖县发展和改革委员会职能配置、内设机构和人员编制规定》文件，对有关职责进行调整，岳普湖县发展和改革委员会是岳普湖县人民政府组成部门，为正科级。

（一）取消的职责

1. 取消农业投资项目职责；

2. 取消重大项目稽查职责；

3. 取消应对气候变化及节能减排职责；

4. 取消价格监督检查与反垄断执法职责、药品和医疗服务价格管理职责。

（二）增加的职责

1. 增加救灾物资储备管理、食糖和食盐等重要消费品储备管理职责和棉花等重要商品的储备职责，加挂岳普湖县粮食和物资储备局牌子，不再保留县粮食局。

2. 岳普湖县推进实施“一带一路”建设领导小组办公室设在发展和改革委员会，承担县委“一带一路”建设领导小组办公室具体工作。

【基本情况】 2019年，岳普湖县发展和改革委员会下设4个职能股室，所属事业单位2个，分别为岳普湖县对口援疆协调服务中心、价格认证中心。在职16人，其中行政编制12人，事业编制2人，工勤人员2人。

【国民经济和社会发展】 2019年，完成生产总值33.42亿元，同比增长9%，其中一产完成9.41亿元，增长3%；二产完成13.73亿元，增长12%，三产完成10.28亿元，增长15%，一、二、三产比例达到28∶41∶31。完成一般公共预算收入1.78亿元，同比增长4.9%。完成财政一般预算支出33.7亿元，同比增长17.8%。完成全社会固定资产投资14.83亿元，同比增长26%。完成社会消费品零售总额4.91亿元，同比增长9%。金融机构各项存款余额达到38.4亿元，同比增长3%；金融机构各项贷款余额达到21.29亿元，同比增长12%。城镇居民人均可支配收入达到27080元，同比增长6%。农村居民人均可支配收入达到9790元，同比增长9.5%。

【经济体制改革】 2019年，持续深化“放、管、服”改革，进一步优化营商环境，积极融入丝绸之路经济带核心区建设，制定加大对外开放力度，加快推进丝绸之路经济带核心区建设实施方案。树立抓项目就是抓发展的理念，通过加快项目推进拉动投资，并配套相应的机制和措施，推进产业发展，扩大就业渠道，实现脱贫攻坚。按照喀什地区“稳粮、优棉、增菜、促经、兴果、强畜”的产业发展思路，深入推进岳普湖县农业产业结构调整，“三果一花”和“两大一中一小”的产业发展格局初步形成。配套完善公共服务，促进产城融合集聚发展，确定“一区四园”产业发展布局，推进纺织产业园区、农副产品加工产业园、轻工建材产业园、高科技产业园建设，园区承载能力明显增强。全面建成喀什地区最大、辐射最广、区域性最强大型活畜交易市场；配套建设良繁中心、育肥中心。促进第三产业融合发展。推进东城区“划行规市”，建成美食广场、农贸市场、建材市场，形成商业集聚区；推进“旅游+”战略，规划“一路两区三线四点五树”旅游布局；发挥电商平台优势，建立大宗农副产品营销平台和品牌化电商营销平台。

【固定资产投资】 2019年，实施各类项目143个，其中政府投资类项目108个，社会投资类项目35个。其中中央预算内项目25个2.66亿元，财政扶贫类项目42个7.18亿元，对口援疆项目19个2.3亿元，专项债券项目1个0.57亿元，一般债券项目6个2.25亿元，土地增减挂项目10个1.721亿元，中石油帮扶项目4个1262万元，新源县对口帮扶项目1个100万元，社会投资项目35个8.3亿元。

【援疆项目】 2019年，80%以上对口援疆资金用于保障基层和改善民生，实施7大类19个援疆项目，投入援疆资金2.31亿元，在脱贫攻坚、维护稳定、发展产业、提升教育质量、保障民生上发挥作用；泰安市人民政府捐助1000万元助力脱贫攻坚；山东省泰安市第九批援疆指挥部完成三年援疆工作，与第十批援疆工作组顺利交接。

【粮食和物资储备】 2019年，机构改革后，粮食、棉、油等应急物资管理职能划转县发改委。对原有储存物资进行稳妥交接，加强储存物资的管理。完成夏季小麦收储工作，收储小麦15670吨。加强粮食物资储备的监管，对岳普湖县粮食储备粮库开展清查、自查，做到账账相符、账物相符，对安全、设施、环境进行整治，完成迎接国检工作。

【价格认证及价格管理】 2019年，共受理承办价格认定50起，认定总金额14.2万元。稳妥落实各项政策，价格管理工作有序推进。完成农村供水阶梯水价价格听证会改革工作，进一步理顺农村自来水价格。加强市场价格监测工作，对市场生猪价格、屠宰场价格进行监测，分析市场情况。推进棉花目标价格改革试点工作，转变传统种植模式，培植种植大户2835户，其中种植棉花5.07万公顷，实现机采棉种植突破2万公顷，发放政策性棉花价格补贴资金2.58亿元。抓好安全生产工作，查出隐患，整改问题8项，处罚2家企业1万元。

【扶贫项目建设】 2019年，全面完成易地扶贫搬迁住房及配套基础设施项目决算和审计，全面完成拆迁复垦工作，全县易地扶贫搬迁户965户，应拆实拆率均100%。推进完成易地扶贫搬迁后续产业促进就业扶贫车间面积30722平方米，制定易地扶贫搬迁后续脱贫排查发展工作实施方案和梳理措施。按时完成中央、自治区巡视问题整改工作和地区和自治区各项易地搬迁统计数据上报工作，制定并落实后续产业扶持工作方案。推进重点脱贫攻坚村级光伏扶贫项目按时建成投产，5个村级联建电站顺利并网发电。协同扶贫办编制完成《岳普湖县村级光伏扶贫电站受益分配管理暂行办法》，确保项目发挥脱贫效益。

应急管理

【机构改革】 根据县委机构改革总体方案要求，将安全生产监督管理局的职责，公安局的消防管理、民政局的灾害救助、林业局的森林和草原火灾防治、国土资源局的地质灾害防治、县人民政府应急办应急管理职能以及地震局、防汛抗旱办公室的承担行政职能整合后组建应急管理局，为政府工作部门。县应急管理局机关行政编制为6名，其中科级领导职数3名，机关工勤事业编制1名，实有12人。

【安全事故】 2019年，发生2起生产安全事故，造成1人死亡，1人受伤，直接经济损失2000元。事故起数、死亡人数、受伤人数、直接经济损失，均上升100%。

【安全生产责任落实】 2019年，结合机构改革，研究制定岳普湖县委、县人民政府领导班子成员及各部门单位领导班子成员安全生产责任清单，将安全生产工作纳入各级党委、政府的重要工作内容，明确县委各部门、各乡镇、县直各单位安全生产责任。严格落实安全生产“党政同责、一岗双责、齐抓共管、失职追责”责任制要求，县委副书记、县长与乡镇和县直单位签订2019年安全生产目标管理“一岗双责”责任书，为确保各部门安全生产责任落到实处，县安委办对各乡镇、县直安委会成员单位不定期进行巡查。

【开展隐患大排查大整治活动】 2019年，强化重点时段、重要会议安全防范。为确保春节、五一、中秋等重点节点及中华人民共和国成立70周年大庆安全生产工作，县人民政府、县安委办根据自治区、地区要求相继下发重要节点安全生产检查方案明确检查重点和整改责任人，对重要节点、极端天气条件下安全生产工作进行安排部署，指导各部门开展安全生产大检查。印发四大班子领导作专班，包联各乡镇、各部门的19个领域安全生产责任分解方案，并由四大班子领导一线指导，各部门全员出动，深入各行业开展隐患排查。从应急、教育、消防、卫健委、交通等重点行业领域抽调业务骨干，组织4个常态化联合执法检查组，对全县各行业领域安全隐患进行大排查大整治工作，督促企业落实安全生产主体责任，狠抓各类隐患的整治。开展安全生产专项整治。持续开展道路交通、教育、危险化学品、建筑工地、非煤矿山、特种设备等13个安全专项整治和防风险、保平安、迎大庆消防安全执法检查等系列安全生产专项整治。共检查社会单位2908家，发现2281处安全隐患，下发限期整改通知书940份，督促整改2173处，对无证经营、限期不整改的停业整顿112家；道路交通领域各部门共出勤人员3245人次，出动620辆车，巡道历程12万余千米、检查车辆402784辆、查处违章4812起、累计罚款298071元，进行交通安全宣传活动32场次。按照自治区安全生产执法十项措施规定及和地区安全隐患周报制度要求，对各乡镇、各部门排查出的隐患，逐一登记造册，严格落实执法措施，明确整改责任人、整改时限、整改要求，加大跟踪督办力度。各类隐患整改率达98%，确保全县安全生产形势稳定。

【健全应急组织体系】 2019年，建立自然灾害预警联运机制，应急、气象、水利、自然资源等部门相互协调，信息互通，统一发布各类灾害预警，及时向各部门及社会发布预警信息，提醒各部门和全社会防范事项和预防措施，全县共发布预警信息48次，影响应对48次极端天气，加强气象、宣传等部门的灾害预警监测发布机制，及时向各部门及社会发布气象信息，确保大风、冰雪、自然灾害等及时管控。完善应急救援队伍的摸底调查。对全县各支应急救援队伍分布、人员、物资进行了统计造册。完善预案体系，结合全县实际分类构建以总体应急预案为核心，专项应急预案为主线，部门预案为保障，基层预案为支撑的规范应急预案体系。全县共修订完善总体应急预案1个，专项应急预案7个，部门单位应急预案36个，校园应急预案146个。对全县各防洪地段进行实际勘察，针对不同的防洪点位，制定11个有针对性的防洪处置方案。做好应对地震灾害信息摸排，对全县重点领域人员密集场所、房屋、抗震级别会同地震专家进行实地勘测，掌握基本信息。严格落实24小时单位应急值班，确保一旦发生灾害事故，信息互通机制。

【应急演练】 2019年，按照“统一安排、分项实施、突出重点、适应需求”的原则，组织开展应急预案实战演练活动。会同县公安、消防、交警、电力、学校县医院、天然气公司开展地震、火灾、电力设施、防汛等应急演练现场观摩会。县消防大队成立县救援大队。以公安、武警、民兵应急连、预备役部队为骨干，加油加气站、非煤矿山等企业为主的社会应急救援队，以抗洪抢险、森林消防、医疗救护、抗震救灾、矿山救护、危险化学品救援等专业队伍为基本力量的14支应急救援队伍480余人，完全能够应对一般性安全生产事故和Ⅰ、Ⅱ自然灾害应急救援力量得到充实。

【安全宣传教育】 2019年，开展安全宣传周活动。组织应急、司法、交通、交警、消防、电力、民政、运管、科技等15个部门组成宣传咨询团，利用巴扎天开展防灾减灾、安全生产、消防安全大宣传大宣讲，县安委办组织各部门印制安全生产宣传手册、道路交通安全常识、火灾防控宣传单、食品安全宣传手册4万余份，印制宣传挂图4类60余张，解答群众咨询320余条，受教育群众达5.6万余人。在广播电视、政府信息网页、岳之梦微信平台上开办安全生产宣传教育专栏。同时在全县范围内动员社会单位、网吧、KTV等企事业单位通过悬挂横幅、LED大屏滚动播放等方式开展用电、用火、用气、道路交通宣传。通信公司累计向广大群众发送安全提示10万余条。大力开展安全生产知识大宣讲、安全生产常识进万家活动。利用周一升国旗、农民夜校开展交通安全、消防安全、食品安全等宣传教育活动，对群众用电线路及液化气钢瓶等安全隐患排查，及时清理室内外柴火，严防各类事故发生。

（朱素贞）

消防救援

【概述】 岳普湖县消防救援大队下设达瓦昆路消防救援站，大队有33人，其中干部6人，国家消防员13人，消防文员1人，合同制消防员13人；有执勤车辆6辆，水罐车1辆，水罐泡沫车3辆，抢险救援车1辆，32米登高平台车1辆，共计载水量28.5吨，载泡沫量5吨。

【职责移交】 2019年5月17日，根据《中华人民共和国消防法》和《应急管理部关于贯彻实施新修改的〈中华人民共和国消防法〉有关事项的通知》及《住房和城乡建设部应急管理部关于做好移交承接建设工程消防设计审查验收职责的通知》等通知要求，岳普湖县消防救援大队自5月17日起，不再以消防救援机构的名义受理和办理建设工程消防设计审核、消防验收、备案抽查相关事宜，不再以消防救援机构的名义出具相关法律文书。建设工程消防设计审查、消防验收、备案和抽查，由住房和城乡建设主管部门承担。

【消防救援】 2019年，县消防救援大队在支队党委的坚强领导下，紧紧围绕年初签订的工作目标责任书，以习近平新时代中国特色社会主义思想和重要训词精神为统领，团结带领广大指战员育警铸魂、聚焦主业、固本强基、稳中求进，确保队伍“两个稳定”，圆满完成全年工作任务。

一、加强队伍管理，确保秩序正规。为进一步规范执勤备战和日常训练生活中的各项环节，大队严格对照“两严两准”和“内务条令”、“队列条令”等规章制度抓好队伍管理的各个环节，大队、中队严格落实一日生活制度，做好五同，严格纪律作风建设，确保队伍正规有序。

二、加强消防员管理，优化队伍结构。县消防救援大队积极与县领导协调沟通，增加20名合同制消防员编制。在消防员队伍的日常管理中坚持以《消防员量化管理》为依据，对消防员队伍的学习、训练、战备、生活等各个方面开展考评。

【执勤备战】 2019年，县消防救援大队制定和完善辖区重点单位预案71家，对辖区93处市政消火栓和6个消防水鹤进行水源普查；结合重点单位预案开展辖区“六熟悉”演练，执勤器材装备实战化应用训练和随机拉动演练；每周开展直报直调拉动和地震拉动演练，配齐配全通信装备和地震救援装备，加强日常训练和装备检查。

【消防监督检查】 2019年，岳普湖县火灾形势持续平稳。消防大队积极向县委、县政府汇报，提请县政府按照“党政同责、一岗双责”和“管行业必须管安全、管业务必须管安全、管生产经营必须管安全”的要求，与乡镇部门签订消防安全目标责任书，明确各级政府、各行业部门消防工作职责和任务目标，扎实推进公共消防基础设施建设，全面规范行业部门消防安全管理。年内，共检查单位1958家，发现火灾隐患1822处，督促整改火灾隐患1803处，下发责令改正通知书816份，下发行政处罚决定书72份，下发临时查封决定书18份，责令三停单位14家，罚款13.97万元。

【火灾隐患整改】 2019年，主要开展“防风险、保平安、迎大庆”火灾防控、易燃易爆场所火灾防控、高层建筑、电气火灾防控等专项整治行动，形成“安全自查、隐患自除、责任自负”良好局面。组织相关单位安装独立式感烟报警探测器200个，张贴“三禁”警示牌300余个，印制消防维吾尔语、汉语双语宣传单10万份；联合政安、双语、平安达等消防宣传公益机构开展精准送教100余场，培训公务人员和群众近万名。

【校园消防安全专项行动】 2019年，重点开展校园消防安全专项行动，与县教育局组织座谈会2次，联合下发公文2份，在新学期开学前与应急、教育、卫生、公安等多部门联系，成立由各部门相关负责人组成的督导检查组，积极深入中、小学校开展消防安全大检查。深入全地区中、小学校开展消防安全“开学第一课”活动，为广大师生讲解消防常识，组织师生开展逃生疏散演练，有效提升师生消防安全意识。结合学校实际，帮助各中、小学校对消防预案进行修订、完善，组织师生实地对学校的疏散通道、安全出口进行查看，及时消除各类隐患。

【消防巡查站】 2019年，筹备开展喀什地区农村消防安全管理工作现场会，依托农村道路安全“两站两员”工作内容，在原有农村消防安全网格化工作基础上，结合道路交通人员、站点建设优势，将消防安全纳入巡查员工作范畴，建立“消防巡查站”，明确巡查员职责、制度、操作规程、初起火灾扑救规程，实现农村多种消防力量的资源整合。

【灭火救援】 2019年，共接警216起，出动车辆377辆，出动警力1449人（包括消防安全保卫任务出动车辆及警力数），抢救被困人员29人，疏散被困人员27人，抢救财产价值152.5万元。

【荣誉】 2019年1月，岳普湖县消防救援大队被应急管理部消防救援局评为，改革转制教育整训先进大队。2月，被中国新疆公安消防总队评为，2018年度基层建设先进大队。7月，被应急管理部消防救援局评为先进基层党组织。

（远文仪）

市场监督管理

【机构改革】 根据《岳普湖县机构改革方案的实施意见》，3月3日，将原有岳普湖县质量技术监督局、岳普湖县工商行政管理局、岳普湖县食品药品监督管理局合并，成立岳普湖县市场监督管理局，同时悬挂县知识产权局牌子。办公场所在岳普湖县新城区市政大道19号院（原岳普湖县质量技术监督局办公楼）。

县市场监督管理局内设机构有6个，办公室、政策法规股、行政许可审批股、市场监督管理股、价格监督检查股、知识产权保护股。县市场监督管理局所属事业单位2个，分别是岳普湖县质量与计量检测所、岳普湖县食品安全监督执法大队。

2019年，县市场监督管理局行政编制35个（其中科级领导职数3个）、事业编制14个，机关工勤事业编制2个。实有42人，其中行政34人、事业8人。在单位人员22人、驻村管寺2人、“访惠聚”工作队12人、借调6人。

【办证】 2019年，企业开办时间压缩到3个工作日以内。全年，共办理营业执照3213家，办理食品经营许可证727家，年检气瓶充装单位4家，颁发食品生产许可证1张。

【食品安全监管】 2019年，督促食安委成员单位履行食品安全职责，召开食安委全体会议2次，督促中大型餐饮业和全部学校食堂实现“明厨亮灶”，检查全县161个学校食堂及校园周边食品经营户314户，张贴宣传画1800余张，清理垃圾食品463千克，完成270个批次食品抽检任务。

【药品安全监管】 2019年，对全县范围内药店和诊所进行全面的监督检查，完成药品抽检15个批次。对7家疫苗接种单位进行检查，检查发现问题1条，责令改正1条。检查化妆品销售企业1家、化妆品经营户57家、立案处罚5家。

【特种设备安全监管】 2019年，召开特种设备企业宣贯会2次、开展现场推进会2次，检查电梯74部，立案处罚2家。对67台压力容器开展执法检查，发现隐患42处，全部整改完成。达不到环保要求的10蒸吨以下的4台锅炉拆除。全年，发现特种设备安全生产隐患67处，已整改56处。

【工业产品质量安全监管】 2019年，加强“煤改电”工程中产品质量把关，送检“煤改电”相关产品33组，对不符合南疆“煤改电”产品地方标准的问题产品责令拆除，并跟踪整改。

【保护消费者合法权益】 2019年，收到投诉举报57起，调解57起，诉转案6起。

【计量监管】 2019年，加强民生计量监管，共计731台（件），强检计量器具受检率达96%。

【收费处罚】 2019年，对9家企业进行检查，对1家物业公司物业乱收费行为进行立案处罚；督促全县经营户明码标价；全年共办理案件149起（其中行业治乱案件17起），向县公安局移交线索18起。

【执法监管】 2019年，落实“双随机、一公开”监管工作，完成随机抽查176家。督促市场主体完成年报任务，70家企业、91家合作社、609家个体工商户标记异常，已对社会公示。实现及时准确公示执法信息、执法全过程留痕和可回溯管理，公示执法案件102起。

【落实执法责任】 2019年，办理执法案件149起，其中产品质量类10起、食品及相关产品类94起、药品类17起、价格监督类立案1起、特种设备类2起、计量类6起、纤维制品类2起、认证认可类2起、无证无照类10起、化妆品类5起。案件涉案货值40.2万元，罚没款合计71.8万元。

（阿卜杜艾尼）

统　计

【统计业务】 2019年，县统计局根据各项统计制度要求，对全县国民经济运行状况进行统计监测、综合分析研究，汇总整理全县的经济、人口、科技等社会综合性统计资料；组织实施GDP核算、农业、工业、能源、科技、固定资产投资、商业（批发零售贸易业、住宿业和餐饮业）、建筑业定期（月报、季报）报表的收集、整理和上报工作。

【统计公报】 2019年6月18日，县统计局向社会公布《岳普湖县2018年国民经济和社会发展统计公报》。详细介绍全县一、二、三产业，商贸旅游，交通和邮电，财政，金融，保险，教育，卫生，文化，人民生活和社会保障，环境与安全生产，人口等具体发展状况，为领导决策和社会各界提供准确、及时、全面的统计资料。

【统计信息服务】 2019年，组织人员定期编印和发放“岳普湖县主要经济指针完成情况”11期，为县领导提供《喀什统计月报》11期；全年提供统计服务280余次。

【第四次全国经济普查】 2019年，根据《全国经济普查条例》的规定和国务院印发《关于开展第四次全国经济普查的通知》精神，成立岳普湖县第四次全国经济普查工作领导小组；做好行政区划核实工作，及时更新维护统计用区划代码和城乡划分代码库；编制普查小区，抽调普查人员，绘制普查地图，2019年1月1日，招聘社会大学生25名对全县1275个法人和产业活动单位及950户个体户抽中户进行正式普查和PAD录入，完成率达到100%，完成县第四次全国经济普查工作。

【住户调查】 2019年，县统计局严格按照《住户调查工作实施细则》和《关于开展住户调查数据质量检查通知》的要求，精心组织专业人员，对全县120户记账户建立家庭成员基本情况台账、大宗收支台账、主要指标季年度台账和历史资料台账；编码、录入差错率控制在1%以内，账本质量、账机对应准确率达到100%。岳普湖县2019年城镇居民可支配收入达到27085元，同比增长6.1%；农村居民可支配收入达到9806元，同比增长9.7%。

（李永明）

审计

【机构改革】 2019年3月，成立岳普湖县审计委员会，县委书记任审计委员会主任。同月，审计局完成机构改革，下设办公室、政策法规股、审计股3个内设机构。

【财政资金审计】 2019年，重点抓住组织执行预算的财政部门，参与预算执行的地方税局和国库等部门的审计，从总体上掌握和反映预算收支、预算执行的整体情况。先后对县财政局组织财政收支情况、县税务局税收征管情况进行审计，查清县2019年预算执行情况，并向县人大做工作报告。

【政府投资审计】 2019年，重点检查工程建设项目立项审批手续、招投标程序，施工单位资质以及工程竣工验收情况，加强项目投资结算环节审计，审核报审工程量、定额套用、材料价格和施工签证的真实性、合规性；加强对隐蔽工程、重大设计变更、大宗材料设备采购情况进行全面审计。完成政府投资审计项目94个，其中扶贫项目27个，累计审计工程结算资金12亿元，审减9040.9万元，综合审减率8%。下达审计建议书11份，追回资金396.62万元。

【国家重大政策措施落实情况跟踪审计】 2019年，地区审计局三轮审计发现问题共25条，已整改24条，整改率96%，整改问题金额3446.12万元，其中追回挽回损失资金358.72万元，促进拨付资金3087.4万元。完成2019年两轮减税降费政策措施落实情况跟踪审计，完成2019年清理拖欠民营企业、中小企业账款政策措施落实情况跟踪审计。

【民生审计】 2019年，配合地区开展寄宿制学校跟踪审计，开展两轮跟踪审计，反馈问题3条。配合地区完成2019年二轮煤改电项目全过程跟踪审计，发现问题5条。完成2016—2019年易地扶贫搬迁专项审计调查，发现问题4条，提出合理化建议4条。

（般晓娟）

财政·税收

财　政

【基本情况】　2019年，岳普湖县财政局下设5个中心（乡镇财政服务中心、国库支付中心、社保基金服务中心、核算中心、投资评审中心），24个职能股室。在职59人，其中县局直属47人、乡镇财政所12人；行政编制6人、参照公务员编制31人、事业编制17人、工勤5人。

【机构改革】　2019年，根据《关于印发〈岳普湖县财政局职能配置、内设机构和人员编制〉的通知》文件，岳普湖县财政局内设机构调整为行政办公室，预算、债务、绩效评价股，国库业务股，综合业务股，扶贫管理股等5个机构。机关行政编制12个（其中科级领导职数3个），机关工勤事业编制2个。原所属事业单位岳普湖县国有资产管理局承担的行政职能划归岳普湖县财政局承担。

原岳普湖县农业综合开发管理办公室所承担职能及人员编制全部划转岳普湖县农业农村局。

【财政收入】　2019年，完成地方财政收入23314万元，完成预算的89.23%，比上年减少178万元，下降0.76%。其中一般公共预算收入完成17842万元，完成预算的102.09%，比上年增收830万元，增长4.88%；政府性基金收入完成5472万元，完成预算的63.26%，比上年减少1008万元，下降15.56%。

一般公共预算收入完成17842万元，比上年增收830万元，增长4.88%。其中税收收入完成8160万元，完成预算的103.82%，比上年增收1137万元，增长16.19%；非税收入完成9682万元，完成预算的100.68%，比上年减少307万元，下降3.07%。

【财政支出】　2019年，一般公共预算支出完成337559万元，完成预算的160.73%，比上年增支51053万元，增长17.82%；其中：基本支出完成96340万元，比上年增支3010万元，增长3.22%；项目支出完成241219万元，比上年增支48043万元，增长24.87%。

【社会保险基金收支】　2019年，社保基金总收入51362.55万元，其中企业养老保险9300.21万元、城乡居民养老保险4591.78万元、机关养老保险15279.45万元、工伤保险801.45万元、失业保险564.80万元、职工医疗保险7021.98万元、职工公务员医疗保险189.76万元、职工大额医疗保险311.16万元、城乡居民医疗保险13055.02万元、生育保险246.94万元。

2019年，社保基金总支出37894.08万元，其中企业养老保险7242.53万元、城乡居民养老保险2650.23万元、机关养老保险12511.45万元、工伤保险733.79万元、失业保险182.75万元、职工医疗保险5897.41万元、职工公务员医疗保险135.16万元、职工大额医疗保险150.07万元、城乡居民医疗保险8115.09万元、生育保险275.60万元。

2019年，社保基金滚存结余41991.93万元，其中企业养老保险5789.34万元、城乡居民养老保险9908.76万元、机关养老保险7075.10万元、工伤保险171.07万元、失业保险451.36万元、职工医疗保险9036.70万元、职工公务员医疗保险813.35万元、职工大额医疗保险554.54万元、城乡居民医疗保险8143.01万元、生育保险48.7万元。

【政府债务执行】 2019年，化解地方隐性债务4687.37262万元，提前化解2020年及以后年度地方隐性债务468万元。

全年，政府债务余额70532万元，其中转贷政府一般债券余额64832万元，专项债券余额为5700万元。当年，新增政府债券28200万元，其中一般债务22500万元，专项债券5700万元。支付政府债券利息及手续费1887万元，支付债券发行费及登记服务费31万元。

【扶贫项目资金】 2019年，全县安排扶贫资金87905.50万元，支出86716.36万元，支出进度98.65%，用于全县42个扶贫项目（其中产业扶贫项目28个，就业扶贫项目4个，住房安全保障项目2个，基础设施配套项目3个，易地扶贫搬迁项目1个，其他类项目2个，综合兜底项目2个）。

严格项目资金支出审核、拨付流程；健全完善各项管理制度、办法、细则；建立定期研判机制，开展扶贫资金使用违规风险评估及预警工作，加大对扶贫资金管理使用前、中、后全过程实施监控；及时将项目建设内容、实施主体、项目投资、资金来源、项目绩效等信息在县政府门户网站全面公示公开，加大项目资金公开公示透明、公平公正。

全年，实现全县2903户11162人脱贫，贫困发生率降至0.8%。

【政府性基金支出】 2019年，政府性基金预算支出完成9977万元，完成预算2399万元的415.88%，比上年增支8420万元，增长540.78%。其中2019年及2018年结余基金专款支出8618万元，占政府性基金支出的86.38%；县本级政府性基金支出1359万元，占政府性基金支出的13.62%。

【绩效评价管理】 2019年，牢固树立“讲绩效、重绩效、用绩效”，强化制度建设，进一步完善“预算编制目标、预算执行有监控、预算完成有评价、评价结果有反馈、反馈结果有应用”的财政资金评价管理机制，让财政绩效管理工作逐步走上规范化、制度化和法治化的管理轨道；增强支出责任和效率意识，全面加强预算管理，优化资源配置，提高财政资金使用绩效和科学精细化管理水平，提升政府执行力和公信力，做到了“花钱必问效、无效必问责”。全年，设立绩效目标项目818个，完成绩效评价资金256833.64万元。

【社会事务投入】 2019年，公共安全支出22104万元，比上年减支16297万元，下降42.44%；教育支出完成69746万元，比上年增支1401万元，增长2.05%；科学技术支出完成206万元，比上年减支689万元，下降76.98%；文化体育与传媒支出完成2829万元，比上年增支1171万元，增长70.63%；社会保障和就业支出完成34521万元，比上年增支7051万元，增长25.67%；卫生健康支出完成24094万元，比上年增支1353万元，增长5.95%；节能环保支出完成5582万元，比上年同期3047万元增支2535万元，增长83.20%；城乡社区事务支出完成4052万元，比上年同期3998万元，增支54万元，同比增长1.35%；农林水事务支出105574万元，比上年同期52032万元增支53542万元，增长102.90%；交通运输支出完成5163万元，比上年同期7478万元减支2315万元，同比下降30.96%；资源勘探电力信息等事务支出完成2198万元，比上年减支3052万元，下降58.13%；商业服务等事务支出完成157万元，比上年减支484万元，下降75.51%；金融支出完成50万元；自然资源海洋气象等支出完成702万元，比上年增支376万元，增长115.34%；住房保障支出完成25973万元，比上年增支5969万元，增长29.84%；粮油物资储备事务支出完成44万元，比上年减支30万元，下降40.54%；灾害防治及应急管理支出813万元；其他支出完成1560万元，比上年减支3477万元，下降69.03%；债务发行费用及债务付息支出1918万元。

【“三公”经费】 2019年，“三公”经费支出773.73万元，比上年825.64万元减少51.91万元，下降6.3%，其中公务用车运行维护费支出742.5万元，比上年减支0.56万元，下降0.08%（公务用车购置费0万元，比上年减少24.99万元，下降100%）；公务接待费31.15万元，比上年减支51.43万元，下降62.28%。

全年，会议费18.23万元，比上年减支0.4万元，降低2.19%，人均支出0.0031万元；培训费1575.36万元，比上年增支278.27万元，增长21.45%，人均支出0.3万元。

【财政供养】 2019年，全县各单位在职财政供养人员6163人；其中财政供养人员新增129人，离退休63人，死亡7人，调离12人，辞职辞退21人，其他10人。

（庞　波）

国家税务

【组织收入】 2019年，税收收入计划任务15950万元，其中中央级7637万元，地方级8313万元。全年，组织税收收入15950万元，地方级、中央级均按任务数完成。较上年同期12435万元相比增收3515万元，增长28.27%。其中中央级增收1813万元，增长31.30%，地方级增收1702万元，增长25.74%。

【减税降费】 2019年，通过电话、短信及下户宣传等方式核实退税信息；通过新闻媒体发布新政及配套制度，及时将政策“礼包”精准送至纳税人。提请上级协调同级国库，简化退税流程，精简退税资料，从严、从细、从速落实退税工作。

借助主题活动、座谈会、纳税人学堂、微信群、QQ群等渠道，依托办税服务大厅公示栏、LED显示屏等，循环播报政策举措、业务指导等内容，在主要街道、商贸城显眼位置张贴宣传单、二维码，扩大税收新政知晓率。

【“放管服”工作】 2019年，为全面落实关于深化简政放权、创新监管方式、优化纳税服务、改进税收执法、升级信息系统建设，制定《岳普湖县税务局“放管服”改革工作实施方案》，成立一把手为组长，分管局领导为副组长，各股室负责人为成员的“放管服”改革工作领导小组，明确任务内容、细化措施、责任部门和完成时间，持续深化“放管服”改革，为纳税人营造良好营商环境，有效促进税企和谐以及经济发展。

【社保费征缴】 2019年，岳普湖县税务局联系各乡（镇）场、财政、医保等部门，开展社保费职责划转宣传与征缴工作，取得成效。全年，累计征收社保费25116.90万元，其中，机关事业单位19598.36万元、城乡养老1126.09万元、城乡医疗4392.45万元。

（杨兰兰）

金　融

银　行

中国人民银行岳普湖县金融服务站

【基本情况】 2019年，中国人民银行岳普湖县金融服务站承担着县域内货币政策、金融服务、金融稳定三大职能，履行基层人民银行的货币信贷、金融稳定、支付结算、账户管理、国库经理、征信管理、金融统计、金融精准扶贫等央行职责。

中国人民银行岳普湖县金融服务站有干部8人，其中喀什地区中心支行下派领导1人，伽师县支行下派干部1人，县内借调6人（城建局1人，教育系统5人）。

【金融运行】 2019年，岳普湖县有银行机构4家、保险公司3家。银行营业网点15个，从业人员177人，其中农发行1个20人，农行2个40人，邮储银行1个7人，农村信用合作联社11个110人；保险公司从业人员22人。

全年，岳普湖县金融机构各项存款余额36.98亿元，同比减少0.30亿元，下降0.80%；各项贷款余额23.59亿元，同比增加4.58亿元，增长24.11%。其中涉农贷款14.12亿元，工业贷款3.03亿元。

全年，岳普湖县保费收入4622.44万元，赔付2351.88万元，赔付率50.88%。中国人寿保险公司保费收入1237.44万元，赔付301.88万元；中国人民保险公司保费收入2150万元，赔付750万元；中华联合财产保险股份有限保费收入1235万元，赔付1300万元。

全年，国家金库岳普湖县支库共办理收入126179笔，较上年增长34.049%，金额5.71亿元，增长96.219%；支出2805笔，下降15.0990%，金额38.2亿元，增长23.9890%；退库4822笔，增长1105.5%，金额1616.8万元，下降13.129%。共办理账户开立业务861笔，增长83.6%，其中开设账户514笔，变更账户160笔，撤销账户187笔。共办理征信查询244笔，其中个人210笔、企业34笔。

【金融知识普及】 2019年，中国人民银行岳普湖县金融服务站以“3·15”消费者权益保护日与“6·14”信用记录关爱日为契机，组织全县金融机构进行金融知识宣传活动，开展金融知识“进社区、进企业、进校园、进军营”活动。

【企业账户许可】 2019年，中国人民银行岳普湖县金融服务站按照《中国人民银行关于取消企业银行账户许可的通知》要求，按照国务院常务会议决定在全国分批取消企业银行账户许可，优化企业银行账户服务，强化银行账户管理职责，全面加强事后监督，切实做到“两个不减、两个加强”，即企业开户便利度不减、风险防控力不减，优化企业银行账户服务要加强、账户管理要加强。全面提升服务实体经济水平，支持企业尤其是民营企业、小微企业高质量发展。

【征信工作】 2019年，为满足居民的信用查询需求，更好地服务于人民群众，8月21日、11月21日，喀什地区第一批个人信用报告自助查询机入驻岳普湖农村县信用合作联社和中国人民银行岳普湖县金融服务站，方便客户查询个人信用报告，满足客户征信查询需求。

【开展小微企业、民营企业金融服务“大走访”调研活动】 2019年，组织金融机构进行全县企业大走访活动，收集企业诉求，解决企业融资困难，将金融服务送至全县小微、民营企业门口。全年走访企业49家，完成企业融资20家，累计发放贷款3.2亿元。

（张胜强）

中国农业银行岳普湖县支行

【基本情况】 2019年，中国农业银行岳普湖县支行位于岳普湖县新城区市政大道25号，支行分设支行营业部、文化中路支行（二级支行）2个营业网点，共有职工40人。有自助设备9台，查询终端4台，超柜5台。

【业务经营】

1. 存款业务：2019年年末，各项存款余额10.51亿元，其中对公存款余额4.72亿元，个人存款余额5.79亿元。

2. 贷款业务：2019年，各项贷款余额3.43亿元，其中法人贷款余额1.77亿元。

3. 全年在98个行政村布放金穗惠农通（银行卡助农取款点）138部，实现全部行政村覆盖率100%的目标。

4. 中间业务：2019年年末，全行实现中间业务收入389万元。

（潘东平）

中国农业发展银行岳普湖县支行

【基本情况】 2019年，中国农业发展银行岳普湖县支行总人数29人，其中在职职工20人，退休职工9人。行长1名，副行长2名；在职职工中，其中少数民族职工10名；党员14名（其中在职10名、退休4名）；大专以上学历17人；取得初级以上职称6人。

【新农村建设贷款】 2019年，岳普湖县支行向借款人发放的县（市）、城市郊区（县）内农村土地整治和农民集中住房等政策性贷款。

支持范围：1. 农村土地整理复垦开发，农村村庄整治、土地收储整理开发等。2. 农民集中居住区建设与改造、农村危房改造、棚户区和泥草房改造。

贷款期限：一般不超过10年，最长不超过15年（土储委托不超过5年）；农民集中住房（含农村危房改造）贷款最长不超过15年；棚户区改造贷款一般不超过20年，最长不超过25年。

贷款方式：贷款采用担保贷款方式。

【农业农村基础设施建设贷款】 2019年，岳普湖县支行向借款人发放的农村基础设施建设、农业综合开发和县域城镇建设等业务范围的贷款，包括农村交通贷款、农村水利贷款、农业生态环境贷款、农业生产基地贷款、农村公共设施贷款、农村科教文卫贷款、农村能源贷款等。

贷款期限、利率：此项中长期贷款最长原则上不超过10年。贷款利率执行人民银行同期同档次利率。

贷款方式：一般采用担保贷款方式。

【易地扶贫搬迁贷款】 2019年，岳普湖县支行向借款人发放的贷款纳入地方政府易地扶贫搬迁规划，用于易地扶贫搬迁的政策性贷款。贷款对象：地方政府出资成立、未列入监管部门融资平台名单的国有独资及控股企业；中央企业及其所属企业；非国有控股上市企业与地方政府或（和）国有企业合资成立的项目公司；各地原有融资平台公司通过市场化改制，建立现代企业制度，实现市场化运营，其承担的地方政府债务已纳入政府财政预算、得到妥善处置。

贷款用途：用于易地扶贫安置房建设（或购买）以及与易地扶贫搬迁直接相关的水、电、路、气、网等配套基础设施和教育、卫生、文化等公共服务设施，原居住地的土地复垦及整理，搬迁过程中发生的搬迁补偿、临时过渡费用等。

贷款期限：一般不超过20年，最长不超过30年。

贷款利率：根据资金来源成本，按照保本经营原则，执行优惠贷款利率，最高按人民银行基准利率下浮5%以内掌握。对利率下浮超过以上浮动区间的须报总行核准。按照借款合同约定不能如期还款的，对逾期贷款部分，须执行同期基准利率。

贷款方式：采取担保贷款方式。

【棚户区改造贷款】 2019年，岳普湖县支行为解决纳入国家年度棚改目标任务的城中村改造、国有林区棚户区改造、国有垦区危房改造，以及棚改配套基础设施等项目建设的资金需求，而向借款人发放的固定资产贷款。

贷款用途：安置房建设包括土地使用费，建筑安装工程费，与项目建设有关的其他费用等；安置房统筹购买包括购房合同或团体购房意向性协议价款，各类税费，其他相关费用等；单一货币补偿原则上限于国有土地上的棚户区征收补偿费用；与棚改安置住房建设项目直接相关配套基础设施建设原则上与安置住房建设项目同步规划、同步报批、同步建设的公共交通、通信、供电、供水、供热、停车库（场）、污水与垃圾处理等单独立项的配套基础设施建设。

贷款期限：一般不超过20年，最长不超过25年。

贷款利率：人民银行同意农发行使用PSL资金，利率执行3.98%～4.245%。(基准利率下浮17.57%)

贷款方式：采取担保贷款方式。

【水利建设贷款】 2019年，岳普湖县支行按照政府水利发展规划，为满足公益性、基础性、战略性水利建设项目资金需求，向借款人发放的贷款。

贷款用途：主要支持农田水利工程、防洪工程、水资源配置工程、水土保持和水生态保护等水利建设及县域引水等，不局限于涉农。

贷款期限：一般不超过20年，最长不超过30年。

贷款利率：使用PSL资金，利率执行3.98%～4.245%（基准利率下浮17.57%）。

贷款方式：采取担保贷款方式。

【业务指标】 2019年，岳普湖县支行支持贷款企业4家，分别为新疆棉花产业集团岳普湖棉业有限公司、岳普湖县粮食收储公司、新疆绿丹果业股份有限公司、岳普湖县达瓦昆土地扶贫开发有限公司。累计向新疆棉花产业集团岳普湖棉业有限公司发放购销企业棉花收购扶贫贷款44800万元，支持企业收购皮棉28203吨；累计向岳普湖县粮食收储公司发放购销贸易企业小麦收购扶贫贷款4000万元，支持企业收购小麦1547万千克；向岳普湖县达瓦昆土地扶贫开发有限公司发放农村流通体系建设短期扶贫贷款2600万元。支持小微企业农村流通体系建设（流动）贷款资金180万元，全年，各项存款余额24005万元，其中企事业单位存款23104万元，全年，各项贷款余额45043万元，其中新疆棉花产业集团岳普湖棉业有限公司购销企业棉花收购扶贫贷款余额为40650万元、岳普湖县粮食收储公司省级储备粮扶贫贷款余额940万元、购销贸易企业小麦收购扶贫贷款余额600万元、岳普湖县达瓦昆土地扶贫开发有限公司贷款余额2600万元、岳普湖县粮食局新增粮食财务挂账贷款73万元、农业小企业贷款180万元。

全年，基金余额26894万元。

（王艳芳）

岳普湖县农村信用合作联社

【基本情况】 2019年，岳普湖县农村信用合作联社，共有营业网点11个，其中联社营业部1个，信用社10个；联社内设10部1室，包括综合办公室、计划财务部、运营管理部、信贷管理部、审计部、法律合规与风险管理部、纪检监察部、电子银行部、人力资源部、客户部、安全保卫部。职工总数110名，其中在职正式职工104名，劳务派遣2名，内退4名。

【经营情况】

1. 存款。2019年，存款余额20.29亿元，较年初增加0.68亿元，增长幅度3.47%，年初联社制定存款目标计划为22亿元，已完成存款计划的92.23%，占全县金融机构存款余额的54.87%，存款份额占全县金融机构的首位。存款余额中：对公存款7.43亿元，占比36.62%，较年初增加1.11亿元，增长幅度17.56%，完成年度对公存款任务的201.90%，储蓄存款12.86亿元，占比63.38%，较年初减少0.43亿元，下降幅度3.24%，完成年度存款任务的82.33%。

2. 贷款。信贷业务运行平稳，规模持续扩大。2019年，各项贷款总额15.48亿元，较年初增加2.22亿元，增长幅度16.74%，占全县金融机构贷款余额的65.62%，贷款份额占全县金融机构的首位。年末，控制贷款余额为13.93亿元，已完成计划的111.13%。

3. 不良贷款。2019年，不良贷款为4201.62万元，占比2.71%，较年初减少945.93万元，下降18.38个百分点，年末控制计划3512.68万元。

4. 财务指标。2019年，所有者权益15206.14万元，财务总收入10454.94万元，比上年同期增加1031.63万元，总支出7643.02万元，比上年同期减少481.52万元。年末，利润计划1487万元，年内账面利润2278.54万元，较上年同期增加1152.31万元。

5. 主要风险指标情况。贷款损失准备充足率为602.85%，较年初提高319.72个百分点；拨备覆盖率为211.24%，较年初提高46.01个百分点，按全年计划要求拨备覆盖率应达到180%，增加31.24个百分点；资本充足率为14.82%，较上年年末增加0.66个百分点，按照全年计划要求资本充足率应达到12.5%，已超过2.03个百分点；拨贷比为8.74%，较年初减少0.07个百分点，2019年联社拨贷比应达到9%，尚差计划数1.00个百分点；资产利润率为1.1%，较年初期增加0.56个百分点；资产费用率已达到1.60%，较上年同期增加0.31个百分点；成本收入比率为40.95%，较年初增加0.86个百分点，较好完成各项监管指标任务。

6. 电子银行业务。全年，新发放卡数量达到24117张，完成年度计划的365.80%；玉卡（IC卡）累计发行量达到11.18万张，卡存款余额达到6218.03万元；企业网银存量客户共453户，年内，新增企业网银252户，完成年度计划的286.71%；累计拓展个人网银5479户。2019年，新增个人网上银行2614户，完成年度计划的333.68%；布放ATM总数量达到17台；新安装POS机62台96%，数量达到347台。全县助农取款服务点93个（覆盖87个村），普惠金融服务站2个，累计办理社保卡1.15万张。

【ETC业务推广】 2019年，满足群众办理ETC业务的需求，以网点为阵地对到网点的客户进行宣传，走进各乡镇、社区、加油站、停车场、居民小区等客户群体密集区发放宣传折页，搭设平台，当场办理ETC业务，利用微信工作群、广播喇叭、电视屏加大宣传力度。累计发放宣传资料2500份，走访单位43家，累计办理ETC业务2924笔。

中国邮政储蓄银行岳普湖县支行

【概况】 2019年，中国邮政储蓄银行岳普湖县支行内设4个部门，综合管理部、业务管理部、信贷部、公司业务部，有从业人员8人。开办业务有个人业务、信用卡业务、个人商务贷款、个人消费贷款、小额贷款、POS机业务。

【业务情况】 2019年，累计放款50笔，609.30万元，较上年放款184笔，2401.80万元，减少74.63%；还款66笔837.74万元，较上年还款220笔2580.44万元减少67.53%；结余308笔，余额1673.79万元，较上年结余364笔，余额2351.99万元减少28.84%；不良贷款53笔31.45万元，不良率1.88%。清收不良贷款26.77万元，完成计划任务157.47%。个人业务信用卡业务主要面向县、乡企事业单位、政府部门工作人员，累计发放信用卡618张；面向广大个体工商户群体，累计宣传办理POS机业务24笔，实发放24台；公司业务存款余额10024万元，取得了优良的业绩。

【内部管理】 2019年，岳普湖县支行有员工8名，其中反洗钱主管1名、兼职反洗钱管理员1名、专职反洗钱联络员1名、公司柜员2名、公司主管1名，承担柜面反洗钱责任。下辖1个代理网点，网点兼职反洗钱管理员1名、专职反洗钱联络员1名、个人柜员4名，承担柜面反洗钱责任。为预防洗钱活动，维护金融秩序，岳普湖县支行认真贯彻落实反洗钱法律法规，切实履行金融机构反洗钱法律义务，严格按照人民银行及上级分行的要求，组织辖内员工积极做好反洗钱相关工作，并定期组织行内员工及网点人员培训，严格按照人行、行内制度要求进行调查、监督检查。发现问题及时整改，保证了反洗钱制度规定在岳普湖县支行的有效落实。

（柴宗武）

保 险

中国人民财产保险股份有限公司岳普湖支公司

【险种结构】 2019年，中国人民财产保险股份有限公司岳普湖支公司有机动车保险、企业财产保险、责任险、人身意外伤害保险、农业保险、城市家庭财产保险、农村家庭财产保险、拖拉机保险、人人安康保险、信用保证保险、学生幼儿人身意外伤害保险、食品安全责任保险、建档立卡贫困户医疗补充保险、电动车与摩托车保险、医疗责任保险、校园方责任保险、机动车延长保修保险、再保险等80余种保险，涉及全体人民的衣食住行，为全体人员提供了全方位的保险保障。

【保费收入】 2019年，岳普湖县支公司实收总保费为4134万元，其中农险保费2000万元，车辆保险1593万元，财产保险80万元，责任险253万元，意外健康保险203万元，货运险5万元。

【保险理赔】 2019年，岳普湖县支公司各险种共已结案件2720笔，共赔付900余万元，其中种植业保险理赔877笔，受灾户数3600余户，受灾亩数2733.33公顷，赔付金额为600余万元；年内，养殖业共赔付案件477笔，其中奶牛案件87笔，毛驴案件186笔，羊赔案204笔，共计赔付金额为300余万元。

（艾买尔）

中国人寿保险股份有限公司岳普湖县支公司

【险种结构】 2019年，中国人寿保险股份有限公司岳普湖县支公司承办的新险种有国寿鑫福年年金保险，国寿祥瑞终身保险、国寿瑞鑫典藏版两全保险（分红型）、国寿福禄尊享两全保险（分红型）、国寿如意随行两全保险、国寿乐行宝两全保险、福星少儿两全保险、康宁少儿疾病保险、国寿鑫悦一生保险、国寿小额贷款借款人定期意外伤害保险、国寿小额贷款借款人定期寿险、国寿综合意外伤害保险、国寿附加绿舟意外费用补偿医疗保险、国寿附加学生补充医疗保险、国寿附加学生儿童残疾和烧伤意外伤害保险、国寿附加学生儿童意外身故伤害保险等保险。

【保费收入】　2019年，岳普湖县支公司本着重合同，守信用，准确合理的理赔原则，使出险人群能够及时合理的得到经济赔偿，保费收1374.28万元，其中续期个险保费957.04万元，首期305.85万元，团险渠道保费111.39万元。

【保险理赔】　2019年，意外死亡医疗人数43人，赔付166万元，学生保险赔款90.22万元，小额贷款赔付42.92万元，重疾医疗赔付70万元。

（郭　佩）

中华联合财产保险股份有限公司岳普湖县支公司

【保费收入】　2019年，中华联合财产保险股份有限公司岳普湖县支公司累计完成保费收入1472.57万元，同比增长14.38%，其中车险完成保费收105.23万元，意健险完成保费320.89万元，非车财险完成保费101.45万元，农险完成保费945万元。

【理赔】　2019年，岳普湖县支公司参与大病理赔2504笔、3552次，赔付261万元，为1000余户家庭带去医疗保障。

（岳俊红）

自然资源

自然资源管理

【概况】 岳普湖县地处喀什地区中部，东西长93千米，南北宽56千米，土地总面积3128平方千米。2019年，全县辖5个乡4个镇5个国营农林牧场和农三师42团。全县有93个村委会、557个村民小组。全县耕地面积35414.18公顷、园地面积4563.01公顷、林地面积6332.99公顷、草地面积27929.01公顷、城镇村及工矿用地面积8049.08公顷、交通用地面积3797.57公顷、水利设施用地面积9315.02公顷、其他土地面积217408.36公顷。县境内矿产资源分布稀少，有4个黏土制砖厂。

【机构改革】 2019年，根据地委、行署批准的《岳普湖县机构改革方案》和《关于印发〈岳普湖县机构改革方案实施意见〉的通知》，岳普湖县自然资源局机构改革在“三定”规定的范围内，按照精简、统一、效能的原则，对转入或划出的职责任务、人员编制进行明确核定，通过与对应涉改单位交流沟通，完成相关职责、人员编制的转隶。3月16日，喀什地区自然资源局对岳普湖县自然资源局进行局党组成员任命，同时完成自然资源局挂牌揭牌仪式。岳普湖县自然资源局人员编制共64个，行政编制13个，其中包括科级领导职数3个；工勤编制2个；参照公务员编制23个；全额事业编制26个。下设9个乡（镇）国土所，均为县自然资源局的派出机构。

【耕地保护】 2019年，根据地区自然资源局《关于永久基本农田核实整改补划有关工作的通知》要求，将地块耕作条件好、有稳定水源、集中连片程度高，无撂荒、污染、损毁、主要种植作物为棉花和小麦，不在生态退耕、生态红线、重要水源地、自然保护地范围内的耕地划入储备区。完成全域永久基本农田储备区划定2372.37公顷，占全县基本农田划定面积17442.27公顷的13.60%，平均质量等别为11.88等，高于已有永久基本农田平均质量等别11.97等，所划入地块均为水浇地，坡度均小于或等于2°，坡度级别均为1，完成永久基本农田储备区划定工作确定的各项任务。

【建设用地】 2019年，为优化报建程序，合并审批事项，进一步梳理优化报建流程，减少不必要的申报材料，将“联合审验”工作纳入工程建设项目审批管理平台，主动协助县住建局，设立综合服务窗口、查询窗口，实行一窗办理，落实“并联审批”、集中实施、统一验收、限时办结。

县自然资源局已将办理建设用地规划许可、工程规划许可法定的20个工作日，公开承诺分别在12个工作日、7个工作日内办结，力争工程建设项目全流程办结不超过100天，申报材料减少20%以上。年内，完成42个规划条件、125个红线图、125个选址和用地预审、17个用地规划许可证，24个工程规划许可证、15个乡村规划许可证发放工作。

【增减挂钩资金】 2019年，土地增减挂钩和脱贫攻坚、对口援疆、地方债券资金为全县扶贫攻坚、乡村振兴的主要资金来源。争取2019年城乡建设用地增减挂钩节余指标23.02公顷（高标准农田14.47公顷，一般耕地及其他农用地8.55公顷），收益12532.94万元。完成2018年增减挂钩收益1.7201亿元，用于全县巩固脱贫攻坚成果和支持实施乡村振兴战略的项目实施。共安排10类项目，完成支付80%。完成岳普湖县易地扶贫搬迁户拆旧复垦，涉及全县9个乡镇965户3982人。复垦面积49.73公顷，拆旧复垦率均达100%，通过地区自然资源局验收。

【国土资源市场管理】 2019年，根据县域内出现的多宗非法占用基本农田案件教训，重新制定《岳普湖县国土资源执法监察巡查工作实施方案》，确定以国土执法大队、各乡镇国土所所长为主要巡查人员，并实行巡查区域划分、责任划分制度，制定每月巡查月报制。截至年底，国土资源执法监察大队、各乡镇国土所共组织425人次，对各乡镇累计巡查218次，现场惩处（制止）违法行为16起。通过巡查、群众举报、上级督办等方式，发现土地矿产违法案件9宗，立案查处9宗，结案9宗，涉及面积12.27公顷，收缴罚没款36.1237万元。

【矿产资源开发】 2019年，结合自治区相关要求，确定整改措施，全面开展县域关停矿山企业地质环境问题排查，及时对已闭坑矿山、政策性关闭砂石黏土矿等开展地质环境恢复治理，问题一经发现立即纳入治理计划，确保治理达标。以岳普湖县政府为主导，企业为主体，岳普湖县自然资源局为监督，加速推进岳普湖县6家尚未治理矿山地质环境恢复治理工作。矿区破坏的土地0.0505平方千米，已恢复治理0.0505平方千米，恢复治理率100%，提前完成整改任务。

【不动产登记】 2019年，不动产登记中心转变工作作风，压缩办事时间（由原来的15天到现在的3～5天），推行“互联网+不动产登记”工作，解决企业和群众反映不动产登记存在的突出问题。全年累计各类登记业务1791件，其中颁发不动产权证书1343本（首次登记1248件，转移登记95件），注销登记113件，不动产登记证明335本，其中预告登记102件，抵押登记233件，帮助企业、个人融资及贷款约112582.34万元。

【“大棚房”问题专项整

治和违建别墅清查整治】 2019年，配合农业部门开展好“大棚房”清理整治工作，坚决整改存在的问题，严控农地非农化，拆除农地非农化建筑物11939.2平方米，通过自治区检查验收。根据地区《关于对喀什地区违建别墅问题进行再深入摸排的通知》文件要求，迅速组织相关部门在县域内进行全面摸排。对2004年以后发改委立项的43个房地产项目，对各乡（镇）村的375个项目、县域内3条河流、1个县级水源地、19个乡级水源地周围的45个建筑物、对达瓦昆景区5个项目进行摸排。通过摸排发现违法违章建筑5宗，对达瓦昆沙漠旅游风景区内违建别墅（占地面积138.86平方米）建筑面积327平方米进行拆除整改，通过自治区违建办的验收。

【耕地核查】 2019年11月28日完成全县9个乡（镇）、5个国营农林场，共93个村级调查单元的耕地实地调查工作。完成除农村土地承包经营权以外的耕地承包人信息、面积、利用现状等调查数据。核查地块34238块，总面积为6.44万公顷（其中耕地：核查地块30887块、面积为5.53万公顷），机井2585眼。精准核查工作以满分的成绩通过省、地、县三级验收。

林业和草原

【公益林管护】 2019年，实施林草及相关项目42个，重点完成林果业提质增效项目457.2万元，涉及贫困户3301户，各项目按照项目要求实施完毕，8月通过自治区退耕还林还草核查。根据喀什地区林业发展总体规划建设，岳普湖县在规划区范围内积极规划、设计、开展生态林建设工作。建设完成重点生态防护林建设规模533.33公顷。新加设围栏建设29千米，对全县5333.33公顷公益林进行保护。

全年，按照“严管林，质为先，慎用钱”的要求开展国家级公益林管护工作。聘请10名专职管护员对全县5333.33公顷公益林地实施常态化管护。8月，通过地区林业局对岳普湖县国家级公益林管护工作的验收。

【森林草原执法】 2019年，开展“绿卫2019”森林草原执法专项行动、2019年森林资源管理“一张图”年度更新工作，全年共办理行政案件15件。

国土资源执法监察

【资源执法监察】 2019年，根据岳普湖县域内出现的多宗非法占用基本农田案件教训，重新制定《岳普湖县国土资源执法监察巡查工作实施方案》，确定以国土执法大队、各乡镇国土所所长为主要巡查人员，实行巡查区域划分、责任划分制度，制定每月巡查月报制。年末，国土资源执法监察大队、各乡镇国土所共组织425人次，对各乡镇累计巡查218次，现场惩处（制止）违法行为16起。通过巡查、群众举报、上级督办等方式，发现土地矿产违法案件9宗，立案查处9宗，结案9宗，涉及面积12.27公顷，收缴罚没款36.1237万元。

【土地卫星图片执法监察】 2019年10月，国家下发变更调查遥感监测图斑163个，涉及面积163.36公顷，占用耕地25.4公顷。年内，全县共发现34宗违法用地，涉及面积14.62公顷。其中立案15宗，非立案18宗；结案15宗，共收缴罚没款28.3631万元，拆除及复垦违法用地面积3261平方米；自行纠正1宗，拆除违法建筑1420平方米。

【矿产卫星图片执法监察】 2019年5月，国家下发矿产卫片图斑3个，经实地核查，合法图斑2个，违法图斑1个；违法图斑（无证开采）查处整改到位，收缴罚没款1.7301万元。

（黄跃辉）

生态环境保护

【机构改革】 2019年3月19日，挂牌成立岳普湖县生态环境局，内设办公室、综合业务室，下属单位有环境监察大队、环境监测站。全局实有10人，其中男性8人，女性2人；大专以上学历7人、中专1人，工勤人员2人。

【建设项目环保审批和监管】 2019年，严格把好环境准入关口，认真执行《中华人民共和国环境保护法》《中华人民共和国环境影响评价法》《建设项目环境影响评价分类管理名录》，按照国家环保法律法规和产业政策，严格环境影响评价和“三同时”制度，加强建设项目环保审批，抓好“三同时”验收。全年出具建设项目环保预审、审批文件101个，网上备案环境影响登记表86个。

【放管服工作】 2019年，对照岳普湖县一体化在线政务服务平台权责清单进行认领，将认领后的清单按照各科室工作职责进行认领。认真梳理推进权力清单、责任清单和公共服务事项清单，依法推进行政权责公开。共梳理各类事项10项，其中行政许可7项、行政奖励1项、行政确认2项。

【开展第二次全国污染源普查】 2019年，完成污染源普查清查名录，工业源136家，集中式污染治理设施2家，行政村93个，生活源锅炉52个，加油加气站14家，旅游景区1个，严格按照自治区的普查方案和时间节点上报数据。

【环境执法】 2019年，对辖区内的12家公立医疗机构，4家私立医疗机构进行监察，主要对建设项目“三同时”执行情况、水污染治理设施运行情况、医疗废物处置情况及辐射安全制度落实情况进行现场检查，对全县所有医疗机构进行专项检查，通过检查，发现乡镇卫生院基本没有污水处理设施，对其下达整改通知，共下达整改问题40余条。根据执法大练兵的安排部署，对岳普湖县清源污水处理厂污染物超标情况进行查处，处罚11万元。

加大污水处理厂的监督检查力度。要求城镇生活污水处理厂安装总磷、总氮污染物在线监测设施，污染治理设施正常运行，污染物达标排放；工业污水处理厂已建成。

严格落实土壤污染防治。全县制定土壤污染防治实施方案，县人民政府与2家重点企业签订土壤污染防治责任书（益华纸业、垃圾填埋场）。2家单位的自行监测报告于11月18日，在岳普湖县政府网站向社会公示。

（李文琴）

科技·气象

科技工作

【机构改革】 2019年3月，机构改革挂牌成立科技局，内设机构有办公室、科技管理股。有编制6个，在职7名（其中男性4名，女性3名），退休1名。

【创新创业】 2019年，以申报和实施国家、自治区、地区科技项目为载体，引导企业加强同高校、科研院所协同创新，促进产学研用紧密结合。通过政策引导、项目支持、智力援助、技术引进等手段，培育和扶植在市场上有竞争能力的骨干企业，提升骨干企业创新能力和综合竞争力。鼓励企业自主创新，扶持科技型企业发展壮大，具有创新能力的科技型企业达到17家。与县税务局联合组织27家企业参加自治区2019年惠企政策宣传培训会，确保了科技行业政策落实到位，新疆玉昆仑天然食品工程有限公司成功备案科技型中小企业。组织12家企业参加第六届新疆创新创业大赛培训会，新疆华彩农业发展有限公司参赛的高产蓖麻及新能源项目获得成长组三等奖。

【科技项目申报与管理】 2019年，按照科技计划项目管理办法，重点针对项目的完成情况、资金到位情况、经费使用情况进行经常性督促检查。对照项目确定的内容和技术指标，采取现场查看、听取情况介绍的方式，全面了解和掌握了各项目落实及实施进展情况，协调解决项目实施过程中出现的各种问题和困难，并督促项目实施单位强化项目管理，按照项目合同任务按时完成各项指标任务。共争取各级各类项目7项，资金184.49万元。

【科技投入】 2019年，应用技术研究与开发经费列入财政预算，拨付14万元，实施项目2项。

【科技培训】 2019年，开展以科技支撑发展、科技惠及民生的宣传培训活动，本着“需要什么，培训什么，缺什么，补什么”的原则，根据贫困群众的实际需求量身定制、量体裁衣，聘请自治区林科院、地区种植养殖专家7名、自治区级科技特派员3名、县科技特派员9名，以从事种植、养殖的大户、科技明白人、农村专业合作社会负责人、贫困户等为培训对象，采取集中培训和实地现场讲解相结合的方式，培训12场次，培训群众8500人次。以“冬季攻势”活动为载体，结合“科技之冬”、科技下乡等培训活动，对全县9个乡镇93个行政村以棉花种植管理技术、红枣修剪和田间管理、庭院经济、法律讲座等实用知识培训做到全覆盖。协调统筹各部门技术服务力量，围绕全县“三果一花”特色产业、畜牧业、蔬菜种植、设施农业、庭院经济、特色种植业开展培训，全年完成培训12.45万人次；其中农业技术培训22期2.86万人次；畜牧养殖技术、疫病防治培训45期5.2万人次，林果业技术服务培训227期3.6万人次，职业技能培训7900人。

【科技人才】 2019年，制定《岳普湖县科技人才选派对象服务贫困村方案》，从全县96名科技人员中挑选9名中、高级科技人员，结合人员专业特长和产业发展布局，合理划分服务贫困村和片区，明确工作目标和任务，签订技术服务协议书，做到68个贫困村全覆盖。年末，开展各类培训166场次，受训群众1.82万人次。全年，推荐选送科技人才参加自治区、地区业务能力提升培训8期19名。

【科普宣传】 2019年，结合科技之冬、科技活动周、全国科普日、科技下乡等活动载体，组织全民科学素质行动计划纲要领导小组16个成员单位，县乡专业技术人员、骨干宣讲员、乡土人才等，深入各乡镇、村开展科学普及大宣讲，共发放科普图书、宣传册、挂图等资料2万余份，受训人数达3万余人次；出动科普大篷车14台次，赴乡镇、村、学校开展科普宣传，发放科普宣传资料1.5万余份；各中小学开展科普宣传4场次，受训学生2.99万人次做到中小学生全覆盖；卫生系统开展健康教育普及、“艾滋病防治”、“终结结核病行动、共建共享健康中国”等为主题的科普宣传培训6场次，受训群众4.69万人次；自治区科协组织15名专家赴6个乡镇5个村3所中小学，开展“科学大讲堂”科普宣传活动18场次，受训人员达5200人次。自治区科技厅开展以“科技强国、科普惠民”为主题的“科技宣讲在基层”活动，组织13名专家赴色也克乡3村及9村、岳普湖县职业高中、岳普湖镇幸福路社区开展“农业科技服务民生”“科学使者进校园（社区）”等活动，开展科技科普宣传9场次，受训群众达1.01万人次；各乡镇、村（社区）利用周一升国旗、夜校等载体开展科普宣传8.9万人次，全年科普宣传受训人员达21.11万人次，在全县营造讲科学、爱科学、学科学、用科学的良好社会风尚。

【示范网络建设】 2019年，建立健全县、乡、村各级服务组织，引导各级服务组织，开展技术服务活动。建立“疆岳驴”繁育科技示范基地、小茴香种植示范基地等多个示范基地。全县建立科技示范乡3个，科技示范村31个，科技示范户2400户。发挥科技特派示范引领作用，围绕“三果一花”、疆岳驴等特色产业，加大科学管理技术的培训，提升农业科技整体水平，建立农林牧科技示范基地87个、科技示范户400户，培养乡土人才147人。

【新品种引进】 2019年，全县引进金银花、西梅、钙果、薄荷、籽用中蔓南瓜等6个新品种进行试种，结合全县产业发展，新植金银花720公顷、西梅3933.33公顷；阿其克乡4村引进种植的板栗南瓜，抗旱耐盐碱，产量高等优点，在试种中喜获丰收；结合畜牧发展和脱贫攻坚，引进优良品种“胡羊”2.8万只，先进农牧大型农机具627台（架）。

【科技扶贫】　2019年，有序推进科技扶贫专项行动组工作。强化组织领导，促进科技扶贫有效开展。制定《岳普湖县2019年科技扶贫专项行动组工作方案》，成立领导小组，进一步强化各行业部门科技扶贫工作职责任务，建立定期联系制度和工作例会制度。全年，召开联席会议5次，解决工作推进中难点问题6个，协调解决工作困难21个，确保科技扶贫专项行动各项工作顺利开展。县科技局切实将脱贫攻坚专项巡视反馈意见整改工作作为核心任务狠抓落实，专门成立整改工作领导小组，召开专题会议研究部署巡视整改工作，制定各级各类反馈问题整改方案，按照“一个问题、一套措施、整改一件销号一件”的要求，制定问题清单、任务清单、责任清单，明确目标、细化措施，举一反三整改共性问题，坚持以问题整改推动打赢脱贫攻坚战。共认领问题29个，已整改问题29个。

（王小丰）

气象工作

【气候特点】　天气气候总体呈暖干型。2019年，岳普湖县平均气温偏高，降水偏少。年平均气温13.0℃，较历年偏高1.0℃；2018—2019年冬季气温较历年偏低；春、秋季均偏高，夏季偏低。年总降水量32.1毫米，较历年偏少。冬季、春、夏、秋季均偏少。年日照总时长2792.4小时，光照偏多，热量条件好于常年。

2018年冬霜日是2019年2月4日，较历年偏早。2019年初霜日10月23日较历年和上年偏晚；无霜期330天，较历年偏少。

2019年，岳普湖县大风、沙尘天气频繁，春季出现低温霜冻、夏季出现分散性对流及高温，冷空气活动较常年偏弱。全年共经历13场中等及以上强度天气过程，其中明显的风沙天气过程有5场，降水事件4次，4场阶段性高温过程。年内，主要气象灾害有大风、沙尘暴、冻害等，给农业及林果业生产、交通运输、人民生命及财产安全等造成了危害。

2019年，岳普湖县农业气象年景为偏丰年。

【重大天气气候事件】　2019年，岳普湖县局地气象灾害较历年明显偏弱。

大风天气 2019年风沙灾害偏重发生，一年四季均出现明显的风沙天气。年内，共出现1次大风灾害，造成直接经济损失18.6万元。11月11日早晨，岳普湖县出现6级以上西北大风，岳普湖县铁热木镇14村、也克先拜巴扎镇13村出现灾情，造成48座拱棚受灾，经济损失18.6万元。

浮尘天气主要集中于春季，累计浮尘天气日数35天，较历年（1981—2010年整编资料统计浮尘天数54.3天）趋于减少，持续最长时间16天出现在4月，对作物生长影响逐渐减弱。

扬沙天气主要在春季和夏季，累计扬沙天气27天，较历年（1981—2010年整编资料统计扬沙天数16.5天）趋于增加。

沙尘暴天气主要集中于春季，累计沙尘暴天气2天，较历年（1981—2010年整编资料统计沙尘暴天数3.7天）趋于减少。

春季晚霜冻 5月6日，岳普湖县出现霜冻现象，灾情最重，地面最低温度-4.5℃，居历史同期最低值，属极端气候事件，造成当地部分瓜类、蔬菜类、春玉米以及个别棉田棉花不同程度受灾。

高温 2019年高温天气（日最高气温≥35.0℃）出现时间较历年偏晚，累计高温天数37天，较历年高温天数偏多，年度最高温40.3℃，出现在7月25日。

【年度极端气象数据】 极端最高气温：极端最高气温为40.3℃，(出现在7月25日)。

极端最低气温：极端最低气温为-14.7℃，出现在2019年1月10日。

晚霜冻出现在2019年5月6日，地面最低温度-4.5℃。

≥0℃积温：岳普湖县稳定通过≥0℃积温为4969.9℃，与历年相比整体偏多245.2℃·d。

≥10℃积温：岳普湖县稳定通过≥10℃积温4677.0℃·d，与历年相比整体偏多404.5℃·d。

≥15℃积温：岳普湖县稳定通过≥15℃积温为4355.2℃·d，与常年相比偏多719.7℃·d。

≥20℃积温：岳普湖县稳定通过≥20℃积温为3560.5℃·d，与常年相比偏多273.5℃·d。

【预报预警及灾害调查评估】 2019年，通过国家突发事件预警信息发布系统发布预警信号79条，及时通过121短信平台、电子政务内网、气象服务QQ群、LED显示屏、广播、电视、岳普湖县零距离等各渠道进行发布预警信息。重要的天气电话通知到相关部门领导及乡镇领导，共同做好基层气象服务。

7月3—4日，大风天气过程，极大风速24.7米/秒（10级）出现在色也克尤库日布里曼村，未造成灾情。8月18—19日，大风天气过程，极大风速17.7米/秒（8级）出现在达瓦昆旅游景区，未造成灾情。7—8月，高温天气过程，高温累计天数35天，极端最高气温40.3℃（7月25日），地面最高气温达到73.4℃（7月3日），列历史第三位。

【气象服务】 2019年，发布春运专题预报42期、春耕春播气象服务专报10期、高考专项预报4期、夏收夏种气象服务专报5期、棉花服务专报3期、决策气象服务专报4期、重要气象情报3期、实时气象服务报告2期、常规周预报35期、各类天气专题预报31期、农牧业旬气象条件评价31期、农业灾害评估3期、特色林果业专报9期、短期气候预测14期、短期气候评价5期等、短期气候评价12期各类，通过电子政务内网、气象服务QQ群、手机短信、LED显示屏、广播、电视、岳普湖县零距离等各渠道进行日常服务工作。接受电视台采访 2 次，手机短信累计发布 448 条，接收 1018304 人次。

【人工影响天气】 岳普湖县人影办根据喀什地区作业指令，作业 25 次，应对 38 次，消耗弹药 130 枚、在岳普湖县防灾减灾建设中发挥了重要作用。

（花　卉）

教 育

教育工作综述

2019年，岳普湖县有各级各类中小学校177所，其中97所幼儿园（含2所民办幼儿园），65所小学，6个教学点，6所初级中学，2所完全中学和1所中等职业技术学校。全县中小学幼儿园学生总数48446名，其中小学20049名、初中6787名、高中3109名、中等职业技术学校1972名、幼儿园16529名。全县教职工在岗3897人。

贯彻执行党组织领导下的校长负责制，加强党的建设。对于符合组建党支部条件的学校（幼儿园）及时成立党支部，在没有党员的学校选派党建指导员指导党建工作，确保党组织和党的工作全覆盖。全县教育系统成立86个党支部，实现党组织对各级各类中小学、幼儿园全覆盖。坚持德才兼备、以德为先选人用人标准选好配强学校领导干部，配备86名党支部书记，深化党对教育工作的全面领导，充实优化学校领导班子结构；各中小学在七一建党98周年之际，开展“不忘初心、牢记使命”为主题的党建活动日，组织重温入党誓词，开展演讲比赛等形式，筑牢广大教职工的政治思想基础，增强广大教师队伍的凝聚力、向心力；全面加强党建带团建工作，组织实施各团员教师“青年大学习”活动，把团员先进性延伸到网络空间，在网络意识形态领域主动传播正能量。

2019年，全面加强德育和思想政治教育。全县各学校利用周一升旗仪式、校园广播、班会、队会等常规活动扎实开展社会主义核心价值观教育、革命传统教育、爱国主义教育、民族团结教育、“五个认同”教育等思政宣传教育活动。开展学习《新疆的若干历史问题》，强化师生中华民族共同体意识，筑牢马克思主义“五观”。加强学校思政教师队伍的质量，强化思政教育培训，学校书记、校长每季度开展一次思政教育培训统筹推进思政队伍中教师、班主任、学科教师、团队干部的融合。

加强思政工作教研能力。每周开展一次思政教研活动，提高思政课教学质量和教学效果，不断提高思政课堂的亲和力和吸引力。

加强理想信念教育。通过语文课进行中国传统文化教育，使学生热爱中华民族优秀瑰宝，培养爱国主义精神；通过历史课进行中国国情教育、国际形势教育、民族忧患意识教育，使学生树立为中华民族伟大复兴而奉献的使命感和责任感。

加强意识形态领域反分裂再教育，深入推进反分裂斗争；充分利用校园文化阵地、爱国主义教育基地及主题班队会等，提升学生思想品德、政治素养、道德品质、文化素养；加强民族团结教育，利用学校广播、板报等形式大力宣传民族团结先进事迹，营造爱党、爱国、爱社会主义的浓厚舆论氛围。

2019年，全县幼儿教育、义务教育、高中教育和职业教育实现国家通用语言教育全覆盖。加强教学质量检测、评估，全面提升少数民族学生国家通用语言水平。其他省区市新疆初中班参加考试831人，体检上线人数120人，上线率14.4%。高考参加人数1140人，上线率81.9%。大中专院校录取874人。

2019年，提升教育教学质量，争创优质教育。

严格课程设置，规范办学行为。严格按照国家、自治区的课程设置要求，开齐课程、开足课时，严禁学校私自增加或减少课程、课时。

严格教学质量管理，提高教学质量。制定课程改革、绩效考核等相关文件，指导学校参与教学改革，构建新型教学模式。加大教学工作检查力度，加强教学过程监督，狠抓教育教学过程管理，实现教学质量稳步提高。加强精细化管理。稳步推进集团化捆绑式办学，促进强校带弱校，实现县域内学校均衡发展。加强国家通用语言学习、定期开展国家通用语言水平测试、建立管用有效的国家通用语言教育质量监测和考试评价体系、建立义务教育阶段各学科教育质量评价长效机制、实施考试分析、质量评价、信息反馈、跟踪分析评价等措施，及时检测掌握全县国家通用语言教学质量与水平，改进国家通用语言教学方法，稳步提升师生国家通用语言水平。

加强教学研讨，提升教学水平。成立领导小组，聘请95名专兼职教研员；教育局组织义务教育阶段各中小学书记、校长及教务主任召开岳普湖县首届义务教育学校教学研讨会。制定下发《关于全县义务教育阶段教师电子教案管理办法》，为全县教育教学质量发展奠定基础。组织全县25名教师参加县级义务教育阶段道德与法治课堂教学活动，选派小学2名、初中1名教师地区级道德与法治课堂教学比赛，对获奖人员进行表彰奖励。承办全地区高中数学教研活动研讨会，选派11名教师参加地区级初高中部分学科比赛，获得优异成绩。利用现代远程技术组织中小学山东援疆教师示范课共享活动，发挥援疆教师的引领作用。

2019年，全县寄宿制项目新建学校2所，改扩建13所，共58栋单体，建筑总面积17.75万平方米，完成初验19栋，处于装修阶段35栋，主体建设3栋，基础建设1栋。总投入资金48111万元。

2019年，狠抓教育扶贫工作，确保如期完成脱贫攻坚任务。每天晨会集中学习、每周进行扶贫知识测试、每月下沉贫困户家中走访录入扶贫APP，走访宣传各项惠民政策和法律法规；由政府办印发《岳普湖县教育脱贫攻坚重点工作责任分解方案》，坚定抓好教育扶贫措施的落实，严格控制辍学率，落实“控辍保学”周查周报制度以及相关台账。将“控辍保学”工作，落实到各乡镇（单位）及具体责任人，确保教育扶贫工作顺利推进。

2019年，岳普湖县学

前免费教育全覆盖；义务教育阶段实行“两免一补”，农村义务教育“营养改善计划”全覆盖；普通高中、中等职业技术学校“三免一补”全覆盖。对大学生及家庭困难学生实行救助政策，享受家庭经济困难大学生资助资金537名，发放资助资金238.8万元；享受困难家庭学生关爱资金8294人次，发放资助资金294.42875万元；享受社会救助资金学生5276人次，拨付金额165.9471万元。

2019年，加快发展现代职业教育。合理完善专业设置，确保学生“招得来、留得住、送得出”。通过考核、测试、点评、以师带徒、结对帮扶等方法，帮助自聘教师成长进步。采取“第一年实行国家通用语言强化学习，第二年进行职业技能培训，第三年顶岗实习”方式培养职业技能人才，提升就业能力。

年内，中等职业技术学校开设6个产教融合实训基地，分别是汽修、焊接、美发、家政、中餐和服装，全部营业。

（兰建国）

基础教育

岳普湖县第一小学

【德育工作】 2019年，学校党支部坚持“五育并举、德育为首”的工作方针，把德育工作作为首抓工程，不断优化德育途径，改进德育方法，以组织开展丰富多彩的主题教育活动为载体，狠抓良好习惯养成教育、心理健康教育等工作，切实提高德育实效。

【教学工作】 2019年，进一步健全学校管理的常规管理制度，不断完善学校管理工作。严格执行课程计划，8月26日，电子教案在全校普及，做到减轻教师负担且教师堂堂有教案，做到超周备课，教案经审批后讲授。实现教师按时、合理的布置作业，全批全改，还制定出听课评课制度，做到定期或不定期检查或抽查教师各种学习笔记和教案。不断加强校本教研，有效地开展集体备课，组织教师开展公开课、研讨课、优质课等评比活动，与此同时鼓励教师参加教学评比活动。抓紧做好每周专业学习，通过专业学习的方式，使教师改进教学方法，切实提高教师业务素质。年内，学校共有23名学生考取疆内初中班。加大教师普通话培训力度，坚持每周普通话学习。开展集团化办学，学校派骨干教师去结对帮扶学校岳普湖镇中心小学、岳普湖乡中心小学、铁热木镇中心小学等3所学校送课12节，组织结对帮扶学校教师开展教研活动、集体备课，选派3名教师赴铁热木镇中心小学支教。

【师资队伍】 2019年，以师德建设为核心，狠抓师德师风教育、政治业务学习和专业发展，提高教师队伍的整体素质。培养县级教学能手、辅导员、班主任、道德模范等14名，9月10日教师节，获得县级表彰教师4名，校级教师24名。10月1日国庆节，开展庆祝中华人民共和国成立70周年暨“党史国史、入脑入心”知识竞赛，表彰24名参赛选手。

【山东援疆教学】 2019年9月10日，山东援疆教学的4名教师和18名支教教师到县一小工作，给学校带来先进的教学方法和教学理念，发挥示范引领作用，促进学校教育质量提升。

【荣誉】 2019年5月25日，学校获得2019年度新疆广播电视台少儿频道《我和我的祖国》庆六一少儿综艺展演活动优秀组织单位。12月6日，学校获得岳普湖县教育系统纪念“一二·九”青少年红歌合唱比赛小学组第一名。

（耿　仍）

岳普湖县第二小学

【基本情况】 岳普湖县第二小学位于喀什地区岳普湖县文化南路，学校占地面积28227平方米，生均18.58平方米，建筑面积13749.23平方米，生均9.05平方米。有31个教学班，学生1519名。学校共有教职工121人，全部达到大专及以上学历。学校配备有图书阅览室、保健室、舞蹈室、音乐室、劳动技术室、美术室、机房、实验室、心理咨询室、团队活动室等各种功能室，各类教学仪器设施设备齐全。

【建设文明和谐校园】

1. 加强师德师风建设。倡导“创新、务实”作风，结合每周进行一次政治学习，结合每月班主任考核活动，树立受学生爱戴、受家长欢迎、受同事佩服、让领导放心的先进典型，推动学校师德师风建设，提升教师的综合素养和群体形象，提升学生、家长和社会对学校的满意度。

2. 建立常规管理新秩序。全体教职员工树立“全员育人”“全程育人”“全方位育人”的教育理念，参与到学校常规管理当中。

3. 丰富校园文化活动。在六一前后，以儿童节日为契机，以表演、读书、书法、绘画、手工、科技、体育、信息技术为内容，开展形式多样的文体展示活动，培育高雅校园文化。少先队充分发挥职能作用，精心办好每一期升旗仪式、黑板报。组织开展丰富多彩的主题活动，让广大学生在活动中明理、晓行，最后内化为自觉的行为，帮助树立“诚信做人、认真做事、宽以待人、严于律己、关心集体、勤俭节约”等良好的道德品质，从小构建社会主义核心价值观体系。教务处组织安排好每天活动课程，以此作为推进素质教育的重要载体。面向全体学生，开展培养学生兴趣爱好的文体活动，让学生在活动中放松身心、陶冶情操、培养特长、发展个性。

【校园建设】 2019年，学校加大校园文化建设，新建一栋五层教学楼，建筑面积5823.59平方米，命名“志远楼”；一栋二层食堂，建筑面积1007.9平方米，两栋二层学生宿舍楼男生公寓1942.94平方米，女生公寓1942.94平方米。

【内初班】 2019年，第二小学六年级学生150人，符合报名条件的60人，考入内初班学生共44人，其中汉族27人，少数民族17人。

【送课下乡】 2019年，

为实现教育均衡化，岳普湖县第二小学同阿其克乡中心小学、岳普湖乡中心小学等5所学校集团办学，开展送课下乡，教师集中研讨培训等活动加强校际沟通交流，提升教师能力素养，缩小教育差距，提升教学质量。

（杜润春）

中学简介

岳普湖县第一中学

【学校概况】 2019年，岳普湖县第一中学有教师289名，其中副高级教师35名，中级教师48名，县级名师2名，学科带头人3名。县第一中学招聘29名自聘教师，解决岳普湖县第一中学语文、英语、思想政治等学科的老师短缺情况；有学生2594人，其中寄宿生2080人，走读生514人。2019届高一的招生757人，转入2人，转出38人。

【高考成绩】 2019年，县第一中学参加高考人数962人，有18个班级，大专以上录取人数612人，上线率81%。其中本科上线人数179人，本科上线率19%；专科上线人数603人，专科上线率63%。

【德育工作】 2019年，县一中逐步推行学生管理的“十一个抓手”：(1)入校国家通用语言关；(2)德育量化赋分管理；(3)班级日志；(4)“最美一中学子”十条红线和十条标准；(5)学分认定管理；(6)“四个一”家校合作；(7)晚自习作业清零；(8)晚自习以“双线管理”为依托（图控室+班级内督导）；(9)学习风气；(10)6个社团建设；(11)树立班级和级部标兵、“国家通用语言学习标兵”、“学习进步标兵”。自主管理与教师督导相结合，使学生守纪律，懂规矩，知敬畏，守底线，促仪容仪表和文明礼仪等好习惯的不断养成。结合4月“首届校园艺术节”、9月“37届秋季运动会”、10月“中华人民共和国成立70周年主题活动”，加强“五个认同”“社会主义核心价值观”“五观”教育；以“课前三分钟”“国家通用语言入校”“四操”等为抓手，推进优秀传统文化进校园、进课堂、进师生头脑，落实“好习惯+”的学习方式搭建平台，厚植爱国主义情怀和中华民族共同体意识。通过7次班主任培训、2次经验交流会等多种形式，压实班主任责任，优化班主任队伍，提升育人能力水平。

【教育教学】 2019年，县第一中学组织各项考务工作，包括小升初、中国少数民族汉语水平等级考试、普通高考、学业水平测试、校级各类考试。岳普湖县第一中学2018年开始设立普通高中考点，实现岳普湖学子不出县城就能参加高考，减轻广大农民群众孩子去外县参加高考的费用和负担。

山东援建县一中1250平方米的现代化图书阅览室，图书电子录入3万册。

县第一中学组织建设社团9个，艺体班3个。在岳普湖县各类比赛和活动中取得好成绩。

【资助政策】 2019年，县第一中学2582名学生享受普通高中国家助学金

258.2万元。县第一中学885名学生享受喀什地区专项关爱资金313512.5元。

（阿那尔姑·卡地尔）

岳普湖县第二中学

【制度】 2019年，岳普湖县第二中学教科室制定《岳普湖县第二中学推广普通话及形成常态工作方法步骤及具体目标》《岳普湖县第二中学岗位竞聘实施方案》《岳普湖县第二中学教师外出培训制度》。校办公室制定《岳普湖县二中教师领导包联级部制度》。党建办制定《师德师风建设制度》《师德师风考评制度》《师德师风建设学习制度》《师德师风评议制度》《师德师风奖惩制度》《师德师风一票否决制度》《师德师风监督制度》《师德师风负面清单制度》《县二中“三进两联一交友”制度》《校领导陪餐制度》《教师陪宿制度》《谈心谈话制度》《督查制度》。制度全部列入学校制度管理册。

【师资】 2019年，全校教职工154人，其中维吾尔族66人、汉族78人、其他少数民族10人。

【家校合作】 2019年，县第二中学开展好家长学校各项活动，自觉接受学生家长和社会各界的监督。召开家长会、家长开放日、学生代表座谈会、老师代表座谈会、诚恳征求老师、学生家长对年级部和学校各项工作的意见和建议，认真整改。

【学生管理】 2019年，县第二中德育处完善学生德育操行评价的指导性和有效性，实施学生管理学生的制度，发挥学生的作用，使德育量化以课促天，以天促月，一月一汇总，一月一评价，一月一整顿。以德育量化评价规范中学生行为，开展《中学生守则》和《中学生日常行为规范》识记、抢答比赛、主题班会等。

规范周一升国旗。每周一全员参与升国旗仪式，教师着工装、学生穿校服，严格按《中华人民共和国国旗法》要求齐唱国歌升国旗。班会课做周评，在广播室总结通报。

加强班会课的主题育人导向，以爱国、感恩、文明、礼仪、“五个认同”、社会主义核心价值观、民族团结教育、红歌及“三风一训”、中学生守则等为主线。

规范学校团组织的工作，规范执行“3214”（三会两制一课四个团务活动），每月举办一次团日活动和志愿者服务活动。

【招生工作】 2019年，县第二中学七年级新生就读人数为476人，高一年级新生就读人数为226人。

【学校建设】 2019年，新建教学设施附属工程及运动场绿化工作。加大资金投入，安装安全监控系统、校园广播系统，各班级安装班班通、办公电脑等设施。平整校园，栽植花木，美化、亮化环境。重视卫生保洁工作，划分各班卫生清洁区，实施每周五大扫、每天三清扫的卫生制度，并完善卫生考评制度。

【学籍管理】 2019年，县第二中学教务处按照普及九年义务教育的要求，建立完整规范的义务教育管理档案，辖区内适龄儿童少年的入学、流动、流失等情况登记造册，定期进行检查核实。

【学校社团】 2019年，县第二中学开设音乐、美术、体育、信息技术四大学科，下设19个兴趣班。

（卢建雄）

岳普湖县第三中学

【基本情况】 2019年，岳普湖县第三中学位于城区西面，占地总面积66728平方米，建筑面积16470平方米，绿化面积12532平方米。有41个教学班，在校学生1648名，教职工291名，教职工中本科206名、大专76名、中专4名，高中1名，初中1名，工人3名。

学校教学区、生活区和活动区布局合理，配备有图书室、阅览室、保健室、舞蹈室、音乐教室、乐器室、劳动技术室、美术室、机房、实验室、心理咨询室、校史馆、民俗馆、红色教育基地等各种功能室、教学仪器设备齐全。

【学校管理】 2019年，学校新制定完善《岳普湖县第三中学教师晋职晋级量化考核管理办法》《岳普湖县第三中学考勤制度》《岳普湖县第三中学教师考核程序》《岳普湖县第三中学教师绩效考核指标体系（试行）》等管理制度，贯彻《中小学管理工作基本规定》，严格执行课程标准，开展丰富多彩的课内外活动；严格执行作息时间，严肃工作纪律，规范教师行为，重视师德师风建设。坚持德育为先，开展内容丰富的德育教育活动，重视未成年人思想道德建设。

【寄宿管理】 2019年，学校结合实际情况，采用“三会”（即召开教职工、家长、学生动员会，首先对教职工、家长和学生的思想进行动员，让他们意识到推行寄宿制建设的必要性）；“两访”（访家长、访学生），“小手牵大手”(即通过在校学生向社会和家长宣传，让家长进一步认识和支持寄宿制学校建设）等形式进行有益的宣传动员工作。寄宿制管理由建立宿舍管理员、值日领导、值周教师、班主任、社会实践岗“五位一体”的寄宿生管理机制。

【德育工作】 2019年，师德建设持续开展政治纪律政治规矩教育暨反分裂斗争教育，清查问题教材和两面人，开展作风顽疾整顿，加强教师队伍的思想道德建设，严格规范教师仪容仪表，实行师德量化考核和教育教学工作质量年度考核评比，实现师德合格率达100%、教育教学质量年度考核合格率的提高。

德育教育，以学生行为规范养成教育为主要内容，以学校团队活动为载体，以重大节日、纪念日、三进两联一交友活动为契机，开展生动活泼的德育教育活动，加强对学生进行爱国主义、集体主义、社会主义思想教育和道德规范教育。开展学雷锋系列活动。

【教学工作】 2019年，学校组建学校教学管理领导小组，构建“校长室—校办、党建办、教务处、教科室、政教处、总务处—教研组—备课组—教师”五级管理，明确工作职责。学校把参加国培、区培、山东交流学习、继续教育等机会都向青年教师倾斜，年内参加培训的教师达到27人次。学校借助4名山东老师在三中支教的机会，举行第二教育集团送教活动，为老师提供一个自我展示和相互学习的平台，各校骨干教师共送教12节课。

2019年，县级授课比赛三等奖2名，学校组织校级观摩课8节、示范课20节、汇报课10节、研讨课20节、实施集体备课30次。

全年，有495名毕业生，其中221名被普通高中录取，232名被职业高中录取，5名被内职班录取，37名被疆内中职班录取。

（郭荣敏）

中等职业教育

岳普湖县中等职业技术学校

【师资队伍】 2019年，学校有教师170名（其中在编教师69名、自聘教师89名、特岗教师12名）、教官4名；党员45名、“双师型”教师19名、实训指导教师31名。

【开设专业】 2019年，学校根据全县的实际需求及学生就业情况，开办三年制的电子与信息技术、服装设计与工艺、焊接技术应用、建筑装饰、美容美发与形象设计、汽车运用与维修、中餐烹饪与营养膳食、电子电器应用与维修8个专业。

【校企合作】 2019年，协调县培训就业局联系新疆正伦纺织有限公司，选派相关人员到南通纺织学校对接，在岳普湖县中等职业技术学校建立纺织分校，拓展与企业的联系。

联系对接有关企业，建筑装饰专业、服装设计专业与5家企业对接，开展校企合作。

【招生就业】 2019学年，招收学生820人（其中技工学校142人）。共有教学班59个（一年级24个，二年级20个，三年级15个）。全年，中等职业技术学校毕业生491人，就业人数462人，自主创业13人，未就业29人。

（张　琴）

教师队伍

2019年，岳普湖县落实“严管就是厚爱”要求，依规依纪从严管理教师，做好教师能力提升培训工作；建立健全生活关爱机制，扎实落实“三访三送三做到”（“三访”学校领导定期不定期到教师宿舍走访了解情况、教师生病住院走访慰问嘘寒问暖、发现情绪异常走访关心排忧解难。“三送”：学校领导和中层经常与老师谈心送关怀、生日发短信送祝福、重大节日邀请新老师到家中吃团圆饭送真情。“三做到”：学校领导关心关爱教师用真心，对教师及其家庭情况做到底数清；教师反映困难问题认真听，解决困难诉求做到有耐心）、“三多三小微行动”（“三多”：各学校多搞健强体魄的文体活动、多搞展示才艺的娱乐活动、多搞融情联谊的趣味活动），在乡镇干部和青年教师之间搭“鹊桥”、牵“红线”，展示风采，树立自信，解决后顾之忧，坚定扎根新疆，为教育事业奉献的信念；开通教师困难诉求直通车，让教师为学校的建设建言献策，通过正向引领达到以事业留人的目的；教育局成立教师公寓小区管理服务站，负责教师困难诉求的征集、生活问题的解决和小区纠纷的处理，解决教师后顾之忧；对不能胜任现代教育教学的老师进行培训。全县第一批102名不胜任现代教育教学教师已强化培训，75人已结业，返回学校工作岗位。

加强教师队伍建设。加强教师招聘工作，严把入口关，自主应聘到岳普湖县的教师，必须经过验证三方协议、政审、体检、笔试、面试、按照岗位需求试讲、提交学籍档案和人事档案“七关”筛选。年内，全县通过自主招聘共补充国家通用语言教师834名。强化教师交流培训。制定并下发《岳普湖县域内义务教育学校校长教师交流轮岗推进工作实施方案》，选派26名书记、校长（园长）、教师参加国培；对834名新聘教师进行岗前培训，书记、校长、园长思政培训86人次，开展中小学书记、校长培训12人次，将教师继续教育纳入职称评定、晋级、任职等考核范畴。督促教师参加继续教育，带动全县教师队伍的整体提升，解决城乡教师分布不平衡、结构不合理、乡村配置弱的问题。加大对教师的表彰力度，9月10日教师节，召开岳普湖县教育工作暨庆祝第三十五个教师节表彰大会，对15个教育工作先进集体和115名先进个人进行表彰奖励。

2019年，召开教育系统干部作风顽疾整顿动员部署会，下发实施方案，明确工作目标，严肃政治纪律，层层签订责任书，对各阶段的工作责任到人，落实到事。发动群众，深入调研梳理出影响教师形象的18种顽疾表现形式，通过周一“三结合”向群众宣传、设举报箱等方式广泛发动群众，对照查找问题，进一步纯洁教师队伍。对照重点整治内容过筛子，建立问题台账，销号整改，教育局纪检组明察暗访，发现问题督办整改，以问题整治带动全面从严，转变作风，促工作落实。

文化·体育·广播电视·旅游

文 化

【机构改革】 2019年3月5日，岳普湖县文化体育广播电视和旅游局由原文化体育广播影视局、旅游局合并组建而成（挂岳普湖县文物局牌子），设党政办公室、文体艺术办公室、旅游产业办公室、综合监管执法办公室4个内设机构。下属岳普湖县文化馆、岳普湖县图书馆、岳普湖县文工团、岳普湖县业余体校、岳普湖县文化旅游发展中心、岳普湖县文化市场综合执法大队6个事业单位，9个乡镇文化站。机关有编制8个，实有20人，其中领导职数5人，主任科员1人，副主任科员2人，公务员3人，行政工勤9人。

年内，共有行政事业编制67人，其中局机关8人，岳普湖县文化旅游发展中心3人，岳普湖县图书馆3人，岳普湖县文化馆7人，岳普湖县文工团30人，岳普湖县业余体校6人，岳普湖县文化市场综合执法大队10人，在编在岗从业人员54人，县内自聘人员1人。按专业结构划分，有行政管理人员19人；专业技术人员20人；行政工勤9人，事业工勤6人。

【文化阵地建设】 2019年，岳普湖县有县级图书馆、文化馆、文工团、文管所、业余体校各1个，乡镇综合文化站9个、村级（社区）文化室103个、农家书屋93个、文化大院93个。为不断加强农村基本公共文化服务建设，推动乡村振兴，完成脱贫攻坚任务，根据自治区文化和旅游厅《关于全面推进我区村（社区）综合性文化服务中心全覆盖的通知》文件精神，9个文化站已全部清退完毕，103个文化室按照村级资源整合的实际情况，确保有一个图书阅览室、室外活动场所、活动室整合在村民服务中心，并按要求统一完成挂牌“乡镇综合性文化服务中心”和“村综合性文化服务中心”。同时，为补充更新农家书屋出版物，拨付资金11.97万元共采购图书87种5547册，平均每个农家书屋补充65册，所有图书均已配送到位，及时上架并开展推荐和借阅服务活动。

【文化市场监督】 2019年，文化稽查大队始终坚持日常检查和专项行动相结合，加强春节、古尔邦节、全国人大会议、全国政协会议、五一、斋月期间文化旅游、出版物市场监管工作，全年岳普湖县共对文化出版物及旅游市场开展6次联合大检查，出动人员220人次，180次日常检查，出动人员380人次，取缔3家有复印业务的电脑服务店，清理1家存在违禁歌曲的歌舞娱乐场所。岳普湖县文化体育广播电视和旅游局累计召开扫黑除恶宣传会议38次，参加人员3200人次，在文化、旅游场所张贴通告公告190张，悬挂张贴标语横幅170条，发放宣传单2000余张，应知应会小册子210本，对文化、旅游经营户入户宣传600户次，受教育人数1500人次；整改无证经营场所10家，排查并上报涉黑涉恶线索10条。

【文艺创作活动】 2019年，县文工团新创作舞蹈、小品、歌曲等文艺精品节目12个，开展文艺下乡巡回演出活动120余场次和“习近平新时代中国特色社会主义思想进万家”文艺下乡巡回演出活动34场次，观看人数达3.8万余人次。新创编大型歌舞晚会《多彩岳普湖》，包括《神奇岳普湖》《激情岳普湖》《和谐岳普湖》《幸福岳普湖》4个篇章共20个节目，集中展示秀丽岳普湖的风情。

【文化交流】 2019年，选派各类文化艺术骨干参加援疆省市、自治区、地区的文化艺术交流培训学习活动，全年共选派54人次。选派文化馆1人参加在上海戏剧学院举办的第三批自治区文化艺术人才（公共文化管理）研修班、文工团1人参加地区“阿凡提故事”培训比赛、文化馆2人参加地区非物质文化遗产业务骨干培训班、文工团4人参加地区“我和我的祖国”广场舞培训班、各乡镇文艺演出队员30人分3批参加地区乡镇文艺演出培训班、文化馆1人参加山东省美术馆管理工作培训班、文化馆1人参加自治区非物质文化遗产工作者培训班、传承人2人参加上海美术学院手工艺人培训班、文工团12人参加地区专业文艺骨干培训班。

【文物保护与非物质文化遗产】 2019年，加大宣传展示，不断增强非物质文化遗产保护传承。开展摔跤培训班1期，培训学员40名，举办摔跤比赛20场，以“文化和自然遗产日”为契机，宣传岳普湖县非物质文化遗产项目，在达瓦昆景区开展国家级非遗项目维吾尔族且力西（摔跤）、自治区级非遗项目维吾尔族古勒巴格麦西热甫维、维吾尔族沙哈尔地（转轮秋千）、维吾尔族萨巴依演奏技艺展演和非遗图片展板巡展，向广大区外内旅客宣传展示岳普湖县非遗项目。

【图书馆管理】 2019年，落实图书馆免费开放工作，免费开放时间每周56个小时，总流通人数600人次。开展“绿书签行动”集中宣传周活动、“全民阅读”活动，深入农村、社区和学校进行图书下乡宣传、培训、讲座活动26次，送报纸500份、图书200册、杂志100册，参与人数5200人次，并向社区居民、学生“读书达人”赠送小礼品1万份。

【文化馆管理】 2019年，组织开展农民画培训班1期，培训农民画家30名、“薪火相传”（文化传承与创新）演讲比赛1场、基层文化工作人员专职培训班1期、下基层培训辅导9次。举办“在祖国的怀抱中”书画摄影展，展出120幅书法、国画、水彩画、农民画及摄影作品，全县各单位干部职工及群众

500余人参观了展出。

【文化活动】 2019年，围绕中华人民共和国成立70周年，以“我和我的祖国”为主题，在全县开展各类文化庆祝活动，宣传展示中华人民共和国成立70周年来岳普湖县各行各业发生的巨大变化和取得的辉煌成就。成功举办农牧民广场舞比赛、红歌比赛、“薪火相传”（文化传承与创新）演讲比赛、国家级非遗项目摔跤比赛、“在祖国的怀抱中”书画摄影展、“多彩岳普湖”大型歌舞晚会演出、“新时代 新作为”基层巡回宣讲文艺演出活动、“习近平新时代中国特色社会主义思想进万家”，开展各类群众文体活动共180场次，参与活动人数1.8万人次，观众人数达10万人次。

【公共文化服务】 2019年，加大宣传力度，利用横幅、宣传单、咨询台、广播和电视广泛宣传，提高各族群众对“两馆一站”免费开放服务的知晓率，进一步扩大县文化馆、图书馆及乡镇文化站（室）的社会影响，让群众“无障碍、零门槛”进入。培育文化人才队伍，各乡镇、社区均组建业余文艺团体，共有演员人数300余名。大力开展丰富多彩的文化活动，利用春节、元旦、国庆等重大节庆日，组织开展形式多样的健康文化活动。

体 育

【竞技体育】 2019年，举办第四届中小学校园足球联赛、“精英杯”青少年足球赛暨岳普湖县青少年足球训练营活动、全县中小学乒乓球比赛等，向上级体育运动学校输送15名体育后备人才。落实好运动员的注册工作，足球20人，篮球25人，田径10人，摔跤12人。做好全县足球、篮球、排球教练员业务培养工作。

【群众体育】 2019年，举办元旦职工徒步健身活动、元旦职工乒乓球赛、五四杯青年职工篮球赛、“健康岳普湖”五人制足球赛、“民族团结杯”排球赛、“达瓦昆杯”民族式摔跤（且力西）、“全民健身日”第九套广播体操比赛、返乡大学生篮球和足球比赛、“我和我的祖国”广场舞展演比赛等活动。

广播电视

【机构改革】 2019年3月，因机构改革，岳普湖县广播电视台成立，从岳普湖县文化体育广播影视局中独立出来。5月，岳普湖县融媒体中心成立，下设行政办公室、新闻中心、广播站、广播电视网络部、技术部、总编室、制作部等7个部门。全台有在岗在编从业人员26人，其中行政人员2人，专业技术人员24人（包括事业管理人员4人）。

【广播电视宣传活动】 2019年，岳普湖县广播电视台作为岳普湖县主流新闻媒体，旗帜鲜明地站在党的新闻舆论工作第一线，牢牢把握正确方向，全面提高政治站位，壮大主流思想舆论，唱响主旋律，提振精气神，凝聚正能量，为全县社会稳定、脱贫攻坚、经济社会发展稳定提供强有力的舆论支持。

2019年，岳普湖县广播电视台围绕全县重点工作，全体记者主动深入基层一线，倾听群众声音，把镜头对准脱贫攻坚、民族团结、主题教育等各项重点工作，展示岳普湖县社会稳定、脱贫攻坚、经济社会发展方面的新成就、新变化。当年，岳普湖县广播电视台在广播电视、微信公众平台开设脱贫攻坚、民族团结、壮丽70周年、扫黑除恶、主题教育等专栏。《岳普湖新闻》共播发新闻1000余条，岳普湖零距离公众微信平台刊发稿2500余条。摄制完成扫黑除恶、壮丽70年、脱贫攻坚等8部专题片。其中中华人民共和国成立70周年等系列专题片，利用周一升国旗、农民夜校等平台在各乡镇、村进行播放，通过图文、宣讲的形式向基层群众形象生动地进行展示。

结合融媒体建设有利契机，围绕中华人民共和国成立70周年，与各相关单位协作，拍摄制作完成5部歌唱祖国的快闪视频，先后被学习强国平台采用。6月，县广播电视台与新华社联合制作的爆款短视频《新疆大漠边缘　海水稻扎下了根》被《人民日报》、人民网、新华社和各大新闻媒体转发，浏览量超过1000万次以上。结合2019年的丝路文化胡杨节和海水稻测产，由岳普湖县广播电视台拍摄制作的短视频《神仙生活！游客沙漠里烤全羊配火锅》《新疆壮美胡杨林浩瀚金海震撼游客》《袁隆平海水稻测产：亩产超千斤》《胡杨林养了7万只鸡，晚上在树上睡觉》在新媒体平台梨视频上播放量超过200万次以上。宣传工作起到积极的推动作用。岳普湖县广播电视台联合县教育局拍摄《少儿才艺秀》，以季播的形式在岳普湖县广播电视台进行播出。

岳普湖县广播电视台2019年中央电视台《新闻联播》播出稿件6条，《新疆新闻联播》《午间新闻》《今日聚焦》中播出稿件51条，《喀什新闻》播出稿件152条。

【广播电视网建设】 2019年，全县有广播电视发射台1座，发射机房1座（1155平方米），168米自立式发射塔1座，调频发射总功率5.3千瓦，其中少数民族语言调频广播3.3千瓦（101.4、95.5，24小时全天候转播，90.9、98.4自办），电视转播发射总功率7.3千瓦，其中少数民族语言电视发射总功率3千瓦（2套无线数字发射机、1套自治区大功率发射机），全县安装大喇叭842套，“村村（户户通）”设备38769套，达到每个行政村、自然村有1套100瓦的大喇叭、每户有1台“村村通（户户通）”设备，全县广播综合人口覆盖率94%，电视综合人口覆盖率92%。

【户户通项目】 2019年，全县共有大喇叭842套，年内，自筹资金，新增100瓦大喇叭32套，大喇叭覆盖率达98%以上。全年，累计完成大喇叭维修1032套，村村通（户户通）设备90365套，保证设备的正常运行。

旅　游

【概况】 2019年，岳普湖县拥有得天独厚的人文、旅游资源，有辽阔的沙漠，浩渺的湖泊；毗邻神秘的古墓群，有充满传奇色彩的千年胡杨王与柳树王守望；有红色军垦文化，悠久非物质文化遗产。“达瓦昆美，金银花香”，以其独有的自然人文资源成为喀什旅游业的“后花园”；“无花果甜，柳树王奇”，以其独具特色的自然风光、人文风情、优质丰富的农产品资源，成为喀什地区别具特色的旅游目的地。

【旅游发展规划】 2019年，科学编制旅游业总体规划，加大优势资源整合力度，把旅游发展与土地利用、城乡建设、环境保护、生态文明建设以及其他产业规划有机统一起来，为全域旅游发展做好引领作用。

加快农业生态综合观光园、沙枣花廊、达瓦昆景区、柳树王、胡杨王、枣博园等重大旅游项目落地，串成线、连成片，着力打造“一路、两区、三线、四点、五树”旅游新格局。

【基础设施建设】 2019年，通过举办大型文艺活动、承接体育赛事、开展全民健身活动等，提升全民素质，推动全县文化体育事业发展。新建87个村综合文化服务活动中心和乡村文化大院建设，推动农村精神文明建设，丰富群众文化生活。投资新建农家乐2个、购置315辆移动餐车，完善乡村旅游服务设施，推进脱贫攻坚。投资1000万元做好县达瓦昆旅游公共服务设施项目，促进智慧旅游系统建设，提升全县旅游业接待水平。新建岳普湖美食广场，进一步挖掘传统美食，满足群众生活需求，有效增加就业。做好“旅游+”项目资金申请和项目申报工作，推进全县全域旅游大发展。

【行业管理】 2019年，加强景区环境管理保护办法，增设环卫基础设施，树立景区员工良好的卫生意识，规范景区从业人员行为，加强员工进行旅游服务礼仪、普通话规范、旅游知识学习，提升服务接待能力；以旅游景区、企业、星级宾馆、乡村旅游接待点、导游、讲解员为主，结合全县旅游发展走向及旅游发展需求，进行针对性的培训，提高全县旅游从业人员综合素质、服务技能及旅游管理水平。与人社部门、旅游协会对接，合作举办旅游培训班。利用援疆省市发展优势，通过合作协议，输送旅游专业人才，提供支撑。

【旅游接待】 2019年，岳普湖县坚持绿色发展理念，全面提升全县旅游产业发展质量，旅游产业规模快速发展，旅游配套设施更加完善。全年，接待国内外游客23万人，旅游综合收入5700万元，旅游经济呈现出良好的发展态势。

【旅游市场营销】 2019年，创新营销方式。通过传统媒体与网络平台渠道宣传，以援疆旅游专列冠名旅游宣传项目为引擎，重点在援疆省市和喀什地区周边城市等地宣传岳普湖旅游品牌和旅游产品，提升疆内外营销影响力；搭建营销推广平台，推进农产品区域性闭环产销、大宗农产品供销和品牌农产品营销“三类电商”平台建设，提升全县电商示范基地水平，提高农副特产品销售能力。

【旅游节庆活动】 2019年，开展“中国旅游日·岳普湖”“岳普湖丝路文化胡杨节”“喀什人游喀什”“春游喀什”等各类大型活动，展示岳普湖历史文化、民俗风情、美食之乡、休闲文化之乡的独特魅力，提升岳普湖的知名度、美誉度和影响力。

【旅游市场管理】 2019年，执法队共对文化旅游市场开展6次联合大检查，出动人员220人次，180次日常检查，出动人员380人次；在文化、旅游场所张贴通告公告190张，悬挂张贴标语横幅170条，发放宣传单2000余张；对文化、旅游经营户入户宣传600户次，受教育人数1500人次。

【旅游商品管理】 2019年，严格按照《新疆维吾尔自治区旅游购物管理暂行办法》，对全县旅游购物活动、商品进行管理监督，确保旅游行业市场绿色发展；并协同市场监督管理局、公安局等部门开展协同检查，净化市场不良风气。

【旅游项目建设】 2019年，由“全域旅游发展领导小组”牵头，按照《岳普湖县实施“旅游+”战略促进全域旅游发展实施方案》合理分工，统筹各部门协作开展旅游项目，确保按照时间阶段和任务要求做好统筹谋划，全力加快推进重点项目建设，合理优化空间布局，开发农业旅游休闲项目、农业配套的商业项目、农业旅游地产项目，带动农业升级、农民增收、农村发展，形成农业、旅游业齐头并进新局面。

（周　楠　李子硕　韦　萍）

卫生健康

公共卫生

【机构改革】 根据《关于〈岳普湖县机构改革方案〉的实施意见》精神，岳普湖县卫生局、岳普湖县人口与计划生育委员会合并成立岳普湖县卫生健康委员会，划入人口和计划生育13项职责。对应上述划转职责，岳普湖县人口和计划生育委员会行政编制5个、核定工勤人员事业编制1个，岳普湖县计划生育协会事业编制（参照公务员）3个划至卫健委；划入老龄工作委员会办公室6项职责，对应上述划入职责，老龄工作委员会办公室的3个事业编制（参公）划至卫健委，涉及5名人员。根据《关于〈岳普湖县机构改革方案〉的实施意见》精神，卫健委接收应急管理局职业卫生健康8项职责。对应上述接收划转职责，没有机构或科室编制划至卫健委。根据《关于〈岳普湖县机构改革方案〉的实施意见》精神，卫健委4名公务员（卫生局2名、人口与计划生育委员会2名）编制划至医疗保障局。根据《关于印发〈岳普湖县卫生健康委员会职能配置、内设机构和人员编制规定〉的通知》要求设立办公室、人口与计划生育股、医政药政和职业健康股、基层卫生健康股和老年人及妇幼健康股等5个内设机构，行政编制11个，其中科级领导职数3名，工勤事业编制2名。

【卫生和计划生育事业发展水平】 2019年，岳普湖县医疗卫生机构11个，卫生人员总量659人，其中卫生技术人员466人，［含执业（助理）医生171人］，注册护士152人，全科医生41人；每千人口执业（助理）医生数、医疗卫生机构床位数分别为1.005人、3.9张；全县计划生育技术服务机构（县级）1个、（乡级）6个。全县孕产妇女死亡率零，婴儿死亡率13.12‰；传染病报告发病率835.58/10万。全县总人口182731人，出生率6.19‰，自然增长率1.22‰。

年内，统筹县、乡医疗卫生机构工作力量，组建51人组成的医疗帮扶和4人组成的公共卫生帮扶团队，分期分批下沉开展坐诊、帮扶指导，全县107所村卫生室均有医生驻村定点帮扶，给35所寄宿制学校在校学生提供医疗保障，整体解决村（社）和寄宿制学校“有人看病”的问题，促进村（社）校医服务能力和群众满意度“双提升”。全年，下沉医生接诊患者8720人次，新发现慢性病129人，健康讲座听取人数33949人次。

全年，各级医院零差率销售药品3443.07万元，惠及患者516.46万元。

做实做细家庭医生签

约服务。成立107个家庭医生团队制定个性化健康管理方案，为签约服务人群进行健康状况评估、开展健康教育、提供约定的基本医疗和公共卫生服务，提供出诊和转诊指导等服务，面对面宣传健康扶贫政策，签约服务人数129361人，其中贫困户51871人。

启动县域医疗服务共同体建设，提高基层医疗机构服务能力。为借助二级医疗机构的管理、技术优势和影响力，通过坐诊带教、业务指导、进修培训和参与管理等方式，带动基层医疗卫生机构提高管理水平、医疗技术水平和患者信任度，解决基层医疗机构引不进人才、留不住人才、得不到信任的问题，引导患者在基层看病就医，县人民医院、中医医院与9个乡镇卫生院负责人签订县域医供体协议书。在医共体内部建立双向转诊绿色通道，对乡镇卫生院需转诊的患者，为其提供优先接诊、优先检查、优先住院等服务，最大程度提高县域内就诊率，实现医共体内上下联动、基层首诊、双向转诊、急慢分治。1—9月，向上转诊1293人次，上转率为12.21%，下降0.65%，向下转诊1428例，转诊率13.8%。

结合专项整治活动，以规范医疗服务行为、传染病防治、消毒产品管理、打击非法行医为重点，加大对各级各类医疗机构的监督执法力度，行政处理非法行医私立医院一家。完成“双随机”任务，抽查15所学校、两个私立医院、自来水公司、餐具消毒公司、生活饮用水单位5家；办理公共场所卫生许可证59个，村卫生室执业许可证97个。

全年，引进山东援疆医疗专家11名，其中院长、副院长各1名。

【医疗惠民】 2019年，全县农村贫困人口基本医疗保险、大病保险参保率达100%，并实施商业补充医疗保险、医疗救助、患大病群众“顶梁柱”项目，贫困人口住院报销比例达95%以上。达到医疗卫生机构“三个一”、医疗卫生人员“三合格”、医疗服务能力“三条线”工作标准，做到贫困人口看病有地方、有医生、有制度保障。全民体检，实施疾病防控行动。弘扬“大卫生、大健康”主题，开展全民健康体检。全年，县全民免费健康体检摸底应体检153844人，完成体检100%。在县、乡两级定点医疗机构实行医疗保险、大病保险、医疗救助实施一站式结算，方便贫困群众报销，让干部多跑腿，让群众少跑路。

计划生育

【基本情况】 2019年，岳普湖县计生指导站实有干部19人（编制15人，卫健委长期借调8人）；县计生指导站实有11人（其中5人在色也克乡6村及11村驻村），其中管理岗1人，技术人员10人。本科学历1人，大专学历7人，中专学历3人；取得执业资格证6人（执业医师资格证3人，执业助理资格证1人，执业护士资格证2人）；取得职称证7人（主治医师2人，助理医师2人，护师2人，计生宣教助理1人），无职称2人。

全县6个乡（镇）设有

计生服务站。6个乡镇共有9名技术人员，其中本科学历1人，中专学历8人；取得执业资格证4人（助理资格证2人，执业护士资格证2人）；取得职称证7人［助理医师2人，医士2人，护师（士）2人，药剂士1人］。

【国家免费孕前优生健康检查】 2019年，完成1264对目标人群孕前优生健康检查，完成全年任务的105%，高风险239人，1264份档案已完成风险评估，风险评估报告已全部反馈至目标人群手中，并告知高风险人群，需要到上级正规医疗机构进行确诊和需要治疗。1264份家庭档案已全部录入国免孕优系统。

【落实避孕节育】 2019年，严格按照《知情选择服务的规范》要求，坚持把落实长效节育措施作为计划生育工作的重中之重，认真执行六项操作程序，按避孕药具发放要求规范发放计划生育避孕药具，全年避孕药具发放率和有效率均达100%。

县卫健委重视计划生育避孕药具工作，解决购置资金在县城区范围内的人员密集场所如社区、住宅小区、舞厅、迪吧等场所安装避孕药具发放机，为全县新增行政村及前期发放已损坏的小药箱的行政村购置和发放避孕药具小药箱。

为适应新时期人口和计划生育工作的需要，规范计划生育技术服务工作内容，全年站内举办5次培训班，受培训人员达90人次，对各乡（镇）计生技术服务人员、负责国免孕优工作、计生免费技术服务工作和计生药具工作的干部集中到县计生指导站进行培训教育，提高为全县广大育龄群众进行计划生育技术服务的能力和水平。不定期地下乡进村对计划生育技术服务工作进行指导和督促，提升全县计划生育技术服务水平。

【宣传倡导】 2019年，利用“5·29”计生协会活动日、“7·11”世界人口日、“四下乡”机会，配合卫健委等部门共同深入各乡镇场进行计划生育避孕药具、生殖健康、孕前优生健康检查、计生技术服务知识以及计生奖励优惠政策宣传教育。全年宣传教育达18场次，受教育群众达1.95万人次，发放宣传资料1500份，发放价值1.76万元的避孕药具和药品。

【落实计划生育政策】 2019年，岳普湖县制定《岳普湖县计划生育目标管理责任制考核评估实施方案》，实施全面两孩政策，宣传《新疆维吾尔自治区人口与计划生育条例》。全年，全县总人口182731人，同比增加5977人，增长3.38%。全县人口出生率6.19‰同比下降1.97个千分点；自然增长率1.22‰，同比下降1.58个千分点；根据自治区《关于开展计划生育家庭奖励扶助对象清理清查专项行动的通知》要求，成立由县长任组长、分管领导任副组长，成员单位为组员的奖励扶助对象清理清查专项行动小组，制定下发《岳普湖县关于开展计划生育家庭奖励扶助对象清理清查专项行动实施方案》，1月5日召开全县清理清查专项行动动员会。1月7日，成立专项清查工作督查组，通过入户走访，村民小组访谈，与公安、社保、卫生计生信息比对，对所有奖励扶助对象见面重新核查相关信息，确保“四个见面”核查奖励对象。

全年，落实各项奖励扶助资金839.472万元；其中奖励扶助1115人，应发放奖励金107.04万元，实际发放1102人，奖励金105.792万元；国家特别扶助制度245人，应发放奖励金130.332万元，实际发放243人，奖励金129.384万元；南疆地区特殊奖励对象1554户，应发放奖励金597.76万元，实际发放1423户，奖励金552.66万元；自治区少生快富12户，应发放奖励金2.7万元，实际发放奖励金2.7万元；自治区城镇奖励1人，应发放0.3万元，实际发放0.3万元。独生子女死亡一次性扶助制度补助资金3人1.5万元，实际发放3人1.5万元。各项奖励金应837.972万元，实际发放792.336万元；加强流动人口管理，春节期间举办“把健康带回家、流动人口计生关怀关爱”活动，县乡两级对流动人口平台应用率达到100%，全员流动人口建档率达到100%，录入入库率达到100%。做到了流动人口信息协查反馈率达到98%；做好国免孕优健康检查工作和避孕药具工作。全年，为全县1264对夫妇进行检查，超额完成地区下的目标任务，完成率105%，录入率100%。

启动全面“两孩”生育政策，5月1日，在岳普湖镇和岳普湖乡试点取得成效的同时，全县9个乡镇实行统一全面“两孩”政策。摸底汇总全县先天性唇腭裂患者，按照上级部门的安排部署，患有唇腭裂、具有手术适应证且参加城乡居民医疗保险的喀什地区的患者摸底调查，为唇腭裂患者在定点医院接受免费治疗做好前期免费手术治疗的准备工作。利用大型纪念日、宣传活动日慰问计划生育困难家庭。开展精神、生育、健康、养老、生活“五关怀”服务，通过上门走访慰问，开展暖心，贴心，放心“三心服务”，共慰问236名计生特殊困难家庭，发放5.7万元的慰问品。

疾病预防控制

【基本情况】　2019年，岳普湖县疾控中心设行政办公室、业务科、疾控科、防痨科、计划免疫科、检验科、地方病防治科、健康教育科、性艾科、慢病科、财务室11个科室，建筑面积1098平方米，在职人员21人，其中，中级职称2人，初级职称12人，无职称的3人，管理人员2人、工人2人。

【队伍建设】　2019年，岳普湖县疾病预防控制中心实施“科技兴卫”和“人才强卫”战略，继全面推动继续医学教育，按照相应专业培训的计划，从实际出发，持续加大基层防病队伍建设，举办培训班、选派等形式，进一步提升疾控机构服务水平。全年，岗位培训110人次，参加继续医学教育2人。乡镇卫生院技术人员参加在职培训816人次，培训合格率100%，完成了地区下达的培训任务。

【健康教育服务】 2019年，为提高广大群众自我保健意识，各项目单位，通过开展健康讲座、发放宣传单、设置宣传栏等形式，为城乡居民提供健康教育咨询服务。2019年通过开展健康教育宣传，卫生知识知晓程度明显提高，城市达到96%，农村达到87.5%。

做好防病宣传工作，印发宣传单3.1万份，张贴标语1626张，出动宣传车10次，举办宣传栏12期，悬挂横幅21条，宣传画2350张，宣传手册9500份、宣传纸杯5万个、咨询人员5690人次，参加人员192人次，听宣人数达9万人次。设立健康教育宣传栏12个，更新24次，在全县范围内组织开展以结核病防治、预防接种日、高血压日、碘缺乏病、肝炎日、爱牙日、糖尿病日、艾滋病防治日等各类宣教活动，通过组织开展健康教育和健康促进活动，广大群众我保健和防病意识，健康素养基本卫生知识知晓率得到提高。

【预防接种服务】 2019年，全县出生儿童1082人，人口出生率为6.21‰，新生儿死亡9人，死亡率0.05‰。积极实施国家扩大免疫规划，为适龄儿童免费接种了国家免疫规划疫苗，十种疫苗覆盖率达99.79%。

【脊髓灰质炎强化免疫】 2019年，根据上级卫生部门髓灰质炎疫情强化免疫工作的要求，对全县0～4岁儿童开展了两轮脊髓灰质炎强化免疫活动，应种儿童数23478人，实种儿童数22846人，接种率97.30%。

【入托入学和查验】 2019年，对全县学校、幼儿园进行入托入学儿童接种证查验及疫苗补种工作。第一轮应查验儿童14881名，实查验儿童14881名，其中应查漏补种儿童72名、漏种疫苗453针次，实查漏补种儿童72名、补种453针次。第二轮应查验儿童16053名，实查验儿童16053名，儿童查验率100%。

【免疫规划专项整治】 2019年，全县应接种卡介苗的儿童1142人，实际接种1140人，接种率达99.82%；脊灰疫苗应接种8831针次，实际接种8563针次，接种率达96.97%；百白破疫苗应接种6540针次，实际接种6512针次，接种率达99.57%；应接种乙肝疫苗4093针次，实际接种3991针次，接种率97.51%；含麻疹成分疫苗应接种2614针次，实种2611针次，接种率99.88%；流脑疫苗应接种10987针次，实际接种10964针次，接种率99.79%；甲肝疫苗应接种1803针次，实际接种1797人针次，接种率99.67%；免疫规划疫苗接种覆盖率达99.03%。

【传染病报告和处理服务】 2019年，岳普湖县疾控中心，进一步推进，传染病、腹泻病、慢性病、地方病、职业病、艾滋病和结核病防控工作，完善传染病监测、报告系统。

全县报告法定传染病16种1799例，报告发病率1033/10万，较2018年同期下降43.81%，未发现甲类传染病。

5月1日至10月31日，全县各级医疗单位肠道门诊登记的病例总数16865例，腹泻病采便人数为16865人，腹泻病人采便率为100%，实验室诊断痢疾15例，临床诊断痢疾2例，其他感染性腹泻病372例，手足口病3例，为及时发现和控制疫情成立腹泻病监测流调组、宣传组、消毒组及应急组，落实24小时防病值班制度及旬报制度，保证各种信息的通畅

【结核病防治】 2019年，为落实健康扶贫各项措施，对结核病采取“普查普治、应治尽治、集中收治”。按照全民健康体检计划要求，15岁以上所有人群开展结核病筛查工作，全县应体检15岁以上人数97127人，其中胸片检查人数100989人，完成率103.98%，发现疑似肺结核患者数4513人，确诊后纳入治疗人数197人。

年内，纳入规范治疗肺结核患者数412人，累计享受“集中服药+营养早餐”的患者数409人，营养早餐覆盖率达到了99.27%。

全年，累计隔离治疗的传染性及空洞性患者数207人。

【结核病指标】 1. 报告肺结核患者和疑似肺结核患者的转诊及追踪。2019年，非结防机构报告肺结核患者和疑似肺结核患者408例、住院治疗患者数2例、到位人数404例，总体到位率99.5%。

2. 结核患者病原学阳性率。2019年，全县纳入治疗肺结核患者数412例，总阳性人数184例（涂片阳性75例、阳性52例、仅培养57例），病原学阳性率44.7%。

3. 病原学阳性肺结核患者的密切接触者筛查率。2019年，全县纳入治疗阳性肺结核患者总数184例，密切接触者检查登记数184例，密切接触者筛查率100%。

4. 肺结核患者成功治疗率。纳入治疗肺结核患者数1245例、完成疗程人数1041例、治愈人数119例、死亡人数58例、治疗失败10例、诊断变更4例、转入耐多药治疗11例、其他和不良反应2例，其中治疗成功人数1160例，成功治疗率94.31%。

5. 结核病患者艾滋病病毒感染检查率。

2019年，全县纳入治疗肺结核患者数412例，其中HIV检查人数412例，检查率100%。

【地方病防治】 2019年，碘盐检测工作：全县各乡镇采集300份碘盐进行检验检测，合格碘盐使用率98.33%。

碘缺乏病监测工作：2019年，在全县范围开展碘盐检测工作，各乡镇采集300份碘盐进行检验检测，合格碘盐使用率98.33%。5月15—22日，9个乡镇开展碘缺乏病宣传活动，现场发放宣传材料1.1万余份，盐务局人员现场对假冒碘盐进行检测演示，免费发放350个小袋子碘盐，发放盐缸2000个，张贴宣传碘缺乏病标语1050张，现场解答群众咨询3500余人次，设立10个宣传点，悬挂横幅11条，展板10块，发放各种宣传册、宣传画近5000份。

黑热病普查和监测工作：2019年，在全县开展两轮黑热病普查（总人口17.4万人），重点对往年流行黑热病的乡镇阿洪鲁库木乡、铁热木镇、巴依阿瓦提乡、岳普湖镇、也克先拜巴扎镇辖区40个行政村、10所小学和幼儿园1950名学生和儿童进行普查，普查中没有发现疑似黑热病病例。

加强重点人群口服碘化油应急补碘工作：全县应服碘化油人数9575人，实际服碘化油人数9559人，服碘化油达到99.83%。从服药开始到服药结束未发生严重的副反应现象。完成重点人群口服碘化油应急补碘工作。

学校碘缺乏病工作：5月9—10日，地区疾控中心和县疾控工作人员对县艾西曼镇、色也克乡、阿其克乡、巴依阿瓦提乡和岳普湖乡等5个乡镇200名学生和100名孕妇，开展甲状腺肿大检查，检查中未发现有疑似甲状腺肿大的患者。对全县2018年登记造册的27名甲状腺肿大和克丁病患者进行流调，建立一人一档。

（阿依古丽·如则）

妇幼保健

【概况】 2019年，岳普湖县妇幼保健站位于艾吾再力库木东路14号院，为副科级事业单位，编制数24个（含工勤人员事业编制1个），领导职数1个，有干部职工24人，其中副主任医师1人、主管护师1人、主治医师1人、计划生育主管技师1人，初级卫生专业技术人员15人，工勤人员3人，财务人员2人。年内，总投资56万元、购买全自动化学发光免疫分析仪、脐血流诊断系统、超声骨密度仪、屈光筛查仪等医疗设备。担负全县妇幼保健工作，指导孕产妇和儿童系统管理，做好婚前医学保健，出生医学证明的审核发放以及全县产科质量的日常检查和乡镇卫生院妇幼保健业务的指导。

【妇女保健】 2019年，岳普湖县妇幼保健站对全县范围内的孕产妇实行建卡和系统管理，把降低孕产妇死亡率作为工作的重点，全县产妇总数1124人，活数1126人，产前建卡数1118人，建卡率99.47%；产前检查1118人，检查率99.29%；孕早期检查1014人，孕早期检查率90.05%；产后访视1072人，产后访视率95.2%；高危产妇462人，住院分娩462人，高危孕妇住院分娩率100%；住院分娩1126人，住院分娩率100%；孕产妇死亡0人。死亡率0/10万；产妇艾滋病检测1124人，检测率100%，孕产妇艾滋病感染0人，感染率0/10万。

【儿童保健】 2019年，县妇幼保健站按照教育、卫生部门对幼儿园机构卫生保健管理办法，对幼儿园进行卫生保健指导及建立入园儿童健康档案。指导乡镇村开展7岁以下儿童保健工作，7岁以下儿童22258人，保健管理21142人，保健管理率94.98%；3岁以下儿童5572人，3岁以下系统管理5193人，3岁以下系统管理率93.19%；母乳喂养实查1120人，母乳喂养1112人，母乳喂养率99.3%；5岁以下儿童死亡38人，死亡率33.74‰，婴儿死亡14人，死亡率12.43‰，新生儿死亡4人，死亡率3.55‰。

【新生儿疾病筛查】 2019年，新生儿疾病筛查1163例，监测机构反馈阳性患儿（甲状腺功能低下）1例。新生儿听力筛查1116例，复筛83例，通过75例，未通过8例。上级医院转诊复查8人中确诊听力障碍1名（因外耳出生缺陷）。做好新生儿疾病筛查和新生儿听力筛查工作，有效降低残疾儿童的发生率。

【宫颈癌筛查】 2019年，自治区下达宫颈癌普查3000人的项目计划，已完成3000人的普查任务，其中液基细胞检查3000人，阳性可疑54人，阴道镜检查300人，活检150人，其中查出宫颈癌前病变4例。

【增补叶酸项目】 2019年，全县服用叶酸人数3090人，告知其使用方法，进行健康教育，签订知情同意书。提高叶酸预防神经管缺陷知识的知晓率，提高服用率和依从率。

【婚前医学检查】 2019年，全县参加婚检人数达到1081对2162人，婚检率也提高到100%。查出患病人数87例，患病率4.02%，其中患艾滋病1人，梅毒16人，乙肝表面抗原阳性70人。暂缓结婚人数65人，尊重受检者意愿人数82人。

【出生证明管理】 2019年，县妇幼保健站加强管理、规范制度、正确引导等系列综合性的措施，出生医学证明管理工作取得成效。全县共出生1126名新生儿，办理出生证明1186份。同时对出生医学证明进行检查，未发现有倒卖转让、出借或非法使用出生医学证明。

【儿童营养改善项目】 2019年1月，儿童营养改善项目在全县开始实施，标志全县儿童营养改善项目正式启动。2019年中央财政拨付岳普湖县“贫困地区儿童营养改善项目”资金15万元，从资金上保证项目工作的贯彻落实。儿童营养改善项目适用于6～24个月的婴幼儿。项目实施前，利用多种形式，开展健康教育和宣传活动。通过面对面咨询指导、健康讲座等活动，解答家长对婴幼儿食用营养包等方面的疑问。为确保项目科学规范、有序高效的组织实施，先后对各乡镇卫生院妇幼工作人员进行3次培训，201人次参加培训。围绕培训材料，以讲解、交流、测验、现场操作等方式进行。全年，共发放营养包1661人，发放率100%，有效食用率91.66%。营养包质量符合规定要求，发放规范，服务过程安全有效。

【改扩建项目】 2019年，县妇幼保健站于2018年8月开始新建儿童保健中心项目工程，该项目总用地面积约6974平方米，总建筑面积1800平方米，项目总投资540万元，资金来源为全额申请中央预算内投资。该项目资金于2018年5月底到位，该项目建设地点在新城区科技南路，项目于8月6日开标，8月10日已经签订合同，8月11日开工建设，于2019年5月底全面竣工，完成验收和审计工作。

（谢凤连）

爱国卫生运动

【爱国卫生月活动】 2019年，切实搞好第三十一个爱国卫生月活动，县爱卫会召开会议，专题研究讨论，提出具体意见，制定下发《关于开展第三十一个爱国卫生月活动的通知》，对活动的主题、内容、要求进行周密的安排部署。强化舆论宣传，县爱卫会各成员单位通过在县电视台设立专题栏目、悬挂横幅、张贴标语、印发传单等形式，大力开展第三十一个爱国卫生月活动，县卫健委、爱卫办、县医院、中医医院、妇幼站、疾控中心、计划生育服务站等有关单位，抽调精兵强将，设立宣传点，开展义诊和健康咨询，发放健康教育、食品药品及饮水安全、合理用药、地方病、常见传染病、鼠蚊蝇蟑螂等四害防治宣传单、彩页、图片等。

【城乡环境综合整治】 2019年，召开城乡环境综合整治和全域无垃圾活动推进会议，细化任务，狠抓落实。结合第三十一个爱国卫生月、各乡镇、各部门、各单位制订切实可行的春秋季灭鼠、灭蚊蝇工作计划，确定分管领导和具体办事人员，配合县爱卫办搞好灭鼠、灭蚊蝇工作。

【改厕项目】 2019年，统一改厕标准，结合全县农村住房的实际，统一使用2立方米以上PE塑料三格式化粪池。加大宣传力度，在改厕过程中，县爱卫办组织群众到改好的农户家中参观取经，用事实加深群众对改厕工作的认识。

（米热尼沙·热合曼）

医院选介

县人民医院

【基本情况】 2019年，县人民医院占地面积44833.38平方米，建筑面积20957.7平方米，拥有门诊楼、住院综合楼、内科楼、急诊楼等业务用房20257.7平方米。建成一所集医、教、研、防于一体的县二级甲等综合性医院；床位编制298张，实际开放床位350张，医院有职工479人（在编职工197人，聘用人员282人），专业技术人员391人，占全院职工的82%。全院分为内一科、内二科、呼吸内科、消化内科、外一科、外二科、妇科、产科、儿科、NICU、急诊科、ICU、感染科、五官科、手麻科、中医科、康复科、血液透析室、门诊、医技科及职能科等60余个科室。

全年，医院门急诊病人172305人次，比上年上升15.07%；日平均门诊诊疗472人次，比上年上升15.07%；住院病人14311人次，比上年上升5.99%；手术人次3261人次，比上年上升19.19%，其中三、四级手术2428人次，占总手术人次的74.5%；疑难危重患者人数3814人次，较上年同期上升2.06%；平均住院天数6.6天，比上年下降0.3天；向上转诊率10.92%，比上年下降0.07%；全院业务总收入1.09亿元。

【人才队伍】 2019年，注

重人才队伍建设。通过“引进来”的方式，在对口援疆省市山东省泰安市、中国人民解放军联勤保障部队第九八九医院、托管医院自治区第三人民医院的帮扶下，选派26名援疆专家来院开展援助，通过手术帮扶示教、业务讲座、业务查房、疑难病例讨论、“1+X”等多种形式，手把手地实施传、帮、带、教，提高医院医务人员医疗技能。根据医院岗位需求，年内到新疆医科大学、甘肃医学院、南阳医专等疆内外各医学院校招聘所需人才，择优录取30人，并实行“实习+就业”模式，吸收内地高校实习生10人，为医院注入新鲜血液，做好人才储备；通过“派出去”的方式，选派业务骨干到援疆省市、自治区、地区等上级医院进行业务培训、学习交流、进修。全年，参加培训312人次，进修27人次，继续教育合格率达到100%。

【学科建设】 2019年，与喀什地区第一人民医院签订新生儿科、妇科、泌尿外科等9个重点专科合作协议，签约名誉主任10人，通过手术、临床教学、业务查房等多种形式开展帮扶，提升重点专科综合实力。细化科室专业，年内新成立耳鼻喉科和颌面外科，开展内镜下声带肿物摘除术、顽固性鼻出血电凝止血术等25项新技术。在援疆专家指导下，发展心理医学科，填补医疗技术上的空白，规范住院病种管理，提升专科专治能力。加大对中医民族医药、康复医疗的投入，培养中医药、民族医药、康复等传统医学人才。

【信息化建设】 2019年，医院向上与北京尤迈、向下与9个乡镇卫生院新开通远程会诊平台，开展远程会诊125人次。

【医疗工作】 2019年，加强医疗核心制度、核心条款的落实，规范诊疗制度与流程，重新修订医疗、医技科室质量考核标准、医疗不良事件上报制度、危急值上报制度、教学查房制度，积极推行多学科会诊制度，严格落实死亡病例评审、高危孕产妇评审制度，通过对《医疗18项核心制度》《中华人民共和国侵权责任法》的培训，规范诊疗行为，提高医务人员法治意识。

推进新技术、新业务准入管理制度，年内新开展新项目、新技术58项。

推进临床路径管理工作，加强病历质控和处分点评工作，规范合理用药及合理检查，年内共28个病种、2741名患者纳入临床路径管理，抗菌药物使用率57.82%，药品DDD值为35DDD，较上年下降6个DDD值；重点药品使用率26.73%，比上年下降2.38%，缩短患者住院周期，有效降低患者住院费用，使患者得到更精细化、规范化的治疗。

【护理工作】 2019年，加强护理质量控制与安全管理工作，落实护理查房、疑难病例讨论、护理会诊、护理不良事件上报等各项核心制度，规范三级管理体系，定期进行护理质量督导考核，制定整改措施并对存在的问题解决并进行跟踪评价，有效改善临床护理安全质量；加强护理人员培训，抓好护理人员继续教育、专科培训、岗前培训、科研工作，全年开展应急演练4次，开展护理业务培训、护士礼仪培训、护士岗位培训、乡镇卫生院护士培训2530人次。

选派护理业务骨干组成志愿服务队到敬老院、福利院、社区、村委会开展护理延伸服务，全年共开展护理延伸服务117次，参与医务人员380人，受益群众1500人次。

【财务与药品管理】 2019年，严格执行财务制度，节约开支。对医院重大基建项目、设备购进、后勤物资采购，严格按章办事，不疏漏程序和采购环节。规范科室收费计费，严格实行成本核算制度，堵塞漏洞，降低医疗服务成本和药品、材料消耗，在药品使用过程中加大监管力度，发挥药事管理委员会作用，对药品、一次性耗材、试剂、胶片等材料购进严格执行审批制度，确保优质低价，切实解决老百姓看病得实惠的问题。

抓好药品集中招标采购。医院使用的药品全部通过自治区医药集中采购平台采购。坚持质量优先、价格合理原则，采取量价挂钩、招采合一的自治区级集中招标采购模式，实现基本药物与非基本药物采购机制相衔接。

【感染及预防保健】 2019年，重新修订医院感染核心制度、感染管理质量手册和医院感染质量考核标准，加强院感质量质控，医院感染管理工作达到改进。

加强医护人员院感知识培训，做好院感防控应急演练，组织全院医护人员参加国家卫健委医院感染控制标准宣贯、中日友好医院医院感染控制标准宣贯、医疗废物管理培训等，并对“顺德新生儿事件”“血透感染事件”进行警示学习，开展以“感染控制，你我共同参与”为主题的院感知识竞赛和“世界洗手日”手卫生宣传活动，年内组织院感知识培训共1000余人次，培训覆盖率达到100%，考核合格率98%，开展院感防控演练2次。

加强医院感染相关重点科室、重点环节、重点人群感染预防与控制措施的监督和管理，规范医疗废物、污水处理管理，全年医院感染发生率0.6%，环境卫生学监测合格率为90.52%，全年无院感暴发事件发生。

严格落实“两降一升”工作，规范孕产妇管理，开设高危孕产妇绿色通道、高危新生儿绿色通道，加强产科、儿科医务人员培训，提高孕产妇、新生儿疾病救治能力，有效降低孕产妇和婴儿死亡率、提高了住院分娩率。

贯彻落实《中华人民共和国传染病防治法》，做好结核病、艾滋病等重点传染病的防治、监测、报告工作，全年开展各类传染病监测48680例，传染病疫情报告1637例，网络报告率为100%，全年未发现AFP疫情监测。

开展“两癌”筛查、免费新生儿疾病筛查、心血管疾病筛查和高危心血管疾病的长期随访，全年共筛查4100例，做到防病在先、早发现、早治疗，提高患者预后生活质量。

【健康扶贫工作】 2019年，推行“免押金”“先诊疗、后付费”一站式服务工作，优化结算流程，年内开展“先诊疗、后付费”制度，服务人次11038人次，为低保户、五保户、孤儿、重疾和深度贫困住院患者进行“一站式联合结算”4352人次，涉及金额住院总费用2450.3万元，自付部分187.3万元，自付比例为7.65%，减轻患者垫资压力，切实缓解全县农牧民“看病贵”的问题。

开展免费义诊活动，在世界结核病日、精神卫生日、世界艾滋病日、扶贫日等活动纪念日开展健康知识宣讲、义诊、免费送药，全年开展义诊活动12次，接诊患者约200余人次，免费发放药品1000余元，共发放各种宣传单2800余份，宣传手册200余份，宣传折页1000份，咨询人数达500余人次，预防接种300人次，提高了群众健康知识素养。

承担县域内5个镇4个乡卫生院和社区门诊家庭医师签约的技术指导任务，通过电话、微信、QQ、远程会诊或进村入户等平台助力推进家庭医生签约服务，为基层家庭医师签约服务提供技术保障。

开展分级诊疗，制定分级诊疗标准，完善双向转诊程序，解决群众“看病难”问题。

贯彻落实国家有关防治肺结核政策，健全结核病防治服务体系，发挥县、乡、村三级的联动作用，深入推进结核病防治工作，全面开展结核病筛查和治疗工作，全年共筛查15419名患者，收治412名肺结核患者，其中集中隔离治疗220人。通过规范化治疗，有效控制了肺结核传染源，减少了肺结核病的蔓延。2019年，医院结核病集中隔离治疗点9项核心指标均达标，并在喀什地区排名第一。

按要求做好全民健康体检工作，如期完成全年工作任务，共开展全民健康体检15520人。

开展“百名医师下沉帮扶百村”工作，按照卫健委安排，已选派46名医务人员下沉4个乡镇25个村、11所寄宿制学校，以“师带徒”“结亲帮扶”“医疗志愿者服务队”的方式坐诊帮扶指导、带教村医，提升基层医生技术水平，方便群众就近就医。

开展慢病办理，主动服务患者，组织高职称专家，在医院住院患者挑选出符合办理慢病条件的患者，免费为患者复印病例，组织专家进行评选，一站式办理，初筛病例2200余份，成功办理慢病1032人，使所有慢性病人均享受到慢病惠民政策，提高患者按时检查、按时服药的依从性，有效解决患者因病致贫的风险。

发挥县级龙头医院带动作用，推进县域内医共体建设，深入推行分级诊疗、人力资源下沉工作，2019年，选派1名中层干部任乡镇卫生院院长、38名医务人员下沉到9个乡镇卫生院开展技术帮扶、巡诊坐诊，进行业务指导，带教基层医生等，不断提升基层医疗机构的服务能力，提升乡村两级医务人员的医疗技术；在援疆专家的帮助和指导下，加大胸痛中心、卒中中心的建设，与县域内6家乡镇卫生院签订胸痛中心、卒中中心联合救治合作协议。医院胸痛中心、脑卒中中心在国家胸痛中心、脑卒中中心网站上已注册认证，上传50多份胸痛患者及10份脑卒中患者信息。

（蔡金霞）

县维吾尔医医院

【基本情况】 2019年，岳普湖县维吾尔医医院位于岳普湖县文化南路，占地总面积为8377平方米，建筑面积为7252平方米，业务用建筑面积为6962平方米，规定床位80张，实际摆放病床95张。医院党支部党员18人，其中预备党员1人，退休党员3人。全院职工121人，其中在编职工48人，聘用73人（包括就业见习19人）。管理岗1人，高级1人，中级5人，初级15人，员级25人，工勤1人。设6个临床科室，6个医技科室，6个行政科室。

临床科室有内科、内二科、外科、妇科、康复科、综合门诊。医技科室有药剂科、检验科、放射科、B超室、心电室、脑针室。行政科室有院办室、医务科、护理部、院感科、财务科、病案室。

大型医疗设备有DR机（X光扫描数码摄影机）1台，心电图2台（常规心电图1台，动态心电图1台），自动生化分析机2台，自动血球检测分析机1台，血氧检测机1台，血液电解质检测机1台，尿液分析仪2台，B超2个，激光治疗仪2个，痔疮治疗仪2个，麻醉仪1台，自动肋骨扶正器1台，自动煎剂器3台，全身熏蒸仪10台，胃肠镜检测仪1个，救护车2辆，中药颗粒机1台。

【脑瘫儿童康复】 2019年4月3日，成立岳普湖县维吾尔医医院脑瘫儿童康复中心，占地总面积1250平方米，打造集治疗、康复、教学于一体的脑瘫康复训练中心，主要承担脑瘫儿童康复训练与服务、康复技术人才培养、康复信息咨询服务、康复知识宣传普及、康复研究和残疾预防工作。实际开放床位70张，内设康复区、娱乐区、生活区。共有医护人员12人，其中医生3人，康复技师4人，护士3人，幼儿教师2人；大专学历10人，中专学历2人，参加过专业培训7人。

4—12月，长治12880人次，在脑针治疗基础上，48名患儿中已有45名患儿有显著成效。维吾尔医医院对52名脑瘫儿童进行托管免费解决脑瘫儿童及家长的就餐费用。

维吾尔医医院投资21万元改善脑瘫患儿康复中心就医环境。县残联、儿童福利院为脑瘫儿康复中心送上被褥23套、轮椅4辆、儿童站立架3个、坐姿矫正器6个、助步器7个、梯背椅3个、护理床3张，缓解了床位困难、康复场地小、娱乐设施少、康复器械少问题，逐步完善脑瘫儿康复中心硬件设施及软件设施，脑瘫儿童得到了有效康复训练。

【进修培训】 2019年4月、8月维吾尔医医院分别送出去3名业务骨干前往北京中科院、西安、武汉学习宫氏脑针、中药穴位贴敷疗法、刺血疗法，5—8月，维吾尔医医院选派4名优秀医护人员前往乌鲁木齐空军总院脑瘫康复中心学习先进技术。9月，维吾尔医医院选送3名骨干赴麦盖提县参加关于脑瘫患儿康复训练的培训班。9月，邀请新泰市中医院3名专家到院开展专业技术“带、教、传”工作，促进维吾尔医医院医疗队的专业水平。10月10—14日，维吾尔医医院邀请宫氏脑针创始人宫长祥教授及其团队，到维吾尔医医院进行床边查房、教学、疑难杂症治疗。10月14—15日，维吾尔医医院邀请重庆中医药大学彭生辉教授到维吾尔医医院授课。10月20日，送出去1名业务骨干前往山东省新泰市中医院学习先进技术。

利用能力提升项目资金购置100张陪护椅床，为患者提供良好的医疗环境。

【医疗工作】 2019年，门诊工作量达到61133人次，出院病人2174人次，病床使用率63.21%，同比增长58.42%。业务总收入1400.5万元，其中医疗收入901.1万元，药品收入495.9万元，其他收入3.5万元。药品收入包括西药215万元、中药195.7万元、草药饮品85.2万元。

【管理工作】 2019年，深入开展“三好一满意”活动，狠抓效能建设落实工作，坚持一周一督查，一月一大查工作方式，实现质控质评、医疗信息反馈，注重医疗安全，消除医疗隐患，改善医疗服务态度。抓好医疗管理，确保医疗安全，根据《卫生部关于开展临床路径管理试点工作的通知》精神及相关要求，大力推行《临床路径管理办法》，不断完善适合医院实际情况的临床路径管理制度、工作模式、运行机制以及质量评估，提高医疗质量，减轻患者负担。抓好护理管理，根据《中医医院护理工作指南》，要求进一步完善护理工作制度和相关措施。积极开展护理工作，实现各科室护理人员对常见疾病以护理学的标准进行护理。抓好财务管理，结合医院工作实际，认真落实中央“八项规定”，严格执行。严格执行《党政机关厉行节约反对浪费条例》，推进厉行节约反对浪费。严禁在工作中赠送或接受礼品、礼金和各种有价证券、支付凭证。严格执行预算，严禁超预算或无预算安排支出，不得报销任何超范围、超标准以及与公务无关的费用。

【体检】 2019年，县维吾尔医医院完成体检9020人次，体检收入56.8万元。

社会民生

人力资源

【基本情况】 2019年3月，根据机构改革工作安排，岳普湖县人力资源和社会保障局重新核定工作职能、内设科室及人员编制。在原有的行政职能的基础上，岳普湖县人力资源和社会保障局将公务员管理职能、外国专家聘请管理职能、自主择业军转干部管理职能及医疗保险、生育保险职能分别划转至县委组织部、科技局、退役军人事务局、医疗保障局。

岳普湖县人力资源和社会保障局内设行政办公室、就业促进和职业培训股（人力资源市场管理股）、综合业务股3个职能科室，共有行政编制7个，参照公务员法管理编制5个，事业编制34个，事业工勤编制1个，实有40人。局机关下设劳动就业保险管理局，为局属二级局，副科级单位，共有编制15个，实有13人。

【专业技术人才队伍】 2019年，全县专业技术人员合计4070人，其中少数民族3511人，汉族559人；女性2779人；从学历层次上划分，硕士研究生12人，本科1540人，大专1827人；大专以下691人；取得高级职称234人，中级758人，初级及以下3078人。

【人事档案整理】 2019年，全县在职干部人事档案2315本，在职工人人事档案337本，退休干部及工人人事档案1115本。因各场改制为农垦集团，共整理农工档案1608余本，供销社档案800余本。

全年，完成2315本干部人事档案回头查工作，完成2018年及2019年各类调资表、党员材料、学历材料、考核表、职称材料、处分奖励材料、履历自传、各类复印件材料的装订入库工作。

【人事档案的转出与接收】 2019年，接收193本人事档案（新增65本、免职领导干部县内调动13本、外县调入5本、县内自聘110本）。转出537本人事档案（县外10本、组织部提拔42本、人才市场81本、教育局7本、退役军人事务局11本、机构改革移交在职人员档案263本，移交退休人员档案123本）。

【人员招录】 2019年，喀什地区事业单位卫生系统招录5人，喀什地区事业单位第一批招录10人，天池计划考录事业单位9人，天池计划考录公务员5人，农村中小学定向培育免费师范毕业生17人，事业单位内招生5人，教育特岗入编39人，教育系统招聘普通高中教师73人，共计163人。

【工资福利】 2019年，根据《关于自治区机关事业单位工资收入分配制度改革实施中有关问题的意见》和关于印发《自治区机关事业单位工资收入分配制度等四个实施意见的通知》文件精神，对符合五年晋升和正常晋升工资人员及时进行审批兑现。公务员正常晋升648人，月增资71235元；五年晋级103人，月增资1473元；全额事业单位正常晋升3369人，月增资284433元；差额事业单位正常晋升208人，月增资15824元；自收自支事业单位正常晋升115人，月增资2534元。

《关于自治区机关事业单位工作人员高定工资档次的通知》，调整全县机关事业单位工作人员高定工资档次，公务员1286人，月增资120463元；参照公务员436人，月增资30186元；全额事业单位3769人，月增资287869元；差额事业单位正常晋升218人，月增资17312元；自收自支事业单位政策晋升31人，月增资2799元。

根据《自治区组织部、自治区人力资源和社会保障厅、自治区财政厅关于完善自治区乡镇工作补贴政策的通知》调整完善自治区乡镇工作补贴，乡镇公务员513人，月增资19.06万元；乡镇参照公务员146人，月增资4.63万元；乡镇全额事业1862人，月增资75.18万元。

【人事调配】 2019年，共调入4人，其中行政机关调入3人，事业单位调入3人，维吾尔族1人，汉族3人，从学历层次上看，本科学历1人，大专学历2人。

年内，共调出12人，其中事业单位调出9人，汉族6人，维吾尔族3人，从学历层次上看，硕士研究生1人，本科学历3人，大专学历5人。行政机关调出3人，汉族3人，从学历层次上看，本科学历1人，大专学历2人。

【干部管理】 2019年，全县事业单位干部共4964人。其中差额事业单位256人，自收自支123人；离休、退休干部共62人，其中离休2人，退休60人。

根据《关于进一步加强和规范党政机关及事业单位工作人员管理工作的通知》，及《自治区党委办公厅、自治区人民政府办公厅转发自治区人事厅〈关于事业单位人事制度改革的实施意见〉等有关文件的通知》精神，认真做好全县事业单位辞职辞退的调查核实工作，年内提交政府党组会议研究，开除15人，降低岗位等级处分8人，记过处分1人，警告处分2人，取消录用3人，解聘15人，辞退1人。

【离退休、福利手续审批】 2019年，共办理60名退休（职）人员手续。其中办理机关事业单位到龄人员正常退休人员43人。

全年，共办理行政事业单位丧葬抚32人，根据新《关于调整自治区机关事业单位工作人员死亡后遗属生活困难补助标准的通知》，对享受遗属生活困难补助的人员进行了审核，对不符合政策规定人员和已到享受期限人员立即停止发放遗属生活困难补助，共378人享受遗属补助。

【就业再就业】 2019年，城镇新增就业5439人，完成地区下达目标任务（4800人）的113.31%；城镇就业困难人员实现就业354人，完成地区下达目标任务（280人）的126.4%；农村富余劳动力转移就业33011人，完成地区下达目标任务（31200人）的105.80%；其中有组织转移就业11911人，完成地区下达目标任务（6000人）的198.5%；建档立卡贫困劳动力转移就业（自治区下发“六个一批”有组织转移就业任务）2212人，完成地区下达目标任务（1550人）的141.71%。

以万人大就业工程为抓手，推进就业12052人（贫困户2809人）：有组织转移县外就业593人（贫困户223人）；一区四园吸纳稳定就业3861人（贫困户696人）；乡村生产车间安置困难人员就业717人（贫困户336人）；种植大户吸纳本地劳动力就业4860人（贫困户699人）；三产旅游服务解决就业616人（贫困户383人）；自主创业带动就业931人（贫困户218人）；公益性岗位解决特困群体就业474人（贫困户254人）。

高校毕业生就业工作方面，2017年高校毕业生344人，就业324人，就业率94.2%；2018年高校毕业生331人，就业329人，就业率99.4%。2019年，高校毕业294人，就业294人，就业率100%。

落实各项就业创业优惠政策，营造良好的就业氛围。举办就业惠民、社保惠民系列发放仪式，落实企业社会保险补贴250.74万元，惠及15家企业299人。落实纺织服装企业社保补贴41.042万元，惠及7家企业152人。落实劳动密集型企业社保补贴3.016万元，惠及1家企业20人。灵活就业社会保险补贴209.37万元，惠及275人，就业援助金480.25万元，惠及1035人。投入资金365万元，在鼎盛时代C区打造建设第二期孵化基地，孵化基地面积达6020平方米，入驻22家个体（企业）带动就业80人。

【就业扶贫工作】 2019年，全县有劳动力可转移就业的档立卡贫困户9429户，实现就业9429户13127人，贫困户“一户一就业”完成率100%。全年，政府购买服务岗位开发1431个，贫困劳动力上岗率100%；审核村级集体经济奖补资金54个；审核贫困户就业补助金、救助金5492户18929人。

【职业技能培训】 2019年，开展各类职业培训9995人，建档立卡贫困户5444人。其中职业技能培训4899人，贫困户3014人，主要培训工种砌筑工、钢筋工，电工、电焊、中式烹调师、西式面点师、美发师，园艺工，饲养工等；创业培训412人，贫困户226人，主要培训工种电子商务、农产品经济人、劳务经济人；企业职工岗前培训3853人，贫困户1857人，主要培训工种纺织服装缝纫工、电子产品加工、护林员、保洁员、装饰装修工、农艺工、林木种苗工、地毯编制制作工；基础素质培训831人，贫困户347人。

【劳动力转移就业】 2019年，富余劳动力转移3.3万人次，完成目标任务（3.12万人次）的105.76%；其中：富余劳动力有组织转移

11911人，完成目标任务的198.5%；有组织转移就业人员中，新疆以外省市转移31人，完成目标任务（800人）的3.8%，建档立卡贫困劳动力向新疆以外省市转移就业17人，完成目标（100人）的17%；新疆其他地州市转移489人，完成目标任务（200人）的244.5%，建档立卡贫困劳动力新疆跨地州转移181人。

【劳动保障监察】 2019年2月，出台《岳普湖县农民工工资治欠保支管理办法》，为开展治欠保支工作规范流程，提供制度保障；6月，制定《岳普湖县治欠保支整治月活动实施方案》，并开展“专项整治月”活动，全力督促五项机制整改落实到位。8月，下发《关于治欠保支整治月活动开展情况的通报》。10月，经对建筑领域农民工工资支付情况进行摸排，将摸排出的潜在隐患形成专报，向领导小组组长及其他分管县领导汇报，高位推动，摸排出来的潜在隐患被化解。

年内，累计开展5次专项检查；3月检查固投项目33个，涉及就业405人；4月，检查人力资源服务类企业9家，检查37家用人单位书面材料；5月检查建筑工地31个；6月与县司法局联合，对园区10家企业劳动用工情况进行抽查，并对200余名企业职工开展“送法进企业”宣讲活动；9月对园区46家企业劳动用工情况再次进行检查，督促企业与职工要共同遵守劳动保障法律法规。

全年，劳动监察大队接待来访农民工532人次，受理农民工投诉案件6件，均已通过劳动保障监察程序在规定时限内有效化解，依法为67名农民工追回劳动报酬94.03万元；通过行政协调方式调解决农民工工资案件77件，涉及625人，涉案金额775.044万元。受理工伤案件29件且全部办结，未发生行政复议或行政诉讼案件；受理信访案件2件，网信办转办网络舆情案件8件，均已在法定期限内办结；接到群众困难诉求8个，已办结8个，办结率100%。

【劳动人事争议仲裁】 2019年，受理劳动人事争议案件10件，其中集体争议案件2件，涉及劳动者150人，所有受理案件均已在法定时限内办结，结案率100%，仲裁案件无被法院撤销或退回重审。

【技工学校建设】 2019年，技工学校共有全日制学历学生451名（其中一年级143名，二年级155名，三年级153名）。开设教学班12个（其中一年级4个，二年级4个，三年级4个）。开设5个三年制技工专业，分别为汽车维修（四级）、建筑装修（四级）、中式烹调（四级）、服装缝纫（四级）、电子电工（四级）等。

全面推进国家通用语言全覆盖。通过宣读发声亮剑、校园广播灌耳音、宿舍自学、晨读、饭前唱红歌、演讲比赛、经典国学朗诵比赛、红歌比赛等多种多样的教学方法和文体活动，充分锻炼学生的表达和理解能力，激发学生学习国家通用语言的积极性、主动性。加大一年级、二年级学生国家通用语言课比列，占到公共基础课比重的75%；实行军事化管理。宿舍物品摆放有序，内务干净整洁；按时起床、跑操、吃饭、休息；吃饭时排队唱红歌有序就餐等等；探索多元化办学模式。以“一年国家通用语言强化、一年专业知识和实践培训、一年顶岗实习”的教学模式为中心，先后与比力柯孜十字绣合作社、金胡杨餐饮有限公司、重庆紫建电子有限公司等疆内外多家企业建立了良好的校企合作关系。2019年赴博州精河县维朗工业有限公司20名学生，在国家通用语言沟通理解和专业素养方面都得到用工方的好评。

【社会保障体系建设】 2019年，为确保乡镇村劳动保障平台顺利运行。共选派148人担任村级劳动保障协理员，为9个乡镇劳动保障所配备笔记本电脑各1台。

社会保险参保情况：企业职工基本养老保险4549人，完成目标任务2780人的163.66%；失业保险8831人，完成目标任务6960人的126.88%；工伤保险11489人，完成目标任务9573人的120%；机关事业单位养老保险6685人，完成目标任务6302人的106.07%；城乡居民养老保险实际参保73373人，完成全年计划72706人的100.91%。

满60周岁养老待遇享受全覆盖，全县享受城乡居民养老保险待遇14029人，其中建档立卡已享受待遇人员6788人。

稳步推进社保卡“一站式”服务工作。岳普湖县金融机构购置制卡机6台（农行2台、邮储行1台、农村信用社3台），各金融机构网点已全部接通财政专网。农业银行、农村信用社营业部正式开展社保卡申领“一站式”服务。银行现场为群众拍照、采集信息、即办即取、方便快捷。

（李新娟）

社会保障

【基本养老保险】 2019年，全县实际在职参保人数为4549人，完成全年计划2780人的163.63%，征缴养老基金5335.16万元；待遇支付养老金2015人，7242.53万元。

【机关事业养老保险】 2019年，机关事业养老保险全县149个机关事业单位参保为6685人，完成全年计划6302人的106.07%；征缴机关事业养老基金13131.17万元；待遇支付养老金2012人，12511.45万元。

【失业保险】 2019年，全县实际参保8831人，完成全年计划6960人的126.88%，征缴失业保险基金562.46万元；待遇支付失业保险基金82.74万元。

【工伤保险】 2019年，全县实际参保11489人，完成全年计划9573人的120.01%；征缴工伤保险基金666.96万元；待遇支付工伤保险基金77人，733.79万元。

【城乡居民养老保险】 2019年，全县实际参保人数73373人，完成全年计划72706人的100.91%，征缴养老保险金1280.7万元，待遇支付14029人，

2650.23 万元。

（吴清风）

医疗保障

【机构改革】 2019年，根据县委、县人民政府《关于印发〈岳普湖县机构改革方案实施意见〉的通知》《关于印发〈岳普湖县医疗保障局职能配置、内设机构和人员编制规定〉的通知》文件精神，3月，岳普湖县医疗保障局正式成立，属岳普湖县人民政府工作部门，级别为正科级。行政编制4人，其中科级领导职数3人，工勤事业编1人。6月，换届选举成立医疗保障局机关党支部。

【参保缴费】 2019年，城乡居民2019年度筹资标准：合计筹资为每人790元，即个人缴费240元，中央、自治区财政补助520元，自治区财政对南疆三地州城乡居民个人缴费补贴每人30元。贫困人员参保全覆盖是打赢脱贫攻坚战的关键环节，对上级新推送的贫困人员及时推送核查，县、乡、村三级共同努力将符合参保条件的贫困人员不落一人全部纳入医疗保险保障范围，防止因病致贫、因病返贫。全县户籍人口174909人，其中建档立卡贫困户55820人，贫困人口参保完成全覆盖，一般城乡居民参保率为99.99%，完成城乡居民医疗保险参保覆盖率。

【医疗保险】 2019年，喀什地区根据城乡居民基金收支情况，在原医保政策基础上提高基本医疗保险和大病保险报销比例，调整起伏线标准，简化规范转诊转院程序，确保全县参保人员医疗保障水平不断提升。城镇职工、城乡居民、困难群体大病保险起付线分别降至1.6万元、1.2万元、0.6万元，取消大病保险分段，统一按80%比例支付，贫困人员和困难群体85%执行，大病保险待遇进一步提高。

基本医疗保险门诊统筹全面推进。城乡居民慢性病病种分别由14种、18种扩大到32种，部分病种限额标准进一步提高，落实城乡居民高血压、糖尿病门诊用药保障工作；基本医疗保险支付范围逐步扩大。及时将国家谈判成功的36种药品纳入支付范围，按照国家标准逐步扩大医保目录。

11月1日，完成城镇职工基本医疗保险、生育保险合并实施，实现参保同步登记、基金合并运行、征缴管理一致、监督管理统一、经办服务一体化。城乡居民、城镇职工大病保险制度进一步完善，实现城镇职工、城乡居民全覆盖。

全年，医保基金共结算支付职工门诊和慢性病22982人次，费用433.89万元、职工住院1296人次，费用516.29万元、定点药店购药费用1323万元；职工生育住院167人次，费用102.75万元；居民门诊和慢性病225455人次，费用1122.3万元，居民住院19731人次，费用4793.02万元，商保大病83.26万元；支付全民健康体检费用731.54万元。

【医疗保障】 2019年，落实医疗保障精准扶贫措施，农村户籍患者在地县乡区域内实行“先诊疗后付费”

和“一站式”结算。通过实施城乡居民基本医疗保险、大病保险、医疗救助、深度贫困县深度贫困人口补充医疗保险综合保障政策，提高贫困人口医疗保障受益水平，基本医疗保障更加有力。

【医疗救助】 2019年，自治区财政厅为全县3.6万名深度贫困人口购买补充医疗保险，地区拨付357.84万元为城乡困难群体2.2万人建立补充医疗保险，将贫困人口和困难群体全部纳入保障范围，防止因病致贫返贫。落实医疗救助政策，通过各乡镇宣传动员，社会救助站和各村发挥作用，对2018—2019年住院经基本医疗保险和大病保险支付后自付费用仍有困难的患者，收集相关材料实施医疗救助。1—10月，对各类救助对象4748人次发放救助资金759.13万元，其中建档立卡贫困人口享受医疗救助累计2766人次、382.01万元。

【补充医疗保险】 2019年，贯彻落实自治区、地委、县委“脱贫不脱政策”的决策部署，避免城乡困难群体因病致贫、因病返贫问题发生，根据《喀什地区城乡困难群体补充医疗保险实施办法（试行）》，落实好城乡居民基本医疗保险、大病保险、医疗救助、补充医疗保险等四种保障项政策，建档立卡贫困人口医疗报销比例确保达到95%。落实“脱贫不脱政策”“两不愁三保障”，以及医疗保障扶贫政策，防止因病致贫返贫。

【异地就医】 2019年，岳普湖县15家定点医疗机构全部开通跨省异地就医结算平台。各级定点医疗机构和定点零售药店异地人员就医和购药共1389人次，结算异地医疗费用22.47万元。做好异地就医登记备案，对符合备案条件的异地居住退休人员、外出就学、有组织转移就业务工人员在系统中备案登记，简化程序，方便参保人员异地直接结算，减轻参保患者异地就医跑腿垫资负担。全年，异地就医备案登记1414人，其中有组织外出务工485人。

【两定管理】 2019年，岳普湖县共有定点医药机构28家，其中定点医院15家（县级医院2家、乡镇卫生院9所、妇幼保健站1所、民营医院3家），定点零售药店13家。对两定医药机构全部实行协议管理，依规监管医疗机构的服务行为，做到日常检查和突击稽查相结合，网上即时监管和现场检查相结合。开展打击欺诈骗保专项治理，加大医保基金监督管理。对定点医药机构开展专项稽核，重点检查定点药店超范围经营、定点医院挂床治疗及诊疗用药与医保系统用药的不一致性等问题。加大对失信定点医药机构的惩戒处罚力度，促进定点医药机构自我规范。探索建立严重违规违纪、违法医保“黑名单”制度，坚决守护好广大人民群众看病就医的“钱袋子”。

（罗云瑞）

民　政

【基本情况】 2019年，县民政局有在职干部职工26人（含乡镇敬老院），其中副科级以上领导干部5名（含1名主任科员）；公务员编制8个，参照公务员编制9个，事业编制7个，工勤编制2个，下设综合办、流浪乞讨人员救助管理站、地名勘界办、城乡社会救助中心、财务室、社会事务办、社会福利园区办。3月，因机构改革，划出老龄工作委员会办公室职责至县卫生健康委员会，3个事业编制（参照），涉及5名人员（5名参公）一并转隶；划出退役军人优抚安置职责至县退役军人事务局，2个行政编制和1名公务员一并转隶；划出救灾职责至县应急管理局；划出医疗救助职责至县医疗保障局。

【社会救助】 2019年，实行临时救助备用金制度，给每个乡镇预拨8万～10万元临时救助备用金，及时解决城乡困难群众突发性、紧迫性、临时性基本生活困难，对符合条件的因病、因学、因灾等特殊原因造成临时性生活困难的建档立卡贫困户或返贫人口及时纳入临时救助范围。采购“暖心扶贫煤”7635吨和发放取暖费35.6万元，确保12866户困难群众安全越冬。2019年，支出临时救助金840万元。

落实残疾人两项补贴制度，为全县3420名困难残疾人和重度残疾人发放补贴270万元。

【城乡最低生活保障】 2019年，落实《社会救助暂行办法》，认真执行《岳普湖县关于提高困难群众生活救助标准的通知》，7月1日前，城乡低保标准分别为428元/人/月、3468元/人/年。从7月1日起，城乡低保标准分别达到456元/人/月、3732元/人/年，逐步实现农村低保标准与扶贫标准“两线合一”。落实救助资金10125万元，保障36020人城乡低保对象的基本生活。

实行动态管理下的“应保尽保，应退尽退”。查漏补缺，及时将符合条件的困境人员家庭纳入低保，做到应保尽保、应入尽入，低保全覆盖。对社会救助领域进行专项整治，通过专项整治，动态清退城乡低保4711人。

兜底脱贫工作。贫困户中有低保对象7263户17219人。按照“两不愁三保障”的要求，对丧失劳动能力的孤寡孤独及残疾人员实施政策性保障兜底，对建档立卡贫困残疾人家庭全面落实资产收益扶贫政策，无劳动能力的老年人、未成年人、重病患者和残疾人全部兜底，做到精准到户、精准到人。

【老龄工作】 2019年，支出1676名80周岁以上老年人生活补贴169万元。

【地名区划】 2019年，完成第二次全国地名普查数据库录入和完善工作；根据《岳普湖县地名地址库和“二维码”电子门牌设置工作方案》统一安排，进行标准地名地址二维码门牌编码工作；对不规范地名进行清理；完成地名普查成果少数民族语地名考证工作；开展岳普湖县与巴楚县30.5千米行政区域界线联合检查工作。

【社团、民办非企业登记管理】 2019年，有社会组织30个，开展网上信息补录和僵尸组织清理及行政机关与行业协会、商会兑钩工作。

【社会事务】 2019年，贯彻落实《中华人民共和国婚姻法》和《婚姻登记条例》，开展婚姻法、收养法等法律法规的宣传活动，各项规章制度健全，办事程序规范，婚姻档案管理规范，规范化登记系统运行良好；开展打击婚姻领域违法行为专项整治工作，民政局与政法、公安、法院、民宗委等相关部门建立信息共享通报制度，坚决禁止婚姻领域违法行为。年内，办理结婚登记1121对，离婚登记297对，婚姻登记合格率达100%。补领婚姻登记2008对。

【殡葬管理】 2019年，加强对辖区内公墓的清理，制止违反国家殡葬管理法规政策的行为。第一、第二公墓及殡仪馆运行良好；落实一次性给予城乡低保户、五保对象等弱势群体逝者家属31人殡葬救助1.76万元。

【幸福院、托幼所】 2019年，全县有农村幸福院、托幼所共176所。全年，拨付取暖补助9.6万元、煤201吨，并开展指导服务工作，12月拨付留守老人及孩子生活补助费24万元。

（何承勇）

【儿童福利院】 2019年，儿童福利院有孤儿26人，孤寡老人15人。3月，全面完成福利院幼儿教学楼以及住宿楼主体工程。完成福利院幼儿园教学楼及住宿楼项目新建。9月，福利院幼儿园正式投入使用，设大班3个、中班3个、小班4个，幼儿187名。

（柳雅坤）

退役军人

【退役军人事务局】 2019年3月3日挂牌成立退役军人事务局，将县民政局退役军人优抚安置职责、县人力资源和社会保障局军官转业安置职责整合，核定行政编制5个、工勤编制1个。

【退役军人服务中心站】 2019年，结合实际制定印发《岳普湖县关于建立健全退役军人服务保障体系的工作方案》，5月18日挂牌成立岳普湖县退役军人服务中心（站）1个，挂牌成立9个乡镇退役军人服务站、14个社区退役军人服务站，93个村退役军人服务站，已全部挂牌。

【光荣牌悬挂】 2019年，按照中央、自治区、地区关于为烈属、军属、退役军人等家庭悬挂光荣牌的方案要求，3月26日召开关于为烈属、军属和退役军人等家庭悬挂光荣牌启动仪式，完成870户悬挂。

【八一慰问活动】 2019年7月31日，在全县开展八一慰问活动，县财政筹资15.48万元慰问驻岳普湖部队、武警、公安、优抚对象、特困退役军人，解决部队和部分退役军人生活生产困难。

（符芷华）

乡镇场概况

岳普湖镇

【概况】 岳普湖镇人民政府位于县城中心，西接色也克乡，东邻岳普湖乡。辖10个社区、3个村，年末总人口16262户、43626人（城镇14769户、38157人；农村1493户、5469人）人口自然增长率11.49‰，全镇有109个居民小区、14个居民小组、2059个商铺，共划分137个管理网格，配备网格长137名、十铺长241名、双联户长1214名。

2019年，岳普湖镇土地总面积4972公顷，耕地面积1720.33公顷。年末从业人员8175人，其中在岗职工3709人，县域内7685人。

【经济建设】 2019年完成生产总值9737.07万元，其中，第一产业增加值5387.79万元，比上年增长7.5%；第二产业增加值2716.73万元，比上年增长10.5%（工业实现增加值19.47万元，比上年增长6.3%）；第三产业增加值1632.55万元，比上年增长9%。

种植棉花1093公顷，总产籽棉561.6153万千克，辣椒种植3公顷，套种茴香721.67公顷，粮食种植500.33公顷（粮食面积267公顷）。粮食总产3602.4万吨，果园累计面积483.06公顷，其中红枣面积91.93公顷、无花果90.53公顷、金银花46公顷、西梅72.13公顷、香梨16公顷、其他果园166.47公顷。果品总产440吨。全镇牲畜存栏10427头（只），其中牛520头、驴607头、羊9265只、骆驼35头；家禽存栏29701羽（只），其中鸡10350只、鸽子19351羽，肉类总产146.4吨，专用饲草面积30公顷。

种植大拱棚1135座，其中辣椒27921株、西红柿40744株、茄子1.94万株；陆地蔬菜106.67公顷，温室大棚24座，复播蔬菜133.33公顷。

全年，岳普湖镇参加基本养老保险7359人，参保率100%；参加基本医疗保险21259人，参保率100%，享受最低生活保障41659人，发放低保金1162.4049万元。

【社会事业】 2019年，在校生总数7781人，其中幼儿园幼儿2472人，小学生3242人，初中生1182人，高中生885人，入学率100%，共有残疾儿童62名，其中随班就读44名，特殊教育2名，送教上门6名，失能10名，入学率100%。村级小学2所（1村、3村）、教职工60人、在校学生665人；村级幼儿园2所、在园幼儿359人、教职工32人。

有综合文化活动中心6个、村社区活动室11个、农家书屋2个、广播站1个、电视节目人口覆盖率100%。团场业余文艺队3个，篮球场9个。

卫生院有1个，设置床位20张，实际床位40张、医院核定人员编制38个、有医师资格证7人；全年，医疗总收入247.61万元，住院1418人次，门诊诊疗28824人次。规范建立居民健康档案15680份，儿童接种各类疫苗9470人次，接种各类疫苗率均为95%。参加全民健康体检15489人，体检率为105%。

托老所1个，集中供养老人4人；托幼所4所，所托幼儿73人。

2019年，出生人口225人，人口出生率7.2‰，自然增长率4.4‰，死亡人口90人，人口死亡率2.9‰。

党委召开安全生产联席会议12次，安全生产大检查工作动员部署会议6次，各阶段工作会议6次，组织安全生产各类检查100余次，与13个村社区层层签订安全生产年度责任书、安全生产防火责任书，在全国“安全生产月”期间，开展各种安全生产宣传咨询100场、法治巡回展览活动20场，制作“安全管理”“用电安全”“机械安全”“建筑安全”“消防安全”等安全生产黑板报50余个。是年，开展为期100天的道路交通专项整治，检查各类车辆30万辆次，查处无牌无照摩托车、电动车100余辆；开展为期1个月的安全生产大检查。

（棉兴达）

艾西曼镇

【概况】 艾西曼镇位于喀麦公路310省道沿线，地处岳普湖县城西侧28千米处（310省道南侧，距离喀什市67千米），东、北面与也克先拜巴扎镇为邻，南接阿其克乡，西与疏勒县罕南力克镇和库木西力克乡接壤。

2019年，艾西曼镇共有耕地面积3921.92公顷（其中30年承包地1521.27公顷，商品地2400.65公顷）。下辖10个行政村，81个村民小组，年末有4518户19120人；有镇干部97人（含工勤人员5人），村干部82人。农民人均可支配收入1.1万元。

全镇有党总支10个，党支部29个，其中机关党支部8个，村党支部20个，卫生院党支部1个。共有党员654名，少数民族593人，占比90.2%，35岁以下193人，占比29.5%，60岁以上155人，占比23.7%，小学文化程度102人，占比15.5%，初中文化程度312人，占比47.7%，高中文化程度45人，占比6.8%；流动党员13名。农民党员513名，干部党员141名。共有团员311名，全部为农民。

【经济建设】 2019年，完成生产总值21678万元，增长1833.6万元，比上年增长15%。完成固定资产投资2048万元，下降11.6%。共计31个投资建设项目，全部完工。

全镇农作物种植总面积3117.56公顷，种植棉花1811.12公顷，小麦种植1210.97公顷，蔬菜23.33公顷，西甜瓜38.81公顷，其他农作物33.33公顷。林果业661.74公顷，其中红枣面积470.56公顷，核桃

100.03 公顷，杏树 25.2 公顷，老果园 65.95 公顷；防护林 124.33 公顷，生态林 241.27 公顷。标准畜存栏数量 32401 头（只），出栏 1097 头（只）；出笼 1 万只（羽），存笼 82142 只（羽）。

安居富民房共建设 3436 套，其中贫困户 1843 户，自建房 3980 套，实现全镇安全住房全覆盖。

扶贫项目资金共 6676 万元，包括畜牧、蔬菜产业、庭院经济、养殖小区等，累计实施扶贫项目 47 类，投资 6675 万余元，确保实施项目对象精准，到村到户到人。

全年，艾西曼镇参加基本养老保险人数 8792 人，参保率 100%；参加基本医疗保险人数 18005 人，参保率 100%，享受最低生活保障人数 716 人，发放低保金 1038 万元。

【社会事业】 2019 年，全镇有中学 1 所，在校生 598 人，教职工 90 人（含自聘教师 24 人），小学 7 所，在校生 1908 名，教师 196 名（含自聘教师 72 名），双语幼儿园 9 所，入园儿童 1660 名，教职工 69 人（含自聘教师 32 人）。小学毕业生人数 287 人，招生数 495 人；初中毕业生 212 人，招生数 243 人。

有镇级文化站 1 所，村级文化室 9 个，农家书屋、文化大院 9 个，各村业余文艺队 10 个，篮球场 10 个。全年，开展文艺演出 110 场次，观众达 11.98 万余人次，放映 50 余场次以爱国主义、民族团结、新农村建设为主题的优秀影片，受教育人数达 3.91 万人次。

有镇卫生院 1 所，共设有床位 20 张，总面积 14652 平方米，配备心电图机 2 台，彩色 B 超仪 3 台，DR 放射仪 1 台，全自动生化仪 2 台，医务人员 28 名，其中医生 15 名，护士 8 名，检验师 1 名，药剂师 1 名，会计 1 名，出纳 2 名。全年，开展体检率 66.43%。

全镇参加全民免费体检共 13262 人，体检率为 100%，重大疾病需要定期住院治疗的有 57 人，报销比例达 95% 以上。

争取培训补助资金 42.4 万元，举办“技能培训”和富余劳动力生产技能培训班，培训职工群众 1195 人次；创业培训 160 人。

党委召开安全生产联席会议 4 次，安全生产大检查工作动员部署会议 2 次，各阶段工作会议 6 次，组织安全生产各类检查 20 余次，与 39 个村、站所社、学校等与监管对象层层签订安全生产年度责任书、安全生产防火责任书，在全国“安全生产月”期间，联合公安检查站、便民警务站和镇派出所联合开展各种安全生产宣传、执法活动，制作“安全管理”“用电安全”“农用机械安全”“建筑安全”“消防安全”等宣传标语。是年，开展 4 期每期为期一周的道路交通专项整治，检查各类车辆 2 万辆次，依法查处各类违法违规案件 10 余起，查处无牌无照摩托车、电动车 200 余辆；开展为期 1 个月的安全生产大检查，对全镇 10 个村、1 个扎花厂、水厂、加油站、砖厂，11 个学校，1 个农贸市场 90 余户商铺逐一进行排查，消除各类安全隐患 30 余起。

（赵天林）

也克先拜巴扎镇

【概况】 也克先拜巴扎镇位于岳普湖县城西北部，镇政府所在地距县城16千米，东邻色也克乡，南靠阿其克乡，西部与艾西曼镇及疏勒县为界，北接伽师县。

全镇辖14个行政村，88个村民小组，3个农场，1个卫生院，1个中心便民警务站、14个村级警务站，14座清真寺（其中主玛寺13座、晨礼寺1座）。

全镇共5155户22461人。有深度贫困村11个，全镇实有建档立卡贫困户1776户7733人，贫困户人数占全镇农业总人口36.7%，已脱贫贫困户1746户7618人，其中2019年脱贫456户1911人；未脱贫贫困户30户115人，贫困发生率为0.55%。

【经济建设】 2019年，全镇土地总面积129.5平方千米，林果面积1118.33公顷，耕地面积6451.65公顷（其中棉花4424.35公顷，小麦1392.67公顷，玉米358.78公顷，小茴香209.83公顷，甜瓜34.51公顷，西瓜12.15公顷，蔬菜19.36公顷）。牲畜存栏数4.3万头（其中牛1900头，羊3.9万只，驴2100匹），牲畜出栏数3.66万头（其中牛1610头，羊33150只，驴1840匹），肉产量1210吨，奶产量为980吨，禽蛋产量432吨。

全镇共有农村低保1770户4345人，月发放1139905元，其中建档立卡贫困户900户4322人，兜底对象370户1454人，年内，发放农村低保金6850934元；城市低保54户111人，月发放38808元，全年，发放城市低保金275354元；共有五保户23户，其中集中供养15人，分散供养8人；80岁高龄补贴人员189人，月发放11650元，全年发放高龄补贴91380元；残疾人两项补贴237人，月发放25920元，发放两项补贴154240元，参保率达到100%。城乡居民养老保险应参加9820人，实际参加9820人，参加率100%。

全镇实现就业7309人，其中一般户5228人，贫困户1422户2081人（其中一产52人、二产549人、三产1480人）。

房屋建筑施工595套，竣工595套，总投资2380万元。

全年，共申请专项资金25个，涉及资金3798.318万元，涉及项目已全部实施完毕。

全镇签约生态护林员102名，累计发放补助金83.2156万元；生态护草员4名，已累计发放补助金2.9992万元。

全镇共有769户贫困户符合享受小额信贷政策，贷款1551万元，用于农业和畜牧等发展生产。

【社会事业】 2019年，全镇有中学1所，有教职工98人，有学生663人；小学9所，教学点1个，教职工296人，学生1994人；幼儿园13所，教职工99人，58个班，学生1880人。

有综合文化活动中心15个、农家书屋15个、广播站1个、电视节目人口覆盖率100%，业余文艺队15个。全年，放映电影150场次，农家书屋累计接待读者

1 万余人次。

有乡镇卫生院 1 所，设置床位 50 张，实际床位 50 张。医院核定编制 32 人，实有 34 名医务工作者。全年，开展全民健康体检，体检率 100%，养老院住院率达 100%，出生率为 5.07‰，人口自然增长率 0.65‰。

（张华山）

铁热木镇

【概况】 铁热木镇位于县境东部，距离县城23千米，东与巴依阿瓦提乡及农三师42团场为邻，南靠莎车县，西与色也克乡、岳普湖乡相接，北依伽师县。

全镇总面积 947 平方千米，辖 13 个行政村（其中深度贫困村 6 个，贫困村 4 个，一般村 3 个），下辖 72 个居民小组。2019 年，有户籍人口 6010 户 22418 人，其中农业户籍 5599 户 21220 人。全镇共有耕地 1.27 万公顷，其中农户占有耕地 6720 公顷，人均占有耕地 0.3 公顷。全镇农民人均纯收入 10762 元。较上年增长 7.8%，年末从业人员 852 人，其中在岗职工 852 人。在岗职工平均工资 7 万元，增长 3.1%。

【经济建设】 2019 年，完成生产总值 2931.9 万元，其中，第一产业增加值 629.9 万元，比上年增长 1%；第二产业增加值 2237 万元，比上年增长 6.5%，（工业实现增加值 570 万元，比上年增长 4.7%）；第三产业增加值 65 万元，比上年增长 6.4%。完成固定资产投资 1699.34 万元，下降 11.4%。全年，投入 4600 余万元实施民生项目 14 个。实施煤改电工程，全镇 1482 户受益，改厕工程 859 户受益，安居房工程 20 户受益。

种植棉花 149892 公顷（正播 63154 公顷、套种 86738 公顷）机械采收 53722.6 公顷，总产籽棉 52462 万千克，套种茴香 95036 公顷，粮食种植 2.95 万公顷（粮食面积 2.95 万公顷）。粮食总产 13275 万吨，果园累计面积 29667.8 公顷，其中红枣面积 13780.4 公顷，其他果园 15887.4 公顷。果品总产 2907.7 吨。标准畜存栏数量 62701 头（只），肉类总产 1515 吨，专用饲草面积 5.1 万公顷，新增标准化养殖小区 2 个。

年内，安居富民房房屋建造 1420 套，每平方米 780 元，已全部竣工，总投资 110.76 万元。

全年，参加基本养老保险人数 10532 人，参保率 100%；参加基本医疗保险 22758 人，参保率 100%，享受最低生活保障 3199 人，发放低保金 44.2976 万元。

【社会事业】 2019 年，全镇有九年一贯制学校 12 所，完全小学 10 所，幼儿园 14 所，在校生 5690 人，其中小学生 2654 人，初中生 878 人。小学毕业生 344 人，招生数 662 人；初中毕业生 255 人，招生数 344 人。教职工 410 人，其中专任教师 364 人。幼儿园在园幼儿及儿童 2158 人。学前三年入园率 100%，少数民族高中入学率 100%。

有综合文化活动中心 15 个、村（社区）活动室 15 个、农家书屋 28 个、广播站 1 个、电视节目人口覆盖率 100%。业余文艺队 14 个，篮球场 29 个。

医疗总收入388.14万元，住院890人次，门诊诊疗人数31761人次。规范建立居民健康档案24322份，儿童接种各类疫苗4177人次，接种各类疫苗率均为96%。参加全民健康体检19815人，体检率为98%。

在省级报刊登稿件29条，地级刊登稿件10条，县级刊登稿件37条。制作上报电视新闻21余条，县级电视新闻采用17条，地市新闻采用4条。

争取培训补助资金万元，举办“科技之冬”、“职工技能培训”和少数民族富余劳动力生产技能培训班，培训职工群众637人次；开办电商创业培训，参加培训人员36人。转移农村富余劳动力852人。

岳普湖乡

【概况】 岳普湖乡位于岳普湖县城郊，离县城1千米，东、南与铁热木镇为邻，西、西南与色也克乡、也克先拜巴扎镇接壤，北接伽师县，地势平坦。2019年，全乡土地总面积为2.44768万公顷，耕地面积9877.17公顷，辖9个行政村，52个居民小组，有4373户16881人，人口自然增长率5.58‰，劳动力4750人。

【经济建设】 2019年，完成生产总值14519.78万元，人均可支配收入10212元，增长6.66%。

种植棉花7866.71公顷（正播7271公顷，机械采收3584.35公顷）。茴香1668.13公顷，金银花122.66公顷。小麦种植1028公顷，种植玉米713公顷。红枣面积698.2公顷，无花果1127.46公顷，西梅60公顷，其他果园125公顷。牲畜存栏数量23598头只，主要为牛、羊，肉类总产2010吨，专用饲草面积140公顷，新增标准化养殖小区2个，家禽70271只（羽）。

全乡共计实施煤改电2781户，共计补助163.115万元。建设运营4个“乡村扶贫车间”，引入成熟企业入驻。建设冷库1座，建设面积600平方米，总投资300万元。为9个村配备18辆移动餐车，使18户农户家庭年收入稳定增收1.5万元以上。

参加基本养老保险7714人，参保率100%；参加基本医疗保险15904人，参保率100%，享受最低生活保障2883人，发放低保金837万元。

【社会事业】 2019年，全乡有小学5所，幼儿园8所。在校生1853人。小学毕业生人数229人，招生数379人。教职工302人，其中专任教师278人。幼儿园在园幼儿及儿童1383人。学前三年入园率100%，少数民族高中入学率100%。

有卫生院1所，有工作人员45名，其中医护人员37名。全年，全民免费健康体检13124人，完成率100%。门诊诊疗34041人次，住院人次1288人次，统筹医保资金766550.66元，健康扶贫保险补助资金28533.21元，个人自付费用为6216.19元，医疗总收入314万元。开展家庭医生签约服务，签约服务人数13093人，贫困户5291人，慢性病患者签约1234人，签约率达到100%。规范建立居民健康档案15804份，儿童接种各类疫苗

3379人次，接种各类疫苗率95.5%。

有综合文化活动中心1个、农家书屋9个、广播站1个、电视节目人口覆盖率100%。村级业余文艺队9个，篮球场14个。

（万　静）

色也克乡

【概况】　色也克乡位于县城西南侧13千米处，距喀什市70千米。处于北纬38°46′～39°22′和东经76°25′～77°25′，海拔1180～1225米。地处塔克拉玛干沙漠西缘，喀什噶尔平原东端，是喀什盖孜河冲积平原的一部分，西北部于伽师县克孜勒布衣乡接壤，西南与也克先拜巴扎镇、阿其克乡为邻，南接疏勒县荒地乡，东南部靠铁热木镇，东北边和岳普湖乡相连。

全乡范围东西最宽23千米，南北最长30千米，面积为222.5平方千米。

2019年，全乡人口5888户，21202人。

全乡土地总面积22251.97公顷（总耕地面积10409.07公顷；基本农户耕地面积5849.07公顷，30年承包地2153.93公顷，商品地3715.33公顷；种植大户耕地面积4560公顷），农户人均占有耕地0.28公顷。

【经济建设】　2019年，全乡围绕岳普湖县“三果一花”产业布局，种植西梅866.67公顷，示范种植金银花54.93公顷，全力做好1166.67公顷红枣提质增效，不断强化800公顷茴香和70公顷陆地甜瓜田间管理。紧跟岳普湖县“两大一中两小”畜牧业发展思路，依托胡杨林、房前屋后树林优势，发展鸡、鸭、鹅林下养殖点16个9万余只，打造绿色有机品牌。

用好当地资源，引导农民就近到种植大户处看地管园学技术，实现599人就近就地就业。成立劳务派遣站，实现176人派工就业。工业园区就业130人。用好政府购买政策，对无法外出就业人员，开发公益性岗位，660人实现就地就近就业。全乡贫困户实现就业3809人。

投入资金682.1万元，实施促进就业项目3个，新建十小店铺181间、发放移动餐车63辆、完善4座乡村车间配套附属，带动502人实现稳定就业。加大资产投入，投入资金1496万元，实施资产收益项目6个，不断扩大受益群体。

全乡共拆除土块房12263间、土围墙11694米、土棚圈1009座，建游园39座，拱棚540座，种植果树866.67公顷，防护林133.33公顷，完成846.67公顷土地归并整理，新修道路31.7千米，安装路灯900余盏，人居环境整治初见成效。

【社会事业】　2019年，全乡有学校27所，其中中学1所，小学10所，幼儿园16所，教师职工348名，中学在校学生741人，在校小学生1854人，在校幼儿园学生1430人，幼儿教师74人。家庭困境幼龄儿童101户177人，向3岁以下55人发放生活费，4～17岁122人在学校寄宿。

（程贵贤　刘树成）

阿其克乡

【概况】 阿其克乡位于岳普湖县境西南部，距离喀什市78千米，距离县城28千米，平均海拔890米，东邻色也克乡，南、西南两面靠与疏勒县，北靠艾西曼镇、也克先拜巴扎镇，因土地盐碱化严重，故称阿其克，意为“苦水”。

【经济建设】 2019年，完成固定资产投资3200万元，增长16%，共计10个投资项目，已完工8个项目，2个项目在建。

按照“稳粮、优棉、兴果、增畜”和“一乡一业”、“一村一品”思路，种植棉花7607公顷，机械采收2134公顷，总产籽棉4264万千克，辣椒种植86公顷，套种茴香572公顷，粮食种植面积1507公顷，粮食总产量1.68万吨。果园累计面积2363公顷，其中红枣面积628公顷，金银花面积230公顷，无花果面积111公顷，西梅1297公顷，其他果园97公顷，果品总产量854吨。标准畜存栏量40950头，肉类产量379吨，专用饲草167公顷，建设鸽子养殖示范基地1个，饲养家禽15万余只（羽），建立肉羊养殖示范基地2个，建成“贫困户+合作社”的特色养殖模式。

房屋建筑面积56073平方米，竣工面积56073平方米，总投资3140万元，全乡新建和改造40个集中连片点、拆除5000户“四土”（土坯房、土围墙、土棚圈、土炕），搬迁墓地50处2000座，建设小广场16个、小游园2个、夜市12家、农家乐3家，极大改善农村人居环境。完成180千米自来水管网改造、40千米高低压线路改造，76千米乡村道路建设，112个大喇叭和7000余台电视机入户及262户宽带入户，实现五通目标。实施十小工程、庭院经济、改厕等项目17个，覆盖全乡16个村，2583户贫困户收益。

招商引资计划新增到位资金20万元，实际完成投资20万元。

2019年，全乡参加基本养老保险11420人，参保率100%；参加基本医疗保险26345人，参保率100%，参加失业保险9人、生育保险26345人，享受最低生活保障人数3729人，发放低保金2216.032万元。

【社会事业】 2019年，全乡有学校25所，初中1所，完全小学9所，幼儿园15所。在校生8964人，其中小学生2888人，初中生1448人。小学毕业421人，招生数660人；初中毕业生411人，招生数430人。教职工683人，其中专任教师447人。幼儿园在园幼儿及儿童2447人。学前三年入园率100%，少数民族高中入学率85%。因智力障碍、肢体残疾影响就学义务阶段58人，其中跟班随读36人、特殊教育学校3人、送教上门4人、失能14人、毕业1人，无辍学学生，实现义务教育有保障。

有综合文化活动中心17个，党员活动室17个，农家书屋 16 个，电视节目人口覆盖率100%。业余文艺队8个，篮球场27个。

有卫生院1所，病床35张。医院核定编制34个，实有医务人员31名。

是年，开展全民健康体检，体检率101%，养老院入住率100%，出生率2.28‰，同比降低4.05个千分点，人口自然增长率-1.16‰。

医疗总收入211.2万元，住院1028人次，门诊诊疗人数33150人次。规范建立居民健康档案24544份，儿童接种各种疫苗2147人次，接种各类疫苗4626人次，接种各类疫苗率均为98.1%。参加全民健康体检2088人，体检率101.2%。

县级电视新闻采用11条，地区、县微信公众平台12条。

（刘永恒）

巴依阿瓦提乡

【概况】 巴依阿瓦提乡位于岳普湖县东部，东和南与巴楚、莎车为邻，西临铁热木镇，北靠伽师县及阿洪鲁库木乡，地理坐标为北纬39°，东经77.2°，乡政府距离县城公路里程32千米。南北长54千米，东西宽34千米，总面积951.58平方千米。巴依阿瓦提，维吾尔语意译为“富饶繁荣”。

2019年，全乡共有3101户11765人，主要由汉族和维吾尔族等2个民族组成，少数民族占全乡总人口的96.2%。乡辖9个行政村和3个乡办农场。全乡有派出所1个，乡文化站1个，村文化室8个；有宗教活动场所9所（其中主麻清真寺2所），宗教人士10人。

【经济建设】 2019年，全乡牲畜（家禽）存栏总数为51447头（只），其中牛1451头、驴614头、马38匹、骆驼143峰、山羊9610只、绵羊13109只、鸡8366只、鸽子1.8万只、鹅111只、鸭子5只。

全乡种植小麦1117.2公顷，其中平播小麦904.67公顷，小麦间作红枣212.53公顷，对4722.43公顷棉花高效管理，发展高新滴溉节水种植模式，建立棉花高新节水滴灌1973.33公顷。种植小茴香635.07公顷；种植陆地甜瓜、西瓜33.13公顷，种植蔬菜30.73公顷。

年内，对582.53公顷红枣精品示范园，316.53公顷核桃园实行精细化管理，完成106.67公顷防护林种植任务，落实次年防护林地块任务73.33公顷，万亩防护林基地正式形成。

全年，巴依阿瓦提乡共流转土地2626.67公顷，约占当地居民耕地面积的36.87%。

全乡实现稳定就业508户834人，脱贫户有劳动力家庭就业比例达100%。已建安居房2119套，其中贫困户建房675套，入住率达100%。

【社会事业】 2019年，有乡中心小学1所，村级小学5个，教学点1个，中心幼儿园1所，村级幼儿园6所。有初中生407人，初中毕业生147人，招生数173人，教职工91人，专任教师89人。有小学生1408人，小学毕业生208人，小学教师145人。在园幼儿1008人，幼师78人（支教10人），学前三年入园率100%。

年内，整治房前屋后闲置土地70.93公顷，新增种植土地39.47公顷，修整林带21.4千米，对闲置土地完成果树、菜地种植工作。群众新添沙发、床、衣柜、茶几等现代家具800余件，“三新”入户率达到100%。

有乡卫生院1所，村卫生室8个，有专业医生7人，护士5人，11719人。全年，乡卫生院门诊诊疗人数18709人次，费用总计885616.73元，住院655人次，费用总计803898.03元，儿童接种1545人次，临时接种27人，参加全民健康体检9773人。全年审核、审批农村低保户共698户1801人，城镇低保户54户111人。

全乡共建安居富民房2754套，其中2019年新建559套，对辖区内所有安居房、自建房进行统一鉴定，实现安全住房全覆盖。

基层阵地建设。巴依阿瓦提乡阿孜乃巴扎村（2村）拆分为柳树王村（2村）、新巴扎村（9村）。原阿孜乃巴扎村（2村）1、2、3、4组归柳树王村（2村）管理，定位柳树王村（2村）1、2、3、4组；原阿孜乃巴扎村（2村）5、6、7、8组划为新巴扎村（9村）管理，定为新巴扎村（9村）1、2、3、4组。新巴扎村（9村）新建村委会，位于乡巴扎对面，距离县政府36千米。

（武小彪）

阿洪鲁库木乡

【概况】 阿洪鲁库木乡东西长15千米，南北长5.8千米，行政区划总面积28101公顷。

阿洪鲁库木乡地处岳普湖县、巴楚县、伽师县的交会地带，是岳普湖县的“东大门”。距喀什市170千米，距岳普湖县67千米，距巴楚县35千米，距伽师县城80千米，毗邻巴依阿瓦提乡、琼库恰克乡、英吾斯塘乡、42团等4个乡镇、团场。310省道、麦喀高速连接42团到喀什市，穿过岳普湖县，距阿洪鲁库木乡人民政府20千米。

2019年，阿洪鲁库木乡下辖4个建制村。常住人口2943人，其中户籍人口2887人（其中少数民族人口占总人口的99%）。全社会从业人员1229人，就业1188人（其中一产就业197人，二产就业199人，三产就业149人，公益性岗位17人，生态补偿58人，体制内58人，政府购买服务267人，有组织转移就业9人，自主创业234人）。农民人均可支配收入6000元，增长5%。全年，阿洪鲁库木乡实现生产总值108万元，较上年增长8%，其中乡集体年收入63万元，村集体年收入45万元。

全乡总面积38平方千米，耕地面积1384.332公顷。

【经济建设】 2019年，全乡培植“三果一花”产业。栽植金银花45.97公顷、栽植西梅114.47公顷。培植红枣精品示范园87.87公顷，红枣总产470余吨。

年内，阿洪鲁库木乡自主实施的庭院经济建设、庭院整治巩固提升项目7户6万元已全部发放到农民群众手中。卫星工厂建成1座并投入使用，解决38户贫困户就业。庭院水系工程建设投入资金25.5万元，美丽乡村建设涉及4个村，投入资金410万元。木材粉碎加工项目，投入资金22万元，移动餐车项目投入20万元，林果提质增效项目114公顷243万元，主要以尿素、复合肥、有机肥等物的方式发放到受益户。畜牧养殖（羊）项目62户123万元，采取年底分红形式进行补助。

全年，阿洪鲁库木乡道路共计25千米，其中乡道10千米，村道15千米。运输业收入33.6万元。

参加基本养老保险人数1400人，参保率100%；参加基本医疗保险人数2919人，参保率100%，参加失业保险80人、工伤保险80人。特困供养人员9人，享受最低生活保障人数690人，发放低保金174.471万元。

【社会事业】 2019年，全乡有中心小学1所、幼儿园3所，在校学生551人，其中小学生337人，少数民族学生337人，占学生总数的100%。小学有专任教师66人，幼儿园专任教师26人。学生入学率100%。在园幼儿为214人，少数民族幼儿占幼儿总人数的100%。幼儿入园率100%。

有村综合文化活动中心4个、农家书屋4个、广播电视站1个。年末广播节目综合人口覆盖率100%，有线电视覆盖率100%。是年，放映电影5场次，农家书屋累计接待读者3000余人次。阿洪鲁库木乡持续推进“民族团结一家亲”活动，每月1次开展联谊活动，共12场次，12541人次。开展道德讲堂、演讲、讲故事、举办民族团结活动267场次，开展“歌唱祖国70年”农民系列文体活动5场次。

有卫生院1所，设置病床10张，实际床位20张。卫生院核定编制12个，实有医务工作人员11名。是年，开展全民健康体检，体检率100%，养老院入住率达100%。

（杨金柱　包雨轩）

农场社区

【概况】 农场社区被群众俗称农二场。2018年12月28日，成立岳普湖县色也克乡农场社区，农场位于色也克乡和阿其克乡交界处。东西长5.26千米，南北长3.5千米，行政区划总面积为1211.53公顷。

农场社区东临色也克乡12村，西靠色也克乡青年农场，南连阿其克乡1村，北接色也克乡9村。在岳普湖县城南面，距县城16千米，距色也克乡政府10千米，距阿其克乡政府13千米。

2019年，农场社区下辖4个居民小组。户籍人口1152人（其中少数民族人口占总人口的94.6%）。职工456人；转移富余劳动力就业288人。居民人均可支配收入8500万元。

【经济建设】 2019年，农场社区实现生产总值2240万元，较上年增长11.6%。完成固定资产投资328万元，其中，农业基础设施项目完成投资263万元，办公阵地设施65万元。

农用土地总面积787公顷，其中耕地751公顷、林果业36公顷。林果业主要以种植红枣、桃树、枸杞为主。全年，完成粮食总产500吨，林果总产300吨，年末牲畜存栏1200头（只）。

初步完成新建幼儿园、九年一贯制学校等2个项目建设，对街面所有商铺外墙、商铺门头进行改造提升。

2019年，农场社区道路共45.6千米，其中乡道12千米，村道33.6千米。

运输业收入56万元，增长12.3%。全年，无重特大交通道路安全事故。

全年，参加基本养老保险人数639人，参保率100%；参加基本医疗保险人数1162人，参保率100%，参加失业保险15人、工伤保险15人、生育保险15人。享受最低生活保障人数139人，发放低保金27.8万元。享受养老保险136人，领取养老保险金408万元。

【社会事业】 2019年，农场社区有九年一贯制小学1所，1～3年级学生（4～6年级学生到色也克乡中心小学就读），在校学生68人，有专任教师8人。学生入学率100%。有幼儿园1所，有教职工14名（教师8名）。在园幼儿138人。幼儿入园率100%。

有便民服务中心1个。年末，广播节目综合人口覆盖率100%，有线电视覆盖率100%。是年，放映电影12场次。

有卫生室1所，村医2人，县医院每月派遣1名蹲点医生。是年，开展全民健康体检，体检率100%。出生率12‰，人口自然增长率7.2‰。

（侯伟华）

林场社区

【概况】 岳普湖县国有林场2018年11月改制为岳普湖县色也克乡林场社区。距离县城6千米，距喀什地区80千米，与色也克乡、岳普湖乡毗邻。

2019年，林场社区土地总面积506.7公顷，耕地面积246.7公顷。下辖3个居民小组。年末，总人口 487人，其中少数民族439人，年末从业人员262人，其中在岗职工23人，离退休人员65人（含个体退休13人）。居民人均可支配纯收入1.12万元，增长8.3%。在岗职工平均工资4.2万元，增长5%。

【经济建设】 2019年，完成生产总值1216.7万元，其中第一产业增加值1168万元，比上年增长7.3%；第二产业增加值34.09万元，比上年增长8.1%；第三产业增加值14.61万元，比上年增长7%；一、二、三产业的比重为95.8∶3∶1.2。完成固定资产投资21.7万元，共1个投资建设项目，已完工1个项目。

种植棉花173.3公顷，机械采收46.7公顷，总产籽棉111.8万千克，育苗20公顷，套种茴香53.3公顷，粮食种植3公顷。粮食总产1.8吨，红枣面积40公顷，总产量300吨。蔬菜面积2公顷（其中温室4座，大棚17座），年产各类蔬菜40吨。标准畜存栏数量441头（只），其中羊371只，牛33头，驴37头，年出栏177头（只）。专用饲草面积5.3公顷，新增标准化养殖小区1个。

新修建安居富民房13套，建筑施工面积780平方米，竣工面积780平方米，总投资62.4万元。

招商引资新增项目到位资金计划158万元，实际完成158万元，项目巩固率计划100%。

年内，林场参加基本养老保险人数164人，参保率100%；参加基本医疗保险人数437人，参保率100%，参加失业保险14人、工伤保险14人、生育保险

14人，享受最低生活保障人数732人次，发放低保金18.5万元。

【社会事业】 2019年，有学校1所，幼儿园1所，在校生71人，其中小学生26人，教职工11人，其中专任教师9人。幼儿园在园幼儿及儿童45人。学前三年入园率100%。

有综合文化活动中心1个、活动室1个、农家书屋1个、广播站1个、电视节目人口覆盖率100%。 业余文艺队1个，篮球场1个，排球场1个。

村卫生室1个，村医1人，床位1个，对老年人、糖尿病、精神病随访、办证业务265人次。规范建立居民健康档案41份，儿童接种各类疫苗60人次，接种各类疫苗率均为100%。参加全民健康体检376人，体检率为100%。

争取培训补助资金3万元，举办“科技之冬”、“职工技能培训”和少数民族富余劳动力生产技能培训班，培训职工群众151人次。转移农村富余劳动力83人。

（张自梅）

良种场社区

【概况】 岳普湖县铁热木镇良种场社区前身是岳普湖县良种场，2018年10月拆分良种场建立，归属岳普湖县铁热木镇。

铁热木镇良种场社区位于岳普湖县东北20千米处，铁热木镇西南8千米处。

2019年，良种场社区占地1200公顷，耕地866.67公顷。下辖6个小队，年末总户数339户，总人口1219人，其中少数民族1170人，年末从业人员611人，其中离退休人员107人，有农工53人，退休人员工资由劳保局进行社会化发放。良种场社区以经营土地为主，全社区有社区干部17人。社区居民人均可支配收入1万余元，同比增长0.5%。

【经济建设】 2019年，种植棉花533.33公顷，机械采收266.67公顷，粮食种植48公顷。果园累计面积61.8公顷，其中红枣37.33公顷、桃树5.8公顷、苹果8公顷、西梅2.67公顷、葡萄2.67公顷、梨子5.33公顷。出栏商品羊780只、牛28头、驴8头，未出栏羊1100只、牛25头、驴17匹。

全年，社区参加养老保险人数632人，参保率100%，参加基本医疗保险人数1219人，参保率100%，享受最低生活保障人数30户82人，发放低保金35万余元，享受残疾人“两项”补贴人数20人，发放“两项”补贴2万余元。享受困难职工补助人数15人，发放困难帮扶资金8.3万余元。

【社会事业】 2019年，有六年制学校1所，小学1所，幼儿园1所，在校生254人，其中小学生141人，幼儿园在园幼儿及儿童113人，学前三年入园率100%。教职工18人。

有综合活动中心1个，文化站1个，便民服务中心1个，休闲广场1个，辖区内各类商业门点17家，其中棉花加工厂1家，修理铺2家，日用品店12家，美容美发店2家。

（赵双喜）

种畜场社区

【概况】 种畜场2018年11月改制为岳普湖县铁热木镇种畜场社区。

种畜场社区位于岳普湖县东部，离县城17千米处，距铁热木镇9千米，交通便利，南北相距26千米。

2019年，种畜场社区土地总面积1170公顷，其中耕地745.91公顷，农工（长期居住）人均耕地0.49公顷。社区辖6个居民小组，驴场1个。年末，总人口 688人，其中少数民族648人，人口自然增长率0.06‰，年末从业人员295人，其中在岗职工295人，离退休人员56人。社区居民人均可支配收入9300元。

【经济建设】 2019年，耕地745.91公顷，种植棉花543.33公顷、小麦19.41公顷，直播玉米0.75公顷，其他农作物181.6公顷（牧草和苜蓿），瓜菜类0.81公顷；经济林（红枣及桃树）13.58公顷，防风林13.33公顷。畜牧：年末牲畜存栏：牛106头、羊（含山羊）1050头、驴340（疆岳驴基地340头）、马3匹、骆驼1头。安居富民：新修建163套安居房，绿化亮化美化一步到位。农机：农户有79台拖拉机，其中大中型共有71台，小型方向盘式共有8台。水利：大力实施节水工程，滴灌地313.33公顷，完成干、支、毛渠清挖工作10千米，加深、加宽、加固场主干渠2千米，维修闸口29个，辖区居家户全部通自来水管道。民政：低保户16户39人，社区老年人发放高龄补贴790元。土地归并：6小队新增归并土地28.67公顷，辖区归并地总计218.67公顷。补贴：地力补贴70604元，棉花补贴2618595元，小麦补贴32166元，苜蓿补贴2950元，茴香补贴35488元，牧草补贴13.4万元。经济效益：年集体收入90万元；全场农民主要收入来源是种植业、畜牧业、林果业，年人均纯收入1.05万元，比上年增长1200元。

全年，种畜场社区参加基本养老保险人数184人，参保率100%；参加基本医疗保险人数612人（公职人员未算入），参保率95.3%，享受最低生活保障人数38人，发放低保金19.152万元。

【社会事业】 2019年，种畜场社区没有学校和幼儿园。适龄儿童入学率100%。

有综合文化活动中心1个、社区活动室1个、农家书屋2个、广播站1个、矛盾纠纷调解室1个。篮球场1个，乒乓球场2个，排球场1个。

辖区卫生室80平方米，床位1张，医疗器材1套。落实4岁龄以下儿童防疫工作，年打疫苗201支，161人次受益。年组织适龄妇女孕检4次，210人次受益，年新增新生儿4人。

（王继强）